A SEGUNDA SEPARAÇÃO

A SEGUNDA SEPARAÇÃO

Paula Borges Santos

A POLÍTICA RELIGIOSA DO ESTADO NOVO (1933-1974)

ALMEDINA

A SEGUNDA SEPARAÇÃO
A POLÍTICA RELIGIOSA DO ESTADO NOVO (1933-1974)
AUTORA
Paula Borges Santos
EDITOR
EDIÇÕES ALMEDINA, S.A.
Rua Fernandes Tomás, nos 76-80
3000-167 Coimbra
Tel.: 239 851 904 • Fax: 239 851 901
www.almedina.net • editora@almedina.net
DESIGN DE CAPA
FBA.
PRÉ-IMPRESSÃO
EDIÇÕES ALMEDINA, S.A.
IMPRESSÃO E ACABAMENTO
PAPELMUNDE

Julho, 2016
DEPÓSITO LEGAL
413135/16

Os dados e as opiniões inseridos na presente publicação são da exclusiva responsabilidade do(s) seu(s) autor(es).
Toda a reprodução desta obra, por fotocópia ou outro qualquer processo, sem prévia autorização escrita do Editor, é ilícita e passível de procedimento judicial contra o infrator.
Apesar de *A Segunda Separação. A Política Religiosa do Estado Novo (1933--1974)* estar escrito com o Novo Acordo Ortográfico, a autora e a editora optaram, em parte por razões históricas e de ordem documental, por manter a grafia dos meses do ano em caixa alta.

 | GRUPOALMEDINA

BIBLIOTECA NACIONAL DE PORTUGAL – CATALOGAÇÃO NA PUBLICAÇÃO
SANTOS, Paula Borges
A SEGUNDA SEPARAÇÃO: A política religiosa do Estado Novo (1933-1974)
ISBN 978-972-40-6619-6
CDU 94(469)"1933/1974"

«O enredo tem unidade não, como alguns supõem, pelo facto de se tratar de uma só pessoa. Pois podem acontecer coisas inúmeras a um só e mesmo homem, de que não resulte a unidade. Assim também muitas são as ações de um homem, de onde não decorre uma ação única. Por esse motivo, parecem ter-se enganado todos aqueles poetas que compuseram uma *Heracleida* e uma *Teseida* e outras no género. Imaginam eles que, pelo facto de Hércules ser um só, a história será também uma só».

(ARISTÓTELES, *Poética*, 1451 a)

NOTA PRÉVIA

A edição deste livro, passados três anos sobre a defesa da tese de doutoramento que está na sua base, surge como a ocasião que me permite proceder a alterações sobre o texto original. Não corrigi o argumento, uma vez que as minhas interpretações sobre a matéria estudada não se modificaram ao ponto de o transformar. No entanto, alterei o texto, clarificando algumas ideias que aí já constavam e que, no momento presente, me pareceram exigir maior discussão. Reorganizei a estrutura dos capítulos e, nalguns casos, introduzi nova informação, socorrendo-me de fontes que havia recolhido no decurso da investigação do projeto doutoral, mas que à época não cheguei a trabalhar por razões de economia de tempo. Atualizei a referência a trabalhos académicos que consultara ainda nas versões depositadas nas bibliotecas universitárias e que foram, neste intervalo temporal, publicados. Finalmente, seguindo as sugestões da editora, procurei dar alguma leveza à forma do trabalho inicial, por exemplo, colocando em anexo o que fora inicialmente um capítulo sobre o estado da arte, que poderá interessar a um público mais especializado.

Este livro recolhe muito dos comentários críticos que a tese de doutoramento obteve. Cabe, por essa razão, agradecer aqui, em primeiro lugar, aos membros do júri que se dignaram apreciar tal trabalho, os Professores Doutores António Reis, José Miguel Sardica, Maria Inácia Rezola, Paulo Fontes e Fernando Rosas. Este último professor foi o crítico que mais acompanhou este estudo porque, como meu orientador, seguiu todo o processo da sua elaboração e manteve comigo um diálogo vivo sobre as opções tomadas. Da parte de Ana Cláudia Vicente, António de Araújo, Ansgar Schaefer, Alfredo Caldeira, Bruno Cardoso Reis, David Valente, pastor Ernesto Ferreira (†), Fátima Patriarca (†), Noélia Fernandes, Pedro Pinto, Sandra Duarte e Timóteo Cavaco recebi também, em vários momentos de construção deste trabalho, informações extremamente úteis, incentivos e críticas construtivas. Aqui fica o meu agradecimento a todos. A substância deste estudo devo-a muito ao diálogo que mantive com o meu marido, Luís Aguiar Santos, nos anos de pesquisa e da sua redação. Também o estímulo que sempre me transmitiu foi único e, por essa razão, este trabalho é-lhe dedicado. Durante a realização desta investigação, os meus pais, António e Elisabete, tiveram um comportamento generoso perante as minhas indisponibilidades, mesmo em momentos familiares conturbados, e dessa forma reforçaram a nossa cumplicidade. Hoje, já com a presença do Afonso, continuam inexcedíveis no apoio à família, levando-me a apreciá-los ainda mais.

Resta salientar que o projeto de investigação que gerou este livro foi apoiado pela Fundação para a Ciência e a Tecnologia (FCT) e pelo Fundo Social Europeu (FSE), no âmbito do III Quadro Comunitário de Apoio. Agradeço, por último, as colaborações do Arquivo Contemporâneo do Ministério das Finanças, do Arquivo Histórico da Secretaria Geral do Ministério da Justiça, do Arquivo Histórico-Parlamentar da Assembleia da República, da Secretaria Geral do Ministério da Educação, da Direção Geral de Arquivos – Arquivo Nacional da Torre do Tombo do Arquivo Histórico do Patriarcado de Lisboa, da Biblioteca Universitária João Paulo II e do Centro de Estudos de História Religiosa da Universidade Católica Portuguesa, no acesso às fontes que estão à sua guarda e na hospitalidade com que fui recebida, aspetos sobejamente importantes para a realização da pesquisa empírica que suportou este estudo.

Lisboa, janeiro de 2016

PAULA BORGES SANTOS

ABREVIATURAS E SIGLAS

ACC	Arquivo Cardeal Cerejeira
ACMF	Arquivo Contemporâneo do Ministério das Finanças
ACP	Ação Católica Portuguesa
AEP	Aliança Evangélica Portuguesa
AHP	Arquivo Histórico-Parlamentar
AHPL	Arquivo Histórico do Patriarcado de Lisboa
AHSGMJ	Arquivo Histórico da Secretaria Geral do Ministério da Justiça
AMC	Arquivo Marcelo Caetano
ANP	Ação Nacional Popular
AOS	Arquivo Oliveira Salazar
BR	Brigadas Revolucionárias
CADC	Centro Académico de Democracia-Cristã
CEP	Conferência Episcopal Portuguesa
CCP	Centro Católico Português
CGD	Caixa Geral de Depósitos
CPN	Conselho Político Nacional
DGS	Direção Geral de Segurança
FCH	Faculdade de Ciências Humanas
FRELIMO	Frente para a Libertação de Moçambique
INTP	Instituto Nacional do Trabalho e Previdência
IPOPE	Instituto Português de Opinião Pública e de Estudos de Mercado
JAC	Juventude Agrária Católica
JEC	Juventude Escolar Católica
JOC	Juventude Operária Católica

JUC	Juventude Universitária Católica
LAC	Liga Agrária Católica
LP	Legião Portuguesa
LOC	Liga Operária Católica
LUAR	Liga de Unidade e Ação Revolucionária
MNE	Ministério dos Negócios Estrangeiros
MESG	Ministério da Educação/Secretaria-Geral
MP	Mocidade Portuguesa
MUD	Movimento de Unidade Democrática
OMEN	Obra das Mães pela Educação Nacional
PCP	Partido Comunista Português
PIDE	Polícia de Intervenção e de Defesa do Estado
PRP	Partido Revolucionário do Proletariado
PSP	Polícia de Segurança Pública
SFM	Serviços de Formação Moral
TT	Torre do Tombo
UCP	Universidade Católica Portuguesa

INTRODUÇÃO

Em 1953, no contexto da Guerra Fria, Hannah Arendt escrevia «o nosso mundo é um mundo secular» e diagnosticava que a secularidade havia provocado uma moderna tensão entre a política e a religião. O conflito, para a autora, radicava nos sentidos político e espiritual da secularidade, diferentes entre si. Politicamente, o processo da secularidade significaria que os credos e as instituições religiosas não têm qualquer autoridade pública vinculativa, donde a vida política não é religiosamente sancionada. Espiritualmente, a secularidade teria provocado o surgimento de um principal interesse no interior do cristianismo: o de proteger a sua liberdade, no quadro de um governo secular, sabendo que outras liberdades são permitidas pelo poder. Neste quadro, contudo, ainda segundo Arendt, num momento histórico preciso, a religião fora reconduzida ao domínio dos assuntos políticos e públicos, do qual fora banida desde a separação da Igreja do Estado. Esse regresso acontecera a propósito da luta travada entre o mundo livre e o mundo totalitário[1].

---

[1] Cf. Hannah Arendt, «Religião e Política» in *Compreensão e Política e Outros Ensaios, 1930-1954*, Lisboa, Relógio d'Água, 2001, pp. 258-265. Este texto de Arendt, publicado em 1953, foi produzido para uma comunicação sua na Universidade de Harvard, que intitulou «Será a luta entre o mundo livre e o comunismo fundamentalmente religiosa?».

1. Definição do objeto de estudo

Não se pretende tratar aqui o pensamento de Arendt, mas esta referência serve para introduzir o tema desta investigação, que se inscreve na problemática geral da história das relações institucionais entre o Estado e a Igreja Católica[2], durante a ditadura de Salazar e Caetano.

Observa-se, neste estudo, que política desenvolveu o poder civil para enquadrar institucionalmente o fenómeno religioso, entre 1933 e 1974, isto é, em todo o ciclo de vida do regime autoritário. Pretende-se conhecer quais as formas e processos utilizados pelos agentes políticos para controlar as manifestações do catolicismo no espaço público, averiguando quais as condições de institucionalização que o Estado exigiu à Igreja Católica, no que respeitou às suas práticas e formas de organização. Importa, como tal, identificar que regras (mediante lei ou outro instrumento normativo) foram estabelecidas e implementadas para as atividades desenvolvidas pela Igreja Católica, destinadas a disciplinar as suas finalidades, de acordo com determinados objetivos públicos. Trata-se de compreender a relação entre a política e a religião, perspetivando que perceção teve a classe política dirigente da religião católica enquanto força social e que visibilidade alcançou o catolicismo ao longo do regime. A primeira destas questões é inseparável de uma outra, que se procura também esclarecer: que entendimento possuíram os agentes da governação sobre o papel do próprio Estado e dos fins que assistiam à instituição estatal na sua relação com o conjunto da sociedade.

Para responder a estes problemas, considera-se a organização do sistema político e as características da governação. Atenta-se às formas de controle do religioso a que recorreram os agentes políticos, sendo que, de entre todos os instrumentos passíveis de utilização por estes últimos, se privilegia o que foi estabelecido por via legal, quer por provisões constitucionais quer por legislação ordinária. Neste último nível, optou-se por tecer uma análise mais pormenorizada, ainda que não exaustiva, do foi legislado quanto: ao regime do casamento e do

---

[2] Sempre que se refere, neste trabalho, a Igreja Católica entenda-se que se trata da Igreja Católica Apostólica Romana.

divórcio, aos bens eclesiásticos que se encontravam na posse do Estado desde 1911; a «matérias mistas», como a educação e o ensino ou a assistência social. Não se trata do enquadramento legal destas matérias nos territórios coloniais, nem dos normativos que se ocuparam da própria atividade missionária, por se considerar que a realidade colonial possuiu dinâmicas demasiado distintas em relação ao que se passava na Metrópole, implicadoras de outras lógicas de atuação dos atores políticos e eclesiais, que, por razões de economia de espaço, não seria possível explanar aqui com a exigência necessária.

Complementa-se o enfoque, com o registo de outros mecanismos de controle social e político a que o poder político recorreu para conter ações de atores religiosos ou atividades de organizações católicas, percecionadas como desfavoráveis ou contraditórias com os valores do regime e o modelo de ordem pública veiculado, como sejam as decisões administrativas, as sanções políticas, a censura ou a própria polícia política.

A ênfase que se dá, neste estudo, ao catolicismo, sem despender idêntico esforço analítico para as outras confissões religiosas que então já se encontravam implantadas e organizadas no País, justifica-se por duas formas: por um lado, decorre de a religião católica ser, à época, maioritária entre os portugueses da metrópole; por outro lado, tem em linha de conta que o catolicismo foi, durante o autoritarismo português, reconhecido, por setores dominantes do *status quo* político e social, como inspirador dos valores morais (e até culturais) preservados pelo Estado. Ainda assim, ao longo deste trabalho, caracterizam-se, em traços gerais, as relações institucionais estabelecidas entre os decisores políticos e outras confissões religiosas, e acompanha-se a evolução do regime jurídico destas últimas, contextualizando politicamente as alterações detetadas. Destacam-se as soluções que o constitucionalismo do regime encontrou para enquadrar e controlar a diversidade religiosa existente, e, sobretudo, dá-se atenção à lei de liberdade religiosa, publicada no marcelismo, e à novidade que a mesma representou, dado ser a primeira vez que tal matéria foi objeto de iniciativa legislativa.

O tratamento das questões definidoras do objeto deste estudo exige que se discuta, ao longo do livro, quais foram quer as estratégias da governação, no que se relacionou com definições de agenda política, circuitos e processos de decisão política e de feitura das leis, quer as estratégias da instituição eclesial, tanto no que foi a sua negociação com os agentes estatais, como no que foi a manifestação dos seus interesses. No caso do Estado, o acompanhamento da atividade legislativa impõe considerar, de modo particular, a ação do Executivo e das câmaras políticas do regime, a Assembleia Nacional e a Câmara Corporativa. Examina-se o comportamento de vários dos seus atores (presidente do Conselho, ministros e secretários de Estado, deputados e procuradores) e as relações que se estabeleceram entre si, olhando sobretudo às suas motivações políticas e religiosas. Em função da informação disponível sobre os assuntos a tratar, aliás variável de caso para caso, acompanham-se os procedimentos de preparação e produção dos diplomas legais, atenta-se na origem da iniciativa legislativa e observam-se algumas práticas político-administrativas que lhe estiveram associadas.

Do processo político tem-se uma visão que o considera assente num intercâmbio de poder[3], sendo nessa medida equacionado como uma negociação, a que se atribui valor político. A negociação pode ser *interna*, quando, por meios processuais no seio dos órgãos políticos, se tenta chegar a uma decisão, se gerem os diferentes agentes envolvidos, detentores de recursos diferenciados necessários ao funcionamento do sistema, se arbitram, por vezes, diferentes elementos do aparelho governativo portadores de interesses contraditórios, e se determina que valor ou valores devem reger as autoridades públicas no decurso da sua ação. Pode também ser uma negociação *externa*, quando envolve no processo de decisão política instituições e atores que não pertencem às estruturas do Estado, por se lhes reconhecer, por exemplo, um papel e/ou poder social ou simbólico (é o caso da Igreja Católica, na matéria em apreço), não despiciente para a institucionalização do interesse estatal. O estabelecimento de contacto com agentes externos, neste tipo de negociação, tanto pode ser iniciativa destes – procurando influenciar a governação, no sentido de conseguir que

---

[3] Esta posição é devedora das visões de R. A. W. Rhodes e Patrick Dunleavy sobre o poder. Os autores sustentam que todo o poder é relacional, não sendo uma prerrogativa exclusiva de um único ator, por exemplo, o primeiro-ministro, o Conselho de Ministros ou a função pública. Cf. R. A. W. Rhodes e P. Dunleavy, *Prime Minister, Cabinet and Core Executive*, Londres, St. Martin's Press, 1995, p. 5.

esta favoreça ou seus interesses, ou simplesmente tentando controlar o rumo da transformação política; como pode pertencer aos decisores políticos – por visar esclarecer determinados aspetos necessários à construção da política a seguir, assegurar apoios ou dirimir conflitos de interesse. As negociações, *interna* e *externa*, não são estanques, podendo contaminar-se mutuamente. Pode ainda acontecer que decorram em simultâneo.

No caso da Igreja Católica, privilegia-se o conhecimento do comportamento da hierarquia eclesiástica, de elementos do clero e de círculos do laicado. Apreciam-se estratégias compromissórias, de resistência ou de promoção de determinados interesses religiosos e avalia-se a sua capacidade de influência sobre os decisores políticos. Acompanham-se os interesses religiosos manifestados na vida pública, em circuitos políticos, como os registados junto da Assembleia Nacional e da Câmara Corporativa, e em circuitos eclesiais, como os que tiveram expressão em diversos títulos da imprensa dita «católica» ou em iniciativas católicas, como congressos, semanas de estudo, etc. Por interesses religiosos entendem-se tomadas de posição organizadas de elementos católicos que assentam na reivindicação do que consideram ser determinados direitos da Igreja. Os interesses religiosos podem ser animados por membros do episcopado, do clero ou do laicado, tal como podem reunir indivíduos de todos esses níveis de pertença. A investigação realizada aponta para a existência de diferentes interesses religiosos a propósito das várias matérias em análise. Sucedem-se casos em que, face a um assunto, os interesses religiosos apresentaram muitas semelhanças entre si, mas existem também casos em que um mesmo assunto recolheu mais do que uma manifestação de interesse. Na primeira circunstância, existe um elevado nível de consenso eclesial, que favorece a força política do procedimento que é desenvolvido no espaço público. Na segunda, há um baixo consenso, explicável pela diversidade de perspetivas eclesiológicas e políticas que animam os católicos. Quanto menor for o consenso, mais fácil se torna a constituição de diferentes interesses. Embora a multiplicação de interesses enfraqueça as estratégias dos agentes que os corporizam, não obstante manifestarem ter desigual força política, é comum existir sempre um grupo que revela maior capital político e alcança maior eficácia na sua ação.

2. Orientação metodológica

Pretendendo este estudo definir uma relação institucional – a do Estado com a Igreja Católica – a partir do cruzamento entre as características da decisão política e dos instrumentos de regulação do regime autoritário e os interesses do catolicismo, afigura-se conveniente explicar que linhas de orientação metodológica se seguem e que perspetivas se rejeitam.

A primeira linha de orientação reside na superação de uma conceção de poder que diga apenas respeito aos fenómenos e processos político-institucionais do Estado. Considera-se que também a Igreja Católica representa uma ordem de poder, com uma normatividade e uma lógica de manifestação social autónoma. Este entendimento alargado de poder favorece a compreensão do Estado e da Igreja Católica como instituições: permanentes, com organização própria, orientadas para um fim e capazes de tomar decisões[4]. Facilita também a observação da dimensão estratégica de cada uma dessas instituições e da sua interação no sistema social que as suporta, o que pode contribuir para evitar a lateralização de uma instituição face à outra ou até a sua hierarquização.

A segunda linha de orientação metodológica decorre de se considerarem as instituições – Estado e Igreja Católica – para explicar um processo político, a construção de uma política estatal específica, e os seus resultados. Não são estudadas formalmente em si mesmas, nas suas estruturas e normas, mas antes apreciadas na sua ação, nos seus interesses e representações e na forma como interagem. Daqui decorrem duas outras linhas de orientação: a terceira, que implica reconhecer que a esfera pública não é monolítica[5], nela coexistindo diferentes

---

[4] Cf. Luís Salgado de Matos, *O Estado de Ordens. A Organização Política e os seus Princípios Fundamentais*, Lisboa, Imprensa de Ciências Sociais, 2004, pp. 92, 95 e 207.

[5] Cf. Nancy Fraser, *Justice Interruptus: Critical Reflections on the "Postsocialist" Condition*, New York, Routledge, 1997, pp. 68-69, citada por Ahmet T. Kuru, *Secularism and State Policies toward Religion: The United States, France and Turkey*, New York, Cambrigde University Press, 2009, p. 3.

instituições que exercem funções várias e têm papéis públicos[6]; outra, a quarta, que sustenta que as instituições são «multivocais» e que a melhor forma de apreender a sua pluralidade é pelo reconhecimento das motivações e estratégias dos seus agentes históricos, captadas na sua diversidade.

Desta metodologia retiram-se várias consequências. Uma primeira é a tentativa de não ceder a uma abordagem excessivamente centrada em considerações jurídico-institucionais. Nesta investigação, assente em boa medida na análise da atividade legislativa, o nível especificamente jurídico tem de ser obrigatoriamente atendido, mas não deve ser considerado como impenetrável ou infecundo. Pode, ao invés, ser descrito na sua complexidade, valorizando-se as intenções que presidiram às iniciativas legislativas, os variados horizontes de receção da ação legislativa e os efeitos disciplinadores das leis.

Outra consequência é procurar evitar confinações de análise pela ideia de um «limitado pluralismo» do regime estadonovista no interior das suas instituições e na própria esfera pública. O entendimento de que, politicamente, as elites que dominaram o *Estado Novo*, sobretudo nas décadas de 1940 a 1970, tinham uma «fisionomia largamente homogénea», para utilizar uma expressão de Hermínio Martins, quanto às suas características sociais e culturais[7], merece ser relativizado. A origem social dessas mesmas elites, o facto de o seu recrutamento ser feito principalmente entre o próprio aparelho de Estado ou entre instituições militares ou educativas prestigiantes, e a continuidade, ao longo de várias gerações, dos mesmos dirigentes nos diversos quadros de poder (aquilo

---

[6] O papel público da religião tem sido valorizado por autores como Alfred Stepan e Casanova. Stepan afirma que a religião não é diferente das ideologias e que, como estas, aparece no espaço público. Casanova destaca o contributo da religião na vida pública, salientando o questionamento que aquela faz do Estado, a sua defesa do bem comum ou de determinados valores. Cf. Alfred Stepan, «The World's Religious Systems and Democracy: Crafting the "Twin Tolerations"» in *Arguing Comparative Politics*, New York, Oxford University Press, 2001, p. 13; José Casanova, *Public Religions in the Modern World*, Chicago, University of Chicago Press, 1994, pp. 228-229.

[7] Cf. Hermínio Martins, *Classe, Status e Poder*, Lisboa, Imprensa de Ciências Sociais, 1998, p. 40.

a que Philippe Schmitter chamou de «gerontocracia»[8]), têm suportado a convicção de que a comunidade política no período do autoritarismo português possuía um baixo grau de pluralidade[9]. Esta posição é ainda devedora de algumas memórias sobre o regime (integradas, sem controle empírico, em algumas investigações científicas). Note-se, por exemplo, como habitualmente, no longo ciclo de vida da Assembleia Nacional (1935-1974), de entre uma massa indiferenciada de deputados, considerados «situacionistas», «ultras», «salazaristas» ou «salazarentos» (estes três últimos rótulos aplicados, já para o período marcelista, a defensores do legado de Salazar ou àqueles que construíram daquele presidente do Conselho uma imagem heroica e se opunham às tendências reformistas e europeístas), se diferencia apenas (a partir de 1969) a chamada «ala liberal»[10]. Observe-se, ainda, como persiste a leitura de que tanto

---

[8] Cf. Philippe C. Schmitter, *Portugal: do Autoritarismo à Democracia*, Lisboa, Imprensa de Ciências Sociais, 1999, p. 15.

[9] Cf. J. M. Tavares Castilho, *Os Deputados da Assembleia Nacional (1935-1974)*, Lisboa, Assembleia da República e Texto Editores, Lda., 2009; Idem, *Os Procuradores da Câmara Corporativa (1935-1974)*, Lisboa, Assembleia da República e Texto Editores, Lda., 2010; Rita Almeida de Carvalho e Tiago Fernandes, «A elite política do marcelismo: ministros, secretários/subsecretários de Estado e deputados (1968-1974)» in *Elites, Sociedade e Mudança Política*, Oeiras, Celta Editora, 2003, pp. 67-96; Pedro Tavares de Almeida e António Costa Pinto, «Portuguese Ministers 1851-1999: social background and paths to power» in *Who Governs Southern Europe? Regime Change and Ministerial Recruitment 1850-2000*, editors Pedro Tavares de Almeida, António Costa Pinto and Nancy Bermeo, London/Portland OR, Frank Cass Publishers, 2003, pp. 18-29.

[10] Define-se por «ala liberal» o grupo heterogéneo de deputados à Assembleia Nacional, nas X e XI Legislaturas, sendo que boa parte desses elementos, alguns assumidamente católicos e reconhecidos como tal pela sociedade do seu tempo, entre 1969 e 1974, no exercício desse mesmo cargo, desenvolveram alguma pressão política sobre o Executivo, cobrando-lhe uma orientação no sentido da restauração das liberdades fundamentais, do encontro de uma solução política para o conflito armado nos territórios portugueses em África e da transição para uma democracia de tipo ocidental e pluralista. O seu estudo tem sido devedor da consideração de que, no interior do *establishment* político marcelista, os deputados «liberais» representaram uma exceção: contestaram o poder, em nome de um projeto de liberalização que pretendiam incrementar, e dividiram o campo católico. A sua ação na Assembleia Nacional tem sido analisada pela categoria de «oposição», sublinhando-se pouco as várias contradições em que os «liberais» se moveram desde o inicio: a falta de unanimidade daqueles parla-

a Assembleia Nacional como a Câmara Corporativa foram órgãos fracos, elitistas na composição e com reduzida capacidade de influência e de atuação nos processos de decisão política[11]. Com efeito, as câmaras políticas, especialmente a Assembleia Nacional, têm sido subavaliadas a partir das funções de legitimação da governação e de cooptação e integração das elites políticas, que efetivamente tiveram. Os estudos sobre o corporativismo português têm favorecido a observação da Câmara Corporativa, destacando-lhe as funções de tecnicização da decisão e de consulta às organizações de interesses do regime[12]. Também as investigações sobre o partido único ou as eleições no regime autoritário têm favorecido a dimensão de que tais instituições estavam sujeitas a um apertado controlo e que se destinavam a recompensar, pelo lugar polí-

---

mentares sobre alguns dos problemas políticos fraturantes; a ausência para o conjunto dos seus elementos de uma liderança (muitas vezes, imputada a Francisco Sá Carneiro, ainda que sem demonstração dessa consideração); a viabilização que ofereceram a algumas decisões políticas (tomadas quer pelo Governo, quer pelo parlamento); a prevalência da fidelidade da larguíssima maioria desses parlamentares ao pensamento social da Igreja, embora oscilantes entre posições de defesa dos interesses da Igreja e considerações de que a instituição eclesial em Portugal possuía «privilégios [...] desnecessários e até prejudiciais» (Cf. Palavras de Francisco Sá Carneiro, proferidas no período antes da ordem do dia, durante a sessão parlamentar de 14 de Janeiro de 1971, consultáveis em *Diário das Sessões*, X Legislatura, n.º 66, de 15 de Janeiro de 1971, pp. 1347-1351). Referenciada em muitas das investigações, a «ala liberal» foi, no entanto, objeto de um estudo pormenorizado. Veja-se: Tiago Fernandes, *Nem Ditadura, nem Revolução. A Ala Liberal e o marcelismo (1968-1974)*, Lisboa, Assembleia da República/ D. Quixote, 2006.

[11] Cf. Nuno Estêvão Ferreira, «O corporativismo e as instituições do salazarismo: a Câmara Corporativa (1935-1945)» in *O Corporativismo em Português. Estado, Política e Sociedade no Salazarismo e no Varguismo*, org. de António Costa Pinto e Francisco Palomanes Martinho, Lisboa, Imprensa de Ciências Sociais, 2008, pp. 172,178, 201; J. M. Tavares Castilho, *Os Deputados da Assembleia Nacional (1935-1974)...*, pp. 118-119, 263-264; Idem, *Os Procuradores da Câmara Corporativa (1935-1974)...*, pp. 97, 181-182; António Costa Pinto, «O corporativismo nas ditaduras da época do Fascismo» in VARIA HISTÓRIA, Belo Horizonte, vol. 30, n.º 52, 2014, pp. 33-34.

[12] Cf. Philippe C. Schmitter, *Portugal: do Autoritarismo à Democracia...*, pp. 136-137; Nuno Estêvão Ferreira, *A Câmara Corporativa no Estado Novo: composição, funcionamento e influência*, tese de doutoramento, texto policopiado, Instituto de Ciências Sociais, Universidade de Lisboa, 2009, pp. 561-578.

tico que ofereciam, a lealdade de elementos situacionistas[13]. Contudo, alguns estudos feitos mostram que, na Assembleia Nacional, a discussão de algumas políticas específicas suscitaram resistências ou apoios que foram vitais para o processo geral de formulação de políticas[14], pelo que é apressado concluir-se pela não relevância das câmaras no sistema de decisão autoritário ou considerar-se que, ao longo de todo o regime, os parlamentares agiram unanimemente, sem expressarem os seus interesses e sem discordarem entre si.

A terceira consequência relaciona-se com a necessidade analítica de revelar a intervenção dos agentes da Igreja Católica no domínio da política, designadamente a forma como interagiram com os decisores políticos para defesa dos interesses religiosos, sem perder de vista a especificidade do elemento religioso e sem o subordinar ao político. Em causa está a possibilidade de se apreender as formas de reivindicação de autonomia da instituição Igreja face ao poder civil, no quadro de um regime político autoritário, desmobilizador da organização da sociedade civil. Maior complexidade apresenta esta questão quando se sabe que muitos dos elementos católicos, que realizaram estratégias de defesa dos interesses religiosos, se mantinham na esfera de influência do salazarismo e do marcelismo. Para se apreciarem os comportamentos políticos dos católicos, entre 1933 e 1974, face aos negócios públicos, e, em concreto, à política estatal que envolveu o fenómeno religioso, parece importante recusar vinculação a duas principais considerações que dificultam a chegada a níveis mais críticos pela abordagem historiográfica: uma relativa às relações da Igreja Católica com as autoridades políticas no *Estado Novo*; outra relacionada com a própria estratégia da Igreja.

A primeira diz respeito à ideia da *inexistência de conflitos de interesses entre o poder político e a Igreja Católica no Estado Novo*. Esta premissa tem contribuído para se julgar, dentro e fora da academia, que a larga maioria dos católicos (hierarquia, clero e laicado) se manteve como aliada interna da governação de Salazar e Caetano, enquanto

---

[13] Cf. José Reis Santos, *Salazar e as Eleições. Um estudo sobre as eleições gerais de 1942*, Lisboa, Assembleia da República, 2011, pp. 125-126, 138.

[14] Cf. Fernando Rosas, *O Estado Novo nos Anos Trinta,1928-1938*, 2.ª ed., Lisboa, Editorial Estampa, 1996, pp. 193-194; Paula Borges Santos, *A Questão Religiosa no Parlamento (1935-1974)*, Vol. III, Lisboa, Assembleia da República, 2011.

a classe política dirigente reconhecia à Igreja Católica, por via da sua função religiosa, um papel determinante no âmbito social e educativo. De acordo com esta interpretação, o catolicismo hegemónico, em especial a partir do *terminus* da II Guerra Mundial, revelara-se incapaz de refazer a relação da Igreja com a sociedade e com o Estado, orientada para a perspetiva do funcionamento de uma situação democrática de liberdades públicas. A Igreja Católica, em particular o episcopado, teria sacrificado a autonomia da instituição eclesiástica e ter-se-ia mantido fiel ao regime, mesmo quando este agonizava, já em pleno marcelismo. Por outras palavras, no longo período da ditadura estadonovista, o catolicismo português teria sido dominado pelos seus elementos tradicionalistas, os quais se empenhavam em emprestar colaboração ao *Estado Novo*, não obstante o regime não ser confessional[15].

Este argumentário bebe em muito, por um lado, na literatura oficial do regime e dos seus doutrinadores – marcada por um tom panegírico sobre a superação do conflito religioso existente na sociedade portuguesa, herdado da I República, e favorecedor da identificação entre catolicismo e nacionalismo, muitas vezes associada a um discurso de tradição providencialista (produzido também por determinados setores católicos); e, por outro lado, na memória dos que militaram no combate contra o *Estado Novo*, que reforçam a ideia da longa coabitação da Igreja Católica com o salazarismo e o marcelismo e enaltecem os casos de resistência e de oposição de alguns católicos ao regime ditatorial. Enquanto consideração científica, aquela ideia resulta também da comparação feita com o período da I República, em que o conflito ocorrido entre a Igreja Católica e o Estado envolveu o combate pela passagem de um modelo jurídico-confessional a outro de separação. Todavia, talvez radique ainda mais fortemente na importância que é conferida à assinatura da Concordata e do Acordo Missionário, em 1940, entre o Estado português e a Santa Sé, na medida em que o pacto concordatário permitiu a Salazar fomentar um clima de paz social. Finalmente, também a convergência dos discursos político e eclesial

---

[15] Para identificação dos autores que têm sustentado esta posição, tanto nas produções das ciências sociais como da ciência jurídica, consulte-se o Anexo I deste livro, que aborda o estado da questão.

quanto às ideias de proteção do País, de salvação nacional e de combate contra o comunismo ateu, concorreu para sublinhar convicções quanto à inexistência de um conflito político-religioso, durante os anos do autoritarismo português.

O argumento da inexistência de conflitos de interesses entre o poder político e setores católicos durante o *Estado Novo* tem esvaziado de propósitos políticos a ação dos católicos apoiantes do regime, no que toca à sua posição perante a formulação da política religiosa do Estado, sobretudo no pós II Guerra Mundial. De forma mais ou menos explícita, aponta-se um grau de satisfação relativamente elevado aos católicos «situacionistas», quanto ao estatuto jurídico que a Igreja Católica alcançou em 1940. Dessa data em diante, *grosso modo*, considera-se que esses cristãos contribuíram para a manutenção de um clima religioso de entendimento e concórdia, favorável ao reforço da identidade católica, e à preservação de um certo património ideológico.

Na realidade, o desinteresse pelas ideias e atitudes dos católicos que gravitaram na esfera de influência do regime tem-se feito acompanhar de uma transferência da atenção dos investigadores para os católicos contestatários à ordem vigente estadonovista. Em várias análises, o ano de 1945, a partir do qual ocorreram importantes realinhamentos geoestratégicos internacionais que afetaram Portugal, tem servido de charneira para começar a observar o protagonismo dos católicos críticos da *Situação*. Não tanto por se considerar que aí arrancou o processo de contestação católica ao *Estado Novo* (habitualmente apontado para 1958, ano em que diversos católicos estenderam o seu apoio à candidatura de Humberto Delgado à presidência da República e em que eclodiu o chamado «caso do bispo do Porto»), mas, sobretudo, por se notar, a partir de então, o desenvolvimento de uma atmosfera, internacional e nacional, favorável à manifestação de diferentes exigências de mudança na sociedade, num processo que não deixaria de crescer em extensão e intensidade até aos anos de 1970. A escrita da história do pós-guerra admite uma evolução do catolicismo determinada pelas problemáticas da organização política dos católicos e da legitimidade da sua intervenção na sociedade; porém, indaga e analisa (quase) exclusivamente sobre as atitudes e estratégias dos elementos do laicado, do clero ou do episcopado que corporizaram a contestação, a crítica ou o descomprometimento em relação ao poder político. Sem continuidade tem ficado, deste modo, a história do pensamento, dos interesses e das lógicas de ação dos elementos católicos que integraram a esfera de influência do regime, apesar de atravessados por aquelas mesmas problemáticas. Parece, no entanto, ser necessário integrar esses agentes no discurso historiográfico e descortinar a sua perceção do político e a sua intervenção como católicos na sociedade. Não se afigura suficiente que o trabalho de investigação se limite a opô-los aos católicos contestatários. Na medida em que os primeiros ocupam as análises que se debruçam sobre os anos de 1930 a 1945, não dar seguimento à sua história (a partir do fim da II Guerra Mundial) provoca, pelo menos, alguma distorção na apreciação geral do que foram as relações da política com o catolicismo no regime autoritário, quanto mais não seja pela incompletude do quadro traçado.

A segunda premissa, que deve ser entendida criticamente, envolve a ideia de *unionismo católico*, pelo qual se define um período histórico, que vai desde o golpe militar de 1926 até final da década de 1950, marcado pelo estabelecimento, por parte das autoridades religiosas, de um programa de «reconquista cristã da sociedade», que secundarizava a reivindicação dos interesses católicos através da ação política. Trata-se de um processo que evidenciava uma conceção e vivência do cristianismo como ideal de transformação na sociedade, posto em marcha particularmente pelo movimento social católico, com o objetivo de recristianizar a sociedade[16]. A sua sustentação encontrava-se no regime de separação concordatada, estabelecido a partir de 1940, e pela exclusão de todo o envolvimento dos católicos do terreno político (excetuando-se a sua participação em organizações políticas do regime), remetendo-se a sua atuação para o que se considerava ser as esferas da religião e do social. A esta luz tem sido estudado o esvaziamento, a partir de 1934, do Centro Católico, «partido de defesa católica», instituído no pontificado de Bento XV, em Fevereiro de 1915, e primeira manifestação do reconhecimento da República Portuguesa pelos bispos

---

[16] Cf. António Matos Ferreira, «Catolicismo» in *Dicionário de História de Portugal*, coord. de António Barreto e Maria Filomena Mónica, vol. VII, Porto, Livraria Figueirinhas, 1999, p. 261.

portugueses e pela Santa Sé; a adesão dos católicos à União Nacional, surgida com um estatuto transpartidário e nacional, com uma intervenção dirigida para o terreno cívico, responsável pela articulação entre o poder estadual e a sociedade civil e pela defesa da "união moral" do País e da ordem do Estado; e a fundação, em 1933, da Acção Católica Portuguesa (ACP), destinada a realizar a estratégia preconizada pelo Vaticano de retirada dos católicos da política partidária e de enquadramento dos leigos, submetidos à orientação da hierarquia eclesiástica, num movimento orgânico com fins essencialmente não políticos.

O paradigma da unidade dos católicos parece, contudo, ter sido mais um propósito do que uma realidade. Funcionou como um desígnio, apresentado e promovido pelas autoridades religiosas para o interior do campo católico, mas não teve o alcance político esperado. A divisão entre católicos nunca foi superada *de facto*. A aparente coesão da intervenção política do catolicismo hegemónico resultou antes do acatamento do *unitarismo político* arquitetado por Salazar – impondo, por exemplo, fortes limitações à participação política dos católicos e consentindo essa sua expressão apenas nas estruturas políticas e para-políticas do *Estado Novo* – , e da sua capacidade de fazer funcionar um sistema de equilíbrio entre interesses e grupos de pressão distintos. Também a retórica governamental disciplinadora de ideologias e a ação dos mecanismos do aparelho repressivo do Estado destinados a impedir o seu confronto livre condicionaram inevitavelmente a organização e a atuação dos católicos no terreno político. Contudo, regista-se que mesmo os católicos que aceitaram ter uma intervenção política no salazarismo e no marcelismo não tiveram um posicionamento unívoco, registando-se alterações à passagem do tempo. São passíveis de identificação posturas de adesão e de comprometimento, mas também de reserva, de pressão e de crítica. Houve conjunturas em que a sua ação beneficiou de maior unidade, como no período entre 1935 e 1940, e outras em que se evidenciaram estratégias diferenciadas e até algumas divisões, como sobretudo depois da convocação e realização do Concílio Vaticano II (1962-1965)[17].

---

[17] Cf. Paula Borges Santos, «Opções políticas dos católicos: Significados do «estar à direita» durante o Estado Novo (1945-1974)» in *As raízes profundas não gelam?*

O que se constata sobre as duas premissas enunciadas, justifica que a análise a fazer elucide sobre as estratégias de defesa dos interesses religiosos que adotaram os diversos católicos, inclusive os que acataram a ordem constitucional do regime e as orientações da governação. Considera-se que o papel político que jogaram para esse efeito poderá ser captado através da observação de identidades religiosas, níveis de disciplina e de sociabilidade, mas sobretudo, pela ponderação dos diferentes valores que defenderam, a partir dos quais sustentaram um determinado projeto de sociedade. Nesta linha, tem-se em conta que o catolicismo não forma um bloco unificado, sendo que no seu interior se exprimem eclesiologias diversas, conducentes à afirmação de distintas visões sobre o relacionamento da Igreja com o Estado e sobre a participação do cristão na política. A concorrência entre propostas e projetos assentes em legitimidades distintas deve merecer atenção e ajudar à explicação da estruturação dos diversos protagonismos. Coexistindo num mesmo indivíduo diferentes identidades, como a religiosa e a política, será útil também observar que primazia um ator dá a uma identidade sobre a outra, em momentos de intervenção pública, tal como será importante interpretar o significado dessa escolha para a sua estratégia de afirmação.

Por fim, refira-se a última consequência a extrair das linhas de orientação metodológica que norteiam este estudo, a qual se relaciona também diretamente com a reflexão de Hannah Arendt, enunciada no início desta introdução, no ponto em que a autora advoga que as lutas travadas em torno da emergência do totalitarismo favoreceram o regresso da religião ao domínio político e público. Prende-se, a quarta consequência, com uma tomada de posição crítica perante interpretações historiográficas que promovem a leitura das relações entre a política e a religião à luz do paradigma da secularização da sociedade. Aqui interessa, em concreto, a aceção de secularização que envolve o processo de diferenciação estrutural e funcional das instituições, designado normalmente como laicização. Dialoga-se também com este conceito, que, como explicou Fernando Catroga, remete tanto para

---

Ideias e percursos das Direitas Portuguesas, coord. de Riccardo Marchi, Alfragide, Texto Editores, 2014, pp. 307-317.

«um intervencionismo mais direto do Estado na instituição da liberdade de consciência, como [para] a neutralização do religioso na vida pública»[18], sem partilhar da posição de vários autores que a tomam como uma especificidade do processo francês de separação do Estado das Igrejas.

A elevada sensibilidade às teorias da secularização entre as ciências sociais, desde a década de 1960 do século XX, tem contribuído para a proliferação de explicações que ditam a religião como fenómeno tradicional e marginalizado pelos processos de autonomização do político, de crescimento da consciência do eu, de desenvolvimento da racionalidade capitalista, de industrialização ou de urbanização[19]. Habitualmente, essas interpretações constatam ainda situações de aprofundamento da separação do Estado das Igrejas e de desregulação institucional do religioso. Este quadro epistemológico, que bebe, sobretudo, no que apontam várias correntes da sociologia das religiões, adeptas da secularização como categoria legitimadora e promotora de um determinado sentido da evolução social, tem manifestado que a essa desregulação institucional do religioso corresponde um «processo de redução racional do espaço social da religião», submetido à conceção política que entende que as sociedades religiosa e civil se separam e que o Estado não exerce qualquer poder religioso, tal como as Igrejas não possuem qualquer poder político[20]. Nesta leitura, processada à luz da realização da «grande metáfora da modernidade, a autoafirmação do sujeito como centro do mundo»[21], transparece ainda a convicção de que a religião perdeu um papel público substancial nas sociedades ditas modernas[22], e o papel do Estado é percecionado como tendo o duplo

---

[18] Cf. Fernando Catroga, *Entre Deuses e Césares. Secularização, Laicidade e Religião Civil*, Coimbra, Edições Almedina, 2006, pp. 273-274.

[19] Cf. Idem, *ibidem*, pp. 15-17, 36-38.

[20] Cf. Danièle Hervieu-Léger, *O Peregrino e o Convertido. A religião em movimento*, Lisboa, Gradiva, 2005, p. 25.

[21] Cf. Alfredo Teixeira, «A palavra distribuída. Figuras da interlocução grupal no campo católico» in *Didaskalia*, XXXV (2005), p. 664.

[22] Cf. Ahmet T. Kuru, *ibidem*, p. 2.

desígnio de instituir a liberdade de consciência, por um lado, e de neutralizar o religioso na vida pública, por outro lado.[23]

Nesta linha, a narrativa da construção da neutralidade do Estado, ocorrida em diversos países – como os Estados Unidos da América, a França, Itália, Espanha ou Portugal –, ao longo dos séculos XVIII a XX, reconhece a religião como elemento estruturante das sociedades onde tal processo se registou, e empenha-se em compreender o papel dos crentes na aceitação dos novos princípios da separação e da liberdade religiosa. A esse propósito é comum destacarem-se as lutas surgidas no interior do campo religioso em observação, mas também entre crentes e o poder civil. Perante a emergência de novos contratos sociais, marcados pela disjunção da esfera política da religiosa, é, no entanto, a perda de capital simbólico, político e social que se aponta à religião ou às Igrejas, construindo-se em paralelo uma história da cidadania, explicativa, não só dos novos fundamentos da soberania, como de ideias e valores seculares orientadores da vida dos indivíduos. A não recuperação da importância da religião na construção da vida pública, depois das experiências históricas de separação do Estado das Igrejas, especificamente o recuo da influência social da Igreja Católica, parece ser ainda uma perspetiva confirmada pela própria evolução política e social, quando se considera, por exemplo, que, nas atuais democracias políticas da Europa Ocidental, a religião deixou de ser um elemento polarizador ou divisor da identidade social, aparecendo como realidades positivas a separabilidade e o reforço do pluralismo religioso.

Neste horizonte, o período histórico em que dominaram, em diversos países europeus, as experiências totalitária, fascista e autoritárias, configura uma exceção, na medida em que, nesse hiato temporal, a religião parece ter desempenhado um substancial papel público. Para explicar tal ocorrência os adeptos das teses da secularização defendem que a Santa Sé encontrou nos Estados desses regimes o amparo necessário «para travar a secularização, a laicização e a revolução social, numa aliança que apostava em guindar o catolicismo, de novo, a religião de

---

[23] Cf. Fernando Catroga, *ibidem*, pp. 273-274.

Estado e a instância dominante na formação das consciências»[24]. Em boa medida, tal argumentação assenta em pôr entre parêntesis, para os anos de duração daqueles regimes, o propósito planificador da instância política na ação de demarcação entre o secular e o religioso e entre o público e o privado, que habitualmente conduz a narrativa da história da secularização ou, se se preferir, da laicização (tomadas como atrás se salientou). Ao invés, a função ativa do Estado no reforço do elo social passaria por conferir destaque à Igreja, permitindo o seu reaparecimento na esfera política e pública, porque esta atuaria no sentido de legitimar o poder civil. Assim, encontram explicação as mudanças na questão do ensino, diagnosticando-se a recatolicização das consciências e da educação, ou a própria firmação de Concordatas, confirmando privilégios diversos à Igreja Católica. Um tal entendimento, que maximiza utilidades e unidades funcionais ao ponderar estratégias das instituições, não parece afastar-se das conclusões a que as teses funcionalistas, em voga nos anos de 1970 e 1980, haviam chegado e nas quais prepondera o argumento de que as instâncias religiosas funcionaram como aparelhos ideológicos dos Estados autoritários e fascistas.

A questão não é menor e ganha pertinência quando se trata de observar o relacionamento do Estado com a Igreja Católica entre 1933 e 1974. Pensado por essa via, este momento da "trajetória da secularização" no Portugal contemporâneo, tem sido equacionado como representando uma *interrupção excecional* à solução de «neutralidade» que, depois de 1910, a sociedade democrata moderna começara a desenhar quanto à interação dos universos político e religioso. A ideia do carácter de exceção do autoritarismo português, no tocante à evolução política, social e do próprio fenómeno religioso, alicerçou-se na interpretação de que o poder político exigiu a homogeneidade religiosa, designadamente do referencial católico, e contou com a Igreja Católica como recurso de legitimação do poder[25].

---

[24] Cf. Idem, *ibidem*, p. 382.

[25] Um exemplo pioneiro desta última interpretação, para o caso português, pode encontrar-se no seguinte trabalho: Silas Cerqueira, «L'Église catholique et la dictature corporativiste portugaise» in *Reveu française de science politique*, 23e année, n.º 3, 1973, pp. 473-513. Vários autores seguiram depois a ideia de que a Igreja Católica possibilitou ideologicamente a valorização da ditadura, entre eles: Fernando Rosas,

INTRODUÇÃO

Aceitar tais leituras da realidade histórica, que emerge complexa e plural, significa ignorar especificidades da moderna tensão entre política e religião. Significa, sobretudo, desconsiderar as autonomias do político e do religioso, bem como uma variedade de atitudes ambivalentes dos agentes religiosos e políticos na luta pela gestão simbólica do bem comum e pelo controlo social. Para alcançar distanciamento na abordagem histórica da problemática do relacionamento institucional entre o Estado e Igreja Católica, e melhor entender as suas facetas jurídico-políticas, parece ser essencial não perder de vista a ideia de que as instituições estatal e religiosa interagem, em qualquer tempo social, elaborando mútuas instâncias de reconhecimento e de colaboração, não só sobre o plano das representações e das crenças, como também a propósito de formas de sociabilização, de mobilização e de legitimação dos seus atores e sistemas de ação[26]. Parece também importante historicizar ideais ordenadores da sociedade – como é o princípio da separação – e atender a que o tipo de consenso político-religioso que realizam (e do qual resultam) depende no fundamental da articulação estratégica e instrumental que a pluralidade dos atores históricos molda, a partir da diversidade das suas ideologias e crenças.

Para se apreender com maior exatidão esta hipótese de reflexão, recupere-se da antropologia das religiões o entendimento de que o aprofundamento da secularização nas sociedades europeias não exclui a reativação das referências religiosas no domínio do nacionalismo ou

---

«Estado e Igreja em Portugal: do salazarismo à democracia» in *Finisterra. Revista de Reflexão e Crítica*, n.º 33, 1999, pp. 25-35; Idem, *Salazar e o Poder. A Arte de Saber Durar*, Lisboa, Tinta da China, 2012, p. 257-258; António Costa Pinto, *O Salazarismo e o Fascismo Europeu: problemas de interpretação nas ciências sociais*, Lisboa, Editorial Estampa, 1992, pp. 126-127; António Matos Ferreira, «Catolicismo»..., p. 261; Manuel Loff, *O Nosso Século é Fascista. O mundo visto por Salazar e Franco (1936-1945)*, Porto, Campo das Letras, 2008, pp. 165-169; Rita Almeida de Carvalho, *A Concordata de Salazar*, Lisboa, Círculo de Leitores e Temas e Debates, 2013, pp. 588 e 625; Duncan Simpson, *A Igreja Católica e o Estado Novo Salazarista*, Lisboa, Edições 70, 2014, pp. 235-245.
[26] Cf. Jacques Palard, «Religion et politique dans l'Europe du Sud: Permanence et Changement» in *Pôle Sud*, n.º 17, 2002, pp. 23-44.

das identidades culturais[27]. Sob este olhar, e cruzando-o também com o ponto de vista da antropologia política, há que repensar ainda que o Estado, enquanto instituição, é em si mesmo um «contexto de autorização», onde as ações que nele se inscrevem dependem de «condições de legitimidade», apresentadas segundo procedimentos de maior ou menor regulação[28]. Nesse sentido, observe-se o Estado como regulador político do fenómeno religioso, do qual depende um «regime de validação do crer», para usar a terminologia proposta por Danièle Hervieu-Léger[29]. Por outras palavras, considere-se que o Estado é exigente da institucionalização do religioso, sendo as expressões religiosas objeto de reconhecimento e de normatização institucional pelo Estado. As relações entre as instituições religiosas e o Estado dependem do sistema estabelecido de validação do crer, mas à sua definição não é alheia também a interação registada entre a instituição estatal e a religiosa, na elaboração de mútuas instâncias de reconhecimento e de colaboração, onde se gerem memórias autorizadas, mobilizam valores de referência e se exploram margens de negociação.

3. Plano de trabalho

Este livro abre com uma introdução e estrutura-se em seis capítulos. No primeiro, sintetiza-se a normatividade jurídica que envolveu o fenómeno religioso antes da institucionalização do *Estado Novo*, no período decorrido entre 1832 e 1933. Analisam-se, com detalhe, as relações entre política e religião, estabelecidas durante o processo

---

[27] Pondere-se, por exemplo, os casos de algumas sociedades europeias fortemente secularizadas que continuam, ainda na atualidade, a deter Igrejas nacionais, como a Dinamarca (*Den evangelisk-lutherske Folkekirke I Danmark*), a Escócia (*Kirk*) ou a Inglaterra (*Church of England*). Recorde-se ainda os discursos sobre a matriz cristã da Europa, no quadro da discussão sobre o projeto de tratado constitucional para a União Europeia (Cf. Alfredo Teixeira, *Não sabemos já donde a luz mana. Ensaio sobre as identidades europeias*, Lisboa, Paulinas, 2004, pp. 20-23).

[28] Cf. Alfredo Teixeira, «A palavra distribuída. Figuras da interlocução grupal no campo católico»…, p. 663.

[29] Cf. Danièle Hervieu-Léger, *ibidem*, p. 213.

constituinte de 1932-1933, bem como as reações católicas ao que, nesse domínio, foi consagrado pela Constituição de 1933. O segundo capítulo ocupa-se dos comportamentos de vários setores católicos nos anos compreendidos entre a promulgação da Lei Fundamental e a assinatura dos acordos concordatários de 1940, entre Portugal e a Santa Sé. Aferem-se quais os interesses dominantes no catolicismo português e quais as estratégias de diálogo e negociação mantidas com o poder político. Abordam-se ainda as reações da classe política dirigente, do episcopado e de diferentes setores da sociedade civil ao teor da Concordata e do Acordo Missionário. O terceiro capítulo trata do modo como se processou a construção do regime concordatário. Aí se detalham quais os problemas que se colocaram à execução da Concordata, mas também o que foi legislado no âmbito das garantias concordatárias. Completa-se a apresentação do ordenamento português sobre o fenómeno religioso no regime da Constituição de 1933, mediante o que resultou das várias revisões constitucionais ocorridas até 1968. Trata-se de observar como evoluíram no salazarismo os princípios constitucionais que tutelavam o regime das relações do Estado com a Igreja Católica. No quarto capítulo, estuda-se o relacionamento que Marcelo Caetano teceu entre o Estado e as Igrejas. Procuram-se aferir continuidades e ajustamentos em relação à política religiosa de Salazar. Destaca-se, em particular, o que foi estabelecido pela revisão constitucional de 1971, as mudanças introduzidas pela lei de liberdade religiosa desse mesmo ano, procurando esclarecer o significado desse diploma para o estatuto jurídico da Igreja Católica, mas também para as confissões não católicas. Analisa-se também alguma legislação ordinária enquadradora das atividades privadas de ensino e assistência. O quinto capítulo debruça-se sobre o comportamento do Estado, quanto ao modo e à forma como regulou a religião, donde o enfoque recai sobre as esferas de decisão e os dispositivos de conformação dos interesses religiosos. Apuram-se quais os canais privilegiados para a tomada de decisões, as relações dos presidentes do Conselho com os ministros, a atuação da máquina administrativa do Estado. Registam-se aspetos da representação política. Problematiza-se a gestão política de um tema que foi fraturante, o regime do casamento e do divórcio. Aferem-se as características do processo de regulamentação da Concordata, com destaque para a solução dada aos bens eclesiásticos. Por fim, no sexto e último capítulo reflete-se sobre o processo de desmobilização política dos católicos, nas suas várias facetas, considerando-se que tal foi uma estratégia governamental paralela ao enquadramento normativo da religião. A esta luz, revisita-se o fim do Centro Católico Português, o modelo de participação política dos católicos promovido pela Acção Católica Portuguesa, o «caso do bispo do Porto», a repressão sobre os setores católicos em oposição ao regime e as pressões do Executivo sobre o episcopado. A exposição é encerrada com conclusões que procuram fornecer uma proposta de leitura geral sobre a política religiosa do autoritarismo português.

Disponibilizam-se, no final, três anexos. O primeiro corresponde a um ensaio bibliográfico, onde se procede a um balanço do debate teórico sobre as relações do Estado com a Igreja Católica no *Estado Novo*, no qual se equacionam as perspetivas de análise e os problemas que a esse respeito têm sido trabalhados pelas ciências sociais, em especial pela história. Publicam-se ainda duas listagens. A primeira reúne os projetos de lei, avisos prévios, requerimentos e perguntas por escrito, apresentados à Mesa da Assembleia Nacional sobre política religiosa, ao longo de todo o período de funcionamento da câmara. A segunda engloba leis, decretos-leis, portarias, declarações, pareceres e despachos, relevantes para este estudo e que tiveram publicação oficial entre 11 de Abril de 1933 e 24 de Abril de 1974.

4. Bibliografia e fontes

Para esta investigação recorreu-se aos seguintes instrumentos bibliográficos: obras de referência teórica e metodológica; estudos jurídicos; trabalhos gerais sobre Portugal, para o período compreendido entre 1910 e 1974; obras sobre governação, organização política e ideologia no *Estado Novo* e em outros regimes políticos europeus novecentistas; estudos sobre a Igreja Católica e catolicismo em Portugal e na Europa no século XX; estudos sobre a diferenciação religiosa em Portugal no século XX. A organização e o método de utilização da bibliografia encontram-se refletidos no modelo da sua apresentação.

De maior complexidade revelou-se o processo de seleção e consulta das fontes primárias. Cruzaram-se dois tipos de fontes documentais:

INTRODUÇÃO

impressas e as de natureza arquivística. Quanto às primeiras, selecionaram-se: publicações periódicas (jornais, boletins e revistas); publicações da Assembleia Nacional, da Câmara Corporativa e do Governo; documentos pontifícios e episcopais; correspondência publicada, entrevistas, memórias e depoimentos; estudos jurídicos; outros documentos, bastante diversificados quanto à sua origem e género (antologias de textos de algumas personalidades, documentação produzida no âmbito da União Nacional, da Legião Portuguesa e do Partido Comunista Português, discursos de governantes e conferências diversas). Em relação às publicações periódicas, circunscreveu-se a pesquisa a jornais diários de grande tiragem na época. O jornal *Novidades*, órgão oficioso do episcopado português, foi, de entre os títulos selecionados, o que mereceu consulta mais pormenorizada. Nos restantes casos, fizeram-se incursões específicas para seguir algumas polémicas ou comentários a diplomas legislativos e a determinados acontecimentos. A pesquisa sobre diversos boletins e revistas procurou captar a opinião publicada de diferentes setores católicos, de alguns segmentos políticos e de algumas organizações do regime. O tratamento da questão da liberdade religiosa exigiu a leitura de publicações específicas produzidas por algumas confissões religiosas não católicas. De entre as publicações da Assembleia Nacional e da Câmara Corporativa, cumpre destacar a importância do *Diário das Sessões* para o conhecimento do quotidiano vivido nas reuniões legislativas da Assembleia e da atividade da Câmara Corporativa, não obstante a narrativa aí fixada não corresponder integralmente ao decurso das sessões. As restantes publicações das câmaras cumpriram, no essencial, uma função limitada, servindo sobretudo para confirmar informação retirada do *Diário das Sessões*. O *Diário do Governo*, I Série, foi utilizado para compilar legislação e verificar que entidades governamentais estiveram associadas à produção dos diplomas selecionados, bem como para analisar a distribuição destes últimos ao longo do tempo. As fontes de natureza arquivística que suportam a investigação foram reunidas em arquivos públicos e particulares. Quanto aos primeiros, consultaram-se diversos fundos no Arquivo Contemporâneo do Ministério das Finanças (fundo Comissão Jurisdicional dos Bens Cultuais e fundo Direção-Geral da Justiça e dos Cultos), no Arquivo Histórico da Secretaria Geral do Ministério da Justiça (fundo Comissão Jurisdicional dos Bens Cultuais e fundo

Gabinete do Ministro), no Arquivo Histórico-Parlamentar da Assembleia da República (fundo Secretaria Geral da Assembleia Nacional e da Câmara Corporativa, subfundo Serviços Legislativos da Assembleia Nacional, subfundo Serviços Legislativos da Câmara Corporativa e subfundo Expediente Geral), na Secretaria Geral do Ministério da Educação (fundo Direção Geral do Ensino Liceal, fundo Gabinete do Ministro da Educação, fundo Gabinete de Estudos e Planeamento da Ação Educativa) e na Direção Geral de Arquivos – Arquivo Nacional da Torre do Tombo (fundo Arquivo Oliveira Salazar, fundo Albino Soares Pinto dos Reis, fundo Marcelo Caetano, fundo Ministério do Interior, fundo União Nacional/Ação Nacional Popular, fundo Polícia Internacional de Defesa do Estado/ Direção Geral de Segurança). A correspondência existente em diversos fundos documentais, especialmente a que se encontra depositada no Arquivo Oliveira Salazar e no Arquivo Marcelo Caetano, foi de grande apoio informativo e permitiu superar uma abordagem excessivamente formal de inúmeros relatórios, pareceres, atas, projetos e propostas de lei, ofícios e circulares, decretos-lei e leis. Para tal contribuiu a natureza dessa mesma correspondência, marcada por um forte caráter oficial e político (mesmo quando designada de particular). Ainda sobre a correspondência consultada, nos dois últimos arquivos citados, cumpre esclarecer que se verificou a troca epistolar, oficial e particular, dos presidentes do Conselho, Salazar e Caetano, com ministros, secretários e subsecretários de Estado, deputados, procuradores e diversas personalidades do meio católico (bispos, núncios, sacerdotes e leigos). A identificação desses agentes foi sugerida pela própria documentação. No caso concreto dos parlamentares, a seleção feita beneficiou muito do conhecimento adquirido num trabalho anteriormente realizado[30], que permitiu reconhecer detalhadamente quais os intervenientes que deveriam ser examinados. O investimento da investigação na correspondência tratou de procurar compensar a impossibilidade de recolher os testemunhos dos protagonistas em estudo, dado o desaparecimento físico da larguíssima maioria dos atores históricos à época da realização deste trabalho. Exis-

---

[30] Cf. Paula Borges Santos, *A Questão Religiosa no Parlamento (1935-1974)*..., pp. 214-299.

tindo embora a possibilidade de auscultar alguns elementos, poucos, para o período marcelista, optou-se por não recorrer a tais fontes orais. A principal razão dessa escolha prende-se com a experiência de duas entrevistas realizadas[31], dado que os entrevistados revelaram extrema dificuldade em recuperar a memória de negociações políticas que se pretendiam apurar. Concluiu-se, então, que da característica do sigilo que rodeia necessariamente os processos de decisão política, da concentração de informação restrita nos principais atores envolvidos e da passagem de bastante tempo sobre os assuntos a explorar, resultava uma conjugação de fatores que não permitia uma obtenção de dados satisfatória, sendo bastante mais fecunda a informação recolhida na documentação escrita.

A par dos arquivos públicos referidos, consultaram-se os seguintes arquivos privados: Patriarcado de Lisboa (fundo Cardeal D. Manuel Gonçalves Cerejeira); Universidade Católica Portuguesa, arquivo da Biblioteca Universitária João Paulo II (documentos sobre o fim do Centro Católico) e arquivo do Centro de Estudos de História Religiosa (fundo José Maria Braga da Cruz e fundo Guilherme Braga da Cruz). A documentação aí localizada complementou muito favoravelmente as fontes trabalhadas nos arquivos públicos, permitindo ainda alcançar informação substantiva para tratar as lógicas de ação de diversos agentes pertencentes à Igreja Católica. Esclareça-se, porém, que a pesquisa sobre o fundo Cardeal D. Manuel Gonçalves Cerejeira só em parte foi autorizada. O pedido de consulta de processos posteriores a 1940 foi recusado (designadamente não foi autorizada a consulta sobre o processo relativo à lei de liberdade religiosa de 1971), alegando os responsáveis pela gestão do acervo que aquele é, atualmente, o ano limite para disponibilização de documentação à leitura. Os documentos que aí se recolheram e que ultrapassam a data de 1940, encontram-se reunidos no processo relativo à assinatura da Concordata.

---

[31] As entrevistas foram realizadas a uma deputada da Assembleia Nacional na X Legislatura (1969-1973) e a um procurador da Câmara Corporativa nas X e XI Legislaturas (1969-1974), respetivamente em 20 de Maio de 2009 e 25 de Outubro de 2010. Pelas razões acima aduzidas não se faz referência às entrevistas quando se apresentam as fontes.

CAPÍTULO I

A RELIGIÃO NA CONSTITUIÇÃO DE 1933

O *Estado Novo* alterou profundamente a forma histórica do que até então haviam sido as relações entre o Estado e a Igreja Católica, introduzindo diferenças assinaláveis quanto ao que tinha sido estabelecido nessa matéria pelos regimes políticos anteriores. Sem abdicar de exercer um papel assertivo quanto à regulação do fenómeno religioso, mas afastando-se do ideal de confessionalidade, o poder civil permitiu que o catolicismo ocupasse a esfera pública e criou condições para que, na longa duração, a Igreja Católica se constituísse como uma instituição dotada de autonomia, no plano jurídico estatal, e com presença estável na sociedade portuguesa. As opções fundamentais do Estado neste domínio foram inscritas logo na Constituição de 1933.

**1. A regulação do fenómeno religioso antes do Estado Novo (1832-
-1933)**

No período do liberalismo, as autoridades civis consolidaram a prática regalista herdada do absolutismo e a religião católica apostólica romana foi mantida como religião oficial do Estado. A atitude intervencionista do legislador manifestou-se na abolição dos dízimos (1832), na atribuição ao rei da faculdade exclusiva de apresentar párocos para as igrejas e eclesiásticos para quaisquer benefícios (1832), na proibição de admissões às ordens sacras e de entrada nos noviciados e no despedimento de noviços (1833), na extinção de todos os padroados (1833) e de todas as ordens religiosas masculinas existentes no País (1834). A governamentalização das nomeações para todos os cargos eclesiásticos foi ainda reforçada pela atribuição ao erário público da responsabilidade de sustentar o clero paroquial, fixando-se para esse efeito um regime de côngruas (1838 e 1841), e pela manutenção do beneplácito régio e da representação episcopal na Câmara dos Pares. Os estabelecimentos de piedade e beneficência, no quadro do que fora estipulado pelo Código Administrativo de 1842, eram superintendidos pelos governadores civis, que dessa forma vigiavam o exercício da autoridade eclesiástica. A reabertura de seminários, limitados ao número de um por diocese, processou-se de forma gradual, sendo apenas facilitada após se estipular a afetação àqueles dos rendimentos da Bula de Cruzada. Sobre o programa de estudos dos seminários ocorreram diversas tentativas de controle por parte do Governo[1]. O estabelecimento da concordata de 1848, depois de normalizadas as relações com a Santa Sé (1841), garantiu o acordo com Roma sobre essas alterações políticas e eclesiásticas. Por via dos Códigos Penais de 1852 e de 1886, penalizavam-se também quaisquer ataques à doutrina da religião «do Reino», proibiam-se atos de culto ou de proselitismo que lhe fossem contrários e condenava-se a dissidência da Igreja estabelecida com a perda de direitos políticos (não civis). Ainda assim, a jurisprudência e a prática administrativa encaminharam-se no sentido da tolerância e possibilitaram a organização *de facto* da diferenciação religiosa em grupos diversificados, como os judeus ou os protestantes, numa manifestação de que sobre as disposições penais prevaleciam as garantias dos direitos individuais de consciência, imprensa e associação, reconhecidos pela Carta Constitucional de 1826 e pelo Código Civil de 1867. Desta forma se entende também a implantação de lojas maçónicas na sociedade oitocentista e a dependência das estruturas partidárias e de algumas associações republicanas e socialistas de então

---

[1] Cf. Manuel Clemente, *Igreja e Sociedade Portuguesa – Do Liberalismo à República*, Porto, Assírio & Alvim, 2012, pp. 19-33, 174-178; João Seabra, *O Estado e a Igreja em Portugal no inicio do século XX – A Lei de Separação de 1911*, Cascais, Principia, 2009, pp. 30-48; Vítor Neto, *O Estado, a Igreja e a Sociedade em Portugal (1832-1911)*, Lisboa, Imprensa Nacional Casa da Moeda, 1998, pp. 96-294.

(caso da Associação do Registo Civil) do tipo de sociabilidade incrementada pela Maçonaria[2].

Após 1910, os poderes públicos determinaram a separação do Estado das Igrejas, renovando e agravando os métodos de controlo jurídico-administrativos estatais sobre o catolicismo. No espaço público, as manifestações sociais da Igreja Católica foram fortemente restringidas pelo processo laicizador incrementado na sequência da proclamação da República (apoiado pelas várias tendências republicanas mas também por outras correntes político-ideológicas, como o anarquismo, o socialismo e o livre-pensamento) e suportado pela legislação produzida entre 1910 e 1917. As medidas tomadas durante o Governo Provisório foram, porém, as que maior impacto alcançaram: reposição das leis de 1759, 1767 e de 1834, que expulsavam os jesuítas, encerravam todos os conventos e nacionalizavam os seus bens móveis e imóveis, e anulação do decreto de 18 de Abril de 1901, que permitia a constituição de congregações religiosas no País desde que dedicadas em exclusivo à instrução, beneficência ou propagação da fé e civilização no ultramar (8 de Outubro de 1910); fixação de novo calendário de feriados, do qual eram retirados todos os que tinham carácter religioso (12 de Outubro); substituição do Código Administrativo de 1896 pelo de 1878, o que implicava a nomeação de novas comissões paroquiais e a destituição das juntas de paróquia existentes (13 de Outubro); afastamento das Irmãs da Caridade de todos os envolvimentos que assumiam (15 de Outubro); abolição das formas religiosas de juramento público (18 de Outubro); anulação de designações de fortificações militares a que haviam sido dados nomes de santos (19 de Outubro); supressão do ensino confessional nas escolas primárias e normais estatais (22 de Outubro); obrigatoriedade de observância do art. 137.º do Código Penal (vigilância sobre padres, seus sermões e artigos de imprensa, tratando de verificar se atacavam

---

[2] Cf. Luís Aguiar Santos, «Condicionantes na Configuração do Campo Religioso Português» in *História Religiosa de Portugal*, dir. de Carlos Moreira Azevedo, Vol. III – Religião e Secularização Séculos XIX e XX, coord. de Manuel Clemente e António Matos Ferreira, Lisboa, Círculo de Leitores, 2002, pp. 411-412; Idem, «A transformação do campo religioso português» in *ibidem*, pp. 422-426; Idem, «O caminho da tolerância religiosa em Portugal» in *Portugal Evangélico*, n.º 934, Junho 2010, pp. 8-9.

os poderes do Estado) pelos funcionários públicos (22 de Outubro); encerramento da Faculdade de Teologia de Coimbra e abolição do juramento da Imaculada Conceição para os novos doutores da Universidade conimbricense (23 de Outubro); conversão dos dias santificados em dias úteis e de trabalho (27 de Outubro); fim das punições por ataques à religião, segundo a lei de imprensa (28 de Outubro); autorização dada aos governadores civis para substituírem por novas comissões as mesas ou corpos administrativos das irmandades e confrarias (28 de Outubro); extinção da disciplina de Direito Eclesiástico da Faculdade de Direito (14 de Novembro); proibição de enterramentos em igrejas (3 de Novembro); estabelecimento do direito ao divórcio (litigioso com variadas causas, por mútuo consentimento ou ainda transformação da separação judicial de pessoas e bens em divórcio ao fim de cinco anos), pela chamada «lei do Divórcio» (3 de Novembro); proibição da participação das Forças Armadas em atos litúrgicos católicos (18 de Novembro); reconhecimento do casamento como «contrato civil» entre duas pessoas de sexo diferente e dos direitos dos filhos (e suas mães) nascidos fora do casamento, pelas designadas «leis da Família» (25 de Dezembro); supressão do culto a Nossa Senhora da Conceição na Capela da Universidade de Coimbra (21 de Janeiro de 1911); publicação do Código do Registo Civil (18 de Fevereiro).

O desígnio de institucionalização político-jurídica da experiência de laicização do Estado e da sociedade portuguesa, patente nos diplomas enunciados, alcançou o auge com a publicação da lei da Separação do Estado das Igrejas (20 de Abril de 1911). Este decreto com força de lei punha fim à religião católica como religião de Estado; privava de personalidade jurídica a Igreja Católica e todas as pessoas e instituições morais, prevendo em alternativa a constituição de corporações cultuais de assistência e beneficência, sujeitas a autorização do Ministério da Justiça; declarava pertença do Estado os bens eclesiásticos; estipulava a intervenção estatal na nomeação dos membros do clero e na organização das atividades cultuais dentro de cada paróquia; condicionava a liberdade de culto; reduzia a cinco o número de seminários e previa o direito do Estado de vigiar o seu funcionamento interno, o seu regime escolar e sistema de provas finais; considerava o ensino religioso como culto público; extinguia as formas tradicionais de manutenção do culto e de sustentação do clero, admitindo atribuir aos párocos pensões, que em caso de morte do padre pensionista eram passíveis de transmissão à sua viúva e filhos menores (medida com um conteúdo político provocatório implícito); proibia o uso de vestes talares e mantinha o beneplácito sobre os documentos doutrinais e pastorais das autoridades eclesiásticas. Previa-se a aplicação da lei às colónias portuguesas, tratando-se, contudo, de reduzir os custos com o culto nesses territórios e de extinguir as missões religiosas estrangeiras aí fixadas. Mantinham-se os direitos inerentes ao padroado do Oriente, não sendo revogada também a legislação missionária existente[3]. Entre 1913 e 1926, diversas iniciativas foram desenvolvidas com o intuito de criar e fomentar «missões civilizadoras» laicas. O pouco sucesso desses empreendimentos, quanto aos objetivos políticos e educativos que se propunham alcançar, conduziu, todavia, ao seu abandono durante a *Ditadura Militar*[4]. Quanto às confissões religiosas não católicas, refira--se que viram também limitados os espaços de autonomia e tolerância de que beneficiavam no regime anterior, fruto quer das disposições da lei de 20 de Abril de 1911, que também se lhes aplicava (embora o diploma se destinasse a atingir em especial a Igreja Católica), quer da deturpação que, na prática política e administrativa, sofreram os princípios constitucionais da inviolabilidade da liberdade de consciência e de crença, de reconhecimento pelo Estado de igualdade política e civil a todos os cultos e ainda a declaração de que ninguém poderia ser perseguido por motivo de religião (arts. 4.º, 5.º e 6.º da Constituição de 1911).

Na segunda metade da década de 1910 assistiu-se a um desagravamento da situação da Igreja Católica face ao Estado, determinado por diferentes fatores. O envolvimento direto de Portugal na I Guerra Mundial, em 1916, favoreceu uma aproximação entre o poder civil e a instituição eclesiástica, após ser dada autorização governamental

---

[3] Cf. João Seabra, *ibidem*, pp. 285-306.

[4] Cf. Maria Cândida Proença, *A Questão Religiosa no Parlamento*, vol. II – *1910-1926*, Lisboa, Assembleia da República, 2011, pp. 18-25; João Seabra, *ibidem*, pp. 57-59, 184; Maria Lúcia de Brito Moura, *A «Guerra Religiosa» na I República*, 2.ª ed. revista e aumentada, Lisboa, Centro de Estudos de História Religiosa, Universidade Católica Portuguesa, 2010, pp. 86-89.

para que os soldados beneficiassem de assistência religiosa[5]. Também as alterações parciais à Lei de Separação, determinadas sobretudo no consulado de Sidónio Pais (por publicação, entre Dezembro de 1917 e Fevereiro de 1918, de vários decretos da Junta Revolucionária e do Executivo); o reconhecimento recíproco do Estado e da Igreja, alcançado por acordo estabelecido entre Bento XV e o Governo (Junho de 1918); as modificações ao quadro legislativo regulador da missionação em 1919 e 1922 (facilitando o recrutamento de missionários no País e integrando na estrutura do Estado as missões católicas portuguesas cuja atividade se reconhecia depender das autoridades religiosas), ou o acordo verbal entre Portugal e a Santa Sé que regulou a nomeação dos bispos para a metrópole (1923), contribuíram para uma evolução em sentido positivo do relacionamento entre o Estado e a Igreja Católica. A abertura para tais realizações acontecera na sequência de clivagens entre setores do republicanismo quanto à aplicação da Lei de Separação, as quais já se tinham manifestado no momento de sua elaboração e haviam fragilizado os sucessivos Ministérios.

A orientação política que valorizava um entendimento com as autoridades eclesiásticas, sustentada por republicanos apoiantes de um laicismo moderado (como António José de Almeida) que criticavam alguns excessos naquele diploma e defendiam uma política «de atração» dos católicos à República, acabou por se impor gradualmente, à medida que perdiam força política os defensores da manutenção de uma política de combate à instituição eclesial (como Afonso Costa ou a minoria republicana organizada em torno da Associação do Registo Civil e nos círculos do Livre-Pensamento), para quem as críticas à «intangível» se identificavam com comportamentos de recusa da realidade da separação[6].

Os Ministérios da *Ditadura Militar* prolongaram o clima político de não hostilização à Igreja, herdado do sidonismo e dos últimos Governos da *Nova República Velha*. A estratégia de fomentar um consenso social o mais alargado possível, que permitisse superar a fragilidade

---

[5] Cf. Maria Lúcia de Brito Moura, *Nas Trincheiras da Flandres: com Deus ou sem Deus, eis a questão*, Lisboa, Edições Colibri, 2010, pp. 7-25.

[6] Cf. Luís Salgado de Matos, *A Separação do Estado e da Igreja*, Alfragide, Publicações Dom Quixote, 2011, pp. 475-533.

dos equilíbrios que sustentavam o poder civil e repor a ordem e a normalidade constitucional, justificou o investimento das autoridades governamentais na melhoria do relacionamento do Estado com a Igreja Católica, procurando, por essa via, obter apoios do campo católico. Nesse sentido, foi publicado, logo em Julho de 1926, no Ministério de Gomes da Costa, o chamado «decreto da personalidade», da autoria do ministro da Justiça e dos Cultos, Manuel Rodrigues Júnior. O diploma concedia personalidade jurídica às corporações e aos institutos encarregados de promover o culto de quaisquer confissões religiosas. Segundo enunciava o legislador no preâmbulo do decreto, mantinha-se o sistema adotado no decreto n.º 3856 de 22 de Fevereiro de 1918, que já reconhecera a personalidade jurídica às pessoas coletivas organizadas pelas Igrejas, mas que continuava a recusar personalidade às Igrejas enquanto tais. Quanto aos bens que haviam sido retirados à Igreja Católica e se encontravam na posse do Estado, determinava-se a sua devolução, mas apenas em «uso e administração os bens destinados a fins cultuais e ainda não aplicados a serviços de utilidade pública». As corporações encarregadas do culto ficavam obrigadas à apresentação das suas contas no final do ano económico à autoridade administrativa. Autorizava-se o ensino religioso nas escolas particulares, o culto público, embora de forma condicionada, e regulava-se a aposentação dos ministros do culto que à data de 5 de Outubro de 1910 exerciam funções religiosas[7]. Tratava-se de eliminar os aspetos mais severos da Lei de Separação.

Embora o legislador cuidasse de se referir no articulado do diploma «às Igrejas», era visível, no que particularizava sobre a Igreja Católica, que destinava a iniciativa legislativa a esta última. Com alguma ambiguidade, procurava-se criar um equilíbrio entre os interesses do laicismo republicano e os dos setores católicos colaborantes com a ditadura. Para agradar aos primeiros justificava-se que o Estado mantinha a neutralidade em matéria religiosa e concedia a todas as crenças amplas liberdades, limitadas pela legítima ação de cada uma e pelas «naturais prerrogativas do Estado», cabendo-lhe apenas tratar com

---

[7] Cf. *Diário do Governo*, I Série, n.º 152: Decreto n.º 11:887 de 15 de Julho de 1926.

deferência a religião tradicional da maioria dos portugueses de forma a acabar com uma «situação de conflito» na sociedade portuguesa que não convinha manter.

A relação com Roma foi outro aspeto que mereceu investimento dos poderes públicos, que procuraram alcançar um novo entendimento com o Papado sobre o Padroado do Oriente. A atividade missionária beneficiou da celebração, entre Portugal e a Santa Sé, dos acordos de 1928 e 1929, e ainda da alteração da legislação interna que se tornou mais favorável à implantação das missões nos territórios sob soberania portuguesa. O Estatuto Orgânico das Missões Católicas de África e Timor, aprovado pelo decreto n.º 12:485 de 13 de Outubro de 1926, reconheceu personalidade jurídica às missões e isentou-as de quaisquer contribuições, concedendo-lhes gratuitamente terrenos (até 2000 hectares em Angola e Moçambique e 100 nas restantes colónias) e atribuindo-lhes uma dotação anual destinada às casas de formação das corporações missionárias existentes. Estabeleceu vencimentos para os prelados e missionários, que obtinham também uma pensão vitalícia equivalente à dos funcionários públicos e ficavam isentos do cumprimento do serviço militar[8]. Em Julho de 1930, o Ato Colonial confirmou as missões religiosas ultramarinas como «instrumentos de civilização e de influência nacional» e admitiu que os estabelecimentos de «formação do pessoal para os serviços delas [missões] e do Padroado Português» alcançariam personalidade jurídica, devendo ser protegidos e auxiliados pelo Estado, como «instituições de ensino» (art. 24.º). A solução aí alcançada acerca da missionação foi apresentada pelo Estado e legitimada perante a opinião pública como necessária ao desenvolvimento da política colonial, enquanto contributo para o esforço de «portugalização» das colónias, e à manutenção de uma das principais regalias do Padroado (o direito de apresentação). Para tanto, situava-se a questão num terreno histórico, referindo-se a «função histórica» da Nação de «possuir e colonizar domínios ultramarinos e de

---

[8] Cf. Nuno da Silva Gonçalves, «A dimensão missionária do catolicismo português» in *História Religiosa de Portugal*, dir. de Carlos Moreira Azevedo, Vol. III – *Religião e Secularização Séculos XIX e XX*, coord. de Manuel Clemente e António Matos Ferreira, Lisboa, Círculo de Leitores, 2002, pp. 372-373.

civilizar as populações indígenas» e o exercício da «influência moral» que «lhe é adstrita pelo Padroado do Oriente» (art. 2.º)[9].

No plano da assistência religiosa, foi revista a situação dos sacerdotes católicos que, na qualidade de capelães militares, tinham prestado serviço junto das tropas portuguesas em operações em África, durante a I Guerra Mundial. Por decreto n.º 16:443 de 1 de Fevereiro de 1929, que publicou o Código dos Inválidos, reconhecia-se como serviço de campanha o envolvimento de capelães que tivessem sido, ou viessem a ser, agregados às forças combatentes.

Importantes foram também os diplomas produzidos, a partir de 1931, sobre o ensino particular, designadamente os decretos n.º 19:244 e n.º 20:613, respetivamente de 16 de Janeiro e de 5 de Dezembro daquele ano. Partindo da necessidade de regulamentar a relação do Estado com o ensino não oficial e de reunir legislação dispersa, o legislador consagrava, com o primeiro decreto, o direito a alguma independência por parte das iniciativas privadas de ensino, mas não abdicava de reclamar para o Estado a posição de coordenador dessas atividades. Cabia, como tal, ao Governo estabelecer as matérias a lecionar, as normas pedagógicas e de higiene a seguir, as provas a realizar. Também a abertura dos estabelecimentos de ensino privado dependia de autorização do Ministro da Instrução Pública. No âmbito do que já fora consagrado pelo decreto n.º 11:887 de 15 de Julho de 1926, permitia-se o ensino religioso nessas escolas (art. 5.º) e abdicava-se da sua fiscalização (§ único). Proibia-se o ensino de «doutrinas contrárias à independência e integridade da Pátria, no respeito pelas tradições nacionais portuguesas, à segurança do Estado e à moral social» (art. 6.º), prevendo-se o encerramento dos estabelecimentos que não respeitassem este preceito. Estas disposições não foram alteradas pelo decreto n.º 20:613, chamado «segundo estatuto do ensino particular», que, no entanto, reforçava o controlo e alargava o âmbito de intervenção da Inspeção Geral do Ensino Particular.

As modificações à Lei de Separação, introduzidas entre 1917 e 1933, bem como outras iniciativas legislativas produzidas nesse período temporal, apesar de atestarem uma atitude de maior moderação do poder

---

[9] Cf. *Diário do Governo*, I Série, n.º 156: Decreto n.º 18:570 de 8 de Julho de 1930.

político perante a Igreja Católica, não foram suficientes para produzir uma alteração profunda ao paradigma de separação. O Estado manteve controle sobre a instituição eclesial, embora tenha moderado as práticas laicistas mais agressivas e desenvolvido um discurso de maior neutralidade face à religião, em geral, e ao catolicismo, em particular. As novas regulamentações estatais envolvendo o estatuto público da Igreja Católica, apesar de procurarem ser conciliatórias, mantiveram restrições à atividade daquela instituição e não ultrapassaram o limite do seu reconhecimento indireto (donde se recusou a atribuição de personalidade jurídica estatal à Igreja em si mesma). Contudo, o facto de o processo de laicização do Estado e da sociedade ter decorrido de forma acelerada e concentrada nos dois primeiros anos da República favoreceu a perceção de que o Estado reduzia progressivamente o investimento no projeto laicizador.

2. A procura de um novo paradigma pelo Estado autoritário

No regime autoritário, o papel socializador do Estado foi orientado por duas tendências que haviam marcado a evolução da sociedade portuguesa, desde o advento do absolutismo até ao triunfo do republicanismo. Uma, relativa à gradual autonomização do poder temporal da visão sacral da ordem social e política. Esta tendência justificara quer a política anticongregacionista e regalista do liberalismo português, quer as medidas laicizadoras dos governos republicanos, ambas favorecedoras da reafirmação da soberania nacional contra o internacionalismo da *res publica christiana* e atentas à autonomia do direito civil em relação ao direito canónico[10]. Outra, referente à imposição, desde o liberalismo, de um movimento que, intensificado no laicismo republicano, tocou a mentalidade coletiva, no sentido de sedimentar o valor da consciência, do indivíduo e da razão, de valorizar a crença na ciência e no progresso de molde a criar novas estruturas de socialização

---

[10] Refira-se que estas tendências podem ainda ser inscritas na longa duração: tanto no absolutismo do século XVIII, como em tendências anteriores. Cf. Nuno J. Espinosa Gomes da Silva, *História do Direito Português. Fontes de Direito*, 4ª ed. revista e atualizada, Lisboa, Fundação Calouste Gulbenkian, 2006, pp. 185 e 468.

cultural, e de abandonar uma visão da religião como base constitutiva exclusiva da vida social, da ordem e da moral. Este horizonte repercutiu-se na reinterpretação que a classe política dirigente do *Estado Novo* fez da ideia de ação ativa do poder político. O secularismo não deixou de permanecer como projeto positivo e manteve a exigência da função ativa do Estado no reforço do elo social. As implicações desta circunstância haveriam de manifestar-se, em toda a sua complexidade, no momento de organização do Estado autoritário, condicionando o modelo de relação estabelecido entre a política e a religião ao longo de todo o regime.

Entre 1933 e 1974, o princípio da centralidade do papel do Estado concorreu para a tentativa de se disciplinar de modo estável a relação do Estado com as Igrejas, e em especial com a religião católica, na medida em que o poder político construiu uma noção de interesse nacional, com uma dimensão de ordem moral, cuja realização só podia ser assegurada pelo Estado. A afirmação dessa disposição da instituição estatal cresceu e reforçou-se com o projeto de ordenamento corporativo do regime autoritário. Confrontado com uma proliferação de interesses sociais organizados, entre os quais os das Igrejas, o poder político reclamou para o Estado, concebido como organização jurídica da Nação, o papel de único agente dotado dos órgãos necessários para assegurar a realização do que se entendia ser o «bem comum», num mecanismo de defesa da própria autoridade estatal. Na estrutura corporativa, a Igreja Católica foi colocada no âmbito dos organismos corporativos de ordem moral, portanto, entre aqueles que se propunham realizar fins de assistência, beneficência ou caridade. A esta luz, o Estado redefiniu o modelo de separação e refez a disciplina normativa do religioso. Na concretização de novas soluções neste domínio, o poder político, sem pôr em causa os contornos de estatalidade que pretendia refundar, cuidou, porém de não cercear totalmente a autonomia privada, tal como não escamoteou o facto de a Igreja Católica ser uma pessoa jurídica de direito internacional público. Interessou-lhe, sobretudo, limitar comportamentos capazes de condicionar a trajetória de ação do poder estatal. Em função do que foi considerado mais adequado em cada momento, o poder estatal distanciou-se, recuperou ou aperfeiçoou formas precedentes de controlo administrativo público da vida social. Ainda neste quadro, mais do que promover a ideia da vigilância e do controlo externo, foi tentado o desenvolvimento de uma presença estatal capaz de transformar instituições da sociedade civil e também os próprios indivíduos em fecundos auxiliares do Estado, embora inseridos numa estrutura hierarquizada das relações sociais em que a legitimidade e normatividade do Estado tinham indiscutível preeminência. Neste posicionamento, refletiu-se a idealização de um modelo de Estado total[11], não limitado por direitos individuais, ainda que, como se verá, não se tenha declarado a absoluta contradição entre o interesse soberano do Estado e os interesses privados. No essencial, a cultura ativa de um novo protagonismo do Estado, sobretudo até ao final da II Guerra Mundial, passou por este reclamar para si a possibilidade de definir «unitariamente» os interesses da coletividade.

3. Política e religião no processo constituinte de 1932-1933

O modelo de relações entre a política e a religião, desejado pelo novo regime político, saído da *Ditadura Militar*, só foi conhecido no momento da apresentação pública do projeto da nova Constituição Política do Estado (Maio de 1932). Até então, não obstante alguma legislação publicada depois de 1926, desconhecia-se a orientação formal que o poder civil assumiria naquela matéria. No período que antecedeu a institucionalização do *Estado Novo*, o discurso da classe política dirigente, em torno da necessidade de ser criada uma nova atmosfera política e social e favorável ao desenrolar de uma reforma da política e dos costumes, sugeria uma reformulação da gestão pública do fenómeno religioso pelo poder civil. Contudo, o assunto das relações do Estado com as Igrejas, e em particular com a Igreja Católica, não foi especialmente aflorado pelas principais figuras do Estado nas suas intervenções públicas. Com a comunicação política, relativa à estratégia dos Ministérios, bastante centralizada em Oliveira Salazar, desde

---

[11] Esta aceção de «Estado total» associada ao comportamento do Estado corporativo é recuperada do argumento desenvolvido em: Irene Stolzi, «*Stato corporativo*» in *Il contributo italiano alla storia del pensiero – appendice VIII – Il diritto*, a cura di P. Cappellini, B. Sordi, M. Fioravanti, P. Costa, Roma, Istituto dell'enciclopedia Treccani, 2012, pp. 497-503.

a sua nomeação como ministro das Finanças (1928), quase nenhumas ocasiões existiram para esclarecimento do que se sucederia no domínio da relação entre política e religião.

A atitude cautelosa de Salazar a respeito dessa relação ter-se-á prendido mais com a sua estratégia pessoal de consolidação de poder, do que com a acuidade que tinha o fenómeno religioso para o Estado naquelas circunstâncias. Eram conhecidas as expectativas de diversos círculos católicos quanto à intervenção do ex-professor de Coimbra na satisfação dos interesses da Igreja Católica, uma vez que o reconheciam como crente, ideólogo e dirigente do Centro Católico Português, com larga intervenção pública em defesa da liberdade da Igreja. Consciente daquelas aspirações, Salazar optou, no entanto, por construir de si próprio a imagem de um estadista que cingia a sua pertença católica à vida privada. O gesto de privatização da sua crença era também acompanhado do cuidado em não deixar confundir a sua identidade de católico com a de governante[12]. Tal comportamento de Salazar justificava-se por conhecer a vigilância que mereciam as suas ações em matéria de política religiosa, entre não crentes, sobretudo, entre os laicistas mais radicais, em função do que fora a sua vida anterior. Retirara de alguns acontecimentos políticos passados em 1929, em especial do «caso da portaria dos sinos», o ensinamento de que era mais fácil sobreviver politicamente se não pusesse em causa o princípio jurídico da separação[13] – compromisso tacitamente estabelecido pelo poder militar que realizara o golpe de 28 de Maio de 1926.

---

[12] Para o caso de outros governantes, Salazar projetou o mesmo comportamento. Repare-se na sua declaração sobre uma possível governação de D. Manuel II em Portugal: «O Senhor D. Manuel é certamente um bom católico mas é também um bom rei constitucional. Pode a sua consciência debater-se com violências e injustiças, mas a sua mão assinará o que as Cortes e os ministros levarem à régia sanção. Constitucionalmente El-Rei apenas pode prometer que a Igreja teria as reparações devidas...» [Consideração tecida a propósito da avaliação do tipo de solução que «teria a questão religiosa na hipótese de uma restauração monárquica»] (Cf. António Oliveira Salazar, «O interesse religioso» [Artigo publicado no jornal *A Época*, em 18 de Dezembro de 1922] in *Inéditos e Dispersos*, org. de Manuel Braga da Cruz, vol. I – *Escritos Político-Sociais e Doutrinários (1908-1928)*, Venda Nova, Bertrand Editora, 1997 , p. 307).

[13] O «caso da portaria dos sinos» ou a saída de funções do ministro dos Negócios Estrangeiros, Henrique Trindade Coelho, após ter aludido à disposição de negociar

Ainda antes disso, logo em 1928, como titular da pasta das Finanças, em entrevista ao jornal *Novidades*, Salazar recusara qualquer compromisso público específico com os católicos, que fosse para lá do programa de saneamento financeiro que pretendia cumprir. Expressara ao jornalista que o seu «sacrifício» (a participação ministerial) lhe dava o direito de esperar que os católicos fossem, «de entre todos os portugueses, os primeiros a pagar os sacrifícios que eu lhes peça, e os últimos a pedir favores que não posso fazer»[14]. Em Dezembro de 1932, já no exercício de novas funções, em declarações a António Ferro, o chefe do Governo empenhara-se em salientar que havia sido convidado para integrar o Governo pelo Exército, com o compromisso de colocar «o problema da Nação acima do problema das instituições, defendendo, por isso mesmo, o regime existente». Sem rebuço e parecendo querer que caísse no esquecimento a sua trajetória de dirigente católico ou, pelo menos, a sua ligação às redes sociais e políticas onde havia ficado conhecido, destacara que os católicos haviam sido «sempre estranhos» à sua «carreira política»[15].

Na realidade, ao aceitar exercer funções políticas em Ministérios republicanos, Salazar em nada se afastava das posições públicas que assumira em anos anteriores e que filiara na esteira da doutrina preconizada pela Santa Sé, que, com Bento XV, em Dezembro de 1919, optara por uma estratégia de abertura do catolicismo português à República[16].

---

uma concordata com a Santa Sé, ocorridos ambos em 1929, haviam ilustrado como alguma ação que pudesse ser interpretada como não observância do princípio da não confessionalização do regime ou como alteração favorável ao estatuto jurídico da Igreja Católica, podia conduzir ao afastamento da governação. Cf. Manuel Braga da Cruz, *Monárquicos e republicanos no Estado Novo*, Lisboa, Publicações Dom Quixote, 1986, p. 93; António de Araújo, *Sons de Sinos: Estado e Igreja no advento do salazarismo*, Coimbra, Edições Tenacitas, 2010, pp. 27-101.

[14] Cf. António Oliveira Salazar, «Declarações ao Novidades (1928)» in *Inéditos e Dispersos...*, p. 433.

[15] Cf. António Ferro, *Salazar, o homem e a sua obra*, 3.ª ed., Lisboa, Empresa Nacional de Publicidade, 1938, pp. 85-86.

[16] Essa orientação de Bento XV ficara expressa na encíclica que dirigiu ao episcopado português em 18 de Dezembro de 1919, preconizando: «A Igreja não está dependente de agrupamentos nem deve estar ao serviço de partidos políticos; e por isso encontra-se em ótimas condições, compete-lhe mesmo exortar os fiéis a obedecer

Em 1914, ainda jovem estudante de Coimbra, desenvolvera uma posição precoce de *ralliement*, ao afirmar-se como democrata-cristão e ao recusar uma oposição irredutível entre a democracia e o catolicismo. A essa atitude de Salazar não era estranho, com certeza, o facto de integrar à época o CADC, que, como observou Luís Salgado de Matos, seria «a primeira organização da Igreja Católica a aceitar de modo explícito» o regime republicano. Ainda que a democracia permanecesse então condenada pelo magistério da Igreja, tal posicionamento compreendia-se à luz do acatamento do princípio leonino de submissão dos povos aos poderes legitimamente constituídos[17]. Mais tarde, em 1922, na tese que apresentou ao II Congresso do CCP, Salazar abordara em concreto a questão da aceitação de cargos públicos no regime republicano pelos católicos. Considerara legítima aquela aceitação, não só porque a Santa Sé o aconselhava em nome do «bem da religião e da pátria», mas também porque os católicos tinham direito a tal participação política enquanto cidadãos. Uma vez investido «num lugar de confiança do regímen», não poderia um católico «servir-se dele para o hostilizar», tal como «posto na colisão de o trair ou de ter de o defender»; deveria «defendê-lo por preceito de honestidade natural, embora a ele não aderisse». Em suma, haveria que ter presente a distinção de que o crente podia colaborar com a Igreja na sua política e fazer, nessa medida, «a política da Igreja», tal como podia, enquanto súbdito de um Estado, fazer «a política da nação», ocupando-se dos «problemas nacionais». A «política da Igreja» não era a «política da nação», dissera, mas apenas «uma parte da política da nação»[18].

Do interesse religioso tinha Salazar o entendimento que este se organizava na nação, por meio da Igreja, sendo que esta tentava com a sua organização fazer valê-lo no Estado e em parte contra o

---

àqueles que exercem o poder, seja qual for a forma de governo, ou a Constituição Civil do País». Sobre as reações do campo católico àquele documento pontifício e a sua importância para as relações com o Estado português, consulte-se: Luís Salgado de Matos, *A Separação do Estado e da Igreja...*, pp. 523-528.

[17] Cf. Luís Salgado de Matos, *ibidem*, pp. 268-269.

[18] Cf. António Oliveira Salazar, «Centro Católico Português: Princípios e Organização» (Tese apresentada ao II Congresso do Centro Católico Português, 1922) in *Inéditos e Dispersos...*, pp. 261-262, 267-268.

Estado. Entendia que a hierarquia eclesiástica e os dirigentes católicos podiam agir de modo a que a legislação criada fosse conforme ao interesse religioso. O Estado era apenas instado a reconhecer aos cidadãos e à Igreja os direitos necessários ao exercício da religião. De resto, tinha a faculdade de subordinar as manifestações exteriores do fenómeno religioso às fórmulas jurídicas que se lhe afigurassem mais convenientes[19], tendo por limite o apenas o direito[20]. A negociação possível do interesse religioso entre o Estado e a Igreja, entendia-a limitada à negociação do poder civil com as autoridades religiosas, «como de potência para potência». À hierarquia eclesiástica cabia, por excelência, «o dever de defesa religiosa». Para desenvolver a sua política de defesa religiosa a autoridade eclesiástica precisava de uma «força nacional», o que supunha que os fiéis obedecessem às suas indicações. Qualquer política desenvolvida por católicos que se afigurasse independente da política da autoridade religiosa, sobretudo se hostil ao regime, com «cujos representantes» a autoridade religiosa «trata e negoceia», resultava numa extravagância e merecia reprovação. A responsabilidade pela contenção dessa ação política dos católicos era, antes de mais, na perspetiva de Salazar, da hierarquia eclesiástica[21]. A intervenção do Estado perante condutas de católicos que insistissem fazer política, sem se subalternizarem ao interesse religioso como definido pelas autoridades religiosas (e como negociado com o

---

[19] Cf. António Oliveira Salazar, «Interesse religioso e organização católica» [Artigo publicado no jornal *A Época*, em 22 de Janeiro de 1923] in *Inéditos e Dispersos*..., pp. 309-310.

[20] Saliente-se que no *Estado Novo*, à semelhança do sucedido em outros regimes que lhe foram congéneres, o poder político não entendia o Estado limitado pelos direitos individuais, mas por uma conceção de direito que não era outra coisa senão a lei que o próprio Estado criara e pela qual exprimia a sua vontade. Ilimitados os conteúdos da decisão e extensão da intervenção estatal no plano legislativo, o direito funcionou, sobretudo, como restrição às liberdades e como orientação para a administração e para o poder judiciário, apontando-lhes a obrigação de fazer cumprir a lei. Para maior desenvolvimento desta ideia, consulte-se: António Manuel Hespanha, *Guiando a Mão Invisível. Direitos, Estado e Lei no Liberalismo Monárquico Português*, Coimbra, Livraria Almedina, 2004, pp. 526-529.

[21] Cf. António Oliveira Salazar, «Uma aplicação concreta» [Artigo publicado no jornal *A Época*, em 25 de Fevereiro de 1923] in *Inéditos e Dispersos*..., pp. 315-316.

poder civil), encontrava legitimação na ideia de proteção da «unidade política da Nação» e na minimização de fontes de perturbação na vida pública[22]. Correspondia ainda a uma perceção de fraqueza do exercício da autoridade da hierarquia eclesiástica sobre os fiéis ou, mais grave ainda, à ideia de que a mesma hierarquia (ou elementos dela) tinha um comportamento «desnacionalizador» e de resistência ou oposição ao regime. A ideia de uma atitude «desnacionalizadora» derivava de uma conceção do catolicismo como «elemento fundamental na formação portuguesa», como «elemento básico da nação», que assim se construíra «pela decidida proteção da cúria romana, pelo trabalho das ordens religiosas na conquista, na cultura, nas descobertas e na colonização; pela educação progressiva das massas; pela lenta infiltração dos seus princípios nos costumes»[23].

Só depois de ter ascendido, em Julho de 1932, à chefia do Executivo, Salazar proferiu as primeiras declarações significativas sobre o relacionamento do Estado com a Igreja Católica. Em 23 de Novembro de 1932, no ato de tomada de posse dos corpos dirigentes da União Nacional, considerou: «É evidente para todos que o condicionalismo social português nos impõe como regime das relações com a Santa Sé a separação, sem prejuízo das relações diplomáticas e da Concordata no que respeita ao Padroado do Oriente. Nós estamos inibidos, pelas circunstâncias e situações criadas, de reparar, de indemnizar, de restituir além do que está feito; mas o restabelecimento das relações operado pelo Presidente Sidónio Pais devia ter como lógica consequência a aceitação expressa, pela Igreja, da separação que violentamente lhe foi imposta em 1911»[24]. Tais declarações do presidente do Conselho expli-

---

[22] Esses argumentos foram usados por Salazar durante as negociações da Concordata com a Santa Sé para impedir que no texto concordatário figurasse uma disposição sobre a ACP. A Santa Sé pretendia aí incluir um preceito em que se registasse que não se negava aos católicos e às organizações da Ação Católica o exercício de direitos políticos e particularmente das chamadas liberdades públicas (Cf. Rita Almeida de Carvalho, *A Concordata de Salazar...*, pp. 390-394).

[23] Cf. António Oliveira Salazar, «O interesse religioso»..., pp. 304-305.

[24] Cf. António Oliveira Salazar, «As diferentes forças políticas em face da Revolução Nacional. Discurso proferido, na Sala do Conselho de Estado, em 23 de Novembro de 1932, no ato de posse dos corpos diretivos da União Nacional» in *Discursos (1928-1934)*, vol. I, Coimbra, Coimbra Editora, 1935, pp. 171-172.

citavam o alcance do que ficara escrito no relatório e no articulado do projeto constitucional, divulgado na imprensa a 28 de Maio de 1932, no sexto aniversário do golpe militar de 1926.

Sobre o relacionamento do poder civil com as Igrejas, o relatório era conciso: mantinha-se o regime de separação do Estado em relação à Igreja Católica e a qualquer outra religião ou culto praticado dentro do território português, bem como as relações diplomáticas existentes com a Santa Sé. Maior propaganda mereciam os princípios que se referiam à Nação e as disposições relativas à família e à educação. Quanto à primeira, o relatório explicava que era encarada como um «todo social e político» e observada no seu «desenvolvimento histórico» como «património moral e material que se perpetua», porque «ignorar as lições do passado, representaria um novo golpe na unidade da Pátria». Ao Estado cabia reconhecer não só os indivíduos mas «todos os órgãos da Nação» e promover a «unidade moral» e o «interesse geral», tendo só por «limites na ordem interna a moral e o direito». Sobre a família promovia-se a sua constituição e defesa, reconhecendo-a como «fonte de conservação e desenvolvimento da raça, [...] base primária da educação, disciplina e harmonia social, como fundamento de toda a ordem política pela sua agregação e representação na freguesia e no município». Salientava-se também que não se haviam esquecido os «direitos da família no que respeita à educação». Acerca desta, explicava-se que o Estado não desejava o seu «monopólio», considerando, por isso, «livre o estabelecimento de escolas paralelas às que o Estado mantém», desde que respeitassem os «preceitos legais»[25].

Pelo articulado do projeto constitucional, ficava a conhecer-se, em pormenor, que o Estado reconhecia: as liberdades de reunião e associação; a liberdade e inviolabilidade de crenças e práticas religiosas e de opiniões políticas (ninguém poderia ser obrigado a responder sobre a religião que professasse, a não ser em inquérito estatístico ordenado por lei); e a liberdade de expressão e de ensino (n.ºs 5.º, 6.º e 7.º do

---

[25] Cf. "Relatório da Constituição (1932)", transcrito em: António de Araújo, *A lei de Salazar. Estudos sobre a Constituição política de 1933*, Coimbra, Edições Tenacitas, 2007, pp. 129-148.

art. 8.º). Sobre a constituição da família dizia-se que esta assentava no casamento e na filiação legítima (n.º 1 do art. 13.º) e na obrigatoriedade do registo do casamento e do nascimento dos filhos (n.º 3 do art. 13.º). Garantiam-se aos filhos legítimos a «plenitude dos direitos» e aos ilegítimos, «os direitos convenientes à sua situação» (§ 2.º do n.º 3.º do art. 13.º). Considerava-se que a «educação e instrução» eram obrigatórias e pertenciam «à família e aos estabelecimentos oficiais ou particulares em cooperação com ela» (art. 44.º). O ensino primário elementar era obrigatório e podia fazer-se em lar doméstico, escolas oficiais ou particulares (§ 1.º do art. 44.º). Afirmava-se que o ensino ministrado pelo Estado era «independente de qualquer culto religioso, não o devendo porém hostilizar», visando «além do aperfeiçoamento do vigor físico e faculdades intelectuais, a formação do carácter, do valor profissional e de todas as virtudes cívicas e morais» (§ 3.º do art. 44.º). O ensino religioso nas escolas particulares dispensava autorização (§ 4.º do art. 44.º), sendo ainda livre o estabelecimento de escolas particulares paralelas às do Estado, embora sujeitas à fiscalização daquele e podendo ser por ele «subsidiadas ou oficializadas para efeitos de se concederem diplomas, quando os seus programas e categorias do respetivo pessoal docente não forem inferiores aos dos estabelecimentos oficiais» (art. 46.º). Sobre as instituições particulares de assistência nada era dito, realçando-se apenas que cabia ao Estado promover e favorecer as «instituições de solidariedade, previdência, cooperação e mutualidade» (art. 38.º). No que envolvia, em concreto, a relação do Estado com as Igrejas, determinava-se livre o culto público ou particular de todas as religiões, admitindo-se que as mesmas se podiam organizar livremente de harmonia com as normas da sua hierarquia e disciplina, constituindo «por essa forma associações ou organizações» a que o Estado reconhecia «existência civil e personalidade jurídica» (art. 47.º). Confirmava-se a manutenção do regime de separação do Estado da Igreja Católica, «sem prejuízo do preceituado pela concordata na esfera do Padroado», e das demais religiões ou cultos praticados em território português, e definia-se que as relações diplomáticas com a Santa Sé mantinham «recíproca representação» (art. 48.º). Garantia-se que «nenhum templo, edifício, dependência ou objeto de culto afeto a uma religião» poderia ser «destinado pelo Estado a qualquer outra» (art. 49.º). Os cemitérios públicos conservavam carácter secular, «podendo os ministros de qualquer religião praticar neles, livremente, os respetivos ritos» (art. 50.º)[26].

3.1. O meio caminho de Salazar

O espírito do projeto constitucional, em matéria de política religiosa, apontava para a consagração do que permitiam as circunstâncias políticas do momento, conservando o que já fora socialmente aceite. Como tal, eram preservadas algumas disposições da Constituição de 1911, no que envolvia a manutenção do regime de separação, os direitos e garantias individuais dos cidadãos, o carácter secular dos cemitérios públicos ou o ideal de neutralidade estadual em domínios da instrução (embora o legislador se afastasse da intransigência do n.º 10 do art. 3.º da Lei Fundamental de 1911, sublinhando em alternativa que o ensino ministrado pelo Estado era independente de qualquer culto religioso, não o devendo, no entanto, hostilizar). Mantinham-se as relações diplomáticas entre Portugal e a Santa Sé, reatadas em Julho de 1918, bem como algumas modificações que haviam sido introduzidas pelo decreto n.º 11:887 de 15 de Julho de 1926, designadamente nos preceitos que envolviam: a dispensa de autorização para ser ministrado o ensino religioso nas escolas particulares; o impedimento do Estado destinar a outro fim templos, edifícios, dependências ou objetos de culto afetos a uma religião; o culto público e particular das confissões religiosas, a sua organização e reconhecimento de existência civil e personalidade jurídica pelo Estado. Desta forma, Salazar, enquanto principal autor material do projeto constitucional[27], protegia-se de possíveis

---

[26] Cf. *A União. Órgão oficial do Centro Católico Português e Revista de Documentação*, Junho de 1932, pp. 278-279.

[27] Cf. Jorge Miranda, *Manual de Direito Constitucional*, tomos I, 8.ª ed., Coimbra, Coimbra Editora, 2009, p. 289; António de Araújo, «Nos alvores da Constituição Política de 1933: notas à margem de um manuscrito de Salazar» in *A Lei de Salazar. Estudos sobre a Constituição política de 1933...*, pp. 78-79; Vital Moreira, «O sistema jurídico-constitucional do Estado Novo» in *História de Portugal. Dos tempos pré-históricos aos nossos dias*, dir. por João Medina, vol. XV – *A República (IV). O Estado Novo (I)*, Amadora, Ediclube, 2004, p. 409.

ataques de setores laicistas, mostrando não transigir com as reivindicações católicas e preservando o princípio da separação. Esse mesmo cálculo levara-o a ser cuidadoso também nos comentários que tecia à Constituição de 1911, em matéria religiosa e de educação. Apontara-lhe uma «certa infelicidade» porque, evocando uma neutralidade que «não correspondia à exata posição do Estado nessa matéria», ignorava «as ideias religiosas de uma grande massa da Nação» e «pouco se preocupou com o ensino e a educação»[28].

À primeira vista, apenas algumas disposições relativas à família e à educação e ensino poderiam parecer novas. Era o caso do reconhecimento formal à família do direito de educar os filhos e da possibilidade de serem estabelecidas escolas particulares paralelas às do Estado, podendo ainda as primeiras ser subsidiadas desde que os seus programas e pessoal docente não fossem inferiores aos dos estabelecimentos oficiais. Porém, na realidade, estes preceitos, cuja novidade residia no facto de se plasmarem constitucionalmente, envolviam posições «velhas», defendidas, após o sidonismo, por católicos e republicanos moderados contra os setores mais radicalizados do republicanismo[29]. Mais significativo era o desaparecimento na proposta de texto constitucional da matéria relativa ao n.º 12 do art. 3.º da Constituição de 1911, pelo qual se havia mantido em vigor a legislação que extinguira e dissolvera em Portugal a Companhia de Jesus e todas as congregações

---

[28] Cf. "Relatório da Constituição (1932)", transcrito em: António de Araújo, *ibidem*, p. 131.

[29] A última grande polémica em torno dessas matérias havia sido em Dezembro de 1922 e Janeiro de 1923, quando o ministro da Instrução, Leonardo Coimbra, colocara na Câmara dos Deputados a questão do ensino religioso nas escolas particulares, inserida numa declaração relativa ao programa do novo ministério. Raul Brandão, Teixeira de Pascoais e Guerra Junqueiro apoiaram a iniciativa do governante, que pretendia resolver o problema do crescente êxodo de alunos portugueses para Espanha. À época Aires de Ornelas e Trindade Coelho também defenderam o reconhecimento à família do direito de educar os filhos. Trindade Coelho mostrou-se ainda favorável à existência de escolas particulares, desde que respeitassem a matéria de exames públicos, bem como à repartição da «verba da instrução» pelas diferentes escolas, em função do número de alunos. Cf. Luís Bigotte Chorão, *A Crise da República e a Ditadura Militar*, Lisboa, Sextante Edição, 2009, pp. 695-702; Maria Cândida Proença, *A Questão Religiosa no Parlamento...*, pp. 105-106.

religiosas e ordens monásticas. A eliminação de uma das disposições mais agressivas contra o catolicismo foi objeto de particular apreciação no Conselho Político Nacional (CPN)[30]. Em reunião de 11 de Maio de 1932, destinada à apreciação do projeto constitucional, o presidente do Supremo Tribunal de Justiça, Eduardo Sousa Monteiro, considerara grave a omissão daquele preceito, argumentando que tal facto poderia «dar origem a especulações políticas e a uma campanha com base religiosa». O governador militar de Lisboa, general Daniel de Sousa, secundaria a posição de Sousa Monteiro, tendo em conta que tais campanhas emocionavam e perturbavam a opinião pública. O relator da comissão do CPN[31] encarregada de redigir parecer sobre o projeto constitucional, Mário de Figueiredo, refutou aquela crítica, explicando que a comissão entendera que tal disposição versava sobre matéria que não era constitucional, pelo que podia ser suprimida. Acrescentava que não se tratava de abolir aquelas leis, ainda que acreditasse que «em face dos princípios nenhum homem de princípios pode aceitar as leis referidas». O presidente do Supremo Tribunal de Justiça admitiu que eram leis que «não têm razão de ser; mas justifica-as a razão política». Em socorro da posição sustentada por Figueiredo, pronunciou-se o ministro das Finanças, repetindo o argumento de que não era matéria constitucional. Salazar garantiu que o Governo não pensava alterar a legislação vigente e que aquelas leis não ficavam revogadas pelo facto da nova Constituição lhes ser omissa. Outro vogal do CPN, o professor cate-

---

[30] Órgão criado pelo decreto n.º 20:643 de 22 de Dezembro de 1931, era integrado pelo Presidente da República, pelo presidente do Ministério, pelo Ministro do Interior, pelo Presidente do Supremo Tribunal de Justiça, pelo Procurador-Geral da República e onze vogais, «homens públicos de superior competência», designados pelo chefe de Estado. Oliveira Salazar, à época ministro das Finanças, pertenceu como vogal ao CPN. Este organismo funcionou entre 13 de Janeiro de 1932 e 6 de Abril de 1933 (Cf. António de Araújo, «O Conselho Político Nacional nas origens da Constituição de 1933» in *A Lei de Salazar. Estudos sobre a Constituição política de 1933...*, pp. 149-185).

[31] Integravam esta comissão os vogais do CPN: Henrique Góis (procurador-geral da República), Martinho Nobre de Melo e Mário de Figueiredo (jurisconsultos). Estes elementos foram também encarregados de proceder à redação definitiva do texto constitucional, depois de aprovado pelo CPN, com ligeiras emendas, o projeto da nova Constituição.

drático de Direito da Universidade de Coimbra, José Alberto dos Reis, tomou posição idêntica à de Salazar e de Figueiredo, notando que, para deixarem de vigorar, aquelas leis teriam de ser «expressamente revogadas». Estes argumentos acabaram por ser aceites em detrimento das opiniões manifestadas por Sousa Monteiro e Daniel de Sousa.

Outro ponto que mereceu algum debate, nessa mesma reunião, ocorreu em torno do § 2.º do art. 13.º e do art. 136.º do projeto. Para o presidente do Supremo Tribunal de Justiça e para Manuel Rodrigues Júnior, outro dos vogais, tratavam-se de disposições que negavam aos filhos ilegítimos o direito de sucessão. Defendiam que, nessa matéria, deveria manter-se o regime jurídico que vigorava. Mário de Figueiredo opôs-se a esse julgamento, explicando, novamente em nome da referida comissão, que tais preceitos não produziam modificação do que estava em vigor. Só leis ordinárias poderiam alterar a condição jurídica dos filhos ilegítimos. O que se apresentava era apenas o princípio de desigualdade de direitos entre filhos legítimos e ilegítimos. Salazar corroborou esta última posição, esclarecendo que apenas «se quis afirmar a superioridade da família legítima sobre a ilegítima», o que entendia ser «perfeitamente compreensível numa Constituição que considera a família como fundamento de toda a ordem política». A intervenção do ministro das Finanças voltava a pôr fim à discussão[32]. Nenhum outro ponto do articulado com relevo para o tema desta investigação foi objeto de desacordo por parte dos membros do CPN, o que remete para a ideia já enunciada de que se consagravam preceitos que se sabia merecerem consenso social e político.

Note-se, porém, que o projeto constitucional contribuía, mais do que fazia crer, para uma alteração do estatuto público do catolicismo, na medida em que passava a matéria constitucional o que até então fora apenas consagrado em legislação ordinária. A inscrição na proposta de texto constitucional das disposições acima referidas permitiu, na prática, que a Igreja Católica pudesse, doravante, apelar para a constitucionalidade para melhor defender os seus interesses e a sua autonomia face ao poder civil. Neste aspeto, foi particularmente impor-

---

[32] Cf. «Ata da sessão [do CPN] de 11 de Maio de 1932», transcrita em: António de Araújo, *ibidem*, pp. 200-208.

tante a decisão do legislador, por influência direta da Constituição de Weimar de 1919 (no tocante à distribuição e ao carácter das matérias de vínculo económico e social)[33], de inscrever no articulado do projeto direitos de feição social (relacionados com a proteção à família, à juventude, a escola e a assistência), o que veio a facilitar, mais tarde, a sua exploração por setores católicos envolvidos na organização social de atividades nesses mesmos domínios.

3.2. O debate na imprensa sobre o estatuto da religião no projeto constitucional

Submetido à discussão pública, antes de ser plesbicitado, o projeto constitucional mereceu um exame feito de críticas moderadas ao que nele versava sobre matéria religiosa. Na imprensa, foi o jornal *A Voz*, dirigido pelo conselheiro Fernando de Sousa, o órgão que maior atenção dedicou àquele assunto. Também outro diário católico, o *Novidades*, atentou no aspeto religioso do novo estatuto constitucional, embora dedicando-lhe menos espaço do que *A Voz*. Nos restantes jornais, o debate em torno da nova Constituição foi dedicado a outras questões, como: a oportunidade do projeto, a sua qualidade enquanto documento jurídico, o tipo de regime que se consagrava, o poder atribuído ao Executivo, o papel reservado ao chefe de Estado, a natureza das câmaras políticas previstas, a forma de organização das corporações e o seu lugar na administração da *res publica*, ou a extensão das liberdades e garantias individuais. O desinvestimento da opinião publicada, afeta a círculos não católicos, na discussão do problema religioso pode compreender-se à luz do modo como este era tratado pela proposta de texto constitucional, uma vez que, como atrás se sublinhou, aquela incorporava sobretudo soluções já consolidadas nesse domínio. É ainda de admitir que as atenções se tenham desviado do debate do projeto de Constituição, perante a sucessão de acontecimentos políticos de alguma gravidade que então se registaram, como a queda do

---

[33] Cf. "Manuscrito de Salazar: Constituição [29 de Dezembro de 1931]", transcrito em: António de Araújo, *ibidem*, pp. 121-128.

Ministério de Domingos Oliveira, a formação de novo Governo, liderado por Salazar, e a morte inesperada de D. Manuel II[34].

N'*A Voz*, Fernando de Sousa, assumindo que julgava «prematuro» o gesto do Governo de dotar a nação com uma nova Constituição (embora considerasse o texto do projeto fosse um «diploma completo», que propunha uma nova organização política, «tão adaptável à monarquia, quanto à república»), não pôs em causa a manutenção do regime de separação do Estado das Igrejas, como aí se plasmava, por se tratar de uma «situação de facto [...] que neste momento ninguém pensa em modificar radicalmente». Importante, dizia, era «assegurar as liberdades religiosas»[35]. Nesse sentido, advogou que o texto da Lei Fundamental deveria especificar que era «cristã» a moral que limitava a soberania do Estado. Insistiu ainda para que no art. 5.º, relativo à missão do Estado, fosse acrescentado um § único, onde se pudesse ler: «O primeiro dia de cada ano será destinado oficialmente ao tributo público e nacional de adoração a Deus, ação de graças pelos benefícios recebidos durante o ano da sua Providência e impetração das suas bênçãos no ano que se inicia. Uma lei especial determinará a forma por que esse culto nacional deve ser prestado, sem prejuízo da consciência indi-

---

[34] Lembre-se ainda que a discussão na imprensa do projeto constitucional, além de sofrer do condicionalismo de se encontrarem os jornais submetidos à Censura, foi atribulada. O desagrado que o art. 21.º do texto constitucional provocara entre os diretores dos jornais motivou, nos primeiros dias, um silêncio sobre o projeto. Nesse preceito, lia-se: «Art. 21.º A imprensa exerce uma função de carácter público, por virtude da qual não podem recusar, num assunto de interesse público nacional, a inserção gratuita de artigos de dimensões comuns que lhe sejam enviados pelo Governo, pelas estações oficiais e ainda por indivíduos que sobre eles hajam escrito com proficiência, em livros ou publicações periódicas, ou que tenham gerido o Ministério por onde correm ou correram os problemas em discussão. § único. A lei determinará a forma de garantir este direito de publicidade». O caso justificaria, em 2 de Junho de 1932, a intervenção do ministro do Interior, Mário Pais de Sousa, junto dos responsáveis pelos títulos de imprensa (*Diário de Lisboa*, *Diário de Notícias*, *Jornal do Comércio*, *Novidades*, *O Século*, *A Voz*, *Comércio do Porto*, *Jornal de Notícias* e *O Primeiro de Janeiro*) (Cf. *A Voz*, «Como se escreve a história», 19 de Fevereiro de 1933, p. 1). Só após essa data, e depois das explicações do ministro, surgiriam os primeiros artigos de crítica à nova Lei Fundamental.
[35] Cf. *A Voz*, 29 de Maio de 1932, pp. 1 e 8.

vidual assegurada no art. 7.º n.º 6.º»[36]. Para sustentar estas posições invocava a doutrina social da Igreja, recordando os ensinamentos de Leão XIII na *Immortale Dei*, acerca do fundamento do poder público residir em Deus, e exemplos de países onde os poderes civis, mesmo em regime de separação, prestavam a Deus «a homenagem coletiva e oficial da adoração e do culto», como eram os casos dos Estados Unidos da América, com o dia de festa nacional de Ação de Graças, e da Suíça, com o dia de jejum federal[37]. A ausência de uma distinção especial para o catolicismo na proposta de texto constitucional mereceu-lhe também comentário. Embora reconhecendo que, em vários preceitos relativos às relações do Estado com as Igrejas, o projeto representava «um progresso notável na renúncia ao sectarismo da Constituição de 1911», considerava inconcebível que a religião católica fosse posta «em pé de igualdade com quaisquer outras confissões religiosas, para as quais só pode haver tolerância», apenas por se temer «provocar explosões do espírito sectário e maçónico, que se diz liberal». Sugeria, portanto, que se fizesse a «necessária distinção entre a Igreja Católica, a religião identificada com a vida nacional na sua longa existência histórica, e a poeira minúscula das seitas dissidentes, ou de cultos pagãos que só existem entre os povos das províncias ultramarinas»[38]. Na sequência da Constituição, parecia-lhe lógico que o poder civil estabelecesse uma concordata de separação entre o Estado português e a Santa Sé. Só assim se minimizaria o prejuízo de «repudiar a união da Igreja e do Estado» e se impediria que surgissem «conflitos dolorosos» em «terrenos mistos, comuns à ação dos dois poderes»[39].

Além de Fernando de Sousa, outros colaboradores de *A Voz* teceram comentários a aspetos do projeto constitucional, relacionados com matéria religiosa. Joaquim Mendes Guerra ocupou-se da crítica à não inclusão do nome de Deus na proposta de texto constitucional, lamentando que o Governo não desse satisfação «neste ponto, às aspirações da grande maioria da população». Contraditório com o intuito de promover o «fortalecimento e dignificação da instituição familiar»,

---

[36] Cf. *A Voz*, 6 de Junho de 1932, pp. 1 e 6.
[37] Cf. *A Voz*, 4 e 5 de Junho de 1932, pp. 1 e 1.
[38] Cf. *A Voz*, 10 de Junho de 1932, p. 1.
[39] Cf. *A Voz*, 11 de Junho de 1932, pp. 1 e 6.

parecia-lhe ser a manutenção da lei do divórcio, que o projeto não revogava. De passagem, aproveitava para contestar o recente agravamento dos valores cobrados sobre o imposto relativo às sucessões e doações, dizendo não perceber como dessa medida podia a família sair revigorada. Por último, contestava o art. 45.º do projeto, segundo o qual o ensino público deveria ser independente de qualquer culto. Continuar a manter a escola laica, notava, era pretender «modificar os efeitos, sem transformar as causas», permitindo que se prosseguisse na «desorientação das gerações». Tudo era feito, afinal, com pressa e precipitação, e a nova Constituição parecia não ir além do «provisório»[40]. O padre Avelino de Figueiredo, por sua vez, ocupou-se do problema do ensino particular, criticando o art. 46.º da proposta de texto constitucional, por considerar «perigosa e prejudicial a sua aprovação». Em seu entender, aquela disposição, ao admitir a subvenção de escolas privadas ou a sua oficialização para efeitos de passagem de certificados de diplomas, alijava responsabilidades aos estabelecimentos de ensino particular e favorecia o monopólio da educação pelo Estado. A única intervenção estatal que lhe parecia útil e necessária prendia-se com fecho de colégios «que há por aí, sem ar nem disciplina, sem corpo docente, e nos quais se misturam cursos e classes heterogéneos sem amor pelo aproveito intelectual dos alunos». Imputando o «desprestígio que atingiu o ensino particular» à própria ação do Estado, que alegadamente permitira «a concessão a *"tutti quanti"* quiseram inscrever-se como professores», confessava que já há anos, em conjunto com «vários diretores de Colégios», conseguira que fosse «posto de lado» um decreto relativo ao «ensino livre». Do mesmo passo, não manifestava grande confiança no Estatuto de Ensino Particular vigente; era «moral», mas, quando aplicado, «acabaria com a maioria dos colégios da Capital»[41].

A posição de Avelino de Figueiredo provocou polémica. Fernando de Sousa e Carlos Proença de Figueiredo[42] sustentaram opinião contrária: o art. 46.º merecia ser apoiado. Para o diretor de *A Voz* era

---

[40] Cf. *A Voz*, 22 de Junho de 1932, pp. 1 e 2; 26 de Junho de 1932, p. 1.
[41] Cf. *A Voz*, 12 de Junho de 1932, p. 1.
[42] Carlos Proença de Figueiredo – professor do ensino particular. Diplomado pela Escola Normal Superior.

necessário que nada constituísse impedimento ao ensino religioso[43]. Para Proença de Figueiredo, se em todos os setores de atividade «o Estado tem que intervir como elemento orientador, coordenador e moralizador», não poderia a «atividade educativa [...] escapar à ação desse comando central»[44]. Respondendo à crítica deste último, Avelino de Figueiredo não desistiu de argumentar: «os monopólios não estão explícitos na Constituição mas virão no seu Regulamento, pois os artigos em questão são inspirados por aqueles que, há anos, procuraram fazer publicar um decreto sobre o assunto». Não negava ao Estado «o direito ou obrigação de vigiar o ensino particular», queria tão só um ensino privado «fiscalizado, mas independente». Sobre os subsídios aos colégios, declarava o seu ceticismo: «na maioria dos casos o Estado ficaria sem o seu dinheiro, que é de todos nós». Por fim, pedindo ao «sr. Proença» que «desça da Lua», fazia-lhe notar que havia diferentes espécies de colégios: «a) com casa, material didático nas condições da lei e professores selecionados; b) com boa casa, sem orientação nem disciplina; c) sem casa, como exige a lei, mas com bom professorado, e honestidade nos processos de ensino [...]; d) sem ar nem luz, sem material didático». Os últimos deveriam fechar, mas, quanto a isso, lamentava que a «inteligente direção geral de Ensino Particular [...] não possa fazer o que quer»[45].

Enquanto esta discussão decorria nas páginas d' *A Voz*, o *Diário de Lisboa*, lamentava, em primeira página, o estilo prolixo da redação da proposta de estatuto constitucional, apontando concretamente o caso dos artigos 44.º e 45.º que versavam sobre educação e ensino, que afirmava prestarem-se a «questões e debates inúteis». Defendendo a necessidade de se fomentar a «boa paz política e social», o jornal, dirigido por Joaquim Manso, avançava com a sugestão de um artigo único, que apresentava assim: «O Estado toma à sua conta a instrução, educação e cultura nacional, em escolas primárias, secundárias, superiores e institutos superuniversitários, permitindo, porém, o ensino livre particular, mediante autorização prévia e fiscalização contínua.

---

[43] Cf. *A Voz*, 10 de Junho de 1932, p. 1.
[44] Cf. *A Voz*, 19 de Junho de 1932, p. 3.
[45] Cf. *A Voz*, 27 de Junho de 1932, pp. 1 e 2.

§ único – Embora o Estado seja independente de qualquer religião, autorizará o ensino religioso nos estabelecimentos particulares, quando lhe seja requerido»[46]. Apesar de ser avançada com discrição, a proposta não era inócua. Representava a rejeição de qualquer autonomia dada ao ensino particular quanto a facultar ou não formação religiosa, agravando a esse propósito a tutela do Estado sobre as escolas privadas. Mais importante ainda, a fórmula defendida eliminava o art. 46.º, afastando a possibilidade de as escolas privadas se estabelecerem livremente ou de serem subsidiadas, ou oficializadas para efeitos de concessão de diplomas, pelo Estado.

Ainda n'*A Voz* outra altercação, desencadeada a propósito do projeto constitucional, opôs Fernando de Sousa ao ex-fundador da Ação Realista, Alfredo Pimenta, após o segundo ter defendido, naquele diário, que se fosse «Governo, mantinha a Constituição de 1911, alterando--lhe alguns artigos» (todos referentes às competências do Presidente da República, da Assembleia Nacional e do Governo, e à composição dos dois últimos órgãos). Ao apresentar as bases que sustentariam tais modificações à Lei Fundamental de 1911, Pimenta não tocava na questão das relações do Estado com a Igreja Católica, assumindo que, dessa forma, não «irritava os livres pensadores», nem desagradava aos católicos «porque não lhes proclamava a laicidade do Estado». Uma nota da redação indicou o desconforto do diretor do jornal perante aquela posição de Alfredo Pimenta. Aí se discordava dos «estreitos limites em que circunscreve a reforma constitucional, mantendo por inadvertência, decerto, preceitos atentatórios de liberdade de consciência, de ensino e de associação»[47]. Quase um mês depois, Fernando de Sousa publicou um artigo que se assemelhava a uma resposta mais completa ao posicionamento de Pimenta. Parecendo pretender apontar a incongruência daquele antigo membro da direção do Conselho Político da Ação Realista para com os princípios doutrinais monárquicos, alvo de aprovação régia, Fernando de Sousa informava que, em Novembro de 1927, uma comissão encarregada por D. Manuel

---

[46] Cf. *Diário de Lisboa*, 15 de Junho de 1932, p. 1.
[47] Cf. A Voz, 23 de Junho de 1932, pp. 1 e 6.

II, de que faziam parte dois delegados da Ação Realista[48], votara por unanimidade as bases de um projeto de reforma constitucional, onde se podia ler, no tocante ao catolicismo e ao relacionamento do Estado com a Igreja Católica, o seguinte: base II) «a religião católica instituída como religião do Estado, com liberdade, porém, para todos os cultos e confissões professadas por estrangeiros ou naturais, cujos princípios e ritos não ofendam a moral nem os costumes»; base III) «as relações entre a Igreja e o Estado serão reguladas em concordata, com respeito recíproco dos interesses, conveniências, direitos e liberdades dos dois poderes nas respetivas esferas, dando-se mútua cooperação no desempenho das suas missões, sobretudo em matéria social»[49]. Com a exposição das bases daquele projeto de reforma constitucional, o antigo conselheiro de Estado apelava à necessidade de «harmonizar tendências divergentes» no campo monárquico e condenava quem não se empenhava nesse desígnio. Julgava necessário estender esse esforço, com «espírito patriótico», aos elementos dos «partidos republicanos conservadores [...] que reclamam para a religião e a Igreja liberdades e situação em harmonia com a sua missão social [...], [sendo] acusados de clericalismo e condenados ao ostracismo». Numa evolução significativa em relação ao que havia sido o seu procedimento nos anos de 1920, quando rejeitara aderir à estratégia vaticana de abertura do catolicismo português à República, Fernando de Sousa admitia não haver «incompatibilidade entre a Igreja Católica e a forma republicana», pois «tanto pode a Igreja viver em paz com as monarquias tradicionais ou parlamentares, como com as repúblicas unitárias ou federais», sendo «até com algumas destas que hoje mantém mais cordiais relações»[50]. Uma conciliação seria possível; tudo dependia, enfim, do estatuto público que o poder civil reconhecesse ao catolicismo.

No jornal *Novidades*, órgão oficioso do episcopado português, o projeto constitucional foi acolhido sem entusiasmo e foram poucos os artigos que refletiram sobre o seu alcance em matéria religiosa. No dia

---

[48] Essa comissão, presidida por Fernando de Sousa, fora composta por: Luís de Magalhães, Visconde do Banho, Morais de Carvalho, Cancela de Abreu, Pinheiro Torres e dois delegados da Ação Realista, Caetano Beirão e Francisco Quintela.
[49] Cf. *A Voz*, 30 de Julho de 1932, p. 1.
[50] Cf. *A Voz*, 6 de Agosto de 1932, p. 1.

seguinte à publicação do projeto, numa coluna de primeira página, comentava-se que «o texto ficou [...] aquém do que demandariam as exigências, não somente de uma filosofia superior, mas de um são nacionalismo capaz de ter em conta a justiça e o apreço devidos ao fator religião e de um modo especial à Igreja Católica como elemento do nosso génio nacional», deixando a impressão de ser um estatuto constitucional «um tanto medroso e afeiado pela poeira dos velhos tempos e novos preconceitos»[51]. Cerca de uma semana depois, a redação do diário católico[52] fazia notar que não tinha «diretivas práticas» da «legítima Autoridade» (entenda-se a hierarquia eclesiástica), sobre o comentário a tecer ao lugar atribuído à religião e ao relacionamento entre o Estado e a Igreja Católica na proposta de texto constitucional. Laconicamente, registava apenas que «os princípios abstratamente considerados» no projeto mereciam «união», embora alguns preceitos constitucionais fossem passíveis de suscitar «critérios divergentes quanto à vantagem ou desvantagem [...] para a sua efetivação e defesa»[53]. Três dias mais tarde, o sentido de tais palavras era esclarecido, no único artigo que o *Novidades* dedicou por inteiro à análise do problema religioso no projeto constitucional. Embora se recebesse com satisfação o que se entendia ser a condenação da «neutralidade hostil» da Constituição de 1911, feita no relatório que antecedia o referido projeto, admitia-se que o novo legislador, com «vivo e saliente defeito», não tinha abandonado o paradigma de uma «neutralidade agnóstica». Deplorava-se que a Igreja Católica fosse equiparada «ao budismo, ou ainda às seitas estrangeiradas», por uma «transigência deprimente com o livre-pensadeirismo indígena», apostado em impor «tiranicamente o seu sovietismo irreligioso». Lamentava-se também que o ensino público prescindisse do «fator religioso», consagrando «um dos piores absurdos do liberalismo» e permanecendo «no campo das velhas e erróneas doutrinas», ou que se afirmasse «nobremente o direito que a família tem de educar, sem lhe garantir que na própria escola oficial encontrarão os pais católicos o complemento do ensino

---

[51] Cf. *Novidades*, 29 de Maio de 1932, p. 1.
[52] Nesta época, Tomás de Gamboa era o redator principal e editor do *Novidades*.
[53] Cf. *Novidades*, 8 de Junho de 1932, p. 1.

religioso»[54]. Não se estranhava, pois, que a Constituição, cingida às «realidades nacionais» e com as «asas» do «pensamento renovador» presas «ao passado que ainda vive», fosse acolhida com «frieza» e não pudesse «apaixonar os idealistas»[55]. Coincidindo com a direção de *A Voz*, na crítica ao lugar reservado ao catolicismo na proposta de texto constitucional, o *Novidades* prescindia da exigência feita por Fernando de Sousa quanto a uma confessionalização do Estado. Evitava também qualquer pronunciamento que relacionasse a questão do regime com a situação jurídica da Igreja Católica.

3.3. A posição do episcopado

Na avaliação do projeto do novo estatuto constitucional o episcopado sustentou, curiosamente, uma argumentação que tinha pontos comuns com as posições assumidas pelo *Novidades* e *A Voz*. A sua tomada de posição sobre o assunto ocorreu vários meses mais tarde, numa iniciativa resguardada do conhecimento da opinião pública, que tomou forma no envio de uma carta do cardeal Cerejeira, em 27 de Janeiro de 1933, ao Presidente da República, Óscar Carmona. Aí lamentavam os bispos que «os direitos da Igreja e da consciência católica» não tivessem sido «devidamente assegurados» e que o «Estado se declare praticamente ateu, não reconhecendo expressamente a soberania de Deus, causa eficiente, exemplar e final do universo, fundamento da moral e do direito». Para a hierarquia eclesiástica, a ausência desse gesto do poder civil era, no entanto, possível de aceitar, desde que o Estado admitisse reconhecer e garantir tanto «a liberdade e a independência da Igreja Católica, na sua esfera própria, de doutrinação e organização religiosa e moral», como «os direitos da consciência católica de expressão de pensamento, de culto, de ensino, de associação...». A primeira exigência remetia para um reconhecimento formal da personalidade jurídica da Igreja Católica no texto constitucional, embora tal não fosse assumido abertamente. O facto de não se salvaguardar

---

[54] Cf. *Novidades*, 11 de Junho de 1932, p. 1.
[55] Cf. *Novidades*, 12 de Junho de 1932, p. 1.

A RELIGIÃO NA CONSTITUIÇÃO DE 1933

«inteira autonomia e liberdade» da Igreja Católica na esfera religiosa apontava para uma «escravização da Igreja ao Estado» e para um recuo «até ao cesarismo antigo», que os prelados manifestavam não ser tolerável. A segunda exigência dizia respeito à componente de formação religiosa no ensino ministrado pelo Estado, que os bispos reclamavam. Repudiavam que o Estado pretendesse, nos «seus objetivos terrenos», assegurar «o governo espiritual das almas»[56].

Esta diligência dos bispos fora cautelosamente preparada e envolvera a Santa Sé. Durante os dias 6 e 7 de Abril de 1932, o episcopado reunira no Luso para analisar a proposta de texto constitucional, trabalhando, então, sobre uma versão anterior àquela que foi objeto de publicação oficial[57]. Os resultados da reunião episcopal sobre o assunto

---

[56] Cf. PT/TT/AOS/CO/PC-5A, Pasta 5, fls. 196-197.

[57] Cf. PT/AHPL/ACC/D/01/02: ofício do cardeal Cerejeira para bispos metropolitanos, datado de 8 de Janeiro de 1932, informando das datas futuras de reunião do episcopado. É desconhecida a altura exata em que foi submetida ao crivo das autoridades religiosas a proposta de texto constitucional. A informação disponível, recolhida no arquivo histórico do cardeal Cerejeira, aponta para a existência de três versões distintas, sem data, do articulado do projeto constitucional na posse do bispo de Lisboa, fazendo crer que, ainda numa fase embrionária dos trabalhos de preparação da nova Lei Fundamental, houve o propósito, por parte do poder civil, de envolver o episcopado na apreciação do projeto. Sendo conhecida a apertada gestão que mereceu a Salazar, ainda na qualidade de ministro das Finanças, o processo de construção da nova Constituição, pode supor-se que tenha sido sua essa iniciativa ou que, pelo menos, dela teria conhecimento. As três versões do articulado do estatuto constitucional, existentes no espólio pessoal do cardeal Cerejeira, distinguem-se entre si por variadíssimas alterações de redação dos preceitos constitucionais e por algumas transferências de matéria dentro de alguns títulos. Existiram ainda algumas alterações substanciais, poucas, que ressaltam do exercício da sua comparação, no que respeita aos preceitos reunidos sob os Títulos III (Da família), IX (Da educação, ensino e cultura nacional) e X (Das relações do Estado com a Igreja Católica e demais cultos). Nas três versões, afirmava-se que o ensino primário elementar seria gratuito. Na segunda versão, a gratuitidade estendia-se às escolas particulares que ministram aquele ensino, mas essa possibilidade foi retirada na terceira versão do texto. Também na segunda versão daquele articulado introduzia-se a especificação de que devia ser «civil» o registo do casamento e nascimento dos filhos. A terceira versão voltaria a recuperar a fórmula da primeira versão, determinando apenas «obrigatoriedade do registo do casamento e nascimento dos filhos». Por fim, ainda na segunda versão foi criada uma disposição, numerada como art. 52.º e inserida no Título X, prevendo

não são conhecidos; sabe-se, contudo, que, após algum tempo passado sobre esse encontro, a 12 de Abril, o bispo de Bragança e Miranda, D. António Bento Martins Júnior, sugeriu ao patriarca de Lisboa uma alteração de redação ao art. 2.º do projeto constitucional, no sentido de «não limitar o direito ou capacidade nativa da Igreja Católica para adquirir bens imóveis em Portugal para os seus fins próprios». Defendia também que seria desejável «explicitar a significação dos termos moral e justiça no texto constitucional» e revelava preocupação sobre aquilo a que chamava «erro dogmático», a forma como eram definidas as funções do Estado, por não estar assegurado que aquele «não prescinde da missão constitucional de regular atividades religiosas»[58]. Meses mais tarde, já durante o período aberto para debate público do projeto constitucional, em nova carta para D. Manuel Gonçalves Cerejeira, datada 11 de Julho, o prelado de Bragança e Miranda insistiu na necessidade de ser feita pressão sobre o Estado para mudança de algumas disposições constitucionais, sugerindo que tal fosse feito «em nome dos católicos pela boca dos seus prelados». Sobre as alterações a introduzir no estatuto constitucional, o bispo retomava duas sugestões suas anteriores: a importância de se reconhecer, no art. 4.º, a lei natural, como fundamento da ordem interna (da moral e do direito) e da ordem internacional, e de se afirmar, no n.º 2 do art. 5.º, que o «governo das almas, no domínio religioso», era «estranho às suas funções [do Estado] nativas e aos seus objetivos terrenos». Propunha ainda que: se declarasse obrigatória a educação e a instrução religiosa (no art. 44.º); se possibilitasse «à Igreja o direito de organizar para os católicos o ensino religioso, mesmo nas escolas oficiais, mediante acordo com o Estado (art. 45.º, § 3)»; se esclarecesse que não ficavam sujeitas à fiscalização do Estado «as escolas destinadas à administração do ensino religioso (art. 46.º); se reconhecesse existência civil e perso-

---

que: «O Estado não inquire das relações que as pessoas de direito eclesiástico têm entre si, ou dos deveres ou obrigações em que se constituíram no que respeita ao espiritual, interessando-lhe apenas os seus atos ou omissões de natureza civil, em igualdade com os outros cidadãos». Este preceito desapareceria na terceira versão (Cf. PT/AHPL/ACC/D/01/01/001-003).

[58] PT/AHPL/ACC/D/01/01/008: carta do bispo de Bragança para D. Manuel Gonçalves Cerejeira, datada de 12 de Abril de 1932.

nalidade jurídica à Igreja Católica e à Santa Sé (art. 48.º); e, por último, se renunciasse ao carácter secular dos cemitérios, consentindo à «Igreja Católica e às organizações católicas o direito de construir cemitérios privados» (art. 50.º)[59].

O argumento da importância de ser tentada uma negociação com o poder político acerca de algumas disposições da nova Lei Fundamental, defendido por D. António Bento Martins Júnior, foi também sustentado nos circuitos vaticanos, pelo núncio em Lisboa, João Beda Cardinale. A apreciação da versão oficial do projeto constitucional, por este último, no que envolvia matérias relacionadas com o fenómeno religioso, não se afastava das leituras que o mesmo merecera no interior da Igreja Católica portuguesa. Globalmente, Cardinale considerava que a proposta de Constituição contribuía para melhorar o estatuto público da Igreja, quando comparada com o texto constitucional de 1911; ainda assim, advogava, que a ocasião justificava que se tentasse alcançar o «reconhecimento explícito dos direitos da Igreja Católica». Recolhido assentimento papal sobre tal indicação, o núncio recebeu instruções, ao longo dos meses de Junho, Julho e Agosto, para propor ao episcopado português a redação de um «pro--Memória», a endereçar ao Executivo, que contivesse as reclamações das autoridades religiosas para melhorar a situação da Igreja em Portugal. Em Dezembro de 1932, o núncio e o cardeal Cerejeira prepararam essa diligência. Por sugestão do bispo de Lisboa ficou assente que os prelados portugueses escreveriam uma carta ao Presidente da República e não ao chefe do Governo. Beda Cardinale recomendou que se desse curso à iniciativa sem a publicitar. No começo de Março de 1933, o núncio informou o cardeal secretário de Estado, Eugénio Pacelli (futuro papa Pio XII), da concretização, no final de Janeiro, daquela *démarche*[60].

---

[59] PT/AHPL/ACC/D/01/01/009: carta do bispo de Bragança para D. Manuel Gonçalves Cerejeira, datada de 11 de Julho de 1932.

[60] Cf. Rita Almeida de Carvalho, *ibidem*, p. 103.

4. Reações católicas à promulgação da Constituição de 1933

A publicação no *Diário do Governo*, em 23 de Fevereiro de 1933, do texto final da nova Constituição, pelo decreto n.º 22.241 de dia 21 daquele mês, desfez as expectativas alimentadas por diversos setores católicos quanto a modificações daquele estatuto mais conformes aos seus interesses. Nos preceitos que importavam para a atuação da Igreja Católica poucas alterações foram introduzidas (tratou-se, sobretudo, de melhorias de redação): estabeleceu-se a obrigatoriedade do ensino primário elementar, podendo ser feito no lar doméstico, em escolas oficiais ou particulares (art. 43.º, § 1.º); consagrou-se que o ensino ministrado pelo Estado «era independente de qualquer culto religioso, não o devendo porém hostilizar, e que visava, além do revigoramento físico e do aperfeiçoamento das faculdades intelectuais, da formação do carácter, do valor profissional e de todas as virtudes cívicas e morais» (art. 43.º § 3.º); fixou-se que o Estado não podia destinar a outro fim nenhum templo, edifício, dependência ou objeto do culto, afeto a uma religião (art. 47.º).

O *Novidades* não comentou as opções assumidas na reformulação do estatuto constitucional, avançando simplesmente com a notícia da sua revisão oficial[61]. Mais expressivo era *A Voz*, onde Fernando de Sousa, teceu críticas ao alcance final daquele texto. Especificamente sobre o ponto de vista religioso consagrado na Lei Fundamental, o antigo conselheiro não resistiu a notar que se havia capitulado «perante a mística do laicismo, não se acrescentando no art. 4.º à palavra *Moral*, que limita a soberania, o adjetivo *cristã*, como se outra houvesse para a Nação». Lamentava também que não lograsse «ser admitido – e ainda mal! – o aditamento [...] destinado a afirmar o culto que a Deus é devido pelas sociedades»[62]. Dececionado mostrou-se ainda o núncio Beda Cardinale, perante a permanência no texto constitucional: da omissão ao nome de Deus; de colocação da Igreja Católica ao mesmo nível das outras religiões; de um ensino oficial que não incluía formação religiosa; de uma «moral», limite da soberania,

---

[61] Cf. *Novidades*, 24 de Fevereiro de 1933, p. 1.
[62] Cf. *A Voz*, 24 de Fevereiro de 1933, p. 1.

não caraterizada; de cemitérios secularizados[63]. Também a direção do Centro Católico registou, com pesar, que o texto constitucional «não satisfaz [...] todas as reivindicações pendentes dos católicos», mas ainda assim, por ser «incomparavelmente superior à de 1911, que continuaria, se a nova Constituição não fosse votada», apelava aos presidentes das comissões do Centro que se empenhassem em «promover que os eleitores concorram às urnas, ao máximo, votando por presença a favor» da nova Lei Fundamental[64].

A documentação disponível não permite conhecer a reação do episcopado português ao texto final da Constituição. Pode admitir-se que ela tenha sido também de desilusão. Contudo, é de presumir que não tenha constituído grande surpresa. No meio eclesiástico não era desconhecida a prudência política com que o poder civil geria as sensibilidades laicistas e anticlericais de alguns setores da sociedade, ligados ao livre-pensamento e à Maçonaria, procurando evitar a sua galvanização em torno do fenómeno religioso. Nesse sentido, não era sequer muito expetável que a tentativa de negociação protagonizada pelo cardeal Cerejeira, em nome do episcopado, junto do Presidente da República, fosse bem sucedida. Talvez a ponderação de tais circunstâncias políticas pelas autoridades religiosas seja, aliás, o que pode justificar o intrigante *timing* da intervenção do bispo de Lisboa junto de Óscar Carmona. Considerando que, pelo menos, desde Março de 1932, os prelados debatiam versões do texto constitucional (tendo, portanto, um juízo formado sobre a matéria muito mais cedo do que a data de Janeiro de 1933), e que, desde o Verão desse ano, a Santa Sé apelava ao desenvolvimento de uma ação negocial junto do Governo, a concretização daquela iniciativa afigura-se demasiado tardia. Poderá ter acontecido que o patriarca de Lisboa tenha pretendido apenas marcar posição política junto da governação e satisfazer aqueles que, no interior da instituição eclesial, julgavam necessária aquela ação. Recorde-se que três anos antes, na Pastoral Coletiva do episcopado, datada de 13 de Julho de 1930, emitida por ocasião da publicação oficial

---

[63] Cf. Rita Almeida de Carvalho, *ibidem*, p. 101-103.

[64] Cf. Arquivo particular de José Maria Braga da Cruz: circular reservada do CCP, datada de 15 de Março de 1933, enviada ao presidente da Comissão do CCP da Arquidiocese de Braga.

das Constituições do Concílio Plenário Português (1926), os bispos, depois de afirmarem o seu «respeito aos poderes constituídos» e de declararem pretenderem «prestar apoio e cooperação leal a todos os empreendimentos», resultantes da atuação das autoridades civis, «que verdadeiramente concorram para a prosperidade da pátria», haviam anunciado que condenariam «com igual isenção [...] as leis que vão de encontro [sic] aos direitos de Deus; e seja qual for a parcialidade que domine, com igual desassombro reclamaremos contra elas e pugnaremos pela sua revogação», porque «damos a César o que é de César, mas reivindicamos para Deus o que é de Deus»[65].

No plebiscito à Constituição, a maioria dos prelados votou o texto da Lei Fundamental[66]. Possivelmente, nessa atuação, os bispos nortearam-se pela lógica verbalizada publicamente pelo CCP: ainda que o texto da Lei Fundamental não fosse completamente satisfatório era melhor aprová-lo, garantindo assim a superação da Constituição de 1911. É razoável ainda pensar que os prelados tivessem a intenção de sinalizar que colaboravam com o Estado e que pretendiam concorrer para um clima de consenso social. Não é de excluir que, com esse procedimento, as autoridades religiosas possam ter julgado que facilitavam a chegada a um entendimento com os poderes públicos, num futuro próximo, sobre o que eram as reclamações da Igreja.

---

[65] Cf. «Pastoral Coletiva do Episcopado Português para a Publicação Oficial do Concílio» in *Concilium Plenarium Lusitanum: Olisippone Actum An. 1926: Acta et Decreta*, org. Concílio Plenário Lusitano, Lisboa, União Gráfica, 1931, p. XXXVIII.

[66] Declarações do cónego Francisco Correia Pinto em 7 de Fevereiro de 1935, na Assembleia Nacional (Cf. *Diário das Sessões*, I Legislatura, n.º 11, 8 de Fevereiro de 1935, p. 207). A documentação não esclarece sobre quem foram os prelados que votaram no plebiscito à Constituição, nem sobre qual foi o processo que o episcopado adotou para decidir internamente sobre essa votação.

CAPÍTULO II

AGIR ENQUANTO SE ESPERA: OS INTERESSES CATÓLICOS NOS ANOS DA NEGOCIAÇÃO DA CONCORDATA E DO ACORDO MISSIONÁRIO (1935-1940)

A promulgação da Constituição de 1933 abriu um novo ciclo na estratégia dos católicos pela defesa dos interesses da Igreja. No imediato, algumas personalidades católicas transferiram as expetativas quanto a uma possível reformulação do estatuto público da Igreja Católica para o momento em que a nova Assembleia Nacional entrasse em funções, dado que lhe haviam sido atribuídos poderes constituintes. Também a organização corporativa que o Estado se propunha edificar suscitou receios entre diversos círculos católicos e o episcopado, que procurou esclarecer que reconhecimento fazia o Governo, nesse novo contexto, da liberdade sindical e de associação.

A prazo, alguns setores católicos insistiriam na necessidade de ser celebrada uma concordata entre o Estado português e a Santa Sé, como forma de encontrar uma solução estável para a situação jurídica da Igreja Católica no quadro do regime de separação. Também para o poder civil, com a entrada em vigor da Constituição, em 11 de Abril, se iniciou um novo ciclo no relacionamento do Estado com a Igreja Católica, no qual prevaleceu a disposição governamental de solucionar, de forma duradoura, os problemas pendentes entre aquelas duas instituições, por via de uma negociação com a Santa Sé.

1. Inquietações com o projeto corporativo do Estado

Ainda antes do início da I Legislatura, entre a promulgação da Constituição e a publicação do Estatuto do Trabalho Nacional, em 23 de Setembro de 1933, a propósito da organização corporativa, projetada pelo Governo em diversos instrumentos normativos, colocaram-se aos bispos dois problemas: saber, por um lado, em que medida aquele projeto estatal colidia com atividades promovidas pela Igreja, exigentes de condições de liberdade sindical e de associação; por outro lado, que aceitação seria feita da presença da Igreja nas novas estruturas corporativas. Sobre estas questões revelou-se apreensivo o prelado da Guarda, D. José Alves Matoso, por temer que se viesse a «modificar a orientação que havia relativamente à Ação Social Católica». Tendo sob sua responsabilidade uma diocese onde o associativismo católico tinha relevância entre o operariado, dirigia-se ao cardeal Cerejeira, declarando esperar que fossem dadas instruções aos bispos sobre como atuar, designadamente perante a fundação de Casas do Povo. Avançava com a notícia de que soubera da disposição do subsecretário das Corporações, Pedro Teotónio Pereira, para «fazer quanto pudesse a favor da Igreja»[1].

O diálogo com aquele governante estabeleceu-se, de facto, através de uma comissão criada para o efeito por Cerejeira. A documentação consultada não permite esclarecer a composição integral desse órgão, sabendo-se somente que os seus trabalhos foram conduzidos pelo padre Boaventura Alves de Almeida. Através de um questionário apresentado a Pedro Teotónio Pereira, a autoridade religiosa inquiriu: 1) se «sindicatos nacionais, grémios, casas do povo excluem de direito e de facto quaisquer associações confessionais que agrupam indivíduos pertencentes à mesma classe, embora sem a função específica dos Sindicatos, Grémios e Casas do Povo»; 2) se dentro dessas associações confessionais seriam permitidas «para os seus membros, as associações de Socorros, Cooperativas, Caixas Económicas, Escolas Profissionais, instituições de beneficência»; 3) se poderiam organizar-se «sindicatos

---

[1] PT/AHPL/ACC/E/02/01/320 e 329: cartas do bispo da Guarda para D. Manuel Gonçalves Cerejeira, datadas de 21 de Agosto, 9 e 14 de Outubro de 1933.

e grémios, propriamente ditos, de carácter confessional, embora sem as prerrogativas concedidas aos Sindicatos Nacionais e Grémios»; 4) se poderiam ser criadas pela Igreja à margem dos sindicatos nacionais «associações de Socorros, Cooperativas, Caixas Económicas, Escolas Profissionais, instituições de beneficência»; 5) se poderiam ser ministrados «cursos de formação religiosa» em «sindicatos, grémios e sobretudo nas casas do povo»; 6) se poderiam organizar-se nas «freguesias rurais associações de carácter confessional onde funcionam institutos de instrução, educação, beneficência»; 7) se poderiam «os Sindicatos, Grémios e Casas do Povo rejeitar os candidatos cujas opiniões extremistas ou antirreligiosas se conheçam previamente e que possam constituir um perigo para a vida dos Sindicatos, Grémios e Casas do Povo na sua função de cooperação social»; 8) se seria possível à Igreja «organizar um Instituto Social»; 9) se poderiam ser agregados a quaisquer sindicatos «trabalhadores agrícolas que residem em cidades e vilas».

As respostas obtidas não satisfizeram totalmente a comissão eclesial. Aos pontos 1), 2) e 9), o subsecretário das Corporações respondeu negativamente. Sobre o item 4) esclarecia-se que a organização daquelas instituições só seria admitida «desde que não tenham uma função especificamente profissional». Aceitava-se o ponto 5), mas recomendava-se que «de princípio» convinha «usar de certa prudência»[2]. Nestas circunstâncias, o padre Boaventura concluía, em relatório submetido ao episcopado, que a organização corporativa do Estado «não satisfaz inteiramente» porque «atenta contra a liberdade de associação, proibindo a fundação de sindicatos confessionais e arroga-se uma excessiva intromissão na vida dos Sindicatos e Casas do Povo». Ainda assim, considerava que era «tolerável» na «presente conjuntura». Como estratégia para futuro, preconizava que se evitasse o «assalto aos Sindicatos e Casas do Povo» por comunistas, através da colocação célere de elementos da Igreja nas estruturas corporativas, porque «agora é-nos fácil impedir-lhe o ingresso». Propunha ainda a criação, em Lisboa, de

---

[2] PT/AHPL/ACC/R/01/03/007: «Questionário apresentado ao Sr. Subsecretário das Corporações [Outubro de 1933, Lisboa, assinado pelo Pe. Boaventura Alves de Almeida]».

um «Secretariado Nacional da Ação Social Católica», que congregasse todos os núcleos sindicais, mutualistas, cooperativistas, e que tivesse secções paroquiais e regionais. Nestas últimas, fundar-se-iam «centrais de educação para formação de elites e da massa»[3].

O trabalho da referida comissão foi avaliado na reunião plenária dos bispos, de 9 de Novembro de 1933, que tinha como ponto da ordem de trabalhos apreciar que atitude «tomar em face da nova organização corporativa do Estado». As fontes não elucidam sobre o que aí se decidiu, podendo apenas concluir-se que os bispos agiram cautelosamente, estabelecendo inclusive um «programa mínimo de realizações da Ação Católica Portuguesa (ACP) no próximo ano de trabalhos», e optando por não condenar nem censurar formalmente a forma corporativa estatal[4]. É possível que na atitude dos prelados, a partir das respostas obtidas da governação e face ao carácter experimental que, nessa altura, possuía o corporativismo, tenha pesado a impressão de que se poderia evoluir para circunstâncias em que o Estado não se opusesse à confessionalização da estrutura corporativa.

À luz do que se conhece da evolução histórica ulterior, sabe-se, porém, que expetativas desta natureza cedo foram defraudadas e que terá sido baixo o nível de confessionalização dos organismos corporativos, consentido pelo Estado[5]. Em algumas direções de Casas do Povo envolveram-se párocos, mas tal esteve longe ser suficiente para a Igreja[6]. Uma relação de concorrência com as Casas do Povo gerou-se,

---

[3] PT/AHPL/ACC/R/01/03/008: «Resumo: A Igreja em face da organização corporativa do Estado Português [7 de Novembro de 1933, Lisboa, assinado pelo Pe. Boaventura Alves de Almeida]».

[4] PT/AHPL/ACC/D/01/02/027: Circular dirigida aos bispos, datada de 2 de Novembro de 1933. Em favor do argumento de que não se terão tomado decisões rigorosas nessa reunião do episcopado, registe-se a interpelação do arcebispo de Évora para o cardeal Cerejeira sobre se haveria de aceitar o convite para a inauguração de uma Casa do Povo (Cf. PT/AHPL/ACC/E/02/01/396: carta para Cardeal Cerejeira, datada de 7 de Junho de 1934).

[5] Faltam, ainda, estudos que afiram com exatidão esta dimensão, que permanece desconhecida e para a qual, por enquanto, só podem ser convocados dados dispersos recolhidos em trabalhos que possuem um âmbito local ou distrital.

[6] Em 1935, lia-se no *Novidades*: «Num país profundamente viciado e completamente desorganizado como é o nosso, falho de estímulos nobres, [...] a criação das

aliás, na sequência da publicação do Código Administrativo de 1937, e da sua atualização em 1940, que oficializou a função assistencial das Misericórdias, acarretando perda da sua independência, ao permitir que aquelas estruturas, mas também Câmaras Municipais e Governos Civis, interferissem na sua gestão.

Porém, mesmo antes de tal suceder, entre vários setores católicos já se tinham tornado frequentes as expressões públicas de desagrado pela feição que tomava a implementação e desenvolvimento do projeto corporativo do Estado, «em nada idêntico ao corporativismo das Encíclicas»[7]. Nos anos de 1934 e 1935, o *Boletim da Ação Católica Portuguesa* ocupou-se da importância dos trabalhadores possuírem um «contrato justo de trabalho ou de emprego» e uma «remuneração certa, fixada atempadamente»; denunciou preços altos e baixos salários; apelou à necessidade de ser fixado um «salário familiar», sem o qual se considerava «impossível a vida de família»; defendeu o sindicalismo católico e o cooperativismo. Em Março de 1935, aí se apelou à «cristianização do corporativismo português, considerado «agnóstico» e com «caráter excessivamente burocrático e político, e que, [...], pode servir a particulares intentos políticos mais do que à preparação e início de uma ordem social melhor»[8]. Também no *Novidades*, entre 1937 e 1941, se criticou periodicamente o Governo por não favorecer a «situação moral e económica das famílias», e em especial, por não instituir o «salário familiar». Afirmava-se que não era bastante a

---

Casas do Povo, não obstante as generosas intenções de quem as lançou, há-de ser sempre uma fantasia ou aspiração ideal. E, no entanto, [...] que admirável escola de educação cívica e de reforma de costumes não poderiam ser esses novos organismos sociais das aldeias». Anos depois, em 1948, aí se escrevia: «O salão paroquial tem aí grande papel a desempenhar [no combate ao alcoolismo e ao «ambiente tabernário»] e o mesmo poderão fazer as Casas do Povo, quando elas vierem a ser cabalmente aquilo para que foram criadas e não aquilo que delas muitas vezes têm feito. Faltou-lhes o espírito que presidia à criação das Confrarias de outros tempos, mas nunca é tarde para lho fazer adquirir, e para isso pode colaborar discretamente o próprio pároco.» (Cf. *Novidades*, 25 de Março de 1935, p. 6; 13 de Janeiro de 1948, p. 1).

[7] Cf. *Novidades*, 22 de Março de 1947, p. 1.

[8] Cf. *Boletim da Acção Católica Portuguesa*, n.º 2, Junho de 1934, pp. 120-131; n.º 3, Julho de 1934, pp. 161-168; n.º 5, Setembro de 1934, pp. 233-240; n.º 11, Março de 1935, pp. 397-401.

importância dada à família no texto constitucional e recordava-se que aquele salário era uma «imposição da encíclica *Quadragésimo Anno*». Para as famílias numerosas, defendiam alguns colaboradores do diário católico, a criação de um regime de proteção especial mediante «Caixas de Compensação», diminuição das contribuições fiscais ou isenção das propinas dos filhos. Os diagnósticos de «decadência da família», associada à falta de trabalho e à insuficiência dos salários, serviram também para criticar a cedência do Estado a «princípios liberais quanto ao regime de propriedade, do casamento, da filiação ilegítima, [...] do divórcio» e a políticas industrialistas, que haviam «levado a mulher a abandonar a casa e a concorrer com os homens no mercado de trabalho»[9]. Entre 1935 e 1939, dois organismos da ACP, a Liga Operária Católica (LOC) e a Juventude Operária Católica (JOC), foram particularmente ativos na denúncia de que a organização corporativa incrementada se afastava do modelo preconizado pela Igreja Católica, quer no modo como se instituíra (impulsionado e protagonizado pelo Estado), quer em certas formas que assumira (o seu caráter imposto e obrigatório, a par da recusa do direito de associação e do direito à greve). As suas críticas envolviam ainda o controlo do Estado sobre os Sindicatos Nacionais e a atuação do Instituto Nacional do Trabalho e Previdência (INTP) na fiscalização do trabalho. Veiculavam reivindicações dos trabalhadores sobre a criação do salário mínimo e familiar, o pagamento das horas extraordinárias, a regulação da duração da jornada de trabalho, ou o respeito pelo descanso semanal. Um pouco mais tarde, a II Semana Social Portuguesa, realizada pela Junta Central da ACP, em 1943, em Coimbra, recolheu também a desilusão de alguns participantes sobre as limitações existentes à possibilidade de cristianização da ordem corporativa e sobre a situação social do País[10]. Na Assembleia Nacional, entre 1938 e 1939, deputados que mantinham ligações estreitas a diversos círculos católicos expressaram posições idênticas. A defesa da instituição do salário familiar foi feita

---

[9] Cf. *Novidades*, 3 de Maio de 1937, p. 1; 7 de Fevereiro de 1939, p. 3; 6 de Fevereiro de 1941, p. 6; 14 de Fevereiro de 1941, pp. 1 e 6; 3 de Março de 1941, pp. 1 e 4.

[10] Cf. Manuel Braga da Cruz, *O Estado Novo e a Igreja Católica*, Lisboa, Editorial Bizâncio, 1998, p. 95; Maria Inácia Rezola, *O Sindicalismo Católico no Estado Novo, 1931-1948*, Lisboa, Editorial Estampa, 1999, pp. 89-154.

por Samuel de Oliveira, enquanto Sílvio Belfort Cerqueira abordou a questão do desemprego e questionou a eficácia do Comissariado do Desemprego. Por seu turno, Joaquim Saldanha denunciou o problema dos abusos sexuais sobre as mulheres perpetrados nos locais de trabalho e a falta de proteção jurídica das vítimas. Célebres ficaram as críticas do padre Abel Varzim à organização sindical corporativa[11].

2. O combate contra a Maçonaria e o Rotarismo

O primeiro período constituinte do regime, criado logo em 1935, no ano de entrada em funcionamento das câmaras políticas do regime, foi aproveitado por setores católicos para defenderem alterações à situação jurídica da religião católica. Esse espírito esteve presente no interior da própria Assembleia Nacional, onde alguns deputados, de sensibilidade católica, apresentaram iniciativas legislativas que visavam dar satisfação às reclamações católicas sobre o regime do casamento e do divórcio, sobre o ensino da religião na escola pública e sobre a atividade missionária. Embora o primeiro aspeto não tenha tido acolhimento (para desenvolvimento da questão, consulte-se o ponto 4 do Capítulo V), os dois últimos alcançaram, como se verá, uma boa receção.

Também por ocasião do debate sobre o projeto de lei n.º 2, proposto pelo deputado José Cabral, que pretendia o confisco dos bens das associações secretas, a punição dos seus associados e a proibição de participação nelas de qualquer cidadão português, e da passagem desta iniciativa legislativa à lei n.º 1901 de 21 de Maio, manifestaram-se alguns setores católicos, dentro e fora daquela câmara política, contra a Maçonaria. A luta pela extinção desta organização acompanhava a tendência de um violento antimaçonismo, emergente na Europa, em meados da década de 1920, onde os setores nacionalistas exploravam a ligação entre maçonaria e comunismo e estabeleciam a sua proibição. Durante a *Ditadura Militar*, a repressão dos Ministérios fizera-se

---

[11] Paula Borges Santos, *ibidem*, pp. 52-56.

também já sentir sobre o Grémio Lusitano e algumas reuniões alegadamente maçónicas[12].

Entre Janeiro e Março de 1935, o *Novidades* dedicou editoriais e publicou diversos artigos de crítica à Maçonaria, mas também ao Rotarismo, combatido sob o mesmo pretexto. Suspeitava-se destas organizações pelo seu estrangeirismo e fazia-se a sua acusação por se julgar que eram «*focus* de pestilência moral», ou «fonte do caudal de desvairo e de crime e de desassossego e de desordem»[13]. Usando o pseudónimo de «Malho», o jornalista Artur Bívar, escreveu nesse diário algumas crónicas, onde repetiu diversas vezes que o rotarismo fora objeto da condenação de vários bispos em diferentes países, criticou a «moda importada da América» de católicos aderirem às associações rotárias, e estranhou a Santa Sé não condenar «formal e especificamente» a instituição rotária. Ainda através do *Novidades*, Bívar polemizou com Fernando Pessoa, após este denunciar, nas páginas do *Diário de Lisboa*, as «campanhas antimaçónicas», em particular o comportamento da imprensa católica que sugeria ser ignorante do pensamento maçónico[14]. Em contrapartida, o parecer da Câmara Corporativa, redigido pelo jurisconsulto Abel de Andrade, foi recebido entusiasticamente por aquele diário católico. Segundo os procuradores, de acordo com a tradição penal portuguesa, não eram admissíveis sociedades secretas, e a «civilização maçónica» não era compatível com a «civilização cristã», nem as suas associações com a ordem legal vigente. Para o *Novidades* esta posição desmascarava «a lenda hipócrita de inocente

---

[12] Para mais informação sobre o contexto antimaçónico de Entre Guerras, sobre a iniciativa parlamentar de José Cabral e as reações que suscitou na sociedade portuguesa, consulte-se: Rui Ramos, «Anti maçonismo» in *Dança dos Demónios – Intolerância em Portugal*, coord. de António Marújo e José Eduardo Franco, Rio de Mouro, Círculo de Leitores e Temas e Debates, 2009, pp. 404-414; Paula Borges Santos, *A Questão Religiosa no Parlamento (1935-1974)*..., pp. 45-47; José Barreto, «A história do artigo "Associações Secretas"» in *Fernando Pessoa, Associações Secretas e Outros Escritos*, ed. de José Barreto, Lisboa, Babel, 2011, pp. 239-281.

[13] Cf. *Novidades*, 18 de Janeiro de 1935, p. 1; 29 de Janeiro de 1935, p. 3; 30 de Janeiro de 1935, p. 1; 2 de Fevereiro de 1935, p. 1 e 4; 5 de Fevereiro de 1935, p. 1; 22 de Fevereiro de 1935, p. 6; 27 de Fevereiro de 1935, p. 6.

[14] Cf. *Novidades*, 7 de Fevereiro de 1935, pp. 1 e 4; 9 de Fevereiro de 1935, pp. 1 e 6; 13 de Fevereiro de 1935, pp. 1 e 2.

associação de beneficência», que pretendia «ser um Estado dentro de um Estado, sujeitando às imposições tenebrosas das lojas toda a atuação da vida pública, opondo à soberania e aos interesses superiores da Nação a soberania do povo maçónico»[15]. Neste ambiente, surgiram também ataques católicos à Associação de Filosofia Natural, pela sua conceção cientista da vida, e à Liga dos Direitos do Homem francesa, por ser alegadamente «maçonizante» e defender a laicização do ensino. Neste último caso, evocava-se a autoridade dos prelados franceses que haviam apelado aos grupos da Ação Católica (França) para combaterem os propósitos dessa organização[16].

3. A primeira revisão constitucional: esperanças goradas

As expetativas católicas sobre mudanças passíveis de serem introduzidas no texto constitucional pelo Executivo, nos princípios que conduziam a relação do Estado com as Igrejas, foram goradas logo na quinta sessão da primeira sessão legislativa da Assembleia Nacional, em 22 de Janeiro de 1935, quando o Governo apresentou a proposta de lei n.º 3 (alterações à Constituição). Aí tornou-se claro que, nessa matéria, nada de novo seria introduzido. Pequenas mudanças da redação na epígrafe do título X e no art. 45.º indicavam que o Governo visava apenas aperfeiçoar a linguagem da Lei Fundamental, eliminando quaisquer dúvidas que pudessem surgir com base nas fórmulas um pouco menos exatas que até aí afetavam a redação daqueles preceitos. Sobre outros aspetos que pudessem interessar à ação da Igreja Católica, a proposta governamental não fazia alterações relevantes, exceto, talvez, a substituição, no n.º 1 do art. 6.º, relativo às funções do Estado, da expressão «corporações morais e económicas» por «pessoas coletivas, públicas ou privadas». Porém, ainda assim, as corporações morais continuavam a ser referenciadas noutros artigos, continuando sem se conhecer como seriam constituídas, que funções teriam e que normas especiais as regulariam. Alguma importância simbólica tinha a proposta de se deslocar o art. 28.º, que referia que «o registo civil dos cidadãos» era da

---

[15] Cf. *Novidades*, 3 de Abril de 1935, p. 1.
[16] Cf. *Novidades*, 18 de Fevereiro de 1935, p. 6; 27 de Fevereiro de 1935, p. 1.

competência do Estado, para o art. 13.º, o qual definia as competências do Estado e das autarquias locais «em ordem à defesa da família»[17].

A posição governamental pode explicar-se pelo facto de, nessa época, Salazar já se encontrar a preparar uma solução do tipo concordatário, como adiante se verá, para resolver os problemas mais significativos que se colocavam à relação do Estado com a Igreja Católica. Não obstante tal circunstância, é provável que o chefe do Executivo entendesse que o texto constitucional não era o melhor lugar para acolher mudanças que afetassem no imediato a situação jurídica da Igreja Católica; sobretudo, porque isso implicaria alterar o equilíbrio que a Constituição de 1933 promovia entre interesses católicos e do laicismo moderado.

Chamada a dar parecer sobre a proposta de lei, a Câmara Corporativa, por intermédio da Seção de Política e Administração Geral, em parecer relatado pelo jurisconsulto e professor universitário, Domingos Fezas Vital, validou as novas redações sugeridas pelo Executivo[18].

A proposta governamental foi recebida com desagrado, na Assembleia, por deputados católicos, como Alberto Pinheiro Torres, o cónego Francisco Correia Pinto e Querubim de Guimarães, que assinalaram o seu descontentamento perante o ecletismo da Constituição e a oportunidade perdida para ser dada satisfação aos interesses da Igreja Católica. Ainda que não apresentassem projetos de alteração ao texto constitucional, revelando respeitarem os limites que o Executivo delineara para aquela revisão constitucional em matéria religiosa, aqueles deputados defendiam que, passada uma «fase transitória da reforma constitucional» (Querubim Guimarães), a Constituição deveria: rejeitar a escola neutra e declarar obrigatório o ensino religioso ministrado nos estabelecimentos escolares públicos, abrindo-se só exceção para os alunos cujos pais ou encarregados de educação declarassem dele prescindir (Pinheiro Torres, Correia Pinto, Querubim Guimarães); introduzir o princípio da indissolubilidade do casamento e abolir a lei do divórcio (Pinheiro Torres, Correia Pinto e Querubim Guimarães); regulamen-

---

[17] Cf. *Diário das Sessões*, I Legislatura, n.º 8, 23 de Janeiro de 1935, pp. 69-70.

[18] Cf. *Diário das Sessões*, I Legislatura, 6.º Suplemento ao n.º 8, 4 de Fevereiro de 1935, p. 129.

tar o direito de associação «com largueza» (Correia Pinto); e garantir proteção às famílias numerosas (Pinheiro Torres, Correia Pinto, Querubim Guimarães); introduzir o nome de Deus na Lei Fundamental, à semelhança do que fora feito na Constituição do Brasil (Correia Pinto).

Os restantes parlamentares permaneceram em silêncio perante aquelas manifestações de interesses, com exceção de Mário de Figueiredo que declarou que o Estado já assumira proteger aquelas famílias no articulado da Lei Fundamental quando procurava regular os impostos de acordo com os encargos familiares e promovia a adoção do salário familiar. As alterações à Constituição, propostas pelo Governo, foram aprovadas e passaram a constar da lei n.º 1885, de 23 de Março de 1935.

3.1. A separação como realidade necessária

O debate parlamentar relativo à proposta de lei de revisão da Constituição, como anteriormente a discussão pública sobre o projeto constitucional, refletiu a reelaboração do discurso católico sobre a separação do Estado da Igreja, a qual genericamente marcou as reflexões dos católicos que aderiram ao *Estado Novo*. Não obstante a separação ser tida como inconveniente à causa da Igreja Católica, foi tomada como uma realidade política necessária, o que obrigou à transigência com o seu princípio.

Todavia, os católicos promoveram uma destrinça entre uma separação hostil e negativa e uma separação positiva do Estado da Igreja Católica. A primeira foi associada aos primeiros anos da I República, concretamente ao período que decorreu entre 1910 e 1917, a segunda foi encarada como uma realidade potenciada pela governação de Sidónio Pais e, sobretudo, relacionada com a ação governativa de Salazar. Nessa linha, tomou forma um discurso desculpabilizador do presidente do Conselho, que não punha em causa a sua «vontade» de corresponder aos interesses da Igreja, mas que o considerava limitado na sua ação por interesses laicistas que perduravam na sociedade portuguesa.

Em paralelo, escamoteava-se a ideia da existência de uma «questão religiosa», fomentada por setores eclesiais, uma vez que a Igreja aceitava os poderes constituídos e as condições que, de momento, lhe eram proporcionadas para desenvolver a sua atividade. No entanto, entendia-se que persistia o conflito religioso, materializado em campanhas dirigidas contra os católicos, organizadas alegadamente por forças laicistas e pela Maçonaria, e agravadas sempre que os interesses católicos se manifestavam no espaço público ou perante o ressurgimento do «espírito religioso» no País. Havia, portanto, que não ceder às tentativas de acantonamento dos católicos e que agir sobre as consciências, de forma a constituir-se uma base social capaz de sustentar o esforço de «restauração nacional» e de construir a «unidade moral da Nação», inserindo-a na sua legítima tradição cristã.

Na persecução desse objetivo, encontravam justificação os comportamentos dos católicos, no seu esforço para, por exemplo, tentarem cristianizar as leis e os costumes. A esta luz, compreendem-se as afirmações do deputado António Pinto da Mota, engenheiro e proprietário agrícola, em Dezembro de 1935, na Assembleia Nacional. Depois de recordar que Salazar afirmara, durante a primeira reunião plenária das comissões distritais da União Nacional, existirem «duas falsas grandes questões [...] insinuadas entre nós – a religiosa e a do regime», o deputado garantia que a primeira «está há muito solucionada pelo caso jurídico da separação», «sem pretexto para criar novos conflitos», porque «o Estado é uma organização civil que reconhece a organização religiosa da Nação». Empenhado em clarificar que o País assistia não a uma «recrudescência de clericalismo», mas a uma «renascença de espírito religioso», salientava que «nunca os padres obedeceram tanto ao Regime como agora; nunca ninguém os soube meter na ordem e no regime de separação, de boa-fé, como o Sr. Doutor Oliveira Salazar». Havia apenas que «respeitar e prestigiar as sociedades religiosas», evitando a «dissolução moral» que afetava tanto os Estados Unidos da América, como a Rússia[19].

3.2. A confessionalização funcional do ensino público

A revisão constitucional de 1935 permitiu, apesar de tudo, duas alterações importantes à situação jurídica da Igreja Católica. Uma foi

---

[19] Cf. *Diário das Sessões*, I Legislatura, n.º 50, 10 de Dezembro de 1935, p. 25.

alcançada por via do projeto de lei n.º 59 (Alteração ao art. n.º 24 do Ato Colonial), apresentado por Manuel Fratel, antigo ministro da Justiça e dos Negócios Eclesiásticos do último Governo da Monarquia, que pretendia garantir que as missões religiosas nos territórios ultramarinos seriam exclusivamente missões católicas, compostas por cidadãos portugueses[20]. O deputado, historiando a relação da política e administração colonial do Estado português com a atividade missionária entre 1885 (ano da realização da Conferência de Berlim, onde se determinou que as potências colonizadoras estavam obrigadas a proteger, sem distinção de nacionalidade ou de cultos, todas as instituições religiosas, científicas e de caridade) e 1930 (data da publicação do Ato Colonial), recordava a «ação prejudicial» do *Ultimatum* inglês e da I República sobre a missionação católica e a «desnacionalização» das possessões portuguesas que daí resultara. Defendia a necessidade de ser elaborar uma política externa do regime que não se limitasse à preservação da aliança inglesa (sobre a qual, implicitamente, mostrava dúvidas de que podia assegurar de forma genuína os interesses nacionais), mas que fomentasse a ideia de nação histórica imperial e contribuísse para a afirmação de Portugal como «terceira potência colonial». As missões católicas, segundo o seu entendimento, poderiam sustentar localmente essa nova política, merecendo ser apoiadas pelo Estado. Indiretamente colocava a questão no quadro mais global do reconhecimento jurídico da Igreja Católica por parte do Estado, ainda que o projeto de lei n.º 59 não evidenciasse esse propósito. Fratel foi apoiado por outros deputados que revelaram desconfiança sobre as missões protestantes, que tinham por desagregadoras da coesão nacional e desnacionalizadoras (Francisco Correia Pinto, Álvaro Morna e António de Aguiar). Alvo de crítica foram também as missões laicas, criadas pelo decreto n.º 233 de 22 de Novembro de 1913, salientando-se que haviam sido compostas por pessoal de «má qualidade» que realizara uma ação muito limitada, principalmente em Angola e Moçambique. Na esteira das considerações de Fratel, Henrique Galvão corroborou a utilidade de encontrar uma solução suficientemente atrativa para as missões católi-

---

[20] Cf. *Diário das Sessões*, I Legislatura, n.º 38, de 30 de Março de 1935, pp. 770--771.

cas a fim de suscitar o seu crescimento, argumentando que «o Império não é uma realidade, mas sim um objetivo político para o qual estamos caminhando e que, para se conseguir, temos de o rodear dos meios necessários»[21]. A Câmara Corporativa, através de parecer redigido por Eduardo Augusto Marques, deu assentimento ao referido projeto de lei, «certa de que realmente só as missões católicas portuguesas poderão manter o espírito das nossas tradições nacionais e religiosas»[22], que, uma vez aprovado, originou a lei n.º 1900 de 21 de Maio de 1935.

No que se refere à religião, o momento constitucional de 1935 ficou, todavia, associado a uma outra modificação, resultante da iniciativa legislativa de Maria Guardiola, reitora do Liceu Maria Amália Vaz de Carvalho, que, em 22 de Janeiro de 1935, por via do projeto de lei n.º 11 (Alterações ao § 3.º do art. 43.º da Constituição), propunha que o ensino ministrado pelo Estado não contrariasse os «princípios da moral cristã» e que fosse eliminada daquela disposição constitucional a frase «[o ensino] é independente de qualquer culto religioso, não o devendo porém hostilizar»[23].

Meses mais tarde, em 4 de Abril, a Câmara Corporativa, emitindo parecer pela 18.ª Secção (Política e administração geral), revelou concordar com o espírito do projeto de lei, porque não só «a ideia da Nação» e o «verdadeiro significado da vida social portuguesa» não se podia «compreender [...] separadamente da ação da Igreja», como também as responsabilidades do Estado em matéria de educação exigiam que se protegesse as «gerações novas» de «tendências perturbadoras ou dissolventes [...], exemplos adversos à moral cristã». Porém, o relator do parecer, o ex-ministro da Instrução Pública, Gustavo Cordeiro Ramos, apesar de aceitar que se fizesse referência ao facto do ensino público se orientar «pelos princípios da moral cristã», recusava a supressão da ideia de que este era «independente de qualquer culto religioso, não o devendo, porém, hostilizar», por entender que se devia assinalar que «o ensino deve respeitar todas as crenças, desde

---

[21] Cf. *Diário das Sessões*, I Legislatura, n.º 42, de 5 de Abril de 1935, pp. 868-879.
[22] Cf. *Diário das Sessões*, I Legislatura, n.º 40, de 3 de Abril de 1935, p. 823.
[23] Cf. *Diário das Sessões*, I Legislatura, n.º 8, de 23 de Janeiro de 1935, p. 96.

que não propugna princípios irreconciliáveis com o nosso direito e a nossa civilização».

Cordeiro Ramos indicava ainda que haviam sido ouvidas a 15.ª Secção (Interesses espirituais e morais) e a 16.ª Secção (Ciências e letras) da Câmara e que tinham existido diversas interpretações sobre o projeto de lei n.º 11, a ponto de a 16.ª Secção ter emitido três pareceres diferentes. Um desses pareceres, relatado por Júlio Dantas e assinado pelo arquiteto Tertuliano Marques, defendia que o projeto de lei colidia com a Constituição, porque contrariava o seu art. 45.º, que «considera livre o culto público ou particular de todas as religiões», e «o princípio da separação da Igreja Católica do Estado», doutrina da qual «resulta que o ensino ministrado pelo Estado deve ser independente de qualquer culto religioso». Dar aprovação à proposta de Guardiola seria, então, permitir «a introdução do catecismo e dos mandamentos da lei de Deus, não apenas na escola, mas no estatuto fundamental do Estado».

Posição contrária à de Júlio Dantas haviam explicitado noutro parecer os procuradores João Duarte de Oliveira (relator), médico e docente da Faculdade de Medicina da Universidade de Coimbra, e Manuel Ivo Cruz, músico, para quem não estava em causa o desrespeito pelo princípio da separação e só havia que decidir perante um dilema «ou a Constituição define essa moral, ou caímos no arbítrio do professor, no capricho individual, isto é, no tumulto, na desorientação». Em sua opinião, o projeto de lei n.º 11 estava «dentro do espírito da Constituição» porque defendia «a unidade espiritual da Nação» e dava «consistência à família, o que pressupõe uma educação consentânea à vontade dos pais e às suas tradições religiosas [...] que o Estado não tem o direito de contrariar». Por fim, o parecer do procurador José de Figueiredo, presidente da Academia Nacional de Belas Artes, apontava ser altura de «libertar de ataques dissolventes, dentro da escola, a belíssima moral que é a base da religião cristã da grande maioria do País»[24].

O conteúdo do parecer dado pela Secção de Interesses morais e espirituais, não foi referido por Cordeiro Ramos, talvez por receio de que a posição confessional aí sustentada não facilitasse a aprovação do

---

[24] Cf. *Diário das Sessões*, I Legislatura, n.º 41, de 4 de Abril de 1935, pp. 855-857.

projeto de lei de Maria Guardiola pela Assembleia, face à existência de interesses laicistas moderados dentro e fora daquela câmara. Nesse parecer, dado a 7 de Fevereiro de 1935, considerava-se que aquela iniciativa legislativa era uma «atenção à consciência católica de um País estruturalmente cristão», num momento de «ressurgimento nacional», «reconhecendo aos princípios da doutrina e da moral cristã a poderosa influência exercida no engrandecimento nacional, na expansão colonial portuguesa, na pacificação do mundo». Sublinhava-se que a nova redação do § 3.º do art. 43.º devia referir «princípios da doutrina e da moral cristã», em vez de «princípios da moral cristã», e lamentava-se que o projeto de lei não consagrasse o ensino da religião católica no ensino oficial, permitindo ao Estado continuar a «contrariar a família na sua obra de educação»[25].

Na Assembleia Nacional, Maria Guardiola, Mário de Figueiredo e Álvaro Morna, esclareceram que aquela iniciativa legislativa se destinava a explicitar e tornar exequível a doutrina já consignada na Constituição. Não encontraram resistência da parte dos restantes deputados. Ainda assim, adotando sugestões da Câmara Corporativa, uma parte fornecida pela 18.ª Secção e outra pela 15.ª Secção, Guardiola enviou para a mesa uma proposta de alteração, onde se explicitava que o ensino ministrado pelo Estado «visa, além do revigoramento físico e do aperfeiçoamento das faculdades intelectuais, à formação do carácter, do valor profissional e de todas as virtudes cívicas e morais, orientadas estas pelos princípios da doutrina e da moral cristã tradicional do País». A Assembleia aprovou a proposta[26], que originou a lei constitucional n.º 1910 de 23 de Maio de 1935.

A iniciativa de Guardiola foi apresentada como tendo um alcance modesto, mas, na realidade, permitiu trazer para o ensino oficial o sentido de um catolicismo «histórico», que, enquanto elemento identitário da nação, reforçava o carácter nacionalista da formação ministrada e justificava a sua expressão no espaço público. Ainda assim, o epis-

---

[25] Cf. PT/AHP/ Secretaria Geral da Assembleia Nacional e Câmara Corporativa/ Serviços Legislativos da Assembleia Nacional/ Cx. 9, n.º 9: Projetos de lei: Projeto de lei n.º 11 – correspondência.

[26] Cf. *Diário das Sessões*, I Legislatura, n.º 42, de 8 de Abril de 1935, pp. 921-925.

copado mostrou-se reservado no acolhimento da medida[27]. Apenas no futuro, a propósito de outras iniciativas legislativas no domínio da educação, a hierarquia eclesiástica e outros agentes católicos exploraram o § 3.º do art. 43.º como fundamento para novas reivindicações. Tratava-se de uma confessionalização funcional daquele ensino, a qual, cerca de um ano depois, foi reforçada pela base XIII da lei n.º 1941 de 11 de Abril de 1936 que determinou a afixação de crucifixos nas escolas do ensino público, primário e elementar.

4. Cruxifixos nas escolas públicas: dúvidas e entusiasmo dos católicos

Com a colocação dos crucifixos nas escolas estatais, o Estado fez uma concessão simbólica à Igreja Católica, ao mesmo tempo que a transformou num elemento de valorização do próprio regime. Todavia, a medida, decidida no âmbito da Reforma do Ministério da Instrução, desenvolvida pelo ministro Carneiro Pacheco, mais do que criar entusiasmos, começou por suscitar dúvidas no campo católico. Em causa estava o facto de o poder político continuar sem reconhecer à Igreja, por via da sua missão religiosa, um papel determinante no âmbito educativo, não restaurando a liberdade de ensino nem, com esta, a liberdade do ensino da religião na escola pública. O desconforto surgia também pela apropriação que o Estado fazia de um recurso simbólico tradicionalmente gerido e utilizado pela Igreja Católica.

Durava ainda o debate parlamentar da proposta de lei n.º 83 (Reforma do Ministério da Instrução Pública), quando alguns deputados, de sensibilidade católica, mostraram divergir do sentido e da oportunidade da base XIII. Foram reações minoritárias, tendo predominado no hemiciclo um clima de louvor à iniciativa ministerial, considerada uma importante contribuição para a interiorização de um modelo de sociedade sustentado por um ideal nacionalista e inspirado na moral cristã. As posições críticas foram protagonizadas pelos

---

[27] Cf. D. Manuel Gonçalves Cerejeira, «*Natureza da Acção Católica*. Discurso aos assistentes eclesiásticos diocesanos da Acção Católica Portuguesa, segundo as notas tomadas pelo *Novidades* de 13 de Maio de 1936» in *Obras Pastorais*, II vol., Lisboa, União Gráfica, 1961, pp. 31-32.

deputados Álvaro Morna e Lobo da Costa, que recordaram o facto de o regime jurídico das relações entre o Estado e as Igrejas repousar sobre o princípio da separabilidade. Enquanto o primeiro notava que a medida poderia vir a suscitar «reações indesejáveis de anticatolicismo», o segundo considerava que se assistia a uma «imposição de crenças e uma ofensa à liberdade de consciência e aos artigos 45.º e 46.º da Constituição». Temia ainda a possibilidade de os crucifixos serem «amanhã achincalhados e escarnecidos». As duas intervenções foram objeto de contestação por parte de outros parlamentares, que defendiam que se tratava antes de afirmar a supremacia da civilização cristã perante o individualismo e os projetos socialistas, de combater um «estado de desmoralização» resultante «da falta de uniformidade moral» e, sobretudo, de respeitar a vontade expressa pelo Governo. No momento da votação nominal requerida, cinquenta e dois deputados, de entre cinquenta e quatro presentes, deram voto favorável à base XIII.

Tal sessão da Assembleia Nacional foi considerada histórica nas páginas do *Novidades*[28], que criticou abundantemente a oposição que a medida aí merecera. A reação era dirigida contra o argumento de que a base XIII era «atentatória da neutralidade, das crenças alheias e até da separação entre a Igreja e o Estado», defendendo-se em contraposição que a separabilidade não limitava a escola na sua função educativa, na qual «a religião entra como fator principal». Recordava o diário católico que uma escola laica não respeitava também o direito dos crentes a uma «educação integral e conforme à sua fé»[29]. Insistia-se ainda que qualquer pedagogia exigia ter um ideal educativo e, colocando como única possibilidade a opção entre um ideal cristão ou comunista, o *Novidades* advogava naturalmente a realização da «escola educativa» só através do elemento religioso[30].

O entusiasmo católico conhecia alguma moderação, traduzida no julgamento de que a colocação do crucifixo nas escolas primárias e elementares estava «longe de satisfazer as aspirações da consciência

---

[28] Cf. *Novidades*, 12 de Fevereiro de 1936, p. 1.
[29] Cf. *Novidades*, 13 de Fevereiro de 1936, p. 1.
[30] Cf. *Novidades*, 14 de Fevereiro de 1936, p. 1.

católica» em matéria de educação[31], mas, à passagem dos dias, fez-se um aproveitamento inequívoco da situação. Cerca de oito dias após a aprovação da base XIII na Assembleia Nacional, uma delegação de professores do ensino particular católico cumprimentou, na Secretaria de Estado do Ministério da Educação Nacional (MEN), Carneiro Pacheco por aquela medida e pelo novo plano para a educação e ensino. Na ocasião, o porta-voz da delegação, o inspetor do ensino particular, Dr. Oliveira Guimarães, sublinhou que aqueles docentes ofereciam ao governante «a sua leal e desinteressada colaboração». Do ministro recebiam a confirmação de que o Estado iria zelar pelo ensino particular, tendo terminado o longo «período de abandono e incerteza, em que do Estado não partia nenhum estímulo» e se alheava «da insuficiência do ensino livre», tanto que este, em 1928, representava só 30% do ensino ministrado. No entanto, recordava que muito tinha sido já feito, desde a publicação do («segundo») Estatuto do Ensino Particular (1931) e através da ação dos serviços de Inspeção. Prometia, por fim, realçar a representação dos educadores na Junta Nacional de Educação[32].

Carneiro Pacheco não o mencionara mas aquele Estatuto conhecera, entretanto, duas atualizações, com a publicação dos decretos n.º 22:842 de 18 de Julho de 1933 e n.º 23:447 de 5 de Janeiro de 1934 respetivamente. Este último diploma, chamado de «quarto Estatuto do Ensino Particular», visava a harmonização com o Estatuto do Ensino Secundário, definindo-se, nesse intento, que a aferição das habilitações proporcionadas pelas escolas secundárias privadas apenas podia ser feita por provas oficiais, quando aí se seguissem os planos oficiais. Nos casos de ser seguido um programa diferente, estipulavam-se provas singulares, ainda que a cargo dos inspetores públicos e com propinas específicas. Em continuidade com a legislação anterior, os dois estatutos não alteravam a liberdade de se ministrar o ensino religioso nas escolas privadas, continuando a excluí-lo do âmbito da fiscalização do Estado.

Um ano depois, a imprensa católica vibrou com a divulgação da imagem escultórica do crucifixo a colocar nas escolas. Carneiro Pacheco

---

[31] Cf. *Novidades*, 13 de Fevereiro de 1936, p. 1.
[32] Cf. *Novidades*, 19 de Fevereiro de 1936, p. 1.

encomendara esse trabalho ao escultor Teixeira Lopes e a propriedade do modelo do crucifixo foi adquirida pela União Gráfica, que encarregou casas especializadas para a reprodução da peça. O *Novidades* celebrou a ocasião, referindo a «ofensiva de paz» que aquele ministro realizava, impondo o crucifixo como «manifestação e aceitação concreta dum ideal anticomunista»[33]. Durante o mês de Abril de 1937, a publicação dos novos programas do ensino elementar, por decreto n.º 27:603 de 29 de Março, voltou a motivar louvores do diário católico à política educativa do Governo. Aplaudia-se não só a enunciação do programa de educação moral aí definido, mas, muito em particular, a advertência do legislador de que aqueles conteúdos não significavam que essa educação «deva ministrar-se apenas durante o tempo que lhe for destinado», até porque «para a formação moral convergem todas as atividades escolares»[34].

Num ciclo que parecia ser de favorecimento dos interesses católicos no âmbito do ensino, estes sofreram um revés, quando, em Novembro de 1937, foi apresentada a proposta de lei n.º 187 (Reforma do ensino primário). Ao contrário do que era esperado por círculos católicos ligados à atividade escolar, nesse diploma, o Executivo não só não favorecia o ensino privado, como desvalorizava o papel educativo da família. A Câmara Corporativa, através da 16.ª Secção (Ciências e Letras), em parecer relatado por Júlio Dantas, secundava essa posição, considerando que a educação infantil não podia ser assumida por uma iniciativa privada insuficiente nem apenas pela família, porque esta «ainda não estava educada para educar» sobretudo «nos meios rurais»[35]. A tendência para o reforço do papel do Estado na educação suscitou protestos de deputados de sensibilidade católica. Reagindo à acusação de «impreparação da família e à sua consequente incapaci-

---

[33] No dia 1 de Janeiro de 1937, o *Novidades* fez uma primeira página inteiramente dedicada ao crucifixo de Teixeira Lopes, destacando a imagem da peça no centro da folha. Atente-se nos títulos dessa página: «Uma ofensiva de paz», «Uma ideia felizmente realizada», «Senhor nosso que estais na cruz [poema do padre Moreira das Neves]», «O crucifixo na arte» e «O modelo oficial do crucifixo».

[34] Cf. *Novidades*, 1 de Abril de 1937, p. 1.

[35] Cf. *Diário das Sessões*, I Legislatura, n.º 165, de 5 de Março de 1938, pp. 422-436.

dade educativa», defenderam «a limitação do poder do Estado sobre a criança» e o reforço do direito educativo da família, por via do que se reconhecia constitucionalmente à instituição familiar (arts. 42.º e 11.º). Nesse sentido, Maria Guardiola e Juvenal de Araújo sustentaram que cabia ao Estado, sem se substituir às famílias, apoiar a sua ação educativa, através da Obra das Mães pela Educação Nacional ou de instituições particulares, auxiliadas e fiscalizadas pelas autoridades públicas[36]. A defesa do ensino particular foi feita pelo ex-dirigente do Centro Católico Português (CCP), Joaquim Dinis da Fonseca, pelo médico Joaquim Moura Relvas e Correia Pinto, que recordaram que a Constituição estabelecia que o ensino primário podia ser feito no lar, em escolas particulares ou em escolas oficiais, nesta mesma ordem (§ 1.º do art. 43.º). Estes deputados pronunciaram-se ainda a favor de uma escola pública cristianizada[37]. Também Fernando Borges Júnior advogou maior proximidade entre as figuras do pároco e do professor, em particular nos meios rurais. Nessa sugestão foi secundado pelo ex-fundador do CCP, Diogo Pacheco de Amorim, e pelo magistrado e ex-ministro Vasco Borges, embora o primeiro salientasse o papel educativo da família e o carácter supletivo da função do Estado em matéria de educação e o segundo considerasse que a ação formativa cabia preferencialmente ao Estado, a quem a «criança pertence»[38]. Por sua vez, Querubim de Guimarães aproveitou para criticar a censura que fora imposta sobre notícias de colocação de crucifixos nas escolas, sugerindo que essa medida se relacionava com a existência de «outro poder acima do Estado que não concorda com a colocação do crucifixo na escola e por isso se opõe a que os jornais falem»[39].

Não foi possível confirmar a medida censória comentada por Querubim de Guimarães, mas é interessante registar que, na mesma época,

---

[36] Cf. *Diário das Sessões*, I Legislatura, n.º 175, de 24 de Março de 1938, pp. 546--554.

[37] Cf. *Diário das Sessões*, I Legislatura, n.º 176, de 25 de Março de 1938, pp. 556--563.

[38] Cf. *Diário das Sessões*, I Legislatura, n.º 179, de 31 de Março de 1938, pp. 609--613.

[39] Cf. *Diário das Sessões*, I Legislatura, n.º 177, de 26 de Março de 1938, pp. 571--573.

a *Escola Portuguesa*, publicação da Direção-Geral do Ensino Primário, fazia de forma acentuada a apologia da escola cristã e da colocação dos crucifixos em escolas de todo o País. Desde Março de 1936, eram frequentes os artigos e editoriais, alguns da autoria de inspetores do Serviço de Orientação Pedagógica, abordando o tema do catolicismo na escola, com menções à moral cristã como fator de regeneração social[40]. A partir de Outubro de 1937, aquela revista cobriu também as cerimónias de afixação dos crucifixos em estabelecimentos de ensino. Visando sensibilizar para aquele ato, aí se dizia que o crucifixo já se encontrava «em milhares de escolas de grandes e pequenos centros, alguns dos mais humildes»[41]. Descrevia-se o cerimonial que envolvia aquelas ações e publicavam-se, por vezes, discursos de professores proferidos na ocasião. Ainda que cada estabelecimento de ensino registasse uma particularidade, existiam elementos comuns envolvendo a colocação do crucifixo: tal fazia-se na presença de todos os alunos, a bandeira nacional era içada ou colocada em destaque, cantava-se o hino nacional, celebrava-se missa (no estabelecimento de ensino ou na igreja da localidade, escolhendo-se habitualmente para esse efeito o templo mais nobre), o professor e o pároco discursavam. Em algumas escolas eram ainda usados os seguintes recursos: ornamentos de flores, recitação de poemas, cânticos religiosos, vivas a Portugal, ao *Estado Novo*, a Salazar e ao ministro da Educação Nacional, descerramento de retratos do presidente da República e do chefe do Governo. Por vezes, a cerimónia de colocação do crucifixo abria o ano letivo, sendo presenciada pelo diretor escolar do distrito, por autoridades religiosas, agentes do poder municipal, dirigentes e militantes locais da Ação Católica, bombeiros voluntários ou elementos locais da União Nacional. Podia seguir-se um almoço oferecido aos alunos[42]. De acordo com a *Escola Portuguesa*,

---

[40] Cf. *Escola Portuguesa*, n.º 75, 19 de Março de 1936, pp. 153-154; n.º 79, 16 de Abril de 1936, pp. 176-178; n.º 82, 7 de Maio de 1936, pp. 200-203; n.º 92, 16 de Julho de 1936, p. 279.

[41] Cf. *Escola Portuguesa*, n.º 154, 7 de Outubro de 1937, p. 8.

[42] Cf. *Escola Portuguesa*, n.º 155, 21 de Outubro de 1937; n.º 157, 28 de Outubro de 1937; n.º 158, 4 de Novembro de 1937; n.º 160, 18 de Novembro de 1937. Aí se descreveram ou dataram as cerimónias realizadas em Vila Garcia (Guarda), Óbidos, Coimbra, Figueira da Foz, Torres Novas, Carapinheira do Campo, Braga, S. Miguel do

as datas preferenciais para realização desta cerimónia recaíram, contudo, nos dias 1 e 8 de Dezembro de 1937[43]. Alguns estabelecimentos só deram cumprimento à afixação do crucifixo no final daquele mês. Até 30 de Outubro daquele ano, haviam sido expedidos para os diferentes distritos escolares 4639 crucifixos[44].

Tem interesse notar que a liberdade de organização de tal cerimónia, deixada aos professores e diretores das escolas, em 1937, não se repetiu quando, anos mais tarde, o ministro Carneiro Pacheco, determinou a colocação obrigatória de crucifixos também nos liceus, por despacho de 23 de Março de 1940. A medida, lia-se na circular n.º 557-A de 25 de Março de 1940, emitida pelo diretor geral da Direção do Ensino Liceal, aos reitores daqueles estabelecimentos, inscrevia-se no âmbito da reforma do ensino liceal, que permitira aí introduzir o ensino da moral cristã. Esclarecia-se que o fornecimento dos crucifixos seria feito pela Mocidade Portuguesa Feminina (MPF) e indicava-se que aquele símbolo tinha que ser colocado ao sábado, «em todos os liceus, ao menos no Gabinete do Reitor»[45]. Quatro dias depois, uma nova circular pormenorizava os detalhes organizativos que se pretendiam ver observados: deveriam os reitores «combinar com a autoridade eclesiástica da sede do liceu a parte religiosa do ato»; realizar a cerimónia

---

Mato (Vouzela), Idanha-a-Nova, Pampilhosa da Serra, Oliveira do Hospital, Lumiar (Lisboa), Midões; Vitória, escola n.º 129 (Porto), Lamas (Miranda do Corvo), Celorico de Basto, Santo Tirso, Junça (Almeida), Senhora da Hora (Matosinhos), Alcobaça, Estremoz, Ferreira do Alentejo, Santarém, Rochoso, Vizela, Portimão, Alfândega da Fé, etc. Os casos noticiados eram aqueles que chegavam ao conhecimento do Diretor Geral do Ensino Primário ou ao ministro da Educação Nacional, remetidos por diretores escolares e professores, através de cartas e telegramas.

[43] Cf. *Escola Portuguesa*, n.º 163, 9 de Dezembro de 1937, p. 5.

[44] Cf. *Escola Portuguesa*, n.º 160, 18 de Novembro de 1937, p. 72. Veja-se a distribuição por distrito escolar: Angra do Heroísmo – 80, Aveiro – 109, Beja – 192, Braga – 242, Bragança – 388, Castelo Branco – 143, Coimbra – 265, Évora – 186, Faro – 280, Funchal – 85, Guarda – 102, Horta – 6, Leiria – 328, Lisboa – 429, Ponta Delgada – 52, Portalegre – 123, Porto – 191, Santarém – 435, Setúbal – 102, Viana do Castelo – 111, Vila Real – 111, Viseu – 732, Nova Goa – 1.

[45] Cf. PT/MESG, Cx. 13/1983: Circular n.º 557-A de 25 de Março de 1940, emitida pelo diretor-geral da Direção do Ensino Liceal, António Augusto Pires de Lima, dirigida aos reitores dos Liceus.

«na sala da reitoria, pelo menos na presença de todos os professores e de todos os chefes de turma»; quando não fosse possível usar a reitoria, utilizar outra sala, «devendo, porém, ficar depois colocada na reitoria o crucifixo»[46]. Para os liceus das Ilhas, impunha-se uma data concreta para realização da cerimónia: 27 de Abril de 1940[47]. Os liceus do Continente ficavam obrigados a fazer a celebração no dia 6 daquele mês, «não podendo ser sob nenhum pretexto adiada». Tal decisão era comunicada com pouca antecedência, a 2 de Abril, e seguia acompanhada por novas instruções: na cerimónia deveriam falar «por esta ordem: um professor de "Educação Moral e Cívica", um filiado (ou filiada) na Mocidade Portuguesa (ou na MPF), o Reitor»; «a entronização será feita pela mais nova filiada (ou filiado) na MPF (ou na MP) do liceu, ficando o Crucifixo colocado na parede da Reitoria, por detrás da cadeira do Reitor»; «na semana imediata, cada reitor enviará a esta Direção Geral um sucinto relato do que se passou»[48].

Dois dias depois, o cardeal Cerejeira contactava os restantes bispos, comunicando que recebera do titular da pasta da Educação Nacional a informação de que a entronização do crucifixo nas reitorias aconteceria no sábado seguinte e que muito desejava o governante que os prelados se associassem a esses atos, «a fim de lhe dar solenidade»[49]. Após a passagem do dia 6 de Abril, a Direção do Ensino Liceal manteve um apertado controle sobre os estabelecimentos liceais, sendo elaborada a relação dos relatórios entregues e, em casos de ausência de informação, os reitores inquiridos sobre a realização ou não daquela cerimónia na data indicada.

---

[46] Cf. PT/MESG, Cx. 13/1983: Circular n.º 559 de 29 de Março de 1940, emitida pelo diretor-geral da Direção do Ensino Liceal, António Augusto Riley da Mota, dirigida aos reitores dos Liceus.

[47] Cf. PT/MESG, Cx. 13/1983: Ofício de 5 de Abril de 1940, emitido pelo diretor--geral da Direção do Ensino Liceal, António Augusto Riley da Mota, dirigida aos reitores dos Liceus das Ilhas Adjacentes.

[48] Cf. PT/MESG, Cx. 13/1983: Circular n.º 560 de 2 de Abril de 1940, emitida pelo diretor-geral da Direção do Ensino Liceal, António Augusto Riley da Mota, dirigida aos reitores dos Liceus.

[49] Cf. PT/AHPL/ACC/D/01/02/066: carta de D. Manuel Gonçalves Cerejeira para bispos, datada de 4 de Abril de 1940.

Ainda no mês de Abril, através de uma ordem de serviço, datada de dia 19, o titular da pasta da Educação Nacional determinava que nos estabelecimentos de ensino técnico elementar e médio, no gabinete do diretor, por cima da sua cadeira, fosse afixado o crucifixo. Deveriam comparecer todos os professores e alunos. Para o ato, deveria «o diretor entender-se com a autoridade eclesiástica»[50].

Sobre o que acaba de se expor, podem salientar-se três aspetos. Um primeiro que se prende com a observação de que o Governo procurou concluir o processo de colocação do crucifixo nas escolas públicas dos vários níveis de ensino, com exceção do superior, antes da assinatura da Concordata (a qual viria a ser celebrada em Maio de 1940). Um segundo ponto relaciona-se com o facto de o Governo ter optado por seguir a via administrativa para determinar a colocação dos crucifixos nos liceus e estabelecimentos de ensino técnico. A documentação consultada não esclarece a razão desse procedimento, que se distancia da opção legislativa utilizada em 1936, para as escolas do ensino primário. Esta poderá ter sido uma forma de evitar novas discussões públicas sobre a medida. Por último, um terceiro aspeto que demonstra que, em 1940, já se estava num momento de cooperação formalizada das escolas com a autoridade eclesiástica, diferentemente do que sucedera em 1936. Importante também é verificar o papel atribuído à Mocidade Portuguesa (também na sua seção feminina) nesse processo, que é de alguma centralidade nas cerimónias escolares de afixação do crucifixo e de mediação entre a escola e a instituição eclesial. De facto, nesse intervalo temporal, que corresponde aliás aos anos de criação e implantação das próprias MP e MPF, chegara-se a um compromisso, entre o Executivo e as autoridades religiosas, quanto à participação da Igreja Católica não só nos dinamismos destas organizações de enquadramento da juventude, como no seu próprio funcionamento. Após alguns embates iniciais com o Ministério da Educação Nacional, o episcopado impusera um controlo significativo das atividades (tempos e conteúdos) daquelas organizações, ao mesmo tempo que conseguira que na sua estrutura pesassem os dirigentes eclesiásticos.

---

[50] Cf. PT/AHPL/ACC/C-03/01, Cx 16: ordem de serviço, de 19 de Abril de 1940, do ministro da Educação Nacional.

5. Pela «catolicização» da Mocidade Portuguesa: atritos e resultados

A reforma educativa de Carneiro Pacheco foi seguida atentamente pelo episcopado, receoso do estabelecimento de uma situação de monopólio educativo ou escolar por parte do Estado. Como outros estudos já salientaram, com o surgimento da MP e da MPF, os bispos recearam que o poder político não permitisse a liberdade de associação, no domínio específico das organizações de enquadramento da juventude[51]. A concretizar-se esse cenário, ficava em causa a sobrevivência de várias das suas estruturas, designadamente dos organismos de juventude da Ação Católica Portuguesa e dos Escoteiros Católicos. Essa hipótese ganhara algum fundamento, após um contacto do ministro da Educação Nacional com o secretariado do patriarca de Lisboa, sugerindo a dissolução daquele agrupamento escotista[52]. Também o facto de o poder político estabelecer que a educação a ministrar nas organizações estatais (escolares ou circum-escolares) se faria segundo os princípios da moral cristã, exigidos pela Constituição, sobressaltava a hierarquia eclesiástica, que entendia que tal correspondia a uma substituição da Igreja pelo Estado no ensino religioso e moral. Esse

---

[51] Cf. Irene Flunser Pimentel, *História das Organizações Femininas do Estado Novo*, Lisboa, Temas e Debates, 2001, pp. 203-206; Ana Cláudia S. D. Vicente, «A introdução do escutismo em Portugal» in *Lusitania Sacra*, 2.ª série, 16 (2004), pp. 232-234.

[52] À sugestão de Carneiro Pacheco relativa aos Escoteiros Católicos, o cardeal Cerejeira deu uma resposta negativa (Cf. PT/AHPL/ACC/C-03/01, Cx. 16: carta de D. Manuel Gonçalves Cerejeira para ministro da educação, [datada de 28 de Maio de 1938]. Esta mesma carta foi objeto de publicação em José Geraldes Freire, *Resistência Católica ao Salazarismo-Marcelismo*, Porto, Telos, 1976, pp. 207-213). Anteriormente havia sido tentado, pelo ministro da Instrução, Gustavo Cordeiro Ramos, o estabelecimento do controlo estatal do movimento escutista, através da criação da Organização Escutista de Portugal (OEP), por decreto n.º 21:434 de 29 de Julho de 1922. Esta organização integrava o Corpo Nacional de Escutas (CNE) e a Associação dos Escoteiros de Portugal (AEP). Apesar da finalidade da iniciativa, o ministro incluía na direção da OEP duas personalidades católicas, que à época tinham já prestígio público, Vítor Manuel Braga Paixão e o padre Avelino Gonçalves. Também os grupos escutistas, surgidos na órbita do protestantismo, como a Associação Cristã da Mocidade de Lisboa, foram alvo do condicionamento do Estado (Cf. Luís Aguiar Santos, «A transformação do campo religioso português»…, p. 455-456).

posicionamento, entendia o cardeal Cerejeira, era «coisa diretamente anticatólica», própria de um «cristianismo teórico de fachada», «sem Igreja», prática seguida na «Alemanha pagã», onde aliás, tal como em Itália, também não se respeitava o princípio da liberdade de associação. Para o episcopado, a forma como a MP tinha sido concebida suscitava ainda dois problemas específicos em relação aos quais a Igreja não podia transigir: por um lado, não fora contemplada a hipótese de ser dada assistência eclesiástica aos filiados; por outro lado, eram organizadas atividades ao domingo, que impediam aqueles de cumprirem os preceitos dominicais[53].

A solução destas questões envolveu uma negociação direta entre a autoridade religiosa e o ministro Carneiro Pacheco, não sendo de excluir, apesar das fontes consultadas não o revelarem, o envolvimento de Salazar nesse processo (tomando, pelo menos, conhecimento dos contactos havidos e das propostas circulantes entre as partes).

Sabe-se, por exemplo, que o projeto de regulamento da secção feminina da MP foi submetido à apreciação eclesiástica. Nas observações tecidas ao documento, o secretário do cardeal Cerejeira, Carneiro de Mesquita, mostrando pouco entusiasmo com a criação da organização por temer «que afaste a rapariga portuguesa do recato feminino, do ambiente familiar e do gosto da vida doméstica», fazia notar que desagradava à Igreja «a obrigatoriedade de inscrição nos quadros da MP» e que «convinha a fixação de programas de acordo com a hierarquia»[54]. As sugestões transmitidas pelo sacerdote não foram acolhidas e o estatuto que regulamentava a MPF, publicado em 8 de Dezembro de 1937, por decreto n.º 28:262, estabeleceu a obrigatoriedade de inscrição na organização de «todas as portuguesas, estudantes ou não, desde os 7 aos 14 anos, e às que frequentavam o primeiro ciclo dos liceus, oficiais e particulares»[55].

---

[53] Cf. PT/AHPL/ACC/C-03/01, Cx. 16: carta de D. Manuel Gonçalves Cerejeira para ministro da educação, [datada de 28 de Maio de 1938].

[54] Cf. PT/AHPL/ACC/C-03/01/01/002: «Observações ao Projeto de Regulamento da Secção Feminina da MP apresentadas pelo Dr. Carneiro de Mesquita, ao Ministro da Educação Nacional, em 22 de Outubro de 1937».

[55] Cf. Irene Flunser Pimentel, *ibidem*, p. 202.

Para fundamentar as suas posições, a hierarquia eclesiástica recorreu aos princípios contidos na encíclica *Divini illius magistri*, dada por Pio XI, em 29 de Dezembro de 1929. Com base nesse documento, sustentava-se, sobre a questão da educação tomada genericamente, que a Igreja tinha o «direito a manter e fundar escolas e instituições em toda a disciplina e em todo o grau de cultura, inclusive em educação física», bem como o «direito inalienável e dever indispensável de exercer vigilância sobre a educação dos seus filhos, em qualquer instituição, seja privada ou pública». Considerava-se que a missão educativa cabia «em primeiro lugar à Igreja e à família», devendo o Estado «proteger esse direito, suprindo ação da família, quando ela falte, e ajudando a iniciativa da Igreja». Donde se reclamava: o direito de liberdade para as organizações de Ação Católica, assumindo-se que «tocar nele é abrir um conflito com a Igreja»; o fim da obrigatoriedade de «fazer parte da MP» ou, pelo menos, «limitá-la aos estabelecimentos públicos de instrução e assistência a menores»; a garantia de cumprimento regular dos deveres religiosos, nos domingos e dias festivos, pelos membros das organizações de juventude estatais; o ensino moral ministrado «por pessoas competentes encarregadas para tal pela autoridade eclesiástica»; a exclusão desse ensino só para alunos cujos pais requeressem a isenção; a prática do batismo dos alunos de «asilos, orfanatos, estabelecimentos e institutos oficiais de educação de menores e ainda institutos de correção ou reforma», assegurada pelo Estado; a equiparação do professor de religião aos demais professores, sendo aquele «nomeado por proposta da competente autoridade diocesana, à qual pertence também organizar e aprovar os respetivos programas»; o acautelamento do «direito e tempo para a catequese»; a representação dos chefes de família na Junta de Educação Nacional[56].

Sobre o problema particular da MP, o cardeal Cerejeira insistiu em que a educação moral, ministrada naquela organização, só podia ser considerada católica se fundamentasse na «doutrina revelada o ensino moral», não podendo ser feita «sem, pelo menos, a aprovação da competente autoridade eclesiástica». Tal impedia que se excluísse a

---

[56] Cf. PT/AHPL/ACC/C-03/01/01/010: «Princípios católicos entregues ao Dr. Carneiro Pacheco», sem data.

«colaboração de sacerdotes que são os ministros próprios da educação católica». Apesar de a MP ser uma «obra do Estado», aí não se «pode ensinar nem praticar nada que seja contra a doutrina da Igreja». Assinalava ainda o bispo de Lisboa que «a educação moral da MP é complementar do ensino moral escolar. É menos instrução que formação», pelo que «não deverá constituir uma mera repetição daquele ensino, nem ser uma simples organização catequística». Propunha-se que a colaboração dos sacerdotes ficasse subordinada à direção do Comissariado Nacional, por intermédio da Direção dos Serviços de Formação Moral (SFM). O diretor desses serviços, que representava a Igreja na MP, devia ter a posição de adjunto do comissário, como o comandante da Milícia, e trabalhar «em colaboração com o Comissário e subordinado a ele», mas sendo «mais que mero subordinado». Sugeria-se a elaboração de um «programa escrito de ação moral e normas concretas das suas relações com o Comissário», a estabelecer de acordo com a autoridade religiosa[57].

As lacunas na documentação a que se teve acesso não permitem verificar qual a reação governamental às propostas do patriarca, mas é seguro dizer, em função do que alguns documentos ilustram, que houve recetividade ao sugerido e que, a partir de 1939, o sistema da MP estava em grande medida ajustado ao interesse religioso. Por exemplo, em Agosto desse ano, o comissário nacional pedia ao cardeal Cerejeira que indicasse «pessoa» para o cargo de diretor dos SFM, vindo aquele a designar o padre Manuel Machado da Rocha e Sousa[58]. Daquela nomeação foram os outros prelados informados algum tempo depois, sendo-lhes solicitado que, por sua vez, indicassem o «sacerdote que deverá ser nomeado assistente provincial». Sugeria-se que parecia «conveniente acumular na mesma pessoa as funções de assistente da Juventude Católica (JC) e da MP, a fim de amparar na MP os sócios

---

[57] Cf. PT/AHPL/ACC/C-03/01/01/002: notas de D. Manuel Gonçalves Cerejeira sobre «educação moral na MP», sem data.

[58] Cf. PT/AHPL/ACC/C-05/01/001: ofício n.º 2977, de 16 de Agosto de 1939, do Comissário Nacional da MP, dirigido a D. Manuel Gonçalves Cerejeira; carta de 18 de Agosto de 39, de Carneiro Mesquita, secretário do cardeal patriarca.

da JC», quer pela «falta de sacerdotes», quer pela «dificuldade de manter as nossas organizações pela falta de tempo dos filiados»[59].

Em 18 de Novembro, o padre Manuel Rocha dava conta ao patriarca de que se tinham «transformado em lei da MP» as suas «primeiras sugestões (textualmente)», divulgadas por circular n.º 365 do Comissariado Nacional. Sublinhava ainda: «Foi na tarde de hoje que em Lisboa começou a vigorar a alínea c». Naquela circular lia-se: «Considerando que o ajustamento da vida e das crenças dos filiados implica o cumprimento das práticas impostas pela sua religião, por despacho de 17 de Novembro de 1939, determinou [o Comissariado Nacional da ONMP] o seguinte: a) as folhas semanais de doutrina deverão conter sempre a lição moral dos assuntos de que se ocupem, e nas dos escalões de menor idade, especialmente no dos lusitos, a base da preleção deverá essencialmente destinar-se à formação moral; b) deverá iniciar-se desde já o estudo de compêndios ou guias destinados aos vários escalões da MP, tanto quanto possível, livros permanentes de consulta e ao mesmo tempo orientadores do ensino de formação moral; c) as atividades gerais da MP deverão realizar-se normalmente ao Sábado e só excecionalmente aos domingos e dias de preceito [...]; d) em virtude das comemorações ou excursões, as autoridades locais da MP ajustarão com os respetivos assistentes religiosos ou instrutores da Formação Moral a maneira prática de assegurar a assistência religiosa; [...] f) o Comissariado Nacional deverá promover a criação de lugares de assistentes religiosos provinciais e regionais, cuja jurisdição compreenderá respetivamente a divisão e ala, aos quais, colaborando com os delegados provinciais e subdelegados regionais, incumbe zelar pela atividade da MP, no que se refere à formação moral dos filiados. Estes assistentes, como os instrutores de Formação Moral, serão propostos ao comissário nacional pelo diretor dos SFM, que [...] deverá entender-se com a respetiva autoridade diocesana»[60].

Na sequência da circular n.º 365, surgiu a dificuldade da não coincidência da divisão da MP com a divisão eclesiástica. A questão foi

---

[59] Cf. PT/AHPL/ACC/D-01/02/062: circular confidencial do arcebispo de Mitilene para os bispos, datada de 11 de Dezembro de 1939.

[60] Cf. PT/AHPL/ACC/C-05/01/001: ofício do padre Manuel Rocha para D. Manuel Gonçalves Cerejeira, datado de 18 de Novembro de 1939.

contornada pelo episcopado, que fez nomear assistentes provinciais e regionais pela autoridade eclesiástica diocesana. Este processo foi aprovado na reunião plenária dos bispos, em Janeiro de 1940, sendo indicados todos os nomes de assistentes e instrutores sugeridos pelo padre Rocha. Em relatório de balanço dos meses de Novembro de 1939 a Abril de 1940, enviado ao cardeal Cerejeira, aquele sacerdote explicava que: tinha passado a preparar «as folhas semanais de doutrina», elaboradas até então por Tomás Ribeiro Colaço; para os compêndios, seguindo-se as instruções do bispo de Lisboa, fizera-se «uma adaptação de Glorieux»; «os exercícios ao domingo» haviam sido mudados para sábado; a Comissão do Serviço Social da MP preparara uma ação intensa, através dos centros extraescolares, «através do método Cardyn». O padre Rocha declarava ainda alimentar «um intercâmbio discreto entre a MP e a JOC»[61].

Globalmente, é possível afirmar que a Igreja conseguiu «catolicizar» a MP, nos primeiros anos de funcionamento, sem grandes dificuldades ou resistências colocadas pelo poder político[62]. A hierarquia eclesiástica alcançou grande parte do que pretendia, com exceção do fim do caráter obrigatório daquela organização, que só foi decidido em 1966, no âmbito de uma alteração dos seus estatutos, determinada pelo ministro da Educação, Inocêncio Galvão Teles. O que ficou definido para os SFM, entre 1936 e 1940, não sofreu alterações, mas o que ficou por realizar, por exemplo a regulamentação das funções dos assistentes religiosos (assistente provincial, assistente regional, assistente do centro universitário), sofreu atrasos e arrastamento de decisões[63], cujos fundamentos só nova documentação pode esclarecer. Ainda assim, não é de excluir como consideração provisória que o Estado não tenha tido interesse em clarificar a presença da Igreja Católica na MP para além do que já permitira, pretendendo, em contrapartida, afirmar a

---

[61] Cf. PT/AHPL/ACC/C-05/01/001: relatório do padre Manuel Rocha para D. Manuel Gonçalves Cerejeira, datado de 19 de Abril de 1940.

[62] A investigação desenvolvida não permitiu encontrar fontes que, neste plano, esclarecessem o que se passou em relação à MPF.

[63] Cf. PT/AHPL/ACC/C-05/01/001: circular n.º 1/43 do Comissariado Nacional da MP, Direção dos SFM, datada de 21 de Outubro de 1942; circular n.º 4 do Comissariado Nacional da MP, Direção dos SFM, datada de 11 de Junho de 1943.

supremacia das suas próprias instituições na educação das juventudes. De facto, as Mocidades entravam paulatinamente numa nova fase da sua existência, marcada pelo reforço dos seus poderes (decreto-lei n.º 32:234 de 31 de Agosto de 1942), durante a passagem de Mário de Figueiredo pela pasta da Educação, e pela própria integração das suas atividades nos currículos escolares, já no tempo do ministro Fernando Pires de Lima.

Do que é possível saber-se, as condições de cooperação da MP com a autoridade religiosa variaram em função do perfil das personalidades dirigentes, quer políticas (em especial, ministros da Educação e comissários nacionais) quer religiosas, e da orientação que imprimiram à organização. Aparentemente, durante o mandato do primeiro comissário nacional da MP, Francisco José Nobre Guedes, avolumaram-se tensões que suscitaram o protesto da autoridade religiosa. Um dos casos mais delicados envolveu a demissão, por aquele comissário, do assistente provincial do Baixo Alentejo, o cónego António Rebelo dos Anjos, após este ter alegadamente proferido, numa reunião da Liga Agrária Católica Feminina, um «comentário áspero à orientação que se tem dado à MP resultante da falta de espírito religioso e de formação cristã dos seus dirigentes». Para o bispo de Beja, de quem dependia o cónego Anjos, não podiam os «melhores padres» ficar «dependentes dum leigo que pode não ter respeito pela sua dignidade sacerdotal», e recusava nomear quem o substituísse, evocando a solidariedade dos seus sacerdotes para com o assistente afastado. Nobre Guedes apresentou um pedido escrito de desculpas ao prelado, mas apenas reconheceu ter errado ao não ter pedido ao bispo para retirar o cónego Anjos, buscando uma «solução bilateral», como exigiam o «direito canónico e a Concordata» e como lhe fora recordado pelo diretor dos SFM[64].

Durante a passagem de Marcelo Caetano pelo Comissariado Nacional da MP registou-se uma melhoria no diálogo com os responsáveis

---

[64] Cf. PT/AHPL/ACC/E-02/01/426-427: carta do bispo de Beja para D. Manuel Gonçalves Cerejeira, datada de 17 de Maio de 1940; cartão do bispo de Beja para o cardeal patriarca, datado de 24 de Maio de 1940, enviando a troca de correspondência que mantivera com Nobre Guedes. Anexo: carta do comissário nacional da MP para o bispo de Beja, datada de 20 de Maio de 1940; carta do prelado para Nobre Guedes, datada de 24 de Maio de 1940.

religiosos da organização. Também a hierarquia eclesiástica ficou agradada com duas medidas de Caetano: a criação de um manual de doutrina de inspiração escotista, designado *A Missão dos Dirigentes*, e a criação dos primeiros centros universitários da MP. Para a boa imagem do comissário junto da autoridade religiosa e de setores católicos concorreram ainda aspetos do seu discurso: o entendimento de que a MP não devia ser um «movimento totalitário», com o exclusivo da educação da juventude; a ideia de que a MP poderia concorrer para formação catequística; a defesa da superioridade dos direitos da família na educação das crianças e o respeito pelas crenças religiosas dos filiados[65]. Ainda assim subsistiram problemas que motivaram queixas da autoridade religiosa, envolvendo a formação moral ministrada, a demora na publicação do regulamento do SFM ou a realização de acampamentos[66].

A curto prazo, os bispos depararam-se também com problemas de recrutamento para os cargos de dirigentes religiosos da MP, que colocavam a descoberto a confusão reinante entre competências e funções

---

[65] Cf. Simon Kuin, «Mocidade Portuguesa» in *Dicionário de História do Estado Novo*, coord. de Fernando Rosas e J.M. Brandão de Brito, vol. II, s.l., Círculo de Leitores, 1996, p. 608; Vasco Pulido Valente, «Caetano, Marcelo» in *Dicionário de História de Portugal*, coord. de António Barreto e Maria Filomena Mónica, vol. VII, Porto, Livraria Figueirinhas, 1999, p. 200.

[66] Cf. PT/AHPL/ACC/C-05/01/001: cópia de memorial entregue ao ministro da Educação Nacional [José Caeiro da Mata], em 23 de Setembro de 1944, pelo padre Montalverne. Aí pode ler-se: «I – Há graves reclamações da Igreja contra o Comissariado e grande número de Dirigentes da MP por dificultarem a educação dos filiados segundo os princípios da doutrina e moral católicas [...]; 2 – Em Dezembro de 1943 a Direção dos serviços de Formação Moral da MP entregou ao Comissariado Nacional o projeto do regulamento daqueles serviços, elaborado de acordo com o Exmo. Cardeal Patriarca; o projeto foi levado pelo Comissário Nacional ao Ministro da Educação [Mário de Figueiredo], de quem o Comissário é apenas um delegado para a direção da MP. Até hoje o projeto não recebeu aprovação, com manifesto prejuízo do trabalho dos Assistentes Religiosos; 3 – O acampamento nacional de 6 a 15 de Agosto realizou-se por imposição do Comissário Nacional, contra o parecer dos Diretores de Serviços, que objetavam não ser praticamente possível fazer os preparativos necessários em tão breve espaço de tempo. Daí [...] até graves escândalos de ordem moral, pernoitando mulheres de má vida no acampamento».

de uma estrutura de pessoal complexa, que crescera rapidamente, sem critérios definidos, e cuja eficácia se tornava discutível[67].

6. Cenários de acordo entre o Estado e a Igreja Católica

A evolução para o reconhecimento da situação de separação como uma realidade positiva prendeu-se com o facto de, entre alguns cír-

---

[67] Cf. PT/AHPL/ACC/C-05/01/001: Carta do assistente religioso da Divisão [Delegação Provincial do Douro-Litoral da MP], padre Querubim Marques da Silva e Sousa, enviada ao padre Manuel Rocha, em 9 de Abril de 1942. Pode ler-se aí: «[...] Surgem por vezes dificuldades sobre quem deve ou pode ser indicado à Direção dos Serviços para ser proposto ao Comissariado Nacional, tornando-se necessárias instruções concretas para as resolver. Assim: Há em muitos estabelecimentos de ensino alguns dirigidos por padres, professores de Moral, que não são padres. Há-os em que os professores de Moral, mesmo que sejam padres se limitam à matéria das aulas, nada mais curando do que se faz ou não faz a MP. Na maioria, senão na totalidade destes estabelecimentos, os professores de Educação Física e Canto Coral são também instrutores das atividades respetivas da MP o que parece trazer vantagens a professores e alunos, nomeadamente aos professores para efeito de contagem de horas e respetivos vencimentos. E por isso nota-se certa tendência para nomear instrutores de Formação Moral da MP, precisamente os professores de Educação Moral e Cívica. Há estabelecimentos da população escolar tão densa, oficiais e particulares que nela se torna aconselhável a existência de mais que um professor de Moral. Há quem suponha legitima e até obrigatória a distinção entre Instrutor de FM e Assistentes Religiosos do Centro, raciocinando: Instrutores de FM são pura e simplesmente os professores de Educação Moral e Cívica, padres ou não, aos quais cabe a parte intelectual, técnica e disciplinar da instrução. O Assistente Religioso do Centro será necessariamente um sacerdote a quem compete provisoriamente a formação interior dos filiados [...]. Havendo na MP um Quadro de Assistentes Religiosos (Assistente Provincial, Assistente Regional, Assistente do Centro Universitário) não será de admitir de facto, mesmo conjuntamente com os instrutores de FM, a função e a designação de Assistente do Centro Escolar ou Extraescolar, destinado não propriamente à instrução, à maneira do Professor, mas antes à convivência com os rapazes, direção espiritual e enfim à assistência religiosa? [...] Onde houver versando assuntos de Moral no mesmo Centro Escolar um padre e um leigo, poderá admitir-se o facto de ser um leigo o professor e um padre o instrutor? [...] Poderá ainda resolver-se o assunto nomeando o referido sacerdote não instrutor de FM mas Assistente do Centro? [...] Qual o critério da MP acerca do instrutor ideal na FM? Há alguma indicação sobre a preferência de sacerdotes aos leigos, há-a sobre a hipótese inversa ou não há qualquer indicação sobre esse assunto? [...]».

culos eclesiais, se saber que estavam em curso conversações, entre o Executivo português e a Santa Sé, sobre a negociação de um pacto concordatário.

Com efeito, em Janeiro de 1933, Salazar encetara contactos com o núncio apostólico, Beda Cardinale, e revelara a sua predisposição para desenvolver e firmar uma concordata entre o Estado português e o Vaticano. Em termos ideais, para o governante, o acordo deveria possuir um programa mínimo e a sua assinatura coincidir com o plebiscito à Constituição. A data projetada não foi, contudo, atingível, por falta de entendimento, entre as partes, sobre as matérias a incluir na solução concordatária e pelas exigências apresentadas pelo chefe do Governo quanto à forma das negociações a conduzir (essas deveriam decorrer em sigilo e ter desenvolvimento e conclusão em Roma e não em Lisboa). Lograda essa tentativa, Salazar persistiu no estabelecimento de uma solução concordatária, procurando que a apresentação do acordo se desse na Assembleia Nacional, durante a I Legislatura. Também a Santa Sé preparou materialmente uma concordata e encarregou o novo núncio em Lisboa, monsenhor Pietro Ciriaci, chamado ao exercício daquelas funções por morte de Cardinale, de acompanhar o assunto[68].

Além da hipótese de celebração de uma concordata entre os dois Estados, foi equacionado o cenário de um acordo entre o Governo e a Igreja, a aplicar por via legislativa ordinária. Essa possibilidade foi colocada pelo cardeal secretário de Estado, Eugénio Pacelli, logo em Fevereiro de 1933, após Salazar ter revelado intenção de negociar uma concordata parcial. Como esta última solução não satisfazia completamente os interesses da Santa Sé, aquele era um caminho possível de seguir[69]. Anos depois, em Março de 1935, o núncio Ciriaci, em conversa com o diplomata António de Oliveira, voltou a demonstrar que, sendo embora a concordata a melhor solução para as relações entre Portugal e a Santa Sé, esta não excluía outras hipóteses capazes de

---

[68] Para o desenvolvimento deste aspeto, consulte-se: Rita Almeida de Carvalho, *ibidem*, pp. 141-151; Bruno Cardoso Reis, *Salazar e o Vaticano*, Lisboa, ICS: Imprensa de Ciências Sociais, 2006, pp. 60-63.

[69] Cf. Rita Almeida de Carvalho, *A Concordata de Salazar: Portugal – Santa Sé 1940*, tese de doutoramento, texto policopiado, Faculdade de Ciências Sociais e Humanas, Universidade Nova de Lisboa, 2010, pp. 111-112.

beneficiar aquele relacionamento, designadamente: a manutenção do *status quo* já alcançado pela Igreja, evitando pedir-se mais ao Governo, ou a negociação de aspetos parciais, capazes de assegurar a liberdade da Igreja, à medida das possibilidades políticas do momento[70].

6.1. Um acordo a aplicar por via legislativa ordinária: o projeto de decreto-lei de Quirino de Jesus

Algum trabalho foi feito do lado português em resposta ao cenário avançado por Pacelli de se firmar de um acordo por via legislativa ordinária. Nesse processo esteve envolvido Quirino de Jesus, advogado e um dos mais próximos conselheiros políticos de Salazar. Assim se compreende a existência de um projeto de decreto-lei da autoria daquele advogado, no espólio do cardeal Cerejeira e anotado por este último, contendo as bases do que deveriam ser as «relações do Estado com a religião católica». Apesar de não se encontrar datado, o conteúdo do documento permite aferir que foi redigido já depois da promulgação da Constituição de 1933, pelas referências que contém aos preceitos constitucionais. Desconhece-se se Quirino de Jesus preparou o texto de tal diploma por decisão espontânea ou a pedido de Salazar.

O projeto de Quirino de Jesus apresentava treze artigos. Escrito num estilo prolixo, com um longo preâmbulo, onde se procurava quer historicizar as relações entre o Estado e a Igreja Católica em Portugal, entre 1911 e 1926, quer fazer uma síntese comparativa dos conteúdos das concordatas assinadas nos pontificados de Bento XV e Pio XI, o projeto de diploma reconhecia à Igreja Católica a situação de «separação atual e a sua colaboração espiritual para os fins da Nação» (art. 1.º). Mantinha as relações diplomáticas entre Portugal e a Santa Sé, confirmando as concordatas respeitantes ao Padroado do Oriente e o Estatuto das Missões Católicas de 1926 (art. 2.º). Admitia que a Igreja existisse em Portugal com a sua «hierarquia, disciplina e normas próprias, podendo livremente exercer o seu poder espiritual, jurisdição e administração dos seus bens conforme o direito canónico», além de

---

[70] Cf. Bruno Cardoso Reis, *ibidem*, p. 65.

praticar atos de culto, erigir templos e seminários, colégios e edifícios destinados «ao seu ministério» (art. 3.º). Estipulava que as organizações e associações religiosas se regulassem pelo direito eclesiástico, sem que a tal suscitasse oposição do Estado (art. 4.º). Ao Estado cabia assegurar a liberdade de todas as manifestações de culto católico (art. 5.º), favorecer os institutos de correção ou de reforma de menores quando fossem de entidades católicas (art. 7.º), e permitir o ensino religioso, ministrado pela autoridade eclesiástica, nas escolas ou cursos particulares (art. 6.º). O ensino oficial não incluía o ensino de qualquer culto (art. 6.º, § 1.º), mas nas três primeiras classes da escola pública seria permitido o ensino da religião católica, desde que tal fosse solicitado pelos «chefes de família a que pertençam alguns dos mesmos alunos» (art. 6.º, § 2.º). Consideravam-se dias santos, «além dos domingos, os de maior solenidade que forem fixados de acordo com a Igreja Católica», ficando «consignados como tais os dias 1 e 6 de Janeiro, 29 de Junho, 15 de Agosto, 1 de Novembro, 8 e 25 de Dezembro» (art. 8.º). Declarava-se que o batismo e o matrimónio católicos tinham efeitos civis, mesmo quando «anteriores a outro registo», afirmando-se que o assunto seria posteriormente regulado por lei especial (art. 9.º). Determinava-se que seriam «protegidas e facilitadas a ação católica na vida social [...] e a prestação de socorros espirituais [...] nos hospitais, asilos, estabelecimentos e dependências do Estado ou das autarquias locais» (art. 10.º). Tinham como «legítimas, quaisquer manifestações de crenças da religião católica» nas funções oficiais do Estado, proibindo-se «o ateísmo» (art. 11.º); admitia-se que a moral referida na Constituição era a cristã (art. 11.º, § 1.º), e aceitavam-se «símbolos cristãos, nas escolas primárias e outros estabelecimentos do Estado e autarquias locais» e se repunham os juramentos sobre os Evangelhos em atos públicos (art. 11.º, § 2.º). Quanto aos «assuntos relativos à propriedade, posse ou uso dos templos, bens e outros objetos pertencentes ou afetos à Igreja», dispunha-se que seriam regulados por acordos especiais e nunca poderiam ser «destinados a outro culto» (art. 12.º). Por fim, revogavam-se todas as disposições legislativas contrárias às do decreto-lei em causa (art. 13.º).

O documento produzido por Quirino de Jesus acabou por não ter utilidade prática, uma vez que Salazar persistiu na preparação de uma concordata. Apesar disso, aquele projeto tem alguma importância na medida em que contém, nas disposições relativas ao ensino religioso e ao matrimónio católico, as hipóteses que a correspondência diplomática mostra terem sido admitidas por Salazar junto de Beda Cardinale, em Abril de 1933, sobre aquelas matérias[71]. É também interessante notar que no projeto de decreto-lei se combina o respeito pelo princípio jurídico da separação com a tentativa de reconfessionalizar parcialmente algumas instituições e iniciativas do Estado. No preâmbulo, o autor aludia a esse desígnio, dizendo que «o Estado Português não pode ser uma exceção anómala àqueles que reconhecem Deus». Sobre outros preceitos (poucos) sentiu o legislador necessidade de se justificar. Fê-lo para a questão dos domingos e dias santos, referindo que a guarda desses dias apenas «fora perturbada pelo sectarismo lamentável da minoria governante revolucionária», e para o caso da atribuição de efeitos civis aos batismos e aos matrimónios católicos, explicando tratar-se de reatar uma «doutrina tradicional, interrompida em 1910». É curioso ainda observar que sobre alguns assuntos mais sensíveis (os bens eclesiásticos, a liberdade de atuação da Acção Católica Portuguesa, o reconhecimento da personalidade jurídica da Igreja) o projeto legislativo de Quirino era muito pouco objetivo, sem avançar nada de concreto. Era também omisso quanto a questões como o divórcio ou a subvenção do clero[72].

6.2. Rumores na imprensa sobre a assinatura de uma concordata

Ainda que os contactos com o Vaticano, quanto à negociação de um acordo concordatário, decorressem com a maior descrição e não significassem o estabelecimento de qualquer entendimento (o que só sucedeu formalmente em 1937), geraram movimentações e envolveram um número razoável de agentes, não sendo possível evitar que diversos círculos governamentais e eclesiais portugueses estivessem na posse da informação sobre o desejo de ser firmada uma concordata que melhorasse as relações entre Portugal e a Santa Sé.

---

[71] Cf. Rita Almeida de Carvalho, *A Concordata de Salazar...*, pp. 133-134.
[72] Cf. PT/AHPL/ACC/J/02/010: projeto de Quirino de Jesus, sem data.

O cardeal Cerejeira foi, logo em finais de Janeiro ou princípios de Fevereiro de 1933, posto ao corrente por Beda Cardinale da vontade de Salazar em celebrar uma concordata, sendo possível que já conhecesse essa intenção através do próprio presidente do Conselho. Com o tempo, outros membros do episcopado português tomaram conhecimento do caso. Por carta de 20 de Fevereiro de 1934, o arcebispo de Braga referia ao cardeal patriarca estar «ansioso por saber se afinal se caminha ou não a sério para uma concordata», prevendo que «muitas dificuldades hão-de embaraçar a boa vontade que possa haver nos altos dirigentes das negociações»[73]. Após o começo oficial das negociações diplomáticas, com base num projeto de texto concordatário elaborado pelo próprio bispo de Lisboa, o prelado bracarense, D. António Martins Júnior foi, aliás, envolvido na apreciação do projeto do texto concordatário, dando sugestões a D. Manuel Gonçalves Cerejeira para a redação do articulado[74]. Também os convites de Ciriaci, junto de alguns membros do clero português, para que lhe apresentassem um projeto de concordata ajudaram a que fosse conhecida a intenção de se firmar aquele acordo. Inicialmente o núncio encarregou o cónego Martins Pontes dessa missão, mas, insatisfeito com o resultado final, incumbiu o canonista jesuíta António Durão de redigir um novo projeto[75]. Antes disso ainda, o padre franciscano António de Santa Maria havia sido convidado para idêntico trabalho. O projeto, que ficou pronto em Agosto de 1932, fora solicitado ao sacerdote pelo ministro dos Negócios Estrangeiros, Henrique Trindade Coelho, pessoalmente empenhado em concretizar um pacto concordatário[76].

Nos circuitos governamentais, a possibilidade de vir a ser negociada uma concordata foi conhecida no Ministério dos Negócios Estrangeiros, pelos ministros José Caeiro da Mata e Armindo Monteiro, pelo secretário-geral Luís Teixeira de Sampaio e pelos embaixadores de Portugal na representação junto do Vaticano, Henrique Trindade Coelho e

---

[73] Cf. PT/AHPL/ACC/E/02/01/371: carta de D. António Bento Martins Júnior para o cardeal Cerejeira, datada de 20 de Fevereiro de 1934.

[74] Cf. PT/AHPL/ACC/J/01/006: carta de D. António Bento Martins Júnior para o cardeal Cerejeira, datada de 3 de Julho de 1937.

[75] Cf. Bruno Cardoso Reis, *ibidem*, p. 63.

[76] Cf. Rita Almeida de Carvalho, *ibidem*, pp. 104-106.

Alberto de Oliveira, em virtude de contactos mantidos com monsenhor Ciriaci. O Presidente da República sabia também do empenho de Salazar em vir a realizar um pacto concordatário[77].

No ano de 1934, Adolfo Tondini, encarregado de negócios da Nunciatura, e Henrique Trindade Coelho, notaram que um clima de rumores sobre a possível assinatura de uma concordata entre Portugal e a Santa Sé invadira Roma e Lisboa. O facto não surpreende tendo em conta que várias pessoas tinham sido envolvidas na preparação de projetos preparatórios de um texto concordatário. Todavia, a saída na imprensa generalista portuguesa e estrangeira de notícias sobre a possível realização de um pacto concordatário ou a publicação em revistas eclesiais de artigos de reflexão sobre as relações entre a Igreja Católica e o Estado ou ainda sobre as concordatas «modernas» parece apontar para algo mais do que boatos. Sugerem antes que havia o propósito de sensibilizar a opinião pública para a aceitação de um futuro compromisso concordatário entre Portugal e a Santa Sé[78].

Em 8 de Dezembro de 1933, o *Diário da Manhã*, considerado o órgão oficioso do Governo, publicou um artigo designado «Revolução e Civilização», onde se defendia que, perante «os revolucionários de vários géneros [que] marcham contra os princípios fundamentais da sociedade, [...] investindo com empenho contra o cristianismo e particularmente contra a Igreja Católica», cabia ao *Estado Novo* proceder à «restauração» dos «mais fundos alicerces desta civilização cristã ameaçada». Deixava-se no espírito do leitor a dúvida sobre a forma que alcançaria esse procedimento, mas recordava-se que a solução, na «Itália fascista», na «Alemanha de Hitler», em diversos países do Leste

---

[77] Cf. idem, *ibidem*, pp. 111, 120 e 133.

[78] São conhecidas as declarações de Adolfo Tondini, onde este manifesta acreditar que existia uma campanha em curso, «conduzida sem tréguas e com um plano pré-estabelecido, com vista a preparar a opinião pública para uma legislação mais cristã, na qual deverá entrar uma concordata com a Santa Sé» (Cf. idem, *ibidem*, p. 138). Bruno Cardoso Reis refere o incómodo de Trindade Coelho com uma notícia do *Diário da Manhã* sobre as negociações concordatárias e também a publicação na revista *Brotéria* de artigos sobre concordatas e relações entre a Igreja e o Estado. Na periodicidade dos boatos e na publicação de tais artigos, o autor vê, no entanto, «uma forma de pressão da Cúria ou da elite católica portuguesa para fazerem avançar uma concordata» (Cf. Bruno Cardoso Reis, *ibidem*, pp. 59-60, 76).

da Europa ou na Áustria, fora celebrar concordatas com a Santa Sé. A autoria do texto pertencia a Quirino de Jesus, que havia mostrado a Salazar o texto antes de o publicar[79].

Quatro meses depois, no mesmo jornal, era noticiado que iria ser assinada uma Concordata entre Portugal e a Santa Sé, devendo ser criados dois novos cardeais, um dos quais o Patriarca das Índias. Em troca, escrevia-se, seria elevada a Embaixada a Legação Portuguesa no Vaticano. Também o Centro Católico Português deveria ser dissolvido, criando-se em seu lugar «uma organização de carácter social»[80]. A inexatidão da informação – de facto, não decorriam ainda negociações formais entre o Portugal e a Santa Sé para o estabelecimento de uma concordata – levou, no dia seguinte, o Ministério dos Negócios Estrangeiros, a publicar uma nota, declarando ser «inteiramente estranho à publicação daquela notícia» e não se encontrarem abertas quaisquer negociações com aquele objetivo[81].

Em Janeiro de 1935, o *Petit Parisien*, trazendo uma entrevista com Salazar, avançava que, no momento, Portugal negociava com a Santa Sé uma concordata. O chefe do Executivo declarara ao jornal que: «A questão religiosa deve ser encarada e tratada com grande coragem, embora pareça entre nós menos difícil do que noutros países»[82]. Mais tarde, em Junho de 1937, o *Novidades*, analisava em editorial uma entrevista do presidente do Conselho ao jornal alemão *Frankfurter Zeitung*, onde o governante afirmava: «O Estado não se propõe fins confessionais e portanto a religião católica – só esta social e politicamente o poderá ser – não pode ser considerada religião do Estado. Mas não significa que se não possam ou mesmo não devam regular em concordata com a Santa Sé todas as matérias que interessam simultaneamente ao Estado e à Igreja e que só por mútuo acordo podem de facto considerar-se satisfatoriamente resolvidas». O *Novidades* admitia que tais afirmações «não são completamente novas na política do

---

[79] Cf. *Diário da Manhã*, 8 de Dezembro de 1933, pp. 1-2.
[80] Cf. *Diário da Manhã*, 5 de Abril de 1934, p. 1.
[81] Cf. *Diário da Manhã*, 6 de Abril de 1934, p. 1.
[82] Cf. Manuel Braga da Cruz, «As negociações da Concordata e do Acordo Missionário de 1940» in *Análise Social*, vol. XXXII (143-144), 1997 (4.º-5.º), p. 818.

Estado Novo», mas notava que «não nos recorda ter visto feitas com tão grande clareza e precisão»[83].

Entre 1936 e 1937, a revista *Brotéria*, órgão da Companhia de Jesus, publicou quatro artigos do padre António Durão, onde se estudava a política concordatária da Santa Sé e a possibilidade de se estabelecer em Portugal o regime concordatário.

6.3. Argumentos pró e contra a oportunidade de um sistema concordatário para Portugal

Os artigos do padre Durão merecem ser analisados, pois funcionaram como peças únicas onde se defendeu a importância da solução concordatária para a Igreja Católica (nenhum outro título de imprensa católica produziu algo semelhante). O seu interesse é tanto maior quanto o autor assumia querer esclarecer e dialogar com os opositores de tal possibilidade, que dizia existirem não só entre «inimigos da Igreja», mas também na «ignorância religiosa de boa parte das nossas classes dirigentes». São os argumentos que circularam nesse debate, que trespassou alguns círculos da sociedade portuguesa da época mas que não se encontra documentado noutras fontes, que estes textos permitem reconstituir.

No primeiro desses estudos, António Durão aflorava o problema da contradição entre o sistema concordatário e o regime de separação do Estado da Igreja. Essa contradição havia sido defendida por João Maria Telo Magalhães Colaço no curso jurídico de 1917-1918, ministrado na Universidade de Coimbra. Para aquele professor, antes de ser decretado um regime separatista, havia a conveniência de ser assinado um acordo prévio entre o Estado e a Igreja. Objeto de uma negociação particular e amigável, esse acordo não valeria como tratado informal e teria o nome de *«concordata de separação»*. António Durão considerava ultrapassada essa contradição dada a natureza das concordatas celebradas por Pio XI. Para o jesuíta, em Portugal, com a Lei de

---

[83] Cf. *Novidades*, 4 de Junho de 1937, p. 1.

Separação de 1911, instituíra-se uma separação «sectária», a caminho de ser transformada num sistema de separação «amigável», graças ao contributo dado nesse sentido pela Constituição de 1933. Os decretos de 22 de Fevereiro de 1918 e de 6 de Julho de 1926 haviam sido fundamentais para eliminar as disposições mais restritivas da lei de 20 de Abril de 1911, mas haviam tido o «original defeito» de terem sido promulgados «sem acordo prévio com a Santa Sé». Para melhorar a situação, bastava que se viesse a optar por «uma concordata justa [...], que seja uma verdadeira união moral com separação económica e administrativa». Sobre a capacidade da opinião pública para receber essa realização, o sacerdote admitia ser um caso complexo, mas procurava tranquilizar alguns espíritos com a indicação de que «não haja receio de que uma concordata com a Santa Sé venha agravar as finanças do Estado». A Igreja em Portugal, escrevia, contentar-se-ia com uma restituição das inúmeras espoliações «que tem sofrido da parte dos poderes públicos». Não pretendia também «restaurar o clero nos seus foros de poder político do Estado», e, nesse sentido, «as concordatas recentes mostram que a Igreja procura manter o clero e a Ação Católica o mais longe possível de toda a atividade meramente política». Argumentava ainda que na legislação civil nada impedia à celebração de uma concordata, registando que, ao contrário do que se poderia esperar, a lei de 20 de Abril de 1911 havia preparado melhor do que nenhum outro diploma o caminho para um pacto concordatário, ao destruir «grilhões antigos»[84].

No artigo seguinte, em que avaliou as concordatas da Santa Sé à luz do direito internacional, o jesuíta salientava que a «grande utilidade» das concordatas não estava no que concediam à Igreja, «que ordinariamente pouco é», antes residia no facto de «impedirem conflitos religiosos e serem instrumentos de paz social». Esse, acreditava, era o «caso de Portugal»[85].

---

[84] Cf. António Durão, «Relações entre a Igreja e o Estado à luz das concordatas de Pio XI» in *Brotéria*, vol. XXII, 1936, pp. 197-214.

[85] Cf. António Durão, «As concordatas da Santa Sé em direito internacional» in *Brotéria*, vol. XXII, 1936, pp. 454-470.

A SEGUNDA SEPARAÇÃO

Um terceiro trabalho, sobre a soberania e independência da Igreja Católica, foi publicado por António Durão meses depois. O texto funcionava como um complemento doutrinal dos artigos anteriores. Aí se defendia que o Estado, «sem usurpação manifesta, não podia intrometer-se no regime espiritual da Igreja», embora devesse «a Deus culto social». Também a Igreja não podia «pretender o poder direto sobre assuntos meramente temporais», donde o «regime ideal, segundo o plano divino», seria aquele em que os «dois Poderes supremos» prestassem «um ao outro o mais sincero e a mais decidida colaboração: sincera união moral, mas separação de funções». Em especial para as «questões mistas», que interessavam tanto ao Estado como à Igreja, como «o matrimónio cristão, a educação da juventude, etc.», deveria procurar-se resolução «por acordo amigável entre os dois poderes». Desses acordos nasciam as concordatas, que, contudo, seriam «menos necessárias» se o «poder indireto da Igreja [sobre as coisas temporais] fosse reconhecido praticamente pelos Estados»[86].

Em 1937, António Durão voltou à análise do regime concordatário. Considerava que, para se «ver esta nossa pequena casa lusitana pacífica e bem arrumada», exigia dar «solução católica» aos «problemas educativo, moral e religioso», por meio de «concórdia prévia entre a Santa Sé e o Estado». Como essa solução encontrasse «oposição», não só entre setores laicistas mas também na classe política dirigente, propunha-se esclarecer os receios desta última. Assim, sustentava que, sendo assinada uma concordata, «nenhuma parcela de poder político» seria reclamada pela Igreja, recordando que disposições do Código de Direito Canónico (can. 139) proibiam ou dificultavam, elas mesmas, «ao clero o desempenho de cargos civis». Julgava também «infundado» o receio de que uma concordata pudesse trazer encargos fiscais ao contribuinte. Num cenário concordatário, a Igreja não contaria com «subsídios pecuniários do Estado», bastando-lhe a restituição dos «bens confiscados, em 1910 e em 1911, ou do seu legítimo valor. O jesuíta recusava ainda o argumento de que uma concordata poria «em perigo a liberdade de cultos e de consciência». O poder

---

[86] Cf. António Durão, «Soberania e independência da Igreja» in *Brotéria*, vol. XXIII, 1936, pp. 277-288.

civil continuaria a garantir a todas as confissões religiosas «liberdade igual», simplesmente não ficava obrigado «a conceder a todas elas favor igual». Em resumo, uma concordata não serviria para a Igreja pedir «benefícios novos», contentando-se com «ver alfim solenemente reconhecido o que já está admitido na nossa Constituição política, em outros diplomas legislativos ou na prática da vida». A Igreja apenas «desejaria sair de incertezas» e «ver revogada explicitamente essa lei de separação». Daí que propusesse que fosse atribuído à instituição eclesial: «personalidade jurídica para os seus organismos e associações»; «o direito de possuir e administrar o seu património, segundo as normas do Direito Canónico»; «a posse livre dos templos e suas dependências, [...] objetos de culto»; a restituição dos cemitérios católicos; o privilégio de isenção fiscal para a Igreja na Metrópole, «nos termos em que está admitido pelo Estatuto Missionário nas nossas colónias»; liberdade de culto e de prática religiosa «dentro dos estabelecimentos do Estado» (escolas, quartéis, hospitais e prisões), sem que os ministros que exercessem funções nos estabelecimentos do Estado fossem equiparados a funcionários públicos; o reconhecimento pelo Estado dos dias santificados da Igreja; o reconhecimento dos «direitos divinos sobre a formação cristã da família e educação da juventude»; o privilégio da isenção militar para o clero; o reconhecimento de efeitos civis ao matrimónio católico e a revogação da lei do divórcio. Sublinhava que mais não se poderia pedir aos poderes públicos porque «o ótimo é inimigo do bom»[87].

Pode considerar-se que estes textos do padre António Durão se inscreveram no esforço, desenvolvido por alguns setores católicos, de criar no País uma atmosfera favorável ao estabelecimento de um regime concordatário. Esta intencionalidade surge confirmada por uma carta do arcebispo de Évora, D. Manuel Mendes da Conceição Santos, dirigida ao cardeal Cerejeira, em 6 de Março de 1940. Acusando o recebimento de um comunicado do patriarca de Lisboa, que suspeitava estar relacionado com a celebração da concordata, o arcebispo dizia ter sentido «remorsos de não ter escrito ainda o artigo que

---

[87] Cf. António Durão, «Uma concordata com a Santa Sé: o que não é e o que deve ser» in *Brotéria*, vol. XXV, 1937, pp. 560-575.

há tempos combinara com Vossa Eminência publicar no *Novidades*». Para se libertar desse sentimento, decidira escrevê-lo no dia anterior, recomendado que fosse publicado no dia 6 e sob assinatura de um pseudónimo, *Spectator*. Contudo, os serviços da Censura haviam retido o artigo, não permitindo a sua publicação «enquanto Salazar não o visse». Para que o cardeal estivesse informado, D. Manuel Conceição Santos remetia-lhe o texto que preparara, acrescentando que «gostaria de ajudar a criar ambiente». No texto, podia ler-se: era «necessário que um Governo sério e desempoeirado lave a honra da Nação», reparando as relações do Estado com a Igreja Católica. Para alcançar-se essa «reparação urgente e honrosa», o caminho estava aberto para ser realizada uma nova concordata porque «pode o Senhor Doutor Oliveira Salazar dizer há tempo que o Estado é pessoa de bem» e aquele governante «não é homem que fique a meio do caminho, diz pouco mas faz o que diz». Nesse sentido, «a Santa Sé, melhor do que nós, e o Governo português com o seu critério imparcial saberão o que convém fazer: o que é indispensável é um entendimento honroso que em Portugal reconheça os direitos sagrados da consciência cristã, repare dentro dos limites do possível o mal que se fez e acabe definitivamente com esta confusão em que temos vivido e que não nos dá honra nem paz»[88].

O artigo não foi publicado, desconhece-se porquê. A 27 de Abril de 1940, o editorial do *Novidades* abria, contudo, com a interrogação «Para uma Concordata?», dando conta que na última nota oficiosa do Conselho de Ministros se informara que nele se haviam tratado de «negociações com a Santa Sé referentes a relações entre o Estado e a Igreja na Metrópole e no Ultramar português». O jornal não escondia regozijo pela «notícia» de um futuro acordo que «pacificasse definitivamente os dissídios abertos pelas violências jacobinas», até porque, defendia, «não bastam leis internas para dar valor a determinados princípios»[89].

---

[88] Cf. PT/AHPL/ACC/J/01/032: carta de D. Manuel da Conceição Santos para o cardeal Cerejeira, datada de 6 de Março de 1940.

[89] Cf. *Novidades*, 27 de Abril de 1940, p. 1.

7. Reações à celebração da Concordata e do Acordo Missionário de 1940

A Concordata entre Portugal e a Santa Sé foi celebrada, no Vaticano, a 7 de Maio de 1940, acompanhada da assinatura do Acordo Missionário. Na tarde desse dia, no palácio da Assembleia Nacional, Salazar apresentou ao País aqueles acordos internacionais[90]. Até esse momento, o presidente do Conselho manteve a sua estratégia de segredo sobre o teor da solução concordatária[91], sendo que não transpirou para a opinião pública informação sequer sobre o arranque formal das negociações concordatárias, acontecido em 14 de Julho de 1937[92].

---

[90] Guardou-se a apresentação ao País da Concordata e do Acordo Missionário para o mesmo dia em que se assinavam os acordos na cidade do Vaticano. Normalmente a ocasião exigia a presença em Roma do chefe do Governo ou, pelo menos, do ministro dos Negócios Estrangeiros. Salazar optou por não chefiar a missão extraordinária portuguesa para aquela assinatura, contrariando o desejo manifestado nesse sentido pela diplomacia vaticana e quebrando o que era tido como norma protocolar (Cf. Bruno Cardoso Reis, *ibidem*, p. 174). Pode ler-se nessa atitude o cálculo do presidente do Conselho interessado em projetar uma imagem de distanciamento em relação à Igreja. A missão acabaria por ser chefiada, em estatuto paritário, por Mário de Figueiredo, na qualidade de representante da Assembleia Nacional, e pelo general Eduardo Marques, na qualidade de representante da Câmara Corporativa (da qual era aliás presidente).

[91] Em cartão de 22 de Abril de 1940, dirigido ao cardeal Cerejeira, Salazar informava que, de acordo com notícia que lhe transmitira o núncio no dia anterior, a Santa Sé se declarara pronta a assinar os acordos concordatários. O chefe do Governo declarava ainda que, nos próximos dias, esperava reunir o Conselho de Ministros para dar conhecimento dos acordos e fazer partir para Roma a missão que assinaria aqueles tratados. Indicava que já se encontrava a «preparar os títulos para os jornais, com indicação das fontes das matérias», revelando alguma expectativa: «Vamos ver como os atos caem no grande público». Contudo, ressalvava: «Até à assinatura será mantido segredo». Abria apenas uma exceção: «Isto, porém, não quer dizer que não possas comunicar confidencialmente aos senhores Bispos aí reunidos o estado das coisas» (Cf. PT/AHPL/ACC/J/01/035: cartão de Salazar para bispo de Lisboa, datado de 22 de Abril de 1940).

[92] Após o começo efetivo do processo negocial, Salazar rodear-se-ia de um número restrito de colaboradores, da sua confiança política, com os quais analisou e reformulou os textos dos acordos concordatários. A escolha dessas colaborações recaiu sobre: Manuel Rodrigues Júnior, ministro da Justiça; Luís Teixeira de Sampaio; Mário de Figueiredo e Domingos Fezas Vital (este último não acompanharia as negociações

A opção de Salazar pelo sigilo em torno das negociações compreende-se na medida em que assim se evitavam discussões e polémicas públicas, que, a revelarem contradições entre interesses católicos e laicistas existentes na sociedade portuguesa, afetariam a condução do processo e criariam focos de instabilidade social e política. Pelas notícias saídas na imprensa nacional e internacional, atrás mencionadas, a opinião pública estava informada da predisposição do chefe do Executivo para firmar um acordo com a Santa Sé, sem pôr em causa o regime separatista, e essa informação considerara-a Salazar suficiente.

Com efeito, a solução concordatária inscreveu-se no âmbito de uma situação de separação, ainda que com tratamento preferencial da Igreja Católica. O Estado reduziu de forma significativa mecanismos do seu intervencionismo eclesiástico, embora não tenha abdicado completamente de fiscalizar a atividade da Igreja. Ainda assim, adotando uma visão da liberdade religiosa enquanto direito positivo, manifestou apoiar de modo efetivo a dimensão institucional da Igreja e garantiu um novo alcance à liberdade eclesiástica (*libertas Ecclesiae*), i. e., à independência da Igreja face ao poder externo do Estado. Essa liberdade envolveu sobretudo a sua organização interna.

A Concordata reconhecia a personalidade jurídica da Igreja (art. I), que passava a poder organizar-se livremente em harmonia com as normas do Direito Canónico e a erigir canonicamente associações ou organizações, cuja personalidade jurídica o Estado reconhecia no âmbito civil (art. III). O livre exercício da autoridade da Igreja na esfera da sua competência era garantido, podendo exercer os atos do seu poder de ordem e jurisdição sem qualquer impedimento (art. II). Revogado o beneplácito, a liberdade de comunicação do papa com o episcopado português, e dos bispos com os seus diocesanos, sem interferência das

---

além de Maio de 1937). Para um conhecimento detalhado do processo negocial da Concordata e do Acordo Missionário, consulte-se: Rita Almeida de Carvalho, *A Concordata de Salazar...*, pp. 167-528; Bruno Cardoso Reis, *ibidem*, pp. 140-192; Manuel Braga da Cruz, *ibidem*, pp. 820-842; e Samuel Rodrigues, «Concordata de 1940: da génese ao texto definitivo» in *A Concordata de 1940, Portugal – Santa Sé*, [Jornadas de Estudo nos 50 anos da Concordata, promovidas pelo Centro de Estudos de Direito Canónico e pela Faculdade de Direito da Universidade Católica Portuguesa, entre 25 e 27 de Fevereiro de 1991], Lisboa, Edições Didaskalia, 1993, pp. 29-65.

autoridades públicas, ficava assegurada. Garantia-se também total liberdade para o culto católico (art. XVI)[93]. As únicas limitações reais à liberdade da Igreja no exercício da sua jurisdição eram a obrigação da consulta ao Governo, por parte da Santa Sé, antes da nomeação dos bispos residenciais (art. X), e, sobretudo, a exigência de nacionalidade portuguesa aos eclesiásticos com jurisdição ordinária (art. IX).

No tocante ao património e ao regime fiscal da Igreja Católica, a Concordata estabelecia o direito da Igreja proceder livremente à recolha de donativos dos fiéis destinados à realização dos seus fins (art. V) e firmava o reconhecimento pelo Estado do direito de propriedade da Igreja sobre os bens que lhe pertenciam e que se encontravam na titularidade deste (art. VI). Excetuavam-se à regra da reversão a favor da Igreja os bens imóveis que se encontrassem aplicados a serviços públicos ou classificados como «monumentos nacionais» ou «de interesse público», assumindo o Estado os deveres da sua conservação, reparação e restauração, mediante obtenção de acordo prévio da autoridade eclesiástica para essas realizações. Sobre esses bens reconhecia-se à Igreja direitos de utilização de carácter permanente. O Estado ficava proibido de demolir ou destinar a qualquer outro fim «templo, edifício, dependência ou objeto de culto católico», sem que para tal obtivesse acordo prévio da autoridade eclesiástica (art. VII). Estabelecia-se ainda a isenção de impostos e contribuições, geral ou local, para os templos e objetos nele contidos, para os seminários ou quaisquer estabelecimentos destinados à formação do clero, e ainda para os editais e avisos afixados à porta das igrejas, relativos ao ministério sagrado; bem como a isenção de impostos e contribuições incidentes sobre eclesiásticos no que dizia respeito ao exercício do seu múnus pastoral (art. VIII)[94].

---

[93] Cf. João Seabra, «Liberdade religiosa e Concordata» in *A Concordata de 1940 Portugal – Santa Sé, A Concordata de 1940, Portugal – Santa Sé*, [Jornadas de Estudo nos 50 anos da Concordata, promovidas pelo Centro de Estudos de Direito Canónico e pela Faculdade de Direito da Universidade Católica Portuguesa, entre 25 e 27 de Fevereiro de 1991], Lisboa, Edições Didaskalia, 1993, pp. 103-108.

[94] Cf. Vasco Pereira da Silva, «Património e regime fiscal da Igreja na Concordata» in *A Concordata de 1940 Portugal – Santa Sé, A Concordata de 1940, Portugal – Santa Sé*, [Jornadas de Estudo nos 50 anos da Concordata, promovidas pelo Centro de Estudos de Direito Canónico e pela Faculdade de Direito da Universidade Católica

O texto concordatário admitia o serviço militar para os sacerdotes, desde que fosse na assistência religiosa aos militares e, em tempo de guerra, também nos serviços de saúde, providenciando o Governo português para que o dito serviço militar se realizasse «com o menor prejuízo possível para a cura das almas das populações na Metrópole e no Ultramar» (art. XIV). Indiretamente, previa-se a assistência religiosa dos militares em tempo de paz, quando se julgasse oportuno, embora não se estabelecesse normas para a sua organização. Para a assistência religiosa «em campanha», ao invés, determinava-se uma estrutura organizativa. Do ponto de vista militar, constituir-se-ia um corpo de capelães militares, que seriam considerados oficiais graduados; do ponto de vista eclesiástico, haveria um ordinário castrense, bispo nomeado pela Santa Sé de acordo com o Governo, a quem caberia superintender a assistência religiosa dos militares (art. XVIII)[95].

Sobre a educação católica e a formação eclesiástica, as disposições concordatárias consignavam a liberdade de estabelecimento e manutenção pela Igreja de escolas próprias paralelas às do Estado, sujeitas, «nos termos do direito comum, à fiscalização deste e podendo, nos mesmos termos, ser subsidiadas e oficializadas»; bem assim, de fundação dos seminários e de quaisquer outros estabelecimentos de formação ou de alta cultura eclesiástica, isentando-se o seu regime interno da fiscalização do Estado (art. XX). No caso destes últimos estabelecimentos, fixava-se a obrigação, para as autoridades eclesiásticas, de comunicarem os livros adotados de disciplinas não filosóficas ou teológicas, além de cuidarem que «no ensino das disciplinas especiais, como no da História, se tenha em conta o legítimo sentimento patriótico português». Explicitava-se ainda o compromisso de o ensino ministrado pelo Estado, nas escolas públicas, ser orien-

---

Portuguesa, entre 25 e 27 de Fevereiro de 1991], Lisboa, Edições Didaskalia, 1993, pp. 139-140.

[95] Cf. Miguel Falcão, «A Concordata de 1940 e a assistência religiosa às Forças Armadas» in *A Concordata de 1940 Portugal – Santa Sé, A Concordata de 1940, Portugal – Santa Sé*, [Jornadas de Estudo nos 50 anos da Concordata, promovidas pelo Centro de Estudos de Direito Canónico e pela Faculdade de Direito da Universidade Católica Portuguesa, entre 25 e 27 de Fevereiro de 1991], Lisboa, Edições Didaskalia, 1993, pp. 200-205.

tado «pelos princípios da doutrina e moral cristãs, tradicionais no País»; tal como a garantia de ser ministrado o ensino da religião e da moral católicas nas escolas públicas, aos alunos cujos pais não tivessem requerido isenção, e em estabelecimentos de formação, correção ou reforma dependentes do Estado (art. XXI). O ensino religioso nas escolas e cursos particulares não dependeria da autorização do Estado, podendo ser livremente ministrado pela autoridade eclesiástica ou pelos seus encarregados (art. XX).

Quanto ao matrimónio católico, a Concordata introduzia o reconhecimento pelo Estado de efeitos civis aos casamentos celebrados em conformidade com as leis canónicas, «desde que a ata do casamento seja transcrita nos competentes registos do estado civil» (art. XXII). Estipulava-se que o matrimónio produzia efeitos civis desde a data da celebração, se a transcrição fosse feita no prazo de sete dias (art. XXIII), não fazendo propriamente depender da transcrição o valor civil do matrimónio. Da obrigação do processo preliminar civil ficavam isentos os casamentos *in articulo mortis*, em iminência de parto e aqueles cuja imediata celebração fosse autorizada pelo ordinário por graves motivos de ordem moral (art. XXII). O princípio da não concessão do divórcio civil aos casados catolicamente era, por fim, estabelecido, definindo-se que «pelo próprio facto da celebração do casamento canónico, os cônjuges renunciarão à faculdade civil de requererem o divórcio, que por isso não poderá ser aplicado pelos tribunais civis aos casamentos católicos» (art. XXIV).

A problemática missionária foi também regulada no texto concordatário, facto inédito em acordos do género, e os seus conteúdos foram explicitados e desenvolvidos no articulado do Acordo Missionário[96]. Sobre a organização eclesiástica do ultramar português, determinou-se que fosse feita em dioceses e circunscrições missionárias autónomas, devendo estas respeitar a divisão administrativa já estabelecida, tal como os limites territoriais portugueses (art. XXVI). Às dioceses,

---

[96] Cf. D. Eurico Dias Nogueira, «Atividade missionária na Concordata» in *A Concordata de 1940 Portugal – Santa Sé, A Concordata de 1940, Portugal – Santa Sé*, [Jornadas de Estudo nos 50 anos da Concordata, promovidas pelo Centro de Estudos de Direito Canónico e pela Faculdade de Direito da Universidade Católica Portuguesa, entre 25 e 27 de Fevereiro de 1991], Lisboa, Edições Didaskalia, 1993, p. 310.

outras circunscrições, entidades eclesiásticas e institutos religiosos ou equiparados, masculinos e femininos, reconheceu-se personalidade jurídica. Admitia-se a subvenção pelo Estado das dioceses, circunscrições e corporações missionárias reconhecidas (art. XXVII). O recurso a missionários estrangeiros tornava-se possível, quando não existissem portugueses em número suficiente, ficando os primeiros subordinados aos bispos locais e à ordem jurídica vigente nos territórios onde atuassem (art. XXVIII). Por último, consideraram-se em vigor as disposições das concordatas e outros acordos referentes ao Padroado, assinados nos últimos cem anos (art. XXX).

Mais detalhadamente, o Acordo Missionário estabeleceu, por sua vez, que a implantação eclesiástica nas colónias era feita em dioceses e em circunscrições missionárias autónomas, cuja vida religiosa e o apostolado eram organizados, no caso das primeiras, pelos bispos, por intermédio do clero secular e regular, e, no caso das segundas, pelas corporações missionárias (art. I). Criaram-se três dioceses em Angola (Luanda, Nova Lisboa e Silva Porto), três em Moçambique (Lourenço Marques, Beira e Nampula) e uma em Timor (Díli). As dioceses deveriam corresponder, na medida do possível, à divisão administrativa e aos limites dos territórios portugueses, podendo a Santa Sé alterar o seu número e o das circunscrições missionárias (art. VI). Mantinha-se a obrigação da consulta ao Governo, por parte da Santa Sé, antes da nomeação de um arcebispo ou de um bispo residencial (art. VII). A mesma auscultação era exigida para a nomeação da direção de uma circunscrição missionária, quando não pudesse recair sobre cidadãos portugueses.

Reconhecida a personalidade jurídica às dioceses, circunscrições missionárias e entidades eclesiásticas, mas também aos institutos religiosos das colónias e missionários, masculinos e femininos, estabelecidos em Portugal continental e ilhas adjacentes (art. VIII), determinava-se que as corporações missionárias seriam subsidiadas, segundo a necessidade, pelo Governo da Metrópole e pelo Governo da respetiva colónia (art. IX). Além desses subsídios, contemplou-se que o Governo continuaria a conceder gratuitamente terrenos às missões católicas, para o seu desenvolvimento e novas fundações (art. X). O regime de isenção fiscal sobre os bens das entidades mencionadas no art. VIII era fixado, bem como a isenção de direitos aduaneiros sobre imagens sagradas e objetos de culto (art. XI). O Estado português garantia os vencimentos e o direito à pensão de aposentação dos bispos residenciais, superiores das missões, vigários e prefeitos apostólicos, recusando-lhes contudo ajudas de custo para viagens e deslocações (art. XII). Comprometia-se ainda a suportar a pensão de aposentação dos missionários aposentados, que de futuro seria extensível ao clero secular missionário (art. XIII), e a abonar as despesas de viagens do pessoal missionário, dentro e fora das colónias (art. XIV).

Quanto à atividade das missões católicas portuguesas, estipulou-se que estas podiam fundar e dirigir escolas próprias, além de seminários e outros estabelecimentos de ensino elementar, secundário e profissional, bem como ambulâncias e hospitais (art. XV). Definiu-se a obrigatoriedade do ensino da língua portuguesa nas escolas indígenas missionárias, admitindo-se o uso de dialetos locais para o ensino da religião católica (art. XVI).

Não se consideraram funcionários públicos os ordinários, missionários, pessoal auxiliar e irmãs missionárias (art. XVII), mas exigia-se que os prelados das dioceses e circunscrições missionárias e os superiores das corporações missionárias na Metrópole prestassem anualmente ao Governo informações sobre o movimento missionário e a atividade exterior das missões (art. XVIII). Finalmente, reconheceu-se a autoridade da Santa Sé sobre a evangelização dos indígenas e o apostolado missionário (art. XIX).

Os acordos de 1940 com a Santa Sé complementavam a definição jurídico-política do campo religioso português, que havia começado a ser estabelecida com a Constituição de 1933, e permitiram ao poder civil consolidar uma relação de cooperação com a Igreja Católica, sem prejuízo de continuar a ser seguido o modelo de separação. Com tal solução, Salazar pretendia fomentar um clima de paz religiosa e social. Por um lado, ainda que no pacto concordatário não se materializassem todas as reclamações católicas (em particular, as que envolviam a abolição do divórcio, a devolução integral do património retirado à Igreja na sequência da Lei de Separação de 1911, a oficialização dos feriados religiosos ou a atribuição de um estatuto jurídico civil à Ação Católica[97]),

---

[97] Alguns protestos de católicos pelo que fora consagrado na Concordata chegaram até Salazar. Em Agosto de 1940, o padre António Marques Moreira escrevia ao

satisfaziam-se expetativas de diversos setores católicos quanto à revisão do estatuto público da Igreja[98]. A definição que vinham reclamando, desde 1917, para o catolicismo, no panorama religioso do País, era finalmente fixada mediante um novo instrumento jurídico, assente num compromisso bilateral entre Portugal e a Santa Sé. A situação jurídica da Igreja ficava ancorada no direito internacional e, no essencial, liberta de ameaças de alterações ao seu *statu quo* por via de legislação ordinária. Com efeito, a opção por um regime concordatário global fora bem calculada pelo presidente do Conselho, que evitara, desse modo, sujeitar-se a permanentes negociações parciais com a Santa Sé e correr o risco de fazer alterações à situação jurídica da Igreja Católica a partir do direito interno português, deixando que o ónus do regulado recaísse, nessas circunstâncias, em exclusivo sobre o Governo.

Por outro lado, os acordos concordatários não ofendiam a suscetibilidade dos laicistas moderados, defensores da necessidade de separar a política da religião e de se debelar a influência ultramontana, na medida em que o poder civil continuava a sujeitar a Igreja a alguns mecanismos nacionalizadores e de controlo estatais. Nessa linha importavam, por exemplo: a exigência de nacionalidade por-

---

presidente do Conselho, felicitando-o pelo êxito das festas dos Centenários. O sacerdote não perderia, contudo, o momento para protestar: «[...] mantem-se o divórcio, [...] Como assim? Não é a República Portuguesa um regime forte? Não é um estado totalitário, bem sei, mas tem um governo que manda, que dirige, que governa [...]. E não arranca da sua legislação o tumor canceroso do divórcio que apodrece a alma portuguesa e envergonha aos homens públicos de Portugal que caiem de cócoras diante de não sei que poder oculto...» (Cf. PT/TT/AOS/CP-186: carta do padre António Marques Moreira dirigida a Salazar, datada de 8 de Agosto de 1940 e enviada de Barirí, São Paulo, Brasil). Outros exemplos podem ainda ser observados adiante, neste mesmo Capítulo.

[98] Anos mais tarde, em 1953, num artigo sobre a evolução das relações entre a Igreja Católica e o Estado em Portugal, redigido por ocasião do fim do exercício de funções do núncio Ciriaci em Portugal, o *Novidades* escrevia sobre a solução concordatária: «Se em cada um dos seus artigos [da Concordata] se surpreende a vontade de acertar de ambas as partes, basta conhecer alguma coisa do condicionalismo português para calcular bem como a tarefa deve ter sido difícil. Nem em tudo, por certo, a Concordata e o Acordo Missionário, que lhe anda anexo, terão satisfeito o pensamento e o direito da Igreja [...].» (Cf. *Novidades*, «Missão que finda», 21 de Outubro de 1953, p. 1).

tuguesa aos eclesiásticos com jurisdição ordinária; a obrigação da consulta ao Governo, por parte da Santa Sé, antes da nomeação de arcebispos e bispos residenciais; a proteção estatal que mereciam os eclesiásticos no exercício do seu magistério nos mesmos termos que gozavam as autoridades públicas; ou ainda, a submissão das escolas da Igreja à fiscalização do Estado. Também o articulado do Acordo Missionário deixava antever que a ação missionária continuava a inscrever-se num quadro jurídico de subordinação à política ultramarina do Estado, sendo utilizada como um reforço da defesa da soberania nacional. Nesse sentido, justificava-se o financiamento das missões, que era, aliás, o encargo financeiro mais pesado que o Estado assumia nos acordos, ao prestar-se sustentar as casas de formação do clero e demais pessoal missionário. Salvaguardara-se a divisão administrativa e os limites territoriais portugueses apesar do favorecimento que se fazia da territorialização da Igreja Católica nas possessões africanas, quer pela criação de novas dioceses quer pelo alargamento do enquadramento eclesiástico das populações. Relevância para a sensibilidade laicista moderada tinha ainda o facto do Governo ter preservado o regime do divórcio para os casamentos civis, apesar de tornar possível a indissolubilidade do matrimónio canónico. Também era importante que o Estado não assegurasse a subvenção do clero e do culto na Metrópole, nem atribuísse à Igreja indemnizações pelos bens eclesiásticos, móveis e imóveis, que o Estado nacionalizara durante a I República.

A política de conciliação de interesses (internos à sociedade portuguesa) que Salazar seguiu para firmar os textos concordatários não passou despercebida à opinião publicada. Algum tempo depois da assinatura da Concordata e do Acordo Missionário, o *Século* notava que os acordos confirmavam que «se legislou com prudência», sem «ferir os direitos ou sequer os melindres de quem quer que seja», e dava como exemplo as soluções alcançadas sobre o divórcio e as missões, estas últimas colocadas a salvo de futuras «tentativas de desnacionalização»[99].

---

[99] Cf. *Século*, 24 de Maio de 1940, p. 2.

7.1. O significado dos acordos para a classe política dirigente

Sob o aspeto político, os acordos concordatários representaram, de facto, o fechamento de uma questão fraturante, centrada no fenómeno religioso, que, por resolver, constituía um elemento desestabilizador da sociedade. Nesse sentido, a chegada a essa solução significou o sucesso da estratégia de Salazar nas relações estabelecidas, desde as origens do regime, com os setores católicos, mas também com os setores laicistas. O regime concordatário global estabelecido em Portugal, na posição do legislador português, traduziam um compromisso político interno que transcendia a relação bilateral entre Portugal e o Vaticano. Por essa razão, Salazar fizera notar ao núncio apostólico, ainda em Julho de 1937, que a Concordata não poderia ir «além das concessões que politicamente podem ser feitas no momento»[100]. Daí que os acordos não promovessem uma alteração do princípio jurídico de separação e não implicassem grandes encargos financeiros para o Estado, embora beneficiassem a Igreja na sua autonomia face ao Estado. Para gerar o maior consenso possível entre a sua base social de apoio sobre o pacto concordatário, o poder civil tratou de explorar dois vetores: a ideia de que a unidade nacional se restaurara, mesmo sobre o terreno moral – aspeto que se reforçava em termos propagandísticos ao apresentar os acordos quase em simultâneo com o momento de abertura das festas das comemorações centenárias da fundação e restauração da nacionalidade (Junho de 1940); e a ideia de que se consolidava o Império colonial, por via da criação de novas condições de trabalho missionário (conceção desenvolvida com o intuito de explorar o nacionalismo das correntes apoiantes do regime).

O principal comentário de Salazar ao significado da Concordata e do Acordo Missionário, realizado em 25 de Maio de 1940, na sessão extraordinária da Assembleia Nacional convocada para a apreciação dos acordos assinados com a Santa Sé, foi elucidativo a esse respeito. O chefe do Governo deixou claro que aqueles tratados não punham em causa o princípio da separação, consagrado constitucionalmente, e explicava o sentido da «fórmula de respeito e colaboração» que se

---

[100] Cf. Rita Almeida de Carvalho, *ibidem*, p. 168.

estabelecia entre o Estado e a Igreja Católica. Dizendo que «a primeira realidade que o Estado tem diante de si é a formação católica do povo português» e que «a essência dessa formação se traduz numa constante da história», sublinhava que não tinha havido «intenção de reparar os últimos trinta anos da nossa história, mas de ir mais longe, e, no regresso à melhor tradição, reintegrar, sob este aspeto, Portugal na diretriz tradicional dos seus destinos». Notando que apenas três questões podiam ter tornado impossível o entendimento entre o Vaticano e Portugal – «o reconhecimento de uma norma moral preexistente e superior ao próprio Estado, a constituição da família, a educação» – e argumentando que tal não sucedera em virtude do respeito mantido pelas disposições da Constituição de 1933, o presidente do Conselho considerava que «toda a matéria dos acordos sujeitos à apreciação da Assembleia se reduz [...]: [à] liberdade religiosa; organização missionária do ultramar português; garantia do Padroado do Oriente». Sublinhando o que deveria ser considerado na discussão parlamentar, refletiu sobre cada um dos pontos. A liberdade religiosa (por esta entenda-se *libertas ecclesiae*) surgia nos acordos «condicionada apenas por exigências superiores de interesse e ordem pública, pela garantia de formação patriótica do clero e pela escolha das mais altas autoridades eclesiásticas em condições de boa colaboração com o Estado»; nada mais se julgara preciso, sendo que «o Estado vai abster-se de fazer política com a Igreja, na certeza que a Igreja se abstém de fazer política com o Estado». Quanto ao Acordo Missionário, apresentava-o como coroação da «obra política do Acto Colonial» e apontava-o como traduzindo a sanção espiritual conferida pela Santa Sé às possessões coloniais portuguesas, tal como o Padroado Português que, embora reduzido em extensão e importância, significava «o público reconhecimento da nossa evangelização»[101].

No parecer que emitiu, a Câmara Corporativa não se afastou da interpretação que o chefe do Executivo dera daqueles tratados internacionais. Aí se afirmava que o Governo alcançara «a ambicionada meta: a plena paz religiosa, coroamento lógico da nossa restauração» e que «a oportunidade não podia ser melhor do que ao abrir este ano das fes-

---

[101] Cf. *Diário das Sessões*, II Legislatura, n.º 89, de 27 de Maio de 1940, pp. 70-72.

tas centenárias da independência nacional». Filiando os acordos entre Portugal e a Santa Sé na corrente concordatária da época, o relator, Fezas Vital, defendia a natureza da *«concordata de separação»*, estabelecida para Portugal, porque «nem perante outra poderíamos estar», em virtude do disposto no direito constitucional português e «porventura, [d]as realidades político-sociais».

A esta luz ponderava-se o significado dos tratados em termos de terem sido mais ou menos vantajosos para o Estado português. Fomentava-se a ideia de que o Acordo Missionário reintegrava «a Nação na sua vocação evangelizadora», permitindo «reflorir a atividade missionária nas províncias do ultramar», e que a Concordata pouco inovara sobre o que já estava estabelecido, ou se inovara, isso era «a consequência lógica de disposições constitucionais», como revelavam as disposições relativas à assistência religiosa em campanha, ao ensino e ao Padroado e Semi Padroado. Mais importante ainda, sublinhava-se que o Vaticano fizera maiores concessões do que o Governo português e concedera «a Portugal o máximo que tem concedido nas concordatas celebradas com outros Estados», designadamente: a nacionalidade portuguesa de eclesiásticos com jurisdição ordinária e a obrigação da consulta ao Governo, por parte da Santa Sé, antes da nomeação dos arcebispos e bispos residenciais. No tocante ao reconhecimento pelo Estado da propriedade dos bens da Igreja Católica que aquela ainda conservava, entendia-se que se transformavam em *«situações de direito* certas *situações de facto»* e salientava-se que «não é de admirar a generosidade do Estado, mas antes o alto espírito de renúncia que por parte da Igreja a Concordata revela».

Para a Câmara Corporativa, a «mais importante novidade da Concordata» dizia respeito à fixação do princípio da não concessão do divórcio civil aos casados catolicamente, a única disposição que poderia conduzir à não aprovação da Concordata, por romper com o princípio da unidade do direito, ao criar dois regimes distintos para o casamento: o juridicamente indissolúvel e o juridicamente dissolúvel. Fazendo ressaltar «a sua já antiga adesão ao princípio da indissolubilidade», a Câmara Corporativa admitia dar voto favorável ao texto concordatário porque «à indissolubilidade do casamento católico nenhum óbice sério levanta o facto de o casamento civil continuar dissolúvel». Encontrando razão de ser na dissolubilidade do casamento civil apenas «por motivos transitórios de oportunidade», os procuradores manifestavam acreditar que «o reconhecimento da indissolubilidade do casamento católico contribuirá para [...] [a] criação de uma mentalidade propícia ao casamento indissolúvel, mesmo quando celebrado entre nubentes não católicos»[102]. Antecipavam a discussão pública que aquela disposição concordatária podia gerar e procuravam minimizá-la, mas, com cautela, contornavam o problema da sua implementação. Aliás, a questão das mudanças a realizar no direito interno para regulamentar e aplicar no País as medidas da Concordata e do Acordo Missionário seria totalmente evitada no parecer.

Procurando acentuar a ideia de que os acordos beneficiavam Portugal, insistindo para isso no espírito de cedência do Papado e nas novas possibilidades de cooperação entre o Estado português e a Igreja Católica, sobretudo no tocante à atividade missionária, o principal intento da Câmara Corporativa era o de demonstrar a firmeza do Governo português em respeitar o regime de separação. Sub-repticiamente, era dado relevo ao Executivo português como o ator mais forte nas negociações concordatárias, donde se elogiava a disposição de renúncia manifestada pela Santa Sé.

Naturalmente, a Assembleia Nacional ratificou os acordos com o Vaticano. Os oradores da sessão de 25 de Maio, Mário de Figueiredo, Júlio Schiappa de Azevedo, Joaquim Dinis da Fonseca, Álvaro Morna, José Maria Braga da Cruz, o padre Abel Varzim e Ulisses Cortês congratularam-se pela sua realização, destacado tanto o facto de serem os primeiros documentos do género outorgados por Pio XII, como a sua importância para a obra de «restauração nacional» e para a confirmação do princípio de separação do Estado da Igreja Católica. Na intervenção de Mário de Figueiredo surgiu, porém, a consideração do verdadeiro alcance do pacto concordatário: o Governo português dera o possível à Igreja Católica e esse possível, discutido e aprovado por Roma, pressupunha o fim de quaisquer outras exigências feitas daí em

---

[102] Cf. *Diário das Sessões*, II Legislatura, N.º 88, de 23 de Maio de 1940, pp. 57-67. Os textos da Concordata e do Acordo Missionário foram publicados como anexos ao parecer da Câmara Corporativa, no *Diário das Sessões*, II Legislatura, Suplemento ao n.º 88, de 23 de Maio de 1940, pp. 68(1)-68(14).

diante, mesmo que partissem do episcopado nacional[103]. Por retirar legitimidade a futuras reivindicações do campo católico e manifestar com clareza a disposição governamental, a afirmação era de peso, sobretudo porque pronunciada por um membro do restrito grupo de trabalho português incumbido das negociações concordatárias. Figueiredo expressava o real sentido da «pacificação religiosa» que Salazar deixara implícito[104].

7.2. Os bispos portugueses e o pacto concordatário: satisfação e desilusão

A posição oficial da Igreja Católica portuguesa sobre a assinatura da Concordata e do Acordo Missionário foi dada a conhecer por D. Manuel Gonçalves Cerejeira, em alocução proferida aos microfones da Emissora Nacional, em 10 de Maio de 1940. Embora essa intervenção fosse anterior ao que veio a ser o discurso de Salazar sobre aqueles tratados, as duas comunicações tinham pontos comuns. O bispo de Lisboa notou que a Concordata inscrevia «Portugal nas fontes da sua vida espiritual», permitindo a «paz e a reconciliação nacional», enquanto o Acordo Missionário consagrava a «vocação histórica» da Nação. Este último era particularmente especial porque «nunca a Santa Sé» assinara «um estatuto tão vasto [...] sobre o regime missionário». Todavia, apesar de apontar a singularidade que revestia aquele acordo, a atenção do patriarca foi dedicada à Concordata, procurando fazer passar três mensagens: o regime concordatário não restaurava o antigo regime concordatário; não criava uma Igreja de Estado; não agravava o orçamento público[105].

---

[103] Cf. *Diário das Sessões*, II Legislatura, n.º 89, de 27 de Maio de 1940, p. 73.
[104] Cf. Paula Borges Santos, *A Questão Religiosa no Parlamento (1935-1974)...*, pp. 64-66.
[105] Registe-se que este argumentário não era propriamente novo, tais aspetos haviam já ocupado o padre António Durão nos seus artigos, publicados na *Brotéria*, em defesa da solução concordatária.

A Concordata, explicou o patriarca, consumava a evolução feita desde a vigência do regalismo. Deste regime limitava-se a conservar «o reconhecimento da missão educadora da Igreja, a garantia dos seus direitos e liberdade, a concórdia dos dois poderes para o bem comum». Da experiência da separação do Estado da Igreja Católica mantinha «a independência das respetivas esferas de influência, o respeito pela liberdade de consciência de cada um, a igualdade de todos os portugueses perante a lei». Donde se compreendia uma nova posição do Estado face à Igreja: reconhecia-a, pela economia da nova Concordata, mas não «se intromete na sua vida interna», nem «lhe cria uma situação privilegiada». Abandonara-se o «estatismo», como também se rejeitara o «clericalismo, ou seja intervenção abusiva da Igreja no regime dos interesses puramente temporais». Tais opções haviam conduzido a que a economia da Concordata estabelecesse que o Estado não daria à Igreja «nem subsídio cultual, nem indemnização», devendo restituir-lhe apenas os bens que «a Igreja de facto ainda conserva». Não ficava, pois, o orçamento do Estado agravado «num centil, [...] para o dar ao clero e ao culto». A Concordata significava, portanto, que se tinha regulado «por mútuo acordo e de modo estável a situação jurídica da Igreja Católica em Portugal», reconhecendo o «facto católico como facto nacional» e o «papel de guarda» da Igreja sobre os «princípios da civilização cristã».

Comedido na valorização dos acordos concordatários, o bispo de Lisboa não perdeu a oportunidade para sublinhar algumas críticas à posição assumida pelo Governo português nas negociações, ainda que o fizesse discretamente. Descomplexificava o que poderia ter sido criar uma «Igreja de Estado», uma vez que isso significaria «apenas [...] que o Estado a reconhece oficialmente como a religião da Nação, e a protege como tal, sem com isso necessariamente se confundirem as suas esferas de competência, nem se perseguirem as consciências dos não católicos». Indo mais longe, o patriarca apontava que esse era «mesmo o dever dos Estados católicos», porque «o próprio Estado [...] não pode desobrigar-se do dever de prestar culto público a Deus». Lamentava também que, mesmo em regime de separação, o Estado tivesse optado por não subsidiar a Igreja, atendendo «aos serviços que ela presta à Nação e ao Estado, com a sua obra civilizadora e educativa». Mais ainda, teria sido expectável que a Igreja «fosse agora indemnizada do que ilegitimamente lhe foi tirado»; porém, a Igreja mostrara não fazer questão dos privilégios em que a Concordata «foi avara»[106].

A receção da Concordata pelos bispos fora objeto de preparação prévia pelo cardeal Cerejeira. Na fase final das negociações diplomáticas com a Santa Sé, a 7 de Abril de 1940, quando era quase seguro que as partes portuguesa e vaticana assinassem os acordos, e já depois de uma reunião do episcopado realizada em Fátima onde o assunto da reação oficial dos prelados aos acordos fora discutido, o patriarca dirigiu-se aos bispos, através de uma circular, dizendo que lhe parecia deverem aqueles «manifestar ao Chefe do Governo e ao Senhor Núncio, por telegrama ou carta, o seu regozijo pela assinatura da Concordata», uma vez que «o acontecimento é de tal importância que justifica a manifestação imediata dos bispos». Ficaria, depois, «ao critério do presidente do Governo e do Núncio [...] tornar públicas ou não essas manifestações». Adiantava que lhe parecia «muito conveniente provocar no País um movimento de aplauso à Concordata», desde que não parecesse «exclusivamente clerical», mas antes «verdadeiramente nacional», como «uma espécie de plebiscito a aprová-la»[107].

Os bispos procederam conforme as instruções do cardeal de Lisboa, depois de ser tornada pública a assinatura dos acordos concordatários com a Santa Sé. Entre 10 e 14 de Maio, Cerejeira recebeu cartas dos prelados de Lamego, Guarda, Braga, Évora, Algarve, Bragança e Miranda, confirmando terem telegrafado a Salazar e a monsenhor Ciriaci felicitando-os pela realização da Concordata (os bispos não se refeririam ao Acordo Missionário)[108]. No Porto, o bispo D. Augusto de Castro Meireles, organizou uma manifestação de regozijo da diocese pela celebração da Concordata; algo que o bispo do Algarve, D. Marcelino António Franco, lamentou não poder fazer por ter de se

---

[106] Cf. D. Manuel Gonçalves Cerejeira, «A Concordata e o Acordo Missionário» in *Obras Pastorais*, II vol...., pp. 215-226.

[107] Cf. PT/AHPL/ACC/D/01/02/066: circular do cardeal Cerejeira para bispos, datada de 7 de Abril de 1940.

[108] Cf. PT/AHPL/ACC/E/02/01/419 a 425: cartas, dirigidas ao cardeal Cerejeira, pelos prelados de Lamego (10 de Maio de 1940), Guarda (10 de Maio de 1940), Braga (10 de Maio de 1940), Évora (11 de Maio de 1940), Algarve (12 de Maio de 1940) e Bragança (14 de Maio de 1940).

ausentar da diocese[109]. Em Bragança, D. Abílio Vaz das Neves instruiu, em circular confidencial, os seus arciprestes «a promover aplausos à Concordata, especialmente entre os leigos». Ordenou, ainda, a realização de uma «ação de graças em todas as vilas e aldeias maiores», à semelhança do que faria na sede da diocese[110].

Aquele procedimento dos bispos era, porém, acompanhado da desilusão de alguns sobre o teor da Concordata. Em privado, na referida reunião do episcopado em Fátima, alguns bispos manifestaram reservas quanto ao sentido de revelarem reconhecimento pela celebração dos acordos concordatários, mostrando-se dececionados com o que fora firmado entre Portugal e a Santa Sé. Esse comportamento foi criticado pelo bispo de Lamego, D. Agostinho de Jesus e Sousa, em carta para o cardeal patriarca, onde notava que havia ficado «um pouco escandalizado com a atitude de alguns prelados» e dizia que «é preciso dizer com aparência de verdade que recebemos com indiferença a Concordata». D. Agostinho estabelecia paralelo com o que sucedera por ocasião do reatamento de relações entre o Governo português e a Santa Sé, durante o consulado de Sidónio Pais, referindo a mágoa deste pelo facto de os bispos não terem sabido «apreciar nem agradecer convenientemente o gesto». Para o bispo, importava não proceder «agora de maneira que se nos possa fazer a mesma censura», sugerindo que fosse publicada uma Pastoral Coletiva dedicada ao acontecimento e que em todas as sés episcopais se cantasse um «*Te-Deum*» de ação de graças. Admitindo que «por vezes somos exigentes de mais, ou pelo menos, achamos sempre pouco o que se dá», julgava que os prelados deveriam ser justos e «atender não só ao que se dá, mas ainda à boa vontade e sobretudo à circunstância em que o País se encontra, assim como à situação em que nos encontrávamos»[111].

---

[109] Cf. PT/AHPL/ACC/E/02/01/424: carta do bispo do Algarve para o cardeal Cerejeira, datada de 12 de Maio de 1940.

[110] Cf. PT/AHPL/ACC/E/02/01/425: carta do bispo de Bragança e Miranda para o cardeal Cerejeira, datada de 14 de Maio de 1940.

[111] Cf. PT/AHPL/ACC/E/02/01/419: carta do bispo de Lamego para o cardeal Cerejeira, datada de 10 de Maio de 1940. A documentação não permite aferir a data da reunião do episcopado em Fátima, nem conhecer os nomes dos bispos que manifestaram desilusão quanto aos acordos concordatários.

A esta luz, a contenção que usara o cardeal Cerejeira no seu discurso sobre a Concordata e o Acordo Missionário é compreensível. Enquanto porta-voz do episcopado português, naquela ocasião, estava obrigado a produzir uma comunicação consensual, que sinalizasse as diferentes sensibilidades existentes entre os prelados. É de supor que os principais reparos dos bispos mais insatisfeitos com o pacto concordatário se relacionassem com a reflexão crítica que Cerejeira apresentara sobre a Concordata. A desconfiança de alguns prelados estendia-se ao que podia vir a ser a regulamentação da Concordata. O bispo de Bragança e Miranda referira a Cerejeira a necessidade de se reunir o episcopado para «executar a Concordata», e D. Manuel da Conceição Santos declarava esperar «que nas leis regulamentares se mantenha alto espírito de concórdia e sinceridade»[112].

7.3. Críticas de diferentes setores da sociedade aos acordos

A deceção em torno do que ficara firmado na Concordata era também um sentimento comum a elementos do laicado. Alguns bispos, como os de Bragança e da Guarda, transmitiriam ao cardeal Cerejeira esse posicionamento[113]. No jornal *A Voz*, Fernando de Sousa, apesar de elogiar a ação de Salazar por ter «assegurado à Igreja a liberdade a que tem jus no domínio espiritual e a Portugal o honroso exercício da sua ação missionária da dilatação da fé»[114], e de se congratular pela epígrafe da Concordata (pela referência aí inscrita: «Em nome da Santíssima Trindade») que interpretava como sendo o «reconhecimento social da autoridade de Deus» pelo Estado português[115], não deixou de questionar o que era uma «concordata de separação»,

---

[112] Cf. PT/AHPL/ACC/E/02/01/422 e 425: cartas do arcebispo de Évora e do bispo de Bragança e Miranda para o cardeal Cerejeira, datadas, respetivamente, de 11 e 14 de Maio de 1940.

[113] Cf. PT/AHPL/ACC/E/02/01/420 e 425: cartas dos bispos da Guarda e do bispo de Bragança e Miranda para o cardeal Cerejeira, datadas, respetivamente, de 10 e 14 de Maio de 1940.

[114] Cf. *A Voz*, 26 de Maio de 1940, p. 1.

[115] Cf. *A Voz*, 19 de Maio de 1940, p. 1.

afirmando existir uma «contradição nos termos»[116]. Mais grave lhe parecia o art. XXIV do texto concordatário que não estabelecia a proibição do divórcio para os casamentos católicos celebrados antes da Concordata; em seu entender aquela disposição ganhava se tivesse aquela aplicação[117].

As críticas católicas à Concordata foram salientadas por alguma imprensa. Com alguma ironia, o *Século* sublinhava que o País entendera os documentos concordatários, julgando-se que «não seria possível, dada a sua precisão e clareza, tentar estabelecer qualquer equívoco», mas assim «lamentavelmente não sucedeu [...] e, diga-se de passagem, desta vez a iniciativa não partiu de qualquer sector liberal». Razão, referia o jornal, tinha tido «o Dr. Oliveira Salazar quando, na reunião em que expôs aos diretores dos jornais a génese e os princípios do tratado», dissera que, «entre os discordantes, provavelmente, apareceriam também os que se julgassem mais papistas do que o papa»[118].

Independentemente da forma desfavorável como alguns setores eclesiais acolheram alguns conteúdos do pacto concordatário, o *Novidades* procurou transmitir à opinião pública a ideia de júbilo dos católicos pela realização dos acordos. Nos dias seguintes à assinatura da Concordata e do Acordo Missionário, o principal título da imprensa católica destacava os telegramas de saudação enviados pelas autoridades religiosas ao Governo[119] e ao núncio, bem como telegramas de felicitações da Juventude Católica e de cidadãos anónimos dirigidos ao presidente do Conselho, ao cardeal Cerejeira e a monsenhor Ciriaci[120]. Faziam notícia as manifestações de católicos, realizadas «por todo o

---

[116] Cf. *A Voz*, 16 de Maio de 1940, p. 1.

[117] Cf. *A Voz*, 14 de Maio de 1940, p. 1. Sobre esta questão, Fernando de Sousa polemizaria com A. Pinto Gouveia que, em edição de 20 de Maio de 1940 do *Diário de Notícias*, defenderia que o art. XXIV da Concordata só se poderia aplicar aos matrimónios canónicos efetuados depois da assinatura daquele acordo.

[118] Cf. *Século*, 24 de Maio de 1940, p. 2.

[119] Salazar receberia telegramas de felicitações dos arcebispos de Évora e Braga, e dos bispos de Lamego, Coimbra, Cabo Verde, Porto, Bragança, Beja, Guarda, Leiria, Vila Real e Algarve (Cf. *Novidades*, 14 de Maio de 1940, p. 1).

[120] Cf. *Novidades*, 8, 9 e 14 de Maio de 1940, p. 1 e 6.

País», que pretendiam testemunhar contentamento pela solução concordatária, respetivamente quer junto do prelado, quer do governador civil[121]. Sobre o significado dos acordos com a Santa Sé, o diário católico destacava o facto de os mesmos traduzirem «o sentimento mais profundo da Nação [...] ao dar satisfação às aspirações da alma religiosa», mesmo porque «os que se creem descrentes são apenas cristãos mais ou menos laicizados, e, por vezes, cristãos sedentos de uma luz», afinal «toda a ideia de rompimento ou antagonismo doutrinal com a Santa Sé foi entre nós de origem estrangeira, foi manifestação antinacional»[122].

Algumas polémicas registaram-se a propósito do teor da Concordata e do seu significado político, ainda que tenham decorrido de forma abafada na imprensa, em virtude das limitações que a Censura impunha, ou tenham sido travadas por outros dispositivos repressivos do Estado. Um desses casos envolveu o próprio ministro da Justiça, Manuel Rodrigues Júnior, que se confrontou com o *Novidades*, após publicar n'*O Século* um artigo intitulado «Questões religiosas». Defendendo que a Concordata servira para «compor um mal-entendido entre duas entidades, [...] originado pelo facto de uma delas [o Estado] a certa altura se ter desinteressado da cooperação e, sem qualquer explicação, se haver desligado da sociedade e tomado dela o que pareceu pertencer-lhe», o ministro aludia a críticas feitas ao Governo, que lhe apontavam a alienação dos «bens da Nação» com os acordos de 7 de Maio de 1940. Sossegava, contudo, quem assim pensava, dizendo que «quem conhece a situação de facto sabe bem que a restituição não é completa, embora não tenham também razão os que dizem ter sido insignificante». Tudo havia que ser compreendido a partir da necessidade do Estado não poder ignorar o «problema da expressão social do fenómeno religioso», nem de poder desconsiderar «o valor social de apoio ou combate duma instituição como a Igreja Católica». Esses haviam sido os «fundamentos gerais da Concordata», que tinha o

---

[121] O *Novidades* destacaria as manifestações ocorridas no Porto (11 de Maio), em Viseu (18 de Maio), na Guarda (20 de Maio) e em Coimbra (22 de Maio) (Cf. *Novidades*, 12, 14 e 23 de Maio de 1940, p. 1; 19 de Maio de 1940, p. 6).

[122] Cf. *Novidades*, 15 de Maio de 1950, p. 1.

mérito de ter fechado um «conflito irritante, mas pouco profundo porque sempre foi político»[123].

O artigo de Rodrigues Júnior foi recebido com desagrado pelo *Novidades*. Em nota do dia, publicada a 13 de Junho, fazia-se notar que «o estado de coisas que a Concordata veio derrubar implicava o desrespeito, por parte de antigos (e íamos dizer modernos) legisladores [...], da própria doutrina e disciplina na Igreja». Não se tratara, portanto, de encerrar um conflito nem pouco profundo, nem apenas de ordem política, mas sim de promover «um ato de consciente reparação e de nobre profissão de fé em Deus e nos valores eternos da Nação»[124]. Ao comentário daquele diário católico reagiu, pouco tempo depois, o titular da pasta da Justiça. Escreveu, então, que «dizer-se que os conflitos religiosos em Portugal foram sempre pouco profundos», exigia que se discutisse o problema «sem intrigas», por ser necessário evitar novos conflitos que, a serem criados, gerariam «um estado de irritação incompatível com a colaboração que deve existir entre as duas instituições [o Estado e a Igreja Católica]». A Concordata, acrescentava o ministro, destinara-se a por fim a tendências de «expansão» de «indivíduos mais papistas do que o Papa, [...] e mais defensores do poder do que o próprio poder». Havia que impedir, portanto, que fosse considerada como um «palimpsesto, fazendo ressurgir por entre as linhas reais aquelas que os seus interesses e as suas prevenções e os seus caprichos gostariam de lá encontrar»[125].

Não era a primeira vez que Manuel Rodrigues Júnior era alvo de críticas por elementos católicos[126]; desta vez, todavia, protestou junto

---

[123] Cf. Manuel Rodrigues Júnior, «Questões Religiosas – I» in *Problemas Sociais (Questões Políticas)*, Lisboa, Edições Ática, 1943, pp. 311-315.
[124] Cf. *Novidades*, 13 de Junho de 1940, p. 6.
[125] Cf. Manuel Rodrigues Júnior, «Questões Religiosas – II» in *ibidem*, pp. 318-320.
[126] Aquando da publicação do decreto n.º 11 887, de 6 de Julho de 1926, Manuel Rodrigues Júnior, à época também ministro da Justiça e Cultos, recebera críticas contundentes de diversos setores católicos. Um dos dirigentes católicos que então questionou a ação do ministro foi Salazar. Em artigo escrito para o *Correio de Coimbra* em 24 de Julho de 1926, lamentou que o decreto de Manuel Rodrigues Júnior não trouxesse para as «relações do Estado com a Igreja qualquer coisa de completo e de definitivo», ainda que reconhecesse que o governante não agira por «espírito de hostilidade» mas «por espírito de subordinação a conceitos puramente doutrinais». Destacando como

do cardeal Cerejeira, antes de responder ao *Novidades*, contra a «tentativa de intriga com o presidente do Conselho» que esse jornal acolhera. Dizendo que «a insinuação que se lê no artigo» o feria na sua «crença», recordava que o caso não era único com aquele diário, sendo que «já em 1926 me foi várias vezes desagradável». Mostrava-se, ainda, convicto que teria sido do *Novidades* e «de elementos políticos que [...] saiu a infâmia de que eu era maçon, [...] e até um padre em confissão pedia a minha mulher para que fizesse com que eu deixasse de o ser». Repetindo que nunca negara a sua fé, apontava ao patriarca que «Vossa Eminência sabe qual tem sido a minha atitude em todo o tempo que tenho estado no Ministério em relação à Igreja, [...] e sabe ainda que a Lei da Personalidade foi publicada contra a vontade do Governo, que a queria negociar com vantagens na questão do Padroado»[127]. Cerejeira

---

positivo que o diploma restabelecesse a autoridade do bispo da diocese na vida das cultuais, deplorava que a personalidade jurídica tivesse sido concedida apenas àquelas corporações e que estas ficassem obrigadas à apresentação das suas contas no fim do ano económico à autoridade administrativa. Criticava ainda que se mantivessem as atribuições da Comissão Central da Lei de Separação, alterando-se-lhe apenas o nome (Cf. António de Oliveira Salazar, «O decreto da "personalidade jurídica"» in *Inéditos e Dispersos...*, pp. 425-429. Outras reações do campo católico àquele diploma são enunciadas em: Luís Bigotte Chorão, *A Crise da República e a Ditadura Militar...*, pp. 725-731). Anos mais tarde, após designar Manuel Rodrigues Júnior para ministro da Justiça e dos Cultos (1932-1940), Salazar recebeu também protestos de alguns dirigentes católicos por essa sua escolha. Joaquim Dinis da Fonseca escreveu ao presidente do Conselho nesse sentido, dizendo: «[...] escolheste para a Justiça o Dr. Manuel Rodrigues sem atender porém aos melindres que essa escolha suscitava, desde que já havia sobraçado a pasta e dela saíra em guerra aberta com os prelados, com as *Novidades*, e com os católicos. Nenhum presidente do Conselho poderia escolhê-lo sem que isso representasse para os católicos um agravo. [...] Dirás que estavas farto de rótulos católicos. [...] Dirás que tomou compromissos e razões políticas que te levaram a preferi-lo. Mas dado que assim fosse, não te mereciam os católicos uma palavra de explicação? Por tua causa e da ditadura somos o bode expiatório dos políticos, o bode expiatório dos integralistas e como paga merecemos ser tratados de resto [sic] por ti mesmo. Se tinhas já pouco entusiasmo em certos sectores católicos, não podes estranhar que a tua atitude lance em todos eles uma [?] glacial [...].» (Cf. PT/TT/AOS/CO/PC-3F, Pasta 2, 2.ª subdivisão: carta de Joaquim Dinis da Fonseca para Salazar, datada de Julho de 1932).

[127] Cf. PT/AHPL/ACC/C/05/001/01: carta do ministro da Justiça para o cardeal Cerejeira, datada de Junho de 1940.

procurou tranquilizar Rodrigues Júnior, afirmando que reprovava o sucedido «inteiramente e sinto que as *Novidades* a tivessem publicado [a nota]». Dizia ainda que tinha lido o artigo do ministro n'*O Século*, «com muito gosto (como leio os seus artigos) e até o arquivei», e que, depois de se informar sobre o que se teria passado, verificara «que o próprio jornal não perfilhava a nota, e se sente no dever de fazer à sua pessoa ilustre e à sua grande obra a justiça que lhe são devidas»[128].

Dois outros episódios, ocorridos na Faculdade de Direito de Lisboa, exemplificam a pouca simpatia que a Concordata despertara em alguns meios e a penalização imposta a quem criticasse, em público, aquele acordo. Em 1941, foram afastados daquele estabelecimento de ensino superior os professores Jaime de Gouveia e José Maria Barbosa de Magalhães, após terem censurado o pacto concordatário. Jaime de Gouveia, regente da disciplina de Direito Internacional Convencional, foi obrigado a explicar ao então ministro da Educação Nacional, Mário de Figueiredo, por que razão alegadamente ensinara que: «1.º – Não obstante a Concordata e o Decreto-Lei n.º 30:615, o casamento católico continua a poder dissolver-se pelo divórcio porque a faculdade de pedir o divórcio é um poder objetivo e como tal insuscetível de renúncia. A afirmação expressa ou implícita de renúncia à faculdade de pedir o divórcio é portanto irrelevante, apesar de feita num texto legal; 2.º – A Concordata pressupõe a separação, no casamento, entre o contrato e o sacramento. Admitir esta separação é incorrer-se em excomunhão segundo certa posição do *Syllabus*; logo os negociadores da Concordata (M. de Figueiredo, Salazar, Núncio, Cardeal Maglione, etc.) ficaram sob excomunhão até ao momento em que o Papa a ratificou».

Considerando o ministro as explicações de Jaime de Gouveia «insatisfatórias», foi instaurado àquele professor um processo disciplinar, suspendendo-o de imediato de exercício e vencimento. Após despacho de 19 de Maio de 1941, confirmando essa medida e aplicando-a a um período de noventa dias, Jaime de Gouveia foi passado à inatividade, sem vencimento, por portaria de 15 de Novembro desse ano. Também José Barbosa de Magalhães, após ter escrito, em Maio de 1941, na

---

[128] Cf. PT/AHPL/ACC/C/05/001/02: cópia de carta do cardeal Cerejeira para Manuel Rodrigues Júnior, datada de 19 de Junho de 1940.

Gazeta da Relação de Lisboa, referindo-se à ratificação pela Assembleia Nacional da Concordata e do Acordo Missionário, que: «Depois de alguns deputados orarem, foi proferido o sacramental *Amen*, aceitando-se com entusiasmo a supremacia da Igreja Católica sobre o Poder Civil. Só falta a Inquisição», foi desligado do serviço e aposentado compulsivamente por deliberação do Conselho de Ministros, nos termos do art. 1.º do decreto-lei n.º 25:317 de 13 de Maio de 1935[129].

Aquela passagem do artigo de Barbosa de Magalhães caiu mal também junto das autoridades religiosas. Vários anos mais tarde, em Novembro de 1956, ainda o cardeal Cerejeira lhe faria referência. Diria o bispo de Lisboa: «Grasnaram, é certo, os gansos do capitólio jacobino. Não estava ainda extinta a raça daqueles que pretendem fazer do Estado o aparelho de opressão da consciência, especialmente da católica. Em Portugal, ouviu-se falar, do alto de uma cátedra universitária, a propósito da Concordata (ou antes a despropósito) na "santa Inquisição"! Como se ela fosse um instrumento de Estado inquisitorial, a preparar o advento de um regime de devassas da consciência»[130].

De forma relativamente rápida, o assunto da celebração da Concordata e do Acordo Missionário entre Portugal e a Santa Sé deixou de estar na ordem do dia, não obstante alguns casos políticos que alimentou. Para tanto, terá contribuído a atenção que o conflito militar travado na Europa continuava a despertar, sendo ainda incerto o seu desfecho. Em Junho de 1940, culminava a ofensiva alemã na frente oeste, a França capitulava e o Governo português lidaria, nos meses subsequentes, com crescentes pressões da Alemanha e a ameaça de acionamento da «Operação Félix». O clima social no País degradava-se também em virtude das dificuldades experimentadas pela população,

---

[129] Cf. Marcelo Caetano, «Apontamentos para a história da Faculdade de Direito de Lisboa» in *Revista da Faculdade de Direito da Universidade de Lisboa*, vol. XIII, 1959, pp. 144 a 146 e 150.

[130] Cf. D. Manuel Gonçalves Cerejeira, «A Situação da Igreja em Portugal» in *Lumen*, Dezembro de 1956, pp. 786-787. Trata-se do discurso que proferiu o bispo de Lisboa ao clero do Patriarcado, em 29 de Novembro de 1956, na passagem do seu aniversário natalício.

provocadas pela política económica de guerra[131]. O próprio comportamento das autoridades religiosas favoreceu o desligamento da opinião pública, inclusive da opinião católica, do tema dos acordos concordatários. O episcopado optou por não publicar nenhuma pastoral coletiva sobre a solução concordatária[132]; possivelmente porque, logo no verão de 1940, haviam começado as negociações entre o Governo e a Santa Sé para a regulamentação da Concordata e existiam pontos de atrito, sobretudo em torno do regime do casamento católico e dos bens da Igreja (como se verá, adiante, no Capítulo V), que mantinham em aberto o rumo da política religiosa que o Estado assumiria. Qualquer pronunciamento eclesiástico seria, pois, prematuro. A dureza negocial de Salazar na fase final das negociações concordatárias, quase comprometendo, nos primeiros dias de Abril de 1940, a assinatura da Concordata, a propósito da questão dos «casamentos por motivo de consciência»[133], deixara nas autoridades vaticanas e eclesiásticas portuguesas uma expectativa negativa sobre o que poderia vir a acontecer no processo de regulamentação dos acordos concordatários.

---

[131] Cf. Fernando Rosas, «Sob os ventos da guerra: a primeira crise séria do regime (1945-1949)» in *História de Portugal*, dir. de José Mattoso, vol. 7 – *O Estado Novo (1926-1974)*, coord. de Fernando Rosas, Lisboa, Editorial Estampa, 1994, pp. 306 e 412.

[132] Apenas o clero de Lisboa, na primeira vez que se reuniu após a celebração da Concordata, por ocasião do décimo segundo aniversário da eleição do cardeal patriarca, ouviu uma exposição de D. Manuel Gonçalves Cerejeira sobre a situação da Igreja no regime concordatário. Nesse discurso, o bispo de Lisboa explicou que a Concordata condenava «o clero a uma vida de gloriosa pobreza», havendo nisso vantagem porque o aproximava «do povo» e o tornava «mais apostólico». Outro aspeto focado era o da necessária «independência política do padre» no regime de «recíproca autonomia da Igreja e do Estado», instituído pelo pacto concordatário. Esclarecia, por fim, o prelado que grande missão do clero, instituída pela Concordata, era a colaboração na «obra educativa nacional», porque o Estado português, «que admite a liberdade de cultos e não sustenta uma igreja oficial», chamara a Igreja «a ensinar a religião e moral católicas nas escolas públicas elementares, complementares e médias» (Cf. D. Manuel Gonçalves Cerejeira, *A Situação da Igreja no Regime da Concordata*, Lisboa, Tip. da «União Gráfica», 1941, pp. 3-11).

[133] Cf. Bruno Cardoso Reis, *ibidem*, pp. 167-173.

Assim, o episcopado português ocupou-se antes do próprio tema da guerra, desenvolvendo o discurso de que os católicos portugueses deviam intensificar a sua vida de piedade de molde a pedir proteção divina para o País ser poupado aos horrores do conflito militar. Essa exortação plasmou-se nas duas primeiras pastorais coletivas dadas pelos bispos após a realização da Concordata e do Acordo Missionário: uma datada de 2 de Fevereiro de 1941; outra de 11 de Fevereiro de 1942, dedicada à celebração das bodas de prata das aparições de Fátima e da sagração episcopal do papa Pio XII. Ambas acabaram por aludir ao pacto concordatário, não o colocando, porém, no centro da mensagem a transmitir. Na primeira pastoral, o episcopado fez referência à entrada de Portugal numa nova era, aberta com as comemorações centenárias, que lhe permitia «sentir-se de novo cristão». Mais importante, contudo, era o benefício da paz gozado no País, «no meio de um mundo retalhado pela guerra e regado de sangue e de lágrimas», que exigia «agradecer a Deus o haver colocado em mãos tão solertes o leme da governação pública nesta hora de incerteza». Mostrando entender a guerra «atual, como a de 1914», como um «flagelo de Deus para punir os desmandos da humanidade», os bispos apelavam também à necessidade de «fazer penitência» e de ter «compaixão» pelos que sofriam de «fome na terra portuguesa». Se «Portugal quebrou já aquela cadeia infamante que oficialmente o mantinha afastado de Deus», e se a Concordata tinha vindo pôr de novo os portugueses «em filial contacto com o Vigário de Cristo», havia, pois, que promover uma «ressurreição cristã» do País[134]. Na segunda pastoral, os bispos sublinhavam a «dívida de gratidão para com a nossa Padroeira», cuja intervenção, nas aparições de 1917, permitira vencer a «desorientação» e «apatia» dos portugueses «em plena fase de perseguição religiosa». Notavam como «a ela devemos o bem que estamos gozando», materializado no «novo entrar na escola [d]o nome de Deus», no restabelecimento das «relações normais com a Santa Sé», no assentar do «estatuto jurídico da Igreja, numa nova ordem que não afronta ninguém» e na «ressurreição das missões católicas nas colónias e no Padroado». Por consequência,

---

[134] Cf. «Pastoral Coletiva do Episcopado Português» in *Brotéria*, vol. XXXII, fasc. 3, 1941, pp. 311-323.

admitiam os prelados, «podemos concluir logicamente que Portugal, salvo até agora pela proteção amorosa da sua Padroeira, só logrará continuar salvo até ao fim, se da sua parte cooperar com a proteção vinda do alto»[135].

---

[135] Cf. «Pastoral Coletiva do Episcopado Português: bodas de prata das aparições de Fátima e da sagração episcopal do Santo Padre Pio XII» in *Brotéria*, vol. XXXIV, fasc. 5, 1942, pp. 543-550.

CAPÍTULO III

CONSTRUÇÕES DA «PAZ RELIGIOSA» CONCORDATÁRIA: DIFICULDADES E REALIZAÇÕES (1940-1968)

A Concordata e o Acordo Missionário celebrados em 1940 foram, sem qualquer dúvida, o instrumento determinante para a pacificação do relacionamento entre o Estado e a Igreja Católica no regime autoritário e uma das principais peças do seu sistema jurídico. Como solução, em si mesma, possuía a novidade de ser um acordo geral, mas não foi nada estranho à cultura jurídica do País, tendo em conta que, desde há vários séculos, o Estado tinha com frequência recorrido à celebração de acordos (concordatas ou concórdias) com a Igreja Católica, que pretendiam resolver aspetos particulares[1].

Contudo, uma vez firmado, aquele pacto concordatário tornou-se um instrumento amplamente discutido, como já se exemplificou, quer pelos princípios que aí eram acolhidos, quer pelas soluções que enunciava e determinava. Importa agora sublinhar que os propósitos conciliadores que, tanto da parte do Governo português como da parte da Santa Sé, haviam motivado a assinatura dos acordos de 1940, não invalidaram a eclosão de novas pressões, reivindicações e desentendimentos no «período concordatário» do regime (1940-1974), colocadas ao Estado por setores católicos e não católicos da sociedade portuguesa. A execução da Concordata suscitou também tensões entre o Executivo e a autoridade religiosa. No caso dos primeiros, as questões que

---

[1] Cf. Paulo Pulido Adragão, *A Liberdade Religiosa e o Estado*, Coimbra, Almedina, 2002, p. 339.

se colocaram podem remeter-se, na globalidade, para a discussão do binómio separabilidade/confessionalidade. Entre autoridades governamentais e eclesiais, não esteve em causa a realidade da separação, pesando antes problemas relacionados com articulações entre a lei civil e as disposições concordatárias e visões distintas sobre a necessidade de aprofundar ou não a cooperação entre ambas as instituições. São os episódios mais ilustrativos destas várias questões, ocorridos no salazarismo, que, em seguida, se tratam com algum detalhe.

1. A critica da separabilidade e a defesa do regime de «união moral» por alguns católicos

Na sequência da assinatura da Concordata e do Acordo Missionário, a perspetiva de alguns católicos sobre o regime de separação do Estado da Igreja Católica transformou-se. A compreensão manifestada quanto à necessidade de preservar o princípio jurídico da separação, como acontecera até à implementação do regime concordatário, foi substituída por uma nova atitude que reclamava ser chegado o momento de se rever na Constituição o regime teórico das relações entre a Igreja e o Estado.

Quando se tornou conhecido, em Outubro de 1944, que o Governo tomara a iniciativa de antecipar a revisão da Lei Fundamental, dissolvendo ainda a Assembleia Nacional e convocando eleições antecipadas, algumas vozes católicas defenderam publicamente que convinha proceder-se a uma mudança no estatuto das relações do Estado com a Igreja Católica no sentido de se consagrar o regime de «união moral», apesar do episcopado continuar a mostrar-se favorável à manutenção do regime de separação. Com efeito, em Novembro de 1944, o jesuíta António Leite defendeu na *Brotéria* que, após a celebração da Concordata, era chegado o tempo de alterar algumas disposições da Constituição «francamente ultrapassadas». A questão principal envolvia o regime de separação entre o Estado e a Igreja, já sem sentido, não só por causa da solução concordatária, mas também pelas «boas relações existentes» entre os dois poderes, comprovadas pelas «frequentes participações da Igreja em atos oficiais e vice-versa», pelo «espírito cristão que tem informado muitas das reformas recentes, como em matéria de educação da juventude, de assistência, etc.». Propunha o sacerdote que fossem, então, revistos os arts. 45.º, 46.º e 48.º. Sobre o primeiro, rejeitava a «plena equiparação da religião católica com as demais confissões religiosas», propícia a tomar-se a atitude do Estado como sendo de «agnosticismo prático». A solução passava, pois, por reconhecer-se a religião católica como «religião oficial da Nação». A «tolerância prática das demais religiões» contida no art. 45.º obstava, no parecer de António Leite, ao próprio interesse do Estado em «promover a unidade moral da Nação», além de que, sob o aspeto religioso, não era admissível porque equivalia a «reconhecer plenos direitos ao erro, às religiões falsas». Sobre o art. 46.º, onde era afirmado o regime de separação, defendia que a solução era substituí-lo pelo regime de «união moral entre os dois poderes», tal como sempre havia sido preconizado pela Igreja[2]. O seu principal argumento residia no facto do País possuir uma «forte maioria católica», a quem feria o «laicismo oficial», que trazia «grande desprestígio para o próprio Estado». Acrescentava que o reconhecimento de uma religião oficial não significava que o Estado obrigasse «a segui-la todos os seus súbditos».

Contudo, consciente de que a sua posição não era partilhada por todos os católicos, mesmo que se tratassem de «pessoas esclarecidas», o canonista tinha o cuidado de rebater os argumentos daqueles que defendiam a preservação do princípio jurídico da separação. Desmistificava, por isso, que, num regime de «união moral», fosse necessário o clero ser pago pelo Estado ou que este recuperasse o «privilégio de nomear bispos e párocos» ou que voltasse a intervir «nas confrarias e em toda a vida da Igreja». O sistema de «união moral» traria apenas: «1) reconhecimento da religião católica como religião oficial. 2) Plena liberdade para a Igreja e para o Estado nas respetivas esferas de ação. 3) Mútuo acordo, nas questões que afetam um e outro poder». Nada de muito novo, escreveria, uma vez que, na prática, «quase se pode afirmar que os nossos governantes reconhecem a religião católica como

---

[2] A este respeito, António Leite recordava a doutrina católica: as encíclicas *Libertas* e *Immortale Dei*, dadas por Leão XIII; a condenação da separação entre a Igreja e o Estado em França, por Pio X, na encíclica *Vehementer Nos* (1906), e depois em Portugal, na encíclica *Iamdudum in Lusitania* (1911).

religião oficial». Caso fosse feita a passagem para esse novo regime, o jesuíta previa que «quase nenhuma alteração prática se desse»; apenas conviria que: fossem proibidos os trabalhos nos dias santificados pela Igreja; que o crucifixo voltasse às salas de audiência dos tribunais; que se desenvolvesse e aperfeiçoasse o ensino da religião e da moral católicas; que o Estado contribuísse para a sustentação dos seminários (ainda que «este ponto da subvenção pecuniária» não fosse essencial). Por fim, quanto ao art. 48.º, Leite sustentava que deveria ser suprimido da Constituição, dado que «a secularização dos cemitérios constituía uma das exigências do liberalismo maçónico». O facto dos cemitérios públicos, na prática, se encontrarem «todos benzidos», atenuava a situação real, embora a única solução realmente favorável à Igreja, de acordo com o respeito pelo Direito Canónico, fosse o poder civil permitir-lhe a pertença de cemitérios próprios (cân. 1206 § 1)[3].

O momento constituinte de 1945 não configurou, porém, uma oportunidade para se processar a revisão do regime das relações entre o Estado e a Igreja, como aspiravam alguns setores eclesiais. Estabelecida por Salazar, com o intuito de promover uma adaptação («cosmética») do regime aos ventos democratizantes e pró-parlamentaristas do pós II Guerra Mundial, a revisão constitucional serviu apenas para o chefe do Governo fomentar, na aparência, a mutação da Assembleia Nacional numa câmara politicamente mais «crítica e vigilante» da Administração e do Governo e mais «participativa» na definição das linhas fundamentais de orientação político-legislativa. Na prática, as novas disposições constitucionais que beneficiavam esse novo perfil da Assembleia (aumento do número de deputados de 90 para 120; admissão das comissões parlamentares, em cujas sessões podiam tomar parte ministros e secretários de Estado; restrição da ratificação aos casos em que um número mínimo de deputados a solicitasse; menção expressa do poder da Assembleia para apreciar os atos do Governo e da Administração[4]) foram contrariadas por outros novos preceitos, que reduziram

---

[3] Cf. António Leite, «As relações entre a Igreja e o Estado a propósito da próxima revisão constitucional» in *Brotéria*, vol. XXXIX, fasc. 5, 1944, pp. 436-453.

[4] Cf. Jorge Miranda, «Constituição de 1933, Revisões da» in *Dicionário de História de Portugal*, coord. de António Barreto e Maria Filomena Mónica, vol. VII, Porto, Livraria Figueirinhas, 1999, pp. 411.

o poder legislativo daquela câmara (convertida em órgão legislativo «excecional») e reforçaram o poder legislativo do Governo (transformando-o em órgão legislativo «normal»). Além destas mudanças, a revisão traria apenas algumas alterações ao Ato Colonial[5].

Nos meses em que ocorreu o debate constituinte (Maio e Junho de 1945), ou mesmo durante toda a primeira sessão legislativa da IV Legislatura, nenhum deputado colocou a questão da importância de se proceder a uma revisão do regime teórico das relações do Estado com a Igreja Católica. Coincidindo os trabalhos da revisão constitucional com o *terminus* do conflito bélico, o momento serviu antes para os parlamentares promoverem uma retórica de «redentorismo social», que explorava a imagética de Portugal «salvo da guerra» por intervenção divina e destacava o mito político do «salvador» (nele envolvendo a figura do presidente do Conselho), e insistirem na necessidade de se promover a unidade da «sociedade-nação»[6].

2. O episcopado na defensiva: «o Estado não é clerical»

Na realidade, o ambiente político e até eclesial dos primeiros anos do pós-guerra não era favorável à introdução de mudanças em Portugal no regime das relações do Estado com a Igreja Católica. Na Europa, depois de 1945, debatia-se o comportamento da Santa Sé durante a II Guerra Mundial e os episcopados europeus (na Alemanha, nos Balcãs, em Espanha e França) confrontavam-se com acusações de apoio aos regimes totalitário e autoritários, sendo colocados numa posição de fragilidade perante as novas lideranças católicas saídas dos movimentos de resistência e das oposições[7]. Em 1946, na imprensa internacio-

---

[5] Cf. Fernando Rosas, «As Grandes Linhas da Evolução Institucional» in *Nova História de Portugal*, dir. de Joel Serrão e A.H. de Oliveira Marques, vol. XII – *Portugal e o Estado Novo (1930-1960)*, coord. de Fernando Rosas, Lisboa, Editorial Presença, 1992, pp. 115-116.

[6] Cf. Paula Borges Santos, *ibidem*, pp. 81-82.

[7] Cf. Luís Salgado de Matos, «Anexo XIX – Intervenção eclesial nas eleições políticas (1945-1973)» in *Um Estado de Ordens Contemporâneo – A Organização Política Portuguesa...*, pp. 1770-1771.

nal, inclusive em alguns títulos católicos, surgiram também referências ao regime português como sendo «fascista-clerical», embora, em Portugal, tal discussão pública não ecoasse nos jornais[8].

Acusações, dirigidas aos bispos portugueses, de colaboração com a ditadura estadonovista processavam-se, todavia, desde os últimos anos da guerra, também em Portugal, entre círculos da oposição comunista e não comunista[9]. A campanha eleitoral para as eleições parlamentares de 1945 havia gerado um clima político-eclesial controvertido. A adesão de alguns católicos, como José Vieira da Luz ou o advogado Francisco Veloso, ao Movimento de Unidade Democrática (MUD) e a subscrição do programa desse movimento pelo padre Joaquim Alves Correia sinalizara a existência pública de opositores ao *Estado Novo* no campo católico. As autoridades religiosas mostraram ainda apreensão face às denúncias das alegadas condições materiais em que viveria o cardeal Cerejeira e de alegadas campanhas antirepublicanas fomentadas por elementos católicos (alguns monárquicos) afetos à *Situação*,

---

[8] Muito possivelmente tratou-se de um tema visado pela Censura. Uma investigação mais aprofundada, realizada sobretudo sobre a imprensa católica, nacional e regional, ajudará a apurar, com maior segurança, a informação que aqui se sustenta.

[9] Em Novembro de 1943, no 3.º Congresso (1.º Ilegal) do Partido Comunista Português (PCP), Álvaro Cunhal encetava a política «de mão estendida» aos trabalhadores católicos portugueses. Num escrito preparado para o efeito, afirmava: «Não esquecemos que a Igreja Católica portuguesa tem apoiado a exploração, a opressão e as atrocidades fascistas. [...] Não esquecemos os discursos que nas igrejas os padres fazem contra os antifascistas e, em particular, contra nós, comunistas. [...] Nós não esquecemos que, no nosso país, a Igreja Católica tem sido um precioso auxiliar da exploração e terror fascistas e que muitos padres aplaudem os horrendos crimes nazis na nossa grande União Soviética». Contudo, insistia na necessidade de atrair às fileiras do Partido, «operários e camponeses católicos», mesmo que esses não se encontrassem «totalmente libertos dos preconceitos religiosos». Para o líder comunista, tratava-se de respeitar a «liberdade de crença e de prática de culto dos que professam qualquer religião», buscando apenas a colaboração dos católicos que reconhecessem a importância de participar «no movimento nacional contra o fascismo». (Cf. Álvaro Cunhal, «A "mão estendida" aos católicos» in *Comunistas e católicos. Um passado de cooperação. Um futuro de amizade e ação comum.*, org. da Secção de Informação e Propaganda do Partido Comunista Português, Cadernos do P.C.P. n.º 5, Lisboa, Edições Avante!, 1975, pp. 16-19).

ainda que, em matéria religiosa, a agenda política da Oposição fosse falha de propostas alternativas à situação existente[10].

Neste ambiente, em 18 de Novembro de 1946, dirigiu o cardeal Cerejeira um discurso ao clero, que apresentado como destinando-se a refutar a acusação, feita «em revista estrangeira que timbra de católica», de que o Estado português era «clerical», tinha o alcance mais longo de marcar a posição da autoridade religiosa face às circunstâncias políticas internas. Manifestando que «não nos toca a nós, propriamente, repelir a designação de "fascista"», o patriarca notava que a doutrina da Igreja sempre procurara «demonstrar a incompatibilidade» dos «termos: catolicismo e totalitarismo», «mesmo quando a estrela dos regimes totalitários ia bem alta e soberba». Recordando que o «Estado está separado da Igreja», que esta «não recebe o menor subsídio do Estado (salvo para as missões do Ultramar, consideradas de interesse nacional), e que o «clero não tem qualquer privilégio político, nem exerce como tal nenhuma influência política», o bispo de Lisboa socorria-se da Constituição para defender que o «Estado português não só não é clerical», como «nem sequer é cristão», uma vez que «não reconhece explicitamente a soberania de Deus», nem «a missão divina da Igreja». A existência de uma Concordata não alterara aquela realidade política, advogava o cardeal Cerejeira. Representara apenas um desenvolvimento dos princípios constitucionais, reconhecendo «a Igreja como ela é» e facultando-lhe «as condições de exercício da sua missão própria». Porém, o cardeal avisava que caso a Concordata, «garantia de paz religiosa», fosse repelida, tal ação, mesmo que partisse do Estado, seria tomada pela Igreja como «uma declaração de guerra religiosa». Nesse cenário, a Igreja passaria «a intervir na política». Até lá, o patriarca de Lisboa lembrava aos sacerdotes que deviam abster-se de participar em atividades políticas e aos fiéis que a «Igreja docente deixa-lhes a legítima liberdade política», exigindo-lhe apenas que respeitassem as «leis da consciência cristã». Se este último ponto fosse «motivo de escândalo para os anticlericais», então, havia que concluir que «estes eram inimigos da liberdade política,

---

[10] Cf. José Barreto, *Religião e Sociedade. Dois ensaios*, Lisboa, Imprensa de Ciências Sociais, 2002, pp. 137, 150-151; Luís Salgado de Matos, *ibidem*, pp. 1781-1783.

pois a negavam aos católicos». A Igreja portuguesa não estava «enfeudada a nenhum regime político», dizia, limitava-se a cumprir «lealmente os seus deveres para com o existente». O prelado aproveitava ainda aquela intervenção para recordar que a Concordata não estava «inteiramente realizada»: «o ritmo da vida oficial não está ainda de tal maneira afinado que não fira os direitos reconhecidos da consciência católica; e, por outro lado, certas premissas não tiveram ainda cabal realização». Para Cerejeira revelava-se fundamental que, num futuro próximo, fosse cumprida a «observância rigorosa do descanso dominical» e dos dias santificados, e fosse desenvolvida a educação religiosa e moral nas escolas primárias e secundárias, em sentido conforme à solução concordatária[11].

Embora com pontos circunstanciais de contacto com a posição de António Leite (por exemplo, em torno da questão dos feriados), o discurso do bispo de Lisboa tinha um tom diferente e não questionava a arquitetura das relações entre o Estado e a Igreja. Considerava que o problema religioso fora solucionado com um mínimo de concessões feitas pelo Estado à instituição eclesial. Todavia, movia-se pela concretização plena do pacto concordatário e pela criação de condições para a sua durabilidade, não hesitando em prevenir acerca de uma possível reação de combate das autoridades religiosas contra as forças políticas que, de algum modo, não respeitassem os acordos estabelecidos em 1940 com a Santa Sé.

3. Tensões no plano do simbólico: feriados e descanso semanal

A questão dos dias santos e do descanso semanal foi debatida publicamente algum tempo depois, em Março de 1948. A iniciativa não partiu do Governo, apesar das solicitações nesse sentido do cardeal patriarca ao presidente do Conselho[12]; foi antes despoletada por

---

[11] Cf. D. Manuel Gonçalves Cerejeira, «A Igreja e o Estado Novo» in *Obras Pastorais*, III vol...., pp. 185-195.

[12] Durante as negociações concordatárias, o problema dos feriados religiosos foi discutido e a Santa Sé pretendera regular a questão no acordo. Todavia, Salazar rejeitou fixar na Concordata um calendário de dias santos, alegando que a redução ope-

uma iniciativa legislativa do deputado cónego Luís Mendes de Matos. O sacerdote aproveitara o ambiente festivo existente em Dezembro de 1946 em torno das celebrações do tricentenário da «proclamação de Nossa Senhora como Padroeira de Portugal», e vários apelos públicos dirigidos ao Governo, nessa ocasião, para que fossem revistos os feriados, como o que fora expresso pelo próprio bispo de Lisboa ou pelo Congresso Nacional Mariano, realizado pela arquidiocese de Évora, sob direção de D. Manuel da Conceição Santos. Na própria Assembleia Nacional, o tema já tinha surgido e o pedido de revisão dos feriados havia sido feito por outros parlamentares de sensibilidade católica em 1943 e 1946[13]. Naquele mês de Dezembro, Mendes de Matos sublinhou a necessidade de serem revistos os feriados nacionais e prometeu trazer à Assembleia, «em breves dias», um projeto de lei que resolvesse o «problema», com uma «solução ajustada à doutrina da Constitui-

---

rada pelo Estado sobre os feriados nacionais civis desaconselhava a fixação de maior número de feriados religiosos (Cf. Rita Almeida de Carvalho, *ibidem*, p. 371). No texto concordatário, o presidente do Conselho apenas acedeu a inscrever que o Estado se obrigava a «tornar possível a todos os católicos que estão ao seu serviço ou que são membros das suas organizações, o cumprimento regular dos deveres religiosos nos domingos e dias festivos» (art. XIX). O cardeal Cerejeira não deixou, no entanto, de relembrar a Salazar, após a celebração da Concordata, que o assunto carecia de resolução. Já depois da regulamentação relativa às matérias concordatárias do casamento e dos bens eclesiásticos, o patriarca inquiriu o chefe do Governo sobre a solução a fixar para os dias santificados, fazendo-lhe notar que «a demora, além de desconcertar a gente, poderá dificultar a boa solução» (Cf. PT/TT/AOS/CP-47, fl. 302: cartão do cardeal Cerejeira para Salazar, sem data).

[13] Em Dezembro de 1943, o deputado Viterbo Ferreira e António Pinheiro Torres sugeriram a reposição do dia 8 de Dezembro (dia litúrgico da Imaculada Conceição) entre os feriados nacionais. Em 9 de Dezembro de 1946, o parlamentar Carlos Mendes, recordando a intercessão de Maria em favor dos portugueses na batalha de Aljubarrota, na «epopeia dos descobrimentos», na independência de 1640, no golpe militar de 28 de Maio de 1926 (que assinalava ter sido iniciado em Braga, durante a realização de um congresso mariano) e, finalmente, na II Guerra Mundial, mostrava-se comovido com as reações que suscitava a peregrinação da imagem da Virgem de Fátima pelo País e propunha ao Governo que fossem revistos os feriados, «ajustando-os às tradições nacionais e religiosas da Nação» (Cf. *Diário das Sessões*, IV Legislatura, n.º 43, de 10 de Dezembro de 1943, pp. 24-25; IV Legislatura, n.º 33, de 20 de Fevereiro de 1946, p. 563; n.º 61, de 10 de Dezembro de 1946, p. 48).

ção e ao sentido da Concordata». Argumentava que não se tratava de um projeto religioso mas antes um «projeto verdadeiramente nacional», não colidindo, portanto, com o regime de separação do Estado da Igreja Católica. Todavia, não deixava escapar a oportunidade para sublinhar o primado do espiritual sobre o temporal e recordava que ao Estado cabia «estabelecer, assegurar e aperfeiçoar a ordem e a disciplina sociais», fundamentadas «na dependência de Deus». Entendia que rever os feriados nacionais era contribuir para a «afirmação perene da glorificação da Padroeira», além de uma ocasião para proceder a alguns ajustes quanto a «feriados nacionais que perderam talvez um tanto do carácter político que os ditou» e a «datas nacionais que não são feriados nacionais», como o 28 de Maio[14].

Da iniciativa de Mendes de Matos terá sido informado o cardeal Cerejeira que, por sua vez, advertiu Salazar para aquela ação. Para o bispo de Lisboa, a colocação do assunto na Assembleia Nacional justificava que o Governo encarregasse o embaixador de Portugal na Santa Sé de «fazer sondagem», para averiguar se aquela «aceitaria reduzir o número dos dias santos para os fazer coincidir com os feriados nacionais». Com tal proposta, que em si continha já uma solução (a de redução do feriados religiosos para equilíbrio da situação com os feriados civis), o prelado adiantava-se ao argumentário que sabia poder ser utilizado pelo presidente do Conselho para resistir a qualquer mudança, embora manifestasse julgar que era difícil que as autoridades vaticanas aceitassem uma redução do «catálogo dos dias santos», que era «lei da Igreja»[15].

O anunciado projeto de lei relativo a feriados e dia de descanso semanal só foi, contudo, enviado para a Mesa da Assembleia Nacional, em 7 de Março de 1947. Aí se dispunha o restabelecimento do feriado nacional de 8 de Dezembro; a guarda do domingo como dia de descanso semanal em todo o País, cabendo exclusivamente ao Governo autorizar exceções convenientes a serviços públicos; e, por fim, a pro-

---

[14] Cf. *Diário das Sessões*, IV Legislatura, n.º 61, de 10 de Dezembro de 1946, pp. 48-49. O 28 de Maio havia sido fixado feriado nacional, no «Ano X da Revolução Nacional», pelo decreto-lei n.º 26:612, de 20 de Maio de 1936.

[15] Cf. PT/TT/AOS/CP-47, fl. 282: cartão do cardeal Cerejeira para Salazar, sem data.

moção pelo Executivo da revisão dos feriados nacionais e «o seu possível ajustamento aos dias santos preceituados pela Igreja Católica e às grandes datas da história nacional». Sobre o proposto para os feriados, dizia-se que se pretendia defender o «fortalecimento da unidade nacional» e, concretamente sobre o 8 de Dezembro, retomar uma tradição que havia permanecido «sempre viva na alma popular» mas que recebera «com os acontecimentos de Fátima, um rejuvenescimento». Quanto ao dia de descanso semanal, não se escondia a ambição de «encarar o problema no plano nacional e na solução definitiva»[16].

O problema do descanso semanal havia já estado na origem de outras iniciativas parlamentares, uma delas de Querubim de Guimarães e outra do próprio Mendes de Matos[17]. Essas intervenções haviam inscrito na agenda política da câmara um dos mais difíceis problemas que se haviam colocado ao Governo no campo social, desde

---

[16] Cf. *Diário das Sessões*, IV Legislatura, n.º 99, de 8 de Março de 1947, pp. 775, 785-786.

[17] Em Abril de 1944, Mendes de Matos denunciara situações de incumprimento do art. 26.º do Estatuto do Trabalho Nacional em serviços do Estado ou por este compartipados, sobretudo no sector da construção civil. Criticara essa realidade e o mau exemplo que daí advinha, dado pela própria administração pública, quando para cumprimento da lei do descanso dominical havia sido criado um «regime de fiscalização e multas» que afetava outras atividades. Quinze meses mais tarde, em Julho de 1945, Querubim de Guimarães solicitou, mediante apresentação de um requerimento dirigido ao Subsecretariado das Corporações do Ministério do Interior, informações sobre a execução do decreto-lei n.º 24:402, nos vários concelhos do País, no tocante ao cumprimento do descanso dominical, inquirindo sobre as razões dos casos em que tal não se verificasse. Publicado em 24 de Agosto de 1934, o decreto-lei n.º 24.402 regulava o horário de trabalho e o descanso semanal. (Cf. *Diário das Sessões*, III Legislatura, n.º 74, de 3 de Abril de 1944, p. 362-363; III Legislatura, n.º 187, de 7 de Julho de 1945, pp. 762-763). Não por acaso, aquelas manifestações dos dois deputados coincidiram com a ampla campanha, desenvolvida entre Março de 1944 e Agosto de 1945, pelos jornais *Novidades*, *A Voz* e *O Trabalhador* em prol do descanso dominical e do pagamento do dia de descanso semanal (alargada entretanto à questão das férias e da sua remuneração). Aí eram denunciados casos de trabalho ao domingo nas obras do Estado, situações de incumprimento do descanso dominical por resistência das entidades patronais e ainda a alegada pouca eficácia da fiscalização do INTP sobre o procedimento daquelas últimas (Cf. Maria Inácia Rezola, *O Sindicalismo Católico no Estado Novo, 1931-1948...*, pp. 124-129 e 244-247).

a institucionalização do regime, e que, não obstante, a regulamentação que merecera o descanso semanal em 1934, por via do decreto-lei n.º 24:402 e do despacho de 11 de Dezembro[18] desse ano, continuava a criar tensões várias entre trabalhadores, patronato, administração local e central do Estado[19]. No interior do campo católico a questão do descanso dominical geral e obrigatório permanecia também, desde essa época, como uma exigência, alimentada sobretudo pelos círculos ligados ao movimento operário. Em boa medida, para os católicos, ela transcendia a problemática laboral; inscrevia-se numa atitude de resistência contra os que tinham uma visão laica da sociedade e colocava-se como expressão do interesse na ressacralização da temporalidade[20].

O projeto de lei n.º 170 relativo a feriados e dia de descanso semanal tornou-se bastante popular[21]. Disso mesmo dão testemunho os tele-

---

[18] O despacho estabelecia regras e exceções ao descanso semanal. Fixava que nos centros urbanos de importância, com atividade comercial e industrial, o descanso era ao domingo. Nos concelhos rurais, onde existisse um mercado onde a população se abastecia uma vez por semana ou quando feiras tradicionais recaíssem sobre o domingo, o comércio deveria abrir e o descanso deveria passar a ser noutro dia da semana.

[19] Para uma informação mais detalhada, consulte-se Fátima Patriarca, *A questão social no salazarismo 1930-1947*, vol. II, Lisboa, Imprensa Nacional Casa da Moeda, 1995, pp. 352-399.

[20] De tempos a tempos, o problema era relançado na imprensa católica, a par de outras reivindicações em matéria laboral como: o pagamento dos dias de descanso, nomeadamente domingos, feriados nacionais e período de férias; a delimitação do horário de trabalho noturno das mulheres e crianças; o desenvolvimento da proteção dos trabalhadores nos locais de trabalho e a existência neles de equipamentos sociais de apoio (cozinhas e refeitórios); a assistência na doença, invalidez e velhice; os pedidos de formação técnico-profissional ou a revisão das tabelas salariais.

[21] Em 22 de Março, Viterbo Ferreira elogiou o projeto de lei n.º 170, acrescentando ao desejo de ver comemoradas datas «consagradas pela tradição», a expectativa de que outras fossem suprimidas por «relembrarem lutas de portugueses contra portugueses e rememorarem lutas de partidos contra a Nação» (Cf. *Diário das Sessões*, IV Legislatura, n.º 111, de 24 de Março de 1947, p. 1003). Um dia depois da passagem do 8 de Dezembro de 1947, Ribeiro Casais mostrou a sua indignação por aquilo que considerava ser a transigência do Estado para com uma minoria não crente que o impedia de decretar feriado nacional o dia litúrgico da Imaculada Conceição, contra a vontade de «cerca de 90 por cento dos portugueses» (Cf. *Diário das Sessões*, IV Legislatura, n.º 116, de 10 de Dezembro de 1947, pp. 37-38).

gramas, cartas e representações enviados à Assembleia Nacional em apoio daquela iniciativa legislativa. Tratavam-se de tomadas de posição de organizações e grupos da sociedade civil, na sua grande maioria ligados à Igreja Católica[22]. Já as reações à proposta de generalização do descanso dominical contida no projeto de lei n.º 170, sendo muitas, não lhe eram todas favoráveis. Manifestar-se-iam contra a uniformização preconizada o Grémio do Comércio das Caldas da Rainha, os presidentes das Câmaras Municipais de Estarreja e da Batalha. Outras, como o Grémio do Comércio do Bombarral, a Comissão Pró-Descanso Dominical das Caldas da Rainha, o Grémio do Comércio de Leiria, o Grémio da Lavoura de Estarreja, o presidente da Câmara Municipal de Torres Vedras ou cidadãos de Sátão e de Horta de Vilariça, davam-lhe a sua concordância[23]. Tal como sucedera no passado com os diplomas que regulavam o descanso dominical, o projeto de lei do padre Mendes de Matos gerava naquele ponto concreto controvérsia. Curiosamente, alguns dos setores católicos, representantes de algumas associações patronais e sindicais, uma ou outra Câmara Municipal que agora se manifestavam já tinham assumido idêntica posição (contra ou a favor) em 1934[24], revelando como apesar do que fora legislado as comunida-

---

[22] Registe-se, a título de exemplo, algumas manifestações de apoio ao estabelecimento do dia 8 de Dezembro como feriado nacional: Congresso Mariano Diocesano, realizado em Beja, em Dezembro de 1948, sob presidência de D. José do Patrocínio Dias; estudantes católicos de Coimbra; Grupo de Beneficência A Caridade; Sociedade Histórica da Independência de Portugal; clero do arcebispado de Santa Comba Dão; Conselho Provincial do Baixo Alentejo, etc. Cf. *Diário das Sessões*, IV Legislatura, n.º 116, de 10 de Dezembro de 1947, p. 34; n.º 117, de 11 de Dezembro de 1947, p. 44; n.º 118, de 12 de Dezembro de 1947, p. 54; n.º 119, de 15 de Dezembro de 1947, p. 66; n.º 121, de 9 de Janeiro de 1948, p. 106; n.º 127, de 28 de Janeiro de 1948, p. 182; n.º 131, de 4 de Fevereiro de 1948, p. 192; n.º 134, de 11 de Março de 1948, p. 300; n.º 135, de 12 de Março de 1948, p. 314; n.º 136, de 13 de Março de 1948, p. 340.
[23] Cf. *Diário das Sessões*, IV Legislatura, n.º 114, de 3 de Dezembro de 1947, p. 12; n.º 127, de 22 de Janeiro de 1948, p. 182; n.º 128, de 28 de Janeiro de 1948, p. 192; n.º 129, de 29 de Janeiro de 1948, p. 206; n.º 130, de 30 de Janeiro de 1948, p. 222; n.º 131, de 4 de Fevereiro de 1948, p. 240; n.º 132, de 5 de Fevereiro de 1948, p. 254; n.º 133, de 10 de Março de 1948, p. 290; n.º 134, de 11 de Março de 1948, p. 300; n.º 135, de 12 de Março de 1948, p. 3.
[24] São ilustrativos os casos de Leiria e Estarreja, que em 1934 tinham estado respetivamente a favor e contra a obrigatoriedade do descanso dominical (Cf. Fátima

des continuavam a praticar as modalidades e hábitos de consumo mais convenientes à organização da sua vida social e económica, consentindo as autoridades públicas nesse comportamento.

Ainda antes da discussão do projeto de lei n.º 170 na Assembleia, o cónego Mendes de Matos apresentou durante o período da ordem do dia, a 7 de Janeiro de 1948, um aviso prévio sobre o comércio de vinho e outras bebidas alcoólicas a retalho, que lhe servia para contestar o funcionamento das tabernas sete dias por semana, cerca de dezassete horas diárias. O caso era «crime aberrante», declarava, pois permitia que tais estabelecimentos operassem ao domingo e não respeitassem o dia de descanso semanal, contribuindo, dessa forma, para a desagregação das famílias e da «ordem social». Era intencional a escolha daquele momento para debater tal matéria. Tratava-se de reforçar a oportunidade do próprio projeto de lei n.º 170, quanto à regulação do descanso semanal. No exterior da câmara política, o assunto motivou também tomadas de posição várias, aproveitando a imprensa católica para fazer campanha pelo encerramento das tabernas ao domingo, que a continuar era «um atentado aberrante que inutiliza toda a assistên-

---

Patriarca, *ibidem*, pp. 382-387). Note-se que nem sempre foram publicados no *Diário das Sessões* os ofícios, telegramas e cartas recebidos na Assembleia com tomadas de posição sobre a questão do dia de descanso semanal. Muitas vezes o presidente da Mesa registava apenas que tinham sido recebidos «centenas», «dezenas» ou «vários» desses documentos e indicava o sentido do seu pronunciamento mas sem nomear a sua origem. Entre cartas e telegramas de apoio à generalização do descanso dominical, não publicados no *Diário das Sessões*, contam-se os enviados por: Secção da LOC do Bombarral e de Caldas de Paiva; Juntas de Freguesia de Soeima (Alfândega da Fé), de Espinhal e de Seixas (Foz Côa); Câmaras Municipais de Ovar, Pombal e Bombarral; empregados de comércio da Marinha Grande; Grémios do Comércio da Guarda, Pombal, Cartaxo, Feira, Barcelos, Espinho, Gondomar, Torres Vedras, Cadaval, Lourinhã, Penafiel, Alcobaça, Portimão, Braga, Sintra, Lamego e Leiria; Grémio Distrital dos Barbeiros do Porto; professores de Felgueiras (Moncorvo); Casas do Povo de Cerva, de Favaios, de Vila Marim (Mesão Frio). Entre manifestações desfavoráveis àquele projeto de lei, não publicadas no *Diário das Sessões*, contam-se telegramas e cartas dos Grémios distritais dos industriais barbeiros e cabeleireiros de Braga e de Lisboa; comerciantes de Cernache do Bonjardim. (Cf. PT/AHP/ Secretaria Geral da Assembleia Nacional e Câmara Corporativa/ Serviços Legislativos da Assembleia Nacional/ Projetos de lei: Projeto de lei n.º 170/IV – correspondência).

cia a favor da família»[25]. O *Novidades* conferiu, ao longo de todo o mês de Janeiro, ampla cobertura àquela discussão, elogiando a coragem de Mendes de Matos e apresentando-o como alguém que travava razões contra os interesses vinhateiros, ainda que distinguisse que «a taberna e o consumo de vinho não são a mesma coisa» e salientasse que «ninguém condena o uso do vinho». Tudo o que importava era «fazer desaparecer o ambiente tabernário», salientava, num editorial do diário católico, Duque Vieira, que recordava que, nessa missão, tinham importante papel a desempenhar «o salão paroquial» e as casas do povo, «quando elas vierem a ser cabalmente aquilo para que foram criadas e não aquilo que delas muitas vezes se tem feito»[26].

No final da discussão daquele aviso prévio na Assembleia, que terminaria sem a aprovação de qualquer moção sobre a matéria, o cónego Mendes de Matos lidou inteligentemente com o mal-estar que provocara entre alguns dos seus pares parlamentares. Salientava que defendera que «é preciso generalizar o consumo de vinho, para beneficiar os próprios interesses da economia vinícola», e que o «problema estava em criar lugares de recreio e de diversão onde os trabalhadores empreguem o tempo disponível», e depois harmonizar o horário das tabernas com o do trabalho, para que «as tabernas se possam transformar em modestos restaurantes de trabalho». Como tal, era sem surpresa que observava que «a oposição não lhe deu um tiro [no tema que propusera], nem um golpe, nem uma beliscadura», limitando-se a ladear a questão, «em vez de a tratar»[27]. Não era verdade, nem para dentro nem para fora da Assembleia. O jornal *República*, por exemplo, tomara parte na discussão, criticando os argumentos do cónego Mendes de Matos e afirmando que «nem só na taberna, frequentada pelos mais pobres e miseráveis, se fomenta o alcoolismo e o rebaixa-

---

[25] Não seria a primeira vez que o *Novidades* faria campanha pelo descanso dominical e pelo fecho das tabernas ao domingo. Em Março de 1935, aquando da votação da questão vinícola na Assembleia Nacional, já o havia feito.

[26] Cf. *Novidades*, 13 de Janeiro de 1948, p. 1. Veja-se ainda: *Novidades*, 8 de Janeiro de 1948, pp. 1 e 6; 9 de Janeiro, p. 3; 12 de Janeiro, p. 3; 14 de Janeiro, p. 3; 15 de Janeiro, p. 3; 16 de Janeiro, pp. 1 e 4; 21 de Janeiro, p. 4; 23 de Janeiro, p. 3.

[27] Cf. *Diário das Sessões*, IV Legislatura, n.º 124, de 15 de Janeiro de 1948, pp. 151--152.

mento da raça». As declarações de Mendes de Matos eram irónicas, mas permitiam-lhe sair de forma airosa da situação. Para um colunista do *Novidades*, o aviso prévio tinha duas características capitais: «era dum Padre e feito com talento. Duas coisas que o estrabismo político da *República* não percebe...»[28].

A apresentação do projeto de lei n.º 170 de Mendes de Matos foi embaraçosa para o Governo, pela pressão que introduziu sobre uma questão política sensível, como era a do cumprimento do descanso semanal, e pode justificar a demora de um ano até à sua discussão na Assembleia, realizada apenas em Março de 1948, após a emissão em Janeiro do parecer da Câmara Corporativa. A Assembleia discutiu o projeto de lei e não uma versão do mesmo diploma proposta pela Câmara Corporativa. O parecer, elaborado pelo professor universitário e jurisconsulto, Manuel Gomes da Silva, defendia a obrigatoriedade do descanso dominical e sugeria, com audácia, que os feriados nacionais fossem restaurados nos dias festivos da Igreja Católica, apontando que essas obrigações decorriam do assumido pelo poder civil no artigo XIX do texto concordatário[29].

A indicação para não se seguir o parecer da Câmara Corporativa foi dada por Mário de Figueiredo, à época a desempenhar as funções de *leader* parlamentar, que fez passar a sua pouca simpatia pela iniciativa de Mendes de Matos e sugeriu ainda pequenas modificações ao texto do projeto, de acordo com o deliberado nas comissões parlamentares de Educação Nacional e de Administração Política e Civil. Optando por uma discursividade jurídica, demonstrava como o texto concordatário não obrigava o Estado português a instituir como feriados os dias santificados, ao contrário do que se pretendia com a evocação do artigo XIX da Concordata de 1940. Declarando que «a outra parte contra-

---

[28] Cf. *Novidades*, 17 de Janeiro de 1948, p. 6. Anos mais tarde, o ministro do Interior, por decreto-lei n.º 37:837, de 24 de Maio de 1950, proibiu, a partir de 1 de Julho de 1950, o funcionamento das tabernas além das 22h00 ou das 00h00 nos dias de festa local. Por decreto-lei n.º 38:421, de 12 de Setembro de 1951, estabeleceu-se também que, em horário de Verão, as tabernas funcionariam apenas até às 22h30.

[29] Cf. *Diário das Sessões*, IV Legislatura, Suplemento ao n.º 125, de 16 de Janeiro de 1948, pp. 164(1) – 164(6).

tante [a Santa Sé] nunca reclamou porque [...] sabia que no problema em discussão não podia reclamar», era taxativo na afirmação de que «é ao Estado Português que cabe decretar o que é feriado nacional». Se admitia que a instituição do 8 de Dezembro como feriado compreendia-se «não por ser dia santo, mas por ser uma data nacional»[30], nada dizia sobre o descanso dominical, podendo interpretar-se esse silêncio como sinalização da pouca ou nenhuma vontade do Executivo em ver tratado esse assunto. Facto é que a discussão parlamentar, na generalidade e na especialidade, recaiu essencialmente sobre a questão dos feriados, e esta pôs a descoberto clivagens entre deputados monárquicos e republicanos. Os primeiros aproveitaram para revelar dúvidas sobre a celebração do 5 de Outubro, quando o dia 28 de Maio não tinha essa distinção, e para questionar a manutenção do feriado de 31 de Janeiro, classificado por Cerqueira Gomes como «uma data de partido» e por Paulo Cancela de Abreu como «completa aberração». Insistiriam ainda na importância de fazer feriado o 14 de Agosto e de assinalar duas efemérides, a «epopeia marítima» e a «fundação da nacionalidade»[31]. Os segundos consideraram que não era oportuno promover a revisão dos feriados nacionais. Jorge Botelho Moniz fez a defesa do 31 de Janeiro e do 5 de Outubro, deixando um repto: «Aos monárquicos nós pedimos muito pouco: transijam com aquilo que desde 1911 já é lei do País! Deixem-nos ser republicanos, como nós os deixamos ser monárquicos...»[32].

A Assembleia aprovou o texto do projeto de lei n.º 170, com as alterações sugeridas por Mário de Figueiredo, o qual deu origem à lei n.º 2.029 de 5 de Junho de 1948. Porém, o diploma não foi logo regulamentado, transparecendo dessa inação do Governo a sua incomodidade com a matéria em causa, como aliás o posicionamento de Figueiredo

---

[30] Cf. *Diário das Sessões*, IV Legislatura, n.º 133, de 10 de Março de 1948, pp. 293-294.

[31] Cf. *Diário das Sessões*, IV Legislatura, n.ºs 133 e 134, respetivamente de 10 e 11 de Março de 1948, p. 294-295 e 303-306.

[32] Cf. *Diário das Sessões*, IV Legislatura, n.ºs 134 e 136, respetivamente de 11 e 12 de Março de 1948, pp. 306-307 e 348-350.

durante o debate do projeto de lei havia denotado[33]. De uma forma relativamente discreta para as circunstâncias, o Executivo fez valer a sua falta de interesse em favorecer a estratégia de recristianização do tempo público implícita na iniciativa do sacerdote Mendes de Matos. Trava-se de estabelecer o equilíbrio «possível» entre as aspirações dos setores católico e nacionalista empenhados naquela concretização, e os que repudiavam aquele intento motivados por uma sensibilidade republicana e laicista. Ao Estado interessava evitar o recrudescimento da contestação social em torno de uma medida que bulia com a vida socioeconómica das populações e que tinha uma importância secundária para a governação.

Em Novembro de 1949, o cardeal Cerejeira fez notar a Salazar que a demora na «questão dos dias santos» estava «causando reparos»[34] e queixava-se que «o trabalho aos domingos (já remediado pelo menos na lei [n.º 2.029]) e aos dias santos – afasta o povo da Igreja». Naquela data, o presidente do Conselho não teria ainda decidido se entabularia negociações com a Santa Sé sobre os feriados religiosos. Conhecendo o estado de espírito do governante, o patriarca recordava-lhe que essa hipótese, que tinha por objetivo fazer com que a Igreja aceitasse reduzir os dias santos, era «o caminho mais longo, mais difícil e mais incerto». Seria também um pedido quase caprichoso, sabendo-se que aos paí-

---

[33] Cf. Marcelo Caetano, *Manual de Ciência Política e Direito Constitucional*, 4.ª ed. Lisboa, Coimbra Editora, 1963, p. 488.

[34] O aviso de Cerejeira tinha fundamento. O comportamento do Governo não passou despercebido aos defensores da necessidade de revisão pelo regime dos feriados nacionais. Alguns deputados, como Paulo Cancela de Abreu, o padre Manuel Domingues Basto, José Maria Braga da Cruz, Caetano Beirão ou o padre António dos Santos Carreto expressaram na Assembleia Nacional a sua incompreensão perante a ausência de regulamentação da referida lei, cobrando-a ao Executivo (Cf. *Diário das Sessões*, IV Legislatura, n.º 160, de 9 de Dezembro de 1948, pp. 26-27; V Legislatura, n.º 5 e 11, respetivamente de 10 e 16 de Dezembro de 1949, pp. 34-36 e p. 118). Ao requerimento dirigido ao Ministério dos Negócios Estrangeiros, pelo deputado Santos Carreto, solicitando informação sobre que elementos tinha esse organismo sobre a execução do art. 3.º da lei n.º 2.019 de 5 de Junho de 1948, respondeu a Direção-Geral dos Negócios Políticos e da Administração Interna daquele ministério, informando estarem «em curso negociações com a Santa Sé a esse respeito» (Cf. *Diário das Sessões*, V Legislatura, n.º 15, de 14 de Janeiro de 1950, p. 172).

ses católicos da Europa (Itália, Áustria, Espanha e Polónia) não fora concedida pela Santa Sé essa possibilidade, de que apenas a França e a Bélgica gozavam «desde Napoleão». Perguntava o bispo de Lisboa se «para obter a redução de 2 ou 3 dias santos, valerá a pena todo este trabalho?». Parecia-lhe que a solução fora já descoberta pelo próprio Salazar, quando ponderara fazer uma «distinção entre dias festivos e dias feriados». Para não se aumentarem dias de paralisação de trabalho, com a resolução da questão, sugeria Cerejeira que «alguns dos civis podiam ser suprimidos»[35].

A solução chegou por via do decreto n.º 38 596, de 4 de Janeiro de 1952. No preâmbulo do diploma, emanado da Presidência do Conselho, explicava-se que, embora pela letra da Concordata de 1940, o Governo não fosse obrigado a decretar a equiparação dos dias santos a feriados oficiais, fizera-se esse esforço em nome «das nossas tradições seculares». Acrescentava-se que, nas negociações estabelecidas para o efeito com a Santa Sé, o Executivo mantivera a preocupação de evitar «prejuízos à economia nacional com grande aumento de dias de inatividade obrigatória». A Santa Sé compreendera essa posição, tendo-se «mostrado disposta a reduzir em Portugal os dias santificados» às seguintes festas: Circuncisão (1 de Janeiro); Corpo de Deus; Assunção (15 de Agosto); Todos-os-Santos (1 de Novembro); Imaculada Conceição (8 de Dezembro) e Natal (25 de Dezembro) (art. 2.º)[36]. O facto resultava num triunfo político para Salazar, ainda que tivesse aceitado «recristianizar» dois feriados civis: o 1 de Janeiro, dia da Fraternidade Universal que passava a ser dia santo dedicado à Circuncisão, e o 25 de Dezembro, festa da Família que se assumia como dia de Natal.

Do facto de não ter cedido inteiramente à Santa Sé, obrigando inclusive a que esta reduzisse o número de dias santos para o caso português, retirava o presidente do Conselho algum equilíbrio para

---

[35] Cf. PT/TT/AOS/CP-47, fl. 116-117: cartão do cardeal Cerejeira para Salazar, datado de 9 de Novembro de 1949.

[36] Significava isso que do catálogo dos dias santos (cânone 1247.º do Código de Direito Canónico), a Santa Sé abdicara em Portugal dos seguintes dias de festa obrigatórios: Epifania (6 de Janeiro), S. José (19 de Março) e S. Pedro e S. Paulo (29 de Junho).

apresentar no mesmo diploma a redução de alguns feriados civis, como o 31 de Janeiro (designado, aquando da sua instituição em 1910, Dia dos Precursores e Mártires da República) e o 3 de Maio (Dia do Descobrimento do Brasil), deixando apenas que permanecessem como feriados nacionais as datas de: 10 de Junho (Dia de Portugal), 5 de Outubro (Dia dos Heróis da República) e 1 de Dezembro (comemorativo da Restauração da Independência)[37] (art. 1.º). No Dia de Portugal e nos dias santos equiparados a feriado oficial deveriam cessar todas as atividades não permitidas por lei nos domingos (art. 3.º), significando isso que nos restantes feriados civis (5 de Outubro e 1 de Dezembro) deixava de ser obrigatória a cessação de trabalho. Consagrava-se o princípio da obrigatoriedade do pagamento de salário nesses dias, devendo, no entanto, os trabalhadores compensarem tais salários com acréscimo do período normal de trabalho nos dias imediatamente anteriores ou subsequentes de cada feriado (§ 1.º e 2.º do art. 3.º). Procedia-se à revisão do regime de tolerância de ponto e redução de horas de trabalho nos serviços públicos na véspera de Natal e em Quinta-feira Santa (art. 5.º). Finalmente, colocava-se na dependência do Governo, por decreto do Ministério do Interior ou do Ultramar, a autorização a dar às câmaras municipais para estabelecerem os feriado municipais (art. 4.º)[38].

Alguns dias depois da publicação do decreto n.º 38 596, o episcopado emitiu uma nota oficiosa, onde apresentou a posição da Santa Sé naquele acordo como «mais uma prova de predileção e de solicitude maternal» para com Portugal, porque «não foi sem sacrifício, e grande», que se agira, sobretudo tratando-se de uma nação que era «um País católico». Fazendo a «contabilidade» do que cada parte havia cedido, notava-se que o Estado apenas prescindira de dois feriados, enquanto a Igreja abdicara de quatro dias santos, sendo que o Estado ficara «com

---

[37] O 1 de Dezembro passara a feriado nacional em todo o território português em Novembro de 1934, sendo equiparado ao domingo ou ao dia excecionalmente designado para descanso semanal. Cf. *Diário do Governo*, I Série, n.º 282: Decreto-Lei n.º 24:705 de 30 de Novembro de 1934.

[38] Cf. *Diário do Governo*, I Série, n.º 1: Decreto n.º 38:596 de 4 de Janeiro de 1952.

mais um feriado do que já tinha», enquanto a Igreja perdera quatro. Os fiéis eram informados de que haviam sido «passados à categoria de dispensados» aqueles quatro dias festivos – o dia da Epifania (6 de Janeiro), o dia de S. José (19 de Março), o dia da Ascensão do Senhor e o dia de S. Pedro e S. Paulo (29 de Junho) – e a sua solenidade externa transferia-se para o domingo seguinte. Explicava-se ainda que apenas à Santa Sé assistia competência «para suprimir, dispensar ou transferir os dias santos existentes ou para criar outros de novo», e apelava-se a «que ninguém, pois, se escandalize com a dispensa da Santa Sé». Atenuando a ideia de prejuízo que marcava o documento, o episcopado recordava, por fim, que o restabelecimento do dia 8 de Dezembro como feriado nacional e do domingo como dia de descanso pela lei n.º 2029 de 5 de Julho de 1948 não podia deixar se considerar uma superação da «legislação sectária» que em 1910 o Governo Provisório aprovara, a qual «a despeito da afirmação feita por pessoas responsáveis do atual regime, de pretender repor a Nação na linha pura da tradição, pôde contudo chegar intacta até nós»[39].

Até ao fim da sua governação, Salazar não voltou a tocar na questão dos feriados de forma substantiva. Apenas em Maio de 1967, ano em que se comemorava o cinquentenário das aparições de Fátima, determinou que se considerasse feriado nacional o 13 de Maio daquele ano[40]. Durante o consulado de Marcelo Caetano não houve alterações à situação herdada do salazarismo em matéria de feriados, com exceção da alteração, em Março de 1970, do art. 5.º do decreto-lei n.º 38:596 de 4 de Janeiro de 1952, estipulando-se que os funcionários públicos ficavam dispensados de comparecer ao serviço na véspera de Natal, na tarde de Sexta-feira Santa e no Sábado seguinte[41].

---

[39] Cf. «Dias Santos e Feriados Nacionais: nota oficiosa do episcopado português [datada de 11 de Janeiro de 1952] in *Lumen*, Março de 1952, pp. 169-173.

[40] Cf. *Diário do Governo*, I Série, n.º 112: Decreto-Lei n.º 47:689 de 11 de Maio de 1967.

[41] Cf. *Diário do Governo*, I Série, n.º 60: Decreto-Lei n.º 94/70 de 12 de Março de 1970.

4. A revisão constitucional de 1951: a religião católica discriminada como «religião da Nação portuguesa» por determinação de Salazar

Entre o final do ato eleitoral de 1949 e meados de 1950, Salazar constituiu uma comissão encarregada de estudar «problemas políticos com repercussão nos textos constitucionais»[42]. Esse grupo de trabalho apresentou ao chefe do Governo um projeto de proposta de lei, cujas alterações constitucionais envolveram quatro questões principais: a forma de eleição do Presidente da República; a designação dos deputados à Assembleia Nacional por eleição indireta, com intervenção dos órgãos da administração municipal; o modo de funcionamento da Câmara Corporativa; as relações dos ministros com a Assembleia Nacional, acerca da sua presença obrigatória em determinados debates. Todas as alterações assinaladas nesse trabalho, com exceção do item relativo à Câmara Corporativa, foram recusadas por Salazar. Para o presidente do Conselho eram outros os preceitos da Lei Fundamental que deveriam ser objeto de análise e revisão. Das suas sugestões, com relevância para este estudo, destacavam-se os arts. 45.º e 46.º da Constituição[43].

Esta informação foi transmitida, em 13 de Novembro de 1950, à Comissão de Legislação e Redação da Assembleia Nacional e a Mário de Figueiredo, a quem o presidente do Conselho incumbiu de fazer, «a título meramente particular e para ajudar o Governo, a revisão do texto da Constituição», depois de se ter «desorganizado a anterior comissão». Em cumprimento da sugestão de Salazar de revisão dos arts. 45.º e 46.º da Lei Fundamental, o novo grupo de trabalho apresentou ao chefe do Governo um pequeno relatório sobre as relações do Estado com a Igreja Católica, bem como «um texto constitucional completo», tendo nesses documentos laborado «à vontade».

Salazar trabalhou sobre essa documentação, reunindo por diversas vezes com Mário de Figueiredo para se inteirar «das razões da nova redação que a comissão propunha», elaborando posteriormente a pro-

---

[42] Desconhece-se a composição desta Comissão.
[43] Cf. PT/TT/AMC, Cx. 3, n.º 1: Apontamento de Salazar enviado à Comissão de Legislação e Redação da Assembleia Nacional, datado de 13 de Novembro de 1950.

posta de lei de alterações à Constituição, que foi enviada à Assembleia Nacional no começo do ano de 1951. Nesse seu trabalho, manteve as disposições cuja «doutrina concordava» (expressão sua), modificou algumas vezes redações propostas e eliminou os preceitos que lhe mereciam discordância e ainda aqueles que, «não interessando ao Governo, podiam entretanto vir a ser considerados por proposta dos deputados». Estes elementos informativos sobre o processo de elaboração da proposta de lei de alterações à Constituição foram passados por Salazar a Marcelo Caetano, que à época desempenhava as funções de presidente da Câmara Corporativa e fora incumbido de redigir o parecer relativo à proposta de lei de revisão constitucional[44].

Sobre as disposições que envolviam as relações do Estado com as Igrejas, Salazar esclarecia que a Comissão de Legislação e Redação da Assembleia Nacional havia modificado bastante a redação dos artigos relativos àquela matéria, com dois fins: «primeiro, para inserir uma fórmula de reconhecimento expresso da religião católica como religião da Nação portuguesa; segundo, e já como consequência desta primeira atitude, não se confundir com as mais confissões religiosas, dando-lhe tratamento aparte, se bem que esse tratamento seja constituído pela prática de princípios idênticos». Acrescentava o chefe do Governo que, segundo o relatório referente às relações do Estado com a Igreja Católica, que acompanhava a proposta de lei da Comissão, elaborado pelo antigo fundador do Integralismo Lusitano, João do Amaral, «havia a ideia de tirar mais tarde daquele reconhecimento certo número de consequências, como se equivalesse à declaração duma religião oficial, isto é, duma religião de Estado». Com esse intuito desapareceria do texto constitucional «a alusão ao regime de

---

[44] Em carta de 1 de Fevereiro para Marcelo Caetano, o chefe do Executivo lamentava que Caetano tivesse sido escolhido para relator da proposta de lei de alterações à Constituição. Embora percebendo que a escolha derivava do facto de já ter sido escolhido para relatar o parecer do Ato Colonial, Salazar referia que «o presidente da Câmara Corporativa devia estar sempre livre desses trabalhos para a sua função de direção, superior a tudo e a todos e não tendo de ser discutido nas opiniões expressas em pareceres». Não havia já «remédio», mas Caetano era instado, «para futuro», a ver «maneira de se evitar a repetição». Cf. *Salazar e Caetano: cartas secretas (1932-1968)*, org. de José Freire Antunes, [Lisboa], Círculo de Leitores, 1993, pp. 281.

separação entre o Estado e a Igreja Católica ou entre o Estado e as confissões religiosas». A Comissão havia eliminado também a referência, no art. 48.º, ao carácter secular dos cemitérios públicos, «na ideia de que se tratava duma disposição *ad odium* que já não havia razão para conservar e que não tinha conteúdo, visto a faculdade reconhecida no mesmo artigo de os ministros de todas as religiões praticarem neles os atos do respetivo culto».

O presidente do Conselho admitia que havia ponderado «atentamente» tal matéria, na qual, dizia, «tenho procurado andar, e tentado que se ande, muito devagar, só avançado à medida que a consciência pública se encontra preparada para esses avanços». Sublinhava que na proposta de lei do Governo não se fazia nenhuma referência ao art. 48.º, o que pressuponha o seu desacordo, neste ponto, com a Comissão. Confessava, porém, que apreciando a Constituição em vigor, «uma coisa [...] me chocou agora», e «essa foi a confusão da Igreja Católica com todas as outras religiões, confissões, seitas, etc.». Parecia-lhe, portanto, que era de aproveitar a ocasião para conferir «maior elegância no tratamento da religião católica, sem alteração da doutrina constitucional em vigor». Assim, referia que, no novo art. 45.º, «para de certo modo justificar o tratamento aparte da religião católica», inseriria a expressão «como da religião da Nação portuguesa». Notava que essa frase «lembra a que se encontra no texto da Comissão com sentido e alcance que, no entanto, suponho diferentes. Se não o são, será necessário rever o assunto»[45].

A disposição do presidente do Conselho era nova na linha do que fora, até então, a sua perspetiva sobre o regime das relações do Estado com a Igreja Católica e a sua defesa intransigente do princípio jurídico da separação. Do argumentário que apresentou a Marcelo Cae-

---

[45] Cf. PT/TT/AMC, Cx. 3, n.º 2: Anotação manuscrita de Salazar para Marcelo Caetano, datada de 6-7 de Fevereiro de 1951. Atente-se que a proposta de lei original da Comissão de Legislação e Redação da Assembleia Nacional não é conhecida. Salazar fez acompanhar a sua anotação para Caetano de uma proposta de lei que indicou como sendo da referida Comissão, mas que fora já intervencionada por si. Desconhece-se, como tal, que expressão teria usado a Comissão para se referir à religião católica no art. 45.º, contudo, é plausível admitir que, na proposta original, a Comissão tenha usado a referência a «religião oficial» ou «religião de Estado».

tano pouco se retira das suas verdadeiras motivações e da repugnância, agora admitida, pela colocação da Igreja Católica num plano equivalente a outras confissões religiosas. Não é crível que o presidente do Conselho se deixasse conduzir, naquele momento, pela sua consciência religiosa, quando sempre manifestara dar prevalência à razão de Estado. Também não parece plausível que se tivesse deixado impressionar pelos argumentos da Comissão de Legislação e Redação da Assembleia Nacional, dado que sempre impusera a sua vontade em matéria de política religiosa, conduzindo esta de forma alheia às mais variadas pressões de interesses católicos, mesmo quando esses lhe eram manifestados pelos seus conselheiros mais próximos ou por autoridades religiosas.

Pode admitir-se, todavia, que este comportamento de Salazar tenha tido causa próxima na postura que assumira na campanha para as eleições presidenciais de 1949 e que radicasse na necessidade de manter o apoio das bases nacionalistas e católicas ao regime. Por ocasião da inauguração da II Conferência da União Nacional, momento que coincidiu com a abertura da campanha eleitoral, o chefe do Governo pedira o apoio dos católicos para o velho Presidente da República, Óscar Carmona, insinuando o alegado perigo anticatólico que advinha da candidatura do general Norton de Matos, conhecido pela sua ligação à Maçonaria. Na realidade, o candidato oposicionista não reabrira o debate sobre o problema religioso, limitara-se, na apresentação do seu manifesto, a mencionar que garantiria a liberdade de crença e de culto, público e privado, a par de outras liberdades. Era um discurso suficientemente vago para que a candidatura da UN tivesse por onde esgrimir, mas ainda assim Salazar antecipou-se. Jogou na tranquilização dos espíritos, o princípio da separação permaneceria válido por ser o «mais consentâneo com a divisão dos espíritos e a tendência dos tempos», mas insistiria que a Igreja Católica merecia um regime especial capaz de «aproveitar o fenómeno religioso como elemento estabilizador da sociedade e reintegrar a Nação na linha histórica da sua unidade moral»[46]. Em boa medida, essa é a ideia que parece estar con-

---

[46] Cf. António de Oliveira Salazar, *Discursos e Notas Políticas*, vol. IV (1943- -1950), Coimbra, Coimbra Editora, 1951, pp. 372-373.

tida na expressão «religião da Nação portuguesa» que introduziria, tempos depois, como atrás se referiu, na proposta de lei de revisão constitucional.

4.1. A discordância de Marcelo Caetano

As alterações aos arts. 45.º e 46.º da Constituição contidas na proposta de lei n.º 111, preparada por Salazar, divergiam da redação que àqueles preceitos dera a Comissão de Legislação e Redação da Assembleia Nacional no seu projeto de proposta de lei[47]. A diferença residia no facto do presidente do Conselho não dispensar a inclusão da referência ao princípio da separação na relação do Estado com a Igreja Católica, mas também na relação do Estado com as restantes confis-

---

[47] Pode ler-se na proposta de lei de revisão constitucional, elaborada pela Comissão de Legislação e Redação da Assembleia Nacional, o seguinte para os artigos constitucionais reunidos sob o Título X (Das relações do Estado com a Igreja Católica e do regime de cultos): «*Artigo 45.º* – O Estado reconhece a Religião Católica como Religião da Nação Portuguesa. A Igreja Católica em Portugal goza de personalidade jurídica, pode organizar-se livremente de harmonia com as normas do direito canónico, e constituir, por essa forma, associações ou organizações cuja personalidade jurídica é igualmente reconhecida.

§ único – O Estado mantém relações diplomáticas com a Santa Sé e assegura o regime das missões católicas no Ultramar e nas terras do Padroado, nos termos na concordata e acordos missionários.

Artigo 46.º – É livre o culto público ou particular das outras confissões religiosas, podendo as mesmas organizar-se livremente, de harmonia com as normas da sua hierarquia e disciplina, e constituir por essa forma associações ou organizações a que o Estado reconhece a existência civil e personalidade jurídica.

§ *único* – Excetuam-se os atos de culto incompatíveis com a vida e a integridade física da pessoa humana e com os bons costumes, assim como a difusão de doutrinas contrárias à ordem social estabelecida.

Artigo 47.º – Nenhum templo, edifício, dependência ou objeto de culto, afeto a uma religião, poderá ser destinado pelo Estado a outro fim.

Artigo 48.º – Nos cemitérios públicos podem os ministros de qualquer religião praticar livremente os respetivos ritos» (Cf. PT/TT/AMC, Cx. 3, n.º 3: «Texto revisto que a Comissão de [Legislação e] Redação da Assembleia Nacional sugeriu ao Governo para as alterações à Constituição», sem data).

sões religiosas, como fazia a Comissão. De resto, Salazar estabelecia um tratamento diferenciado para a Igreja Católica, na linha do que já constava do projeto da Comissão[48]. Como salientou o constitucionalista Jorge Miranda, a posição de supremacia da Igreja Católica face a outras confissões manifestava-se nos seguintes aspetos: «1) enquanto que as relações entre a Igreja Católica e o Estado seriam objeto de concordatas e outros acordos com a Santa Sé, as relações com as outras confissões dependeriam da lei, a qual regularia "as manifestações exteriores" dos respetivos cultos; 2) enquanto que a personalidade jurídica das associações e organizações católicas continuava a ser reconhecida *ope legis*, a das associações e organizações de outras confissões religiosas apenas podia ser reconhecida; 3) às confissões não católicas ligava-se a proibição da "difusão de doutrinas contrárias à ordem estabelecida (§ único do art. 46.º)»[49].

As indicações enviadas por Salazar a Caetano, em 6-7 de Fevereiro, sobre a proposta de lei de revisão constitucional, não foram aproveitadas por aquele último. Na primeira versão de projeto de parecer que apresentou à Secção de Política e Administração Geral da Câmara Corporativa, Caetano revelava não concordar com as alterações sugeridas aos arts. 45.º e 46.º da Constituição. Considerava que deveria ser respeitada a orientação «de tocar o menos possível no texto constitucional», parecendo-lhe preferível manter-se o art. 45.º que constava da Constituição de 1933, «limitando as alterações a fazer ao artigo 46.º, onde, na verdade, se impõe que fique consagrado o princípio de que a Igreja Católica, em cujo seio professa a maioria dos portugueses, tem direito a uma posição especial». Para justificar a alteração ao estatuto da religião católica e ajudar a legitimá-la, Caetano fornecia um argumento que a nível governamental não fora enunciado: a situação hegemónica do catolicismo no panorama religioso português. A divergência não era, portanto, sobre a necessidade de proceder àquele

---

[48] Cf. *Diário das Sessões*, V Legislatura, n.º 70, de 19 de Janeiro de 1951, p. 287.

[49] Cf. Jorge Miranda, «A Concordata e a ordem constitucional portuguesa» in *A Concordata de 1940, Portugal – Santa Sé*, [Jornadas de Estudo nos 50 anos da Concordata, promovidas pelo Centro de Estudos de Direito Canónico e pela Faculdade de Direito da Universidade Católica Portuguesa, entre 25 e 27 de Fevereiro de 1991], Lisboa, Edições Didaskalia, 1993, p. 78.

reconhecimento da Igreja Católica, envolvia antes a convicção de que o preceito a valorar sobre qualquer outro era o de uma liberdade de cultos igual para todas as religiões. Nesse sentido, Caetano recordava que não salvaguardar essa regra normativa era esquecer que «em África, na China e na Índia, [...] outras religiões são professadas por grandes núcleos de súbditos portugueses, constituindo maioria nos seus territórios». Para reforçar a importância da liberdade de religião e de culto, sublinhava ainda que «nos conturbados tempos que correm, o grande abismo já não se abre entre os fiéis de duas religiões ou os sectários de duas confissões ou igrejas, mas entre os que creem em Deus e os que o negam». Para terminar, declarava temer que a nova redação do artigo 45.º «venha a ser uma porta aberta para o regresso a uma *religião oficial*, com os seus inconvenientes práticos»[50]. Caetano avisou Salazar, cumprindo a prática de lhe prestar informação prévia sobre o parecer emitido e sem recear afrontá-lo, que usaria as notas do chefe do Executivo, sobre as alterações a fazer àqueles preceitos, «durante a discussão [da Câmara Corporativa], para informar sobre o pensamento do Governo». Alertava, entretanto, que os seus «pontos de vista, neste primeiro estudo, afastam-se algumas vezes dos da proposta», e despedia-se com a frase «Mas veremos o que diz a Câmara»[51].

4.2. O reaparecimento de uma velha reclamação católica: o nome de Deus na Constituição

A proposta de comentário de Caetano ao art. 9.º da proposta de lei (arts. 45.º e 46.º da Constituição) foi votada por unanimidade pela Secção de Política e Administração Geral da Câmara Corporativa, reunida em 23 de Fevereiro de 1951 para uma primeira avaliação do projeto de parecer[52]. Nesse mesmo dia, Caetano deu conta dos resultados da

---

[50] Cf. *Diário das Sessões*, V Legislatura, n.º 74, de 24 de Fevereiro de 1951, pp. 396--397.

[51] Carta de Marcelo Caetano para Salazar, datada de 9 de Fevereiro de 1951. Cf. *Salazar e Caetano: cartas secretas (1932-1968)...*, p. 283.

[52] Sobre esta matéria pronunciaram-se, na reunião, os procuradores António Pedro Pinto de Mesquita, Francisco Marques e Afonso Rodrigues Queiró. Contudo, a ata da

reunião a Salazar, que reservou então o direito do Governo voltar a indicar a sua preferência «por tal ou tal fórmula», «quando a Assembleia começar a estudar as suas propostas»[53].

Posição diferente teve a Secção de Interesses Espirituais e Morais da Câmara Corporativa, convidada a dar parecer subsidiário. Da responsabilidade do padre António Avelino Gonçalves o texto tecia uma crítica profunda à separação imposta à Igreja Católica pelo Estado em 1910 e, sobretudo, à sua manutenção pelo *Estado Novo*. Considerando que era o momento de pôr fim a «certas condescendências, talvez admissíveis em 1933», e de reagir à «nova barbárie» que «bate às portas do Ocidente», o relator questionava asperamente o alcance do que se pretendia fixar no texto constitucional. Na sua perspetiva, a proposta de lei incorria numa «falta grave»: «não confessar expressamente Deus». Para justificar a exigência de ver introduzido o nome de Deus na Constituição, afirmava que noutros Países esse procedimento tinha sido seguido e citava-se uma conhecida frase de Salazar, moldada a contento: «O Estado Novo, numa frase histórica do Sr. Presidente do Conselho, não discute Deus. Reconhece-O, portanto, e, reconhecendo-O, não pode negar-se a cumprir o seu dever para com Ele». Concretamente, sobre o art. 45.º, preconizava que o melhor regime para definir o relacionamento do Estado com a Igreja Católica não era o de separação mas o de «independência de poderes». Advogava a supressão do art. 46.º, «depois da posição especial que é reconhecida à Igreja Católica no artigo anterior». Quase a terminar, e ainda que tal não fosse contemplado na proposta governativa, registava-se a importância de se eliminar no art. 48.º a referência ao carácter secular dos cemitérios, já que «a Igreja não concordará jamais com o princípio da secularização dos cemitérios, que considera sagrados». Mantendo no fim, o estilo combativo que trespassava toda a exposição, o relator concluía

---

sessão não refere o conteúdo das suas intervenções. Cf. PT/AHP/Secretaria Geral da Assembleia Nacional e Câmara Corporativa/Serviços Legislativos da Câmara Corporativa/Livro n.º 3918 – Atas da Secção de Política e Administração Geral da Câmara Corporativa, p. 18.

[53] Carta de Marcelo Caetano para Salazar, datada de 23 de Fevereiro de 1951; carta de resposta de Salazar para Caetano, datada de 24 de Fevereiro de 1951. Cf. *Salazar e Caetano: cartas secretas (1932-1968)*..., pp. 283-284.

observando que, não obstante tudo o que ficara dito, o parecer «consentiu em ficar aquém daquilo que a verdade, o direito e o interesse da unidade moral da Nação poderiam exigir»[54].

A posição assumida pelos procuradores da Secção de Interesses Espirituais e Morais não se afastava do que era a sensibilidade existente em vários círculos eclesiais. À Mesa da Assembleia Nacional chegariam telegramas, pedindo a inclusão do nome de Deus na Constituição, da direção do CADC, do pároco de Alter do Chão e das Conferências Vicentinas, masculina e feminina, daquela localidade[55]. Na imprensa católica, a apresentação da proposta de lei governamental motivou uma campanha, relativamente discreta, de apoio à introdução do nome de Deus na Lei Fundamental e à eliminação aí de qualquer referência ao princípio da separação do Estado da Igreja Católica. O jesuíta António Leite que, em 1945, interviera em defesa dessas ideias, voltou novamente nas páginas da *Brotéria* a pugnar por aquelas alterações. Embora reconhecendo que, em relação à forma dos arts. 45.º e 46.º na Constituição de 1933, a nova proposta assinalava uma «notável melhoria», o sacerdote era taxativo em confessar que o texto proposto não satisfazia «plenamente a consciência católica da Nação», «porque não vai tão longe como a boa lógica exigiria e depois porque afirma o princípio da separação entre a Igreja e o Estado». O artigo recuperava todos os argumentos que deixara escritos em 1945; era, todavia, trespassado de um elemento novo, ao registar uma evolução de mentalidade entre alguns católicos portugueses. Após condenar o regime separatista e defender o regime de «união moral», Leite sublinhava que sabia não ser essa a vontade de certos setores católicos em Portugal, porque – e aqui estava

---

[54] A essa proposta tinha chegado a referida Secção em reunião de 19 de Fevereiro de 1951, depois de ter observado que «a inserir-se o nome de Deus num preceito constitucional, importava fazê-lo não num preceito privativo da religião católica, mas como afirmação comum a todas as religiões». A nova arrumação dos arts. 45.º e 46.º foi dada pelo procurador Luís Figueira (Cf. PT/AHP/Secretaria Geral da Assembleia Nacional e Câmara Corporativa/Serviços Legislativos da Câmara Corporativa/Registo 5430, Sec. XXVII, Caixa 57, n.º 3 – Parecer n.º 13/V sobre a proposta de lei n.º 111: Revisão da Constituição Política: Ata n.º 4/V de 19 de Fevereiro de 1951).

[55] Cf. PT/AHP/Secretaria Geral da Assembleia Nacional e Câmara Corporativa/ Serviços Legislativos da Assembleia Nacional/Propostas de lei: Proposta de lei n.º 111/V – correspondência.

a novidade –, influenciados «particularmente por franceses», defendiam a «laicidade do Estado». Criticava-os o jesuíta: «evitam a palavra laicismo [...] e adotam a palavra laicidade [...]. Afirmam que "esta laicidade marca um progresso", já que a liberdade é o supremo valor humano. Esta era também a principal razão que costumavam aduzir os partidários do velho liberalismo, ou melhor, do sectarismo»[56].

Também o jornal *Novidades* tomou posição no debate, em artigo intitulado «Liberdade de culto». Sem se referir em concreto à revisão constitucional, condenava o «princípio da neutralidade do Estado em matéria religiosa, que outra coisa não significa senão ateísmo teórico e prático». Depois de recordar a doutrina pontifícia que exigia aos homens homenagear a Deus, asseverava que a Igreja se vinha mostrando, apesar de tudo, «compreensiva e tolerante quanto às situações de facto, como tem acontecido com o problema da separação da Igreja e do Estado». Tal não impedia, porém, «os católicos de expor e defender a verdadeira doutrina sobre esta matéria e de lutar pela sua exata aplicação nos seus países», como não significava que se desculpassem «os governantes de países católicos da obrigação de adotarem prudentes e sábias medidas tendentes ao restabelecimento de mais perfeita conformidade entre os textos legislativos e as situações de facto por um lado e a pureza da doutrina católica por outro». Este artigo do diário católico seria publicado no *Boletim de Acção Católica Portuguesa*, cujos responsáveis mostravam assim secundar aquele posicionamento[57]. Eram tomadas de posição de peso dado os setores eclesiais que representavam e mostravam que o tacticismo de Salazar, ao recorrer à expressão «religião da Nação portuguesa», não convencera muitos católicos.

4.3. A rejeição da confessionalização do Estado

Quando as alterações aos artigos 45.º e 46.º da Constituição estiveram em debate na Assembleia Nacional, ao discutir-se a proposta

---

[56] Cf. António Leite, «A Igreja e o Estado a propósito da próxima revisão constitucional» in *Brotéria*, vol. LII, fasc. 3, 1951, pp. 321-343.

[57] Cf. *Boletim de Acção Católica Portuguesa*, n.º 203, pp. 292-293.

de lei n.º 111, os deputados de sensibilidade católica, vários deles monárquicos, deram especial destaque ao parecer do padre Avelino Gonçalves, por partilharem as ideias do sacerdote. Em virtude disso, o debate deslocou-se do que fora efetivamente proposto pelo Governo para o plano das aspirações daqueles deputados, interessados em que o Estado assumisse a confessionalidade católica. Pela primeira vez, em todo o tempo de funcionamento da câmara, a expressão desse interesse fez-se sem subterfúgios e de forma direta. Um comportamento que talvez se explique pela correlação de forças dentro da Assembleia naquele momento, onde os monárquicos estavam representados em maioria[58], e pela estratégia global que, enquanto grupo político, desenvolviam à época, tirando partido da boa representação que tinham também na Câmara Corporativa, no Governo e na União Nacional.

Na realidade, os setores monárquicos apoiantes do regime vinham-lhe emprestando colaboração, na expectativa de «ir convertendo interiormente as estruturas do *Estado Novo* à orientação monárquica» e de tornar possível a restauração da monarquia no País. A autorização do regresso da família real a Portugal em 1950 e as declarações de Salazar, na campanha eleitoral para as eleições legislativas de 1949, sugerindo a necessidade de se completar a evolução do regime, justificavam a criação de expectativas quanto a encontrar-se nos tempos próximos a solução definitiva que preconizavam para a questão do regime. Nesse sentido, em 1951 lançaram diversas iniciativas com o objetivo de ganhar posições para a causa, apostando quer na doutrinação quer na intervenção política direta. A morte do presidente Carmona, em Abril desse ano, reforçara a convicção de que aquele era o momento certo para alterar a forma da chefia do Estado[59]. Naturalmente, esse espírito conduziu ao aproveitamento da revisão constitucional para advoga-

---

[58] Cf. J. M. Tavares Castilho, *Os deputados da Assembleia Nacional (1935-1974)...*, p. 235.

[59] Cf. Manuel Braga da Cruz, *Monárquicos e republicanos no Estado Novo...*, pp. 192-198. Sobre esta estratégia de elementos monárquicos, alguns autores têm levantado dúvidas sobre os seus reais propósitos restauracionistas, apontando tratar-se de uma tentativa de reforçar o poder pessoal de Salazar e de, eventualmente, o levar a acumular a presidência do Conselho com a presidência da República (Cf. Carlos Guimarães da Cunha, *Salazar e os Monárquicos*, Lisboa, Sítio do Livro, 2010).

rem, designadamente a propósito da forma de eleição presidencial, a reposição do poder real, e, quanto às relações entre o Estado e a Igreja Católica, para pugnarem pela consagração do nome de Deus na Constituição e pelo estabelecimento de um regime de «união moral» entre a Igreja e o Estado, com independência administrativa e económica dos dois poderes. Entre os deputados que defenderam que no artigo 45.º deveria ser feita uma referência ao nome de Deus estavam Caetano Beirão, Maria Correia Botelho, Manuel Domingues Basto e monsenhor Santos Carreto. Alguns destes e outros, como Ribeiro Casais, Salvador Teixeira, Carlos Moreira, Avelino Sousa Campos, Elísio Pimenta e Ricardo Vaz Monteiro, optaram por submeter à Mesa uma proposta de alteração à redação dos arts. 45.º e 46.º da proposta governativa, onde se rejeitava a referência ao princípio da separação e se introduzia regime de «união moral». Eliminava-se também art. 46.º, suprimindo dessa forma quaisquer referências a outras confissões religiosas[60]. Tal proposta não caiu bem entre os parlamentares eleitos pelos círculos da Índia e de Macau, respetivamente Jerónimo Sócrates da Costa e António Maria da Silva. O primeiro advertiu para eventuais problemas com a população hindu, se se considerasse a religião católica como religião oficial, o segundo, para que não havia utilidade em incluir o nome de Deus no corpo da Constituição, sendo preferível que constasse de um preâmbulo ao texto constitucional[61].

O posicionamento dos deputados monárquicos de sensibilidade católica obrigou a discutir-se o princípio da separabilidade e também a problematizar o estatuto de confissões religiosas não católicas. Em defesa do regime jurídico das relações entre o Estado e as Igrejas, seguido pelo *Estado Novo*, pronunciaram-se Joaquim Dinis da Fonseca e Mário de Figueiredo. Procurando desfazer a ideia, lançada por alguns deputados, de que a doutrina católica condenava a separação, Figueiredo esclarecia que «o que se condena são certas formas de separação», porque «a separação em si mesma» não fora rejeitada. O que fora reprovado pela Igreja «é um regime de separação impregnado de

---

[60] Cf. *Diário das Sessões*, V Legislatura, n.º 96, de 12 de Abril de 1951, p. 815.

[61] Cf. *Diário das Sessões*, V Legislatura, n.ºs 97 e 98, respetivamente de 13 e 14 de Abril de 1951, pp. 830-834 e 851.

laicismo», e a Situação apenas estabelecera uma separação que «afirma que a Igreja, na ordem interna, não constitui um serviço público». Face às resistências que haviam surgido perante a nova redação dos artigos 45.º e 46.º sugerida na proposta de lei, a solução passou pela Assembleia Nacional, seguindo a orientação do *leader* parlamentar (que requereu prioridade para aquela votação), votar favoravelmente a proposta da Comissão de Legislação e Redação da Assembleia, que apresentara novas fórmulas para aqueles artigos. No tocante ao artigo 45.º, as alterações eram mínimas e tocavam apenas a forma do texto. Quanto ao art. 46.º, estabelecia-se que o Estado assegurava a liberdade de culto e de organização «das demais confissões religiosas», praticadas «dentro do território português, regulando a lei as suas manifestações exteriores», e que podia reconhecer personalidade jurídica «às associações constituídas em conformidade com a respetiva disciplina».

O desenrolar destes acontecimentos incomodou Salazar, que fez um acompanhamento próximo dos trabalhos parlamentares. Mostrando o seu desagrado protestou junto do presidente da Assembleia, Albino dos Reis Júnior, pelo arrastamento da discussão na generalidade da proposta de lei n.º 111. Em resposta, Albino dos Reis fez-lhe notar que não sentira necessidade de abreviar o debate, porque «não tinha assunto com que entreter a Câmara, pois, nem sequer o parecer das contas chegou ainda [da Câmara Corporativa]»[62].

Da revisão constitucional, traduzida na Lei n.º 2048 de 11 de Junho de 1951, resultou, quanto às relações do Estado com as Igrejas, um regime de menor igualdade entre religiões, assinalável quer na discriminação positiva do catolicismo face a outras confissões religiosas, quer na indicação de que a gestão da relação do Estado com essas outras confissões ficava sujeita ao arbítrio daquele. Isso tornava-se patente no que se fixava acerca do reconhecimento da personalidade jurídica dessas Igrejas, podendo interpretar-se que o Estado reassumia uma posição de controlo casuístico sobre esse campo do religioso de que já abdicara em 1933. Outra diferença dizia respeito à introdução do critério da territorialidade para as religiões não católicas, o qual não era especificado

---

[62] Cf. PT/TT/AOS/CP – 236: cartão de Albino dos Reis para Salazar, datado de 14 de Abril de 1951.

para a Igreja Católica. Provavelmente pensado a propósito da realidade colonial, esse critério era redundante, uma vez que qualquer disposição constitucional do Estado português só possuía validade nos territórios de soberania portuguesa. De facto, sem passar a dizer-se confessional e sem deixar de afirmar respeito por todos os cultos, o Estado introduzia um elemento de diferenciação entre religiões, que tinha consequências no aspeto da liberdade religiosa, na medida em que restringia o poder político, cultural e simbólico das restantes confissões religiosas.

4.4. Protestos pela introdução de um regime de menor igualdade entre religiões

A nova posição assumida pelo Estado em relação à Igreja Católica, na revisão constitucional de 1951, não foi bem recebida pela comunidade hindu de Goa. Ecos de deceção chegaram até ao presidente do Conselho, através do ministro das Colónias, Manuel Sarmento Rodrigues, que lhe remeteu cópia de uma carta que fora dirigida por Gopala Apá Camotim, em 18 de Junho de 1951, ao deputado Sócrates da Costa. Aí se referia que: «Os hindus de Goa não esperavam que o Governo português restabeleceria [sic] o princípio da igualdade civil e política de todos os cultos, consignado na Constituição de 1911, satisfazendo, assim, à sua velha aspiração tantas vezes manifestada e concretizada ainda pela Comissão de Estatuto Político. Mas o Governo Português que tira a sua força da Igreja, não só não quis satisfazer aquela aspiração dos hindus, mas foi ao extremo oposto, eliminando da Constituição Política o salutar princípio da igual liberdade de cultos. [...] É lamentável, pois, a posição a que tem sido relegados os cultos não católicos pela nova lei de alterações à Constituição Política. Em tais circunstâncias, apelar ao espírito de tolerância dos hindus de Goa para se contemporizarem com a posição que lhes é criada, é *to add insult to injury*, como diriam os ingleses». Camotim lastimava ainda que a Censura tivesse impedido a publicação de um artigo «do sr. Coissoró, em que este reagia, em termos respeitosos, contra as alterações dos arts. 45.º e 46.º da Constituição Política, quando o caso era, na verdade, para um veemente protesto público da inteira classe não católica». Retirava também o pedido que fizera a Sócrates da Costa, no sentido de este tentar que a religião hindu fosse «colocada em pé de igualdade com o culto católico, mormente sob o aspeto fiscal e de aquisição de bens imóveis»[63]. Um ano depois, o próprio ministro Sarmento Rodrigues expressava ao chefe do Governo que, no relacionamento com as autoridades da Índia portuguesa, o «caso da religião da Nação é um bocado difícil de explicar»[64].

5. A revisão constitucional de 1959: o «braço de ferro» dos católicos com o Governo

Por ocasião da revisão constitucional de 1959, alguns parlamentares, que em 1951 tinham visto derrotada a sua posição quanto à introdução do nome de Deus no texto da Lei Fundamental, voltaram à defesa dessa ideia. Desta vez, sugerindo algo ventilado oito anos antes na Assembleia Nacional: a criação de um preâmbulo à Constituição que invocasse o nome de Deus, com o objetivo de afirmar «a fé que vive na alma da Nação». A conjuntura eclesial, e até política, em que se desenrolou o debate constituinte, tornara oportunas, mais do que nunca, tais pressões de alguns deputados católicos. Poucos meses antes, em 17 de Maio de 1959, ocorrera a inauguração do monumento a Cristo-Rei, integrado nas comemorações do 25.º aniversário da Ação Católica Portuguesa (ACP).

O monumento simbolizava o agradecimento público dos católicos portugueses a Deus pelo clima de paz que Portugal conhecera durante a II Guerra Mundial e que era atribuído à intercessão da Virgem de

---

[63] Cf. PT/TT/AOS/CP – 242, fl. 524-527: cartão de Sarmento Rodrigues para Salazar, acompanhado de cópia de carta, dirigida a Sócrates da Costa, enviada de Bicholim em 18 de Junho de 1951.

[64] Cf. PT/TT/AOS/CP – 242, fl. 445-446: nota de Sarmento Rodrigues para Salazar, datada de 30 de Maio de 1952. Na investigação realizada para este trabalho não se procuraram reações de outras confissões religiosas às alterações aos arts. 45.º e 46.º da Constituição. É de admitir que tenham existido noutras províncias ultramarinas, mas também em território metropolitano, sendo desejável que novas investigações dedicadas à problemática da liberdade religiosa possam futuramente esclarecer sobre esta matéria.

Fátima[65]. Estava-lhe ainda associada a prece que o episcopado fizera em 20 de Abril de 1940, a menos de um mês da celebração da Concordata e do Acordo Missionário entre o Estado Português e o Vaticano, para que a liberdade e os direitos reclamados pela Igreja Católica portuguesa junto do poder civil fossem reconhecidos naqueles acordos. Deste modo, a sua construção significava também implicitamente o agradecimento dos bispos pela assinatura do pacto concordatário de 1940[66]. Discretamente, o Estado patrocinara a iniciativa. De Angola fora recebido o donativo de mil contos, «votado pelo Conselho do Governo como contribuição oficial da Província [angolana] com aprovação dos Governadores e do Ministério do Ultramar». Outro subsídio de mil contos, pago em 3 anos, fora concedido pelo Ministério das Obras Públicas, através do Fundo do Desemprego. Aquele Ministério

---

[65] A ideia de levantar em Lisboa um monumento ao «Santíssimo Coração de Jesus Cristo-Rei Universal das Nações» ocorrera ao cardeal Cerejeira em Outubro de 1934, aquando da sua visita ao Rio de Janeiro. Em 2 de Junho de 1936, o patriarca de Lisboa tornara pública a vontade de concretizar aquela ideia, durante a sessão inaugural do 1.º Congresso Diocesano do Apostolado da Oração, em Lisboa. Oficialmente, o episcopado perfilhou a iniciativa da ereção do monumento a Cristo-Rei, na Pastoral coletiva de Março de 1937. O simbolismo do projeto relacionava-se, então, com o combate ao comunismo, pedindo os bispos também, na ocasião, a oração dos fiéis «pela impiedade e crimes dos comunistas na guerra civil de Espanha». Em 20 de Abril de 1940, os prelados, reunidos em Fátima, voltaram a prometer erguer um monumento ao Sagrado Coração de Jesus, «na capital do Império Português, em lugar bem visível», caso o País fosse preservado da guerra. A propaganda da iniciativa e a recolha de fundos pecuniários no campo católico foi confiada pela hierarquia eclesiástica ao Apostolado da Oração, que «a partir de Junho de 1937 organizou em todas as províncias do Continente e do Ultramar, comissões, especialmente de senhoras, para esse fim». Em 12 de Maio de 1959, as campanhas para a edificação do monumento tinham atingindo os 18 milhões de escudos. (Cf. PT/TT/AOS/CO/PC-56, Pt. 113, fls. 443-450: carta de Sebastião Pinto [elemento do Secretariado Nacional do Monumento a Cristo-Rei], datada de 12 de Maio de 1959; anexo 1: «Monumento Nacional a Cristo Rei: Esclarecimento devido»).

[66] Cf. Paulo Fontes, «O catolicismo português no século XX: da separação à democracia» in *História Religiosa de Portugal*, dir. de Carlos Moreira Azevedo, vol. 3 – *Religião e Secularização*, coord. de Manuel Clemente e António Matos Ferreira, Rio de Mouro, Círculo de Leitores, 2002, pp. 200 e 243.

ofereceu ainda descontos de 50% nos serviços que o Laboratório de Engenharia Civil prestou para a construção do monumento[67].

5.1. A evocação de Deus num preâmbulo à Constituição: renovada tentativa em ambiente de comemorações religiosas

Como projeto católico que era, o monumento a Cristo-Rei traduzia ainda a perspetiva teológica que enformava o catolicismo português na época e que perduraria até aos anos do Concílio Vaticano II. Tratava-se de promover «a extensão do "reinado social de Cristo"» para alcançar a restauração cristã da sociedade. Essa ação era exigida a todos os fiéis católicos que, sob orientação da hierarquia eclesiástica e tendo como referência a doutrina social da Igreja, deveriam desenvolver esforços para recristianizarem os indivíduos e recatolicizarem as instituições, influenciando as realizações do Estado. O terreno social era valorizado como ponto de partida desse trabalho. Além desta expressão mobilizadora e militante, a devoção a Cristo-Rei, cuja festa fora instituída por Pio XI em 1925, servia para apontar os limites da autonomia dos poderes temporais e recordar aos governantes a obrigação de «renderem a Cristo um culto público e de obedecerem às suas leis»[68].

Tendo diferentes setores católicos aproveitado o evento para fazer quer o reconhecimento eclesial do militantismo religioso e social, praticado em especial pela ACP, quer o enaltecimento do cardeal Cerejeira, enquanto principal responsável eclesiástico pela condução da Igreja portuguesa, sob o *Estado Novo*, a uma situação de paz, liberdade e reconciliação com o Estado[69], não parece estranha a mobiliza-

---

[67] Cf. PT/TT/AOS/CO/PC-56, Pt. 113, fls. 443-450: carta de Sebastião Pinto [elemento do Secretariado Nacional do Monumento a Cristo-Rei], datada de 12 de Maio de 1959; anexo 2: «Monumento Nacional a Cristo Rei».

[68] Cf. Paulo Fontes, «A institucionalização da Acção Católica Portuguesa e a festa de Cristo-Rei» in *Lusitania Sacra*, 2.ª série, 19-20 (2007-2008), pp. 171-193.

[69] A ideia de que a Igreja Católica vivia em Portugal uma época de «paz, liberdade e ressurgimento» começara por ser veiculada pelo próprio cardeal Cerejeira anos antes (Cf. D. Manuel Gonçalves Cerejeira, «A Situação da Igreja em Portugal»...,

ção de alguns deputados, pouco tempo depois, para retirarem da revisão constitucional de 1959 o fruto da invocação do nome de Deus na Constituição. Tratava-se de afirmar a restauração da unidade nacional sob o aspeto moral e até de contribuir para a superação de uma conjuntura percecionada como sendo de crise política e religiosa. Recorde-se que o País vivia ainda no rescaldo das eleições presidenciais de 1958; do chamado «caso do bispo do Porto»; da «revolta da Sé», ocorrida em Março de 1959 (onde haviam estado envolvidos alguns católicos em dissidência com o regime), e da ação de outros católicos críticos da política governamental, que se tinham manifestado, nesse mesmo mês, por meio de duas cartas abertas dirigidas ao presidente do Conselho, questionando o regime das liberdades fundamentais. Também a própria organização das cerimónias de 1959, dedicadas a Cristo-Rei, não fora isenta de polémica entre as autoridades religiosas e o chefe do Governo.

Alguns setores da Acção Católica, envolvidos na preparação das celebrações, haviam entendido que a ocasião poderia servir para harmonizar as relações entre o poder político e o campo católico, salientando uma atitude de cooperação entre o Estado e a Igreja e sinalizando distância quanto aos comportamentos críticos de elementos católicos para com o regime. Nesse propósito, o arcebispo de Mitilene e presidente da Junta Central da ACP, D. Manuel Trindade Salgueiro escreveu, com conhecimento do cardeal Cerejeira, ao Presidente da República, Américo Tomás, solicitando-lhe que lesse «no ato da inauguração, uma fórmula que consagrasse não só o monumento mas Portugal» ao Coração de Jesus, ou então que ratificasse «como Chefe da Nação, a Consagração [que] anteriormente [seria] lida» pelo cardeal-patriarca. Pretendia-se também que o chefe de Estado e o Governo participassem na missa pontifical a realizar no mosteiro dos Jerónimos no próprio dia 17 de

---

p. 786). Em alguns circuitos políticos, como a própria Assembleia Nacional, por ocasião das celebrações em torno do monumento a Cristo-Rei, registou-se uma ideia muito próxima desta, centrada, todavia, na ação política de Salazar. Atribuía-se o clima de «liberdade religiosa» e aquela «hora alta na história contemporânea da Igreja em Portugal» à política de pacificação religiosa seguida pelo chefe do Governo (Cf. *Diário das Sessões*, VII Legislatura, n.ºs 75 e 109, respetivamente de 25 de Fevereiro e 15 de Maio de 1959, pp. 221-222 e 753-754).

Maio. Salazar rejeitou todas as propostas, defendendo a necessidade de não envolvimento do Estado em atos confessionais. Aceitou apenas que as entidades civis estivessem presentes em Almada no momento da inauguração do monumento[70]. Ao discursar na cerimónia de inauguração do monumento, o Presidente da República salientou que a iniciativa se concretizara «exclusivamente devido à piedade dos católicos», omitindo a participação financeira do Estado no projeto[71].

5.2. Divisões na Câmara Corporativa

Foram vários os deputados que se mobilizaram para apresentar o projeto de lei n.º 23 (Alterações à Constituição), propondo que no texto constitucional constasse o seguinte preâmbulo (art. 1.º): «A Nação Portuguesa, fiel à fé em que nasceu e em que se engrandeceu, invoca o nome de Deus ao votar, pelos seus representantes eleitos, a Lei Fundamental que se segue.»[72]. Assinaram aquele projeto de lei: Carlos Moreira e Sócrates da Costa, envolvidos no debate de 1951, e também Américo Cortês Pinto, Fernando Cid Proença, Aires Fernandes Martins, António Abranches de Soveral, Manuel Nunes Fernandes, António Jorge Ferreira, Manuel Rosal Júnior, Agostinho Gonçalves Gomes e Simeão Pinto de Mesquita.

Tendo que dar parecer sobre aquele projeto de lei, a Câmara Corporativa não aprovou aquele artigo. O relator do parecer, o administrativista Afonso Rodrigues Queiró, argumentou que era «incongruente

---

[70] Cf. Franco Nogueira, *Salazar*, vol. V – *A Resistência (1958-1964)*, Porto, Livraria Civilização Editora, 1984, pp. 68-72. O comparecimento de Salazar na cerimónia agradou à autoridade religiosa. Em 27 de Maio, o secretário-geral da Comissão Central para a Inauguração do Monumento Nacional a Cristo-Rei, o cónego António Antunes Abranches, escreveu ao chefe do Governo, agradecendo-lhe a presença (Cf. PT/TT/AOS/CO/PC – 56, Pt. 113, fls. 423-424: Ofício da Comissão Central para a Inauguração do Monumento Nacional a Cristo Rei, assinado pelo secretário-geral, cónego António Antunes Abranches, para Salazar, datado de 27 de Maio de 1959).

[71] Cf. PT/TT/AOS/CO/PC – 56, Pt. 43, fls. 451-453: discurso do Presidente da República.

[72] Cf. *Diário das Sessões*, VII Legislatura, n.º 91, de 9 de Abril de 1959, pp. 433--434.

antepor» ao texto constitucional algo que em 1933 nele não se introduzira, não tendo cabimento a pretensão de «reforçar ou vincar um certo número de afirmações programáticas», quando o que vigorava era inspirado «pela conceção católica da sociedade e do Estado, [que] perfilha a doutrina social da Igreja e chega a considerar *expressis verbis* a religião católica como religião da Nação Portuguesa». Referia-se que, como não existia uma religião oficial, não surpreendia «a falta de invocação do nome de Deus», tanto mais que «uma invocação desta ordem não está praticamente na tradição constitucional portuguesa». Esclarecia-se também que, com a posição enunciada, a Câmara Corporativa não pretendia que o Estado português «deva assumir e assuma de facto, [...] uma posição neutralista e secularizante, uma posição indiferentista em matéria religiosa; trata-se apenas de atender ao facto de que são múltiplas as divisões religiosas entre os cidadãos portugueses dos vários continentes» e de evitar o surgimento de «dificuldades políticas», nos territórios portugueses em África e na Ásia, que poderia surgir caso se procedesse à alteração sugerida. Como que antecipando críticas do campo católico ao teor do documento, o parecer terminava diplomaticamente com uma palavra indireta às autoridades religiosas, recordando que a «Igreja mostra sistematicamente grande compreensão pelo que o Estado, [...] tem de omitir por prudência política [...] em benefício do bem comum»[73].

Sobre o projeto de lei n.º 23, na Câmara Corporativa, tinha sido consultada a Secção de Interesses de Ordem Administrativa (que agregava as Subsecções de Política e Administração Geral e de Política e Economia Ultramarina), à qual se haviam agregado cinco procuradores: Rafael Duque, José Correia de Barros, Domingos da Costa e Silva, António Castro Fernandes e Carlos Gagliardini Graça. Ao contrário do que deixava supor o parecer de Queiró, a apreciação do art. 1.º daquele projeto tinha gerado divisões entre os procuradores. Em reunião de 9 de Maio de 1959, após apreciação do projeto de parecer elaborado por Queiró, onde este considerava inútil a invocação preambular sugerida no art. 1.º do projeto de lei n.º 23,

---

[73] Cf. *Diário das Sessões*, VII Legislatura, n.º 109, de 15 de Maio de 1959, pp. 785--789.

alguns procuradores haviam-se manifestado a favor da aprovação do preâmbulo, proposto no referido projeto de lei. Enquanto, por exemplo, Augusto Cancela de Abreu considerara que a «introdução do preâmbulo, nesta ocasião, era um artifício que, necessariamente, teria um ar de falso», Pires Cardoso defendera que «a todo o tempo pode introduzir-se matéria nova na Constituição», até porque havia disposições no texto constitucional que justificavam aquela referência preambular. No argumento da inoportunidade daquela proposta revia-se José Gabriel Pinto Coelho, mas, ainda assim, dava voto favorável à aprovação do preâmbulo. Afonso de Melo chamara, então, a atenção para a existência de diversas religiões nas províncias ultramarinas. A fazer-se qualquer invocação do nome de Deus, parecia-lhe que haveria que cuidar de evitar qualquer referência à religião católica. No alerta para a situação de diversidade religiosa existente no Ultramar foi secundado por Adriano Moreira. Contra a inclusão do preâmbulo votaram os procuradores Silva Cunha, Adriano Moreira, Albano de Oliveira, Cancela de Abreu, Fernando Pires de Lima, Correia de Barros, Costa e Silva, Afonso de Melo e Afonso Rodrigues Queiró. Por sugestão do presidente da Câmara Corporativa, Luís Supico Pinto, assentou-se que o relator devia apresentar uma nova redação do parecer para aquele ponto, onde traduzisse «os sentimentos religiosos de todos os dignos procuradores». Assim fez Afonso Queiró que, no entanto, recordava que «as Constituições Políticas que invocam o nome de Deus resultam quase sempre de movimentos revolucionários de carácter simultaneamente místico e político», o que não fora o caso de Portugal[74].

Dois dias depois, a 11 de Maio, voltaram a reunir os procuradores. Observando a nova redação dada ao projeto de parecer ainda sobre o art. 1.º do projeto de lei n.º 23, Guilherme Braga da Cruz declarou que «as razões invocadas para fundamentar a conclusão aconselhando a não aprovação daquele artigo» não o satisfaziam, mas propunha-se concordar com a conclusão do parecer. Admitia que pretendia afirmar,

---

[74] Cf. PT/AHP/Secretaria Geral da Assembleia Nacional e Câmara Corporativa/Serviços Legislativos da Câmara Corporativa/Livro n.º 4418 – Atas das Reuniões das Secções e Subsecções: Ata da Secção de Interesses de Ordem Administrativa, datada de 9 de Maio de 1959, pp. 3-4.

em declaração de voto, que o fazia por «não ter encontrado fórmula que com dignidade, sobriedade e elevação invocasse o nome de Deus». No mesmo sentido, pronunciaram-se Trigo de Morais e Gagliardini Graça. Quanto a Pinto Coelho e Pires Cardoso, que na reunião anterior haviam votado pela aprovação do preâmbulo, declaravam-se satisfeitos pela nova redação do parecer. Para evitar as declarações de voto daqueles três primeiros procuradores – o que era uma forma de evitar polémicas políticas e eclesiais na Assembleia Nacional e na praça pública – Adriano Moreira sugeriu que se incluísse no parecer as razões de Braga da Cruz, Trigo de Morais e Gagliardini Graça. Para esse efeito, propunha o acrescento ao parecer do seguinte parágrafo: «Mesmo aqueles a quem estas razões enunciadas não convencem, encontram dificuldade insuperável em encontrar uma forma que com a sobriedade, elevação e dignidade necessárias não se preste, ao mesmo tempo, ao equívoco de se supor que figura na Constituição desde a sua aprovação em 1933». A proposta de Adriano Moreira foi aprovada por unanimidade, tendo apenas Braga da Cruz, Trigo de Morais e Gagliardini Graça «solicitado que se consignasse na ata que só pela inclusão daquele período assinavam o parecer sem declaração de voto»[75].

5.3. A rejeição do preâmbulo à Constituição e a divisão da Assembleia Nacional

Na Assembleia Nacional, durante as discussões na generalidade e na especialidade da proposta de lei e dos projetos de lei que propunham alterações à Constituição, a argumentação da Câmara Corporativa foi combatida por vários deputados. Advogando a necessidade da Igreja Católica e do Estado cooperarem em várias iniciativas, alguns parlamentares defenderam que era tempo de aperfeiçoar o texto constitucional de 1933, eliminando resquícios da política laicista da

---

[75] Cf. PT/AHP/Secretaria Geral da Assembleia Nacional e Câmara Corporativa/ Serviços Legislativos da Câmara Corporativa/Livro n.º 4418 – Atas das Reuniões das Secções e Subsecções: Ata da Secção de Interesses de Ordem Administrativa, datada de 11 de Maio de 1959, pp. 1-3.

I República (Virgílio Cruz), e de não se recear dificuldades políticas «com os crentes da foice e do martelo ou do triângulo e do compasso» e desabafava: «mas com esses haverá sempre dificuldades de toda a ordem...» (Abranches de Soveral). Outros contestaram a ideia de que a invocação a Deus não fazia parte da tradição constitucional do País, dando como exemplo a referência à Santíssima Trindade incluída na Constituição de 1822 (Agostinho Gomes); havendo ainda quem defendesse que o *Estado Novo* abrira de alguma forma um precedente com a Concordata de 1940, a qual começava por evocar o nome da Trindade (Castilho de Noronha e Nunes Barata)[76]. Citou-se ainda o exemplo do Brasil, cujo chefe de Estado realizara, em 1955, a consagração do País ao Coração de Jesus, numa crítica implícita à decisão de Salazar de não permitir que o mesmo fosse feito em Portugal aquando da inauguração do monumento a Cristo-Rei (Cortês Pinto)[77].

No debate, intervieram quase exclusivamente os deputados que eram favoráveis à sugestão do artigo n.º 1 do projeto de lei n.º 23, sem que os parlamentares contrários àquela proposta redarguissem. O silêncio destes, quebrado só no momento da votação, não era, todavia, interpretado como um assentimento e os primeiros intensificaram a defesa da sua posição. A sua estratégia passou por suscitar dúvidas sobre, como notou em protesto José Soares da Fonseca, «saber quem é pró ou contra Deus», e por demonstrar, como fez Martinho Lopes, que na Assembleia não havia reais oposições àquela alteração, porque aí existiam apenas «duas correntes de opinião», ambas aceitantes da ideia de Deus. A primeira que entendia «a palavra "Deus" [...] no sentido meramente teísta, significando o Ente Supremo, o *motor immobille*, a causa *incausata*, [...]. A segunda [que] pretende afirmar abertamente a sua fé no Deus da religião católica»[78].

---

[76] Cf. *Diário das Sessões*, VII Legislatura, n.ºs 117 e 120, respetivamente de 6 e 15 de Junho de 1959, pp. 900-903 e 950.

[77] Cf. *Diário das Sessões*, VII Legislatura, n.º 113, de 29 de Maio de 1959, pp. 834--835; n.º 115, de 4 de Junho de 1959, pp. 874-881; n.º 116, de 5 de Junho de 1959, pp. 887-889.

[78] Cf. *Diário das Sessões*, VII Legislatura, n.º 123, de 18 de Junho de 1959, pp. 1003-1005 e 1016.

Na tentativa de contornar um chumbo do artigo 1.º do projeto de lei n.º 23, o deputado Carlos Moreira apresentou ainda uma proposta de substituição daquele, que sugeria que o texto constitucional fosse iniciado pela frase: «No princípio da sua Lei Fundamental a Nação Portuguesa invoca o nome de Deus». A nova proposta foi subscrita por outros deputados que não haviam concordado com a redação inicialmente apresentada, como José Guilherme de Melo e Castro, Maria Margarida Reis, Duarte Freitas do Amaral, João de Brito e Cunha, António Pereira Lacerda, Américo Costa Ramalho, Carlos Lima, José Araújo Novo e José Nunes Barata. A alteração feita remetia agora para uma expressão mais espiritual em detrimento da dimensão política da primeira versão e terá por isso merecido o assentimento daquelas personalidades, conhecidas pelo seu militantismo católico (ainda que representativas de diferentes correntes do catolicismo português). A amplitude da nova fórmula fora, no entanto, politicamente calculada, como se depreende da argumentação de Melo e Castro, ao elucidar que ela «permite a adesão de quem quer que – raros entre nós – tenha de Deus uma noção puramente racional».

O momento da votação daquela proposta de substituição adivinhava-se tenso, tendo em conta o número de deputados que se mostrara empenhado em aprovar aquela frase introdutória na Constituição. Desse ambiente na Assembleia Nacional deu conta Albino dos Reis a Salazar, em 1 de Julho, procurando solução que satisfizesse os defensores da invocação do nome de Deus no texto constitucional: «Amanhã provavelmente chegaremos à votação do "preâmbulo" proposto pelo deputado Carlos Moreira, para invocação do nome de Deus. Ocorre-me que seria solução admissível e que afastaria o "preâmbulo" uma nova fórmula de promulgação da Constituição assim concebida: "Em nome de Deus... a Assembleia decreta e promulga...!" É aceitável isto? Eu não vejo grave inconveniente nesta fórmula, mas o Dr. Mário [de Figueiredo] e o Dr. Soares da Fonseca reagiram desfavoravelmente.». O presidente da Assembleia não fazia a sua sugestão de ânimo leve, consciente da contrariedade que possivelmente provocava a Salazar, e salvaguardava que se encontrava «cansado já de tão longa jornada parlamentar» e que duvidava «já das minhas reações em face de certas propostas e factos que aqui vão ocorrendo». O chefe do Executivo não lhe respondeu diretamente, falando antes com Mário de Figueiredo, a quem encarregou de comunicar a Albino dos Reis a posição do Governo[79].

Seguindo a indicação de Salazar, no momento daquela votação, Mário de Figueiredo reagiu criticamente à invocação do nome de Deus na Constituição, alegando que tal ato «não só pode conduzir a nada de útil, mas até pode levar a soluções contraditórias na estruturação das instituições e das leis». Para que não restassem dúvidas acerca da inoportunidade da iniciativa e do sentido que deveria ter o voto dos parlamentares, indicava que era contra «a fórmula do projeto, que [...] pode agravar [...] a consciência de alguns milhões de portugueses», bem como contra a que a substituía porque «admite que o Estado, guardando o respeito pelo direito natural, [...] tome uma atitude neutral». Dizendo «não sou contra Deus. Nenhum de nós nesta Casa é contra Deus», oferecia uma solução de compromisso que passava pela aprovação de uma moção afirmativa do «profundo respeito por tudo quanto Deus representa como fonte e origem de poder, fundamento da moral e da justiça nas relações humanas». Aí deveria registar-se que a Assembleia «presta homenagem às intenções dos signatários do projeto de preâmbulo».

Num derradeiro esforço para fazer vingar a posição contrária à emitida por Figueiredo, corroborada apenas por Francisco Tenreiro, alguns deputados contra-argumentaram, mesmo sabendo que essa não era a vontade de Salazar, dada a posição definida pelo *leader*. Apontaram a necessidade de reagir à «agressão militante do ateísmo», que não existia em 1933 (Simeão Pinto de Mesquita) e salientaram que o pensamento dos monárquicos não se encontrava expresso na Constituição, que devia refletir «todos os pontos de vista políticos dos Portugueses» (Franco Falcão). Havendo ainda quem manifestasse perplexidade perante a apresentação da referida moção, «quando a Assembleia está no exercício da sua função constituinte», com o intuito de a levar «a demitir-se da sua função legislativa nesta matéria transcendente» (Abranches de Soveral) e quem estranhasse não se ter pedido parecer

---

[79] Cf. PT/TT/AOS/CP-236: carta de Albino dos Reis para Salazar, datada de 1 de Julho de 1959.

sobre a matéria à Secção de Interesses espirituais e morais da Câmara Corporativa (Nunes Barata).

Foi com dificuldade que Mário de Figueiredo acabou por impor que a votação não incidisse sobre o primeiro texto apresentado à câmara. Foi votada com prioridade, a pedido de Soares da Fonseca, a moção foi aprovada, com 5 votos contra. Votada nominalmente, a pedido de Carlos Moreira, a proposta de substituição foi rejeitada por 43 votos contra e 37 votos favoráveis[80]. Por uma escassa margem de votos, a

---

[80] Cf. *Diário das Sessões*, VII Legislatura, n.º 131, de 8 de Julho de 1959, p. 1162-
-1173. A relação nominal dos deputados e o seu sentido de voto sobre o art. 1.º do projeto de lei n.º 23/VII não foi publicada em *Diário das Sessões*. Essa informação foi mantida reservada nos Serviços Legislativos da Assembleia Nacional e é a seguinte:
– Votaram pela *aprovação* da proposta de substituição os deputados: Afonso Augusto Pinto; Agnelo Rego; Agostinho Gomes; Aires Fernandes Martins; Alberto Franco Falcão; Américo Cortês Pinto; Américo Costa Ramalho; Antão Santos da Cunha; Abranches de Soveral; António Fernandes Lima; António Meneses Soares; António Jorge Ferreira; António Morais Sarmento; António Rocha Lacerda; Augusto Henrique Simões; Carlos Moreira; Castilho Noronha; Duarte Freitas do Amaral; Fernando Cid Proença; Sócrates da Costa; João Brito e Cunha; João Alves de Sá; José Ferreira Barbosa; José Nunes Barata; José Araújo Novo; José Melo e Castro; José Hermano Saraiva; José Vasconcelos e Castro; José Paulo Rodrigues; Júlio Evangelista; Manuel Nunes Fernandes; Manuel Tarujo de Almeida; Margarida Reis; Mário Morais de Oliveira; Martinho da Costa Lopes; Paulo Cancela de Abreu; Simeão Pinto de Mesquita.
– Votaram pela *rejeição* da proposta de substituição os parlamentares: Alberto Cruz; Alberto Cardoso de Matos; Alfredo Santos Júnior; André Navarro; António Gromicho; António Gomes Garcia; António Cortês Lobão; António Rodrigues Prata; Armando Cândido Medeiros; Artur Águedo de Oliveira, Artur Saraiva de Aguilar; Artur Proença Duarte; Avelino Teixeira da Mota; Camilo de Mendonça; Carlos Amaral Neto; Fernando Muñoz de Oliveira; Francisco Melo Machado; Francisco Tenreiro; Jerónimo Jorge; João Dias Rosa; João Marchante; João Cerveira Pinto; João Costa Amaral; Joaquim Mendes do Amaral; Joaquim de Pinho Brandão; Jorge Pereira Jardim; José de Freitas Soares; José Manuel da Costa; José Soares da Fonseca; Laurénio Morais dos Reis; Luís Sá Linhares; Luís Lima Faleiro; Manuel Colares Pereira; Manuel Albuquerque Ferreira; Manuel Lopes de Almeida; Manuel Sarmento Rodrigues; Mário de Figueiredo; Ramiro Valadão; Rogério Peres Claro; Sebastião Ramires; Tito Arantes; Venâncio Deslandes; Virgílio Cruz.
– Ausentes da sessão de votação: 31 deputados (Cf. PT/AHP/Secretaria Geral da Assembleia Nacional e Câmara Corporativa/Serviços Legislativos da Assembleia

tentativa de introduzir o nome de Deus na Constituição ficou afastada, sendo expressiva a divisão, no interior da Assembleia, entre os que defendiam essa possibilidade e os que lhe eram contrários. O caso tinha relevância na medida em que numerosos deputados demonstravam não temer contrariar a vontade política do presidente do Conselho e revelavam independência (e crítica) face à orientação governativa. De certa forma, o momento constituinte de 1959 inaugurava uma tendência, que nos anos do marcelismo se confirmaria, de autonomização dos parlamentares perante o Executivo em matérias relacionadas com a gestão do fenómeno religioso.

Alguma reflexão merece o número substantivo de deputados mobilizados, na revisão constitucional de 1959, em defesa da invocação do nome de Deus no texto constitucional. Por um lado, o facto de tal matéria ter merecido a adesão de parlamentares de distintas sensibilidades eclesiais, nomeadamente de católicos tradicionalistas e de católicos sociais, parece indicar que a questão terá tido, para aqueles intervenientes, carácter de problema religioso mais do que de problema político, donde a dificuldade experimentada, por exemplo por Mário de Figueiredo, no controle da ação política. Como problema político, a questão colocou-se em especial para Salazar, firme em recusar uma proposta que acarretaria o problema da confessionalização do Estado. Como transparecera da argumentação do *leader*, importava manter a solução da não confessionalidade em virtude da necessidade de não ferir a sensibilidade laicista de apoiantes do regime. A circunstância de vários deputados monárquicos apoiarem a inclusão do nome de Deus na Lei Fundamental exigia que se forçasse esta nota.

5.4. O desagrado de católicos com a intransigência do Governo

Durante a discussão na Assembleia Nacional, enquanto vários elementos do clero e do laicado faziam chegar a essa câmara pedidos de

---

Nacional/Registo 8222, Sec. XXVIII, Caixa 101, n.º 1 – Lista referente à votação nominal do art. 1.º do projeto de lei n.º 23/VII).

aprovação do art. 1.º do projeto de lei n.º 23[81], o *Novidades* desenvolveu uma ampla campanha em favor da inclusão do nome de Deus no texto da Lei Fundamental. Ao longo de vários dias, conferiu destaque de primeira página a algumas intervenções parlamentares que defendiam aquela alteração constitucional, além de dedicar ao assunto alguns editoriais.

Numa atitude crítica da posição tomada pela Câmara Corporativa (raríssimas vezes assumida neste diário católico com igual frontalidade), um articulista do diário católico confessava que não alcançava «a força lógica das razões aduzidas para um voto negativo [daquela câmara]», quando, ainda por cima, se modificavam «artigos da Constituição, introduzindo, por exemplo, uma nova forma da eleição do Chefe do Estado»[82]. Idêntica estranheza era manifestada, num outro editorial, que observava que «nunca a Câmara Corporativa hesitou em conformar os seus Pareceres com a ética do Estado Novo», pelo que, em consequência não deveria recusar que uma «Constituição portuguesa de inspiração cristã» tivesse «no seu frontispício» o nome de Deus, a menos que se interpretasse tal como uma «transigência com o reduzido sector dos comunistas»[83]. Pouco sentido tinha também lembrar que existiam portugueses que não perfilhavam a religião católica, pois «podem eles ter e de facto têm um conceito diferente da essência de Deus, da sua lei e do culto que lhe é devido, mas todos admitem a sua existência»[84].

---

[81] Entre 5 e 21 de Julho de 1959, vários telegramas de apoio ao art. 1.º do projeto de lei n.º 23 chegaram à Mesa da Assembleia, enviados: por leigos e párocos de Vila Nova de Famalicão, Porto, Lisboa, Castelo de Paiva, Ataíde, S. João das Areias, Azambuja, Vale Paraíso, Aveiras de Baixo e Aveiras de Cima, Santa Comba Dão, Oliveira, Amarante, Viseu, Marco de Canavezes, Covilhã, Parede; pelos condes de Casal Ribeiro; pelo bispo titular de Egeia; por membros do VII Congresso de Proteção à Criança (Cf. PT/AHP/Secretaria Geral da Assembleia Nacional e Câmara Corporativa/Serviços Legislativos da Assembleia Nacional/Projetos de lei: Projeto de lei n.º 23/VII – correspondência).
[82] Cf. *Novidades*, 9 de Junho de 1959, pp. 1 e 3. Artigo assinado por M. Costa Nunes.
[83] Cf. *Novidades*, 12 de Junho de 1959, pp. 1 e 3.
[84] Cf. *Novidades*, 7 de Junho de 1959, pp. 1.

Naturalmente, a rejeição pelo Executivo da introdução do nome de Deus na Constituição por ocasião da revisão constitucional de 1959 foi mal recebida em alguns setores eclesiais e constituiu matéria de preocupação para algumas personalidades do regime. Albino dos Reis, findos os trabalhos parlamentares constituintes, informou Salazar desse ambiente: «[...] dei-me conta do alarme causado em algumas pessoas pela reação de alguns setores católicos à posição do Governo na questão do "preâmbulo" à Constituição. Vale a pena seguir com objetividade essa reação». Ainda assim, o presidente da Assembleia Nacional mostrava confiança em que «pouco tempo bastará para reconduzir os exaltados defensores do "preâmbulo" à severidade do juízo e à compreensão de que uma coisa são as responsabilidades do Governo, outra a posição de quem procura tirar partido político de factos e circunstâncias que pela sua seriedade e transcendência o não deviam consentir»[85].

6. Sob o «princípio da cooperação»: novas decisões sobre «matérias mistas» e a execução da Concordata

Nos últimos seis anos da governação de Salazar, a política religiosa do regime conheceu do ponto de vista normativo uma transformação que importa assinalar. Foram publicados vários diplomas sobre matérias mistas, onde se verifica que o Estado, apesar de proceder no âmbito da sua competência unilateral e de não abdicar de possuir instrumentos de fiscalização das atividades da instituição eclesial, desenvolveu uma atitude de maior cooperação com a Igreja Católica.

---

[85] Cf. PT/TT/AOS/CP – 236: carta de Albino dos Reis para Salazar, datada de 22 de Julho de 1959. No meio católico houve também quem não responsabilizasse o Executivo pela rejeição da inclusão do nome de Deus na Constituição. Ilustrativa dessa postura é a carta enviada pelo sacerdote Manuel Lima a Salazar, lamentando que «coisa tão séria seja resolvida do pé para a mão por pessoas que se dizem católicas [...] e que seria votada de chapa se realmente fossem católicos de fé e mandamentos». A solução estava pois em fazer «um inquérito ao Cristianismo dos deputados e componentes da Câmara Corporativa [...]. Um inquéritozinho, Querido Chefe, é que "quem não é comigo é contra mim"» (Cf. PT/TT/AOS/CP – 156: carta do padre Manuel Lima para Salazar, datada de 19 de Julho de 1959).

Tal posicionamento teve ainda uma outra manifestação: o avanço no processo de regulamentação da Concordata. Após mais de uma década sobre a assinatura dos acordos de 1940, o Governo legislou sobre matérias concordatárias de impacto significativo na ordem pública e social. Esta realidade indica que, com maior facilidade, o Executivo se dispôs a abordar um maior número de conteúdos concretos sujeitos à bilateridade normativa, em detrimento da unilateralidade do Estado.

Em função de tal, cresceu o financiamento direto e indireto da Igreja Católica, não só na metrópole como nos territórios coloniais. Não sendo a legislação produzida para as colónias objeto de análise neste trabalho, faça-se aqui uma exceção para salientar o aumento, neste período, do apoio financeiro direto à ação missionária. Tal sucedeu, por exemplo, por via da oficialização do ensino primário elementar ministrado nas missões católicas portuguesas, estabelecida por decreto-lei n.º 45 908 de 10 de Setembro de 1964, que promulgou a reforma do ensino primário elementar nas províncias ultramarinas. No relatório do diploma justificava-se essa medida pelo reconhecimento da «cooperação» que aquelas missões «têm trazido ao Estado». Estabelecia-se que o Estado passava a facultar àquelas missões, sempre que possível, pessoal docente diplomado, e ou monitores escolares, dos quadros oficiais e por ele remunerados, mediante solicitação e concordância dos prelados das dioceses, bem como auxílio para a construção e apetrechamento escolares (art. 7.º).

As fontes disponíveis não permitem apresentar uma explicação, de base empírica, para essa evolução. Parece razoável, porém, considerar que a conjuntura política desses anos, marcada pela guerra em África, pelo afastamento de alguns setores do catolicismo da base de apoio do regime (em muitos casos, motivado pela crítica à estratégia política para aquele conflito militar) e também por reações de insatisfação da Santa Sé em relação à política colonial do regime, suscitou, na classe política dirigente, a necessidade de reforçar o *status* da Igreja Católica, cedendo condições para uma ampliação da ação dos seus agentes e organizações. Dessa forma, não só o Estado satisfazia alguns dos interesses manifestados pela Igreja, como, em troca da cooperação que se dispunha realizar, esperava que não se registasse a desafetação da instituição eclesial ao regime e que não surgissem perturbações nos domínios partilhados de intervenção social.

Pela observação das negociações pré-legislativas desses novos diplomas e dos comportamentos dos decisores políticos envolvidos, pode também admitir-se que se está perante uma fase particular na governação de Salazar. Por um lado, este mostrou-se mais permeável às posições aconselhadas pelos seus ministros, também eles mais autónomos nestes anos (sendo que, em grande medida, a sua autonomia parece ter passado pelo que sugeriam que fosse legislado, pela preparação dos projetos de diplomas que pretendiam ver aprovados e pela rentabilização das interpelações que lhes eram diretamente colocadas pelas autoridades religiosas). Algumas das matérias legisladas foram-no, como se verá, por sugestão de alguns ministros. Por outro lado, favoreceu-se a ocupação do espaço público pela simbólica católica. Não por acaso, na década de 1960, o Executivo explorou as efemérides da Igreja Católica associando-as à vida pública, fomentando a associação entre catolicismo e nacionalismo. Dessa forma, colocou em circulação selos postais alusivos ao Padre Cruz (1960) e a S. Gabriel (1962), um bilhete-postal dedicado a Fátima (1964) e selos postais comemorativos do terceiro centenário da morte de S. Vicente de Paulo (1963), do centenário do Sameiro (1964), do VI Congresso do Comité Internacional para a Defesa da Civilização Cristã (1966), do primeiro centenário da Congregação do Espírito Santo (Angola, 1966), e do cinquentenário das aparições de Nossa Senhora de Fátima (1967). Considerou ainda feriado nacional o dia 13 de Maio, no ano daquela celebração mariana[86].

Também o que ficara consagrado no art. XVIII da Concordata, relativo à assistência religiosa aos militares em campanha, sofreu um desenvolvimento, com a publicação de legislação que, entre 1958 e 1961, permitiu completar a organização da assistência religiosa em cada um dos ramos das Forças Armadas (iniciada em alguns casos em

---

[86] Cf. *Diário do Governo*, I Série, n.º 160: Portaria n.º 17 816 de 12 de Julho de 1960; n.º 23: Portaria n.º 19 000 de 2 de Fevereiro de 1962; n.º 118: Portaria n.º 19 861 de 18 de Maio de 1963; n.º 57: Portaria n.º 20 420 de 7 de Março de 1964; n.º 131: Portaria n.º 20 617 de 3 de Junho de 1964; n.º 45: Portaria n.º 21 891 de 23 de Fevereiro de 1966; n.º 182: Portaria n.º 22 158 de 6 de Agosto de 1966; n.º 100: Portaria n.º 22 659, de 27 de Abril de 1968; n.º 111: Portaria n.º 22 677 de 10 de Maio de 1967; n.º 112: Decreto-Lei n.º 47 689 de 11 de Maio de 1967.

1941), sob direção do respetivo capelão-chefe. Foi ainda criado, em Setembro de 1966, pelo decreto-lei n.º 47 188, o serviço de assistência religiosa permanente às Forças Armadas. O estabelecimento desse serviço aconteceu depois de, em 29 de Maio de 1966, por acordo entre o Governo português e a Santa Sé, ser erigido o Vicariato Castrense de Portugal, para assistência às Forças Armadas e também, quando fosse oportuno, às Forças Militarizadas (Guarda Nacional Republicana, Guarda Fiscal e Polícia de Segurança Pública). Quer a criação do Vicariato Castrense e da correspondente Capelania-Mor das Forças Armadas, quer a reorganização no foro civil e militar daquela assistência religiosa, foram impulsionadas pela eclosão do conflito armado em África (1961). O aumento da mobilização de efetivos militares gerara a necessidade de ter disponível um maior número de capelães para os corpos expedicionários, e, em tais circunstâncias, tornara-se mais fácil admitir uma direção única para a assistência religiosa permanente às Forças Armadas[87].

6.1. O novo Estatuto da Saúde e Assistência

No plano da assistência social, em 1963, foi publicado o novo Estatuto da Saúde e Assistência, que definiu os princípios em que assentavam as novas reformas a realizar pelo Ministério da Saúde e Assistência, para estabelecimento da nova política nacional de saúde. O Estatuto manteve as funções centrais de saúde e assistência atribuídas às Misericórdias, nos concelhos onde estavam inseridas, e estimulou a participação das entidades particulares na prestação de atividades de saúde e assistência. A contribuição das instituições particulares no domínio assistencial e da saúde continuava, no entanto, a ter carácter supletivo, dado que o Estado, através do ministério da tutela, não abdicava de ter sobre a sua alçada determinados serviços de saúde geral e outros cuja complexidade ou interesse público justificavam ser mantidos em regime oficial, nem renunciava a exercer, quanto à política de assistên-

---

[87] Para um maior desenvolvimento desta questão, veja-se: Miguel Falcão, «A Concordata de 1940 e a assistência religiosa às Forças Armadas»..., pp. 208-231.

cia, funções diretivas, orientadoras e fiscalizadoras sobre os organismos, instituições ou serviços que se destinassem a prestar aquelas atividades e se dispusessem a executar os planos por ele traçados[88]. Ainda assim, o diploma foi bem recebido por setores católicos envolvidos nas atividades de saúde e assistência, interessados em atuarem nos organismos do Estado dedicados a essas ações, desde que salvaguardada a possibilidade de aí exercerem uma missão evangelizadora. A possibilidade das iniciativas privadas de assistência serem intervencionadas pelo poder central era também bem acolhida, na perspetiva de, por essa via, se recolherem financiamentos públicos para a sua manutenção. Nessa linha, começava a abandonar-se a defesa da autonomia da Igreja Católica no domínio das prestações assistenciais, como sucedera por altura da publicação do Estatuto da Assistência Social em 1944, pela lei n.º 1998, existindo uma aceitação generalizada da responsabilidade social e da competência do Estado nestas matérias.

Enquanto se preparava a publicação deste Estatuto, tentou-se produzir um diploma relativo ao regime jurídico das Misericórdias. Tratava-se de encontrar uma solução para as questões polémicas da natureza e da tutela das misericórdias, que vinham gerando atritos entre o Estado e a autoridade religiosa, e que haviam sido despoletadas após o Código Administrativo de 1940 determinar que aquelas instituições, apesar de não serem associações religiosas, só podiam ser criadas e administradas por irmandades ou confrarias canonicamente eretas (art.º 433.º), quando até então o seu estabelecimento só dependia do poder central, que organizava também os seus compromissos (estatutos) e atividades. Os trabalhos, para esse efeito, foram coordenados pelo ministro da tutela, Henrique Martins de Carvalho, e envolveram negociações com o episcopado, que foi representado pelo arcebispo de Braga e por José Maria Braga da Cruz. As conversações arrastaram-se durante meses mas foram inconclusivas[89]. Até ao 25 de Abril de 1974, acabou por perdurar a solução de enquadramento jurídico que fora ditada em 7 de Novembro de 1945, pelo decreto-lei n.º 35 108. Aí se

---

[88] Cf. *Diário do Governo*, I Série, n.º 169: Lei n.º 2 120 de 19 de Julho de 1963.

[89] Cf. PT/TT/AOS/CP-53, fls. 471 e 496: notas confidenciais de Henrique Martins de Carvalho, na qualidade de ministro da Saúde e Assistência, para Salazar, datadas de 23 de Maio e 6 de Julho de 1960.

estipulava que a aprovação dos compromissos das misericórdias cabia ao Governo, que estes estabelecimentos podiam promover a criação de irmandades ou confrarias, mas a estas apenas se lhes reconhecia a possibilidade da administração do culto nas igrejas ou capelas das misericórdias e a prestação de assistência religiosa e moral aos assistidos. Admitia-se que nas mesas das misericórdias tivesse representado um membro das irmandades ou confrarias canonicamente eretas. A nomeação dos capelães ficava sujeita ao disposto na Concordata e em legislação complementar.

6.2. O entendimento sobre a criação de uma universidade católica

No plano educativo, foi relevante o acordo, firmado em Novembro de 1963, entre o Estado, por intermédio da Câmara Municipal de Lisboa, e o Patriarcado de Lisboa, envolvendo a entrega de terrenos, na posse da Comissão Administrativa das Novas Instalações Universitárias e da Câmara Municipal de Lisboa, para a construção da Universidade Católica. Essa cedência registava-se a título de indemnização ao Patriarcado pelos terrenos da Cerca de S. Vicente de Fora, utilizados na construção do Liceu Gil Vicente, em Lisboa[90]. A negociação entre o Executivo e o episcopado para a criação de uma universidade católica arrastava-se havia anos. Aquele acordo representava a cedência de Salazar ao interesse católico que reclamava aquele estabelecimento de ensino superior. Ainda assim, não era uma cedência completa, dado o presidente do Conselho recusar a atribuição de estatuto jurídico civil à Universidade Católica (esse passo, aliás, como adiante se verá, só seria dado no marcelismo).

A hierarquia eclesiástica gerira o assunto através do cardeal Cerejeira, que justificara a necessidade de um estabelecimento confessional de estudos superiores religiosos em Portugal, recorrendo quer ao can. 1379, § 2, do Código de Direito Canónico, que recomendava a sua fundação nos países onde as universidades públicas não fossem cató-

---

[90] Cf. *Diário do Governo*, I Série, n.º 275: Decreto-Lei n.º 45 382 de 23 de Novembro de 1963.

licas, quer ao can. 138 do Concílio Plenário Português (1926), que havia decretado que se instituísse um instituto católico para aquele ensino logo que possível. Em 1952, o episcopado apresentara aquela iniciativa como «conclusão natural e necessária do nosso ideal educativo». Ainda nesse ano, numa ronda negocial sobre a matéria, a autoridade religiosa defendera que um futuro instituto de estudos superiores religiosos fosse estabelecido em Lisboa. Caso não existisse a possibilidade de vir a ser integrado na Universidade de Coimbra, a localização naquela cidade não interessava, porque «[esse instituto] ficaria de nascença descategorizado. Em Coimbra só se impõe o que tenha o prestígio da Universidade».

A hipótese de Lisboa envolvia o espaço de S. Vicente de Fora, onde se poderia instalar aquele estabelecimento, dado que na capital existiam e também se projetavam novos institutos de congregações religiosas. Salazar rejeitou essa possibilidade, tal como não aceitou a ideia de uma universidade canónica reconhecida e sustentada pelo Estado, preferindo a simples restauração da antiga Faculdade de Teologia em Coimbra (no que era acompanhado pela Faculdade de Letras e pelo Senado Universitário de Coimbra)[91]. As razões dessa preferência, que não satisfazia as autoridades religiosas, explicou-as o presidente do Conselho ao ministro da Educação Nacional, Fernando Pires de Lima, dois anos depois, quando contactado por aquele a propósito de uma conversa que mantivera sobre o assunto com o patriarca de Lisboa[92].

Para Salazar, a ideia da criação de uma universidade católica como a sustentava o cardeal Cerejeira significava que se pretendia «criar ou se tendia para a criação de uma Universidade completa, com todas as

---

[91] Cf. PT/TT/AOS/PC-32, fls. 152-155: documento manuscrito sobre a instituição em Portugal de estudos superiores religiosos, [datado de Junho de 1952].

[92] Cf. PT/TT/AOS/CO/ED-10, Pt. 7, 1.ª subd., fls. 42-44: carta de Fernando Pires de Lima, na qualidade de ministro da Educação Nacional, para Salazar, datada de 15 de Março de 1954. Apesar de se mostrar sensível à necessidade de ser criada uma universidade católica em Portugal, o ministro dizia que na posição do episcopado lhe parecia haver «realidades não muito convenientes», «quanto à posição da nova Universidade em face da Universidade». Pires de Lima confirmava ainda que o «episcopado não deseja a restauração [da Faculdade de Teologia de Coimbra]», mas «pelo menos deliberou não fazer objeção, desde que não seja prejudicada a Universidade Católica em projeto».

Faculdades», o que classificava de «sonhos sem consistência, aspirações sem possibilidades de realização». A solução viável parecia-lhe ser «que a Igreja e o Estado criassem em Coimbra uma Faculdade de Teologia», embora reconhecesse que «o que certamente aterra o episcopado é uma Faculdade apenas dependente do Ministério da Educação e independente da Igreja – tipo anterior a 1910». Esse receio o chefe do Executivo entendia-o como legítimo, sobretudo perante o «cenário anterior em que a Faculdade podia estar em rebelião com o episcopado e defender doutrinas ou condenadas ou mal vistas em Roma», contudo assegurava que não se iria «reincidir em condenáveis situações». A hipótese de «uma Faculdade de Teologia, mesmo criada e sustentada pelo Estado», deveria criar-se em «regime de perfeito acordo com a Igreja».

Salazar não punha em causa a necessidade de se promoverem estudos superiores para a formação do clero, que sem eles «deixará muito a desejar». Equacionava ainda o perigo que representavam as alternativas desses estudos serem feitos em «Roma (Universidade Gregoriana)» ou nas «Universidades Católicas estrangeiras (francesas, belgas, etc)», dado que «enquanto a primeira vinca sobretudo o internacionalismo da Igreja, as outras habituam os educandos, às lutas políticas partidárias, e em especial aos partidos católicos», pelo que «não podem convir ao País nem uma nem outra deformação intelectual e profissional». A melhor solução parecia-lhe «formar no nosso País – com destino ao professorado dos seminários, aos canonicatos e câmaras eclesiásticas, e ao episcopado – os sacerdotes mais inteligentes e com maiores possibilidades».

O que o chefe do Governo rejeitava categoricamente era criar uma universidade católica que assegurasse outras formações, afinal «tudo o que o Estado tem serve perfeitamente para os católicos e mesmo para os aspirantes ao sacerdócio. O que há é [que] complementar com Teologia e Direito Canónico (e talvez com alguma Filosofia) o ensino oficial». Parecia-lhe «perigoso» que a Igreja se metesse «a ter um Instituto Católico – com Ciências, Letras, Filosofia, Medicina, Teologia, etc.», porque «ou é de nível do secundário ou [dá-se] a invasão incontrolada de professores estrangeiros». Na exposição ao ministro, Salazar fazia ainda notar que a disponibilidade do Estado para apoiar materialmente esse projeto católico era limitada, em especial porque «não tendo o

Estado satisfeito ainda razoavelmente as necessidades do ensino oficial, não vai dar dinheiro para subsidiar a construção ou manutenção de uma Universidade ou Instituto Católico». Mantendo ainda a solução de Coimbra, o presidente do Conselho adiantava que pensara destinar o Convento de Santa Clara para uma residência dos futuros estudantes da Faculdade de Teologia. Para que não restassem dúvidas sobre a possibilidade de ser restaurada aquela Faculdade e de, em simultâneo, o Estado apoiar uma universidade católica, Salazar clarificava que «as duas soluções ao mesmo tempo» lhe pareciam «inadmissíveis e injustificáveis», tanto mais que «a nossa Faculdade de Teologia não teria um único aluno»[93].

A desconfiança que Salazar revelou sobre o projeto das autoridades religiosas de criarem uma universidade católica com faculdades de vários ramos, não desapareceu com o tempo. Em Junho de 1967, Salazar discutiu ainda essa questão com o núncio apostólico[94]. É curioso constatar que Caetano, enquanto presidente do Conselho, também se mostrou relutante quanto ao erigir de novas Faculdades da Universidade Católica, para além da Faculdade de Teologia, aberta em 1968. Esse receio transpareceu aquando da criação da Faculdade de Ciências Humanas daquela Universidade.

---

[93] Cf. PT/TT/AOS/CO/ED-10, Pt. 7, fls. 45-48: cópia da exposição enviada por Salazar ao ministro da Educação Nacional, datada de 20 de Março de 1954. O chefe do Governo indica ainda a Pires de Lima que: «nunca me ocupei deste assunto nestes termos com o Senhor Patriarca. Desde sempre notei uma aspiração de grandeza para que já não bastará S. Vicente mas para que também não haverá dinheiro». Registava, porém, que «disse alguma coisa disto há tempos ao bispo de Portalegre [D. Agostinho Joaquim Lopes de Moura] que me pareceu encantado com a minha ideia».

[94] Cf. PT/TT/AOS/PC-6 B, Pt. 28, 1.ª subd., fls. 381-383: nota de José Soares da Fonseca para Salazar, datada de 2 de Junho de 1967. Este contacto do então *leader* parlamentar com o chefe do Governo tinha por propósito comunicar, «em ligação com o pensamento exposto por Vossa Excelência [Salazar] ao Núncio», que a diplomacia vaticana havia manifestado junto do ministro da Justiça, João Antunes Varela, a intenção de criar «uma Universidade "vasta" em Lisboa», ideia que merecia o assentimento do ministro. Soares da Fonseca indicava que também o papa Paulo VI, durante a vinda a Fátima, «aludiu a ele [o problema da Universidade Católica], embora mais vagamente, ao chefe de Estado».

6.3. Discussões sobre o regime do ensino particular

Ainda no âmbito do ensino privado é importante sublinhar que, nestes anos, o seu regime foi amplamente discutido. Ciclicamente alguns setores católicos abriam a discussão quanto à circunstância de ainda não ter sido dado cabal cumprimento aos preceitos constitucionais e concordatários sobre a liberdade de ensino e aludiam a que aí se previa que o ensino privado fosse oficializado e subsidiado. Em 1964, num contexto de reordenamento da rede escolar e de mudanças no regime de escolaridade, mas também de reorganização interna dos serviços educativos da própria Igreja, que em Agosto erigiu o Secretariado do Ensino Particular Diocesano do Patriarcado de Lisboa[95], o próprio episcopado publicou uma nota sobre o ensino da Igreja, onde denunciava a submissão do ensino particular ao oficial. Recordando o direito primário da família em matéria de educação e o dever de cooperação do Estado com ela, os bispos reclamavam o direito de abrir escolas particulares paralelas às do Estado e, sobretudo, a obrigação que imputavam ao Estado de favorecer as instituições particulares de ensino, designadamente pela subvenção pública e oficialização dessas escolas. Mostravam-se ainda magoados («dói profundamente à Igreja») com acusações de que «só cuida dos filhos dos ricos» e lembravam o trabalho feito através de escolas, asilos, patronatos e seminários, e não temiam insistir na ideia de que «o Estado não poderia, por si só, resolver o problema do ensino e da educação nacional», alegando mesmo que entre os «dois ensinos, o oficial e o livre, resulta mais dispendioso o do Estado»[96].

Não era a primeira vez que se esgrimiam estes argumentos, já explorados, por exemplo, em 1949, por ocasião da discussão da proposta de lei n.º 252, que tratava da atualização do Estatuto do Ensino Particular, pela qual se pretendia aumentar a supervisão estatal sobre os

---

[95] Para o cargo de primeiro secretário diocesano deste organismo, o cardeal Cerejeira nomeou o padre João S. Cabeçadas (Cf. PT/AHPL/ACC/S-02/03/010: «Secretariado do Ensino Particular Diocesano do Patriarcado de Lisboa: Estatutos»).
[96] Cf. «Nota pastoral do Episcopado sobre o Ensino da Igreja» in *Boletim da ACP*, n.º 361-362, Julho-Agosto de 1964, pp. 69-71.

estabelecimentos de ensino privado, mediante o aperfeiçoamento do funcionamento dos serviços de inspeção escolar ou pela imposição de programas de modelo único. Aí o Executivo omitira qualquer apoio financeiro e desqualificara o ensino liceal particular impondo um baixo perfil para os docentes, naquela que era uma solução de recurso para a falta de professores, num quadro de crescente procura de educação de nível básico e secundário (tendência instalada depois da II Guerra Mundial e crescente até final dos anos de 1950).

Na época, também o parecer da Câmara Corporativa, redigido pelo jesuíta Paulo Durão Alves, provocou celeuma, levantando a questão de dever existir um regime geral de Inspeção do Ensino Particular e um regime especial para escolas dependentes da Igreja Católica ou de institutos religiosos. Esta posição era defendida pelo relator, mas não mereceu concordância dos restantes procuradores que acolhiam o modelo de inspeção previsto no diploma. Caso raro de afirmação da autonomia de um membro da Câmara Corporativa, o posicionamento do padre Paulo Durão suscitou amplos apoios no exterior, gerando um movimento de reivindicação da liberdade de ensino para a Igreja Católica que se concretizou no envio de representações e telegramas à Assembleia Nacional. Esta pressão acabou por produzir alguns efeitos, levando à modificação de algumas bases da proposta governamental, sem que os interesses do Governo fossem prejudicados. A alteração mais relevante envolveu o n.º 2 da base VI, que passava a considerar como «superior o curso teológico dos seminários de formação eclesiástica ou os cursos especiais de preparação para o ensino secundário que, sob parecer da Junta Nacional de Educação, se julgar oferecerem garantias suficientes»[97]. Publicada, a proposta de lei n.º 252 originou o

---

[97] Sobre a discussão parlamentar que envolveu a proposta de lei n.º 252 e o parecer da Câmara Corporativa, veja-se: Paula Borges Santos, *A Questão Religiosa no Parlamento (1935-1974)...*, pp. 108. Outra reflexão sobre esse debate, a merecer leitura, foi produzida por: Joaquim Pintassilgo, «Igreja, Estado e Família no debate sobre o ensino particular em Portugal (meados do século XX)» in *Estado, Igreja e Educação: o mundo ibero-americano nos séculos XIX e XX*, org. de Carlos Henrique de Carvalho e Wenceslau Gonçalves Neto, Campinas, Editora Alínea, 2010, p. 181-198.

decreto n.º 37:545 de 8 de Setembro de 1949, correspondente ao chamado «5.º Estatuto do Ensino Particular»[98].

O debate sobre a situação do ensino privado permaneceu vivo nos anos subsequentes, ecoando algumas vezes na Assembleia Nacional, através de avisos prévios apresentados por diferentes deputados[99]. Para tanto contribuiu a publicação de sucessivos normativos que tinham implicações para a ação das escolas particulares ou para o estatuto daquele ensino, tais como: as revisões sucessivas que aquele estatuto (1957, 1959, 1962); declarações governamentais colocando a hipótese de oficialização de estabelecimentos de ensino particular, em Lisboa e noutras cidades do País; o incremento do plano de construção escolar de novos liceus públicos (1958); a nomeação de uma comissão destinada a pensar a questão da unificação do 1.º ciclo dos ensinos liceal e técnico, onde pela primeira vez se cedia representação ao ensino particular; o aumento dos encargos fiscais do ensino particular, determinado pelo Código de Contribuição Industrial (1963); a representação dada ao ensino particular e à Igreja na Junta Nacional de Educação; o estabelecimento de subsídios (até 40%) para construção, ampliação e apetrechamento de estabelecimentos do ensino particular (1964), devendo em contrapartida os colégios beneficiados proporcionar ensino gratuito ou reduções dos custos aos alunos de fracos recursos económicos[100].

---

[98] Para maior detalhe das críticas feitas por elementos católicos ao «5.º Estatuto do Ensino Particular», nos anos seguintes à sua publicação, consulte-se: Jorge Cotovio, *O Ensino Privado nas décadas de 50, 60 e 70 do século XX. O contributo das escolas católicas*, Coimbra, Gráfica de Coimbra 2, 2012, pp. 149-152.

[99] Na Assembleia Nacional debateu-se a maior implantação territorial do ensino particular face ao público. Recordou-se o importância da realização do I Congresso Nacional do Ensino Particular e Cooperativo, realizado entre 20 e 25 de Abril de 1965. Foi pedida a criação de uma universidade católica em Braga, bem como a restauração da Faculdade de Teologia de Coimbra. Nestes debates emergiram ainda questões relacionadas com: o papel da família na educação moral e cívica da juventude; a reforma da MP; pedidos de apoio estatal para desenvolvimento dos movimentos escutistas, de prolongamento da escolaridade obrigatória e gratuita Mais informações sobre o conteúdo dessas intervenções encontram-se em: Paula Borges Santos, *ibidem*, pp. 108-116; Jorge Cotovio, *ibidem*, pp. 191, 311-345.

[100] Cf. Jorge Cotovio, *ibidem*, pp. 153-169.

Num momento muito inicial do longo processo de preparação do Estatuto da Educação Nacional, impulsionado e desenvolvido pelo ministro da Educação, Inocêncio Galvão Teles, chegou a ser equacionada a subvenção das escolas particulares, designadamente a possibilidade de pagamento de salários aos professores, idênticos aos do ensino público, e de despesas correntes. A informação, contida no relatório «Evolução da Estrutura Escolar Portuguesa – (Metrópole) Previsão para 1975», produzido em 1964 pelo Centro de Estudos de Estatística Económica, desencadeou em círculos católicos expetativas positivas quanto a uma mudança real no regime do ensino privado[101]. Anos mais tarde, em 1967, numa outra fase dos trabalhos preparatórios daquele diploma, essa convicção foi ultrapassada após se constatar que aquele ensino continuava a reger-se por uma «legislação demasiadamente estatista de tal forma que «se, por um lado, se diz que serão conferidas determinadas regalias àquele ensino, logo, por outro lado, as exigências são tais que todas aquelas regalias ou lhe são retiradas ou são mesmo inoperantes»[102]. Outros embates haviam, entretanto, surgido entre o Ministério da Educação Nacional e o Secretariado do Ensino Particular Diocesano do Patriarcado de Lisboa, por exemplo, a propósito da localização dos novos liceus ou secções liceais públicas, que responsáveis eclesiásticos alegavam estarem a ser criados junto dos estabelecimento de ensino privado confessionais, retirando-lhes, pela concorrência que impunham, «probabilidades de sobreviver sob o ponto de vista material»[103].

Junto do legislador tiveram algum peso posições semelhantes a esta, tanto que, no momento de publicação do Projeto do Estatuto da Educação Nacional (1969), ainda que mantivesse a sujeição das escolas privadas à orientação e fiscalização do Estado, se reconhecia: o princípio da liberdade de ensino, de acordo com a Lei de Bases do Ensino

---

[101] Cf. Idem, *ibidem*, 172-173, 194-19.

[102] Cf. PT/MESG/JNE/UI 306: Relatório Geral da 8.ª Secção da Junta Nacional de Educação, datado de 8 de Maio de 1967, da autoria do padre António Alves de Campos, assistente nacional da MP.

[103] Cf. Carta do padre João Cabeçadas, datada de 22 de Fevereiro de 1966, dirigida ao ministro Inocêncio Galvão Teles, citada por Jorge Cotovio, *ibidem*, Anexo IIA, p. 1016.

Particular e com a Concordata, a função de interesse público do ensino particular, a frequência nos estabelecimentos privados, para efeitos de exame, o direito à livre escolha dos docentes e alunos e de livre organização, a assistência técnico-pedagógica dos serviços do Estado, a possibilidade de uma escola privada ser concessionária da gestão de um estabelecimento público, etc[104]. Esta realidade, contudo, não chegou a sair do papel, sendo aquele Projeto abandonado durante a governação de Marcelo Caetano.

6.4. A regulação do ensino da moral e religião nas escolas primárias oficiais

Ainda por influência de Galvão Teles, depois de 1964, o Governo legislou sobre assuntos que, desde a assinatura da Concordata, aguardavam regulamentação por falta de vontade política. Em 25 de Agosto de 1965, por intermédio da portaria n.º 21 490, em conformidade com o art. XXI da Concordata e na sequência do que vinha sendo praticado (ainda a título experimental), o Executivo determinou a regulação da incumbência do ensino da moral e religião, a fazer nas escolas primárias oficiais, segundo os planos e textos aprovados. De acordo com esse diploma, aquele ensino passaria a ser ministrado nas escolas primárias públicas por uma das seguintes entidades: a) pároco da freguesia, b) outro sacerdote, c) agente do ensino primário, d) outra pessoa que aceite o encargo. Registava-se que a incumbência desse ensino cabia às entidades que fossem objeto de indicação do prelado da diocese, embora devesse ter a concordância do ministro da Educação Nacional. Essa concordância, contudo, estava presumida, desde que não existisse declaração em contrário. Instruíam-se ainda as escolas do magistério primário a preparar os seus alunos para, uma vez tornados professores, ministrar aquele ensino[105].

---

[104] Cf. Jorge Cotovio, *ibidem*, pp. 183-184.
[105] Cf. *Diário do Governo*, I Série, n.º 191: Portaria n.º 21:490 de 25 de Agosto de 1965.

A SEGUNDA SEPARAÇÃO

O diploma começara a ser preparado cerca de um ano antes. Em Julho de 1964, Galvão Teles alertara Salazar para o facto de as disposições da Concordata sobre ensino da moral e religião nunca terem recebido «regulamentação no tocante à instrução primária», pelo que «as coisas têm decorrido um pouco ao sabor das circunstâncias e verdadeiramente à margem da concordata. [...] Tudo se processa fora de qualquer orientação definida, sem intervenção dos superiores hierárquicos, pelo menos dos serviços centrais, e também segundo creio, sem intervenção das autoridades religiosas». Nesse cenário, e tendo conhecimento de que os bispos haviam tomado uma resolução colectiva sobre a matéria, o ministro decidira elaborar um «projeto de regulamento [...] onde o problema naturalmente também é considerado do ponto de vista do Estado». Apesar de se tratar «de simples regulamentação, que se conta dentro dos limites da Concordata», porque o «assunto reveste ou pode revestir delicadeza política», Galvão Teles submetia-o à consideração do chefe do Governo[106].

Salazar fez modificações ao projeto de portaria, mas esta demorou a sair em virtude de negociações com as autoridades religiosas sobre o seu teor. Segundo o titular da pasta da Educação Nacional, o episcopado mostrava-se «muito receoso de indicar os professores e não ter depois maneira eficiente de controlar a sua idoneidade», pelo que desejaria que na portaria ficasse «consignada a faculdade de inspeção dos professores por agentes seus». Galvão Teles não cedera nesse ponto e «daí o "ponto morto" em que se caiu.»

Uma vez publicada, aquela que veio a ser a portaria n.º 21 490 foi particularmente bem acolhida pelo episcopado e por responsáveis católicos ligados ao trabalho educativo[107].

---

[106] Cf. PT/TT/AOS/CP-266: cartas de Inocêncio Galvão Teles, ministro da Educação Nacional, para Salazar, datadas de 31 de Julho de 1964 e de 16 de Maio de 1965.

[107] O próprio ministro informou Salazar dessas reações, selecionando um número de O *Ardina*, onde se transcrevia uma carta enviada de Roma, do administrador apostólico da diocese do Porto, comentando aquela iniciativa legislativa. Escrevera D. Florentino de Andrade e Silva: «Publicou recentemente o senhor Ministro da Educação Nacional uma portaria que regula a incumbência do ensino da Religião e Moral nas escolas primárias. É um documento breve na extensão, mas de grande relevância no seu conteúdo, pois nele se estabelecem as bases, embora ainda a título experimental

CAPÍTULO IV

CONTINUIDADES E AJUSTAMENTOS NA RELAÇÃO ENTRE O ESTADO E AS IGREJAS (1968-1974)

Nos últimos anos do regime autoritário, ganhou forma um processo de mutação das relações entre a política e a religião. Este processo teve o seu cerne em diferentes possibilidades de organização do relacionamento do Estado com a Igreja Católica e com as confissões religiosas não católicas.

As alterações no ordenamento jurídico português promovidas pelo poder político, em concreto pelo Governo, no tocante às relações do Estado com as Igrejas, não foram de molde a alterar em profundidade as suas normas estruturantes. A revisão constitucional de 1971 continuou a preservar o princípio jurídico da separação e a conferir à religião católica um estatuto de discriminação positiva face ao das restantes religiões. No tocante à liberdade religiosa, o texto constitucional aproximou-se do que havia já estado inscrito na Lei Fundamental de 1933, isto é, recuperando aquela liberdade no aspeto da sua dimensão

---

como o requeria a boa prudência governativa, de uma séria aplicação do artigo XXI da Concordata ao sector primário do Ensino. Estamos perante a medida oficial do mais elevado alcance até agora tomada sobre matéria tão importante. [...] [Há que] organizar um serviço regular de ensino religioso em todas as escolas primárias da diocese. [...] nem a catequese paroquial, por melhor organizada que esteja, pode fazer-nos subestimar o ensino religioso nas escolas, nem, vice-versa, a devida organização deste pode levar-nos a descurar ou a afrouxar a manutenção e a promoção daquela.» (Cf. PT/TT/AOS/CP-266: cartão de Inocêncio Galvão Teles, na qualidade de ministro da Educação Nacional, para Salazar, sem data; anexo: fotocópias de O Ardina, de Novembro de 1965).

institucional de liberdade de organização de todas as confissões religiosas. Ausente do assento constitucional continuou uma dimensão individual de liberdade religiosa e de inviolabilidade de crenças e práticas religiosas, com tudo quanto isso implicava. No entanto, face ao que em 1951 havia ficado consagrado na Constituição, estava-se diante de uma nova caracterização das relações do Estado com as Igrejas. Esse lastro de mudança ganhou alguma concretização ainda com a publicação da lei de liberdade religiosa, em Agosto de 1971, que previu um «sistema de reconhecimento das confissões não católicas»[1], inexistente até então.

Tais alterações colidiram com expectativas de diversos setores católicos, que se movimentaram no sentido de as condicionar ou de impor uma nova arquitetura para o relacionamento do Estado com as Igrejas e, particularmente, com a Igreja Católica. As autoridades religiosas e alguns setores do laicado reagiram sobretudo à possibilidade de reconhecimento de outras confissões religiosas a partir de uma nova moldura legal que as colocava aparentemente em igualdade com o catolicismo. Tratou-se de uma resistência à perda do estatuto especial (histórico e sociológico) reconhecido à religião católica. Em contrapartida, houve também elementos católicos que, perante a nova moldura jurídica do fenómeno religioso, e a partir de novas referências políticas e eclesiais, debateram a conveniência de Portugal possuir um regime concordatário. O debate público destas questões fez-se também nos circuitos de algumas confissões não católicas, que reclamavam uma aplicação jurídica da liberdade religiosa para todas as pessoas e grupos e recusavam opções político-jurídicas onde transparecia uma situação de mera tolerância das comunidades não católicas.

1. A liberdade religiosa como princípio central do pensamento de Caetano

À semelhança do que fora o comportamento de Salazar sobre matéria religiosa, também Caetano não falou muito sobre as relações entre

---

[1] Cf. Jorge Miranda, «A Concordata e a ordem constitucional portuguesa»..., pp. 78-79.

a política e a religião. Contudo, a forma como governou e, principalmente, os diplomas que apresentou para promover a revisão do estatuto jurídico das confissões religiosas, parecem apontar para um objetivo principal: a criação de uma lei relativa à liberdade religiosa, durante a sua condução do Executivo. Com efeito, demostrou não se ter afastado do que já em 1951, enquanto relator do parecer da Câmara Corporativa sobre a proposta de lei n.º 111 (Alterações à Constituição), deixara expresso sobre o relacionamento do Estado com as Igrejas. Nessa altura, como atrás se observou, defendera a necessidade de tocar o menos possível na redação dos arts. 45.º e 46.º da Constituição de 1933, considerara inconveniente abrir caminhos para a criação de um regime de religião oficial (católica) e insistira na necessidade de garantir uma liberdade de culto igual para todas as confissões religiosas.

A sensibilidade ao problema da liberdade religiosa era, de facto, antiga em Marcelo Caetano e manifestara-se já na época em que fora titular da pasta das Colónias (1944-1947). No exercício desse cargo, procurara inteirar-se da situação das comunidades protestantes e maometanas nos territórios portugueses e mantivera um clima de diálogo com representantes das missões evangélicas em África[2]. Procurara também favorecer as missões católicas portuguesas, satisfazendo alguns dos pedidos que lhe dirigiriam os bispos ultramarinos[3]. Demonstrara, nesse tempo, repudiar a ideia de uma religião de Estado. Em carta para D. Manuel Trindade Salgueiro, datada aproximadamente de 1945, Caetano lamentava que, na sua passagem pelo comissariado da Mocidade Portuguesa, em contacto com «certos homens da Igreja», tivesse

---

[2] Dessa época, datava a amizade que manteria ao longo da vida com o pastor Eduardo Henriques Moreira, que conhecera enquanto presidente da Aliança Evangélica Portuguesa. Para mais elementos sobre essa relação, consulte-se a correspondência trocada entre ambos, disponível no Arquivo Marcelo Caetano (Cf. PT/TT/AMC, Cx. 39, n.ºs 1 a 18).

[3] O interesse de Marcelo Caetano, na qualidade de ministro das Colónias, pela situação das missões católicas portuguesas em África, e a satisfação dos prelados com aquele seu interlocutor, encontram-se bem documentados na correspondência que manteve com alguns bispos ultramarinos como D. Rafael Maria da Assunção (bispo de Limira), D. Sebastião Soares de Resende (bispo da Beira), D. Teodósio de Gouveia (arcebispo de Lourenço Marques) e D. Teófilo Andrade (bispo de Nampula). Veja-se: PT/TT/AMC, Cx. 29, vários documentos.

encontrado «muitas vezes meras considerações de pequena política clerical, os preconceitos do prestígio nas massas, o amor das fórmulas oficiais, a preferência pela mentira do país católico e não pela formação de um país de católicos»[4].

Pode ainda admitir-se, embora a documentação consultada seja omissa a este respeito, que, na vontade de Caetano em querer regular juridicamente a matéria da liberdade religiosa, terão pesado referências internacionais. Recorde-se que lentamente se assistia a uma mudança de mentalidade sobre esta questão, mesmo no interior da Igreja Católica, na sequência das orientações produzidas pelo Concílio Vaticano II, em particular da promulgação da declaração conciliar *Dignitatis humanae* (1965). Aí se formulava a liberdade religiosa como um direito natural e se advogava o reconhecimento civil desse direito no âmbito coletivo, em favor das confissões religiosas, e no campo da autonomia pessoal. Poderá ter acontecido que também a experiência de Espanha, onde em 28 de Junho de 1967 se publicara a primeira lei de liberdade religiosa do País, por iniciativa do ministro dos Negócios Estrangeiros, Fernando M. Castiella, tenha reforçado em Marcelo Caetano a importância de criar uma normativa para a questão[5].

Quando, em Dezembro de 1970, teve inicio o processo constituinte e foi conhecida a proposta de lei n.º 14/X (Revisão Constitucional), esclareceu-se que o Governo pretendia: prever a existência de uma lei reguladora da liberdade religiosa (§ 2.º do art. 8.º), cuja elaboração seria da exclusiva competência da Assembleia; corrigir a epígrafe do título X da parte I e inverter a ordem dos artigos 45.º e 46.º, bem como ajustar o seu conteúdo, encarado agora «sob a perspectiva da liberdade religiosa», «em conformidade com a doutrina dimanada do último

---

[4] Cf. PT/TT/AMC, Cx. 29, n.º 2: rascunho de carta de Marcelo Caetano para D. Manuel Trindade Salgueiro, com nota de data possível registada entre 1945/1946.

[5] Para um aprofundamento do processo político-jurídico que originou a lei de liberdade espanhola de 1967, consulte-se: María Blanco Fernández, «Estudio de los precedentes de las Leyes de libertad religiosa de 1967 y 1980» in *La Libertad Religiosa y su Regulación Legal. La Ley Orgânica de Libertad Religiosa*, coord. de Rafael Navarro-Valls, Joaquín Mantecón Sancho, Javier Martínez-Torrón, Madrid, Iustel, 2009, pp. 27-38.

Concílio da Igreja Católica»[6]. Estas modificações apresentavam-se a par de outras, que pretendiam alterar a Constituição no tocante ao ultramar, à situação jurídica dos estrangeiros, à composição e funcionamento da Assembleia Nacional e distribuição de competências entre esta e o Governo, à receção no direito interno das normas internacionais e aos direitos individuais. Como Caetano explicou aos deputados, o processo constituinte inscrevia-se no espírito do Executivo de ir «abrindo caminhos para a normalidade, [...] descomprimindo pressões desnecessárias, [...] procurando criar nos portugueses maior consciência dos seus direitos e das suas responsabilidades, mas sem abdicar dos meios de intervenção sem os quais lhe seria impossível corresponder ao grave e pesado mandato de defesa da integridade territorial do País que a Nação lhe cometeu.». Afirmava também que a «ideia fundamental» da proposta governativa de revisão assentava na necessidade de ser mantida a estrutura política da Constituição de 1933, porque, afinal, «rever não é substituir e não se trata de decretar uma nova Constituição que o País não sente necessidade e para o que não conferiu mandato à Assembleia Nacional»[7].

1.1. Diferentes visões para a relação entre a política e a religião: o processo constituinte de 1971

No que envolvia a relação do Estado com as Igrejas, a proposta de lei n.º 14/X revelava uma valorização do princípio da liberdade religiosa: quer na redação da epígrafe do título X, como no art. 45.º ou ainda na recuperação da ordem apresentada em 1933 para os artigos 45.º e 46.º (alterada pela revisão de 1951). Ao seguir essa abordagem, o legislador ultrapassava a perspetiva consagrada em 1951 e aproximava-se novamente do texto constitucional de 1933. Recuperava a afirmação de que sobre o regime de separação se construíam as relações entre o Estado e as confissões religiosas e a discriminação positiva

---

[6] Cf. *Diário das Sessões*, X Legislatura, 2.º Suplemento ao n.º 50, de 3 de Dezembro de 1970, pp. 1048(12) e 1048(16)-1048(17).
[7] Cf. *Diário das Sessões*, X Legislatura, n.º 50, de 3 de Dezembro de 1970, pp. 1037 e 1939.

da Igreja Católica, assumida em 1951, era atenuada. Nesse sentido, o art. 46.º apresentava a «religião católica apostólica romana» como «religião tradicional da nação portuguesa» e não já como «religião da Nação Portuguesa». A diferença era subtil mas suficiente para afastar qualquer conotação do catolicismo como religião oficial do Estado. A referência à tradição contribuía para a valorização de uma dimensão cultural histórica que, de certo modo, esvaziava uma presumida vitalidade presentista e absorvente do catolicismo[8]. A mudança justificava-a o legislador constituinte pela intenção de «apenas [...] exprimir verdadeiramente a realidade de uma nação feita de harmonia de culturas diferentes e de respeitar o direito de todas as religiões a estarem presentes nela»[9]. Ainda no art. 46.º, que se ocupava do relacionamento do Estado com a Igreja Católica, eliminava-se a menção às relações diplomáticas com a Santa Sé e referiam-se de forma nova as concordatas e outros acordos celebrados com a mesma, suprimindo-se em concreto a referência ao Padroado Português do Oriente. A razão para tal residia no entendimento de que apenas se deveria fixar no texto constitucional o que era relativo ao exercício de soberania do Estado português e que não obrigava outras potências. Aliviava-se também o preceito da referência à personalidade das associações e organizações eretas de harmonia com o direito canónico. Esta opção relacionava-se com a posição de Caetano de que o articulado da Constituição deveria ser limpo de aspetos que leis ordinárias regulariam, como era o caso deste, reservado para objeto da futura lei de liberdade religiosa.

Das novas alterações ao texto constitucional, no que envolvia a relação do Estado com a Igreja Católica, cuidou o chefe do Executivo de informar, por carta, o cardeal Cerejeira, alguns dias antes da submissão da proposta de lei de revisão constitucional à Mesa da Assembleia. Explicava que a nova redação dos arts. 45.º e 46.º tinha procurado salvaguardar quaisquer substituições que a Santa Sé pudesse vir a estabe-

---

[8] Tratava-se, como notou Luís Salgado de Matos, de remeter a qualificação legal para uma noção meramente fáctica, referida ao passado e, portanto, acarretando a sua desvalorização (Cf. Luís Salgado de Matos, *Um Estado de Ordens Contemporâneo – A Organização Política Portuguesa*, vol. II..., p. 775).

[9] Cf. *Diário das Sessões*, X Legislatura, 2.º Suplemento ao n.º 50, de 3 de Dezembro de 1970, p. 1048(12).

lecer, «como agora tanto se fala», no «sistema tradicional de relações diplomáticas que mantém com os Estados», de forma a evitar que daí adviesse alguma questão que colocasse no futuro «os governantes em conflito com a Constituição». Notava também que se deixara cair a fórmula «religião da Nação Portuguesa», aplicada à religião católica, porque «dentro do conceito de Nação pluricontinental e plurirracial, não convinha excluir espiritualmente do agregado nacional as massas da população africanas e asiática que não professam a religião católica». Não era motivo de escândalo, suponha, porque se reconhecia ao catolicismo o carácter de «religião tradicional da Nação, ligada portanto à formação histórica e à expansão de Portugal, à fé católica». Terminava sublinhando que a revisão daqueles preceitos fora um trabalho coletivo, destinado a «atualizar e aperfeiçoar o texto constitucional». As alterações não eram tanto da sua autoria, antes haviam sido requeridas pela equipa que preparara a proposta de revisão do Governo[10].

Dois dias depois, em resposta, D. Manuel Gonçalves Cerejeira agradeceu o envio dos dois artigos a modificar no processo de revisão constitucional, acrescentando que tinha «pena de lhe dizer» que tomava «boa nota das razões alegadas por V. Exa. para a nova redação». Na missiva, o bispo de Lisboa mostrar-se-ia mais preocupado com a proposta de lei de liberdade religiosa, que ainda discutia com Caetano[11]. De facto, facilmente se percebia que as alterações promovidas aos arts. 45.º e 46.º do texto constitucional cruzavam-se, de forma inevitável, com o entendimento que possuía o chefe do Executivo sobre o problema da liberdade religiosa

---

[10] Em 19 de Novembro de 1970, depois de se referir à preparação da proposta de lei de liberdade religiosa, o chefe do Governo transmitiu ao cardeal patriarca que: «Por minha vontade não tocaria em nada que pudesse bulir nas relações entre o Estado e a Igreja. Mas esteve-se a preparar a proposta de lei da revisão constitucional e é opinião unânime de quantos nela trabalharam ou acerca dela foram ouvidos que se torna necessário alterar a redação dos artigos 45.º e 46.º» (Cf. *Cartas particulares a Marcelo Caetano*, org. de José Freire Antunes, vol. II, Lisboa, Publicações Dom Quixote, 1985, p. 329: carta de Marcelo Caetano para cardeal Cerejeira, datada de 19 de Novembro de 1970).

[11] Cf. *Cartas particulares a Marcelo Caetano*, vol. II..., p. 330: carta do cardeal Cerejeira para Marcelo Caetano, datada de 21 de Novembro de 1970.

Na sequência da apresentação da proposta de lei n.º 14/X, surgiram dois projetos de lei defendendo alterações à Constituição, que equacionavam a outras luzes o relacionamento entre política e religião. Um deles, o projeto de lei n.º 7/X, da autoria de Duarte Freitas do Amaral, sugeria a criação de um preâmbulo ao texto constitucional onde se invocava o nome de Deus[12]. As pressões de setores católicos para que o texto constitucional contivesse uma invocação do nome de Deus haviam sido retomadas logo em 1969, ainda debaixo do ambiente de expectativa criado com a substituição de Salazar por Caetano, na chefia do Governo, dado que o novo presidente do Conselho manifestava ter, sobre o destino do regime, uma intencionalidade reformadora, ainda que a realizar no quadro de uma continuidade. Naquele ano, duas iniciativas foram desencadeadas no sentido de se criar um movimento de opinião favorável à inscrição do nome de Deus na Constituição, pretendendo tirar partido do facto de a Assembleia Nacional, na X Legislatura (1969-1973), estar investida de poderes constituintes.

Logo em Janeiro de 1969, circulou uma petição, destinada a ser entregue ao presidente da Assembleia Nacional e aos deputados, que defendia a criação de um proémio ao texto constitucional, à semelhança do que existia em vários países (Brasil, Argentina, Arábia Saudita, Estados Unidos da América, Irlanda), onde fosse inscrita a seguinte declaração (ou outra equivalente): «Nós, os representantes do Povo Português, reunidos em Assembleia Constituinte, invocamos, antes de tudo, o Nome de Deus, sempre presente na nossa História, desde o início da nacionalidade, como fonte de todo o Bem, de toda a Moral e de todo o Direito». A iniciativa partiu do padre Oliveiros

---

[12] Cf. *Diário das Sessões*, X Legislatura, 2.º Suplemento ao n.º 59, de 19 de Dezembro de 1970, p. 1236(5)-1236(6). Apontava-se a seguinte redação para o preâmbulo: «No princípio da sua lei fundamental a Nação Portuguesa invoca o nome de Deus». À semelhança do que sucedera com o projeto de lei n.º 23/VII apresentado no momento constituintes de 1959, também o projeto de lei n.º 7/X suscitaria o envio de telegramas, à Mesa da Assembleia, em apoio do preâmbulo à Constituição aí proposto, por parte vários de sacerdotes e leigos de Lisboa, Porto, Penafiel, Vendas Novas e Vila da Ponte (Cf. PT/AHP/Secretaria Geral da Assembleia Nacional e Câmara Corporativa/Serviços Legislativos da Assembleia Nacional/Projetos de lei: Projeto de lei n.º 7/X – correspondência).

de Jesus dos Reis, prior da freguesia de Nossa Senhora da Encarnação (Chiado, Lisboa), de Suleiman Valy Mamede, presidente da Comunidade Islâmica de Lisboa, e de Semtob D. Sequerra, advogado e membro da Comunidade Judaica de Lisboa. Por resultar da congregação de esforços entre personalidades de diferentes condições religiosas, era uma ação que se revestia de novidade e que mostrava ser inspirada nas propostas do Concílio Vaticano II sobre liberdade religiosa. Por não ser uma iniciativa exclusivamente católica afastava também o problema de uma vinculação especial do Estado ao catolicismo[13].

Meses mais tarde, em 20 de Março, foi a vez do deputado Leonardo Coimbra fazer eco, no hemiciclo, do desejo de ser inscrito o nome de Deus na Constituição. Antevendo a possibilidade de, durante um próximo processo de revisão constitucional, ser avançada aquela proposta, Coimbra justificava a oportunidade daquela alteração pela máxima paulina de que «todo o poder vem de Deus». Antecipando uma presumida oposição, baseada na crítica de que essa modificação acarretaria a confessionalização do Estado, o parlamentar avançava que se tratava de uma afirmação «de largo sentido teísta, sem envolver carácter confessional», compatível com «a diversidade de crenças, relacionada com a nossa condição multirracial», e menos restrita do que as disposições constitucionais onde se aceitava «a religião católica como a religião da Nação Portuguesa»[14]. O projeto de lei apresentado por Duarte do Amaral não tinha relação com aquelas duas ações, mas concretizava a possibilidade daquela questão chegar novamente à discussão parlamentar, como previra Leonardo Coimbra, entretanto falecido.

---

[13] As fontes consultadas não permitem aferir do impacto alcançado pela petição. Na correspondência recebida na Presidência da Assembleia há apenas cópias dos materiais que suportavam a iniciativa, mas não há registo de assinaturas apoiando a petição. A petição era acompanhada por uma carta, datada de 1 de Janeiro de 1969, esclarecendo o objetivo da iniciativa, e de um artigo do magistrado Francisco José Veloso, designado «O Nome de Deus, problema político» (publicado na revista *Brotéria*, vol. LXXXVII, 1968, p. 604-615). Cf. PT/AHP/Secretaria Geral da Assembleia Nacional e Câmara Corporativa/Serviços Legislativos da Assembleia Nacional/Correspondência recebida pela Presidência – cópia de carta datada de 1 de Janeiro de 1969, de ofício destinado à subscrição da petição (em branco) e de artigo de Francisco José Veloso.

[14] Cf. *Diário das Sessões*, IX Legislatura, n.º 195, de 20 de Março de 1969, pp. 3565-3568.

O outro diploma foi o projeto de lei n.º 6/X que propunha modificações relativas aos artigos 5.º, 45.º e 46.º, entre outras alterações ao texto constitucional[15]. No § único do art. 5.º estabelecia-se que a «igualdade perante a lei envolve [...] a negação de qualquer privilégio ou discriminação fundados em nascimento, raça, sexo, religião ou condição social.». Nos artigos 45.º e 46.º retomava-se a redação do texto constitucional de 1933, com uma pequena diferença face ao que aí constava para o art. 46.º Sugeria-se agora que nele simplesmente se dissesse que «o regime das relações do Estado com as confissões religiosas é o da separação, sem prejuízo de concordatas ou acordos com a Santa Sé e com outras entidades que representem confissões religiosas.»[16]. A Igreja Católica deixava assim de ser mencionada individualmente e não sofria qualquer distinção posi-

---

[15] Através do projeto de lei n.º 6/X, os seus signatários pretendiam discutir preceitos constitucionais referentes: ao direito ao trabalho, ao direito de migração, ao direito à informação (art 8.º, n.ºs 1.º A, 1.º B, 4.º B), à opinião pública (art. 22.º), à lei de imprensa (art. 23.º), à organização da rádio e da televisão (art. 23.º A), à defesa civil (art. 56.º), à dissolução da Assembleia Nacional (art. 81.º, 6.º), aos direitos e obrigações dos deputados (arts. 89.º e 90.º), à lei de meios e ao controle do montante das despesas do orçamento (art. 91.º, 4.º), ao exercício do poder legislativo (art. 97.º), à proibição de tribunais criminais especiais (art. 117.º) e à obrigatoriedade de promulgação dos decretos da Assembleia sobre revisão constitucional (art. 176.º). Em apoio do projeto de lei n.º 6/X manifestar-se-ia um conjunto de personalidades ligadas a circuitos oposicionistas do regime, como: António Macedo; Raul Rego; Jaime Gama; Mário Mesquita; Francisco Salgado Zenha; Dieter Dellinger; Alberto Arons de Carvalho; António Manuel Monteiro Cardoso; António Marques Serra; Carlos Augusto Teixeira; Carlos Fernandes; Augusto Baptista Rodrigues; Júlio Gomes da Fonseca; Rui Grácio; Mário Cal Brandão; Maria Barroso Soares; Carlos Cal Brandão; José Luís Nunes; Coelho dos Santos; António Oliveira Valença; Henrique de Barros; Fernando Rocha Azevedo; António José da Silva Júnior; Orlando Silva; Eduardo Ralha; Álvaro Monteiro; António José de Sousa Monteiro; Alcides Stretch Monteiro; Luís de Castro Caseiro; Duarte Vidal; Armindo de Matos Roque; António Manuel da Silva Marques (Cf. *Diário das Sessões*, X Legislatura, Suplemento ao n.º 59, de 19 de Dezembro de 1970, pp. 1236(1)-1236(4); PT/AHP/Secretaria Geral da Assembleia Nacional e Câmara Corporativa/Serviços Legislativos da Assembleia Nacional/Projetos de lei: Projeto de lei n.º 6/X – correspondência).

[16] Cf. *Diário das Sessões*, X Legislatura, Suplemento ao n.º 59, de 19 de Dezembro de 1970, pp. 1236(1)-1236(2).

tiva sobre outras confissões. Tal sugestão tinha implícita a crítica às posições assumidas e consagradas na revisão de 1951 e tratava de pretender sublinhar a neutralidade do Estado em matéria religiosa. Se, neste aspeto, os autores do projeto de lei se mostravam relativamente próximos da visão governamental, era na opção por fórmulas menos equívocas que dela se distinguiam. Foram signatários desta iniciativa legislativa alguns deputados «liberais», como Francisco Sá Carneiro, João Bosco Mota Amaral, Francisco Pinto Balsemão, Joaquim Magalhães Mota e João Pedro Miller Guerra.

Marcelo Caetano mostrou-se desagradado com tais iniciativas. Junto de Mota Amaral, o presidente do Conselho expressou estranheza pelo conteúdo do projeto de lei n.º 6/X, que oponha à proposta de lei governamental «uma revisão assente em princípios e seguindo orientações radicalmente opostas às expressas no meu discurso e no relatório da proposta», acrescentando só podia considerar que «entre aqueles que promovem a elaboração deste projeto haja quem obedeça a comandos muito diferentes dos que o chefe do Governo interpreta como necessários e convenientes aos interesses da Nação». Também junto de Duarte Freitas do Amaral, o chefe do Executivo reclamou do conteúdo do projeto de lei n.º 7/X e do facto de não lhe ter sido dado conhecimento prévio do mesmo, pois não bastava «um aviso apressado ao líder da Assembleia no momento da apresentação». Caetano reparava ainda no facto de, dois dias antes da apresentação pública na Assembleia do referido projeto, ter recebido Duarte Amaral e este não ter tido «a atenção» de lhe falar daquela iniciativa. Este contacto de Caetano a Duarte Amaral acontecia já depois de o segundo lhe ter indicado que lhe parecia que, do ponto de vista político, no conteúdo do projeto de lei, só o artigo referente ao preâmbulo sobre o nome de Deus, poderia ter importância. Ainda assim, alegava que nada conversara sobre o assunto com o presidente do Conselho, porque tinha «sido informado em tempos, pelo pobre Leonardo Coimbra, e também pelo Diogo [Freitas do Amaral], que V. Exa. não tomaria posição». Lembrava que se tratara-se apenas de, através daquela iniciativa legislativa, procurar frisar bem que a liberdade religiosa proposta pelo Governo não é dirigida contra Deus». Amaral afirmava ainda que, quando mostrara o projeto de lei a Almeida Cota, *leader* parlamentar, este lhe dissera que não tinha reparos a fazer quanto às suas linhas gerais e que quanto a pormenores precisava de ficar com ele para maior ponderação[17].

Chamada a dar pareceres sobre aquelas três iniciativas legislativas, a Câmara Corporativa propôs um novo texto para os arts. 45.º e 46.º da proposta de lei e rejeitou os projetos de lei n.º7/X e 6/X. Afonso Rodrigues Queiró foi o relator dos três pareceres da Câmara, apresentados em Março de 1971. Sobre a proposta de lei n.º 14/X, o parecer n.º 22/X salientava que as modificações aí apresentadas não importavam «nenhuma quebra no regime constitucional estabelecido e nas instituições ideadas». Contudo, objetava-se que a nova redação da epígrafe do título X fazia consistir a liberdade religiosa apenas na liberdade de culto e de organização das confissões religiosas, quando o direito à liberdade religiosa era mais vasto. Como também aí não se tratava apenas das relações entre o Estado e a Igreja Católica, mas das relações entre o Estado e as outras denominações, propunha a Câmara um novo título com a seguinte redação: «Da liberdade de culto e de organização religiosa e das relações do Estado com a Igreja Católica e demais confissões». Quanto ao art. 45.º, o relator entendia que aí se deveria mencionar o nome de Deus, à semelhança de «leis fundamentais bem modernas de Países nada suspeitos de confessionalismo», como a República Federal da Alemanha, a Tunísia ou o Gabão. Sugeria, como tal, que nesse artigo se começasse por dizer que o Estado assegura a liberdade do culto a Deus. O art. 46.º era o mais criticado, quer redação que lhe fora dada em 1951, lendo aí um mal disfarçado «desvio ao "regime de separação" [...] na direção do "regime de união" ou de religião oficial, tão inconveniente para a Igreja Católica como para o Estado», como na redação agora sugerida. Assinalando que o legislador de 1970 continuava a sublinhar a posição especial do catolicismo no País, recorrendo, todavia, a uma expressão que sugeria que tal situação era apenas algo de tradicional e que por isso «tende a

---

[17] Cf. *Cartas particulares a Marcelo Caetano*, vol. I..., pp. 371-372: carta de Marcelo Caetano para João Bosco Mota Amaral, datada de 17 de Dezembro de 1970; carta de Duarte Freitas do Amaral para Marcelo Caetano, datada de 15 de Janeiro de 1971; carta de Marcelo Caetano para Duarte Freitas do Amaral, datada de 27 de Março de 1971; PT/TT/AMC, Cx. n.º 14, n.º 4: carta de Duarte Freitas do Amaral para Marcelo Caetano, datada de 25 de Março de 1971.

deixar de ser», alertava o relator para a necessidade de se afirmarem as relações «muito especiais» que o Estado mantinha com a Igreja Católica, já que sem ser dada essa perspetiva «muitas normas de direito ordinário resultariam inconvenientes e a maioria das próprias disposições do nosso direito concordatário sê-lo-iam também». Na medida em que o «pluralismo de crenças religiosas nacionais» era uma realidade, afigurava-se à Câmara que a formulação mais apropriada para realizar aquela finalidade era dizer que: «É reconhecida a posição especial da religião católica entre as várias crenças professadas pelos portugueses». Ainda para o art. 46.º julgava-se que era de manter no texto que a Igreja Católica se podia organizar de harmonia com o direito canónico.

A chegada a estas posições não foi pacífica no interior da Câmara Corporativa, como discretamente revelava o parecer n.º 22/X. Uma parte minoritária dos procuradores discordara de se estabelecer para todas as confissões religiosas o regime da separação e defendera que a Igreja Católica deveria constituir exceção e ser caracterizada por um sistema de «colaboração» com o Estado. Também a eliminação da afirmação «a religião católica é a religião da Nação Portuguesa» no art. 45.º, foi repudiada por João Antunes Varela, em declaração de voto[18]. Ainda que o parecer de Afonso Queiró não iludisse as divergências que haviam surgido entre os procuradores e nele se notasse, em várias passagens do texto, uma tensão entre a vontade de recomendar a preservação do estatuto pública que a Igreja Católica alcançara em 1951 ou a vontade de mostrar uma franca adesão aos princípios da separação e da liberdade religiosa, o facto é que a Câmara Corporativa não rompeu com uma atitude favorável de reconhecimento estatal da Igreja Católica. Distanciou-se, antes, da posição do próprio Executivo, que pretendia o encaminhamento para uma valorização de uma situação de pluralidade no campo religioso português e mostrar que o regime de separação não se encontrava limitado ou comprometido.

Quanto aos projetos de lei n.ºs 6/X e 7/X, a Câmara Corporativa pronunciou-se, respetivamente através dos pareceres n.ºs 23/X e 24/X, pela sua não aprovação na generalidade, numa decisão polémica entre

---

[18] Cf. *Diário das Sessões*, X Legislatura, 4.º Suplemento ao n.º 88, de 31 de Março de 1971, pp. 1770(11), 1770(28)-1770(31), 1770(65).

procuradores, levando a que alguns se declarassem vencidos quanto às razões daquela deliberação[19]. Sobre o projeto de lei n.º 6/X, o relator nada diria acerca das alterações aí sugeridas para os artigos 5.º, 45.º e 46.º, por considerar que respeitavam a preceitos analisados no seu parecer n.º 22/X. Contudo, os motivos para a rejeição global do projeto podiam adivinhar-se na crítica tecida ao seu espírito: a consagração na lei fundamental «de uma diretriz e de um princípio de regulamentação estritamente neutralista e liberalizante». Sobre o projeto de lei n.º 7/X, afastava-se a necessidade da declaração preambular aí proposta: a Constituição já se encontrava «inequivocamente inspirada pela conceção católica da sociedade e do Estado e perfilha a doutrina social da Igreja». Retomando um argumento usado em 1959, a Câmara Corporativa classificava ainda de «anómalo» o facto de se querer adicionar, «*ex post factum*, um pórtico ao edifício constitucional», e remetia para o seu parecer n.º 22/X a possibilidade que considerava «razoável» a respeito da menção do nome de Deus na Constituição[20].

Na Assembleia Nacional, o debate fez-se sobre a proposta de texto constitucional produzido pela Comissão Eventual para a Revisão Constitucional, não sendo disponibilizados para discussão nem a proposta de lei n.º 14/X, nem os projetos de lei n.º 6/X e n.º 7/X. A Comissão acolhera a nova redação dada pelo Governo ao § 2.º do art. 8.º, que incluía a «liberdade religiosa» entre os direitos cujo exercício deveriam

---

[19] Contra a decisão da não aprovação na generalidade dos referidos projetos de lei, apresentaram-se os procuradores Maria de Lourdes Pintasilgo, Diogo Freitas do Amaral e André Gonçalves Pereira. Os três admitiam que existiam disposições que mereciam uma análise na especialidade, e reagiam sobretudo aos argumentos evocados para justificar a rejeição do articulado, designadamente de inoportunidade e redundância em relação à proposta de lei (Pintasilgo) e de excedência dos limites do poder constitucional de revisão (Gonçalves Pereira). (Cf. *Diário das Sessões*, X Legislatura, 4.º Suplemento ao n.º 88, de 31 de Março de 1971, pp. 1770(69), 1770(75)-1770(76)).

[20] Contra estes argumentos votaram os procuradores Fernando Cid Proença e Henrique Martins de Carvalho. O primeiro declarando concordar com o art. 1.º do projeto, o segundo, recusando o argumento do texto constitucional não suportar um introito acrescentado no momento presente, sobretudo quando, à invocação do nome de Deus numa declaração preambular, «deram a sua concordância entidades religiosas de diversos credos» (Cf. *Diário das Sessões*, X Legislatura, 4.º Suplemento ao n.º 88, de 31 de Março de 1971, pp. 1770(77)-1770(79)).

ser objetos de lei especial. Para o título X, propusera uma nova redação: «Da liberdade religiosa e das relações do Estado com a Igreja Católica e as demais confissões». Quanto ao art. 45.º, por um lado, adotara o texto sugerido pelo Governo, e, por outro lado, aceitara os propósitos expressos no projeto n.º 7/X, relativos à inclusão do nome de Deus na Constituição, face ao que se sugeria que a redação desse artigo fosse a seguinte: «O Estado, consciente das suas responsabilidades perante Deus e os homens, assegura a liberdade de culto e de organização das confissões religiosas cujas doutrinas não contrariem os princípios fundamentais da ordem constitucional nem atentem contra a ordem social e os bons costumes e desde que os cultos praticados respeitem a vida, a integridade física e a dignidade das pessoas.». Finalmente, para o art. 46.º aceitava-se a sugestão de redação do Governo[21].

De todos estes pontos, o que maior atenção mereceu dos parlamentares foi a inscrição do nome de Deus no texto constitucional. Repudiando as sugestões, quer da Câmara Corporativa quer da Comissão Eventual, relativas à invocação do nome de Deus na Constituição, mostrar-se-iam favoráveis à solução de criar um preâmbulo para esse efeito, os deputados Agostinho Cardoso, Júlio Evangelista e Ramiro Queirós. Mantiveram a defesa da declaração preambular os deputados Duarte Freitas do Amaral, José Castro Salazar, Raul Cunha Araújo e Rui Moura Ramos, sendo que o primeiro ainda recordaria a mobilização gerada entre vários setores da sociedade portuguesa pedindo para que aquela fosse aceite[22]. Pela aprovação da inscrição do nome de Deus na

---

[21] Cf. *Diário das Sessões*, X Legislatura, n.º 101, de 16 de Junho de 1971, pp. 2022-2027. Estas posições da Comissão Eventual para a Revisão Constitucional haviam sido alcançadas nas reuniões de trabalho de 16 e 20 de Abril e de 27 de Maio, tendo nelas intervindo os deputados: Joaquim Magalhães Mota, Gonçalves Proença, Delfino Ribeiro, Custódia Lopes, Almeida Cota, Neto Miranda, Ribeiro Veloso, Cota Dias, Camilo de Mendonça, Themudo Barata, José da Silva, Alberto Meireles, Veiga de Macedo, António Alvim, Ulisses Cortês, Vaz Pinto Alves, Bento Levy, Castro Salazar, Pinto Balsemão e Júlio Evangelista (Cf. PT/AHP/Secretaria Geral da Assembleia Nacional e Câmara Corporativa/Serviços Legislativos da Assembleia Nacional/Comissão Eventual para a Revisão Constitucional [1971]: atas das sessões de 16 e 20 de Abril e de 27 de Maio de 1971).

[22] Cf. *Diário das Sessões*, X Legislatura, n.º 102, de 17 de Junho de 1971, pp. 2056-2057. Alguns dias mais tarde, o presidente da Assembleia Nacional, Carlos

Constituição, ainda que sem tomar partido sobre a sua localização no texto, pronunciaram-se os parlamentares Delfim Linhares de Andrade, Luís de Oliveira Ramos, José Correia da Cunha e Francisco Pinto Balsemão. Favoráveis à proposta apresentada pela Comissão Eventual, declaravam-se Filipe Themudo Barata e Gonçalves Proença, salientando, este último, que só aquela solução salvaguardava o «carácter inconfessional do Estado»[23]. Em comparação com os debates de 1951 e 1959, a discussão sobre esta questão foi apagada. Em parte porque a rejeição, pela Câmara Corporativa, dos projetos n.ºs 6/X e 7/X, gerara forte polémica no debate na generalidade, secundarizando outros problemas. Também o facto da Comissão Eventual ter introduzido o nome de Deus na Constituição, ainda que não na forma e no lugar pretendido pelos subscritores do projeto de lei n.º 7/X, esvaziara o seu potencial de conflituosidade política. Para o consenso que a proposta da Comissão Eventual alcançou terá contribuído a opção pela afirmação de novos princípios bebidos sobretudo na doutrina dimanada do Concílio Vaticano II, que permitiam defender uma convergência entre o plano da política e da religião, sem estimular uma situação de confessionalidade.

As redações do título X e do art. 45.º, constantes do texto apresentado pela Comissão Eventual, foram votadas favoravelmente na discussão na especialidade, ainda que alguns parlamentares, como Alberto de Alarcão e Silva e Henrique Veiga de Macedo, tenham lamentado que se conservasse a menção ao regime de separação e, no caso do segundo, que se considerasse a religião católica apenas como religião «tradicional». Em contraponto, Alberto de Meireles lamentava que tivesse sido suprimida a referência à liberdade religiosa. A votação do art. 45.º decorreu de pé, por sugestão do deputado Camilo de Mendonça,

---

Amaral Neto, dava conta que vinham chegando à Mesa «centenas de representações, com milhares de assinaturas», de apoio de projeto de lei n.º 7/X, no seu propósito de introduzir o nome de Deus no proémio da Constituição. Dado as «numerosíssimas representações [...] terem todo o aspeto de um processo em marcha», justificava que guardara este anúncio para «o termo em que a sua receção pode ter efeitos para informação da Assembleia» (Cf. *Diário das Sessões*, X Legislatura, n.º 112, de 26 de Junho de 1971, p. 2250).

[23] Cf. *Diário das Sessões*, X Legislatura, n.ºs 103 e 108, respetivamente de 18 e 24 de Junho de 1971, p. 2070 e 2177.

«em razão da importância, dignidade e transcendência do problema em discussão». Quanto ao art. 46.º e § único, foi aprovado, sem se contemplarem as observações críticas ao seu texto.

1.2. O isolamento do Governo

Do processo de revisão constitucional, o presidente do Conselho não retirou uma posição confortável para a condução da sua política em matéria religiosa. É certo que, não obstante as sinuosidades várias que atravessaram o processo constituinte, o Governo conseguiu atualizar o regime teórico das relações do Estado com as confissões religiosas. Contudo, o debate parlamentar mostrara um isolamento da posição governamental nos princípios que decidira que haviam de marcar esse relacionamento (donde verificar-se até que a proposta de redação do Executivo para o art. 45.º não fora aprovada sem ser alvo de nova redação). Por um lado, a questão da liberdade religiosa e o reconhecimento de uma dinâmica de diversidade e pluralidade no campo religioso português – ideias principais que haviam alimentado as sugestões governamentais para os arts. 45.º e 46.º – suscitaram problemas vários. Desde logo, por colocarem em causa o estatuto privilegiado da Igreja Católica, algo que manifestamente desagradava aos procuradores e deputados nacionalistas, em particular aos que possuíam uma sensibilidade católica tradicionalista; mas também por não se coadunarem com a realidade política que, na prática, o regime oferecia em matéria de liberdades e garantias aos cidadãos, aspeto a que eram sensíveis os deputados «liberais». Para estes últimos, não era evidente que as mudanças propostas pelo Executivo para os arts. 45.º e 46.º não continuassem a discriminar positivamente a Igreja Católica.

Marcelo Caetano esperara lealdade dos deputados, em particular dos «liberais», à sua estratégia e à do Governo. Tratava-se de um cálculo histórico. Seguindo o modelo estabelecido por Salazar, continuava a manter a Assembleia Nacional e a Câmara Corporativa em posições de dependência e subalternidade face ao Governo[24]. Os moldes

---

[24] Veja-se o desenvolvimento deste argumento no capítulo V, ponto 2.

em que a Assembleia Nacional sempre funcionara, desde 1935, não faziam supor que a autoridade do chefe do Executivo não fosse aí acatada e preservada. Tensões entre parlamentares ou divergências destes em relação a aspetos de determinadas políticas eram suportáveis e delas havia vários registos, mas a câmara nunca tinha servido para o exercício de uma contestação aberta ao Governo. Foi, pois, com total surpresa que Caetano se deparou com algumas atitudes dos deputados «liberais», que percecionava como «desobediências», sem entender as suas exigências.

Para alguns desses deputados, a aproximação ao sucessor de Salazar fizera-se pela proteção que o chefe do Governo dispensava às novas gerações, motivado pelo desejo de as ver envolvidas na política, e a afinidade política com aquele radicava em torno da ideia de liberalização do regime. Num entusiasmo inicial por essa visão reformista (que durou apenas até experimentarem as tentativas de neutralização sobre as suas próprias iniciativas legislativas e o ímpeto reformador do presidente do Conselho se esboroar perante as manifestações de interesses dos setores mais conservadores do regime), aparentemente haviam desconsiderado os compromissos políticos que o líder do Executivo herdara e geria, mas, sobretudo, pareciam não ter tomado em conta o próprio pensamento político do sucessor de Salazar, que demonstrava continuar a deter uma visão do mundo antidemocrática e antiliberal. Na realidade, em Caetano, a necessidade de modernizar o sistema político e social relacionava-se com a necessidade de garantir, entre as autoridades administrativas, um maior respeito pelas leis e pelos indivíduos, com a intenção de vir a construir um «Estado Social», pretendendo por essa via trazer alguma vitalidade ao sistema corporativo português, e com o projeto de promoção de um desenvolvimento económico acelerado e assente numa intensificação de relações com a Europa. O seu reformismo projetava-se com um carácter gradual, preservava a ordem, a autoridade, a tradição, e não previa, tão pouco, a conversão do regime numa democracia nem o abandono do esforço militar nas colónias[25].

---

[25] Cf. Fernando Rosas, «Marcelismo: a liberalização tardia (1968-1974)» in *História de Portugal*..., p. 546-552; Vasco Pulido Valente, «Caetano, Marcelo»..., pp. 204--205; Hipólito de La Torre Gómez, «Marcello Caetano: últimas razones del Estado Novo» in *Espacio, Tiempo y Forma*, Serie V, Historia Contemporanea, t. 19, 2007,

Caetano nunca se ajustou às circunstâncias que lhe criaram os deputados «liberais», tal como nunca encontrou forma de estabelecer com aqueles elementos um modelo relacional que os impedisse de tomarem atitudes que teriam efeitos políticos desfavoráveis sobre a sua política. Essa era uma importante diferença entre a sua liderança e a de Salazar: o saber conter ou, não podendo conter, saber neutralizar. As relações entre a política e a religião estiveram no cerne das principais tensões que eclodiram entre os deputados «liberais» e o chefe do Governo. O conflito era de ordem geracional e cultural. Com uma média etária que rondava os 42 anos e menos dependentes do aparelho de Estado, influenciados pelas experiências políticas de uma Europa em reconstrução, na sequência da II Guerra Mundial, os parlamentares «liberais» eram sensíveis ao processo de diferenciação política que alastrava na sociedade portuguesa e a uma nova forma de atuação do Executivo radicada numa nova legitimidade, contrária ao autoritarismo e ao antiparlamentarismo. Simultaneamente, as suas próprias trajetórias no interior do campo católico permitiam-lhes identificar novas sensibilidades emergentes no interior do catolicismo acerca da natureza da Igreja e da sua missão no mundo contemporâneo (por diferentes redes pessoais, manteriam contacto com distintos setores católicos, inclusive com alguns dos que compunham a chamada «dissensão católica», contestatária da autoridade política e religiosa e em processo de rutura com o regime), o que os levaria a colocar o problema da organização do pluralismo pela Igreja Católica mas também pelo Estado. As orientações do Concílio Vaticano II contribuíram, de modo decisivo, para a postura crítica dos deputados «liberais» sobre o paradigma político e religioso que os envolvia. As suas conceções de comunidade política, de sociedade e de Igreja refletiriam as orientações doutrinais e pastorais desenvolvidas pelos magistérios pontifícios de João XXIII e de Paulo VI. Advogavam, como tal, a aceitação doutrinal do pluralismo, a valorização do paradigma de evangelização e um modelo de descen-

---

pp. 85-101; Marcelo Caetano, *Não se governa pelos rótulos. Discurso pronunciado pelo Presidente do Conselho na reunião promovida pela Comissão Central da Acção Nacional Popular*, Porto, 2 de Abril de 1971, [Lisboa], Secretaria de Estado da Informação e Turismo, 1971).

tralização no interior da instituição eclesial, que a transformasse em Igreja colegial, laical, comunitária, presente no mundo e ao seu serviço.

Bebendo na constituição pastoral *Gaudium et Spes* e na declaração conciliar *Dignitatis Humanae*, promulgadas em 7 de Dezembro de 1965, os «liberais» transportaram para o interior da Assembleia Nacional a vontade de aí discutir a ordem político-jurídica vigente, buscando a sua revisão para uma proteção de alguns direitos da pessoa na vida pública (como os direitos de reunião, de livre associação, de liberdade de expressão e de liberdade religiosa). Atentaram ainda sobre o problema da participação política dos cidadãos, inicialmente visando promover a reestruturação das relações dos cidadãos entre si e com a autoridade pública, até chegarem, fruto da crescente desilusão que experimentavam com o sistema, a reprovar algumas formas políticas restritivas da liberdade civil e religiosa e a denunciar alguns abusos do poder lesivos do direito dos indivíduos. Tratava-se de aspetos que nunca, até então, tinham sido objeto das intervenções de deputados (católicos ou não). Refletindo sobre as relações da Igreja com a comunidade política, alguns «liberais» não hesitaram ainda em defender que a instituição eclesial não poderia de modo nenhum confundir-se com o sistema político ou permanecer submissa à autoridade civil em função de privilégios alcançados.

A maioria dos parlamentares assistiu com espanto ao comportamento dos deputados «liberais». Cedo, os primeiros desenvolveram uma postura de combate sobre as posições dos segundos. Uma reação justificada pela falta de confiança política que lhes mereciam aqueles deputados, em função dos problemas que abordavam e, sobretudo, das soluções que defendiam, e que lhes suscitava paralelismos com as causas e a atividade dos setores oposicionistas à *Situação*. Na receção da nova eclesiologia conciliar, distinguiam-se dos deputados «liberais». O Concílio tocara-os naturalmente; no entanto, a sua aceitação das teses conciliares revelava-se mais conservadora, seguindo, aliás, o que era a posição dominante entre o episcopado português, o clero e os fiéis[26]. A maioria

---

[26] Para mais informação sobre o acolhimento das propostas conciliares no interior do campo católico português, consulte-se: Paula Borges Santos, *Igreja Católica, Estado e Sociedade 1968-1975: o caso Rádio Renascença*, Lisboa, ICS, 2005, pp. 55, 58-60.

dos deputados continuou a demonstrar possuir um entendimento do catolicismo como um modelo de sociedade orgânico e hierárquico, que preservava a unidade social e operava em reação ao processo de laicização da sociedade. Nesta perspetiva, continuavam a deter uma visão da Igreja predominantemente hierárquica, clerical, apologética, confessional, dedicada ao paradigma da cristianização, para a qual o reconhecimento de outras confissões religiosas (ainda segundo a doutrina da encíclica dada em 1885 por Leão XIII, *Immortale Deo*) assentava sobre o princípio da tolerância e não da liberdade religiosa. Ao moverem-se contra as posições «liberais» em matéria de política religiosa faziam-no em defesa de determinados interesses religiosos que entendiam ameaçados (à semelhança da reação que tinham perante o que julgavam ser atitudes «liberais» desestruturantes dos valores do regime e, sobretudo, de uma linha política de resistência a qualquer mudança que representasse desistir do esforço militar nas possessões portuguesas em África).

Com efeito, os deputados «liberais» inauguravam na Assembleia a defesa de uma nova conceção de interesse religioso que se distanciava do interesse religioso «histórico», entendendo-se por este o interesse que conduzira os católicos a defender a *libertas eclesiae*, desenvolvido em particular contra ideologias que defendiam a exclusão da religião do espaço público ou a sua presença na vida pública sob apertada vigilância e regulação do Estado (interesse que norteara amplos setores católicos durante a experiência da I República e que tivera manifestações ainda durante a Ditadura Militar e, de certa forma, até à assinatura da Concordata e do Acordo Missionário em 1940) ou mesmo o interesse religioso defendido a partir dos princípios da doutrina social católica, que sustentaria as reivindicações católicas em matéria de família, trabalho, educação ou assistência, pretendendo obter do Estado a conformação das leis aos princípios cristãos ou o aprofundamento do apoio estatal às atividades desenvolvidas pela Igreja, tanto de cariz estritamente religioso como também social (interesse que se manifestara amplamente ao longo de todo o salazarismo, mesmo após a celebração do pacto concordatário).

No conflito da maioria dos deputados com os «liberais», a defesa da política religiosa do Executivo aparentemente contava pouco para essa mobilização, uma vez que para vários parlamentares o presidente do Conselho não garantia também a melhor defesa do estatuto público da Igreja Católica (convicção que se formara a partir do conteúdo das propostas de lei de revisão constitucional e liberdade religiosa). Suspeitavam da preocupação legalista que demonstrava acerca do tratamento jurídico que envolvera as confissões religiosas não católicas até 1971 e a reforma do sistema herdado do salazarismo parecia-lhes desnecessária e ruinosa. Acrescia que, para muitos, Caetano revelara imprudência na escolha do seu pessoal político e dispusera-se a correr riscos desnecessários. Nesse sentido, a sua relação com o chefe do Governo revelar-se-ia também ferida de fidelidade. Não eram seus seguidores, como no passado alguns haviam sido de Salazar. No interior da Assembleia Nacional, contudo, se não contestavam abertamente as diretrizes do Executivo, como faziam os «liberais», não se coibiam de «manter um passo atrás» face ao programa marcelista, recorrendo à estratégia de «aguentar e resistir». Estavam ali, antes de tudo, para minimizar consequências dos «perigos» que entendiam que Caetano permitira que se introduzissem nas fileiras do Estado, para pugnar pela manutenção da «ordem pública» e da «unidade nacional».

2. A lei de liberdade religiosa

Dentro da experiência do autoritarismo português, o marcelismo inaugurou, contudo, uma nova fase no ordenamento da liberdade religiosa em Portugal, quer por via das alterações ao texto constitucional aprovadas em 1971 que valorizaram o seu princípio, quer pela publicação da lei de liberdade religiosa (Lei n.º 4/71, de 21 de Agosto).

Na doutrina constitucional do regime autoritário, institucionalizado em 1933, o princípio da liberdade religiosa mereceu, desde o início, acolhimento. A liberdade religiosa fora garantida por soluções normativas que distinguiram dois planos: um, ligado à dimensão individual de liberdade e de inviolabilidade de crenças e práticas religiosas (n.º 3.º do art 8.º), outro, relacionado com a dimensão institucional daquela liberdade (art. 45.º). Todavia, a preservação desse princípio foi contraditada pela forma como o Estado regulou outros aspetos do fenómeno religioso e também outras liberdades. Na realidade, esse tratamento dado ao princípio da liberdade religiosa não representava uma novidade face ao período histórico compreendido entre 1911 e 1926. A Lei de Separação introduzira pela primeira vez em Portugal o princípio da liberdade de consciência (art. 1.º) e a Constituição de 1911 proclamara, também pela primeira vez, o princípio da liberdade religiosa (art. 3.º, n.ºs 4.º a 10.º)[27], mas outras disposições legais derrogavam esses preceitos e a liberdade religiosa teve um tratamento de desfavor. Uma liberdade religiosa sem aceção de confissões e sem quaisquer limites específicos, como salientou Jorge Miranda, só viria a ser garantida pela Constituição de 1976[28].

2.1. Antecedentes: o estatuto jurídico das minorias religiosas (1878--1971)

Em 1933, a presença de minorias religiosas organizadas era uma realidade em Portugal havia já quase um século. Embora com pouca visibilidade social, dado o seu carácter ultraminoritário, estes grupos vinham usufruindo de uma tolerância *de facto* que uma legislação casuística e dispersa foi lentamente reconhecendo. A primeira vez que um ato legislativo foi justificado como servindo cidadãos de outras pertenças religiosas que não a católica romana foi com o decreto de 29 de Novembro de 1878, que regulou o funcionamento do registo civil para não católicos, pondo em prática disposições já previstas pelo Código Civil de 1867 (arts. 1072.º e seguintes). Estas cedências do ordenamento jurídico sustentaram sociabilidades diferenciadas da vivência religiosa hegemónica e favoreceram decisões geralmente tolerantes dos

---

[27] Cumpre lembrar que na Constituição de 1822 (art. 25.º) e na Carta Constitucional de 1826 (art. 6.º) era já permitido aos estrangeiros o culto particular ou doméstico de religiões diferentes da religião católica. Também naquela Carta (art. 145.º, § 4.º) e na Constituição de 1838 (art. 11.º) se fixara a regra de que ninguém podia ser perseguido por motivos de religião, desde que respeitasse a religião do Estado (Cf. Preâmbulo da proposta de lei n.º 15/X (Liberdade Religiosa) in *Diário das Sessões*, X Legislatura, 2.º suplemento ao n.º 100, de 3 de Junho de 1971, p. 2016(3)).

[28] Cf. Jorge Miranda, «A Concordata e a ordem constitucional portuguesa»..., pp. 77 e 79.

tribunais quando confrontados com acusações contra as atividades dos adeptos de cultos minoritários.

Embora as comunidades minoritárias não tivessem personalidade jurídica, o facto é que judeus e protestantes organizaram congregações (sinagogas e igrejas locais, muitas vezes dotadas de escolas e de imprensa própria) desde a segunda metade do século XIX até à Lei de Separação de 1911[29]. As disposições sobre o direito de associação, nomeadamente os arts. 39.º, 1240.º e seguintes do Código Civil de 1867, também foram utilizadas pelas minorias que, ao seu abrigo, constituíram não só firmas detentoras dos seus imóveis, mas também formaram instituições de apoio ao culto ou de outras funções para-religiosas[30].

O decreto de 20 de Abril de 1911 inspirou dúvidas às comunidades protestantes sobre a aplicação ao seu caso específico, dado o diploma estabelecer a separação do Estado das Igrejas, mas apresentar, sobretudo, um novo enquadramento jurídico regulador do exercício da religião católica no País. Por ofício da Direção-Geral dos Assuntos Eclesiásticos, de 11 de Abril de 1912, a autoridade civil confirmou que a Lei de Separação se aplicava a todas as confissões. No desenvolvimento de atividades de ensino, aquelas comunidades regularam-se pelos diplomas existentes: o decreto n.º 9223, de 29 de Março de 1911, publicado pela Direção-Geral da Instrução Pública, que sujeitava as escolas particulares às mesmas regras e currículos que os estabelecimentos de ensino oficial, já depois de o decreto de 22 de Outubro de 1910 ter proibido qualquer natureza confessional nos currículos de

---

[29] Para uma panorâmica da implantação e do crescimento das minorias religiosas em Portugal nos séculos XIX e XX, consulte-se: Luís Aguiar Santos, «A Transformação do Campo Religioso Português»..., pp. 438-491.

[30] Foram os casos, por exemplo, da irmandade Guimelut-Hassidim, da Comunidade Israelita de Lisboa, cujos estatutos foram ratificados em 1892, ou da firma Pulvertaft & Cia., ligada à Igreja Lusitana Católica Apostólica Evangélica e constituída em 1898 (Cf. Esther Mucznik, «Comunidade Israelita em Portugal: presença e memória», *História*, n.º 15 (Junho 1999), p. 34; Luís Aguiar Santos, «A primeira geração da Igreja Lusitana Católica Apostólica Evangélica (1876-1902)» in *Lusitania Sacra*, 2.ª série, n.º 8/9 (1996-1997), pp. 299-360).

todas as escolas[31]; e, mais tarde, o decreto n.º 3856, de 22 de Fevereiro de 1918, que permitiu que as associações religiosas reconhecidas fundassem estabelecimentos de ensino teológico, embora sem «outra aplicação» (art. 6.º), o que mantinha as limitações antes estabelecidas para as escolas primárias e secundárias particulares, onde a componente religiosa continuava proibida.

O chamado decreto da «personalidade jurídica das igrejas» (decreto n.º 11 887, de 6 de julho de 1926) removeu algumas das condições mais gravosas da Lei de Separação de 1911 para as comunidades minoritárias (e para a Igreja Católica, como atrás já se salientou), sobretudo no que respeitava à sua sujeição à intervenção arbitrária das autoridades administrativas (arts 1.º, 3.º, 5.º, 6.º e 8.º). Se através das medidas legislativas de 1911, pensadas para a Igreja Católica, as comunidades religiosas minoritárias haviam ficado sujeitas a um regime de vigilância administrativa (se não *de facto*, pelo menos *de jure*), com o decreto n.º 11 887, novamente destinado a esclarecer a situação jurídica da religião católica, estas comunidades conseguiram um estatuto de personalidade jurídica com inédita autonomia face à interferência da Administração. Ainda assim, continuou a ser problemática a questão da personalidade jurídica das próprias confissões ou igrejas nacionais do campo não católico (caso, aliás, que só se colocou, até ao segundo pós-guerra, para a Igreja Lusitana Episcopal)[32].

---

[31] Recorde-se que o decreto n.º 8 de 24 de Dezembro de 1901, da Direção-Geral de Instrução Pública, já dispensara do ensino da doutrina cristã (católica) nas escolas primárias os alunos cujos pais pertencessem a outras religiões (art. 2.º § único).

[32] A maioria esmagadora das comunidades protestantes era constituída por igrejas locais autónomas (de governo congregacional e que se adaptaram ao modelo das cultuais do decreto de 20 de Abril de 1911), embora algumas pudessem constituir associações nacionais de carácter denominacional, como era o caso das igrejas batistas, associadas desde 1920 na Convenção Baptista Portuguesa. No entanto, estas associações denominacionais não eram confissões ou "Igrejas" nacionais; só a Igreja Lusitana Católica Apostólica Evangélica (Episcopal) estava constituída desde 1878 como igreja nacional e de acordo com os cânones de que se dotara no seu primeiro sínodo, realizado em Lisboa em 1880. Também se pode considerar que a Igreja Adventista do Sétimo Dia (presente no País desde 1904) se encontrava dotada de uma organização nacional, embora dependente de uma estrutura internacional. Constituindo a União Portuguesa dos Adventistas do Sétimo Dia, havia alcançado uma adaptação funcional

Durante o *Estado Novo*, o Código Administrativo de 1936, atualizado em 1941, confirmou as disposições de 1926 (respetivamente pelos arts. 387.º e 449.º). Estabelecendo-se que as associações religiosas se constituíam «por simples participação escrita ao governador civil» (art. 450.º) e se administravam livremente, se cumpridas «as normas aplicáveis às pessoas morais perpétuas do direito civil português» (artigo 452.º).

2.2. O relacionamento das minorias com o poder político (1933-1971)

O estudo do relacionamento institucional das minorias religiosas com o Estado, e em particular com as autoridades políticas, está por fazer em profundidade, existindo alguns elementos informativos em estudos monográficos que se ocuparam das comunidades religiosas. Sem pretensão de tratar exaustivamente esta questão, faz-se aqui um pequeno registo daquela relação, que se julga útil à problemática geral deste estudo. De entre todas as confissões religiosas minoritárias existentes na Metrópole, parece ter sido a comunidade judaica aquela que teve uma maior capacidade de presença e proximidade às instituições do regime. Por exemplo, aquele que foi o líder do judaísmo português durante todo o período em análise, Moses Bensabat Amzalak, foi próximo de Salazar e ocupou cargos de grande relevância no mundo académico e empresarial, chegando a ser procurador à Câmara Corporativa. Tendo em conta o carácter ultraminoritário do judaísmo na sociedade portuguesa, é relevante notar a capacidade dos membros desta minoria em alcançar uma presença pública considerável. Possivelmente, essa convivência foi facilitada pelo facto de o judaísmo não ter um pendor proselitista, acomodando-se melhor, nesse sentido, ao regime de liberdades vigente.

às condições jurídicas do País. Os estatutos da União foram registados no Governo Civil de Lisboa em 1935 (Cf. Ernesto Ferreira, *Arautos de Boas Novas*, Lisboa, União Portuguesa dos Adventistas do Sétimo Dia, 2008, p. 185). No caso dos Judeus, as comunidades organizadas eram locais, não havendo nenhuma entidade confessional judaica de carácter nacional.

Maior dificuldade de representação junto dos poderes públicos tiveram as comunidades protestantes. Além de possuírem uma propensão proselitista, mais incómoda para as autoridades civis, terá sido a sua diversidade denominacional que dificultou qualquer estratégia de influência política. A Aliança Evangélica Portuguesa (AEP) constituiu-se com o propósito de ultrapassar essas dificuldades, tendo os seus estatutos sido reconhecidos em 6 de Fevereiro de 1935. Representante das denominações protestantes com presença desde o século anterior em Portugal (o que excluía os Adventistas), a AEP diligenciou contactos diretos com os chefes do Estado e do Governo: em 1936 em audiência com o general Carmona, a quem o presidente da Aliança, Eduardo Moreira, assegurou a lealdade da «comunidade evangélica protestante», recebendo do Presidente da República garantias de que «as liberdades dos Protestantes seriam respeitadas»[33]; em 1937 em correspondência com Salazar, junto do qual se apresentaram como comunidade já centenária no País e fiel à «ordem estabelecida», tendo, em resposta, Salazar prometido aos Protestantes o cumprimento da «total proteção garantida pela Constituição e pela lei da República»[34].

Há indícios de que importantes dirigentes protestantes consideravam essas garantias minimamente asseguradas na época, apesar de problemas envolvendo o ensino não terem sido resolvidos conforme o que fora solicitado[35]. Com efeito, a AEP interpretava a referência do § 3.º do art. 43.º da Constituição à «doutrina e moral cristãs, tradicio-

---

[33] Cf. Relatório de 1936 da Sociedade Bíblica Britânica e Estrangeira, pp. 37-38, citado por Luís Aguiar Santos, «Evolução da presença em Portugal da Sociedade Bíblica: de agência britânica a instituição de utilidade pública» in *Revista Lusófona de Ciências da Religião*, ano IV (2005), n.º 7/8, p. 59, nota 29. Eduardo Moreira, então presidente da AEP, revelou mais tarde que o contacto com Carmona lhe foi assegurado pelo seu amigo comandante Jaime Atias, membro da comunidade judaica e secretário da Presidência da República (Cf. Eduardo Moreira, *Relação da Religião com a Política*, Porto, separata de *Portugal Evangélico*, 1975, pp. 4-5).

[34] Cf. Relatório de 1938 da Sociedade Bíblica Britânica e Estrangeira, p. 33, citado por Luís Aguiar Santos, *ibidem*, p. 59.

[35] Cf. Relatório de 1937 da Sociedade Bíblica Britânica e Estrangeira, p. 36-37, citado por Luís Aguiar Santos, *ibidem*, p. 59 nota 29. O caso de Folgosinho, no concelho de Gouveia, em 1940 parece confirmar este comportamento escrupuloso das

A SEGUNDA SEPARAÇÃO

nais no País» no ensino, não como sendo relativa à doutrina de uma igreja específica (a católica), mas dizendo respeito a um cristianismo interconfessional em que os protestantes também coubessem. Considerava que só essa interpretação era consentânea com o articulado da Lei Fundamental de 1933. Daí o protesto que a AEP endereçou ao Presidente da República e ao chefe do Governo, após a publicação do decreto n.º 27 603, de 29 de Março de 1937, que dava competências docentes aos párocos no quadro da Mocidade Portuguesa e fazia menção explícita a aspetos da doutrina ou tradição católica[36]. Foi, porém, a partir da publicação do decreto n.º 37 545 de 8 de Setembro de 1949, relativo ao Estatuto do Ensino Particular, que se criou uma situação desfavorável para as minorias protestantes em matéria de educação e ensino. Até então, apesar de serem obrigadas a seguir os currículos oficiais, as escolas particulares de carácter confessional encontravam-se razoavelmente libertas de uma vigilância das autoridades administrativas. Depois de 1949, os estabelecimentos de ensino confessionais não católicos ficaram sujeitos a uma regulação administrativa que os tornou vulneráveis perante os agentes da autoridade do Estado, em concreto face à Inspeção do Ensino Particular, embora grande parte daquelas escolas tenha conseguido continuar a existir[37].

Não é conhecida a participação de figuras protestantes em cargos políticos do regime. Houve ainda dificuldade em estabelecer relações institucionais duráveis com o poder civil. Depois de 1945, AEP não conseguiu impor-se como representante eficaz dos interesses protestantes junto do poder político. Para tanto pode ter contribuído, a partir

---

autoridades (Cf. Luís Aguiar Santos, «A Transformação do Campo Religioso Português»..., pp. 468-469).

[36] Cf. *Os Evangélicos Portugueses e a Lei: coletânea organizada sob os auspícios da Aliança Evangélica Portuguesa*, Lisboa, Tip. Portugal Novo, 1938, pp. 29-31.

[37] Vejam-se, por exemplo, os casos relatados por Ernesto Ferreira, *ibidem*, p. 476. Quanto às iniciativas judaicas no campo da educação, houve uma escola primária e outra secundária em Lisboa entre 1929 e 1943, mas ambas as tentativas goraram-se por falta de adesão das próprias famílias judaicas. Também a Federação Espírita Portuguesa solicitou em 1953 o seu reconhecimento ao abrigo de nova legislação publicada, relativa a instituições de carácter pedagógico ou científico, mas viu as suas atividades suspensas por despacho do Governo, sendo a sua sede encerrada e os seus bens arrolados e vendidos. Sobre este caso, veja-se: Luís Aguiar Santos, *ibidem*, p. 441.

desse ano, o declínio relativo das denominações históricas no conjunto da minoria protestante e a emergência de outros grupos (Adventistas, Pentecostais e Testemunhas de Jeová), mais refratários à cooperação e representação interdenominacionais e com os quais os primeiros tinham dificuldade de articular-se. Destaque-se, porém, o caso de Eduardo Moreira, que manteve com Marcelo Caetano uma correspondência de alguma regularidade, entre 1948 e 1973, e na qual é visível uma proximidade política que não pode ser extrapolada para toda a comunidade protestante, dado tratar-se de uma relação de amizade pessoal[38].

O caso das Testemunhas de Jeová apresenta singularidades. Com atividades registadas em Portugal desde 1925, mas pretendendo legalizar-se como «sociedade com fins culturais e humanitários», as Testemunhas de Jeová viram várias vezes indeferido esse pedido junto do Ministério do Interior, como aconteceu em 1952 e 1961[39]. A natureza do grupo, organizado à escala nacional, e a pretensão de se fazer reconhecer como associação «cultural» dificultou a sua legalização (idêntico procedimento teve a Federação Espírita Portuguesa, o que a levou a ser ilegalizada em 1953[40]).

As dificuldades das Testemunhas de Jeová deveram-se também à sua recusa de incorporação nas Forças Armadas e de prestação de serviço militar. A frequência com se sucediam esses casos levantou permanentemente a suspeita das autoridades públicas sobre este grupo religioso, acusado algumas vezes de atuar «contra a segurança do Estado», sobretudo após 1961, com o início da guerra em África. Muitos crentes foram detidos pela polícia política (em alguns casos, também pela

---

[38] Cf. PT/TT/AMC, Cx. 39: correspondência trocada entre Eduardo Moreira e Marcelo Caetano, entre 25 de Junho de 1948 e 25 de Junho de 1973.

[39] Cf. Mafalda Vieira de Oliveira Alves, *As Testemunhas de Jeová Face ao Estado Novo: Um Caso de Resistência (1925-1974)*, Lisboa, dissertação de mestrado, texto policopiado, Faculdade de Ciências Sociais e Humanas, Universidade Nova de Lisboa, 2009, pp. 39 e 40.

[40] A Federação Espírita Portuguesa solicitou em 1953 o seu reconhecimento ao abrigo de nova legislação publicada, relativa a instituições de carácter pedagógico ou científico, mas viu as suas atividades suspensas por despacho do Governo, sendo a sua sede encerrada e os seus bens arrolados e vendidos (Cf. Luís Aguiar Santos, *ibidem*, p. 479).

PSP) e sujeitos a interrogatórios e processos em tribunal[41]. Desde o início da década de 1960, as reuniões de culto das Testemunhas de Jeová foram inúmeras vezes proibidas e os domicílios de alguns crentes foram objeto de rusgas policiais, registando-se aí a confiscação de literatura ou a prisão de crentes. O caso de maior impacte foi o da prisão, em Almada, de 49 pessoas num local de culto, em Junho de 1965, aos quais viria a ser negado o *habeas corpus* e a ser aplicado, um ano depois, penas de prisão de vários meses. A intervenção, no mesmo ano, do Departamento de Estado norte-americano junto do Ministério dos Negócios Estrangeiros, de forma que fosse encontrado um enquadramento legal para as atividades das Testemunhas de Jeová, não surtiu efeito; o mesmo aconteceu à tentativa de reconhecimento solicitado pelo grupo em 1972 em conformidade já com a lei de liberdade religiosa de 1971[42].

2.3. A proposta de lei: reações da hierarquia católica e do *Novidades*

Em Outubro de 1970, o Executivo submeteu à Câmara Corporativa um projeto de proposta de lei sobre liberdade religiosa. Aí sublinhava-se que se impunha a reformulação sistemática das normas fundamentais relativas à liberdade religiosa, que permaneciam dispersas em vários diplomas publicados desde 1918. Notava-se também que o regime concordatário, fixado para a Igreja Católica, fizera «avultar as deficiências do tratamento conferido às outras confissões». Essas deficiências faziam-se sentir, em especial, no domínio do direito de associação. O problema maior residia no facto do sistema existente de reconhecimento de personalidade jurídica das associações cujo fim principal fosse a sustentação do culto, estabelecido pelo Código Administrativo (arts. 449.º e 450.º) pressupor o reconhecimento prévio da confissão religiosa a que pertenciam tais associações, donde saía prejudicado o estatuto jurídico das confissões religiosas não católicas, que

---

[41] Cf. Idem, *Ibidem*, p. 58; Luís Aguiar Santos, *ibidem*, p. 474.

[42] Luís Aguiar Santos, *ibidem*, pp. 474-475; *As Testemunhas de Jeová em Portugal: implantação histórico-social*, Alcabideche, Associação das Testemunhas de Jeová, s.d.

viviam em regime de «pura situação de facto». O projeto garantia que continuariam salvaguardadas as normas particulares que vigoravam para a Igreja Católica[43].

No mês seguinte, em 16 de Novembro, o presidente do Conselho, durante uma comunicação ao País, aduziria ainda outra razão para a preparação daquela proposta de lei: a «relativa frequência» com que «nos últimos tempos têm sido apresentados ao Governo requerimentos para a constituição de associações religiosas não católicas ou [para] a abertura de templos de confissões diferentes». Embora Marcelo Caetano não referisse nenhum caso em particular, estava sobretudo em causa um processo que fora «objeto de apreciação dos tribunais» e que envolvera a Igreja Lusitana Apostólica Evangélica. Um bispo dessa Igreja requerera o registo dos estatutos da associação «Igreja Lusitana Católica Apostólica Evangélica», mas o pedido fora recusado pelo governador civil «por entender que a "associação em causa não revestia as características legais das associações religiosas"». Essa deliberação fora confirmada pela Auditoria Administrativa do Porto, levando o requerente a interpor recurso contencioso contra aquela sentença[44].

Meses antes de enviar o projeto daquele diploma (que seria designado projeto de proposta de lei n.º 6/X) à Câmara Corporativa, em Abril, Caetano cuidara de enviar uma versão do mesmo ao cardeal Cerejeira, mostrando preocupação em envolver a Igreja Católica na discussão daquela legislação, a fim de evitar conflitos futuros entre as instituições estatal e eclesial sobre a matéria. Numa primeira reação, em Abril de 1970, o patriarca de Lisboa mostrou-se sensibilizado com o gesto do chefe do Executivo, confirmou a importância daquela iniciativa legislativa e demostrou satisfação pelo seu conteúdo[45], fazendo-lhe algumas observações. As sugestões do cardeal Cerejeira foram acolhi-

---

[43] Cf. *Atas da Câmara Corporativa*, X Legislatura, n.º 47, de 3 de Outubro de 1970, p. 403.

[44] Cf. *Diário das Sessões*, X Legislatura, 3.º Suplemento ao n.º 100, de 3 de Junho de 1971, p. 2016(19).

[45] Cf. *Cartas particulares a Marcelo Caetano*, org. de José Freire Antunes, vol. II..., p. 323.

das pelo Governo e o projeto de proposta de lei que entrou em Outubro na Câmara Corporativa incluía-as na sua redação[46].

Após ser tornado público esse mesmo projeto, o jornal *Novidades* dedicou-lhe alguns editoriais ao longo de três semanas. No primeiro, publicado em 21 de Novembro, o diário católico afirmava que era de «louvar a preocupação do Governo português [...] de assegurar a liberdade religiosa em todo o espaço nacional», embora acrescentasse que «não se trata de uma inovação, pois temos vivido numa situação de real liberdade, como se comprova pela ausência de conflitos religiosos entre nós e ainda pela multiplicação de confissões cristãs e não cristãs». A adesão do jornal àquela iniciativa governamental era, no entanto, matizada pelo assumir de algumas reservas quanto ao articulado do projeto, particularmente sobre a sua base V, que respeitava à regulação do ensino da religião e moral na escola pública. Sem adiantar nenhuma crítica concreta, era deixado no ar que quaisquer novas disposições sobre aquela matéria deveriam respeitar «três coordenadas: doutrina da Igreja, regime jurídico constitucional e concordatário, modelação cristã da alma nacional». Registava-se que «vários outros pontos merecerão séria reserva», mas não se adiava nada sobre os mesmos[47].

O editorial seguinte, de 27 de Outubro, descortinava quais os preceitos da iniciativa governamental sobre liberdade religiosa que desagradavam ao *Novidades*. Começando por declarar que «seria errado pensar que, visto que a Concordata reconhece à Igreja completa liberdade, esta não se deve interessar já pelo aperfeiçoamento da liberdade religiosa», o artigo apontava alguns «defeitos técnicos» ao projeto da proposta de lei. Assim, por exemplo, notava-se que o «direito de ensino», embora referido na base III, não figurava na base I, a qual continha o elenco dos direitos compreendidos na liberdade religiosa. O mesmo sucedia, escrevia-se, com o «direito a formar ministros do culto», que era referido na base XVI. Considerava-se grave a omissão

---

[46] Cf. *Cartas particulares a Marcelo Caetano*, org. de José Freire Antunes, vol. II..., p. 326. Embora Marcelo Caetano preste esta informação, em carta que dirigiu ao patriarca de Lisboa, em 28 de Outubro de 1970, não foi possível localizar, no arquivo histórico de Marcelo Caetano nem nos restantes arquivos consultados, o documento do prelado contendo as sugestões ao diploma que estava em preparação.

[47] Cf. *Novidades*, 21 de Outubro de 1971, p. 1.

de direitos como o «direito à livre escolha, nomeação e transferência dos ministros do culto» e o «direito de comunicação com as autoridades ou comunidades religiosas, residentes noutras partes do mundo». A maior imperfeição radicava, no entanto, segundo o diário católico, na enunciação dos limites à liberdade religiosa. Perante a base III era recusado o direito à liberdade religiosa «às confissões cuja doutrina ou atos de culto sejam incompatíveis com a vida e a integridade da pessoa humana, os bons costumes, os direitos e interesses da soberania portuguesa ou os princípios fundamentais da ordem constitucional», sendo que o ajuizar dessas circunstâncias era atribuído ao ministro do Interior, que «com base nelas pode retirar o reconhecimento oficial a confissões antes reconhecidas» (bases IX e X). Esse modo de decisão e de autoridade atribuído ao titular da pasta do Interior era considerada no «inadequado e perigoso». Sugeria-se, em contrapartida, que os «abusos do direito à liberdade religiosa» se revestissem no diploma de «duas formas fundamentais: haver agrupamentos políticos que levem a cabo uma luta política sob a capa de pretensa organização religiosa; haver grupos religiosos que se imiscuam na política. No primeiro caso, o meio idóneo será declarar legalmente que tais agrupamentos não podem considerar-se religiosos, não podendo do mesmo passo invocar o exercício da liberdade religiosa [...]. No segundo caso, a única solução logicamente possível é a punição, nos termos da Lei geral, dos atos que caiam sob a alçada da lei, o que, é bem de ver, implica a perseguição dos seus responsáveis, mas não pode significar a dissolução da confissão a que pertençam». A terminar, insistia-se: «custa-nos a crer que exista a possibilidade de uma verdadeira confissão religiosa que, por si, constitua uma ameaça à integridade do Estado. A crença contrária é, porém, corrente nos nossos dias. É ela a responsável pela onda de desconfiança e perseguições religiosas que grassam em tantos regimes, tomando como alvo, tantas vezes, a Igreja Católica»[48].

Este editorial incomodou Marcelo Caetano, que, logo no dia seguinte, se dirigiu por carta ao cardeal Cerejeira, dizendo que «admiração» lhe causavam os artigos publicados no *Novidades* por dois motivos: um, porque o Governo acolhera no projeto da proposta de lei

---

[48] Cf. *Novidades*, 27 de Outubro de 1970, p. 1.

«praticamente todas» as observações que lhe haviam sido feitas pelo bispo de Lisboa; outro, porque o chefe do Executivo confessava que supusera que o patriarca «ouvira os órgãos da Conferência Episcopal que julgasse indicados». Perguntava, Caetano se tendo «procedido com toda a prudência para evitar choque com a Igreja e mal-entendidos», iriam «agora estes surgir»[49].

Dois dias depois, D. Manuel Gonçalves Cerejeira respondeu ao presidente do Conselho, destacando que «os artigos publicados no *Novidades* [...] não são documentos da hierarquia» e «só têm um fim: ajudar à elaboração perfeita do texto definitivo», sendo ainda «escandaloso que ele [jornal] não procurasse esclarecer a consciência católica». Confirmava o cardeal, que estudara a versão do projeto que lhe fora enviada pelo Governo no começo do ano de 1970, servindo-se «do conselho de um ilustre canonista, o Pe. António Leite, da Companhia de Jesus», e que informara «discretamente o Episcopado da doutrina do texto e da resposta que a respeito dele dera a V. Exa.». O episcopado ainda que não tivesse entrado no «exame minucioso do documento», por este não se encontrar ainda publicado, tinha ficado «seriamente apreensivo pelo impacto que a divulgação da proposta de lei, e sobretudo a sua discussão na Assembleia Nacional» pudesse ter. Quanto às sugestões que começara por fazer, sublinhava D. Manuel que «não julgo que ela não admita alterações de pormenor no sentido de a aperfeiçoar, tanto mais que o texto que observara não coincidia com o que fora submetido à apreciação da Câmara Corporativa»[50].

Marcelo Caetano revelaria, no dia seguinte, que era sua «convicção (por ser também minha intenção) que a nova versão estava mais perfeita do que a primeira, até no acautelamento dos justos interesses da Igreja e na prevenção de eventuais conflitos com o Estado». Não deixava, porém, de demonstrar que, em sua opinião, «os artigos publicados nas *Novidades* [...] não me parecem esclarecedores da consciência

---

[49] Cf. *Cartas particulares a Marcelo Caetano*, org. de José Freire Antunes, vol. II..., p. 326.

[50] Cf. *Cartas particulares a Marcelo Caetano*, org. de José Freire Antunes, vol. II..., p. 327.

católica, mas antes perturbadores dela». Revelava ainda interesse em conversar pessoalmente com o patriarca de Lisboa[51].

Nesse mesmo dia de 31 de Outubro, o *Novidades* voltava a publicar novo artigo, criticando outras bases do projeto de proposta de lei n.º 6/X. Desta feita, revelava discordâncias quanto ao n.º 1 da base IV, que estabelecia que o Estado «não tem religião própria» e fixava o regime de separação na relação com as diferentes Igrejas, menos pela novidade desses princípios, que bebiam no art. 45.º da Constituição, e mais pela redação que lhes fora dada. Para o diário católico o risco estava em o Estado assumir uma posição de neutralidade religiosa que negasse o «reconhecimento de que a religião católica era a religião da Nação portuguesa», dispensando a todas as confissões igual tratamento, porque «não pode entender-se que leve a tratar de modo igual o que é diferente». Também se rejeitava o uso da referência ao regime de separação, exibindo-se preferência, no tocante à Igreja Católica, pela expressão «regime de colaboração»[52].

Dois dias mais tarde, o cardeal Cerejeira informava por escrito Marcelo Caetano que, por motivos de doença, não podia comprometer-se com um encontro com o chefe do Governo, comunicando também que no dia seguinte, 3 de Novembro, o *Novidades* publicaria o último artigo sobre o tema da liberdade religiosa, dado que tomara «providências para poder garantir que não será continuada a série»[53]. Nesse novo e último artigo, o diário católico desenvolvia a crítica, que apenas enunciara em 21 de Outubro, aos preceitos do projeto da proposta de lei sobre liberdade religiosa que se referiam ao ensino da religião. Sobre os vários números da base V, expressava que não havia utilidade em reconhecer-se a «maioridade» dos jovens em «matéria religiosa» (n.º 1 da base V), julgando-se mesmo tal ação «contraproducente, por poder favorecer psicologicamente uma decisão contrária aos valores religiosos, tomada em plena crise de autonomia da adolescência». Também

---

[51] Cf. *Cartas particulares a Marcelo Caetano*, org. de José Freire Antunes, vol. II..., p. 328.

[52] Cf. *Novidades*, «Liberdade religiosa: aconfessionalidade e colaboração», 31 de Outubro de 1970, pp. 1 e 8.

[53] Cf. *Cartas particulares a Marcelo Caetano*, org. de José Freire Antunes, vol. II..., p. 328.

sobre o n.º 2 daquela base se considerava que lançava «maior perturbação na missão educadora dos pais» e que era contrária às disposições constitucional (§ 3.º do art. 43.º) e concordatária (art. XXI) que consagravam que o ensino ministrado pelo Estado nas escolas públicas era orientado pelos «princípios da doutrina e moral cristãs, tradicionais no País». Para o *Novidades*, a base V apenas se compreendia se não fosse aplicada à «moral e religião católica». De um modo global, defendia-se, que só tinha sentido o diploma em projeto vir a aplicar-se à Igreja Católica «nos casos em que estabeleça um regime mais favorável do que o adotado na Concordata», para não resultar para aquela «perda de direitos ou garantias ou diminuição das obrigações do Estado, nos termos por ambos aceites de comum e livre acordo»[54].

Dez dias depois do último artigo do *Novidades*, a Conferência Episcopal Portuguesa (CEP) publicou uma «Declaração sobre o problema da liberdade religiosa». Nesse documento, inscrevia a iniciativa do reconhecimento da liberdade religiosa pelos poderes públicos no âmbito do que fora sugerido pelo Concílio Vaticano II, e defendendo que o Estado não podia «recusar a liberdade e a proteção que deve a todas [as confissões religiosas]», alertava que «é erro confundir-se a liberdade religiosa, que os governos têm por dever garantir aos cidadãos, com a política de neutralidade conhecida vulgarmente pelo nome de laicismo». Esclarecia que, do seu ponto de vista, «não repugna, que, em razão do condicionalismo cultural próprio de uma nação, formada historicamente sob influência de determinada confissão religiosa, esta possa usufruir aí, para bem do povo, de uma posição preferencial entre as demais». Os prelados desenvolviam uma postura crítica sobre o projeto da proposta de lei, considerando-o «destoante», nomeadamente pelas afirmações de que «o Estado não tem religião própria» e que as suas relações com as igrejas «assentam no regime de separação», e impreciso quanto ao estatuto que reservava à Igreja Católica. Ressalvando que «separação e colaboração se devem ter como realidades complementares», a CEP recordava a «situação particular» da Igreja Católica portuguesa, confirmada pela Concordata e pelo Acordo Missionário de 1940, e mencionando a sua autonomia face ao Estado, não

---

[54] Cf. *Novidades*, 3 de Novembro de 1970, pp. 1-2.

deixava de recordar que a relação entre os dois poderes obedecia a uma prática de «cooperação ativa». Sinalizava, quanto à questão do ensino da religião, que o projeto do Executivo se afastava do preceituado no § 3.º do art. 43.º da Constituição e do art. XXI da Concordata, pelo que devia ser esclarecido se a base V envolvia o regime que envolvia a disciplina de religião e moral. Caso envolvesse, argumentava-se que era necessário encontrar outra redação que se ajustasse ao texto concordatário. A finalizar era dado um aviso: «[O episcopado] Formula o voto de que o movimento de interesse que merecidamente se gerou em volta do projeto não venha a criar na opinião pública a ideia falsa de que existe em Portugal uma questão religiosa (o que seria pernicioso para o País), nem sirva de pretexto [...], para minimizar o valor da presença da Igreja e os instrumentos jurídicos básicos que lhe permitem prosseguir entre nós a sua benéfica missão espiritual»[55].

Quatro dias depois de ser tornado público este documento episcopal, o cardeal patriarca enviou ao presidente do Conselho o texto, com a mensagem de que acreditava que o mesmo «facilitará mais do que dificultará a ação do Governo nesta matéria». O bispo de Lisboa agira com diplomacia sem deixar de projetar um sinal de firmeza da autoridade eclesiástica naquele que era um processo de negociação «informal» de algumas disposições daquela iniciativa legislativa. Evitara um encontro pessoal com Caetano, permitira que o jornal *Novidades* divulgasse junto da opinião pública as principais críticas ao projeto governamental e preparara, em conjunto com os restantes membros da CEP, um documento público definidor da posição da autoridade religiosa sobre a matéria.

Marcelo Caetano não ficou satisfeito com essa atitude de Cerejeira, esclarecendo, ao agradecer em 19 de Novembro, o envio da declaração da CEP, que, naquele caso, julgava que não havia sido «seguido o melhor processo de ajustar pontos de vista da Igreja e do Estado. Os contatos pessoais teriam, a meu ver, sido preferíveis às declarações

---

[55] Cf. Conferência Episcopal Portuguesa, «Declaração sobre o problema da liberdade religiosa» in *Documentos Pastorais (1967-1977)*, Lisboa, União Gráfica, 1978, pp. 73-85.

públicas tornadas inevitáveis por uma imprudente reação da imprensa católica»[56].

2.4. A proposta de lei: reações das comunidades protestantes

A iniciativa legislativa do Governo sobre liberdade religiosa também foi acompanhada com expetativa pelas comunidades religiosas minoritárias. Logo em Outubro de 1970, o presidente do Conselho foi felicitado por dois ministros da Igreja Lusitana Católica Apostólica Evangélica (Anglicana), a propósito do projeto de proposta de lei n.º 6/X[57]. Um deles, o pastor Eduardo Moreira, regozijava-se por aquele interesse do Executivo em regulamentar uma «abstração constitucional da liberdade de religião», que «nem a Monarquia aceitou [fazer] [...], nem a República parlamentar, nem as ditaduras de Franco, Pimenta e Sidónio, nem a atual *situação*». Para aquele pastor, o mérito do Governo era tanto maior quanto se ocupava de

---

[56] Cf. *Cartas particulares a Marcelo Caetano*, org. de José Freire Antunes, vol. II..., p. 329.

[57] Um desses ministros foi D. Daniel de Pina Cabral, que escreveu ao chefe do Governo: «Por via telegráfica acabo de exprimir a Vossa Excelência o meu regozijo, a minha gratidão e a minha admiração pela proposta de lei sobre a liberdade religiosa em Portugal, que Vossa Excelência enviou à Câmara Corporativa. E fi-lo, muito convictamente, em nome dos cristãos anglicanos de Moçambique. Sabia que esta matéria estava nas preocupações do governo espírito de Vossa Excelência, mas não esperava que, em tão prementes circunstâncias, o tempo lhe sobrasse para produzir esse notável documento. Claro que só pude fazer uma leitura pouco meditada do texto da proposta; mas a impressão que dela colhi é a de que, finalmente, Portugal, pela mão sábia, firme, e oportuna de Vossa Excelência, se quer colocar, neste delicado capítulo, ao nível duma autêntica democracia (peço desculpa se o termo não lhe parecer o mais feliz), onde as minorias são decididamente protegidas, quando os interesse que as congregam são compatíveis com as mais gerais da comunidade política a que pertencem. Desejo, veementemente, não só como dirigente religioso, mas também como simples cidadão português, que ama o bom nome da Sua Pátria, e se esforça pela verdadeira paz entre os seus irmãos, que as intenções de Vossa Excelência encontrem na Câmara Corporativa (onde lamento não termos voz) e na Assembleia Nacional o acolhimento que merecem» (Cf. PT/TT/AMC, Cx. 29, doc. 7: carta de D. Daniel de Pina Cabral para Marcelo Caetano, datada de 12 de Outubro de 1970).

um assunto que «os cristãos minoritários, divididos entre si», nunca tinham sabido «requerer»[58].

Meses mais tarde, entre 4 e 6 de Abril de 1971, o Centro Ecuménico Reconciliação da Figueira da Foz, ligado à Igreja Evangélica Presbiteriana de Portugal, promoveu o colóquio «Liberdade Religiosa e Liberdade Humana». Reunindo elementos de diversas confissões religiosas (presbiterianos, adventistas, lusitanos, batistas, metodistas, pentecostais independentes, muçulmanos, bahá'ís e católicos; apenas membros de comunidades judaicas não participariam do encontro), a iniciativa constituiu uma ocasião de debate e análise da iniciativa governamental sobre liberdade religiosa, aí se produzindo um documento com propostas de alteração àquela. Nele se sugeria que, na base II do projeto de proposta de lei n.º 6/X, se consagrasse o dia de repouso semanal das diferentes confissões, uma vez que nem todas guardavam o domingo. Propunha-se a inclusão nessa base de mais duas alíneas, relativas ao direito de transferência dos ministros de culto e ao direito à igualdade de tratamento das confissões e respetivos ministros em matéria fiscal. Para o n.º 1 da base III era proposta uma menção às leis vigentes no País, pois a redação original, sobre a recusa de reconhecimento do Estado a grupos contrários à «vida e integridade da pessoa humana» e aos «bons costumes», era considerada inapelável perante a Justiça. Para a base IV sugeria-se uma referência clara à igualdade de todas as confissões perante as leis, incluindo a Igreja Católica, com a justificação de que a situação particular daquela já era acautelada pela Concordata. Sobre o n.º 1 da base V pedia-se que fosse acrescentada a expressão «da respetiva confissão religiosa», na menção ao direito dos maiores de 16 anos decidirem ou não a inscrição na disciplina de religião e moral, o que permitiria abrir a possibilidade de todas as confissões poderem reclamar igualdade com a Igreja Católica nas escolas públicas. Quanto ao n.º 1 da base VII, pretendia-se que estabelecesse a liberdade total de utilização dos cemitérios e das capelas aí existentes por todas as confissões; no n.º 2, desejava-se acrescentar à licitude da

---

[58] Cf. PT/TT/AMC, Cx. 29, doc. 7: carta de Eduardo Moreira para Marcelo Caetano, datada de 26 de Outubro de 1970. Entre as considerações que tecia, Eduardo Moreira registava: «A Lei de Separação creio ter sido uma lei de restrição e não de liberdade».

construção de templos e lugares destinados ao culto, a das «escolas particulares, bem como institutos destinados a assistência e beneficência». Recomendava-se que na base VIII fosse reconhecido a todas as confissões religiosas o direito à designação oficial como Igrejas e que fosse retirada a exigência de 500 assinaturas no requerimento ao ministro do Interior, pois ele não se adaptava à realidade das igrejas protestantes locais de governo congregacional (independentes). Propunha-se uma redação na base IX que não responsabilizasse determinada confissão pelos atos de um seu membro ou ministro; e, sobre as bases X e XIII, considerava-se que o não reconhecimento de uma confissão deveria ser passível de recurso administrativo. Para a base XV propunha-se uma referência também à alienação de imóveis (e não só à sua aquisição). Quanto à base XVI, considerava-se desnecessária a margem de interferência do Estado nos seminários, dado que se previa noutros preceitos a fiscalização do ensino. Sobre o n.º 3 da base XVII, que previa que a violação pelo ministro do culto de segredo que lhe fosse confiado fosse punido com pena de prisão, sugeria-se que a punição ficassem à responsabilidade de cada comunidade e das suas normas internas. Por fim, no que à base XVIII dizia respeito, era proposta uma referência explícita ao regime vigente para a Igreja Católica, embora os subscritores considerassem necessário rever a Concordata à luz da nova lei de liberdade religiosa.

Com o objetivo de sinalizar esta posição, a comissão organizadora do colóquio enviou o documento com as alterações sugeridas, em 27 de Abril de 1971, para o Governo, a Assembleia Nacional e a Câmara Corporativa. Nessa data o parecer desta última câmara já estava elaborado, pelo que apenas poderia vir a influenciar o Executivo na reelaboração dos conteúdos da proposta de lei ou o debate na Assembleia Nacional[59].

---

[59] Cf. PT/AHP/Secretaria Geral da Assembleia Nacional e Câmara Corporativa/ Serviços Legislativos/Proposta de lei n.º 15/X/Correspondência: ofício enviado pela comissão organizadora do colóquio «Liberdade Religiosa e Liberdade Humana» ao presidente da Câmara Corporativa, Luís Supico Pinto, em 27 de Abril de 1971; anexos: «Alterações propostas ao projeto da proposta de lei sobre liberdade religiosa no colóquio "Liberdade Religiosa e Liberdade Humana"»; lista dos participantes naquela iniciativa. Entre os católicos participantes na iniciativa, como conferencistas, estiveram:

É curioso notar que nas alterações sugeridas nesse documento, no que à base VIII dizia respeito, se confundiam confissões religiosas (a que a iniciativa legislativa explicitamente se destinava) com comunidades ou igrejas locais (cujo reconhecimento era regulado pelo decreto pelo Código Administrativo de 1941 e não era objeto de modificações no projeto de diploma proposto pelo Governo). Como posteriormente se veria na proposta de lei apresentada pelo Governo e no debate da mesma na Assembleia Nacional, tratavam-se de situações distintas. O Executivo considerava uma confissão uma realidade nacional distinta de uma comunidade religiosa local; logo, julgava necessário um critério mais exigente para o reconhecimento (concessão de personalidade jurídica) de confissões religiosas pelo Estado[60].

Essa sobreposição de realidades foi notada em alguns artigos de opinião saídos na imprensa protestante da época[61] e salientada em ofício enviado ao presidente da Assembleia Nacional pela Associação de Igrejas Batistas Portuguesas. Aí se considerava que a base VIII revogava a legislação anterior relativa ao reconhecimento de igrejas locais e se apelava à reconsideração dessa posição: «Temos usufruído até agora do privilégio de reconhecimento sem a exigência de qualquer número. Em nome de igrejas batistas como na Guarda, em Viseu e noutros lugares, tão-somente bastou apresentarmos os nomes da Direção e, algumas vezes, a lista dos nomes dos membros da instituição. Nunca as excelentíssimas autoridades nos Governos Civis tiveram problemas connosco nem nós lhos criámos. Nós não desejamos a personalidade

---

António Montes Moreira, professor da Universidade Católica Portuguesa, e os deputados, Francisco Sá Carneiro e Maria Raquel Ribeiro. O documento com as alterações ao projeto de proposta de lei n.º 6/X foi também publicado no periódico *Portugal Evangélico*, n.º 603-608 (1.º semestre 1971), pp. 23-24 e 26.

[60] O critério de exigência usado na base VIII para reconhecer uma confissão (subscrição do pedido de reconhecimento por 500 assinaturas) era facilmente conseguido por qualquer confissão organizada na época, como reconhecia o documento de *Alterações Propostas...* do Centro Ecuménico Reconciliação, p. 3. Além desse critério não era consagrado nenhum outro, nem sequer o de um número de anos mínimo de "radicação" no País da confissão em causa, como acontece na lei de liberdade religiosa de 2001.

[61] Cf. João Ramos André, «Os Batistas e o Projeto de Liberdade Religiosa» in *Semeador Batista*, Dezembro 1970, pp. 1 e 4; Daniel Almada, «O Projeto de Lei sobre Liberdade Religiosa», *Semeador Baptista*, Novembro 1970, p. 4.

jurídica para sermos livres no exercício da nossa religião, mas apenas para que em nome da instituição religiosa se possa comprar, vender, herdar, efetuar qualquer outra transação necessária [...]». A Associação revelava ainda discordar da possibilidade dada aos alunos de decidirem ou não frequentar a disciplina de religião e moral. Criticava os poderes que ao ministro do Interior eram reconhecidos para cessar as atividades de uma confissão religiosa, nos casos em que se considerassem as suas atividades ilícitas, defendendo antes que tal decisão deveria caber aos tribunais e que deveria haver possibilidade de recurso dessa decisão. Reclamava ainda que os ministros das confissões não católicos pudessem prestar serviço religioso no Exército, em igualdade de circunstâncias com os capelães militares católicos[62].

2.5. A posição da Câmara Corporativa: defesa intransigente do estatuto da Igreja Católica

Em Abril de 1971, foi conhecido o parecer da Câmara Corporativa, redigido por João Antunes Varela, sobre o projeto de proposta de lei n.º 6/X. Nesse estudo, era enaltecido o facto das autoridades civis portuguesas procederem em conformidade com as orientações da doutrina produzida pelo Concílio Vaticano II sobre liberdade religiosa (designadamente a declaração conciliar *Dignitatis Humanae* e a constituição pastoral *Gaudium et Spes*), aceitando aquele princípio e não criando dificuldades à vida das comunidades religiosas existentes na metrópole e nos territórios portugueses em África e na Ásia. A maior preocupação da Câmara, porém, dizia respeito ao facto de não se perder de vista o sentido e o alcance do princípio da liberdade religiosa para a Igreja Católica, bem como não se colocar em causa o tratamento especial que aquela gozava no País. Esta sugestão prendia-se com a intenção de evitar que o novo diploma legislativo sobre liberdade religiosa ficasse

---

[62] Cf. PT/AHP/Secretaria Geral da Assembleia Nacional e Câmara Corporativa/Serviços Legislativos/Proposta de lei n.º 15/X/Correspondência: ofício da Associação de Igrejas Batistas Portuguesas, assinado pelo seu secretário-correspondente Joaquim Lopes de Oliveira, dirigido ao presidente da Assembleia Nacional, datado de 17 de Junho de 1971.

apenas associado «à eliminação dos obstáculos que a administração tem levantado ao reconhecimento das confissões não católicas e à expansão das associações nela integradas». A proposta de lei deveria, nessa medida, reconhecer a importância do catolicismo e da sua capacidade realizadora manifestada ao longo da história nacional. Esta recomendação era feita sem embargo de se reiterar a consagração do regime de separação do Estado da Igreja Católica. Registava-se, aliás, que evoluíra a conceção dessa separação, entre a publicação da Lei de Separação de Abril de 1911 e a assinatura da Concordata e do Acordo Missionário de 1940, permitindo que se tivesse passado de um modelo de «hostilidade» a outro de colaboração.

Quanto à relação do Estado com as restantes confissões, a Câmara Corporativa era parca na sua consideração, admitindo apenas que «o princípio da separação» teria «o seu lugar adequado na definição da disciplina» dessas relações. Na ponderação do regime de separação à regra da liberdade religiosa, tornava-se, porém, evidente que o relator não equacionava o tratamento jurídico das diferentes confissões à luz do princípio da igualdade. Também a afirmação de que «o Estado não tem religião própria», constante do n.º 1 da base IV, era tida como «desnecessária», «supérflua» e «mesmo inconveniente». Propunha-se, em consequência, a sua retirada do texto do articulado. Para Antunes Varela, tratava-se de demonstrar que a liberdade religiosa não tinha um sentido negativo, «expresso na eliminação de qualquer coação sobre o pensamento ou a ação dos homens em matéria de religião», mas sim positivo. Por isso, sugeria que o novo regime da atividade religiosa assentasse formalmente sobre o princípio básico da liberdade de cultos e [sobre] o valor positivo das confissões religiosas no seio da comunidade, traduzindo-se este último na proteção jurídica devida às confissões religiosas». Esse entendimento, segundo o relator, não transparecia do projeto da proposta de lei, onde se assumira um sentido negativo da liberdade religiosa, confinada «à simples postura [...] do respeito pela liberdade de culto». Salientava-se que a matéria religiosa era aí revista «sob a simples perspetiva do princípio da inviolabilidade das crenças e da liberdade individual de cultos», quando «ganharia em ser [...] projetado sobre o quadro mais amplo da expressão do pensamento em matéria de religião, abrangendo ainda [...] o vasto capítulo das relações do Estado com as diferentes confissões religiosas».

De entre a multiplicidade de manifestações de liberdade religiosa que necessitavam de uma reelaboração, a Câmara Corporativa distinguia o reconhecimento da personalidade jurídica das próprias confissões religiosas como sendo o mais importante. Embora estreitamente associado às liberdades de reunião e de associação, aquele reconhecimento não era apreciado à luz da configuração que estas tinham no direito comum. Tais liberdades consideravam-se consagradas na Constituição, «em termos genéricos», e obliteravam-se as fortes restrições que sobre as mesmas pesavam (decretos-lei n.º 22:468, de 11 de Abril de 1933, e n.º 39:660, de 20 de Maio de 1954). Na avaliação da Câmara, compreendia-se que o reconhecimento da personalidade jurídica das associações católicas fosse mais facilitado do que o das associações integradas noutras confissões; «sendo que, no primeiro caso, podia vigorar o sistema do reconhecimento *normativo* e, no segundo, o regime de reconhecimento por *concessão*». Uma dualidade de regimes que não exprimia, na opinião de Antunes Varela, «nenhum tratamento de *privilégio*» para as associações católicas.

Dentro dessa lógica, sugeria-se que poderia ser «descabida a exigência da prova dos requisitos essenciais à existência de uma confissão religiosa, quando aplicada a comunidades como a judaica ou a muçulmana», pelo que se aconselhava o Governo a prescindir dessa prova. Ao invés, «para confissões que tenham elementos de conexão com o estrangeiro», reconhecia-se a «necessidade de acautelar, mediante indagação adequada, certas dificuldades especiais que elas podem suscitar», mas não se julgava «conveniente fixar [...] na lei um figurino muito rígido, pelo risco de ele nem a todas se adaptar».

Por fim, indicava-se que o projeto apresentava um conceito restrito de associações religiosas, em obediência ao critério fixado no art. 449.º do Código Administrativo, limitado às pessoas morais «que têm por fim principal a sustentação do culto». Defendia-se, em contraponto, a ampliação da noção de associações religiosas, incluindo nelas não só as associações cultuais, como também corporações ou institutos com fins de assistência e de beneficência. Com esta alteração, a Câmara Corporativa procurava, sobretudo, favorecer pessoas coletivas católicas cuja constituição não tivesse sido «participada nos termos concordatários». A Câmara remetia também para o Governo a competência para intervir na matéria do reconhecimento das confissões religiosas, discordando da solução proposta no projeto que a atribuía ao Ministério do Interior[63].

Registe-se que o parecer de Antunes Varela coincidia em variadíssimos pontos com a apreciação que a hierarquia eclesiástica havia feito do projeto de proposta de lei n.º 6/X na «Declaração sobre o problema da liberdade religiosa», a qual era trespassada pela convicção de que, direta ou indiretamente, várias das bases daquela iniciativa legislativa afetavam a Igreja Católica e as suas organizações[64]. Com efeito, tanto o estudo da Câmara Corporativa como o documento da CEP sustentavam que a ordem jurídica deveria reconhecer e garantir a liberdade religiosa como liberdade externa e social e não apenas como liberdade de consciência. Ambos defendiam a permanência de uma discriminação positiva do catolicismo naquela lei civil, manifestando que deveriam ser aí assinalados certos direitos da Igreja Católica, que decorriam do princípio geral da liberdade religiosa, à semelhança do que se entendia ter sido feito na Concordata de 1940. Tinham ainda, quer Varela quer a CEP, o entendimento de que o tratamento dispensado pelo Estado às confissões não católicas deveria assentar no princípio da tolerância. Ainda que o seu discurso sobre essa questão já não radicasse nos argumentos de que era antinacional e um erro dogmático reclamar para todas as confissões uma igualdade de direitos, a defesa de uma posição privilegiada para a Igreja Católica repousava numa conceção diminuidora do estatuto dos restantes credos religiosos.

2.6. A solução final

Em função do parecer da Câmara Corporativa, o Governo reelaborou o texto do diploma sobre liberdade religiosa, suprimindo algumas bases, desenvolvendo outras ou mudando ainda outras de localização. Tais modificações, porém, resultavam menos das sugestões contidas no parecer de Antunes Varela do que de uma formulação mais clara dos

---

[63] Cf. *Diário das Sessões*, X Legislatura, 3.º Suplemento ao n.º 100, de 3 de Junho de 1971, pp. 2016(7)-2016(55).

[64] Cf. António Leite, «A proposta de lei sobre a liberdade religiosa» in *Brotéria* (91) n.º 11, Novembro de 1970, p. 474.

princípios que norteavam o pensamento do legislador. De facto, das numerosas alterações sugeridas pela Câmara Corporativa, o Governo tendeu a aceitar aquelas que não comportavam um sentido divergente do espírito do projeto governamental. Ainda assim, nessas alterações, o Executivo revelou ser sensível às sugestões e reparos feitos pela hierarquia da Igreja Católica. Em contrapartida, não integrou na versão final da proposta de lei quaisquer observações feitas pelas confissões não católicas.

A proposta de lei n.º 15/X mantinha uma perspetiva da liberdade religiosa centrada na liberdade individual de crenças e de culto religioso (bases III e IV). Por influência da Câmara Corporativa, estabelecia-se, no entanto, que o princípio da liberdade religiosa passava a vigorar também para as pessoas coletivas religiosas e não só para os indivíduos isoladamente considerados (base I); abdicava-se da enumeração dos direitos inerentes ao exercício da liberdade religiosa, para se fixar a licitude do comportamento pessoal em matéria de liberdade religiosa (bases III, IV e n.º 1 da base V); e clarificava-se que existiam limites ao exercício da liberdade religiosa pelos indivíduos e não só pelas confissões religiosas, como era definido no primeiro projeto do Executivo (n.º 1 da base VIII).

No que respeitava à posição do Estado perante a religião e as confissões religiosas, era retirada a expressão «o Estado não tem religião própria» que se substituía por uma outra de conteúdo quase semelhante: «O Estado não professa qualquer religião» (n.º 1 da base II). Era reiterado o regime de separação do Estado das Igrejas (n.º 1 da base II) e assumia-se o direito das confissões religiosas a igual tratamento, «ressalvadas as diferenças impostas pela sua diversa representatividade» (n.º 2 da base II). Com essas opções, o Executivo revelava alguma independência face às críticas que a autoridade eclesiástica e o jornal *Novidades* haviam feito daqueles preceitos do projeto de proposta de lei n.º 6/X. Não obstante, mantinha-se um tratamento diferenciado para a situação da religião católica, embora se gorassem as expectativas dos que esperavam um reconhecimento expresso dos direitos históricos do catolicismo na nova proposta de lei. Em relação ao primeiro projeto apresentado, a diferença residia em fazer-se agora uma referência explícita à disciplina concordatária, dizendo-se que ficavam salvaguardadas todas as suas disposições (n.º 1 da base

XVIII). Sublinhava-se também que as disposições da futura lei só se aplicavam às pessoas coletivas católicas, desde que não contrariassem «os preceitos concordatariamente estabelecidos» (n.º 2 da base XVIII). Nestas disposições, existia algum acolhimento à posição da autoridade religiosa e ao parecer de Antunes Varela.

Essa tentativa de chegar a uma solução de compromisso com o que defendera a hierarquia eclesiástica era ainda visível na declaração de que o ensino ministrado pelo Estado nas escolas públicas era orientado pelos «princípios da doutrina e moral cristãs tradicionais do País» (n.º 1 da base VII). Ainda assim, o Governo mantinha que o ensino da religião e moral nos estabelecimentos de ensino seria ministrado aos alunos menores cujos pais ou quem exercesse as suas vezes não tivessem feito pedido de isenção (n.º 2 da base VII). Sem abdicar de reconhecer que os alunos podiam fazer eles próprios o pedido de isenção, o Executivo elevava, para maiores de 18 anos, a idade daqueles, e abandonava a ideia inicial dos 16 anos (nesta definição da idade dos alunos era seguida a sugestão da Câmara Corporativa) (n.º 3 da base VII). A manifestação dessa vontade deveria ter lugar no ato da inscrição no estabelecimento de ensino a frequentar (n.º 4 da base VII), sendo que uma inscrição em estabelecimentos de ensino mantidos por entidades religiosas implicava presunção de aceitação do ensino da religião e moral da respetiva confissão (n.º 5 da base VII).

As confissões religiosas reconhecidas podiam assegurar a formação dos seus ministros do culto, podendo criar e gerir estabelecimentos adequados a esse fim (n.º 1 da base XVI). Outros estabelecimentos que não se restringissem a ministrar a formação e ensino religiosos ficavam submetidos ao regime de fiscalização fixado para os estabelecimentos de ensino particular (n.º 3 da base XVI). A construção ou instalação de tempos ou lugares destinados à prática do culto eram permitidas às confissões religiosas reconhecidas, estando somente sujeitas às disposições administrativas de carácter geral (base XVII). Considerava-se também lícita a reunião de pessoas para a prática comunitária do culto ou para outros fins específicos da vida religiosa (n.º 1 da base V). Da mesma forma, o culto público das confissões religiosas reconhecidas, dentro dos templos ou nos lugares a ele destinados, e a celebração dos atos fúnebres dentro dos cemitérios não dependia de autorização oficial nem de participação às autoridades civis (n.º 2 da base V).

Quanto ao reconhecimento das confissões religiosas, fixava-se que este envolvia a atribuição de personalidade jurídica à organização correspondente ao conjunto de respetivos fiéis (n.º 1 da base IX). Esse reconhecimento deveria ser pedido ao Governo (abandonava-se a ideia inicial do ministro do Interior), em requerimento subscrito por um número não inferior a 500 fiéis, maiores e domiciliados em território nacional (n.º 2 da base IX). Salvaguardava-se que, se a organização tivesse ou dependesse de outra com estatuto estrangeiro, o Governo poderia exigir «não só os meios de prova necessários ao pleno conhecimento do regime a que ela fica sujeita, como a subscrição do requerimento por parte das entidades responsáveis» (n.º 4 da base IX). O Governo poderia ainda ordenar inquéritos que julgasse indispensáveis à prova, tanto da existência da confissão, como da prática efetiva do seu culto no território nacional. Tal como podia dispensar a prova desses requisitos quanto às confissões «há mais tempo radicadas em território português» (n.º 5 da base IX).

Aceitava-se que as confissões legalmente reconhecidas pudessem organizar-se de harmonia com as suas normas internas e formar associações ou institutos destinados a assegurar o exercício do culto (n.ºs 1 e 2 da base XI), os quais poderiam adquirir personalidade jurídica mediante o registo da participação escrita da sua constituição pelo órgão competente da confissão religiosa reconhecida (n.º 2 da base XII). Era mantida a definição de associações religiosas dada no projeto de proposta de lei n.º 6/X e que se retirara do art. 499.º do Código Administrativo (n.º 1 da base XII).

Em consonância com a base XI, considerava-se que as organizações correspondentes às confissões religiosas, bem como as associações e institutos religiosos, se administravam livremente, ainda que sem prejuízo do regime vigente para as associações religiosas que se proponham também fins de assistência ou de beneficência e para os institutos de assistência ou de beneficência fundados, dirigidos ou sustentados por associações religiosas (n.º 1 da base XIV).

Importante era também a definição de que as pessoas coletivas religiosas não careciam de autorização para a aquisição dos bens necessários à realização dos seus fins, mesmo que se tratassem de bens imóveis e que fosse onerosa a sua aquisição. Aquela autorização deixava ainda de ser necessária para a alienação ou oneração dos bens imóveis (n.º 1 da base XV). Já os bens destinados a proporcionar rendimento não eram considerados necessários à prossecução dos fins das pessoas coletivas religiosas, pelo que a sua aquisição ficava sujeita à obtenção de licença do Governo quando feita a título oneroso (n.º 2 da base XV). Desta forma, o Estado reduzia significativamente o controlo que exercia sobre uma das mais importantes transações económicas realizadas pelas confissões. Tratava-se de uma reação em sentido positivo à obrigação que lhe criava a liberdade religiosa e o princípio da separação. Contudo, estabeleciam-se os limites necessários para que não renunciasse à receita que lhe advinha da cobrança de impostos sobre tais operações. Estas disposições afetavam também a Igreja Católica, que apesar de ter igrejas e seminários isentos de impostos (art. VIII da Concordata), não via essa isenção estender-se aos bens deixados ou adquiridos pelas igrejas ou pelos seminários[65].

Logo que concluiu os trabalhos de revisão constitucional, a Assembleia Nacional encetou de imediato a discussão da proposta de lei n.º 15/X (Liberdade Religiosa). Os trabalhos parlamentares de discussão na generalidade daquela iniciativa legislativa foram iniciados, em 13 de Julho de 1971, com a apresentação do parecer emitido pela Comissão Eventual para a Liberdade Religiosa, presidida por Almeida Cota e secretariada por João Bosco Mota Amaral e Luís de Oliveira Ramos. O estudo da Comissão Eventual considerava oportuna «uma reformulação sistemática das normas fundamentais relativas à liberdade religiosa», dado haver conveniência em suprir a «situação anómala» em que se encontravam as confissões religiosas não católicas e as associações a elas pertencentes, «com prejuízo para elas e para o próprio Estado». Reconhecia que, no domínio do direito de associação, existia um conflito em torno do reconhecimento da personalidade jurídica das associações, cujo fim principal fosse a sustentação do culto, previsto no Código Administrativo (artigos 449.º e 450.º), uma vez que o simples registo de participação escrita da sua constituição não funcionava porque se exigia o prévio reconhecimento da confissão. Por consequência, a Comissão dava a sua aprovação na generalidade à proposta de lei.

---

[65] Cf. *Diário das Sessões*, 2.º Suplemento ao n.º 100, 3 de Junho de 1971, p. 2016(3)--2016(6).

Aprovava também o articulado do diploma na especialidade, apenas com pequenas alterações de redação, emendas e aditamentos a algumas bases que não transmutavam sequer o seu sentido. Segundo o relator do parecer da Comissão, Miguel Bastos, tais conclusões haviam sido obtidas «por unanimidade ou voto maioritário»[66].

Apesar de tal resultado, algumas questões tinham dividido os membros da Comissão Eventual, designadamente a afirmação de que «O Estado não professa qualquer religião» (n.º 1 da base II). Alguns deputados viram aí um tom laicista e uma atitude negativa do Estado em relação ao fenómeno religioso. Outros fizeram a defesa de que o catolicismo deveria continuar a ser encarado como religião da Nação portuguesa[67]; outros ainda defenderam a neutralidade do Estado em matéria de religião e uma situação plena de liberdade religiosa[68].

Também existiram divisões entre os deputados que não tinham integrado a Comissão Eventual, que podem resumir-se a três posições: uma imobilista, minoritária, ciosa da preservação de uma ordem social tradicional, defensora da salvaguarda de uma posição privilegiada para a Igreja Católica e resistente em aceitar o direito das confissões religiosas à igualdade de tratamento; outra, maioritária, alinhada com a posição governamental e favorável às alterações que o Executivo promovia; por fim, outra ainda, também minoritária, formada quase exclusivamente pelos deputados «liberais», para quem a futura lei de liberdade religiosa não garantia verdadeiramente aquela liberdade, porque apenas concedia «liberdade para as manifestações específicas da religião». Esta posição envolvia uma consideração sobre o próprio sistema político e concluía pela necessidade da «restauração das liberdades cívicas» em Portugal[69].

---

[66] Cf. *Diário das Sessões*, X Legislatura, n.º 120, de 14 de Julho de 1971, pp. 2441- -2444.

[67] Cf. *Diário das Sessões*, X Legislatura, n.º 120, de 14 de Julho de 1971, p. 2442, e n.º 121, de 15 de Julho de 1971, pp. 2458-2460.

[68] Cf. *Diário das Sessões*, X Legislatura, n.º 120, de 14 de Julho de 1971, pp. 2445- -2446.

[69] Para uma descrição detalhada do debate parlamentar sobre a proposta de lei n.º 15/X, consulte-se: Paula Borges Santos, *A Questão Religiosa no Parlamento (1935- -1974)...*, pp. 169-181.

Durante a discussão na especialidade gerou-se alguma controvérsia em torno: da atitude assumida pelo Estado perante o fator religioso; dos direitos que se reconheciam integrar a liberdade religiosa; dos limites ao exercício da liberdade religiosa; e do regime fixado para o ensino da religião e moral. De entre as emendas introduzidas à proposta de lei n.º 15/X, as alterações mais significativas envolveram a possibilidade das confissões religiosas reconhecidas formarem associações ou institutos destinados à prossecução de outros fins específicos da vida religiosa, que não só o exercício do culto, como se definia na proposta de lei (n.º 2 da base XI), e a inclusão de uma nova base, que autorizava o Governo a estender aos territórios ultramarinos os benefícios da lei de liberdade religiosa, «com as necessárias adaptações» (base XXI)[70]. O diploma sobre a liberdade religiosa, uma vez aprovado, deu origem à lei n.º 4/71, de 21 de Agosto.

Apesar da lei de liberdade religiosa pretender afirmar uma solução normativa mais atenta à igualdade de direitos dos crentes das confissões religiosas não católicas, mediante ser admitida a dimensão individual da liberdade e da inviolabilidade de crenças e práticas religiosas (bases III, IV e V), consagrando-se o direito das confissões religiosas a igual tratamento, «ressalvadas as diferenças impostas pela sua representatividade» (base II), na realidade, a aceitação de uma situação de pluralidade no campo religioso continuou a assentar sobre a permanência de uma discriminação positiva da Igreja Católica. No sistema de reconhecimento das confissões não católicas, subordinado a algumas restrições (bases IX e segs.), e na orientação assumida no ensino ministrado pelo Estado, regido pelos «princípios da doutrina e moral cristãs, tradicionais no País» (n.º 1 da base VII), residiram as principais manifestações de um tratamento que continuava a diferenciar o catolicismo das restantes religiões.

No mês em que foi publicada a lei n.º 4/71, o presidente da Câmara Corporativa recebeu uma sondagem sobre liberdade religiosa no País, realizada pelo Instituto Português de Opinião Pública e de Estudos de Mercado (IPOPE) e pela revista *Vida Mundial*. O estudo constitui um

---

[70] Cf. *Diário das Sessões*, X Legislatura, suplemento ao n.º 131, 30 de Julho de 1971, p. 2646(1)-2646(3).

indicador interessante sobre o impacto na sociedade do debate então em curso sobre liberdade religiosa. Numa amostra de cerca de 2000 pessoas, cerca de 84,6% dos inquiridos eram identificados como católicos (desagregados em «praticantes» e «não praticantes»), 8,9% como «indiferentes», 3,7% como ateus, e 2,4% como pertencentes a «outras religiões», sendo que estes últimos eram essencialmente «reformados» (isto é, protestantes ou evangélicos) e desagregados em adventistas, batistas, pentecostais e presbiterianos. Das pessoas então questionadas, 71,6% considerava poderem em Portugal «assumir uma posição perante a religião com inteira liberdade» (entre os católicos praticantes 73,2% e entre os reformados, curiosamente, 75%). Inquiridos sobre se cada pessoa deveria pensar como entendesse em «matéria de religião», 79,8% dos entrevistados dizia defender que cada um deveria poder pensar livremente sobre matéria religiosa (66,8% no caso dos católicos praticantes e 80% no caso dos "reformados"). Perguntados sobre o que impedia uma «atitude livre» perante a religião, 23,8% dos inquiridos considerava que o impedimento partia do «controlo social», 30,1% apontava o «controle exercido pelo Estado», 20,3% salientava o «controle exercido pela Igreja Católica», 11,2% destacava a «tradição religiosa», 6,4% sublinhava o «desconhecimento de outras religiões». Interrogados sobre se a Concordata era «necessária», 34,4% dos inquiridos achavam-na necessária, 16,1% desnecessária e 49,7% não tinham opinião (tanto entre católicos praticantes como «reformados», 50% não tinham opinião, mas enquanto 39,9% dos primeiros a achavam necessária, só 5% dos «reformados» pensavam da mesma forma). O conteúdo do acordo concordatário era desconhecido por 63,6% de católicos praticantes, 65% de «reformados» e por 50,6% de ateus. Questionados sobre se a Igreja Católica deveria ter privilégios em relação às outras religiões, 53,4% julgavam que sim (entre católicos praticantes 69,8% e "reformados" 5%) contra 39,1% que responderam que não, e 7,5% que não tinham opinião[71].

---

[71] Cf. PT/AHP/Secretaria Geral da Assembleia Nacional e Câmara Corporativa/Serviços Legislativos/Proposta de lei n.º 15/X/Correspondência: *Liberdade Religiosa – Sondagem à Opinião Pública*, documento do IPOPE, assinado por José de Sousa Monteiro, datado de Agosto de 1971.

Para finalizar, cumpre registar que em 27 de Junho de 1972, foi publicado o decreto n.º 216/72 que deu competência ao ministro da Justiça, ouvido o Ministério do Interior, para decidir sobre os pedidos de reconhecimento das confissões religiosas, nos termos da base IX da lei n.º 4/71, de 21 de Agosto, e proceder à respetiva revogação, nos termos da base X da mesma lei. Tratou-se da regulamentação daquelas bases, fixando-se a dualidade de regimes que a lei n.º 4/71 confirmara para o reconhecimento das confissões religiosas. As confissões religiosas minoritárias ficavam sujeitas à decisão do ministro da Justiça, depois de ouvido o ministro do Interior, podendo o Ministério da Justiça realizar inquéritos destinados à prova da existência da confissão e da prática efetiva do seu culto no território nacional (solicitando para tanto a quaisquer entidades ou serviços oficiais as informações e diligências que julgasse necessárias) (art. 3.º). Para a Igreja Católica não se colocava o problema do reconhecimento, garantido já pelo regime concordatário (art. I).

Não menos importante foi o estabelecido sobre o reconhecimento das associações ou institutos religiosos. Também neste aspeto se voltou a confirmar uma dualidade de regimes de constituição das associações ou institutos religiosos: as associações ou institutos não católicos ficaram sujeitos ao registo da participação escrita da constituição, dirigida ao ministro da Justiça, mediante a apresentação de diversa documentação (título constitutivo da associação ou instituto; estatutos respetivos, quando distintos daquele título; documento comprovativo de a constituição obedecer às normas e disciplina da confissão religiosa a que pertencesse a associação ou o instituto, emitido pelos órgãos competentes dessa confissão), admitindo-se a possibilidade de recusa do registo (arts. 5.º, 6.º e 7.º); as associações católicas permaneciam sujeitas a simples participação escrita, feita pelo bispo da diocese onde tivessem a respetiva sede (art. 9.º), confirmando-se o que já dispunha o art. III da Concordata.

O diploma considerava reconhecidas as confissões em que se integrassem as associações regularmente instituídas antes da entrada em vigor da lei n.º 4/71 (art. 12.º), e determinava que seria organizado no Ministério da Justiça o registo das confissões reconhecidas (art. 11.º)[72].

---

[72] Cf. *Diário do Governo*, I Série, n.º 148: decreto n.º 216/72 de 27 de Junho de 1972.

Em função desses preceitos, duas confissões, a Igreja Evangélica Metodista Portuguesa e a Igreja Adventista do Sétimo Dia, pediram no ano de 1972 a inscrição no registo das confissões reconhecidas. Contudo, só obteriam despacho desse pedido em 12 de Junho de 1974. Também o Exército de Salvação procurou ser reconhecido como associação religiosa em 1972, o que só veio a acontecer por despacho de 1 de Julho de 1974.

3. Um debate político fraturante: liberdades individuais, revisão da Concordata e (r)emergência de um discurso valorativo da laicidade

Paralelamente à discussão sobre a revisão constitucional e a lei de liberdade religiosa, um outro debate, envolvendo o estatuto jurídico da Igreja Católica, foi aberto. Alguns elementos católicos defenderam a necessidade de se redefinir o relacionamento do Estado com aquela instituição eclesial. Colocaram em causa o sentido e a oportunidade da vigência da Concordata, celebrada em 1940 entre Portugal e a Santa Sé, e discutiram a densidade da relação de cooperação que aquele acordo estabelecera.

A emergência desse discurso compreende-se à luz da influência da eclesiologia conciliar, particularmente sobre as gerações mais novas, que desencadeara uma revisão das relações Igreja-mundo e promovera o reconhecimento da «autonomia das realidades temporais». Não sendo uma posição especialmente nova em círculos eclesiais (recorde-se como o jesuíta António Leite combatera, nos anos de 1940 e 1950, os argumentos de cristãos que não julgavam necessária a Concordata), ganhava agora proporções de inusitada polémica, em boa medida porque era explicitada no espaço público por personalidades que gravitavam na esfera de influência do regime. A novidade não estava na desintegração de um quadro de unidade política ou eclesial, que na realidade nunca existiu senão como desígnio de autoridades políticas e religiosas e que havia já sido quebrado (enquanto imagem) pelo menos desde o fim da II Guerra Mundial, por católicos em dissidência com o regime. Residia antes na perda de controlo do poder político e da hierarquia eclesiástica sobre novas gerações de católicos que, de dentro do sistema, sem reclamarem uma postura política oposicionista ou afrontarem a autoridade episcopal, questionavam o modelo de relação que o Estado e a Igreja Católica tinham construído e do qual mutuamente beneficiavam.

Quando, em 15 de Abril de 1970, Francisco Sá Carneiro apresentou um requerimento à Mesa da Assembleia, indagando ao Governo se estavam em curso quaisquer negociações com a Santa Sé para a revisão da Concordata e se, não se verificando aquela hipótese, o Executivo pensava entabular um processo negocial para esse efeito ou se aguardava pela iniciativa do Vaticano nessa matéria, nada anunciava o confronto eclesial e político que daí adviria. A pergunta era natural, tendo em conta que Marcelo Caetano, durante a campanha eleitoral, colocara publicamente a hipótese de revisão daquele acordo[73]. A resposta do Executivo, prestada pelo próprio presidente do Conselho, chegou dias depois, com a informação de que a Concordata não estava a ser negociada e que o Governo não tomara nenhuma resolução sobre o assunto[74].

O tema ficou esquecido até nova intervenção de Sá Carneiro, meses depois, em 14 de Janeiro de 1971, quando o deputado comentou, novamente na Assembleia Nacional, no período antes da ordem do dia, a resposta do Executivo, considerando que aquele acordo decorria «da inexistência de reais liberdades fundamentais no País» e que assim se pretendia «colocar a Igreja em posição excecional» no que se refere ao «exercício dos direitos de expressão, de ensino, de reunião e de associação, em termos que não eram, como ainda não são, facultados à generalidade dos cidadãos nem às demais confissões». Casos como a isenção dos eclesiásticos do serviço militar ativo, a equiparação dos capelães militares a oficiais graduados, a punição pelo uso abusivo do hábito religioso, a obrigatoriedade do ensino da religião e moral católicas nas escolas oficiais ou as isenções fiscais dos bens móveis e imóveis afetos ao uso religioso ou sobre eclesiásticos no que respeitava ao exercício do seu múnus pastoral, identificava-os como «privilégios [...] desnecessários e até prejudiciais», na medida em que os julgava gera-

---

[73] Cf. Luís Salgado de Matos, *Um Estado de Ordens Contemporâneo – A Organização Política Portuguesa*, vol. II..., p. 783.

[74] Cf. *Diário das Sessões*, X Legislatura, n.º 39, de 22 de Abril de 1971, p. 798.

dores de «uma certa oficialização contrária ao princípio da separação que a Constituição consagra». Por conseguinte, concluía pelo carácter obsoleto de muitas das disposições concordatárias e advogava que era necessário rever a Concordata. Provocatoriamente ia mais longe e perguntava: «mas será necessária uma concordata?».

O tema permitia-lhe introduzir um outro problema: a dualidade de regimes de divórcio, introduzida pelo art. XXIV da Concordata de 1940 e mantida pelo art. 1790.º do Código Civil de 1966. Afirmando que «nem ao Estado nem à Igreja é lícito impor-lhes [aos católicos] pela lei civil o cumprimento desse dever de consciência» e que tal «situação [é] contrária à igualdade perante a lei que a nossa Constituição consagra e também à liberdade religiosa que ela proclama», defendia o fim da proibição do divórcio para o matrimónio católico. Lembrava que esse regime tinha provocado um número crescente de uniões de facto e do número de filhos ilegítimos, nascidos dessas ligações. Deixava o apelo para que o Governo e a Igreja «encetem negociações para a revisão da Concordata», depois de provocar imediatas reações de vários parlamentares, umas em defesa da situação vigente (caso do *leader* Almeida Cota), outras apoiando a ideia de que o contrato civil sustentador do sacramento do matrimónio não era indissolúvel (Albino dos Reis).

Sobre a questão de revisão integral do acordo concordatário, os deputados guardaram silêncio[75]. Contudo, logo no dia seguinte, o deputado Mota Amaral distanciou-se da possibilidade de uma denúncia da Concordata, o que revelava que as declarações de Sá Carneiro eram bastante pessoais e não recolhiam consenso sequer entre os «liberais». Julgava Mota Amaral que a Igreja, privada da solução concordatária, voltaria a encontrar-se «eventualmente de novo em situação difícil, não já para manifestações de temporalismo ou de clericalismo, [...] mas sim para o exercício livre e pleno do seu múnus pastoral». Manifestava também, quanto à hipótese de se rever a proibição do divórcio para os casados catolicamente, que não a julgava oportuna[76]. De facto, a

---

[75] Cf. *Diário das Sessões*, X Legislatura, n.º 66, de 15 de Janeiro de 1971, pp. 1347-1351.

[76] Cf. *Diário das Sessões*, X Legislatura, n.º 67, de 16 de Janeiro de 1971, pp. 1364-1365.

posição enunciada por Sá Carneiro representava a criação de um problema político e eclesial. Abria caminho para uma discussão no espaço público sobre a situação jurídica da Igreja Católica em Portugal, em moldes que não favoreciam o desejo do episcopado de conservar, junto do Estado, o *status quo* daquela instância. Especialmente, numa altura política inoportuna como aquela: vésperas de serem iniciados os trabalhos parlamentares de revisão constitucional, onde se discutiria nova formulação para os arts. 45.º e 46.º da Constituição, e a poucas semanas de ser iniciada na Assembleia Nacional a discussão da proposta de lei de liberdade religiosa.

No exterior da Assembleia, as posições de Sá Carneiro motivaram um debate longo, especialmente no interior do campo católico, com diversos setores da sociedade a pronunciarem-se não só sobre a indissolubilidade civil do casamento canónico como também sobre a revisão da própria Concordata. Aqui, não se historiciza exaustivamente essa discussão, mas assinalam-se alguns exemplos do ambiente então gerado e da sua durabilidade. Logo em Fevereiro de 1971, a revista *Seara Nova* publicou um artigo de Luís Salgado de Matos, intitulado «Evolução das relações entre a Igreja e o Estado em Portugal». Aí se fazia notar que «nos últimos meses registaram-se alguns factos que parecem revelar o começo duma evolução sensível no tipo de relações que, desde 1933, e, sobretudo, desde 1940, têm existido entre a hierarquia da Igreja Católica portuguesa e o Governo português». No diagnóstico traçado, o autor sublinhava que «houve qualquer alteração no *status quo*» daquele relacionamento, embora o imputasse a ações desenvolvidas tanto pelo Governo como pelo episcopado (relacionadas, em concreto, com o projeto de proposta de lei relativa à liberdade religiosa). No desenvolvimento da sua argumentação, Salgado de Matos dedicava parte substancial à apreciação do «para que serviu a concordata»[77]. Também o jesuíta António Leite se mostrou atento às circunstâncias, publicando em 1971 o livro *Concordata, sim ou não?*, que resultava de 4 artigos com o mesmo nome que publicara na *Brotéria*. A interrogação do título sumariava a pertinência do problema.

---

[77] Cf. Luís Salgado de Matos, «Evolução das relações entre a Igreja e o Estado em Portugal» in *Seara Nova*, n.º 1504, Fevereiro de 1971, pp. 9-11.

O canonista recordava que, desde que fora assinada, a Concordata sofrera «impugnações». Citava, sem nomear quaisquer pessoas, casos em que havia sido proposta a «total abolição» da solução concordatária, outros em que se havia pedido a sua «revisão em certos pontos». Afirmava que «particularmente os laicistas, anticatólicos ou apenas anticlericais, sempre a combateram», pugnando pelo «casamento civil, enquanto o único reconhecido pelo Estado; pelo divórcio aplicado a todos os casamentos; pela abolição do ensino religioso nas escolas». Admitia que também havia críticas, «de palavra ou por escrito», provenientes de elementos católicos (alguns padres) que «se dizem adultos, conscientes e responsáveis»; uns pretendendo a revisão de pontos que julgavam «inconvenientes ou mesmo inaceitáveis, nos tempos atuais pós-conciliares», outros declarando que «numa época de secularização total e dessacralização da sociedade, todas as concordatas se devem abrogar, visto serem resquícios da "era constantina" definitivamente morta». O sacerdote lembrava que o debate sobre as concordatas e a ponderação se estas eram ou não contrárias ao espírito e às disposições dos documentos conciliares (defendendo-se que em caso afirmativo deveriam ser abolidas) fora levantado no Congresso Internacional de Direito Canónico, realizado entre 14 e 19 de Janeiro de 1970, em Roma. Sem surpresa para quem acompanhasse o seu pensamento, defendia a manutenção do acordo concordatário em Portugal[78]. No *Diário Popular*, em 19 de Abril de 1971, Moraes Sardinha alimentou a discussão em torno da revisão da Concordata, dizendo que lhe era favorável por causa do preceito que impedia os católicos casados canonicamente de se divorciarem[79]. O debate em torno do art. XXIV da Concordata esteve também na origem de alguma correspondência enviada ao presidente da Assembleia Nacional. Em 22 de Novembro de 1973, Jorge Fragoso Pires inquiriu, por carta, Carlos Amaral Neto sobre o requerimento que submetera no decurso da X Legislatura à Assembleia, onde solicitava que fosse apreciada a inconstitucionalidade material daquela disposição concordatária, e voltava a insistir

---

[78] Cf. António Leite, *Concordata, sim ou não?*, Coimbra, Casa do Castelo, 1971, pp. 7-11, 27-30.

[79] Cf. *Diário Popular*, «Concordata e Divórcio», 19 de Abril de 1971, p. 7.

para que fosse dado «um pequeno jeito na Lei vigente» no que envolvia aquela matéria[80].

A elevada delicadeza do assunto pode aferir-se ainda pela disposição do cardeal Cerejeira em querer publicamente prestar esclarecimento acerca da visão das autoridades religiosas sobre a matéria. Poucos dias depois do ocorrido na Assembleia, em 21 de Janeiro de 1971, o bispo de Lisboa, em entrevista ao jornal *Novidades*, confirmava a razão de ser da Concordata firmada entre o Estado português e a Santa Sé. Sublinhava que o acordo que estabelecera «a paz religiosa» no País fora feito para durar, «de modo estável», pois «nem de outra forma se explicariam os grandes sacrifícios que a Igreja ofereceu a bem da sua liberdade e da concórdia com o Estado». Nessa linha, declinava que o *aggiornamento* conciliar suscitasse uma necessidade de revisão do texto concordatário, entendendo que, por se tratar da «primeira Concordata de *Separação*», era um «documento precursor e inovador, que se antecipou ao próprio Concílio». Reiterava a independência mútua existente entre o poder secular e o poder temporal, recordando que «o princípio de separação não significa nem hostilidade nem indiferença», e apresentava a «autonomia e [a] cooperação» como «as duas grandes coordenadas da relação Igreja-Estado». Sobre a crescente contestação à indissolubilidade do casamento canónico, manifestada por vários segmentos da sociedade, o patriarca nada adiantaria, lembrando apenas que essa disposição não era limitadora da liberdade individual de cada um porque resultava de uma opção pessoal pelo tipo de matrimónio a celebrar. Com firmeza, recordava, no entanto, que o reconhecimento do carácter sagrado do casamento tinha sido um ponto essencial defendido pela Santa Sé, junto do Governo português, nas negociações dos acordos de 1940[81].

---

[80] Cf. PT/AHP/Secretaria Geral da Assembleia Nacional e Câmara Corporativa/Serviços Legislativos da Assembleia Nacional/Concordata: carta de Jorge Maria Fragoso Pires para o presidente da Assembleia Nacional, remetida de Luanda em 22 de Novembro de 1973.
[81] Cf. D. Manuel Gonçalves Cerejeira, *A Concordata hoje. Entrevista concedida às «Novidades»*, Lisboa, União Gráfica, 1971, pp. 3-14.

Todavia, a celeuma criada não terminou e voltou a ter reflexos no interior da Assembleia, contaminada agora pelo que fora a continuação em circuitos extraparlamentares. No próprio dia da entrevista do cardeal-patriarca, houve entre os deputados quem declarasse não existir «motivo sério» para revisão da Concordata (Agostinho Cardoso), e quem defendesse a atualização do pacto concordatário, e em particular do Acordo Missionário (Filipe Themudo Barata e Álvaro Barreto de Lara), uma vez que, «na época do terrorismo», não haviam sido poucas as igrejas católicas «onde se pregou contra a nossa presença em África e até onde guardaram as armas que vieram matar irmãos nossos»[82]. À passagem dos dias, sem que o tema da revisão da Concordata e do artigo XXIV deixasse de ser falado em circuitos públicos, acabou por se verificar no interior da Assembleia Nacional uma crescente hostilidade para com os parlamentares «liberais» (apesar de estes não possuírem um pensamento único sobre aquelas questões). Esse clima agravou-se progressivamente ao longo das sessões legislativas das X e XI Legislaturas. Os deputados visados acabaram por desenvolver uma postura defensiva, também ela mais agressiva, e caíram na confrontação direta com os seus adversários.

O apelo a uma revisão da Concordata voltou a colocar-se na Assembleia, através de uma iniciativa de Barreto de Lara, em Março de 1972. O parlamentar apoiava-se numa carta que alegadamente lhe endereçara a mãe de um estudante, que vivia em união de facto, por não lhe ser possível obter o divórcio do primeiro casamento que celebrara catolicamente. Aí se relatava que um filho, fruto dessa sua segunda união não legalizada, havia sido impedido de ingressar no Instituto dos Pupilos do Exército, dado que aí só eram admitidos filhos legítimos de matrimónio. Com tal exemplo, Lara questionava a legitimidade de tal prática discriminatória e admitia a possibilidade das dificuldades criadas à organização da vida social quotidiana puderem acarretar uma desmobilização do apoio popular à decisão política de se continuar com o esforço da guerra em África. Afinal, como perguntava aquela mãe: «será que quando o meu filho chegar à idade de defender

---

[82] Cf. *Diário das Sessões*, X Legislatura, n.º 70 e 71, respetivamente de 22 e 23 de Janeiro de 1971, pp. 1425-1427 e 1447-1448.

a sua Pátria também lhe exigem que seja filho legítimo de casamento?».
O procedimento daquele Instituto foi repudiado por alguns deputados, principalmente por Alberto de Meireles[83]. O caso levou, dias depois, à publicação na imprensa diária de uma «nota» do Gabinete do ministro do Exército, Horácio Viana Rebelo, onde se criticavam as declarações de Meireles e se explicava que era lei as três instituições de ensino secundário daquele ramo das Forças Armadas só admitirem filhos legítimos de pais portugueses. O gesto ministerial foi mal recebido pelo deputado visado, que, na câmara política, o classificou de «precedente [...] grave para a independência da Assembleia Nacional e dos seus componentes, pondo em causa o princípio da inviolabilidade dos deputados pelas opiniões e votos que emitirem no exercício do seu mandato». Considerando que a referida «nota» abria «caminho a debates públicos extraparlamentares entre o Poder Executivo e os deputados» que se poderiam revestir de «aspetos da maior inconveniência política», Alberto de Meireles não cedia na avaliação que o caso lhe merecia e apontava que tal regulação era «contrária» ao art. 5.º da Constituição, o qual negava «qualquer privilégio resultante de nascimento ou condição social»[84].

Poucos dias depois desse episódio, Francisco Sá Carneiro procurou apresentar um aviso prévio sobre a «revisão da Concordata», possibilidade que deixara em aberto na sessão legislativa anterior, mas o presidente da Assembleia Nacional não criou oportunidade para que tal viesse a acontecer. No processo parlamentar do advogado portuense encontra-se o esquema do aviso prévio que comunicou a Carlos Amaral Neto, podendo ler-se aí que tencionava abordar as seguintes proposições: 1) defesa da ideia de que a «liberdade religiosa deve resultar das normas gerais do Estado, aplicáveis a todas as confissões religiosas [...], e não de disposições especiais, privativas de uma religião, insertas em tratado internacional, sem prejuízo da celebração de acordos sobre pontos específicos»; 2) defesa dos princípios de que «nem à Igreja Católica devem ser concedidos privilégios de qualquer natureza, nem

---

[83] Cf. *Diário das Sessões*, X Legislatura, n.º 167, de 11 de Março de 1972, pp. 3335--3336.
[84] Cf. *Diário das Sessões*, X Legislatura, n.º 178, de 7 de Abril de 1972, pp. 3512--3515.

ao Estado conferidos poderes em matéria religiosa»; 3) denúncia de que a norma concordatária que vedava o divórcio aos cônjuges casados canonicamente «afeta a liberdade religiosa, violando em si mesma, e nas consequências, a igualdade dos portugueses perante a lei nacional»; 4) defesa de uma revisão da Concordata, «em ordem a reconhecer à Igreja Católica uma liberdade sem privilégios, e sem interferência do poder político, a preservar a liberdade religiosa individual e a garantir a igualdade de todos os cidadãos perante a lei»[85].

Com o regresso àquela questão Sá Carneiro sinalizava uma evolução pessoal, que se caracterizava por um maior afastamento político em relação ao poder governativo em matéria de política religiosa, mas não só. Se a matéria do aviso prévio representava, no fundo, uma crítica sonante ao que fora aprovado para a lei de liberdade religiosa, e que ficara aquém do que haviam defendido alguns parlamentares «liberais», o aviso prévio, em si mesmo, resultava também de um crescente descontentamento com o próprio sistema político, à medida que percebia, por exemplo, que a vigilância na Assembleia se apertava a cada iniciativa que procurava desenvolver[86].

Consciente da impopularidade que trazia ao Governo a existência da proibição de divórcio para os casamentos canónicos, e face às manifestações de desagrado sobre a questão, Marcelo Caetano tentou uma renegociação da Concordata. Com efeito, em finais de Março de 1972,

---

[85] Cf. PT/AHP/Secretaria Geral da Assembleia Nacional e Câmara Corporativa/ Sec. XXVII, Cx. 152, Proc. 49: ofício com pedido para apresentação de aviso prévio, dedicado à «revisão da Concordata», datado de 12 de Abril de 1972, dirigido ao presidente da Assembleia Nacional; carta para aquela mesma figura do Estado, datada de 19 de Abril de 1972, ambos da autoria de Francisco Sá Carneiro.

[86] Alguns meses mais tarde, em 25 de Janeiro de 1973, Francisco Sá Carneiro renunciou ao mandato de deputado, depois de sete projetos de lei da sua autoria (relativos a «liberdade de associação», «liberdade de reunião», «funcionários civis», «alteração ao Código Civil – divórcio e separação de pessoas e bens», «organização judiciária», «amnistia de crimes políticos e faltas disciplinares») terem merecido a declaração de inconveniência. Em carta ao presidente da Assembleia Nacional, Sá Carneiro afirmava «não poder continuar no desempenho do meu mandato sem quebra da minha dignidade, por inexistência de um mínimo de condições de atuação livre e útil que reputo essencial» (Cf. Francisco Sá Carneiro, *Textos*, 1.º vol. (1969-1973), Lisboa, Alêtheia Editores, 2010, pp. 26-28).

o presidente do Conselho apresentou à Santa Sé, por intermédio da Nunciatura Apostólica de Lisboa, uma proposta para que fosse revisto o art. XXIV da Concordata[87]. Caso o Vaticano concordasse com a proposta, Caetano acreditava que os estratos médios e privilegiados da sociedade portuguesa (os mais interessados na alteração da lei), mesmo sendo afetos a diferentes orientações ideológicas, lhe ficariam reconhecidos e isso reverteria em apoio do Executivo. Pretendia naturalmente cativar os católicos que contestavam aquela disposição legal e, tratando-se de uma matéria em que o Governo podia ceder, parecia-lhe uma solução a tentar, uma vez que não queria transigir na questão da guerra travada em África, como reclamavam os setores católicos que haviam entrado em ruptura com o regime. A diligência governamental, que não foi tornada pública, não foi, todavia, acolhida favoravelmente pela Santa Sé[88].

Nos anos finais do regime, a Concordata deixou de ser um instrumento útil à relação do Estado com determinados setores da sociedade, não contribuindo para uma situação de paz social. O acordo concordatário, em particular o seu art. XXIV, por estabelecer a proibição do divórcio para os matrimónios canónicos, passou a corporizar um problema social. Contestado por cristãos, mobilizava também setores

---

[87] Cf. António Leite, «A Concordata e o casamento» in *A Concordata de 1940. Portugal – Santa Sé*, *A Concordata de 1940, Portugal – Santa Sé*, [Jornadas de Estudo nos 50 anos da Concordata, promovidas pelo Centro de Estudos de Direito Canónico e pela Faculdade de Direito da Universidade Católica Portuguesa, entre 25 e 27 de Fevereiro de 1991], Lisboa, Ed. Didaskalia, 1993, p. 296.

[88] A Santa Sé apenas revelou disponibilidade para rever a Concordata, no tocante ao art. XXIV, em Agosto de 1974, após o golpe militar de 25 de Abril daquele ano. As negociações para esse efeito foram iniciadas em Setembro de 1974. A assinatura do Protocolo Adicional de 15 de Fevereiro de 1975, entre o Estado português e a Santa Sé, pôs fim à contestação da proibição do divórcio para os matrimónios canónicos, mediante um acordo alcançado sobre o art. XXIV. Todos os restantes artigos do texto concordatário foram mantidos em vigor. A Concordata deixou apenas de vigorar nos novos Estados da Guiné-Bissau, Moçambique, Cabo Verde, São Tomé e Príncipe e Angola, em consequência das independências desses antigos territórios ultramarinos, verificadas em 1974 e 1975, e em Goa, Damão e Diu, cuja anexação pela Índia foi reconhecida por Portugal por tratado de 1974. Na ocasião foram ainda trocadas duas notas verbais, que não foram tornadas públicas (Cf. Paula Borges Santos, *ibidem*, pp. 94-95, 105-106; Jorge Miranda, *ibidem*, p. 75).

laicos da sociedade, transformando-se num problema político. Nesse aspeto, dificultava a atuação do Governo, na medida em que se protestava contra o regime de liberdades e direitos dos indivíduos que o Estado firmara. Afetava também a imagem da hierarquia eclesiástica, acusada de emprestar colaboração ao regime (em especial, por setores da Oposição ou por católicos em dissidência com o poder civil). Neste ambiente, a reflexão sobre o princípio jurídico da separação ganhou novos contornos. Tomada como um valor positivo em si mesmo, a realidade da separação julgava-se agora prejudicada não só pelo arranjo concordatário mas também pelo regime de liberdades e garantias existente. Em consequência assistiu-se a um recrudescimento de um discurso favorável à afirmação de um paradigma de laicidade. Tendo despontado, esse discurso cruzou-se (no sentido de estabelecer diálogo) com conceções filosóficas e críticas da religião (marxismo, socialismo democrático, racionalismo), defensoras de uma função ativa do Estado na estruturação da sociedade e de uma neutralização do religioso na vida pública. O culminar desse processo ocorreu não já durante o marcelismo mas no período de transição para a democracia. De modo consonante com o novo «paradigma socialista», saído da revolução, o Estado manifestou uma propensão para assumir uma posição de maior estadualização, em domínios como a comunicação social, o ensino ou a assistência, dispensando também os nexos simbólicos mais fortes mantidos, como até aí, com a Igreja Católica, ou ainda promovendo, na Constituição de 1976, uma conceção de liberdade religiosa sem limites específicos.

A adesão de vários setores sociais, católicos inclusive, a novos referenciais foi percecionada pela autoridade religiosa, contudo, só após a substituição do cardeal Cerejeira por D. António Ribeiro[89], na liderança da diocese de Lisboa, a hierarquia eclesiástica mostrou alguma capacidade de reação e de acompanhamento das novas dinâmicas políticas, sociais mas também eclesiais. A acusação de que a Igreja Católica vivia «enfeudada» com o regime foi rejeitada pelo novo bispo,

---

[89] Para uma análise detalhada da história da nomeação pela Santa Sé de D. António Ribeiro e do significado eclesial e político dessa escolha, consulte-se: Paula Borges Santos, *ibidem*, pp. 74-80.

desde os momentos iniciais do seu episcopado. Procurando promover um comportamento de maior distanciamento da autoridade religiosa em relação ao regime e a criação de uma nova relação com a sociedade em geral, orientada para a perspetiva do funcionamento de uma situação democrática de liberdades públicas, D. António afirmou, em vários dos seus discursos, a necessidade de garantir o cumprimento do princípio da separação do Estado da Igreja. Considerou legítima a secularização e defendeu «uma sã laicidade que importa promover», recusando, no entanto, o secularismo e o laicismo, com o argumento de que não se limitam apenas a promover a autonomia do sagrado e do profano, como negam a «relação íntima e última que os seres criados têm com Deus». Cuidando de rejeitar o enfeudamento da Igreja a quaisquer ideologias, porque não a moviam ambições terrenas mas apenas «a liberdade necessária ao exercício da sua missão», o prelado não deixou, todavia, de salvaguardar que era necessária a «cooperação mútua» entre o Estado e a Igreja em domínios comuns[90].

Com esse posicionamento, Ribeiro salvaguardava a importância do acordo concordatário para a ação da Igreja na sociedade, mas esclarecia que o espaço eclesial não deveria ser instrumentalizado para fins políticos. De resto, nos anos seguintes (como mais tarde, durante o processo revolucionário) insistiu na necessidade do clero desenvolver um comportamento de neutralidade política e de fundamentar a identidade sacerdotal e o exercício das funções ministeriais na relação com o bispo e outros presbíteros, na configuração com Cristo e não na imitação do mundo[91]. Em paralelo, reconheceu a diversidade de posicionamentos eclesiais como característica de um legítimo pluralismo de opções políticas dos cristãos, projetando, porém, uma imagem de reserva e equidistância em relação às várias fações eclesiais em presença, evitando fomentar polémicas. Nessa gestão cuidadosa de uma comunidade eclesial dividida, D. António não hesitou, no entanto, em promover a defesa da afirmação dos direitos humanos fundamentais. Fê-lo,

---

[90] Cf. D. António Ribeiro, *Documentos Pastorais*, vol. I, Lisboa, Rei dos Livros, 1996, pp. 9-10.
[91] Cf. Carlos Moreira Azevedo, «Clero secular» in *Dicionário de História Religiosa*, dir. de Carlos Moreira Azevedo, vol. III, Lisboa, Círculo de Leitores, 2001, p. 379.

em particular, por ocasião da publicação da *Carta Pastoral no Décimo Aniversário da «Pacem in Terris»*, em 4 de Maio de 1973, conduzindo os bispos a declarar aí insuficiente «o esforço de aperfeiçoamento do nosso sistema jurídico», que continuava a permitir que renascessem continuamente «discriminações» e existissem «direitos humanos não plenamente reconhecidos». Defendendo que havia «aspetos legislativos que importa aperfeiçoar», a Assembleia Plenária do episcopado expressou, com clareza, que «a proteção das liberdades fundamentais pressupõe, todavia, a criação e fomento de condições reais para o exercício dos direitos e deveres correlativos», e exortou os poderes públicos a «velar pela observância integral dos direitos humanos», sem se deixarem «vencer pela tentação, sempre possível, de alicerçar a ordem social mais em razões de poder do que em motivos de direito»[92].

Por esta via, D. António Ribeiro conseguiu estabelecer diálogo com os setores mais críticos dentro da Igreja portuguesa, mostrando capacidade para acolher novas exigências e preocupações dos católicos. Junto do poder político fez passar a mensagem de que a Igreja, em particular a autoridade religiosa, se dispunha a exercer a sua missão com maior liberdade e independência, mantendo face ao Estado uma atitude de abertura, sem se coibir, porém, de «julgar da conformidade [...] de opções concretas – políticas, sociais ou económicas» com os «princípios morais»[93]. Mudava a medida do que deveria ser o bom relacionamento da hierarquia eclesiástica com o Estado, num momento em que o regime agonizava e o episcopado percebia que deixara de ser benéfico à atuação da Igreja um alinhamento com a política governamental, justificado pela proteção que o Estado dava à instituição eclesial.

Alterava-se, sobretudo, entre a autoridade religiosa, a conceção de que a Igreja Católica estava integrada na nação e que, por essa razão, podia gozar na sua missão espiritual de condições de expansão, na vida social e pública, que o Estado assegurava, porque do «bem temporal» fazia parte o «bem espiritual e moral e religioso». Essa fora a visão que o cardeal Cerejeira (como aliás Salazar) havia possuído sobre a

---

[92] Cf. Conferência Episcopal Portuguesa, «Carta pastoral no décimo aniversário da *"Pacem in Terris"*» in *Documentos Pastorais (1967-1977)*..., pp. 116-117.

[93] 434 Cf. Idem, *ibidem*, p. 122.

natureza das relações entre o Estado e a Igreja Católica, e aí residira o fundamento dos limites à plena autonomia da Igreja no regime autoritário, apesar do estabelecimento da solução concordatária[94].

4. O reforço da ideia de Estado interventor mas cooperante: legislação sobre as atividades privadas de ensino e assistência

A progressiva instalação, ao longo do marcelismo, de um clima sociojurídico de tensão em relação às alterações legislativas que envolveram o fenómeno religioso, e de um debate público crispado sobre o que poderia ser a melhor evolução para o relacionamento do Estado com a Igreja Católica, não produziu efeitos na forma como o Estado se conduziu para regular algumas «matérias mistas». O Executivo deu continuidade à tendência, registada em toda a década de 1960, de produzir um normativo jurídico que estabelecia condições favoráveis à expansão e sustentação de atividades da Igreja Católica, ainda que na maioria dos casos mantivesse sobre as mesmas a tutela do poder central. Por outras palavras, ocorreu, na normatividade jurídica fixada para as atividades privadas de ensino e assistência, um aprofundamento do princípio da cooperação entre o Estado e a Igreja. Esta dimensão, contudo, não jogava ainda com a questão da alegada neutralidade do Estado perante o fenómeno religioso, nem com a projeção de um relacionamento independente e sem interferências entre o Estado e a Igreja Católica, onde cada uma das instituições atua em âmbito próprio. Nos primeiros anos de 1970 perdurava ainda uma conceção de que o Estado deve ter uma atitude ativa perante o fenómeno religioso e reagir ao laicismo, favorecendo um tratamento desigual das religiões, distinguindo positivamente a Igreja Católica com recurso ao argumento do princípio da sua relevância sociológica.

Na área da educação e ensino, por decreto-lei n.º 307/71 de 15 de Julho, o Governo conferiu à Universidade Católica Portuguesa (UCP) estatuto jurídico civil, oficializando também os graus conferidos por

---

[94] Cf. D. Manuel Gonçalves Cerejeira, «A Situação da Igreja em Portugal»..., pp. 790-791.

aquela entidade e concedendo-lhe determinadas regalias de ordem jurídica, financeira e fiscal. Contudo, sendo a UCP considerada por aquele diploma uma «instituição de carácter federativo», composta pelas faculdades e escolas eclesiásticas, pelos estabelecimentos de ensino superior análogos aos das universidades do Estado e pelos centros de investigação e institutos culturais, o Executivo apenas lhe reconheceu autonomia quanto à organização e ensino das faculdades e escolas eclesiásticas. Para as restantes faculdades e institutos superiores que não versassem ciências filosóficas, teológicas ou jurídico-canónicas, estabelecia-se que a sua instituição e reforma ficavam dependentes de autorização do Ministro da Educação Nacional[95]. Em 29 de Outubro do ano seguinte, após negociações algo sensíveis, o titular da pasta da Educação, emitiu ainda despacho provisório favorável à nova Faculdade de Ciências Humanas (FCH) da UCP, sendo ainda autorizado o imediato funcionamento do curso de Ciências Empresariais. Apesar de, no acordo estabelecido com a Igreja sobre a UCP, o Estado abdicar do monopólio do ensino superior, o Executivo cuidou de manter posição como regulador daquele ensino e mostrou-se cioso de «abrir mão» da sua exclusividade em especializações que transcendiam o ensino eclesiástico. Nessas circunstâncias, até final do regime, a FCH funcionou ao abrigo daquele despacho provisório, protelando o Ministério da tutela a publicação dos respetivos diplomas orgânicos. Difícil aplicação teria ainda o decreto-lei n.º 307/71 ao regime de cada escola, «sobretudo, no respeitante à correspondência entre o princípio de reconhecimento do "valor" dos graus e a definição de "efeitos" para provimento em funções civis de carácter profissional», fazendo-se «sentir fortemente a tendência para considerar "eclesiástico" e só para fins "eclesiásticos" o ensino de uma Universidade da Igreja»[96].

Sobre a questão do ensino privado, o Governo também se debruçou. Para impulsionar essa ação governamental concorreram prefe-

---

[95] Cf. D. António Montes Moreira, «Universidade Católica Portuguesa» in *Dicionário de História Religiosa de Portugal*, dir. de Carlos Moreira Azevedo, vol. IV, Lisboa, Círculo de Leitores, 2001, p. 312.

[96] Cf. Arquivo particular de Guilherme Braga da Cruz, UI 49.11: «Breve relatório apresentado a Sua Eminência o Magno Chanceler em Ordem a informação da Conferência Episcopal da Metrópole: 12 de Março de 1974».

rencialmente os trabalhos preparatórios da reforma do sistema educativo, mas também algumas interpelações da autoridade eclesiástica. Em Julho de 1970, a Conferência Episcopal Metropolitana expôs ao ministro da Educação Nacional, José Veiga Simão, o que considerava ser uma situação de agravamento das instituições particulares de ensino, não só porque alegadamente haviam crescido os encargos que as oneravam, como também porque a «política de distribuição da rede do Ensino Oficial» as prejudicava, desincentivando até «a fundação dessas instituições em zonas onde a cobertura do ensino médio está ainda por fazer». Pediam os bispos que se encontrasse uma fórmula que garantisse: «acesso fácil à instrução e à cultura dos jovens de todos os distritos do País, em condições económicas que não sejam discriminatórias; a liberdade de escolha, por parte dos pais dos alunos, das instituições [...]; o legítimo direito à inspeção, por parte do Estado [...]; o respeito, por parte do Estado, de legítimos interesses de pessoas ou entidades que, algumas vezes por exigência dos próprios serviços do Ministério da Educação Nacional, se viram obrigados a construir dispendiosas instalações e a recorrer, para isso, a empréstimos bancários que implicam amortizações periódicas e pagamentos de juros»[97].

A primeira informação recolhida por via administrativa não confirmou completamente o cenário traçado pelo episcopado para os grandes centros urbanos, onde as escolas privadas apresentavam «lotações esgotadas» e cresciam estabelecimentos de ensino primário e infantil particulares. Apenas para «meios pequenos de província», especialmente nos concelhos rurais, se admitia que aquelas escolas passavam por um «período de grandes dificuldades económicas», após a fundação nesses lugares de seções liceais públicas. Recordava-se que as anteriores construções de estabelecimentos particulares nessas zonas haviam sido «feitas por estímulo e até por exigência deste Ministério». Para os serviços de Inspeção, a solução passava pelo fim da contribuição industrial daquelas escolas e pelo auxílio financeiro do Estado, através da «atribuição de bolsas de estudo aos alunos de famílias de

---

[97] Cf. PT/MESG//Gabinete do Ministro/Diversos/Pt.1/1309, Ano 1972-1973, Proc. 17/890, doc. 3: exposição da Conferência Episcopal Metropolitana, datada de 17 de Julho de 1970, assinada pelo bispo de Tigilava, D. António Ribeiro, dirigida ao ministro da Educação.

poucos recursos económicos da região, que lhes permitissem frequentar, pelo menos custo da escola oficial, os estabelecimentos particulares»[98].

A documentação consultada, não fornecendo elementos detalhados sobre a reação da tutela às questões enunciadas, indica que, ao longo dos três anos seguintes, foram tomadas medidas para minimizar o descontentamento crescente sobre a situação do ensino privado, nomeadamente por meio da concessão de subsídios às escolas particulares. Este aspeto, conjugado com o ser conhecida a intenção ministerial de publicar um novo Estatuto do Ensino Particular, permitiu ao Executivo melhorar a relação com as escolas particulares e com a Igreja, revelando os seus agentes «maior abertura e compreensão»; não obstante, segundo a Inspeção Superior do Ensino Particular, a crise existente naquele setor educativo, em função: «de investimentos em edifícios, que foi estimulado ou forçado a construir; da diminuição sequente da população escolar, como resultado da rápida expansão do ensino oficial; da crescente valorização da contribuição industrial; da carência de apoio financeiro e pedagógico por parte do Estado»[99].

Na sequência da aprovação da lei n.º 5/73, que estabelecia as bases da reforma do sistema educativo, e dando cumprimento ao que ficara estipulado pela base XXVIII, foi preparado um projeto de proposta de lei sobre o ensino particular. Embora fundando aquele ensino na «liberdade de ensino», o legislador afastava-se da ideia de que a ação do Estado no domínio da educação podia ser supletiva e continuava a atribuir-lhe o papel de regulador e fiscalizador daquela atividade. Em dois aspetos esta iniciativa legislativa trazia novidade. Determinava que ao Estado cabia conceder de apoio técnico e financeiro aos estabelecimentos de ensino privado, sem que existisse lugar ainda para quaisquer discriminações «na concessão de benefícios sociais a alunos de estabelecimentos públicos e de estabelecimentos particulares»; e promovia a oficialização daqueles estabelecimentos de ensino, ainda

---

[98] Cf. PT/MESG//Gabinete do Ministro/Diversos/Pt.1/1309, Ano 1972-1973, Proc. 17/890, doc. 2: Informação da Inspeção do Ensino Particular, datada de 17 de Novembro de 1970.

[99] Cf. PT/MESG//Gabinete do Ministro/Diversos/Pt.1/1309, Ano 1972-1973, Proc. 17/890, doc. 1: Informação [da Inspeção do Ensino Particular], datada de 6 de Dezembro de 1973.

que sob apertadas condições (estas envolviam os programas lecionados, o corpo diretivo e os meios humanos e materiais das escolas). O articulado do projeto não comportava qualquer disposição sobre o ensino privado confessional, estabelecendo apenas que «não depende de autorização o ensino religioso nas escolas particulares»[100].

Tratando-se de um documento de trabalho em progresso (à data de 24 de Abril de 1974 encontrava-se no gabinete do ministro da tutela), é relevante notar que o projeto de diploma satisfazia uma das principais reivindicações da Igreja Católica sobre o ensino particular, tal como haviam sido sustentadas pela autoridade eclesiástica e por diversos círculos católicos desde a constitucionalização do regime, designadamente a da sua subvenção pública. Aproximava-se ainda das aspirações católicas sobre a oficialização daquele ensino. Esses interesses tinham, aliás, sido defendidos pela Câmara Corporativa, no parecer emitido sobre a proposta de lei n.º 25/X que dera origem à lei n.º 5/73, e por alguns deputados na Assembleia Nacional[101]. Também haviam sido transmitidos ao Ministério da Educação Nacional, por vários agentes educativos ligados ao ensino particular confessional, por ocasião da submissão a «consulta pública» dos dois textos programáticos do plano reformista do ministro Veiga Simão, o «Projeto do Sistema Escolar Português» e as «Linhas Gerais da Reforma do Ensino Superior». A título ilustra-

---

[100] Cf. PT/MESG/Gabinete do Ministro/Diversos/Pt.1/1318, Ano 1973, Proc. 9/46: projeto de proposta de lei (parcial) [sobre o ensino particular]. O projeto de proposta de lei sobre o ensino particular foi elaborado pela «Comissão para a reforma da legislação sobre o ensino particular». Desconhece-se, porém, a composição dessa comissão, não tendo sido possível apurar também se o episcopado foi ou não auscultado pelo poder político nessa iniciativa ou se dela tinha conhecimento. Ao que a bibliografia consultada e a investigação realizada nos sugerem, o documento que aqui se publicita corresponderá à proposta de lei «Estatuto do Ensino Particular» que Veiga Simão tencionava submeter à Assembleia Nacional, depois de ter ficado inviabilizada a possibilidade de publicação de tal diploma por decreto governamental. Segundo Jorge Cotovio, esse facto, decorrente do que a Assembleia Nacional aprovara para a base XXVII da Lei da Reforma Educativa, terá provocado contrariedade no titular da pasta da Educação, interessando em apressar o processo e fechar este dossier (Cf. Jorge Cotovio, *O Ensino Privado nas décadas de 50, 60 e 70 do século XX....*, pp. 221-226).

[101] Cf. Paula Borges Santos, *A Questão Religiosa no Parlamento (1935-1974)...*, pp. 181-193.

tivo, registe-se que entre esses agentes se contaram: o Secretariado do Ensino Particular Diocesano do Patriarcado de Lisboa, as Escolas de Teologia do Porto, o Colégio do Sagrado Coração de Maria de Lisboa, o Instituto Superior de Estudos Eclesiásticos, o Colégio São João de Brito de Lisboa, o Colégio de Santa Doroteia de Lisboa, o Externato Diocesano de Setúbal, a Corporação Missionária da Província Portuguesa da Ordem Franciscana e as Direções Diocesanas dos Organismos Rurais da Ação Católica do Patriarcado de Lisboa. Naquele momento, estas instituições apresentaram como sugestões: o apoio financeiro do Estado aos estabelecimentos de ensino privado, a sua oficialização e ainda o seu reconhecimento como entidades de utilidade pública[102].

Pequenos benefícios foram ainda concedidos à Igreja Católica, por vezes, mediante solicitação direta da autoridade religiosa ao ministro Veiga Simão. Tal foi o caso do acolhimento ministerial ao pedido do bispo de Aveiro, D. Manuel de Almeida Trindade, que requeria concessão da «gratuitidade aos alunos que se matriculem no 1.º ano do curso liceal do Externato de S. João de Vagos, uma vez que tal benefício foi concedido aos alunos matriculados no Externato de Ílhavo»[103].

No domínio da assistência particular, o Governo preparou também uma proposta de lei, que submeteu à Assembleia Nacional em 22 de Fevereiro de 1973. Na linha do que fora, durante o salazarismo, a política estatal de assistência, o Estado continuava a possuir, naquele projeto, a tutela e a coordenação da assistência privada, embora numa ótica de valorização institucional e operacional das instituições. Entre as inovações que o projeto de diploma previa encontrava-se o aperfeiçoamento do dispositivo legal a que estavam sujeitas as organizações religiosas que igualmente se propunham fins de saúde e assistência, o qual se encontrava estabelecido, de modo incompleto, no Código Administrativo e na Lei sobre a Liberdade Religiosa. Deixava-se, no entanto, para diploma próprio, a publicar, o regime jurídico aplicável

---

[102] Cf. PT/MESG/GEPAE/01UI 2714, UI 2720, UI G.M. 2/1321, UI 2713: «pareceres sobre a reforma do ministro Veiga Simão».

[103] Cf. PT/MESG//Gabinete do Ministro/Diversos/Pt.1/1309, Ano 1972-1973, Proc. 17/915: ofício do bispo de Aveiro para ministro Veiga Simão, datado de 2 de Setembro de 1973.

às Misericórdias[104]. O colapso do regime determinou que esta iniciativa legislativa não fosse discutida naquela câmara[105]. Ainda assim ela possui significado por manifestar que estava em andamento o tratamento legislativo de uma matéria que apenas tinha sido regulada por disposições dispersas em legislação avulsa, não obstante ao longo dos anos terem sido várias as pressões de setores católicos para se alcançar a sua regulamentação.

Dois dias antes do golpe militar do 25 de Abril de 1974, o Executivo tomou ainda uma medida que as autoridades eclesiásticas aguardavam com expectativa: o alargamento do âmbito de várias caixas sindicais de Previdência aos membros do clero diocesano, permitindo que se tornassem seus beneficiários[106].

---

[104] Cf. *Diário das Sessões*, X Legislatura, Suplemento ao n.º 228, de 22 de Fevereiro de 1973, pp. 4632-1 a 4632-6).

[105] A 25 de Abril de 1974, esta proposta de lei encontrava-se na Câmara Corporativa a aguardar parecer, depois de lhe ter sido remetida em 13 de Fevereiro de 1974. Esta iniciativa legislativa recebera em 22 de Fevereiro de 1973, a designação de proposta de lei n.º 28/X e fora enviada nessa data também para a Câmara Corporativa. O termo da X Legislatura levou, no entanto, a que a mesma caducasse, pelo que o Governo renovou a iniciativa da referida proposta de lei, que passaria a designar-se proposta de lei n.º 7/XI, voltando como tal a dar entrada na Câmara Corporativa.

[106] Cf. *Diário do Governo*, I Série, n.º 95: Portaria n.º 291/74 de 23 de Abril. Em 3 de Dezembro de 1973, o arcebispo primaz de Braga, D. Francisco Maria da Silva, recordava a Caetano que essa medida podia contribuir para favorecer a relação do clero com o Governo: «[...] em meu entender, solucionar o problema da assistência do clero neste momento seria um gesto de fina política. O seu adiamento, porém, irá ser causa de enorme pessimismo comunicativo em cadeia.» (Cf. *Cartas particulares a Marcelo Caetano*, vol. I..., p. 298).

CAPÍTULO V

A CONSTRUÇÃO INSTITUCIONAL DA POLÍTICA RELIGIOSA (1933-1974): ESFERAS DE DECISÃO E DISPOSITIVOS DE CONFORMAÇÃO DOS INTERESSES RELIGIOSOS

Após se ter observado, nos capítulos precedentes, quais os dispositivos normativos (leis e outros instrumentos) seguidos pelo Estado para enquadrar o fenómeno religioso, e se refletir de que modo essa regulação contrariou ou foi ao encontro do que os diversos agentes religiosos pretendiam realizar e alcançar junto do poder civil (até a partir da valorização da ideia fundamental da sua autonomia jurídico--civil), discutem-se, em seguida, características dos processos de elaboração e de aprovação desses instrumentos legislativos. Procura-se ainda verificar algumas medidas administrativas ou outras formas de intervenção, estabelecidas de acordo com as finalidades do Estado, que facilitaram o controlo público da religião, com o propósito de dirigir, restringir ou alterar os interesses religiosos. Com este exercício, que desce ao nível da formalização das orientações, da definição e operacionalização das normas, das medidas de execução e, quando possível, do sancionamento de comportamentos, identificam-se tendências e atribui-se espessura ao que foi a construção institucional da política religiosa. Por razões de economia de espaço, não se detalha a evolução nas configurações dos poderes executivo e legislativo, inscritas constitucionalmente, dando-as por adquiridas. Por serem problemáticas de outra ordem de estudo, também não se debate se a *praxis* política contrariou a verdade formal da Constituição no que à relação entre poderes e suas atribuições diz respeito, nem se discutem razões de tal, embora se atente a este problema e se registe informação que convoca e esclarece sobre essas questões.

1. A representação dos interesses religiosos nas câmaras políticas

Definindo o Estado como "representativo mas antidemocrático", Salazar criou um argumentário que opunha "interesses organizados" a "interesses nacionais". Os primeiros manifestavam-se nas corporações, os segundos eram "interesses propriamente de Estado", expressos por "homens independentes, não filiados em organizações políticas e a trabalhar lealmente, a concordar ou discordar deste ou daquele ponto", sem porem em causa o "princípio da unidade nacional". A Assembleia Nacional reunia estes últimos, afastando do seu seio quer "representações particulares de interesses, questões, regiões ou correntes doutrinárias", quer "oposições mesmo combinadas, mesmo simpáticas, mesmo amigas, a discutir e votar contra por sistema, à espera de problemática sucessão". A Câmara Corporativa acolhia as corporações e "técnicos", incumbidos de preparar "estudos que devem servir de base às votações da Assembleia Nacional". A originalidade do sistema português residia, para o presidente do Conselho, no complemento entre os dois tipos de interesses assinalados, ainda que colocados em câmaras distintas. Daí que manifestasse não acreditar "na bondade da solução" traçada por Mussolini, de extinção da Camera dei deputati, com passagem da competência legislativa para a Camera dei Fasci e delle Corporazioni, porque, dizia, "seja qual for a extensão dos interesses organizados nas corporações, faltará ali sempre a representação dos interesses nacionais, [...] depois porque seria perigosíssimo, sem a preparação de longa experiência, entregar a definição ou defesa de certo interesse a possíveis entendimentos dos demais interesses organizados"[1].

---

[1] Cf. António Oliveira Salazar, «A Constituição das Câmaras na Evolução da Política Portuguesa» [discurso radiodifundido da União Nacional, em 9 de Dezembro de 1934, para as sessões de propaganda realizadas nas sedes de todo o País] in *Discursos 1928-1934*, Coimbra, Coimbra Editora, 1935, pp. 379, 383-385.

Segundo o chefe do Governo as vantagens da solução portuguesa residiam em: impedir que as câmaras continuassem a deter "o direito de nomear e demitir os ministros e de fazer obstrução à vida pública"[2]; eliminar "o parlamentarismo", i.e, "as lutas pela posse do poder na Assembleia Nacional", incompatíveis com o princípio da unidade nacional[3]; criar espaços institucionais para a expressão de razões e interesses dos diferentes elementos profissionais, garantindo-se em simultâneo que "os egoísmos profissionais não punham em causa o interesse geral"[4]. De forma cuidadosa, Salazar não colocou entre as vantagens do sistema de representação escolhido a associação das chamadas "forças vivas" à gestão dos assuntos públicos, apenas mencionou a sua intervenção direta "na constituição dos corpos supremos do Estado", reduzindo os direitos políticos das famílias, municípios e corporações "à influência na organização do Estado"[5].

Neste discurso, havia uma desvalorização evidente do poder legislativo que constitucionalmente era da competência da Assembleia Nacional. Numa ambiguidade calculada, o presidente do Conselho não distinguia entre funções daquela Assembleia e da Câmara Corporativa, e sublinhava que se devia reconhecer às câmaras "a atribuição exclusiva de controlar o governo, de dar a sua orientação geral à marcha política do Estado e de fazer as leis". O último ponto, porém, contava pouco, já que o exercício legislativo se restringia à preparação das "bases fundamentais dos regimes jurídicos", de forma a agilizar-se a discussão dos diplomas. O Governo ocupava naturalmente posição preferencial na função legislativa, quer legislando em decretos-lei, quer podendo "modificar as leis em certos casos por decretos simples, para cumular as deficiências das curtas sessões legislativas, atender aos casos de

---

[2] Cf. Idem, *Como se levanta um Estado*, Lisboa, Golden Books, 1977, pp. 70-71 [trad. da edição francesa de 1937].

[3] Cf. Idem, *ibidem*, p. 78; *I Congresso da União Nacional: Discursos, Teses e Comunicações*, vol. I, Lisboa, Edição da União Nacional, 1935, p. 73 [discurso de Oliveira Salazar]; L. C. Gonçalves, *ibidem*, pp. 17-18.

[4] Cf. F.I. Pereira dos Santos, *Un État Corporatif. La Constitution Sociale et Politique Portugaise*, Paris, Librairie du Recueil Sirey, 1935, pp. 181-182.

[5] Cf. António Oliveira Salazar, *ibidem*, pp. 73-74.

maior urgência, desentorpecer a administração"[6]. Para tanto, havia necessidade do Executivo "ser tão independente e tão legítimo representante da Nação como o Poder Legislativo" e de se terminar com a submissão do primeiro ao segundo, "exercido pelas maiorias variáveis e ocasionais, e à mercê dos sufrágios dos partidos estranhos às responsabilidades do poder"[7].

Na década de 1960, confrontado com exigências de pluralismo partidário, por parte de alguns setores da sociedade, designadamente por alguns católicos, como se verá no Capítulo VI, o presidente do Conselho manteve o princípio de que qualquer intervenção política devia circunscrever-se à esfera da União Nacional. Reduziu a importância de aspirações sobre partidarismo no interior do regime, declarando que "na Assembleia Nacional estão representados muitos, se não todos, os setores de opinião". Fazendo questão de seguir um "termo [que] está na moda", o chefe do Executivo designava esses "setores de opinião" por "grupos de pressão, no sentido de que o seu pensamento político e filosófico intervém na ação governativa como elementos legítimos de definição de ansiedades e objetivos, assumindo assim o caráter de uma representatividade real se bem que não orgânica". Entendia que papel diferente cabia aos grupos culturais e sindicatos. Ainda assim, advogava que bastaria consultar os pareceres da Câmara Corporativa para se "avaliar do peso da opinião daqueles interesses na vida governativa da Nação"[8]. No marcelismo, o modelo de representação política não se alterou, apesar do recrutamento de candidatos a deputados para as listas da UN passar a ser feito sob novos critérios[9].

A intervenção direta do chefe do Governo na seleção de deputados para as listas eleitorais para a única organização para-partidária do

---

[6] Cf. Idem, «A Constituição das Câmaras na Evolução da Política Portuguesa»..., p. 383.

[7] Cf. Idem, *Como se levanta um Estado*..., p. 72.

[8] Cf. António Oliveira Salazar, *Entrevistas: 1960-1966*, Coimbra, Coimbra Editora, 1967, pp. 166-168.

[9] Cf. PT/TT/AMC, Cx. 12, n.º 5 e Anexo 1, fls. 1-5: Apontamento manuscrito «Eleições 69», datado de Outubro de 1969, com anexo: nota manuscrita [de Marcelo Caetano], datada de 13 de Junho de 1969.

A CONSTRUÇÃO INSTITUCIONAL DA POLÍTICA RELIGIOSA (1933-1974)

regime, a União Nacional (UN)[10], contribuiu, como ilustram os estudos sobre a composição socioprofissional da Assembleia, para que ao recrutamento de agentes políticos correspondesse uma distribuição de lugares pelos diversos grupos de interesse que existiam no interior do regime[11]. Tal procedimento permitiu a Salazar, mais do que a Caetano, incluir ou manter, na esfera de influência do regime, figuras que lhe convinha que conservassem algum alinhamento com a *Situação*; reforçar lealdades à sua liderança[12]; adquirir conhecimento sobre conveniências e projetos dos diversos setores apoiantes do regime. Útil à negociação e à tomada de decisões, essa informação ajudava a antecipar o risco de confronto político entre interesses divergentes da sociedade, mas também entre esses interesses e o Executivo, e a forjar, através do próprio trabalho parlamentar, acordos entre setores apoiantes do regime.

Salazar fomentou e permitiu que nas listas de candidatos parlamentares da UN figurassem personalidades de sensibilidade católica, inclusive leigos e alguns sacerdotes conhecidos pelo seu protagonismo em defesa dos interesses da Igreja. Registe-se, no entanto, que o número de ministros da Igreja Católica como parlamentares na Assembleia Nacional foi sempre reduzido: um nas I, II, III e IV Legislaturas (1935-1949); três nas V e VI Legislaturas (1949-1957); dois nas VII e VIII Legislatu-

---

[10] Para ilustração de um caso concreto desta ação do presidente do Conselho, consulte-se: José Reis Santos, *Salazar e as Eleições: um estudo sobre as eleições gerais de 1942...*, pp. 83-87.

[11] Cf. Fernando Rosas, *As primeiras eleições legislativas sob o Estado Novo: As eleições de 16 de Dezembro de 1934*, Lisboa, Edições «O Jornal», 1985, p. 44; Manuel de Lucena, *A Evolução do Sistema Corporativo Português*, vol. I – *O Salazarismo*, Lisboa, Perspectivas e Realidades, 1976, p. 152. Para uma informação detalhada sobre a composição socioprofissional da Assembleia Nacional no *Estado Novo*, consulte-se: J. M. Tavares Castilho, *Os Deputados da Assembleia Nacional (1935-1974)...*, pp. 305-308. Importante era também o facto do monopólio da representação política na Assembleia Nacional caber à UN, ainda que a filiação nessa organização não fosse o único critério para a eleição de deputados (Cf. Manuel Braga da Cruz, «Assembleia Nacional» in *Dicionário de História de Portugal*, coord. de António Barreto e Maria Filomena Mónica, vol. VII, Porto, Livraria Figueirinhas, 1999, p. 133).

[12] Cf. Philippe C. Schmitter, «O regime de excepção que se tornou a norma: 48 anos de domínio autoritário em Portugal» in *Portugal: do Autoritarismo à Democracia...*, p. 29.

ras (1957-1965). O episcopado determinou a proibição destas candidaturas a partir de 1965, donde se justifica a sua ausência nas últimas legislaturas. Dos nove padres que desempenharam funções parlamentares (Francisco Correia Pinto; Abel Varzim; Luís Mendes de Matos; Manuel Bastos; Pinto Carneiro; Santos Carreto; Agostinho Gomes; Castilho Noronha e Martinho Lopes), apenas dois foram eleitos por círculos eleitorais ultramarinos (Castilho Noronha, por Goa, e Martinho Lopes, por Timor)[13].

A presença de leigos católicos na câmara identifica-se pelo teor das suas intervenções parlamentares, quando afirmam a sua condição de crentes, ou infere-se a partir do que se sabe ser a sua trajetória e percurso. Não se afigura viável, ao contrário do que é sugerido por alguma investigação, contabilizar a percentagem de deputados «católicos» na Assembleia Nacional ou traçar qualquer perfil destes parlamentares[14]. A eleição daqueles indivíduos parece ter estado normalmente associada ao seu desempenho de responsabilidades públicas, e a pesquisa empírica, no que revela quanto aos critérios de composição das listas de candidatos da UN em diferentes conjunturas políticas[15], não permite confirmar que a representação política tenha sido associada a questões de identidade confessional. A estes problemas acresce que, sob a designação genérica de «católicos», coexistem diferenciadas sensibilidades eclesiológicas, geradoras de diferentes visões sobre o que pode ser a interação entre a Igreja Católica e o Estado, que não se podem tipificar exclusivamente a partir das intervenções parlamentares dos indivíduos. Para o que esta investigação pretende demonstrar, o que merece ser sublinhado é que com a inclusão de deputados com sensibilidade religiosa nas listas da UN, o chefe do Executivo fazia o exercício de demonstrar reconhecer a importância do interesse religioso e oferecia a essas figuras um lugar público para se associarem a uma intervenção

---

[13] Cf. Luís Salgado de Matos, *Um Estado de Ordens Contemporâneo – A Organização Política Portuguesa*, vol. II..., p. 812.

[14] Esse exercício é estabelecido em: J. M. Tavares Castilho, *Os Deputados da Assembleia Nacional (1935-1974)...*, pp. 214-223, 234-242; Rita Almeida de Carvalho, *ibidem*, pp. 116-117.

[15] José Reis Santos, *ibidem*, pp. 92-94, 109-123, 127-130.

política transformadora da realidade (dentro do limite do que era estabelecido o próprio interesse nacional).

Na Câmara Corporativa, a Igreja Católica foi uma das entidades representadas, tendo integrado a Secção de Interesses de Ordem Espiritual e Moral, através de um procurador por legislatura (um sacerdote), escolhido pelo episcopado, a quem este conferia a representação. Entre 1935 e 1964, a Secção de Interesses de Ordem Espiritual e Moral foi composta pelas seguintes representações: Igreja Católica, institutos missionários, misericórdias, outras instituições privadas de assistência e Ordem dos Médicos. A partir de 1953, a representação dos institutos missionários passou a integrar a representação das dioceses ultramarinas, face ao que a representação da Igreja Católica ficou desde aí somente associada estritamente ao episcopado metropolitano. Depois de 1967, criaram-se duas novas representações: misericórdias dos territórios ultramarinos e outras instituições privadas de assistência desses mesmos territórios. Os procuradores nomeados para aí foram sempre oriundos da Índia e de Macau. Não foi eleito nenhum procurador das colónias africanas. Finalmente, em 1973, determinou-se que naquela Secção tinham assento mais duas novas representações, que cabiam respetivamente ao presidente e ex-presidente da corporação da Assistência[16]. Nenhuma outra confissão religiosa, radicada no País, alcançou representação na câmara. Sem ser em representação da Igreja Católica, alguns presbíteros tiveram assento naquela mesma secção por estarem vinculados a institutos missionários e dioceses ultramarinas, misericórdias e outras instituições particulares de assistência. Houve também sacerdotes nomeados para a Secção de Ciências, Letras e Artes (designada simplesmente por Ciências e Artes, a partir da II Legislatura, e por Interesses de Ordem Cultural, após a VI Legislatura), em representação de estabelecimentos particulares de ensino.

Foi logo para a I Legislatura que o episcopado optou por escolher um sacerdote para desempenhar as funções de representação da Igreja Católica na Câmara Corporativa, apesar de ter sido primeiro ponderada a hipótese de designar um bispo para esse cargo. Para decidir

---

[16] Cf. Nuno Estêvão Ferreira, *A Câmara Corporativa no Estado Novo: composição, funcionamento e influência*, pp. 186-187.

sobre o representante do episcopado à I Legislatura na Câmara Corporativa, os bispos metropolitanos reuniram em 13 de Dezembro de 1934, pouco depois de ser publicada a primeira lei orgânica daquela Câmara (decreto-lei n.º 24683, de 27 de Novembro de 1934). O processo de escolha não foi isento de algumas divergências entre os prelados. Na ocasião, foi considerada a proposta do arcebispo de Braga, D. António Bento Martins Júnior, de confiar a um prelado a representação na Câmara Corporativa. Entre os nomes sugeridos, surgiram os dos bispos do Porto, D. António Augusto de Castro Meireles, e de Beja, D. José do Patrocínio Dias. Contra essa proposta votaram D. Manuel Gonçalves Cerejeira, o arcebispo de Évora, D. Manuel da Conceição Santos, e outros prelados, cujo nome a documentação não indica, sendo que também não esclarece também sobre os fundamentos dessa posição.

Excluída também a ideia de atribuir a um leigo essa representação, optaram os bispos pela escolha de um sacerdote para desempenhar aquelas funções. Foram quatro os nomes de padres selecionados, designadamente: Manuel Trindade Salgueiro, António Brandão, José Manuel Pereira dos Reis e Fernando Pais de Figueiredo. Por motivos diversos nenhum ocupou o cargo em questão. O reverendo Pais de Figueiredo «respondeu não aceitar esse encargo». Consultados «os Exmos. Ordinários dos dois primeiros, respondeu o Senhor Bispo Conde que não poderia ceder o Reverendo Dr. Trindade Salgueiro mas que daria o seu consentimento para a escolha do Reverendo Cónego Dias de Andrade. O Senhor Bispo do Porto, embora não se opondo inteiramente é candidatura do Reverendo Padre Brandão, declarou preferir ceder o Reverendo Dr. Gaspar Augusto Pinto da Silva e sugeriu também o nome do Reverendo Dr. Martinho Lopes Maia (da Elvas)». Desconhece-se porque razão os nomes sugeridos nesta consulta não tiveram acolhimento, apenas se sabe que em função destes resultados, em 19 de Dezembro, os bispos foram de novo chamados a indicar nomes de sacerdotes que pudessem assegurar aquela representação. A escolha acabou por recair sobre o sacerdote Carneiro de Mesquita[17]. Afigura-se como provável

---

[17] Cf. PT/AHPL/ACC/D/01/02/038-039: circulares enviadas aos bispos, datadas de 19 e 30 de Dezembro de 1934.

que a solução de não nomear um prelado para a Câmara Corporativa tenha sido uma forma de impor, simbolicamente, um corte com o que fora a realidade político-eclesial da Monarquia Constitucional, quando os bispos tinham assento na Câmara dos Deputados. Terá tido ainda fundamento na preocupação de não se querer que a hierarquia eclesiástica surgisse associada a decisões da política «temporal», resguardando por essa via alguma independência que lhe seria vantajosa para a negociação do interesse católico com o Estado.

2. A governamentalização das câmaras e os mecanismos disciplinadores dos interesses religiosos

O descrito nos capítulos anteriores permite constatar que as matérias submetidas à apreciação da Assembleia Nacional e da Câmara Corporativa foram, ao longo de todo o regime, alvo de controle por parte dos presidentes do Conselho. O reduzido número de meses de funcionamento da Assembleia e as limitações dos poderes funcionais dos deputados e procuradores, estabelecidas pelos Regimentos das câmaras, facilitavam tal. Todavia, da narrativa tecida infere-se que foram, sobretudo, mecanismos e práticas informais de disciplina governamental, como as que determinavam a vinculação e a subordinação direta dos presidentes da Assembleia Nacional e da Câmara Corporativa ou do *leader* parlamentar ao chefe do Governo, que tornavam eficaz aquilo que aqui se designa por *governamentalização das câmaras*.

Foi, como alguns exemplos dados anteriormente já apontam, através de uma comunicação permanente (mediante informações por correspondência, audiências ou contactos telefónicos) com o presidente da Assembleia, que o chefe do Executivo forneceu instruções de voto para propostas de lei, projetos de lei e ratificação de decretos-lei[18]. A tal, juntou-se ainda a seleção de avisos prévios aceites para debate, o determinar tempos de convocações de sessões extraordinárias da

---

[18] Cf. PT/TT/AOS/CO/PC – 6 A, Pt. 4, fls. 10-12: memorando de Salazar, datado de 1 de Dezembro de 1961; PT/TT/AOS/CO/PC – 6 A, Pt. 5, fls. 90-98: ofício do presidente da Assembleia Nacional, [Mário de Figueiredo], para Salazar, datado de 9 de Janeiro de 1963.

câmara e número de sessões ordinárias por semana, o estabelecimento dos períodos de férias de Natal e de Páscoa, o acompanhar de avisos de renúncia de mandatos de deputados e a concessão de autorizações para aqueles intervirem nos trabalhos parlamentares. Quando sucedia a Assembleia não ter diplomas em número suficiente que lhe ocupassem os trabalhos – o que amiúde acontecia não só pelo reduzido número de iniciativas legislativas indicado pelo Governo, pela ausência de projetos de lei propostos pelos deputados, ou por atrasos na apresentação à Assembleia dos pareceres da Câmara Corporativa sobre diplomas previstos para discussão – era ainda para o chefe do Executivo que o presidente da Assembleia apelava[19]. Nessas circunstâncias, arrastava-se a discussão de algumas propostas de lei por mais algumas sessões ou escolhia (depois de auscultar o presidente do Conselho) um ou outro aviso prévio para debate.

Sem autonomia no exercício de funções face ao chefe do Governo, o presidente da Assembleia representou quase sempre o papel de um seu conselheiro político, entre outros. Avançava, nessa medida, algumas sugestões relativas ao relacionamento da Assembleia com o Governo e ao funcionamento daquela câmara política (o que incluía pronunciar-se, por exemplo, sobre os critérios que deveriam orientar a constituição das listas da UN de candidatos a deputados ou avaliar o desempenho dos parlamentares, recomendando ou não a sua permanência no cargo[20]), transmitia informações sobre o clima político em geral

---

[19] De acordo com a Constituição, a Assembleia Nacional podia iniciar a discussão da iniciativa legislativa sem ter recebido o parecer da Câmara Corporativa, caso esta ultrapassasse o prazo normal (30 dias) para a elaboração dos textos a submeter à Assembleia. Podia também a Assembleia encurtar, tal como o Governo, o prazo concedido à Câmara Corporativa para a elaboração do parecer em casos de urgência. Contudo, a Assembleia nunca chegou a exercer tais faculdades, segundo Marcelo Caetano, «por cortesia para com a Câmara e por necessidade de conhecer a sua opinião» (Cf. Marcelo Caetano, *Manual de Ciência Política e Direito Constitucional...*, p. 525). A explicação fornecida por Caetano oblitera, porém, um elemento determinante que era a subordinação que aquela câmara mantinha perante o presidente do Conselho, não antecipando qualquer ação (mesmo que formalmente o pudesse fazer) sobre a intervenção do governante.

[20] Cf. PT/TT/AOS/CO/PC – 17 A, Pt. 6, fls. 428-433: nota [de José Alberto dos Reis, na qualidade de presidente da Assembleia Nacional], para Salazar, datada de

ou sobre a receção de algumas decisões do Executivo pelos deputados (por exemplo, reações de desagrado de alguns parlamentares quando o Governo optava por publicar importantes diplomas no interregno de trabalhos da Assembleia, impedindo assim que esta se pronunciasse sobre o seu teor)[21].

Enquanto responsável pela ligação entre o Governo e os deputados, o deputado que exercia as funções de *leader* prestava também diversas informações ao presidente do Conselho, umas estritamente relacionadas com a atividade parlamentar, outras de carácter mais geral, acabando por desempenhar também o papel de seu conselheiro político (era, por exemplo, escutado sobre a renovação de mandatos dos deputados ou sobre a inclusão de candidatos a parlamentares nas listas da UN)[22]. Por comparação com o presidente da Assembleia, o *leader* intervinha de forma mais direta nos casos em que ocorriam conflitos entre deputados. Nessa ação, para o que consultava o chefe do Executivo e se consertava com o presidente da Assembleia, o *leader* agia, sobretudo, nos corredores do hemiciclo, nas sessões de estudo ou nas comissões parlamentares, evitando que nas sessões plenárias a conflituosidade se manifestasse e fosse tornada pública. Em boa medida, o disciplinar dos interesses, mas também das críticas e resistências, trans-

---

1938; PT/TT/AOS/CO/PC – 17 A, Pt. 1, fls. 53-55: nota de José Alberto dos Reis, na qualidade de presidente da Assembleia Nacional, para Salazar, datada de Setembro de 1942; Cf. PT/TT/AOS/CO/PC – 6 A, Pt. 30, fls. 702-703 e fl. 729: notas de José Soares da Fonseca, na qualidade de *leader* parlamentar, para Salazar, datadas de 26 de Agosto e de 29 de Setembro de 1965.

[21] Cf. PT/TT/AOS/CP – 237: cartas de José Alberto dos Reis, na qualidade de presidente da Assembleia Nacional, para Salazar, datadas de 8 de Março de 1937 e de 29 de Outubro de 1940; PT/TT/AOS/CP – 235: cartas de Albino dos Reis Júnior, na qualidade de presidente da Assembleia Nacional, para Salazar, datadas de 12 de Dezembro de 1949 e de 29 de Abril de 1950; PT/TT/CO/PC – 6 A: carta de Mário de Figueiredo, na qualidade de presidente da Assembleia Nacional, para Salazar, datada de 24 de Janeiro de 1964.

[22] Cf. PT/TT/AOS/CO/PC – 6 A, Pt. 17, fls. 412-413: carta de José Soares da Fonseca, na qualidade de *leader* parlamentar, para Salazar, datada de 13 de Junho de 1964; PT/TT/AOS/CO/PC – 6 A, Pt. 30, fls. 717-728: carta de José Soares da Fonseca para Salazar, datada de 24 de Setembro de 1965; PT/TT/AOS/CO/PC – 6 A, Pt. 29, fl. 619 e fls. 675-678: cartas de José Soares da Fonseca para Salazar, datadas de 1 de Fevereiro e de 2 de Junho de 1965.

portados pelos deputados, fazia-se com recurso à argumentação de que lhes cabia, sobretudo, garantir a prevalência e a defesa dos «interesses da nação» (interpretados, na realidade, pelo Governo e traduzidos nas suas iniciativas legislativas). Sob o *leader* recaía ainda a missão de controlar as votações das iniciativas legislativas submetidas à apreciação da Assembleia, cabendo-lhe evitar que os deputados contrariassem com o seu sentido de voto a vontade do chefe do Governo para o diploma em causa. Habitualmente era também o responsável pela modelagem de conteúdos de avisos prévios de teor político considerado «sensível» (entenda-se crítico ou desfavorável para com a ação governativa), bem como pelos projetos de moções que encerravam a discussão de muitos avisos prévios, quer redigindo-os, quer inspirado a outro deputado o alcance do que se pretendia. Nos casos em que os conteúdos dos avisos prévios continham alguma crítica a aspetos da governação, trabalhava-se para fazer passar uma mensagem que enaltecesse e apoiasse alguma dimensão da política governativa ou para estabelecer consensos entre posições antagónicas dos deputados[23]. Com este tipo de intervenção, não raras vezes, a intenção do deputado proponente do aviso prévio perdia-se ou era desvirtuada.

Durante o salazarismo, foi, sobretudo, através das intervenções antes da ordem do dia que os deputados (alguns deles sacerdotes) garantiram a expressão dos seus interesses em matéria religiosa. Ainda assim recorreram pouco à possibilidade, prevista no Regimento da Assembleia, de formularem avisos prévios ou de apresentarem requerimentos ou perguntas por escrito, dirigidas ao Governo. Entre 1935 e 1974, apenas sete avisos prévios (registou-se um aviso prévio nas I, II, V, VI, VIII, IX e X Legislaturas) se ocuparam de matérias de interesse comum para o Estado e para a Igreja Católica. Foram também sete os requerimentos/ perguntas formuladas sobre tais assuntos (registou-se

---

[23] Cf. PT/TT/AOS/CO/PC – 6 A, Pt. 4, fls 19-25: informação de José Soares da Fonseca, na qualidade de *leader* parlamentar, para Salazar, datada de 16 de Janeiro de 1961; Cf. PT/TT/AOS/CO/PC – 6 A, Pt. 4, fls 33-38: correspondência entre deputados e José Soares da Fonseca, datada de 5 de Fevereiro de 1963.

um requerimento na I, III, IV, V, VII e X Legislaturas e uma pergunta também na X Legislatura)[24].

Os deputados procuraram compatibilizar o seu discurso com os interesses da governação e exploraram a retórica dominante do próprio Estado, apropriando-se, para tanto, de valores que compunham o ideal governativo. Essa construção do discurso parlamentar, bastante evidente entre 1935 e 1969, variou em função da formação intelectual ou da experiência cívica do deputado, mas ajustou-se ao código de conduta dos deputados (firmado empiricamente ao longo da I Legislatura), que exigia fidelidade às orientações do presidente do Conselho mas também às indicações do presidente da Assembleia ou do *leader* (ou até de outras personalidades políticas, com funções parlamentares e próximas do chefe do Governo, que eram porta-vozes da sua vontade e que ajudavam a controlar o espaço de sociabilidade política que a câmara constituía). Com essas instruções mas também com um comportamento auto imposto de cautelosa gestão da informação, os deputados identificaram, em cada circunstância, o que era ou não dizível no hemiciclo. Para a atitude dos deputados contou também a perceção que detinham da autoridade do chefe do Executivo e da extensão do seu poder pessoal.

Não por acaso, foi sob a governação de Salazar que os parlamentares mais concorreram, com as suas intervenções antes da ordem do dia, para projetar a ideia de satisfação pelo relacionamento firmado entre o Estado e as autoridades religiosas. A partir da valorização dessa relação, solicitaram novos apoios para iniciativas religiosas, cujo desenvolvimento tanto poderia ser de âmbito local, como nacional. A título ilustrativo refira-se: o pedido de apoio estatal para as missões da Zambézia e para a restauração da casa mãe dos Beneditinos em Tibães[25], ou para a ação escolar missionária na Guiné[26]; as várias sugestões de

---

[24] Esta informação pode ser verificada no Anexo II deste estudo, designado «Listagem dos projeto de lei, avisos prévios, requerimentos e perguntas por escrito, apresentados à Mesa da Assembleia Nacional sobre política religiosa (1935-1974)».

[25] Cf. *Diário das Sessões*, II Legislatura, n.º 96, de 25 de Fevereiro de 1941, pp. 153--154.

[26] Cf. *Diário das Sessões*, IV Legislatura, n.º 39, de 1 de Março de 1946, pp. 661--662.

exaltação da memória de Nuno Álvares Pereira[27]; o pedido de restabelecimento da Ordem Militar de Nossa Senhora da Conceição[28]; o pedido de apoio financeiro do Estado para as igrejas em construção e para as missões católicas nas colónias[29] ou para a missão católica de assistência aos emigrantes portugueses em Paris[30].

Nos anos de 1950 e 1960, em particular, assistiu-se ao uso da tribuna parlamentar para sensibilizar para acontecimentos ou realizações da Igreja Católica em Portugal e do catolicismo internacional. Nessa linha, foi dada importância: à celebração do tricentenário do beato João de Brito[31]; à comemoração dos 4.º centenários da morte de S. João de Deus[32] e da morte de S. Francisco Xavier[33]; às celebrações do jubileu cardinalício e do 50.º aniversário da ordenação do cardeal Cerejeira[34]; ao cinquentenário das aparições de Fátima[35]; à nomeação de novos bispos para as dioceses de Aveiro, Vila Cabral, do Algarve e de Beja[36]. O falecimento de vários bispos da Metrópole e ultramarinos foi também mencionado pelos deputados ou pelo próprio presidente da Assembleia Nacional. Foram feitos os elogios fúnebres dos

---

[27] Cf. *Diário das Sessões*, IV e V Legislaturas, respetivamente n.º 29 e n.º 155, de 13 de Fevereiro de 1946 e 19 de Abril de 1952, pp. 465 e p. 764.

[28] Cf. *Diário das Sessões*, VI Legislatura, n.º 43, de 17 de Março de 1954, pp. 680-681.

[29] Cf. *Diário das Sessões*, VI Legislatura, n.º 60, de 11 de Dezembro de 1954, pp. 180-182.

[30] Cf. *Diário das Sessões*, VIII Legislatura, n.º 21, de 25 de Janeiro de 1962, pp. 508-511.

[31] Cf. *Diário das Sessões*, IV Legislatura, n.º 95, de 3 de Março de 1947, pp. 708-710.

[32] Cf. *Diário das Sessões*, V Legislatura, n.º 55, de 27 de Novembro de 1950, p. 3.

[33] Cf. *Diário das Sessões*, V Legislatura, n.º 187, de 20 de Dezembro de 1952, pp. 454-455.

[34] Cf. *Diário das Sessões*, VI Legislatura, n.º 71, de 22 de Janeiro de 1955, pp. 386-387; VII Legislatura, n.º 210, de 19 de Abril de 1961, p. 580.

[35] Cf. *Diário das Sessões*, IX Legislatura, n.º 78, de 9 de Março de 1967, pp. 1398-1401.

[36] Cf. *Diário das Sessões*, VIII Legislatura, n.ºs 67 e 170, respetivamente de 10 de Janeiro de 1963 e 16 de Dezembro de 1964, pp. 1775-1776 e 4198-4199; IX Legislatura, n.ºs 17 e 26, respetivamente de 2 de Fevereiro e 2 de Março de 1966, pp. 260-261 e 427.

prelados: do Porto, D. Agostinho de Jesus e Sousa, e da Guarda, D. José Alves Matoso[37]; de Évora, D. Manuel Mendes da Conceição Santos[38]; do Algarve, D. Marcelino Franco[39]; do Funchal, D. António Manuel Pereira Ribeiro[40]; de Leiria, D. José Alves Correia da Silva[41]; de Aveiro, D. João Evangelista de Lima Vidal e D. Domingos da Apresentação Fernandes[42]; de Lourenço Marques, D. Teodósio Clemente de Gouveia[43]; de Braga, D. António Bento Martins Júnior[44]; de Viseu, D. José da Cruz Moreira Pinto[45]; de Évora, D. Manuel Trindade Salgueiro[46]; e da Beira, D. Sebastião Soares de Resende[47].

De entre factos relevantes do catolicismo internacional foram destacados: a morte do papa Pio XI; o 15.º aniversário da coroação de Pio XII; a eleição do papa João XXIII[48]; ou a abertura e encerramento do Concílio Vaticano II[49].

Essa estratégia era indissociável da pretensão de conotar a vida coletiva com o elemento religioso. Daí resultou também a projeção

---

[37] Cf. *Diário das Sessões*, V Legislatura, n.º 131, de 4 de Março de 1952, p. 357.

[38] Cf. *Diário das Sessões*, VI Legislatura, n.º 87, de 31 de Março de 1955, pp. 720--721.

[39] Cf. *Diário das Sessões*, VI Legislatura, n.º 105, de 9 de Dezembro de 1955, p. 114.

[40] Cf. *Diário das Sessões*, VI Legislatura, n.º 192, de 27 de Março de 1957, p. 414.

[41] Cf. *Diário das Sessões*, VII Legislatura, n.º 4, de 11 de Dezembro de 1957, pp. 80--81.

[42] Cf. *Diário das Sessões*, VII Legislatura, n.º 9, de 9 de Janeiro de 1958, pp. 242--243; VIII Legislatura, n.º 20, de 24 de Janeiro de 1962, pp. 496-497.

[43] Cf. *Diário das Sessões*, VIII Legislatura, n.º 29, de 8 de Fevereiro de 1962, pp. 662-664.

[44] Cf. *Diário das Sessões*, VIII Legislatura, n.º 102, de 5 de Dezembro de 1963, pp. 2534-2535.

[45] Cf. *Diário das Sessões*, VIII Legislatura, n.º 152, de 19 de Novembro de 1964, p. 3823.

[46] Cf. *Diário das Sessões*, IX Legislatura, n.º 4, de 10 de Dezembro de 1965, pp. 21--26.

[47] Cf. *Diário das Sessões*, IX Legislatura, n.º 62, de 26 de Janeiro de 1967, p. 1136.

[48] Cf. *Diário das Sessões*, VII Legislatura, n.º 60, de 30 de Outubro de 1958, pp. 1024-1025.

[49] Cf. *Diário das Sessões*, VIII Legislatura, n.º 56, de 27 de Novembro de 1962, pp. 20-21; IX Legislatura, n.º 4, de 10 de Dezembro de 1965, p. 1344.

de um discurso sobre a vitalidade do Estado na sua ação civilizadora, que enaltecia a ação missionária. Nessa retórica, nacionalista e colonialista, o catolicismo cumpria propósitos de unidade nacional e de preservação da civilização cristã em territórios considerados ameaçados por outras influências religiosas e até de proteção contra alegados perigos provocados pelas ideologias socialistas e comunistas. Na difusão de uma visão mítica do povo português como «povo cruzado e missionário», portador de uma «missão universalista» e «cristocêntrica», na qual manifestava o seu destino de «escolhido», revelavam-se também aspetos da tradição providencialista católica. Assim aconteceu em intervenções que destacaram: as cerimónias do 4.º centenário da morte de São Francisco Xavier (1953), realizadas em Goa[50]; a designação de D. Manuel Gonçalves Cerejeira como legado pontifício, em 1944, à sagração da catedral de Lourenço Marques[51], e, em 1960, à inauguração de Brasília[52]; a elevação, em 1946, ao cardinalato de D. Teodósio Clemente de Gouveia[53]; as celebrações, em Roma, em 1947, da canonização do beato João de Brito[54]; ou ainda a inauguração, em 1950, da catedral de Bissau[55].

O anticomunismo de alguns parlamentares de sensibilidade católica teve também expressão na Assembleia. Até à II Guerra Mundial, tal discurso ajudou à difusão da ideia de consolidação do poder do Estado sobre todas as instituições legais do País, contra o comunismo. Em certa

---

[50] Cf. *Diário das Sessões*, V Legislatura, n.º 172, de 4 de Dezembro de 1953, pp. 120-121; n.º 185, de 18 de Dezembro de 1953, pp. 409-410; n.º 187, de 20 de Dezembro de 1953, pp. 454-455.

[51] Cf. *Diário das Sessões*, III Legislatura, n.º 84, de 2 de Novembro de 1944, pp. 474-475.

[52] Cf. *Diário das Sessões*, VII Legislatura, sessões n.º 166, de 9 de Abril de 1960, p. 601; n.º 168, de 21 de Abril de 1960, p. 682; n.º 169, de 22 de Abril de 1960, pp. 701-702; n.º 175, de 29 de Abril de 1960, p. 818; n.º 178, de 26 de Novembro de 1960, p. 3.

[53] Cf. *Diário das Sessões*, IV Legislatura, n.ºs 17 e 42, respetivamente de 19 de Janeiro de 1946 e 11 de Março de 1946, pp. 243 e 723.

[54] Cf. *Diário das Sessões*, IV Legislatura, n.ºs 95 e 114, respetivamente de 3 de Março e 3 de Dezembro de 1947, pp. 708-710 e 13-15.

[55] Cf. *Diário das Sessões*, V Legislatura, n.º 61, de 13 de Dezembro de 1950, pp. 143--144.

medida, essa luta anticomunista teve ainda pontos de contacto com o combate dirigido, por alguns deputados, contra organizações como a Maçonaria, também considerada infiltrada por elementos comunistas e identificada com um expansionismo destruidor dos fundamentos da civilização cristã[56]. Após 1945, o discurso anticomunista na Assembleia reforçou, em particular, o papel de Portugal como elemento de defesa ocidental contra o comunismo. Neste aspeto, tratou-se de sublinhar a imagem de que o País, sob o governo de Salazar, com a sua ordem sociopolítica interna, disfrutava de um clima de paz e liberdade religiosa, estando preparado para auxiliar na retaguarda do avanço do comunismo internacional. Entre 1949 e 1954, alguns parlamentares abordaram ainda a situação das Igrejas cristãs na União Soviética e nos países da Europa de Leste, sob ocupação soviética, onde se registavam condenações e prisões dos principais responsáveis eclesiásticos. Os deputados mostraram-se solidários com a mobilização religiosa e social que a Igreja Católica em Portugal organizava, em cumprimento do apelo feito por Pio XII, em Setembro de 1953, através da encíclica *Fulgens Corona*, em sinal de protesto contra as perseguições movidas aos cristãos nas zonas de domínio soviético[57].

---

[56] Recorde-se, como se viu no Capítulo II, que em 1935, foi publicada a lei n.º 1901, de 21 de Maio, que ilegalizava as associações secretas e, como tal, a Maçonaria, após ser apresentado e discutido o projeto de lei na Assembleia Nacional.

[57] Cf. *Diário das Sessões*, IV Legislatura, n.º 166, de 24 de Fevereiro de 1949, pp. 95-97, 101; V Legislatura, n.º 187, de 14 de Dezembro de 1953, pp. 455-456; VI Legislatura, n.ºs 20 e 37, respetivamente de 26 de Janeiro e 25 de Fevereiro de 1954, pp. 274-275 e 560. Anunciando a celebração do Ano Mariano de 1954, comemorativo do primeiro centenário da definição do dogma da Imaculada Conceição, o pontífice pedira que o mundo católico consagrasse, nesse período, as suas preces ao pedido de liberdade religiosa para a Igreja Católica, nos Países onde esta se encontrava estabelecida, em particular naqueles onde sofria perseguições. Para designar a situação dessas Igrejas cristãs, o catolicismo criou a expressão "Igreja do silêncio", que foi particularmente usada durante a Guerra Fria. Entre 1948 e 1954, o *Novidades* publicou regularmente artigos sobre a "Igreja do silêncio", dando conta do que sucedia na Europa do Leste e também na China. O diário católico fez também uma ampla cobertura, entre Janeiro e Fevereiro de 1954: da "Marcha do silêncio" promovida pela diocese do Porto no dia 25 de Janeiro; da manifestação de apoio às Igrejas cristãs dos Países da "cortina de ferro", organizada pela diocese de Évora em 21 de Fevereiro; e da oração realizada a 8 de Fevereiro na Igreja de S. Domingos, em Lisboa, por aquela mesma causa (Cf. *Novi-*

A SEGUNDA SEPARAÇÃO

Do discurso anticomunista parlamentar esteve ausente qualquer referência ao novo modelo da democracia cristã, que internacionalmente passara a existir depois do fim da II Guerra Mundial, com apoio da Santa Sé (na sequência da alusão de Pio XII à democracia, feita em 1944 na sua radiomensagem de Natal), e que constituiu em vários países europeus a principal barreira político-ideológica ao avanço do comunismo.

Sempre que ocorreram acontecimentos de elevado melindre político associados ao fenómeno religioso, em que esteve em causa o sentido de algumas políticas ou uma potencial fragilização do governo de Salazar, os parlamentares evitaram referir-se-lhes. Um exemplo recai sobre os problemas relacionados com o Padroado do Oriente no território da União Indiana, cujo estatuto se negociava entre Portugal, a Santa Sé e o Governo indiano, num clima de conflitualidade entre os três Estados, que não foram aflorados pelos deputados entre 1947 e 1955[58]. Somente por ocasião da invasão e da ocupação militar de

---

dades, 15 de Janeiro a 22 de Fevereiro de 1954, 1.ªs p). Também o fenómeno de Fátima beneficiou desse ambiente. Ao concorrer, como pólo de convergência entre a devoção popular e a religião oficial, para sustentar o combate contra o comunismo, emergiu como santuário nacional e ganhou «relevo como referência de significado providencial para o catolicismo no seu âmbito mais geral» (Cf. Paulo Fontes, «O catolicismo português no século XX: da separação à democracia»..., pp. 155-157).

[58] Por uma única vez foi feita alusão ao problema do catolicismo no Estado Português da Índia e sintomaticamente foi o próprio presidente do Conselho a referenciar o assunto, na alocução que proferiu à Assembleia Nacional em Novembro de 1954, sobre o «caso de Goa». Aí, Salazar defendeu que «a manutenção da Goa portuguesa é ponto de apoio indispensável à conservação e difusão do Cristianismo na Índia», embora salientasse que «nós não invocamos uma razão religiosa para nela assentar os direitos políticos de Portugal». Era a resposta à acusação que, em Agosto, Nehru fizera ao Governo português de que este pretendia transformar o conflito entre Portugal e a Índia numa «cruzada religiosa», não obstante não ter para isso o apoio do Vaticano e do catolicismo internacional (Cf. Bruno Cardoso Reis, *Salazar e o Vaticano*..., pp. 233-234). Salazar criticou ainda as opções geopolíticas da Santa Sé, designadamente a sua estratégia de autoctonização do catolicismo, e a sua intervenção para pôr fim ao regime regalista do Padroado português do Oriente. Atribuía a intencionalidade desta última sobretudo à *Propaganda Fide*, acusando-a de «mostrar a sua má vontade a Portugal e ao Padroado Português do Oriente», numa crítica pública sem precedentes a um ministério do Papado. Não deixou também de lamentar o comportamento dos

A CONSTRUÇÃO INSTITUCIONAL DA POLÍTICA RELIGIOSA (1933-1974)

Goa pela União Indiana, ocorridas em Dezembro de 1961, alguns deputados fizeram referência à dimensão religiosa daquele conflito, ao sublinharem que o acontecimento cobria «de um manto de tristeza a alma da cristandade inteira, desde a Praça de São Pedro, na cidade do Vaticano, até aos confins do orbe católico». Aí revelaram inteira solidariedade para com o Executivo, defendendo a necessidade de uma reação nacional de resistência ao avanço do comunismo sobre a «velha cristandade goesa»[59].

A discrição marcou ainda o comportamento dos deputados, em 1967, aquando da visita do papa Paulo VI a Fátima, naquela que era a quarta viagem papal e acontecia no rescaldo da crise diplomática entre Portugal e a Santa Sé, aberta na sequência da ida do pontífice a Bombaim em 1964[60]. Absoluta reserva mantiveram também os deputados, até ao início do consulado marcelista, acerca, por exemplo, do chamado «caso do bispo do Porto» ou da emergência de setores católicos em progressiva desafetação ideológica face ao regime e das suas críticas ao relacionamento mantido entre o Governo e as autoridades religiosas.

«católicos progressistas», «que se deram à missão de batizar o comunismo», contra os interesses portugueses (Cf. *Diário das Sessões*, VI Legislatura, n.º 54, de 2 de Dezembro de 1954, pp. 20-22).

[59] Nessa perspetiva, recordaram os exemplos de «fé patriótica e religiosa» dados pelos bispos «por causa de Goa», na Nota Pastoral de Janeiro de 1962, ao terem sublinhado que «não terminou a missão histórica de Portugal», ao apelarem à «paz cívica» e ao terem colocado aos católicos o interdito quanto à sua colaboração com o comunismo «na hora em que este pretende atingir o País». Louvaram ainda as diligências do núncio apostólico, D. Giovanni Panico, que se esforçara para obter notícias sobre a situação dos portugueses que se encontravam na Índia aquando daqueles acontecimentos (Cf. *Diário das Sessões*, VIII Legislatura, n.º 10, de 5 de Janeiro de 1962, pp. 252-254; n.º 20, de 24 de Janeiro de 1962, pp. 491-496).

[60] Nenhuma das dificuldades que envolviam a deslocação de Paulo VI foram mencionadas pelo presidente da Assembleia Nacional ou pelo deputado Mário Galo ao ocuparem-se daquele acontecimento. Associando a visita às comemorações do 50.º aniversário das aparições da Virgem de Fátima e apresentando o sumo pontífice como «peregrino», ambos enalteceram o sentido religioso da viagem papal e reforçaram uma visão providencialista-messiânica da nação portuguesa (Cf. *Diário das Sessões*, IX Legislatura, n.º 88, de 7 de Novembro de 1967, pp. 1652-1654).

Quanto à Câmara Corporativa, Salazar determinou também a sua agenda de trabalho, como já se observou no Capítulo III. As iniciativas legislativas a estudar por aquele órgão passavam pelo seu crivo. Escolhia, ouvido o seu presidente, quais as secções ou subsecções que deviam discutir os projetos e propostas de lei, pronunciando-se também sobre os procuradores que lhes podiam ser agregados. Ao presidente da Câmara Corporativa fornecia orientações para o grupo de trabalho encarregado do exame da questão em apreço e pronunciava-se sobre o perfil do relator a quem deveria ser atribuído o encargo de redigir o parecer[61]. Em função da sua conveniência política, o chefe do Executivo pressionava para a conclusão desse trabalho ou para a sua protelação[62]. Avaliava ainda da necessidade de algum ministro prestar esclarecimentos à Câmara Corporativa e do teor dessas mesmas informações[63]. Antes de ser enviado à Assembleia, o parecer produzido era submetido ao escrutínio do presidente do Conselho (por vezes sem ter ainda aprovação do grupo de trabalho). Salazar fazia, quase sempre, sugestões de redação sobre o texto (foi comum o trabalho sobre várias versões de projetos de pareceres), as quais eram devidamente integradas na sua fórmula final[64]. Algumas vezes, sucedeu o procurador incumbido da redação do parecer contactar diretamente o chefe do Executivo, justificando a argumentação utilizada ou pedindo orientação para o conteúdo do documento a produzir[65]. Em tais casos, esse contacto esteve relacionado com o prestígio que possuía esse membro da Câmara e com a sua capacidade de acesso ao chefe do Executivo,

---

[61] Cf. *Salazar e Caetano: cartas secretas (1932-1968)...*, pp. 261-262, 281-282.

[62] Cf. PT/TT/AOS/CP – 224, fls. 201-204, 243 e 326: cartas de Luís Supico Pinto, na qualidade de presidente da Câmara Corporativa, para Salazar, datadas de 13 de Agosto de 1959, 1 de Fevereiro de 1963 e 14 de Fevereiro de 1967.

[63] Um exemplo dessa ação de Salazar sobre os trabalhos da Câmara Corporativa encontra-se, por exemplo, por ocasião do estudo que fez aquela câmara da proposta de lei n.º 514 (Estatuto da Saúde e Assistência), entre 1960 e 1961.

[64] Cf. PT/TT/AOS/CP – 224, fl. 340: carta de Luís Supico Pinto, na qualidade de presidente da Câmara Corporativa, para Salazar, datada de 16 de Junho de 1967.

[65] Cf. PT/TT/AOS/CP – 92, fl. 318-319: carta de Júlio Dantas, na qualidade de procurador da Câmara Corporativa, para Salazar, datada de Março de 1947; PT/TT/AOS/CO/ED – 1 G, Pt. 3, fls. 180-211: carta de Júlio Dantas para Salazar, datada de 3 de Março de 1938.

dado que, por norma, esse tipo de informação era prestada e/ou solicitada a Salazar pelo presidente da Câmara Corporativa[66]. Pela natureza do funcionamento da Câmara (onde as reuniões não eram públicas, com exceção das reuniões plenárias), as tensões surgidas nos grupos de trabalho foram mais fáceis de preservar do conhecimento do exterior. Nos conflitos surgidos foi também para o chefe do Governo que o presidente da Câmara Corporativa apelou em busca de uma solução[67].

Marcelo Caetano manteve estes procedimentos sobre a Câmara Corporativa, vindo a limitar, depois da revisão constitucional de 1971, as condições de discussão interna neste órgão. Com a Assembleia Nacional desenvolveu uma relação conturbada, na sequência de, entre alguns deputados (e também entre vários círculos extraparlamentares), ter surgido a convicção de que o novo presidente do Conselho se propunha valorizar o lugar institucional daquela câmara no sistema político. Para tanto, haviam concorrido as suas referências à política como instância de «participação dos cidadãos na vida pública» e a composição final alcançada pela Assembleia na X Legislatura (1969-1973)[68]. Logo que se clarificou que a decisão política parlamentar permanecia diminuída e subordinada aos ditames do chefe do Governo, prejudicou-se a relação de Caetano com os deputados, quer com os que pela primeira vez exerciam funções na câmara, quer com outros, mais

---

[66] Cf. *Salazar e Caetano: cartas secretas (1932-1968)...*, p. 285-286.
[67] Cf. *Salazar e Caetano: cartas secretas (1932-1968)...*, p. 283-284.
[68] Face a legislaturas anteriores, a X Legislatura registou entre os deputados eleitos um crescimento da representação de elementos ligados ao funcionalismo público médio e superior (médicos, professores, engenheiros), em detrimento do número de militares com assento parlamentar. Subiu também a proporção de deputados que eram industriais, administradores de empresas ou comerciantes, proprietários agrícolas e profissionais liberais (entre estes últimos, alguns, jovens na ação política e com aspirações reformistas, apresentavam-se como independentes). Durante o salazarismo, todas as categorias profissionais acima mencionadas tinham alcançado representação na Assembleia Nacional. Todavia, entre 1935 e 1969, registara-se a predominância de militares e professores universitários no perfil ocupacional dos deputados (Cf. J.M. Tavares Castilho, *Os Deputados da Assembleia Nacional (1935-1974)...*, pp. 199-212; Rita Almeida de Carvalho e Tiago Fernandes, «A elite política do marcelismo. Ministros, secretários/subsecretários de Estado e deputados (1968-1974)» in *Elites, Sociedade e Mudança Política...*, pp. 72-80).

antigos, mas simpatizantes do projeto de liberalização para o regime (por exemplo, Guilherme Melo e Castro, amigo de Caetano e, desde o salazarismo, «partidário» das suas propostas). Um dos efeitos da deterioração desse relacionamento foi a eclosão de um comportamento de manifesta pressão política sobre o Executivo por parte de alguns deputados, em particular dos «liberais» que, com os recursos que o cargo lhes proporcionava, como se tratou no IV Capítulo deste estudo, procuraram abordar matérias que o Governo não se dispunha a discutir, embora estivessem na raiz de um forte descontentamento experimentado por vários setores da sociedade, e tentaram introduzir uma perspetiva democrática nas políticas formuladas.

3. A preponderância do Governo na feitura de legislação sobre matéria religiosa

A análise do número de diplomas promulgados, entre 1933 e 1974, confirma que foi o Governo foi o principal legislador em matérias que envolveram o fenómeno religioso. Entre 1935 e 1974, foram aprovados noventa e sete decretos-lei, ao passo que o número de leis aprovadas pela Assembleia foi de quinze[69]. Destas leis, uma, a lei n.º 1984 de 30 de Maio de 1940, teve origem na ratificação pela Assembleia de um tratado internacional celebrado entre Portugal e a Santa Sé (a assinatura da Concordata e o Acordo Missionário), e outras três contemplaram o teor de dois projetos de lei aprovados naquela câmara. Foi o caso das leis constitucionais n.º 1900 e n.º 1910 de 21 e 23 de Maio de 1935, respetivamente, que resultaram da aprovação na I Legislatura dos projetos de lei n.º 11 (Alterações ao § 3.º do art. 43.º da Constituição) e n.º 59 (Alteração ao art. 24.º do Ato Colonial). Outra foi a lei n.º 2029 de 5 de Junho de 1948, que teve origem no projeto de lei n.º 170 (Feriados e dia de descanso semanal), aprovado na IV Legislatura. As restantes leis foram originadas por propostas de lei apresentadas

---

[69] Esta informação é fornecida a partir dos elementos coligidos e apresentados no Anexo III deste estudo, designado «Listagem da legislação sobre política religiosa, publicada no *Diário do Governo*, I Série, entre 11 de Abril de 1933 e 24 de Abril de 1974».

pelo Governo à Assembleia, sendo três delas leis de revisão constitucional: a lei n.º 1885, de 23 de Março de 1935; a lei n.º 2048, de 11 de Junho de 1951; e a lei n.º 3/71, de 16 de Agosto.

Todas as propostas de lei submetidas à Assembleia foram discutidas na generalidade e na especialidade, não resultado daí, porém, que os deputados tivessem, durante o salazarismo, influído substantivamente na formulação da política traçada pelo Governo. É certo que, em alguns casos, naquela câmara se discutiu a conveniência e oportunidade de algumas medidas propostas pelo Governo, como também aconteceu a Assembleia introduzir alterações à redação das bases ou dos preceitos constitucionais propostos pelo Executivo, motivadas pela necessidade de gerar um maior consenso entre os parlamentares quanto ao teor das disposições a aprovar ou tão só a título de correções técnicas. Tal sucedeu, por exemplo, com a modificação do n.º 4 da base XI da proposta de lei n.º 252 (Estatuto do Ensino Particular), apresentada durante a IV Legislatura e da qual resultaria a lei n.º 2033 de 27 de Junho de 1949, ou ainda com as mudanças introduzidas aos arts. 45.º e 46.º da Lei Fundamental, durante o processo de revisão do texto constitucional, ocorrido na V Legislatura, em 1951, que motivaria a lei n.º 2048 de 11 de Junho desse ano. Foi ainda o caso das mudanças realizadas sobre a base XIII (relativa à afixação de crucifixos nas escolas de ensino primário, infantil e elementar), constante da proposta de lei n.º 83 (Reforma do Ministério da Instrução Pública), discutida na I Legislatura e que viria a constar da lei n.º 1941 de 11 de Abril de 1936. Sobre esta última, o sentido da modificação introduzida envolveu, sobretudo, a forma da redação do texto avançado pelo Governo, evitando-se a especificação do que se pretendia regulamentar e encontrando-se refúgio numa fórmula vaga que deixava em aberto a possibilidade do Executivo seguir posteriormente o caminho que entendesse, quando desenvolvesse a lei de bases em decreto.

Maior alcance tiveram, no marcelismo, as alterações feitas pela Assembleia, durante a X Legislatura, sobre os textos das propostas de lei n.º 14/X (Alterações à Constituição) e n.º 15/X (Liberdade religiosa), que revelaram um aumento do peso dos deputados na formulação das políticas associadas àquelas iniciativas legislativas. Em virtude do procedimento da maioria dos parlamentares, a posição governamental naquelas duas iniciativas legislativas saiu prejudicada. Com as opções tomadas, a Assembleia impôs, em relação ao que eram as propostas originais do Governo, uma orientação mais conservadora tanto à lei de revisão n.º 3/71, de 16 de Agosto, no tocante aos arts. 45.º e 46.º da Lei Fundamental, como à lei n.º 4/71, de 21 de Agosto, relativa à liberdade religiosa. Contudo, em relação ao que eram as sugestões da Câmara Corporativa para esses diplomas, os deputados mostraram uma posição de maior abertura. Idêntico comportamento da Assembleia registou-se em torno da proposta de lei n.º 25/X (Reforma do sistema educativo), que resultou na lei n.º 5/73 de 25 de Julho de 1973[70]. Globalmente, nesta época, em matéria religiosa, a Câmara Corporativa (excluindo deste raciocínio a prestação de alguns procuradores) revelou estar doutrinariamente um passo atrás, mesmo em relação ao pensamento e à estratégia do chefe do Governo[71].

Das leis aprovadas pela Assembleia, 77% foram-no entre Janeiro de 1935 e Setembro de 1968, ou seja, no período correspondente ao funcionamento da câmara durante os anos da governação de Salazar. Entre Janeiro de 1935 e Maio de 1940, ano da celebração do pacto concordatário com a Santa Sé, a câmara aprovou 40% das leis, sendo que a aprovação dos restantes 60% recaiu no intervalo temporal de Junho de 1940 a Setembro de 1968. A distinta duração dos períodos 1935-1940 (cinco anos) e 1940-1968 (vinte e oito anos) justifica em grande parte a diferença percentual registada. Porém, quando se observam em detalhe as leis aprovadas num e noutro período não se encontram grandes discrepâncias na atividade do legislador. Das leis aprovadas entre Janeiro de 1935 e Maio de 1940, três, envolveram as leis constitucionais n.º 1885, n.º 1900 e n.º 1910, respetivamente de 23 de Março, 21 de Maio e de 23 de Maio de 1935, e outra, a lei n.º 1984 de 30 de Maio de 1940, que aprovou a Concordata e o Acordo Missionário. Restaram a lei n.º 1941 de 11 de Abril de 1936, que estabeleceu as bases da organização do Ministério da Educação Nacional, e a lei n.º 1961 de 1 de Setembro de 1937, que definiu as bases do recrutamento e serviço militar. Entre Junho de 1940 e Setembro de

---

[70] Sobre a discussão parlamentar da proposta de lei n.º 25/X, consulte-se: Paula Borges Santos, *A Questão Religiosa no Parlamento (1935-1974)*..., pp. 188-193.

[71] Este aspeto já foi explanado e comentado no Capítulo IV deste trabalho.

1968, foram aprovadas também uma lei constitucional, a lei n.º 2048 de 11 de Junho de 1951, uma lei também relacionada com o ensino, a lei n.º 2033 de 27 de Junho de 1949, e outra ainda relativa ao serviço militar, a lei n.º 2135 de 11 de Julho de 1968. A novidade para o período de 1940 a 1968 encontra-se na publicação de duas leis dedicadas à regulamentação da política de assistência social, as leis n.º 1998 de 15 de Maio de 1944 e a n.º 2120 de 19 de Julho de 1963, e numa terceira, a lei n.º 2029 de 5 de Junho de 1948, que restabeleceu o dia 8 de Dezembro como feriado nacional e considerou o domingo como dia de descanso semanal para todo o País.

Do conjunto das leis aprovadas pela Assembleia Nacional ao longo da governação de Salazar e Caetano, pode concluir-se pela sua importância variável para a formulação da política religiosa. As mais significativas foram as leis saídas dos processos de revisão constitucional, a lei relativa ao feriado de 8 de Dezembro e a lei de liberdade religiosa. Os restantes diplomas, apesar de se referirem a importantes reformas sectoriais, pouco regulamentavam quanto a matérias que exigiam um entendimento do Estado com a Igreja Católica (por exemplo, sobre ensino religioso nas escolas públicas, sobre ensino particular religioso ou sobre assistência social privada religiosa). Isso mesmo é confirmado pelo número reduzido de bases que nesses diplomas legislativos se referem a tais assuntos de interesse comum para aquelas duas instituições. Donde a sua importância se inscreveu, sobretudo, nos princípios que fixavam sobre os deveres do Estado nos domínios da ação educativa ou assistencial, e no espaço de atuação que, a partir dessa definição de responsabilidades estatais, se deduzia para a Igreja.

Na ordem jurídica, a política religiosa dos Governos de Salazar e Caetano, estabeleceu-se predominantemente por duas formas: os decretos-lei e os decretos. Para a prática da consagração da categoria dos decretos-lei, tornados um instrumento central da competência legislativa do Governo, parecem ter concorrido diversas justificações: desde, a configuração dos atos legislativos do Governo como antecipação de atos legislativos completos, isto é, sujeitos à ratificação da Assembleia (o que sucedeu, aliás, por pouquíssimo tempo), passando pela alegada falta de preparação ou de tempo das estações oficiais para estudar problemas, até ao propósito de evitar a discussão pública, considerada inconveniente, de algumas matérias. Da distribuição do total dos noventa e sete decretos-lei promulgados sobre aquela política sectorial regista-se que: entre Janeiro de 1935 e Maio de 1940, foram publicados doze decretos-lei; entre Junho de 1940 e Setembro de 1968, o seu número ascendeu a setenta e oito; e, entre Outubro de 1968 e Abril de 1974, apenas sete decretos-lei foram promulgados. Os decretos-lei abrangeram diversos assuntos relacionados com: o estatuto do clero e a assistência religiosa; a educação e o ensino; a assistência social; o regime do casamento; os bens eclesiásticos; a presença religiosa nas colónias portuguesas e a transposição de legislação adotada na Metrópole para o espaço colonial (assunto que a seguir se designa por «colónias», de forma a simplificar a redação); o regime geral das relações do Estado com as Igrejas e os acordos firmados com a Santa Sé; e os aspetos simbólicos.

Até Maio de 1940, os decretos-lei publicados ocuparam-se de questões relacionadas com: educação e ensino (três); assistência social (três); bens eclesiásticos (três); regime do casamento (um); colónias (um) e estatuto do clero e assistência religiosa (oito). Entre Junho de 1940 e Setembro de 1968, os decretos-lei abrangeram matérias relativas: aos bens eclesiásticos (vinte e três); às colónias (doze); à assistência social (nove); à educação e ensino (oito); ao regime do casamento (sete); aos aspetos simbólicos (cinco); ao estatuto do clero e à assistência religiosa (quatro); ao regime geral das relações do Estado com as Igrejas e acordos firmados com a Santa Sé (quatro). Finalmente, entre Outubro de 1968 e Abril de 1974, os decretos-lei respeitaram a assuntos de: assistência social (dois); educação e ensino (dois); bens eclesiásticos (um); colónias (um); aspetos simbólicos (um).

Quanto aos decretos, foram publicados cento e trinta e um, entre 1935 e 1974. Para o intervalo temporal de Janeiro de 1935 a Maio de 1940, os decretos envolveram matérias de: assistência social (quarenta e sete); bens eclesiásticos (vinte e três); colónias (oito); educação e ensino (três); estatuto do clero e assistência religiosa (um). Entre Junho de 1940 e Setembro de 1968, os decretos abrangeram questões relacionadas com: as colónias (vinte e cinco); a educação e o ensino (doze); os bens eclesiásticos (três); os aspetos simbólicos (três); a assistência social (dois). Por fim, entre Outubro de 1968 e Abril de 1974, os decretos abordaram assuntos relativos: às colónias (dois); ao regime geral das relações do Estado com as Igrejas e acordos com a

Santa Sé (um); à assistência social (um); ao estatuto do clero e assistência religiosa (um).

Na globalidade do período considerado (1935-1974), as matérias mais regulamentadas por decretos-leis foram as relativas: aos bens eclesiásticos (vinte e sete); às colónias (catorze); à assistência social (catorze); ao estatuto do clero e assistência religiosa (doze); à educação e ensino (doze). A mesma ponderação aplicada ao caso dos decretos revela que, por esta forma legislativa, os assuntos mais regulamentados foram os relacionados com: assistência social (quarenta e nove); colónias (trinta e cinco); bens eclesiásticos (vinte e seis); educação e ensino (quinze). Registe-se, contudo, que estes resultados não dizem da importância dos decretos-leis e decretos publicados, que foi, na realidade, bastante variável (como se pode constatar da consulta do Anexo II). Sublinhe-se também o facto da esmagadora maioria da produção normativa governamental dizer respeito a assuntos relativos ao estatuto jurídico da Igreja Católica. Apenas um número residual de decretos-lei e decretos envolveu o estatuto jurídico de confissões religiosas não católicas.

Ainda que o primado legislativo do Governo sobre matéria religiosa tenha sido indiscutível, cumpre aqui considerar a iniciativa legislativa dos deputados. Durante todo o período de funcionamento da Assembleia Nacional, o número de projetos de lei apresentados pelos parlamentares sobre assuntos de interesse comum para o Estado e a Igreja Católica limitou-se a oito: quatro foram apresentados na I Legislatura; um na IV; um na VII; dois na X Legislatura[72]. O facto de ser a I Legislatura a reunir o maior número de projetos de lei apresentados sobre matéria religiosa (sendo ainda assim poucos) parece apontar para um comportamento de liberdade dos deputados na manifestação dos seus interesses, naqueles primeiros anos de funcionamento da Assembleia, que praticamente desapareceu até ao marcelismo. É possível que, à medida que na Assembleia se definiam com maior clareza as relações a manter com o Governo, e sobretudo depois da celebração da Concordata e do Acordo Missionário de 1940, os parlamentares se tenham

---

[72] Esta informação é fornecida a partir dos elementos coligidos e apresentados no Anexo II.

autolimitado na sua capacidade legislativa e acatado a prática política que remetia para o Governo a formulação da política religiosa do regime. Na realidade, a assinatura daqueles acordos diminuiu em muito as oportunidades para a apresentação de iniciativas legislativas dos deputados sobre as matérias que os acordos fixavam, em especial nos anos que lhe foram mais imediatos. Também a circunstância do trabalho de transposição para a legislação interna do conteúdo dos acordos recair sobre o Governo e este optar pela sua regulamentação através de decretos-leis, impediu os deputados de influírem na decisão política a tomar sobre os assuntos concordatários.

Dos oito projetos de lei referidos, apenas três mereceram aprovação: o projeto de lei n.º 11 (Alterações ao § 3.º do art. 43.º da Constituição), submetido à Mesa da Assembleia em 22 de Janeiro de 1935; o projeto de lei n.º 59 (Alteração ao art. 24.º do Ato Colonial), apresentado em 29 de Março daquele ano; e o projeto de lei n.º 170 (Feriados e dia de descanso semanal), enviado para aquela Mesa em 7 de Março de 1947. Os restantes projetos de lei não foram aprovados pela Assembleia, sendo que dois deles nem sequer chegaram a ser discutidos nessa câmara. Apresentados em momentos constituintes, não foram aprovados: o projeto de lei n.º 23 (Alterações à Constituição), submetido à Mesa em 8 de Abril de 1959, e os projetos de lei n.º 6/X e n.º 7/X, enviados para a Mesa em 16 de Dezembro de 1970[73]. Quanto aos dois projetos de lei que a Assembleia Nacional não discutiu, embora tivessem merecido parecer da Câmara Corporativa, foram: o projeto de lei n.º 25 (Defesa da instituição familiar), apresentado à Mesa em 6 de Fevereiro de 1935, e o projeto de lei n.º 111 (Reforma à lei do divórcio), submetido em 22 de Fevereiro de 1936.

Por último, uma palavra sobre a importância da participação da Câmara Corporativa na formulação da política religiosa do regime. À semelhança do que sucedeu em relação a todas as restantes políticas sectoriais, o papel da Câmara Corporativa residiu no carácter técnico-normativo da sua prestação, fornecendo, em termos doutrinais e jurídicos, sustentação para a posição do Governo[74]. Não

---

[73] Fez-se, no Capítulo III, a análise desenvolvida destes projetos de lei.
[74] Cf. Manuel de Lucena, *ibidem*, pp. 162-163.

por acaso, entre a globalidade dos procuradores, destacaram-se, ao longo de todo o regime, os professores universitários, em especial os que pertenciam à área do Direito. Foi principalmente o trabalho desses académicos (com destaque para os que intervieram na Secção de *Interesses de ordem administrativa*) que concorreu para valorizar a Câmara Corporativa, em particular porque da tecnicização da sua decisão resultou a ideia de que essas personalidades se encontravam subtraídas à influência direta dos interesses organizados. Na Assembleia Nacional, os deputados nunca alcançaram de *per se* um prestígio idêntico. Desde logo porque o sistema eleitoral que os elegia não era reconhecido por todos os quadrantes da sociedade, mas também porque sobre a sua imagem pública pesou, ao contrário do que sucedia com aqueles procuradores, o estigma da «baixa política», isto é, do comprometimento com interesses, que de alguma forma eram protegidos pelo poder governativo. Os próprios deputados apresentaram dificuldade em valorizar a função parlamentar, sendo comuns as queixas de que eram mal remunerados, do desgaste que provocavam as deslocações às sessões legislativas, do prejuízo que o seu trabalho profissional sofria com essa ocupação ou da falta de vocação para serem bons oradores. De facto, para a credibilização dos deputados, dentro e fora da Assembleia Nacional, e para a sua capacidade de pressão na câmara, mais do que o trabalho parlamentar realizado, parecem ter pesado as posições sociais que detinham, alcançadas umas por via da pertença familiar, outras pela profissão exercida e outras ainda obtidas mediante determinado percurso político. Nos anos finais do regime, os deputados, com exceção dos ditos «liberais», continuavam a ser considerados uma classe privilegiada e inoperante, incapaz de contribuir para a adoção de políticas reclamadas por alguns setores da sociedade, em progressiva desafetação com a liderança de Marcelo Caetano.

Nos casos em que aconteceu a Câmara Corporativa emanar um parecer contrário à disposição política do Executivo, a Assembleia Nacional evitou que se optasse pelo texto sugerido pela Câmara. Assim sucedeu em 1944, em torno da proposta de lei sobre o Estatuto da Assistência Social, quando a Assembleia não seguiu a Câmara Corporativa no parecer emitido sobre essa matéria, relatado por Marcelo

Caetano[75]. Também em 1951, no momento de revisão constitucional, sobre as alterações aos arts. 45.º e 46.º, a Assembleia não seguiu as sugestões da Câmara Corporativa e optou por alterar a redação dada pelo Governo àqueles preceitos na proposta de lei, em função da proposta da sua Comissão de Legislação e Redação. Esta prática da Assembleia tornou-se mais frequente no marcelismo, decidindo-se esta câmara, em diplomas que regulavam matéria religiosa, a seguir os textos sugeridos pelas suas comissões parlamentares em detrimento do que era proposto pela Câmara Corporativa. Tal diminuiu a influência dos procuradores na decisão política e acarretou a subalternização da Câmara perante a Assembleia, com evidente diminuição do peso da primeira no processo de decisão política.

4. Temas fraturantes que «não se discutem»: o regime do casamento e do divórcio

A circunstância de não terem sido discutidos na Assembleia Nacional os dois projetos de lei que se referiam ao regime do casamento, permite salientar uma dimensão que se aflorou no ponto 3 deste capítulo e que concorreu, substancialmente, para o reforço do poder do Executivo durante o autoritarismo português: o Governo era a instância que em último lugar se pronunciava sobre a seleção das matérias a submeter à apreciação da câmara política. Este tipo de «chancela» governamental, que permitia aprovar ou rejeitar iniciativas legislativas, com base no entendimento de que o Governo era o melhor intérprete do interesse da comunidade, constituiu um eficaz instrumento para a absorção do poder legislativo e político da Assembleia pelo Executivo.

Salazar fez uma cuidadosa gestão dos assuntos relativos ao casamento, enquanto permaneceu à frente do Executivo. Conhecedor das controvérsias que tal matéria gerava entre a sua base de apoio, o governante percebeu, bastante cedo, o seu potencial de ameaça para o sistema de equilíbrios que sustentava a governação.

---

[75] Cf. Paula Borges Santos, *ibidem*, pp. 68-81.

O regime do casamento tornara-se um tema fraturante entre católicos e setores laicistas, após ter sido instituído o divórcio, com aplicação também aos casamentos canónicos, pela chamada «lei do Divórcio», de 3 de Novembro de 1910, e estabelecido o casamento civil obrigatório, pela primeira das «leis da Família», de 25 de Dezembro de 1910, reforçada pelo Código do Registo Civil, em 18 de Fevereiro de 1911, que determinava ainda a passagem dos livros de registo paroquial para os postos de registo civil. Para variados setores católicos, essa regulamentação do regime do casamento merecia reprovação porque separava o sacramento do contrato, impunha a convicção de que todo o casamento era um contrato (competência do Estado) dissolúvel por vontade das partes, e não reconhecia qualquer validade civil ao casamento canónico. Argumentavam que tal contrariava a doutrina pontifícia sobre o matrimónio e que esse quadro legal tinha impelido muitos casais a optarem por viver em simples união de facto, por falta de capacidade financeira para suportar os custos do registo civil do casamento, ou até pela distância a que ficavam os postos de registo civil das paróquias. A luta contra aquela regulamentação do casamento, e em particular contra as disposições do Código do Registo Civil, mobilizara amplos setores católicos, durante toda a I República, sobretudo em zonas rurais do País; e, em 1922, alguns parlamentares católicos haviam tentado, sem sucesso, na Câmara dos Deputados, obter a aprovação de legislação que colocasse fim à posse pelos postos de registo civil dos livros de registo paroquial e à obrigatoriedade dos registos civis precederem os atos religiosos, especialmente nos casos dos batizados e casamentos[76].

Nessa linha, não surpreende que alguns deputados católicos, poucas semanas depois da Assembleia Nacional ter entrado em funcionamento, tenham procurado alcançar a reversão dos aspetos que consideravam mais gravosos naquela legislação. Já depois de Salazar ter assumido a chefia do Governo, havia sido publicada uma portaria do Ministério da Justiça e dos Cultos, em 10 de Abril de 1933, que, desti-

---

[76] Cf. Maria Lúcia de Brito Moura, *A "Guerra Religiosa" na I República*, 2.ª ed. revista e aumentada..., pp. 484-487; Maria Cândida Proença, *A Questão Religiosa no Parlamento*, vol. II – *1910-1926*..., pp. 88-98.

nando-se a desfazer dúvidas suscitadas pela interpretação e execução de alguns artigos do Código do Registo Civil, nada alterava quando às disposições do Código mais contestadas pelos católicos, embora baixasse o valor de alguns emolumentos e suspendesse a aplicação de algumas multas[77].

4.1. Tentativas parlamentares de revogação da «lei do divórcio»

A 6 de Fevereiro de 1935, José Maria Braga da Cruz apresentou o projeto de lei n.º 25 (Defesa da instituição familiar), preconizando a eliminação da precedência do registo civil nos casamentos e nascimentos, a abolição do divórcio e a isenção do imposto sobre sucessões e doações entre parentes legítimos em linha reta. Na mesma sessão, o deputado Alberto Pinheiro Torres enviou para a Mesa um aviso prévio para «tratar da lei do divórcio e suas desastrosas consequências na sociedade portuguesa», corroborando a iniciativa de Braga da Cruz[78]. Cerca de quinze dias antes, Pinheiro Torres havia já elaborado um pedido de informação sobre o número de ações de divórcio distribuídas e julgadas em todas as comarcas do País, desde a vigência do decreto de 3 de Novembro de 1910 até Dezembro de 1934[79]. Os dois dirigentes católicos agiam em conformidade com as orientações emanadas do Concílio Plenário Português (1926), recordadas pelo episcopado na sua Pastoral Coletiva para a Publicação Oficial do Concílio (1930). Nesse documento, os bispos, embora declarassem reconhecer que o Estado tinha o direito de impor o registo civil aos católicos e não católicos, insistiam na necessidade do poder civil determinar o fim da «obrigatoriedade da precedência do ato civil para a receção dos sacramentos». Exortavam ainda os católicos a «combater e trabalhar para a revogação da lei» que estipulava o divórcio, «pelos

---

[77] Cf. *Diário do Governo*, I Série, n.º 82: Portaria n.º 7562 de 10 de Abril de 1932.
[78] Cf. *Diário das Sessões*, I Legislatura, n.º 10, de 7 de Fevereiro de 1935, pp. 175-177.
[79] Cf. *Diário das Sessões*, I Legislatura, n.º 8, de 23 de Janeiro de 1935, p. 96.

estragos que produz, pela imoralidade que representa, pela ofensa que faz a Deus»[80].

As iniciativas de José Maria Braga da Cruz e de Alberto Pinheiro Torres, sobretudo a do primeiro, caíram mal entre alguns deputados, como entre o médico Alberto Cruz, Juvenal de Araújo ou Vasco Borges. Em carta dirigida a Salazar, um dia depois da apresentação pública do projeto de lei n.º 25, Borges escrevia que aquele projeto «valeu mais para ajudar os revolucionários do que cem opúsculos do Cunha Leal», porque, afinal, era uma «desastrada confirmação», «num momento em que tudo dá a convicção de que se trabalha ativa e inteligentemente [...] num movimento revolucionário», do boato que circulara «antes de abrir a Assembleia», de que «as suas primeiras medidas seriam a revogação da lei do divórcio e a obrigatoriedade do ensino nas escolas». Ao chefe do Governo, Borges dava conta ainda do desabafo de Juvenal de Araújo perante o sucedido: «Não se pode transformar isto [a Assembleia Nacional] num Congresso Católico!». Admitindo que era partidário «de uma lei do divórcio que o transforme de uma comédia banal numa coisa séria e excecional», aquele parlamentar considerava que só «o Estado pode atuar naquele sentido» e sugeria «a conveniência de uma nota oficiosa, de uma entrevista [...], em suma, de um facto qualquer que implique o esclarecimento de que o Governo é estranho e não tem nada com os projetos, nem com as orientações que os deputados manifestam na Assembleia». Para Borges, os trabalhos da Assembleia manifestavam ser perigosos, quando um «grande número de deputados» se conduzia «como quem, tendo resolvido apresentar-se ao sufrágio com forças próprias, houvesse sido eleito por virtude das ideias que representa e como representante delas, sem nada dever a circunstâncias completamente diferentes», procedendo «absolutamente despreocupados do que o Governo pensa ou entende, como se a cada um deles estivesse reservado, só de *per si*, salvar a Nação». Insistindo que o assunto merecia a intervenção de Salazar, o deputado propunha que o chefe do Executivo realizasse uma «reunião de deputados», para lhes impor «um norte e uma disciplina», e recordava que, em Itália, «o funcionamento

---

[80] Cf. «Pastoral Coletiva do Episcopado Português para a Publicação Oficial do Concílio»..., pp. XXXV-XXXVII.

de uma Câmara organizada pelo grande Conselho Fascista não teve inconvenientes, porque ali uma forte disciplina envolve toda a Nação». Em Portugal, «a lista organizada pela União Nacional» acabara de se revelar inconsistente, porque «representa tudo, menos o expoente mental de uma doutrina e a atuação homogénea de uma vontade»[81].

Dois dias depois, em nova carta para o presidente do Conselho, Vasco Borges dava conta de novas reações negativas sobre o que se passara na sessão legislativa de 6 de Fevereiro. Anunciava que havia «entre os partidários da *Situação*, quem entenda que quase se impunha que V. Exa. dissolvesse a Assembleia!...». Contava que, por sua vez, «os reviralhistas [...] proclamam: "É Roma que governa"», enquanto «uma parte da opinião neutra pensa: "O Dr. Salazar não quer aquilo, mas as suas preferências espirituais tornaram-no possível"». Informava que de Alfredo Cunha, antigo diretor do *Diário de Notícias*, ouvira dizer que «os católicos estão a comprometer o Dr. Salazar», e que de um administrador de um dos concelhos vizinhos de Lisboa, «cuja população é republicana», lhe chegara o eco «de uma emoção que o preocupa». A solução para Borges parecia ser no futuro «a redução dos órgãos legislativos à Câmara Corporativa». O deputado voltava a pedir uma intervenção pública de Salazar sobre a iniciativa de José Maria Braga da Cruz, para desfazer a ideia de que, desde que a Assembleia «começou a funcionar», o Governo se encontrava «enfraquecido porque já não é só ele a governar»[82].

Embora a documentação não informe da disposição de Salazar sobre as referidas intervenções parlamentares de Braga da Cruz e de Pinheiro Torres, nem da sua reação à celeuma que aquelas suscitaram, é plausível pensar que foi por sua intervenção que o projeto de lei n.º 25 não chegou a ser discutido na Assembleia, apesar de ter merecido parecer da Câmara Corporativa. A supressão da discussão do parecer da Câmara Corporativa e do próprio projeto de lei n.º 25 na Assembleia denotam que Salazar terá calculado que, a seguir-se o trâmite normal para aquela iniciativa legislativa, haveria prejuízo político para

---

[81] Cf. PT/TT/AOS/CP-36, fls. 180-188: carta de Vasco Borges para Salazar, datada de 7 de Fevereiro de 1935.

[82] Cf. PT/TT/AOS/CP-36, fls. 189-197: carta de Vasco Borges para Salazar, datada de 9 de Fevereiro de 1935.

a sua governação. É possível que tal assunto fosse ainda inconveniente para o presidente do Conselho, em função do acordo concordatário que pretendia estabelecer com a Santa Sé, do qual a matéria do casamento fazia parte, e sobre o qual já trabalhava.

Nenhuma das propostas inscritas no projeto de lei n.º 25 foi secundada pela Câmara Corporativa, cujo parecer foi emitido, cerca de um mês depois, em 22 de Março, pela 18.ª Secção (Política e administração geral), depois de consultadas a 15.ª (Interesses espirituais e morais) e 24.ª (Finanças). O relator do parecer, o procurador José Gabriel Pinto Coelho, rejeitou o princípio consignado no projeto de lei relativo à supressão da precedência obrigatória do registo civil para casamentos e nascimentos, com o argumento de que havia sido formulada «em nome de princípios ou de interesses de ordem religiosa», embora reconhecesse que a 15.ª Secção opinara em sentido contrário, favorável, portanto, à sua aprovação. O procurador sustentava que o Estado visava com aquela obrigatoriedade evitar situações de facto, perturbadoras do «valor moral e social da família» e geradoras de «importantes prejuízos para os filhos». A exceção ao princípio geral da precedência surgia apenas como justificável para os casos de casamento *in articulo mortis*. A abolição do divórcio era recusada, embora fosse condenado como «principal fator de dissolução da família» e se aceitasse «o reparo contra a amplitude da enumeração das causas do divórcio litigioso na lei portuguesa». Considerava, todavia, Pinto Coelho que abolir abruptamente o divórcio «traria uma perturbação nos espíritos, que só há conveniência em evitar», pelo que se afigurava mais eficiente, por razões de oportunidade política, promover uma modificação da legislação: limitando «as causas do divórcio litigioso aos fundamentos admitidos no Código Civil para a separação de pessoas e bens» e eliminando o divórcio por mútuo consentimento e o preceito da conversão da separação em divórcio. Por fim, era declinada a supressão do imposto nas transmissões de pais para filhos, na medida que representaria «uma diminuição avultadíssima na receita dele proveniente» sem qualquer conveniência de ordem fiscal ou para a proteção à família[83].

---

[83] Cf. *Diário das Sessões*, I Legislatura, Suplemento ao n.º 32, de 22 de Março de 1935, pp. 1-14.

Alguns membros do episcopado acompanharam o caso atentamente. Em 3 de Março de 1935, em resposta a uma carta que lhe enviara o cardeal Cerejeira sobre o assunto, o arcebispo de Braga, D. António Bento Martins Júnior, admitia que, naquela cidade (lembre-se que José Maria Braga da Cruz havia integrado as listas da UN pelo círculo de Braga), «estava-se geralmente na convicção, ao menos nos nossos meios, de que os deputados, e o Governo servindo-se deles como "testas de ferro", iam sanear toda a nossa vida legal no sentido dos princípios constitucionais». Afinal, o episódio gerava «desilusão, porque parece que os assuntos económicos são quase os únicos que prendem a atenção do Governo, ou pelo menos os principais»[84].

No final desse mês, poucos dias depois de ser conhecido o teor do parecer da Câmara Corporativa sobre o projeto de lei n.º 25, numa nova carta para o bispo de Lisboa, D. António Bento Martins Júnior mostrava-se menos seguro da razão da rejeição do projeto de lei n.º 25, e defendia uma mobilização política especial dos católicos sobre a governação a propósito da questão do regime do casamento. Inquiria ao cardeal Cerejeira se «não seria oportuno que os prelados fizessem sentir aos fiéis como se vai iludindo a sua expectativa prometendo-se organizar o País sobre uma base cristã da vida, mas na realidade falseando-se essa noção em coisas fundamentais?»[85].

Também o jornal *Novidades* encetou, a propósito da apresentação do projeto de lei n.º 25, uma campanha destinada a mostrar os efeitos «nefastos» da «lei do divórcio» sobre a família, começando por publicar uma estatística do número de divórcios em Portugal desde 1919 até aos primeiros sete meses de 1934[86]. Após a publicação do parecer da

---

[84] Cf. PT/AHPL/ACC/E/02/01/404: carta do arcebispo de Braga para o cardeal Cerejeira, datada de 3 de Março de 1935.

[85] Cf. PT/AHPL/ACC/E/02/01/405: carta do arcebispo de Braga para o cardeal Cerejeira, datada de 27 de Março de 1935.

[86] Segundo o *Novidades*, eram os seguintes os números de divórcios decretados naquele intervalo temporal: «1919 – 443, 1920 – 561, 1921 – 501, 1922 – 588, 1923 – 632, 1924 – 555, 1925 – 568, 1926 – 477, 1927 – 449, 1928 – ?, 1929 – 909, 1930 – 958, 1931 – 865, 1932 – 881, 1933 – 831, 1934 – (Janeiro a Julho) 541». Para os anos de 1911 a 1918, o diário católico apontava «uma média de 500 divórcios». Sublinhava ainda que «dos 831 matrimónios dissolvidos em 1933, ficaram 696 filhos menores e 848 filhos maiores. Quanto ao número de filhos: 385 não tinham nenhum, 221

Câmara Corporativa sobre a iniciativa legislativa de José Maria Braga da Cruz, o diário católico reforçou a defesa da doutrina da Igreja sobre a indissolubilidade do matrimónio, numa crítica ao que fora a posição daquela Câmara sobre a questão; implícita era também a crítica à posição do próprio Governo, que apesar de apontar a «família legalizada como assento de uma nova sociedade», não se propunha modificar a legislação sobre o divórcio[87]. O *Novidades* abriu ainda o debate sobre a necessidade de uma reforma do Código do Registo Civil. Sem questionar o direito do Estado impor o registo civil, sugeria que o poder governativo encontrasse uma «forma mais prática, mais económica e mais acessível e popular» de realizar os atos do registo civil. Apontava a solução seguida em Itália como um exemplo a seguir, podendo, nesse caso, o Estado reconhecer «a validade das uniões realizadas de harmonia com os princípios religiosos de cada um» e mandar, quanto a essas, «organizar o seu registo civil pela transcrição da certidão dos

---

tinham 1, 131 – 3, 54 – 3, 19 – 4, 11 – 5, 1 – 7, 5 – 8 ou mais», e destacava que «100 dos divórcios [dos cônjuges divorciados] tinham mais de 50 anos» (Cf. *Novidades*, 8 de Fevereiro de 1935, p. 1). O jornal publicou também os dados do Anuário Demográfico de 1931 (o último publicado até à data do artigo) sobre o número de casamentos civis, católicos e protestantes. Por distritos registavam-se: « Aveiro – 2799 registos, 2620 católicos, 1 protestante. Beja – 1189 registos, 1064 católicos. Braga – 2694 registos, 2686 católicos. Bragança – 1358 registos, 1357 católicos. Castelo Branco – 1695 registos, 1695 católicos. Coimbra – 2723 registos, 2687 católicos. Évora – 882 registos, 809 católicos. Faro – 1875 registos, 1829 católicos. Guarda – 1884 registos, 1877 católicos. Leiria – 2177 registos, 1777 católicos. Lisboa – 5871 registos, 4770 católicos, 4 protestantes. Portalegre – 1077 registos, 759 católicos. Porto – 5807 registos, 5692 católicos, 6 protestantes. Santarém – 2527 registos, 1425 católicos. Setúbal – 1160 registos, 1126 católicos. Viana do Castelo – 1379 registos, 1373 católicos. Vila Real – 1517 registos, 1501 católicos. Viseu – 2875 registos, 2652 católicos. Total continente: 41489 registos, 37699 casamentos católicos, 11 protestantes». Quanto às ilhas: «Angra – 445 registos, 425 católicos. Horta – 337 registos, 337 católicos. Ponta Delgada – 1049 registos, 1007 católicos, 2 protestantes. Funchal – 1588 registos, 969 católicos. Total das ilhas: 3419 registos, 2738 casamentos católicos e 2 protestantes». Totais do País: «44908 registos, 40437 casamentos católicos, 13 protestantes.» (Cf. *Novidades*, 5 de Abril de 1935, p. 6). Apesar do número de casamentos civis ser superior ao de matrimónios canónicos, o diário católico não comentava essa realidade.

[87] Cf. *Novidades*, 27 de Março de 1935, p. 1; 28 de Março de 1935, p. 1.

respetivos assentos nas conservatórias do Registo Civil»[88]. O tema permaneceu nas páginas daquele jornal por várias semanas, ressurgindo aí ciclicamente (até 1940). A partir de 1937, o *Novidades* passou a defender a gratuitidade do atos do registo civil[89].

Cerca de um ano depois da apresentação do projeto de lei n.º 25, em 22 de Fevereiro de 1936, o deputado Luís da Cunha Gonçalves apresentou o projeto de lei n.º 111 (Reforma da lei do divórcio), que fora preparado por si, em conjunto com o deputado Ulisses Cortês. Dele haviam dado conhecimento ao ministro da Justiça, Manuel Rodrigues Júnior, que concordara com a sua submissão à Assembleia, embora alegadamente não tivesse lido o seu conteúdo. O projeto de diploma pretendia substituir o decreto de 3 de Novembro de 1910 na parte referente ao regime do divórcio. Propunha a supressão do divórcio por mútuo consentimento, a restrição dos fundamentos do divórcio litigioso, a admissão da conversão da separação em divórcio só em circunstâncias excecionais, o estabelecimento de critérios definidos para apreciação de injúrias graves, ou, entre outras modificações, a proibição de contrair novo matrimónio aos cônjuges divorciados duas vezes por causa que lhes fosse imputável e àqueles que houvessem sido condenados por homicídio voluntário, consumado ou frustrado ou tentativa dele sobre o outro cônjuge[90].

A iniciativa despertou polémica na opinião pública católica. Na revista *Brotéria*, o jesuíta António Durão criticou duramente aquele projeto de lei por contrariar a doutrina social da Igreja e por não satisfazer, ao invés da proposta de José Maria Braga da Cruz, as reivindicações católicas de eliminação da obrigatoriedade do casamento civil e de abolição do divórcio. Não bastava rejeitar o divórcio por princípio; havia que, pelo menos, admitir, para católicos e não católicos, a pos-

---

[88] Cf. *Novidades*, 25 de Março de 1935, p. 1.

[89] Cf. *Novidades*, 25 de Abril de 1937, p. 1; 5 de Maio de 1937, p. 1; 2 de Fevereiro de 1939, p. 1.

[90] Cf. *Diário das Sessões*, I Legislatura, n.º 87, de 24 de Fevereiro de 1936, pp. 668--672 e 682-684.

A CONSTRUÇÃO INSTITUCIONAL DA POLÍTICA RELIGIOSA (1933-1974)

sibilidade de renunciar ao divórcio no ato do casamento civil ou, em último caso, reconhecer a indissolubilidade do matrimónio cristão[91]. Esta posição teve eco na Câmara Corporativa, catorze meses depois. Ouvida pela 18.ª Secção (Política e administração geral) e pela 22.ª (Política e economia coloniais), a 15.ª Secção (Ciências e letras) classificou o projeto de Cunha Gonçalves e de Ulisses Cortês de «imoral», «contrário às leis da natureza» e «subversivo» porque adverso ao princípio de defesa da instituição familiar expresso na Constituição. Favorável à indissolubilidade do casamento, o relator do parecer da 15.ª Secção, Abel de Andrade, entendia que o novo poder político não podia ratificar o decreto de 3 de Novembro de 1910[92]. Por sua vez, as 18.ª e 22.ª Secções davam acordo na generalidade ao projeto de lei n.º 111 e voto «francamente favorável» à sua orientação geral, já que respeitava as observações que anteriormente a Câmara Corporativa fizera sobre o projeto de lei n.º 25. Isto é, atuava sobre os casamentos contraídos em regime de dissolubilidade, restringindo os termos em que o divórcio era admitido e propondo-se modificar a legislação vigente. Este novo parecer, também elaborado por José Gabriel Pinto Coelho, sublinhava, no entanto, que o projeto de lei «não vai até onde seria legítimo ir, no campo da defesa da instituição da família». Preconizava o reconhecimento de efeitos civis ao matrimónio religioso, sendo que o registo dos casamentos celebrados religiosamente ficaria a cargo de funcionários e repartições do Estado. Admitia, nestas condições, a indissolubilidade do casamento católico, a par de ser mantida a possibilidade do divórcio para o casamento civil. Com esta solução, a Câmara Corporativa acreditava promover uma solução que satisfazia a «consciência católica de uma grande parte do País», ao mesmo tempo que se respeitava «a liberdade de pensamento daqueles que não professassem a religião católica»[93].

---

[91] Cf. António Durão, *A Família Cristã na Assembleia Nacional*, Porto, Edições do A.I., 1937, pp. 8-67.

[92] Cf. *Divórcio: Parecer da Secção XV da Câmara Corporativa sobre o projecto de lei do divórcio apresentado pelo deputado Sr. Dr. Luís da Cunha Gonçalves*, Lisboa, União Gráfica, 1937.

[93] Cf. *Diário das Sessões*, I Legislatura, 4.º Suplemento ao n.º 127, de 29 de Abril de 1937, p. 632 (AAA) – 632(QQQQ). Após o seu envolvimento na redação do pare-

À semelhança do que sucedera com o projeto de lei n.º 25, também o projeto de lei n.º 111 não foi discutido na Assembleia Nacional. O tratamento do assunto era inconveniente para a estratégia do presidente do Conselho, nessa altura já envolvido em formais negociações concordatárias e nada interessado em que outros decisores políticos formulassem qualquer política sobre o regime do casamento e do divórcio. A dificuldade residia em conciliar as pretensões de setores católicos com a liberdade de cidadãos não católicos no direito à dissolução do casamento civil, e as reações aos pareceres da Câmara Corporativa mostravam a impopularidade das várias soluções.

4.2. A regulamentação das disposições concordatárias sobre o casamento: os receios da Santa Sé

Algumas das aspirações católicas sobre o regime do casamento só foram politicamente atendidas por via da celebração da Concordata de 1940. O Estado português reconheceu efeitos civis aos matrimónios celebrados em conformidade com as leis canónicas (art. XXII) e estabeleceu o princípio da indissolubilidade do casamento católico, pelo entendimento de que os consortes, ao optarem por aquele regime de casamento, «renunciarão à faculdade civil de requererem o divórcio» (art. XXIV), apesar de manter o divórcio para os casamentos civis. Aceitou ainda a celebração imediata dos casamentos *in articulo mortis*, dispensando o processo preliminar das publicações do casamento (art. XXII) e a competência dos tribunais eclesiásticos nas questões relativas à nulidade do casamento canónico e à dispensa do casamento rato e não consumado (art. XXV). Em contrapartida, a Santa Sé acedeu na remessa obrigatória da cópia do assento do matrimónio às repartições

---

cer da Câmara Corporativa sobre o projeto de lei n.º 111, José Gabriel Pinto Coelho elaborou um projeto de decreto-lei sobre o regime jurídico do casamento católico. Desconhece-se se por iniciativa própria, se a pedido do Governo ou das autoridades religiosas. O projeto não foi tornado público, mas dele encontra-se uma cópia no arquivo histórico do cardeal Cerejeira, com a indicação «não foi publicado é fruto do seu estudo» (Cf. PT/AHPL/ACC/J/02/013: projeto de decreto-lei da autoria de José Gabriel Pinto Coelho, sem data).

do registo civil (art. XXII), cedendo ao Estado o monopólio da informação sobre o estado civil dos cidadãos portugueses.

A solução encontrada na Concordata sobre a indissolubilidade do casamento canónico não dispensou o Governo de enfrentar críticas, oriundas das suas bases de apoio, sobre a regulamentação do casamento. Um exemplo de que essa questão continuava a ser politicamente sensível encontra-se na discussão travada na Assembleia Nacional, em Fevereiro de 1941, a propósito da ratificação do decreto-lei n.º 31107, que regulamentava o casamento dos militares do Exército em serviço ativo, proibindo aos oficiais daquele ramo das Forças Armadas a possibilidade de contraírem matrimónio com mulher divorciada[94]. Nessa ocasião, vários deputados, alguns católicos, protestaram contra a existência de uma dualidade de regimes de casamento (o matrimónio católico indissolúvel e o civil dissolúvel) e reclamaram a produção de um diploma legislativo que generalizasse o regime da indissolubilidade do casamento, embora argumentassem com o facto de o divórcio ser uma ameaça à unidade e à estabilidade da família e não recuperassem a ideia de que o divórcio era vexatório da causa religiosa (discurso que fora usual, no campo católico, desde a I República até aos primeiros anos do *Estado Novo*). A renhida votação para a ratificação daquele diploma (30 votos favoráveis *versus* 28 contra) demonstrava que qualquer discussão parlamentar em torno do regime do casamento podia fragilizar a posição do Governo na matéria, dado que um alargado consenso político sobre a questão continuava a ser difícil de alcançar[95].

Após a assinatura do pacto concordatário, as autoridades vaticanas manifestaram algum desconforto quanto ao que poderia suceder com a publicação da legislação complementar para a execução da Concordata, em especial com as futuras leis matrimoniais. As dúvidas sobre a atuação do Governo nesse procedimento derivavam do ambiente crispado que marcara a fase final das negociações concordatárias (gerada em torno da questão dos casamentos *in articulo mortis*), e relacionavam-se com a preocupação de que Salazar pudesse criar

---

[94] Cf. *Diário do Governo*, I Série, n.º 15: Decreto-lei n.º 31107 de 18 de Janeiro de 1941.

[95] Para uma informação mais detalhada da discussão parlamentar sobre o decreto-lei n.º 31107, consulte-se: Paula Borges Santos, *ibidem*, pp. 56-58.

novos impedimentos, ancorados na lei civil, ao que ficara consagrado. Em 12 de Junho, o núncio Ciriaci escreveu ao patriarca de Lisboa, dizendo-se encarregado pelo cardeal secretário de Estado de Pio XII de lhe solicitar que tivesse «a bondade de assistir e eventualmente influir sobre o Sr. Dr. Salazar na preparação da legislação interna da República a que se refere o art. XXXI da Concordata e da que diz respeito ao Acordo Missionário de maneira que corresponda à letra e espírito das convenções». Acrescentava ainda: «Roga-se a Vossa Eminência a fineza de conseguir o projeto das leis matrimoniais que o Governo está preparando e que a Sagrada Congregação dos Sacramentos deve conhecer para redigir as suas Instruções ao Episcopado Português a fim de evitar divergências entre a legislação governamental e a Santa Sé num assunto tão delicado». Quase um mês depois, o cardeal Maglione dirigiu-se ao bispo de Lisboa para recordar o interesse da Santa Sé em que a legislação interna a produzir fosse conforme ao espírito e à letra do pacto concordatário, sobretudo as disposições legislativas relativas ao casamento. Insistia o cardeal romano em que: «Aussi serais-je bien reconnaissant à Votre Eminence si Elle pouvait me tenir informe du travail préparatoire, dont s'occupent certainement en ce moment les organes gouvernementaux compétents, et en particulier dés difficultés qui s'opposeraient éventuellement à une heureuse réalisation dés dispositions convenues». Também o canonista António Durão deixou perceber o receio que existira nalguns circuitos eclesiais sobre o comportamento de Salazar na elaboração da legislação interna complementar dos textos concordatários, ao conferir destaque significativo ao facto do decreto-lei n.º 30615 se manter «perfeitamente fiel às normas da Concordata», apesar de «nem outra coisa» ser «lícito esperar da consciência e patriotismo do Governo da República»[96].

A publicação do decreto-lei n.º 30615, de 25 de Julho de 1940, que deu execução à Concordata, dissipou os receios sentidos no campo católico. Pelos arts. 1.º a 40.º desse diploma, o Governo deu cumpri-

---

[96] Cf. PT/AHPL/ACC/J/01/039: ofício n.º 3272 enviado pelo núncio Ciriaci ao cardeal Cerejeira, datado de 12 de Junho de 1940; PT/AHPL/ACC/J/01/040: ofício n.º 5861/40 enviado pelo cardeal Maglione ao cardeal Cerejeira, datado de 7 de Julho de 1940; António Durão, «Legislação complementar da Concordata com a Santa Sé» in *Brotéria*, vol. XXXI, 1940, p. 195.

mento à disposição concordatária que reconhecia efeitos civis ao matrimónio católico, sem criar novos princípios que a pusessem em causa. Para a Igreja foi particularmente importante o art. 17.º que excetuava a obrigação de o pároco enviar o duplicado do casamento canónico para a conservatória do registo civil, quando este não pudesse ser transcrito (caso dos casamentos *in articulo mortis*). Também os arts. 27.º a 40.º, que concediam sobre os serviços de registo civil isenção absoluta aos nubentes «pobres e indigentes» e exigia taxas moderadas a outros de classes «remediadas» (as taxas só seriam pagas por inteiro pelos consortes de classes «abonadas»), satisfaziam a sensibilidade católica que lia aí a predisposição do Estado para se reconhecer «obrigado a favorecer a constituição da família»[97]. O abaixamento dos custos do registo civil ia, aliás, de encontro a uma reivindicação antiga de vários setores católicos.

Contudo, o Estado não prescindiu de fixar, para os casos de celebração dos casamentos *in articulo mortis*, a instrução subsequente do processo destinado a averiguar da capacidade matrimonial dos nubentes em face da lei civil (art. 17.º, § 1.º e §. 2.º). Estipulava-se ainda que a transcrição do assento do casamento no registo civil não se faria quando o processo revelasse a existência de qualquer impedimento que, de acordo com o direito português, importasse nulidade absoluta (art. 12.º, n.º 3; art. 19.º) Finalmente, a Santa Sé foi obrigada ainda a aceitar a exigência da capacidade matrimonial dos nubentes em face da lei civil (art. 5.º)[98].

4.3. Salazar e o zelo pela observância da lei

Com a intenção de garantir uma estrita observância da lei, Salazar não dispensou, em todo o tempo da sua governação, a fiscalização do cumprimento dos normativos reguladores do casamento, interessando-se especialmente pelo combate aos desvios do que se encontrava

---

[97] Cf. António Leite, *Concordata, sim ou não?...*, pp. 69-70; António Durão, *ibidem*, pp. 197-198.
[98] Cf. *Diário do Governo*, I Série, n.º 171: Decreto-Lei n.º 30615 de 25 de Julho de 1940.

estipulado. Desde cedo, atentou nos casos de párocos que celebravam casamentos canónicos sem precedência do ato civil e que dessa forma violavam o Código do Registo Civil vigente[99]. Em 29 de Dezembro de 1932, a publicação de uma nota oficiosa do ministro da Justiça e dos Cultos reforçava a prioridade do ato civil sobre a celebração do matrimónio católico, representando uma tentativa governamental de limitar a ocorrência daquelas situações. Os casos eram conhecidos da opinião pública e alguma imprensa católica, como o *Diário do Minho*, contestou abertamente, durante largos anos, a obrigação da precedência do ato civil sobre o matrimónio canónico. Num artigo daquele jornal, datado de Abril de 1934, podia ler-se: «A Igreja na realização dos casamentos religiosos sem prioridade do ato civil, cuida da reivindicação abstrata e racional de um direito divino e eclesiástico que lhe pertence. O Estado não pode impor obrigações ao poder eclesiástico [...].». Anos depois, em Janeiro de 1937, no mesmo diário, escrevia-se: «Sempre que os nubentes pretendam tornar a sua situação regular, perante Deus, a Igreja não se recusará a isso, apesar de todos os artigos e de todos os Códigos». Em Abril desse mesmo ano, o *Diário do Minho* voltava a afirmar: «O casamento religioso não tem para o Estado carácter legal e as cerimónias religiosas particulares fazem-se como se quer e onde se quer, dentro do seu ritualismo e formalidades próprias. Assim se têm realizado centenas de casamentos desde que a lei do registo civil usurpou os direitos divinos da Igreja nesse campo».

A documentação não permite esclarecer com segurança se o Executivo procurou, depois da referida portaria de 1932, pôr fim àquela realidade através de novas medidas. Certo é que o chefe do Governo manteve sob vigilância, pelo menos em alguns concelhos do Norte do País (como foram os casos de S. João da Pesqueira, Póvoa do Lanhoso, Famalicão, Arcos de Valdevez e Vila do Conde), as práticas de realização dos casamentos católicos. Segundo informações fornecidas a

---

[99] O Código do Registo Civil de 1911 fora reformado por decreto n.º 19126 de 16 de Dezembro de 1930. Este diploma não trouxe alterações de relevo ao direito da família estabelecido até então, tendo atualizado, sobretudo, as disposições relativas ao direito patrimonial da família (Cf. Francisco Manuel Pereira Coelho, «Direito da Família» in *Dicionário de História de Portugal*, coord. de António Barreto e Maria Filomena Mónica, vol. VII, Porto, Livraria Figueirinhas, 1999, p. 550).

Salazar, em Maio de 1937, eram frequentes naquelas povoações as celebrações de casamentos católicos sem precedência do ato civil, sendo que os párocos as justificavam alegando a regularização de casos de uniões de facto, os elevados custos do registo civil e a dificuldade em obter dos funcionários daquele registo os atestados de pobreza e indigência para nubentes carenciados[100].

Em Agosto de 1960, através do decreto-lei n.º 43101, a Presidência do Conselho determinou novas normas para a regulação do casamento dos militares do Exército e da Aeronáutica e reforçou as punições sobre as infrações cometidas pelos militares em serviço ativo que procurassem celebrar ou tivessem celebrado casamento, infringindo as disposições legais que regulamentavam a possibilidade de contraírem matrimónio[101]. O diploma, apesar de agravar essas punições, permitia, no entanto, a reintegração, sob condições, na situação de atividade dos oficiais a quem tivesse sido imposta a pena de demissão ou de passagem à situação de reforma por infrações cometidas ao decreto-lei n.º 31107, de 15 de Julho de 1941, até à data do novo diploma. Meses mais tarde, por decreto-lei n.º 43294, de 5 de Novembro de 1960, a Presidência do Conselho alargou a possibilidade de reintegração na situação de atividade aos oficiais que tivessem voluntariamente transitado para a situação de reserva, a fim de contraírem matrimónio em condições que haviam constituído infração ao decreto-lei n.º 31107, alterado pelo decreto-lei n.º 38778, de 11 de Junho de 1952[102].

Também os casos em que se encontravam subterfúgios para contornar a indissolubilidade do matrimónio católico foram objeto de atenção do chefe do Governo. Em 23 de Julho de 1965, o ministro da Justiça, João Antunes Varela, depois de observar a Salazar que tinha vindo a verificar «que Vossa Excelência se interessa especialmente pelo combate que [...] possa ser dado às inúmeras fraudes que têm sido

---

[100] Cf. PT/TT/AOS/PC-3F, Pt. 2, 3.ª sub., fls. 27-33: «Relatório do Inspetor [(?) assinatura ilegível] sobre uma visita a diversos concelhos para verificação das atividades católicas», datado de 13 de Maio de 1937.

[101] Cf. *Diário do Governo*, I Série, n.º 178: Decreto-lei n.º 43101 de 2 de Agosto de 1960.

[102] Cf. *Diário do Governo*, I Série, n.º 257: Decreto-lei n.º 43294 de 5 de Novembro de 1960.

cometidas contra a indissolubilidade do casamento católico», informava o chefe do Executivo de que haviam acabado de «registar uma boa vitória [...] com o assento que nega a confirmação do divórcio entre pessoas casadas catolicamente em Portugal após a celebração ou entrada em vigor da Concordata». Segundo o ministro era ainda «agradável» a circunstância de «a doutrina do assento valer, como nele explicitamente se afirma para o próprio casamento de estrangeiros em Portugal»[103]. Anos antes, o novo Código do Registo Civil, promulgado por decreto-lei n.º 41967, de 22 de Novembro de 1958, acolhera já uma nova disposição que exigia a transcrição no registo civil do casamento católico celebrado no estrangeiro entre dois portugueses ou entre um cidadão português e um estrangeiro. Tal disposição permitiu defender para aqueles matrimónios, quando celebrados depois da assinatura da Concordata de 1940, a sua indissolubilidade, já que o princípio do seu reconhecimento estava subordinado em primeiro lugar à lei nacional comum, fosse qual fosse a posição ditada pela *lex loci*. Durante a preparação do projeto daquele Código, o legislador não poupara críticas à Igreja por continuar a ser «facilitado muito, contra as prescrições concordatárias, a celebração de casamentos católicos, não obstante a existência de impedimentos civis», especialmente de «ordem militar». Por constatar que o «casamento civil para a ordem religiosa não tem qualquer valor», recomendara evitar situações de «meia legalidade» que continuassem a servir para «fomentar aquela prática»[104].

Essa era uma posição controversa, como se provou posteriormente na discussão do projeto do Código Civil, em 1966, uma vez que a Concordata apenas se referia aos casamentos celebrados em Por-

---

[103] Cf. PT/TT/AOS/CP-274: cartão de João Antunes Varela, na qualidade de ministro da Justiça, para Salazar, datado de 23 de Julho de 1965. Antunes Varela não deixava, no entanto, de sublinhar como «desagradável são o número e a fundamentação dos votos de vencido», tendo especial interesse o voto «do juiz indiano Ludovico da Costa».

[104] Cf. PT/AHMJ/Gabinete do Ministro da Justiça/Iniciativas Legislativas/Código do Registo Civil/01.12/02: «Nota aos artigos 202, 203, 221 do Projeto do Código do Registo Civil», s.d.

tugal[105]. Com esse entendimento, o legislador ultrapassava o regime imposto pelo pacto concordatário.

Ainda pelo Código do Registo Civil de 1958 foi instituída uma nova punição para os párocos que celebrassem o casamento *in articulo mortis* «sem motivo justificado e com o intuito de afastar qualquer impedimento previsto na lei civil» (art. 353.º, n.º 1 – c)[106]. Em 1966, o ministro Antunes Varela explicava a introdução daquela penalidade, dizendo que, na sua origem, haviam estado «alguns abusos», por «pouco a pouco» se ter generalizado «nos meios eclesiásticos a convicção de que nos casamentos *in articulo mortis*, na iminência de parto, ou cuja celebração imediata fosse autorizada pelo ordinário próprio, por grave motivo de ordem moral, abstraindo dos impedimentos próprios do direito canónico, ao Estado apenas interessava a observância dos dois impedimentos da lei civil capazes de fundamentarem a recusa da transcrição»[107].

Também as práticas de celebração dos casamentos católicos nas colónias mereceram vigilância. Contudo, o legislador mostrava face à realidade colonial uma maior tolerância quanto aos desvios à lei, aceitando os obstáculos que, para o seu cumprimento, podiam advir da extensão dos territórios e da debilidade das comunicações. Em

---

[105] O projeto de Código Civil de 1966 importou essa disposição do Código do Registo Civil de 1958. Em Junho de 1966, numa intervenção televisiva, Fernando Pires de Lima, na qualidade de revisor do projeto do Código, assumiu ter votado contra a consideração de que eram «indissolúveis por divórcio os casamentos celebrados catolicamente no estrangeiro», independentemente da «forma legal da celebração do ato segundo a lei local, desde que um dos nubentes seja português» (Cf. PT/TT/AOS/CP-274, fls. 226-229: cartão de João Antunes Varela, na qualidade de ministro da Justiça, para Salazar, datado de 27 de Junho de 1966; em anexo: cópia do texto do comentário de Fernando Pires de Lima ao projeto de Código Civil, a apresentar na RTP nessa noite).

[106] Para esta nova realidade jurídica foram os párocos alertados pela revista *Lumen*, em artigo onde se enunciavam algumas alterações que o novo Código do Registo Civil determinava em relação ao estatuído sobre o casamento (Cf. «Anotações ao novo Código do Registo Civil» in *Lumen*, Fevereiro de 1959, p. 93).

[107] Esta explicação do titular da pasta da Justiça ocorreu durante o seu discurso de apresentação do novo Código Civil à Assembleia Nacional, em 26 de Novembro de 1966 (Cf. *Diário das Sessões*, IX Legislatura, n.º 43, de 28 de Novembro de 1966, p. 776).

1966, a publicação do decreto n.º 47129, de 1 de Agosto, destinava-se a regularizar os matrimónios canónicos que se tivessem cumprido sem observar o que mandava aplicar o decreto n.º 35461, garantindo a sua validação, independentemente do decurso do processo preliminar das publicações (art. único)[108]. Mais do que punir os infratores, interessava ao Estado controlar a maior informação possível sobre o estado civil daqueles cidadãos, utilizando para esse trabalho, sobretudo, as missões religiosas, detentoras de uma melhor implementação no terreno do que a própria administração pública colonial. Para a Igreja Católica, essa ação revelava-se também vantajosa, uma vez que favorecia a evangelização das populações naqueles territórios.

4.4. O Código Civil de 1966 e as alterações ao regime de dissolução do casamento: polémica e divisões entre católicos

O Código Civil de 1966, ao introduzir no campo do direito da família alterações que contrastavam com o direito português anterior e que eram mais restritivas do regime de dissolução do casamento até então vigente, deu origem à última grande polémica ocorrida no salazarismo sobre a matéria. A discussão foi distinta de todas as ocorridas até então. Pela primeira vez, a questão do divórcio fraturou o campo católico e a grande celeuma estabeleceu-se aí, secundarizando a discussão entre católicos e setores laicistas da sociedade.

Na cerimónia de apresentação do projeto do Código, realizada a 10 de Maio de 1966, em sessão solene no Supremo Tribunal de Justiça, o ministro da Justiça, João Antunes Varela, considerou que aquele futuro diploma consolidava «a obra de restauração plena da dignidade sacramental do matrimónio católico e a política de recristianização da sociedade conjugal iniciada com a Concordata de 1940»[109]. Com efeito, sucedeu que, apesar de manter quase sem alterações o sistema do casamento civil e de não modificar a proibição do divór-

---

[108] Cf. *Diário do Governo*, I Série, n.º 177: Decreto n.º 47129 de 1 de Agosto de 1965.

[109] Cf. *Diário de Lisboa*, 11 de Maio de 1966, p. 14.

cio para os casamentos católicos celebrados depois de 1 de Agosto de 1940, o legislador determinava a indissolubilidade dos casamentos civis, cujos cônjuges tivessem também celebrado, a partir daquela data, um matrimónio católico (art. 1790.º). Abolia-se o divórcio por mútuo consentimento (1972.º) e eram identificados os fundamentos do divórcio com os da separação litigiosa (1778.º), o que resultava na recusa em estender o divórcio aos casos em que não houvesse nenhum procedimento culposo de algum dos cônjuges e na diminuição dos fundamentos das causas da separação[110]. Por último, embora se reduzisse de 5 para 3 anos o período mínimo de duração do casamento para os cônjuges, havendo separação, litigiosa ou por mútuo consentimento, requererem (qualquer um deles) a sua conversão em divórcio (1793.º, n.º 1)[111], eram fixados ao tribunal, que viesse a julgar a ação, latíssimos poderes quanto ao diferimento do pedido. O juiz podia decretar em vez do divórcio, a simples separação de pessoas e bens, se entendesse que as circunstâncias do caso (como a viabilidade de uma reconciliação) aconselhassem à não dissolução do casamento (art. 1794.º).

Ainda sobre o casamento católico, o Código Civil, que aceitava todas as soluções dos textos concordatários sobre o mesmo, incorporava o fixado no Código do Registo Civil de 1958 quanto à capacidade matrimonial dos nubentes e quanto à transcrição dos casamentos de portugueses no estrangeiro. A mudança mais significativa envolvia os casamentos *in articulo mortis*, dado que o Código, consignando a doutrina que autorizava a celebração imediata do casamento, reduzia os fundamentos da recusa da transcrição, não afastava nenhum dos

---

[110] Apenas a cláusula g) do art. 1778.º garantia alguma amplitude à separação.

[111] Esse prazo de 3 anos só podia ser ultrapassado e a conversão da separação em divórcio requerida, caso um dos cônjuges cometesse adultério após a separação (art. 1793.º, n.º 2). Inicialmente, no projeto do Código Civil, era fixado em 5 anos o período mínimo de duração para aos cônjuges ser lícito requerer a separação por mútuo consentimento, e também em 5 anos o tempo necessário para que a separação fosse conversível em divórcio. Seguia-se aí o que constava do decreto de 3 de Novembro de 1910. Após a discussão pública do projeto do Código, o legislador reduziu ambos os prazos para 3 anos.

impedimentos da lei civil e não isentava os infratores das sanções correspondentes à ilicitude cometida (arts. 1596.º e 1599.º, n.º 2)[112].

Ainda antes da aprovação do Código, o campo católico dividiu-se no julgamento sobre o que o Livro IV do projeto do diploma consagrava em matéria das relações da família[113]. A abertura pelo Governo de um período de discussão pública sobre aquele projeto, concedendo para debate cerca de 4 meses (entre o final de Maio e o fim de Setembro de 1966)[114], potenciou o enfrentamento entre elementos de distintos setores católicos, especialmente a propósito das disposições do futuro diploma que envolviam o casamento e a sua dissolução. Para algumas personalidades católicas, críticas do regime e que possuíam uma interpretação progressista da doutrina conciliar, o projeto do Código era considerado um exemplo de «clericalismo», ultrapassado para

---

[112] Cf. *Diário das Sessões*, IX Legislatura, n.º 43, de 28 de Novembro de 1966, p. 773. Essa alteração ao disposto sobre os casamentos *in articulo mortis*, pelo Código Civil, levou o canonista António Leite a defender que o legislador português tinha modificado unilateralmente o sentido do art. XXII da Concordata, algo que, de acordo com o art. XXX do texto concordatário, só se poderia fazer por mútuo acordo (Cf. António Leite, *ibidem*, p. 69).

[113] A análise é aqui limitada às disposições sobre o casamento e o divórcio, deixando de lado outros objetos do Livro IV do projeto do Código Civil que foram também contestados por católicos, como foi, por exemplo, o caso da disposição que afirmava expressamente que o marido era o chefe da família e lhe conferia, nessa qualidade e em regra, poderes de decisão sobre todos os atos da vida conjugal comum. Cabe ainda notar que as críticas de setores católicos ao projeto do Código não se dirigiram em exclusivo às matérias de direito da família, mas envolveram a sua parte geral e restantes livros (direito das obrigações, das coisas e das sucessões), sendo particularmente importantes as discussões tidas em torno do direito de propriedade e dos direitos à liberdade e à igualdade. Em alguns comentários ao Código, fixaram-se também divergências quanto à conceção de sociedade civil aí refletida e principais correntes doutrinárias e jurídicas aí refletidas.

[114] As condições em que o Governo abriu a discussão pública do projeto do Código Civil, fazendo coincidir o período de debate com uma época de férias judiciais e escolares, foram criticadas por várias vozes do regime. Um desses críticos foi Marcelo Caetano que, depois de lamentar as datas e a duração fornecidas para aquela discussão, escreveu que a mesma havia decorrido «em geral de afogadilho e versando alguns problemas de política legislativa, manifestamente importantes, mas onde o sentimento e a opinião pesam mais que a análise técnica e o saber jurídico» (Cf. Marcelo Caetano, «O Projeto do Código Civil» in *O Direito*, ano 98 (1966), 3, p. 211).

a sua época. Para católicos integristas, pelo contrário, aquele fixava soluções jurídicas que zelavam, como nenhumas outras até então, pela receção do direito canónico no direito português. Alguns lamentavam, no entanto, que não se abolisse definitivamente o divórcio ou que se mantivessem as exigências da lei civil sobre a capacidade matrimonial dos consortes. Houve ainda alguns católicos divididos entre o aplauso ao projeto do Código, por considerarem que nele se refletia a «paz religiosa» alcançada em 1940 entre o Estado português e a Igreja Católica, e a rejeição de algumas das suas disposições.

Neste último caso, situava-se, por exemplo, Francisco José Veloso, que escreveu sobre a matéria na *Brotéria*, ao longo do ano de 1966. Dizendo «proclamamos com o Concílio Ecuménico Vaticano II, de feliz recordação, a liberdade religiosa», Veloso considerava que a redação do n.º 1 do art. 1587.º devia ser alterada[115], dado criar equívocos sobre o casamento segundo outros ritos e religiões[116]. Quanto ao divórcio, o advogado lamentava que, além de se manter a instituição do divórcio, se reformulassem os seus fundamentos em relação ao que constava no decreto de 3 de Novembro de 1910. Essa reformulação, em seu entender, provocava um alargamento das causas do divórcio, que qualificava de «nitidamente injustificável». Criticava que a ocasião suscitasse «um escasso cortejo de protestos contra a abolição do divórcio, ou quase!», mas reprovava ainda com maior firmeza quem «num congresso católico sobre a família, realizado sob bandeira católica, [...] ousasse propor ou defender o divórcio, ponto sobre o qual a Igreja não tem dúvidas»[117].

A maior polémica em torno da apreciação do Código, processada no meio católico, teve origem na entrevista dada, em 28 de Junho de 1966, pelo cónego Urbano Duarte ao *Diário de Lisboa*. Interrogado

---

[115] No n.º 1 do art. 1587.º do projeto do Código podia ler-se: «1. O casamento é católico ou civil».

[116] Cf. Francisco José Veloso, «Na iminência de um novo Código Civil Português: orientações filosóficas do Código de 1867 e do atual projeto (II)» in *Brotéria*, vol. LXXXIII, Outubro de 1966, p. 328.

[117] Cf. Francisco José Veloso, «Na iminência de um novo Código Civil Português: orientações filosóficas do Código de 1867 e do atual projeto (III)» in *Brotéria*, vol. LXXXIII, Novembro de 1966, pp. 487-492.

sobre «a mentalidade» do projeto do Código, o sacerdote comentava que teria sido «desejável que os responsáveis por uma legislação civil não avivassem querelas passadas, com disposições de carácter polémico». Sendo ainda mais claro, considerava que «alguns elementos católicos exprimem corajosamente os ideais do direito canónico vigente [...], talvez [porque] não tenham assimilado ainda, e por isso não exprimem, a nova orientação católica, aprovada solenemente no Concílio Vaticano». Em seu entender, era «hora de todos os cristãos perderem os sonhos de um Estado protetor ou de uma Igreja a conferir direitos aos governantes», sobretudo, quando «a luta entre casamento civil e casamento católico perdeu muito do acirramento inicial», porque «hoje cremos que a existência do registo [civil] se tornou indispensável». Mais necessário se afigurava, em seu entender, que o legislador revelasse o seu «espírito ecuménico» na redação dada ao n.º 1 do art. 1587.º. Questionado ainda sobre o facto de o projeto do Código considerar, no art. 1601.º, como impedimento dirimente do casamento civil «as ordens maiores conferidas em harmonia com as leis canónicas e os votos solenes ou equiparados feitos nas mesmas condições», o cónego Urbano Duarte era contundente em afirmar a inconstitucionalidade do impedimento, não só porque a Constituição consagrava a igualdade de todos os cidadãos perante a lei, como também porque via aí uma manifestação de «estatismo» pelo esforço do Estado «para reger e ordenar as coisas religiosas»[118].

As declarações do cónego Duarte causaram perplexidade entre alguns setores católicos e motivaram debate. O jornal *Novidades* acolheu a discussão, publicando vários artigos de António Leite, sendo que, logo no primeiro, o canonista defendia a orientação do Código para o direito da família e contestava afirmações de Urbano Duarte. Em resposta, este último enviou ao diário católico um esclarecimento, mas não alterou a sua posição[119]. Também Guilherme Braga da Cruz,

---

[118] Cf. *Diário de Lisboa*, 28 de Junho de 1966, pp. 17 e 20.

[119] Os artigos que publicou no *Novidades* reuni-los-ia o padre António Leite numa coletânea, editada ainda durante o ano de 1966 (Cf. António Leite, *O Projecto do Código Civil à luz da doutrina católica*, Lisboa, União Gráfica, 1966). Por sua vez, o cónego Urbano Duarte, além do esclarecimento publicado naquele diário católico em 15 de Junho, editou também a entrevista concedida ao *Diário de Lisboa*, cuja tiragem

enquanto presidente da Comissão de Divulgação do Código (e também como um dos responsáveis pela redação do Livro IV), trocou alguma correspondência com o cónego Duarte. Num primeiro contacto, Braga da Cruz lamentava que Urbano Duarte tivesse aceitado «o convite de um jornal anticlerical [...] para se pronunciar numa série de depoimentos que obedecem a um plano concreto (só quem for cego é que não vê!!) de denegrir tudo o que no Projeto do Código representa fidelidade ao pensamento da Igreja e defesa dos valores que tradicionalmente inspiram as nossas estruturas jurídicas em matéria de relações de família.». Acrescentava ainda que «em todo o caso, o que me parece mais grave na sua entrevista não são tanto os erros doutrinários e jurídicos que comete e a demagogia fácil com que "manobra" os textos pontifícios e conciliares. [...] já quase todos lhe foram apontados nos artigos do Doutor António Leite. [...] o que é grave [...] não é tanto o que ela [entrevista] diz, mas o que ela malévola e injustamente insinua.»[120]. Urbano Duarte respondeu-lhe um mês depois, dizendo não crer «ter feito mal à Igreja, pelo contrário», e salientava que «a verdade cristã obriga a uma permanente revisão, sobretudo dada a tendência para a fixação jurídica, que marcará uma época mas não esgota a verdade. O próprio direito canónico, infelizmente, há anos que esqueceu a reflexão teológica, do que hoje procura redimir-se.». Cinco dias depois, Braga da Cruz escrevia ao cónego, encerrando o contacto e confessando-se «atormentado» com a «convicção em que o Senhor Doutor Urbano está e em que estão todos quanto os têm incensado e louvaminhado [...] de "não ter feito mal à Igreja, pelo contrário".». Algo que «verdadeiramente me preocupa, no meu *sentire cum Ecclesia*, por ser um índice duma mentalidade católica que eu não chego a compreender

---

alcançou os 5 mil exemplares (Cf. Urbano Duarte, *Mentalidade católica e o projecto do novo Código Civil*, Coimbra, Almedina, 1966).

[120] Cf. PT/TT/AOS/CP-274, fls. 234-239: cartão de João Antunes Varela, na qualidade de ministro da Justiça, para Salazar, datado de 12 de Julho de 1966; em anexo: cópia da carta remetida por Guilherme Braga da Cruz, em 10 de Julho de 1966, para o cónego Urbano Duarte.

e duma forma de "servir" a Igreja que está no pólo oposto daquele que eu julgo ser o que mais convém ao Seu serviço»[121].

Da correspondência trocada entre o presidente da Comissão de Divulgação do Código e o cónego Duarte foi Salazar informado por Antunes Varela. O ministro dar-lhe-ia conta também de uma carta que recebera do arcebispo de Coimbra, na qual o prelado manifestava discordar da posição de Urbano Duarte[122].

Das observações do cónego Urbano Duarte a algumas disposições do projeto do Código e da celeuma que as mesmas geraram resultaram mudanças ao conteúdo do futuro diploma. As alterações incidiram sobre o impedimento do casamento civil fundado nas ordens maiores ou nos votos solenes ou equiparados, que o projeto criava. O surgimento dessa questão surpreendeu o ministro Antunes Varela que apenas previra, ainda durante os primeiros trabalhos de revisão do anteprojeto do Código, que fosse o capítulo dedicado ao divórcio, preparado pelos professores de Direito, Manuel Gomes da Silva e Fernando Pessoa Jorge, a suscitar a contestação da opinião pública. Em Março de 1963, Varela escrevera a Salazar, notando que aqueles dois professores reduziam «consideravelmente o campo de aplicação do divórcio» e propunham «umas tantas medidas destinadas a combater drasticamente alguns dos seus efeitos». Advogava o ministro que lhe parecia que «nalguns dos aspetos desta reação contra um instituto que é incontestavelmente fator dos maiores inconvenientes de ordem moral se foi longe demais». Nesse sentido, perguntara ao chefe do Governo se podia assegurar sozinho a revisão da matéria relativa ao divórcio ou se aguardava por instruções que refletissem «neste ponto

---

[121] Cf. PT/TT/AOS/CP-274: cartão de João Antunes Varela, na qualidade de ministro da Justiça, para Salazar, datado de 19 de Agosto de 1966; em anexo: cópia da carta remetida pelo cónego Urbano Duarte a Guilherme Braga da Cruz, em 10 de Agosto de 1966; cópia da carta enviada por Braga da Cruz, em 15 de Agosto de 1966, a Urbano Duarte.

[122] Cf. PT/TT/AOS/CP-274: cartão de João Antunes Varela, na qualidade de ministro da Justiça, para Salazar, datado de 3 de Agosto de 1966. Nesta nota Varela não deixava de mostrar surpresa pelo facto de o arcebispo de Coimbra, D. Ernesto Sena de Oliveira, ter aquela posição e, mesmo assim, a entrevista do cónego Urbano continuar a ser vendida «nas livrarias... a 2$50 o exemplar.».

o pensamento do Governo». Perante a ausência de resposta de Salazar, Antunes Varela socorreu-se da colaboração de Fernando Pires de Lima para rever aquele capítulo. Não era a primeira vez que Pires de Lima se debruçava sobre a matéria ou que intervinha nos trabalhos do Código. Elaborara um estudo sobre o divórcio para Adriano Vaz Serra, quando este fora titular da pasta da Justiça. Pouco depois, em 1944, integrara a comissão encarregada dos trabalhos preparatórios do novo Código Civil, mantendo-se afastado dos mesmos apenas enquanto ocupou funções governativas. Em Julho de 1958 voltara a ser auscultado sobre o tratamento dado às matérias das relações de família, tal como dois bispos a quem Antunes Varela mostrara o anteprojeto. A documentação consultada não esclarece se o chefe do Governo interveio ou não, naquela fase ou noutra posterior, sobre a orientação dada no projeto do Código aos assuntos dos direitos de família, em particular ao regime do divórcio[123].

No projeto do Código, a criação daquele novo impedimento matrimonial tivera o propósito de evitar que, após a celebração de tais casamentos civis, as autoridades religiosas pudessem levantar a causa do impedimento. Julgara-se que isso significava conceder à Igreja, nesses casos, «a possibilidade de decidir livremente, embora por via indireta, acerca da validade ou nulidade do casamento civil». Com a instauração do debate público em torno dessa questão, o legislador acabou por recuar, reconhecendo «que a eventualidade, prevista no projeto, da dispensa concedida pela autoridade eclesiástica será, quanto ao casamento civil, praticamente rara, senão impossível de verificar». Dado que, por norma, o que era autorizado era o casamento católico, optar-se-ia por eliminar do Código aquele impedimento e por «reservar o novo exame da matéria para momento mais oportuno», quando estivesse «concluída a revisão do direito canónico que em tempos se anunciou, e quando se dissipem as dúvidas mais carregadas que no espírito

---

[123] Cf. PT/TT/AOS/CP-273: cartão de João Antunes Varela, na qualidade de ministro da Justiça, para Salazar, datado de 5 de Março de 1963; cartão de João Antunes Varela, na qualidade de ministro da Justiça, para Salazar, datado de 3 de Junho de 1963; cartão de João Antunes Varela, na qualidade de ministro da Justiça, para Salazar, datado de 19 de Julho de 1958.

dos fiéis suscitaram algumas das declarações conciliares relativas à liberdade religiosa»[124].

Esta explicação foi fornecida pelo próprio ministro Antunes Varela durante a apresentação do Código Civil à Assembleia Nacional, em 26 de Novembro de 1966. No tocante ao que o novo diploma estabelecia para o direito da família, o titular da pasta da Justiça defendeu alguns dos pontos mais criticados do projeto e respondeu ainda a outros comentários produzidos pelo cónego Urbano Duarte ao projeto do Código, ainda que não se lhes referisse de forma direta. Sintomaticamente, não deixou de utilizar a circunstância para rebater a acusação daquele sacerdote ao projeto que, do ponto de vista político, mais danos provocara (resumida na frase «Nem cesarismo, nem clericalismo»). Diria Varela que: «[...] a origem de alguns comentários [sobre o livro IV, dedicado à família], [...] não causará excessiva surpresa a quem, [...] tiver presente no seu espírito uma série ponderosa de circunstâncias, que vão desde a notória desorientação que grassa em muitas inteligências, indisciplina que reina em determinados meios, os profundos reflexos que têm no instituto da família as diferentes conceções morais, religiosas e políticas espalhadas pelo mundo [...]»; e explicava que no que envolvera o matrimónio católico, «a parte fundamental da sua disciplina foi o Código busca-la às disposições da Concordata de 1940». Como tal, ou havia «cesarismo» e «clericalismo» na solução concordatária, ou «se a censura não pretende atingir as disposições importadas da Concordata», podia perguntar-se onde estavam «o clericalismo ou o cesarismo do projeto do Código Civil?». Para finalizar, acrescentava: «Não direi que o engenho dos canonistas e o talento

---

[124] Cf. *Diário das Sessões*, IX Legislatura, n.º 43, de 28 de Novembro de 1966, p. 779. A documentação não permite reconhecer de quem partiu a decisão de retirar da versão final do Código aquele impedimento matrimonial. Durante o período aberto para a discussão pública do projeto do Código, Antunes Varela mostrou-se convicto, junto do presidente do Conselho, que «boa parte do clero concorda, em absoluto, com o impedimento de voto ressuscitado no projeto [...]», apesar de reconhecer que «muitos poucos m'o têm dito expressamente». Valorizava, por isso, a carta do vigário-geral da arquidiocese de Évora, José Filipe Medeiros, que defendia a manutenção no texto do Código daquele impedimento (Cf. PT/TT/AOS/CP-274: cartão de João Antunes Varela, na qualidade de ministro da Justiça, para Salazar, datado de 23 de Julho de 1966).

A CONSTRUÇÃO INSTITUCIONAL DA POLÍTICA RELIGIOSA (1933-1974)

dos civilistas fossem incapazes de encontrar, nesta complexa matéria do casamento, outras fórmulas de reta composição entre os diversos interesses em jogo; do que duvido é da possibilidade de encontrarem soluções mais equilibradas, critérios mais justos, princípios mais acertados, na alteração de um regime que, afrontando os direitos da Igreja, violentava a consciência da maior parte da população»[125].

A escolha da Assembleia Nacional para acolher a apresentação pública daquele diploma fora uma sugestão de Varela a que Salazar anuíra, não obstante Mário de Figueiredo, presidente da Assembleia na época, não ter gostado da ideia, e de José Soares da Fonseca, à altura no desempenho das funções de *leader*, a ter aceite com «pouco entusiasmo». Tendo informação, através de Soares da Fonseca e de Guilherme Braga da Cruz, que alguns deputados se mostravam desagradados com a hipótese do Código vir a ser publicado «sem a Assembleia ser ouvida nem achada no assunto», o titular da pasta da Justiça advogou junto do chefe do Governo que, levar à câmara aquele diploma legal, representava que «o Governo, como órgão legislativo que também é, vai expor à Assembleia as razões justificativas das soluções mais discutíveis de um diploma que a Constituição sujeita à ratificação dos deputados». Acrescentava que não era «indiferente, no plano político, [...] que uma lei com o valor do Código Civil seja anunciada ao País através da Assembleia Nacional ou seja publicada e posta em vigor sem o Governo dar o menor cavaco [...] aos senhores deputados»[126].

Estudadas várias possibilidades de organização para aquela sessão da câmara, em que se contara com a presença do ministro[127], a solu-

---

[125] Cf. *Diário das Sessões*, IX Legislatura, n.º 43, de 28 de Novembro de 1966, pp. 770 e 772.

[126] Cf. PT/TT/AOS/CP-274: cartão de João Antunes Varela, na qualidade de ministro da Justiça, para Salazar, datado de 16 de Setembro de 1966.

[127] A preparação da sessão por Varela iniciou-se ainda no mês de Setembro, tendo Soares da Fonseca começado por rejeitar a hipótese da sua deslocação à Assembleia recair sobre o dia 26 de Novembro, dado ser a data normal de início da segunda sessão legislativa. Entre o ministro e o *leader* foi também equacionada a possibilidade de, após a comunicação à câmara do primeiro, ser feito um ou mais discurso parlamentar sobre o Código. No início de Novembro, Soares da Fonseca preparara «cinco deputados da máxima confiança (Drs. Tito Arantes, Jesus dos Santos, Abranches Soveral, Gonçalves Rapazote e Cid Proença) para usarem da palavra». Estas informações deu

ção final adotada foi a de dedicar a segunda sessão da segunda sessão legislativa à comunicação do titular da pasta da Justiça sobre o Código Civil, sem que nenhum deputado fosse autorizado a comentar a matéria. Esta escolha, provavelmente decidida pelo chefe do Governo após consulta a Mário de Figueiredo, revelava o interesse do Executivo em evitar novos debates em torno do Código. Um dia antes da deslocação de Antunes Varela à Assembleia, era publicado o decreto-lei n.º 47344, de 25 de Novembro de 1966, que aprovava o Código Civil e regulava a sua aplicação. Em todo o processo, não se envolveu a Câmara Corporativa, que não foi chamada a emitir parecer sobre o diploma.

Dez sessões decorridas sobre a apresentação do Código na Assembleia, em 16 de Dezembro, a câmara ratificou o diploma, evitando contudo a sua ratificação expressa (forma que podia ser solicitada caso algum deputado pretendesse propor alguma emenda ao articulado do diploma). Nesse momento, Soares da Fonseca explicou que, com o seu «silêncio ratificativo», a Assembleia não queria prejudicar o valor «monumental [do Código] em si mesmo e na perdurabilidade a que se destina». O argumento era cosmético, já que o próprio *leader* não deixava de revelar, nessa sua intervenção, que «alguns senhores deputados [...] têm perguntado porque não se fez ou não se faz a ratificação expressa desse diploma». De forma a subtrair a importância dessa interrogação de alguns dos seus pares, fazia notar, com calculado paternalismo, que eram afinal «menos experientes da vida parlamentar» e que, «simplesmente, nenhum senhor deputado a pediu». A intervenção de Soares da Fonseca fora previamente preparada com o presidente da Assembleia e resultara da carta que recebera de Antunes Varela, na véspera, na qual o ministro se mostrara «muito queixoso de não ter havido ratificação expressa». Isso mesmo explicava o *leader* ao presidente do Conselho, acrescentando que o que dissera resultara também de se ter apercebido que «grande parte da opinião pública também entendia dever ter-se optado por esta forma de ratificação». Salientava

---

Antunes Varela a Salazar, comentando a 7 de Novembro, que ele e o *leader* ainda não tinham acertado «ideias quanto ao que deverá sair da Assembleia» (Cf. PT/TT/AOS/CP-274: cartões de João Antunes Varela, na qualidade de ministro da Justiça, para Salazar, datados de 16 de Setembro e de 7 de Novembro de 1966).

que todos os deputados tinham colaborado com a sua estratégia, com exceção «do Dr. Júlio Evangelista que estava um bocado "bravo"»[128].

As críticas ao que o Código Civil de 1966 contemplava sobre o regime da dissolução do casamento prolongaram-se no tempo, ainda que os setores que reclamavam a abolição do divórcio, católicos e não católicos, continuassem a questionar, sobretudo, a indissolubilidade do matrimónio canónico. Na realidade, o fulcro da discussão pública sobre o divórcio continuou a estar centrado sobre o art. XXIV do texto concordatário. Em Fevereiro de 1967, Júlio Castro Caldas, numa crónica sobre o Código Civil, publicada na revista *O Tempo e o Modo*, escrevia: «A polémica [suscitada pelos regimes do casamento e do divórcio contemplados no Código] ressuscitou entre divorcistas e anti divorcistas, [...] bem ou mal o divórcio subsistiu como instituição do direito português. A questão trouxe à lide o pensamento católico, quer de feição integrista quer progressista. Um facto parece, porém, evidente, fundamentalmente está em causa o sistema concordatário». Tomando posição nesse debate, Castro Caldas, ainda que considerando que «a unidade familiar é um interesse prevalente sobre todos os outros que se lhe opõem, e por isso devem as possibilidades de divórcio ser restritas e dificultadas», admitia que «há situações em que o divórcio se apresenta como um mal menor, como única saída e solução para situações familiares insustentáveis». Para melhor fundamentar a sua posição, lembrava a *Declaração Conciliar de Liberdade Religiosa* e declarava que «misturar vínculos de ordem civil com vínculos de ordem religiosa parece ser situação de repelir». Também António Alçada Baptista, num artigo sobre o casamento, publicado naquela mesma revista em 1968, lamentava que o Código fixasse a indissolubilidade dos matrimónios canónicos[129].

Mais do que Salazar, foi Marcelo Caetano quem acabou por se confrontar com o aumento da contestação, entre vários setores sociais, a

---

[128] Cf. *Diário das Sessões*, IX Legislatura, n.º 52, de 17 de Dezembro de 1966, p. 932. (Cf. PT/TT/AOS/CO/PC- 6B, Pasta 23, fls. 267-268: nota de José Soares da Fonseca para Salazar, datada de 20 de Dezembro de 1966).

[129] Cf. Júlio Castro Caldas, «Sobre o Novo Código Civil» in *O Tempo e o Modo*, n.º 46, Fevereiro de 1967, p. 181; António Alçada Baptista, «Reflexões sobre o casamento» in *O Tempo e o Modo. Caderno "Casamento*, [1968], pp. 21-30.

propósito dessa questão. No marcelismo, como se sublinhou no Capítulo IV, as críticas àquela disposição concordatária foram expressas na Assembleia Nacional, com alguns deputados católicos a defenderem a abolição da Concordata ou a simples revogação do seu art. XXIV. Foram precisamente as divisões que atravessavam os católicos em torno da indissolubilidade do casamento religioso que suscitaram maior perplexidade a Caetano. Diria o novo presidente do Conselho: «Admira-me mesmo (se é que alguma coisa nos tempos que vão correndo, possa causar admiração) ver padres exprimir publicamente opiniões favoráveis à dissolução do casamento canónico, e não assistir a nenhuma reação dos meios oficiais católicos contra tais opiniões.». Poucos dias depois do presidente do Conselho proferir este comentário, a 10 de Novembro, o cardeal Cerejeira, numa comunicação ao presbitério de Lisboa, abordou a questão, ainda que lateralmente. Notava que eram proferidas: «[...] palavras inconvenientes por parte de pessoas da Igreja, mas que não a representam – palavras que poriam em causa o regime de relações entre a Igreja e o Estado, nomeadamente sobre a indissolubilidade do casamento canónico. O problema é tão grave de consequências, se pudessem considerar-se tais afirmações como voz da Igreja, que é lícito, sem querer magoar ninguém, repetir a frase do Padre de Lubac, a respeito daqueles que estão na origem da atual crise da Igreja: que "eles não sabem o que fazem"»[130].

Em Agosto de 1971, um inquérito realizado pela IPOPE sobre a questão do divórcio deixava perceber a posição de parte dos portugueses: questionados sobre se deveria haver proibição de divórcio para casados catolicamente, 73,3% dos inquiridos declaravam que não (59,9% entre católicos praticantes e 75% entre «reformados»), 23,2% julgavam que sim, e 3,7% não tinham opinião[131].

---

[130] Declarações de Marcelo Caetano em entrevista dada ao *Diário de Notícias*, de 23 de Outubro de 1969, cit. in António Leite, *ibidem*, p. 75; D. Manuel Gonçalves Cerejeira, «Atividades "Marginais" do Clero» in *Obras Pastorais*, VII vol...., p. 287. O bispo de Lisboa só voltou a pronunciar-se sobre a contestação à indissolubilidade do matrimónio canónico, com mais detalhe, em Janeiro de 1971(veja-se atrás o Capítulo IV).

[131] Cf. PT/AHP/Secretaria Geral da Assembleia Nacional e Câmara Corporativa/ Serviços Legislativos/Proposta de lei n.º 15/X/Correspondência: *Liberdade Religiosa*

5. Características do processo de regulamentação da Concordata: o caso da solução para os bens eclesiásticos

Na regulamentação das matérias concordatárias, o Governo foi o único legislador pela parte portuguesa. À Assembleia Nacional e à Câmara Corporativa não coube ter nenhum papel nesse âmbito. O processo dessa regulamentação ficou marcado por grande lentidão, parecendo, do que é possível conhecer-se até ao momento presente, que Salazar não teve grande pressa no seu desenvolvimento (recorde--se que algumas matérias, como se explorou no ponto 6 do Capítulo III, apenas foram regulamentadas na década de 1960). Maior interesse em ver a Concordata regulamentada parece ter tido a Santa Sé (como se viu anteriormente sobre as questões dos feriados religiosos e também do casamento católico e do divórcio). Do que a investigação permite apurar, parece que esse processo registou as seguintes principais características: a) ser determinado pelos *timings* de Salazar; b) envolver pressões da Santa Sé sobre o episcopado português, para que os bispos, e particularmente o cardeal Cerejeira, conseguissem que o Governo acelerasse (ou pelo menos não retardasse) a publicação da legislação em causa; c) contar com reações rápidas das autoridades religiosas às consultas efetuadas pelo Governo português para aferição de questões que, não exigindo negociação formal, foram alvo de acertos entre as partes; d) prevalência do interesse do Estado sobre o interesse religioso.

É possível considerar que Salazar tenha tido pouco interesse em legislar sobre conteúdos que o obrigavam a sujeitar-se a uma bilateralidade normativa. Ao deixar em aberto a questão da regulamentação do texto concordatário, permitindo que se criassem situações experimentais (por exemplo, no campo do ensino), o poder estatal salvaguardava a imposição do seu próprio interesse a qualquer momento. Era também uma forma de ganhar tempo face a determinadas reivindicações católicas que politicamente o Executivo não tinha vontade de satisfazer (recorde-se o que atrás se descreveu sobre a questão dos feriados religiosos).

– *Sondagem à Opinião Pública*, documento do IPOPE, assinado por José de Sousa Monteiro, datado de Agosto de 1971.

Esse procedimento do Governo conheceu uma exceção, relativa a duas matérias: o casamento canónico, por um lado; o património da Igreja que passara para a posse do Estado e dos seus corpos administrativos depois de 1910, por outro. Em ambos os casos, Salazar produziu, num curto espaço de tempo (cerca de um ano) o diploma legislativo complementar das disposições concordatárias que se referiam àqueles assuntos: o decreto-lei n.º 30 615 de 25 de Julho de 1940. A singular importância desses dois aspetos, de entre as demais normas da Concordata, pode justificar esse comportamento do legislador. Por um lado, trata-se de questões que suscitavam forte impacto junto da opinião pública; por outro lado, eram pontos que mereciam diferentes interpretações do Executivo português e das autoridades vaticanas. Donde, a sua rápida regulamentação talvez fosse mais útil para o Governo de Salazar do que um arrastamento do processo, que podia propiciar interferências indevidas da Igreja ou do Estado na esfera de jurisdição alheia e, assim, gerar atritos.

Quanto às autoridades religiosas, o que se observou sugere que terão receado um afastamento dos princípios inspiradores do texto concordatário, bem como uma hiper-regulamentação legislativa que, propiciando uma excessiva intervenção da Administração Pública, fosse um meio de compressão da *libertas ecclesiae*.

Depois de se ter estudado, no ponto 4.2 deste trabalho, a regulamentação dos preceitos concordatários sobre o casamento, verifica-se seguidamente o que se dispôs sobre os bens da Igreja, situando historicamente o problema desse património. Os elementos críticos que se podem extrair deste caso ajudam a completar a caracterização das relações entre o Estado e as autoridades religiosas, vaticanas e portuguesas, para dois períodos distintos: os anos que antecederam a assinatura da Concordata, entre 1926 e 1940, e alguns anos da sua execução (1940-1953).

5.1. O problema do património da Igreja Católica (1910-1926): a passagem da propriedade para o Estado e a distribuição dos bens pelos serviços públicos

O património da Igreja Católica foi alvo das primeiras medidas do I Governo Provisório, após a implantação da República em 1910.

A CONSTRUÇÃO INSTITUCIONAL DA POLÍTICA RELIGIOSA (1933-1974)

Através do decreto de 8 de Outubro de 1910, o chefe do I Governo Provisório, Afonso Costa, determinou o confisco dos bens das congregações religiosas surgidas em Portugal depois de 1834 (ano em que a Coroa incorporara na Fazenda Nacional os bens das ordens religiosas suprimidas nessa data). Poucos meses depois, por meio da Lei de Separação do Estado das Igrejas, o poder político declarou que todos os bens imobiliários e mobiliários das Igrejas passavam a ser propriedade do Estado. Embora todas as confissões religiosas estabelecidas no País tivessem sido afetadas por tal determinação do decreto de 20 de Abril de 1911, a deliberação foi particularmente lesiva para a Igreja Católica, pela extensão do património que então possuía. De resto, pode considerar-se que o legislador, com tal medida, que se inseria no âmbito da imposição de um programa laicista à sociedade, visou afetar, sobretudo, a Igreja Católica, procurando, também por essa via, o enfraquecimento das suas estruturas pastorais.

Cerceada a autonomia patrimonial daquela instituição eclesial, as autoridades religiosas nacionais e vaticanas ofereceram, durante todo o regime republicano, resistência àquelas resoluções impostas pelo Estado[132], num esforço que acompanhou a estratégia mais vasta de combate à Lei de Separação, com o objetivo de alcançarem a reposição do que consideravam ser as liberdades e os direitos da Igreja. Todavia, as pressões do episcopado nacional e da Santa Sé sobre o poder político, para reaver bens eclesiásticos, de pouco resultaram. Na chefia de vários Ministérios, Afonso Costa desenvolveu uma ampla atividade distributiva daqueles bens por serviços do Estado, onde foram instalados vários serviços públicos. Os vários Governos praticaram ainda a venda e arrendamento de bens eclesiásticos feitos a instituições e particulares, em operações que suscitaram dúvidas quanto à legalidade de que se revestiam. Alguns desses casos motivaram denúncias de parlamentares e interpelações aos Executivos, na Câmara dos Deputados

---

[132] Cf. Maria Lúcia de Brito Moura, A «Guerra Religiosa» na I República. Lisboa, 2.ª ed. revista e aumentada..., pp. 345- 364. A autora alerta também para reações de contestação aos arrolamentos dos bens eclesiásticos, realizados por comissões concelhias de inventário, assumidas por sacerdotes e comunidades paroquiais, sobretudo em zonas rurais do Norte do País. As autoridades civis consideravam que tais ações populares configuravam rebeliões e, nalguns casos, infligiram castigos a párocos.

e no Senado, contudo, sem tais censuras merecerem aprovação. Até ao sidonismo, foram muito raros os casos de devolução de templos a irmandades, sendo que, só depois de 1918, se registou uma devolução significativa de igrejas às corporações encarregadas do culto, com permissão de aí cultuarem[133].

Um relatório da Comissão Jurisdicional dos Bens Cultuais, datado de 1941, fornece algumas informações úteis ao conhecimento do que foi a administração dos bens da Igreja que se encontravam na posse do Estado, pela Comissão Central de Execução da Lei de Separação, entre 1911 e 1926. Aí se lê que as comissões concelhias encarregadas de fazer os arrolamentos dos bens demoraram a constituir-se. Em 10 de Junho de 1913, «em grande parte dos concelhos do País as Comissões nem sequer funcionavam e outras nenhum cuidado e atenção dispensavam ao exercício das suas funções, não apresentando sequer relatórios da sua administração». Com efeito, a 31 de Março daquele ano, em 759 freguesias ainda não existiam ou não estavam concluídos os arrolamentos. Em distritos como Bragança, Angra do Heroísmo, Horta e Ponta Delgada, a maior parte das freguesias não chegara a fazer o inventário. Nessas circunstâncias, «no 1.º ano de gerência [da Comissão Central], o rendimento cobrado foi diminuto, tendo-se arrecadado receitas apenas em 50 concelhos, quando o seu total era de 295, sendo superior a 150 o número daqueles onde existiam bens a administrar». Em 30 de Junho de 1916, existiam 180 freguesias sem inventários, número que baixou para 129 em 1922. Em 1926, não tinham arrolamentos realizados 84 freguesias dos concelhos de Angra do Heroísmo, Velas, Águeda, Serpa, Mirandela, Alcoutim, Marco de Canavezes, Vila Nova de Ourém e Murça. À passagem dos anos, o rendimento cobrado aumentou significativamente. Depois de no ano económico de 1911-1912 se ter atingido 32.784$67 de receitas, em 1912-1913 esse número elevou-se para 133.799$11, em resultado de «um intenso e profícuo esforço administrativo». Posteriormente a 1914-1915 e até 1919-1920, «essas receitas estabilizaram à volta de 180 contos, subindo numa proporção crescente

---

[133] Cf. João Seabra, *O Estado e a Igreja em Portugal no início do século XX. A Lei de Separação de 1911...*, pp. 168-169; Luís Salgado de Matos, *A Separação do Estado e da Igreja...*, pp. 388-391; Maria Cândida Proença, *A Questão Religiosa no Parlamento*, vol. II..., pp. 66-70.

a partir deste último ano por circunstâncias ligadas à desvalorização da moeda e à gradual normalização e aperfeiçoamento da ação administrativa da Comissão Central». Até 1926, as receitas atingiram um total de 6.509.653$71. As receitas tinham «uma dupla proveniência: parte resultava do distrate de capitais mutuados, legados, indemnizações por cedências de prédios e materiais de construção, venda de mobiliário e utensílios desnecessários ao culto e capitais em depósito [...]; a restante parte correspondia a rendimentos propriamente ditos [...]». Quanto às desamortizações de bens, templos e domínios diretos definitivamente incorporados na fazenda pública, o seu valor foi, entre 1914-1915 e 1926-1927, de 7.171.149$75. Sobre os títulos de crédito, em 30 de Junho de 1926, o seu valor era de 13.304.450$00. Além destes títulos, a Comissão Jurisdicional dos Bens Cultuais tinha ainda outros títulos que perfaziam um valor de 2.204.050$00. Além das atividades associadas a estes rendimentos, a Comissão fez ainda 556 cedências de bens para «fins de utilidade social»[134].

5.2. Condicionantes sobre as devoluções de bens à Igreja Católica (1926-1940)

Durante o período da Ditadura Militar, o poder político, na lógica de favorecer uma aproximação entre o Estado e a Igreja Católica, de modo a recolher o apoio dos católicos para aquele projeto político, criou uma nova moldura normativa jurídica que facilitou a devolução à instituição eclesial de bens que lhe pertenciam.

Através do decreto n.º 11 887 de 15 de Julho de 1926 admitiu-se a entrega às corporações encarregadas do culto católico, consideradas competentes, em uso e administração, dos bens destinados a fins cultuais e ainda não aplicados a serviços de utilidade pública (art. 10.º). Essa entrega ficava condicionada à apresentação de um requerimento dos representantes daquelas corporações, que deveria ser submetido

---

[134] Cf. PT/AHSGMJ/CJBC/Gabinete do Ministro/Iniciativas Legislativas/02/03, Proc. 3: «Relatório da administração dos bens cultuais de 1911 a 1938», datado de 1939.

aos serviços competentes dentro de dois anos a contar da data de 15 de Julho de 1926 (art. 11.º e § 1.º desse art.). As corporações podiam ainda adquirir bens que se destinassem a fins cultuais (essas aquisições importavam a edifícios para neles se instalarem igrejas, seminários e residências dos ministros da religião e ainda cercas e quintas anexas aos seminários). Podiam também dispor deles e administrá-los nos mesmos termos que as associações ou corporações perpétuas (arts. 1.º e 2.º). Para fins cultuais, podiam dispor das quantias para eles legitimamente adquiridas (art. 8.º). Tinham, contudo, a obrigação de apresentar as contas da sua gerência à autoridade administrativa, no fim de cada ano económico (§ 1.º do art. 8.º). Às corporações encarregadas do culto era facultada a possibilidade de pederem a posse judicial dos bens detidos pela anterior corporação, embora a essa posse não fosse possível deduzir embargos (art. 7.º e § 2.º desse art.). As corporações com individualidade jurídica e particulares podiam ainda, 60 dias após a publicação do decreto em causa, reclamarem sobre a propriedade dos bens a que se referia o art. 62.º do decreto de 20 de Abril de 1911, e que ainda se conservassem na posse do Estado ou de qualquer corpo administrativo (art. 9.º). Porém, a sua desafetação ficava dependente de não se encontrarem aplicados a fins cultuais durante dois anos. A mesma era declarada por sentença judicial feita à prova do não exercício (art. 13.º e § 1.º desse art.). Quanto aos edifícios considerados monumentos nacionais continuavam sujeitos ao regime do art. 7.º do decreto n.º 3856 de 23 de Fevereiro de 1918 (art. 12.º). Os objetos destinados ao culto que se encontrassem incorporados em algum museu podiam ser cedidos para as cerimónias de culto, no templo a que pertenciam, desde que guardados na mesma localidade (art. 14.º). Os templos e os objetos neles contidos permaneciam isentos de contribuições gerais ou locais, enquanto se isentavam também os seminários de contribuição industrial (art. 16.º). Os bens que estivessem na posse do Estado e que não se incluíssem no art. 8.º, e que estivessem sob a administração da Comissão Central da Lei de Separação (que o diploma determinava que se passasse a chamar Comissão de Administração dos Bens que pertenciam às Igrejas), deveriam ser vendidos em hasta pública pela Comissão e o produto dessas vendas depositado na Caixa Geral de Depósitos (CGD) para ser convertido em títulos de dívida pública (art. 21.º). Estipulava-se que o rendimento desses títulos se aplicava, em primeiro lugar, aos serviços jurisdicionais e tutelares de menores e, em seguida, a serviços prisionais e de assistência, dependentes do Ministério da Justiça e dos Cultos (art. 23.º)[135].

Alguns meses depois, o decreto n.º 12 587,de 2 de Novembro de 1926 atualizava procedimentos: fixava que seriam alienados pela Comissão Jurisdicional dos Bens Cultuais (nome pela qual, segundo o art. 1.º do diploma, passava a designar-se Comissão de Administração dos Bens que pertenciam às Igrejas) os «bens, domínios diretos, domínios úteis, outros direitos ou valores na posse do Estado», não incluídos no art. 10.º do decreto n.º 11 887. O produto dessa alienação deveria ser depositado na CGD, para ser convertido em títulos da dívida pública (art. 3.º). Àquela comissão incumbia promover a inscrição do «registo predial, em nome do Estado, de todos os bens, foros e outros direitos ainda não alienados, mas a ele sujeitos (§ 3.º do art. 3.º). Quanto aos «bens, foros e outros direitos da proveniência», ainda não desamortizados e na posse do Ministério das Finanças, determinava-se que regressavam à posse da Comissão Jurisdicional dos Bens Cultuais (art. 4.º). As propriedades entregues às corporações encarregadas do culto nos termos do art. 10.º do decreto n.º 11 887, continuavam sujeitas ao disposto na segunda do art. 110.º da Lei de Separação, isto é, os seus ocupantes continuavam obrigados a efetuar diretamente a guarda dos edifícios e a satisfazer os seguros e as despesas de conservação de que eles carecessem, sob pena de serem retirados do seu poder (art. 8.º). No caso de propriedades que estavam arrendadas a particulares, os contratos de arrendamento caducavam no fim do ano agrícola ou civil em que se efetuasse a alienação, a aplicação das propriedades a serviços de utilidade pública ou a entrega às corporações encarregadas do culto (§ único do art. 9.º)[136].

Importante foi ainda a medida tomada em 1929, pelo decreto n.º 17372 de 26 de Setembro, que fixou que a entrega dos bens referidos no art. 1.º do decreto n.º 11 887, que estivessem arrendados, fosse feita com «efetivo despejo de quem os estiver ocupando», logo que tivessem

---

[135] Cf. *Diário do Governo*, I Série, n.º 152: Decreto n.º 11 887 de 15 de Julho de 1926.

[136] Cf. *Diário do Governo*, I Série, n.º 246: Decreto n.º 12 587 de 2 de Novembro de 1926.

caducado os arrendamentos (art. 4.º). Estipulava-se que cabia ao administrador do concelho executar essa determinação.

A pesada burocracia que envolvia os processos administrativos estabelecidos para a entrega de bens às corporações encarregadas do culto católico, obrigou o legislador, logo a partir de Julho de 1928, a rever os prazos para determinados atos. Por exemplo, foram várias as sucessivas prorrogações, por períodos de um ano (até 1929) e de seis meses (em 1930 e 1931), das datas previstas para a submissão do requerimento exigido às corporações encarregadas do culto que pretendessem recuperar bens destinados a fins cultuais (§ 1.º do art. 11.º do decreto n.º 11 887)[137].

As dilatações de tempo introduzidas por estes diplomas explicam-se à luz da morosidade que afetava a máquina administrativa responsável pelos bens eclesiásticos e que tinha origem em diversos fatores. Desde logo, induziram perturbação algumas das reestruturações levadas a cabo na organização do Ministério da Justiça, depois do 28 de Maio. Por exemplo, a que originou a Comissão Jurisdicional dos Bens Cultuais, fruto da fusão entre a Comissão Jurisdicional dos Bens das Extintas Congregações e a Comissão Central de Execução da Lei da Separação. Tal medida, obrigando à revisão de atribuições daqueles órgãos e a uma definição de competências para a nova estrutura, conduziu necessariamente à publicação de novos critérios processuais e a demoras de incrementação, entre o funcionalismo encarregado da sua aplicação. Outro fator, causador de lentidão entre o aparelho administrativo, prendeu-se com a dificuldade das comissões concelhias de inventário de realizarem nos prazos previstos os arrolamentos e organizarem o cadastro de todos os bens arrolados. Por fim, também contribuíram para gerar atrasos, as dificuldades com que muitas corporações encarregadas do culto se confrontaram de fazer prova da propriedade dos bens que reclamavam para uso e administração, sobretudo, o que não era raro, quando não tinham documentação que o comprovasse.

---

[137] Cf. *Diário do Governo*, I Série, n.º 161: Decreto n.º 15 727 de 16 de Julho de 1928; n.º 242: Decreto n.º 18 932 de 17 de Outubro de 1930; n.º 140: Decreto n.º 19 905 de 19 de Junho de 1931.

É importante sublinhar que o movimento de devolução de bens à Igreja que estavam na posse do Estado e dos corpos administrativos, posto em marcha em 1926 e nos anos subsequentes, foi feito sob critérios diferentes daqueles que, no sidonismo, tinham permitido as restituições de alguns templos ao culto. Com efeito, em 1918, tais bens não haviam sido entregues em uso e administração às corporações encarregues do culto, nem se lhes reconhecera a propriedade desses templos, que deveriam voltar à posse dos seus proprietários uma vez extinta a corporação à qual tivessem sido cedidos (art. 5.º e § único desse mesmo artigo do decreto n.º 3856 de 23 de Fevereiro de 1918).

Todavia, apesar da evolução registada depois de 1926, o Estado não deixou de manter, e até de agravar, uma atitude centralista e tutelar em torno dos bens da Igreja, tanto sobre aqueles que lhe estavam entregues em uso e administração, como na gestão do património que estava na sua posse e na dos corpos administrativos.

Esse comportamento de vários Executivos conduziu a que as autoridades religiosas protestassem a propósito de alguns dos atos governamentais sobre os bens da Igreja, praticados até 1940.

Logo em 3 de Dezembro de 1926, numa representação dirigida ao Presidente da República, o episcopado pronunciava-se em termos muito críticos sobre o decreto n.º 11 887, lamentando que não se concedesse «à Igreja cousa alguma na estrita aceção do termo», pois só lhe era concedido «o uso do que era dela» e «mesmo nestas condições restitui muito pouco». Entre as reclamações apresentadas pelos bispos, com o objetivo de ver extirpadas as disposições que consideravam mais humilhantes naquele diploma, registavam-se os pedidos: «1.º – Que as corporações do culto possam adquirir quintais para os Párocos que não os não tenham (art. 1.º); [...] 3.º Que constituída a corporação do culto, se considerem desde logo, e sem mais formalidades, entregues à mesma corporação as igrejas, capelas e suas dependências e alfaias (art.º 10)»[138]. Anos mais tarde, provocou indignação entre os prelados uma iniciativa do ministro da Justiça, José de Almeida Eusébio, a por-

---

[138] Cf. Arquivo particular de José Maria Braga da Cruz, UI 8/8.7: «Representação dos Prelados portugueses ao Senhor Presidente da República [datada de 3 de Dezembro de 1926]». Sobre o alcance deste documento episcopal na relação institucional dos bispos com o Governo da Ditadura Militar, consulte-se: Luís Salgado de Matos, , *Um*

taria n.º 7924 de 19 de Fevereiro de 1932, que obrigava as corporações encarregadas do culto a «segurar pelo seu valor real contra risco de incêndio» os «templos, suas alfaias e casas destinadas aos ministros» do culto, que lhes estavam entregues ou que viessem a estar na sua posse[139]. O seguro deveria ser feito em nome do Estado. A responsabilidade, contudo, recaía sobre as corporações, caso não remetessem no prazo marcado a apólice do dito seguro, não pagassem o prémio do seguro ou segurassem o bem por quantia inferior ao seu valor real. Era obrigatório o envio do recibo do pagamento do prémio do seguro à Direção Geral da Justiça e dos Cultos[140].

Dois membros do episcopado mostraram preocupação ao cardeal Cerejeira quanto ao impacto de tal medida sobre as finanças daquelas corporações. Em 25 de Fevereiro, D. Manuel da Conceição Santos escreveu ao bispo de Lisboa: «Viu a portaria do ministro da Justiça [...]? Estes senhores Ministros Católicos são impagáveis. [...] Já hospedámos idêntica exigência feita no tempo do Manuel Rodrigues; agora aí o temos de novo pela proa. Que fazer? Ouso lembrar que talvez uma intervenção particular e discreta de Vossa Eminência possa chamar o ministro à realidade. Seja como for nós é que não podemos aceitar semelhante imposição. O argumento utilizado é maquiavélico, pois o Estado não segura os seus bens. E nós é que lhos havemos de segurar?». Alguns dias depois, também D. Marcelino Maria Franco sugeria ao patriarca que na Conferência Episcopal se tratasse do «assunto urgente do seguro dos templos e bens entregues às corporações do culto ultimamente ordenada pelo Governo». Confidenciava ainda: «Na minha diocese, em qualquer das paróquias, não é possível obter dos fiéis meios para pagamento dos prémios do seguro. Nestas circunstâncias terão de

---

Estado de Ordens Contemporâneo – A Organização Política Portuguesa, vol. II..., pp. 753-754.

[139] Cf. PT/AHPL/ACC/E/02/01/280: carta do arcebispo de Évora dirigida ao cardeal Cerejeira, em 25 de Fevereiro de 1932; PT/AHPL/ACC/D/01/01: carta do bispo de Faro dirigida ao cardeal Cerejeira, em 4 de Março de 1932.

[140] Cf. PT/ACMF/Arquivo/CJBC/LEGIS/046: modelo de circular dispondo sobre a execução da portaria n.º 7294 de 22 de Fevereiro de 1932, datada de 23 de Fevereiro de 1932, remetida pelo diretor geral da Direção Geral da Justiça e dos Cultos aos governadores civis de distrito.

dissolver-se as corporações do culto para que não venham recair sobre os seus membros essas responsabilidades, que a Portaria lhes atribui. De resto, repugna-me que tais seguros se façam, passando-se a apólice em nome do Estado, o que será praticamente reconhecê-lo como proprietário dos ditos bens. E não vejo que a outras corporações se imponham encargos desta ordem, como se impõem às do culto, depois do mesmo Estado, se haver açambarcado dos bens e rendimentos que pertenciam à Igreja». Publicamente, as críticas da hierarquia eclesiástica à portaria n.º 7924 fizeram-se ouvir através do Centro Católico Português[141]. Menos de um mês depois, Almeida Eusébio cedia às pressões e anulava aquele diploma, pela portaria n.º 7302 de 12 de Março.

Incómoda para as autoridades religiosas era ainda uma circular do Ministério da Justiça, datada de dia 22 daquele mesmo mês, pedindo aos bispos que dessem conhecimento aos párocos da sua diocese de que, «quando os objetos arrolados como propriedade do Estado estão confiados às corporações encarregadas do culto católicos, em uso e administração, essa entrega não lhes confere o direito, que só ao mesmo Estado pertence, de dispor desses bens, trocando-os ou alienando-os por qualquer forma». No caso de se impor a substituição desses objetos, deveria a corporação solicitar àquele Ministério autorização para tanto. Com tal medida, o Ministério pretendia garantir «a conservação integral do património da Nação», impedir que tais obje-

---

[141] Tecendo alguns comentários à portaria n.º 7294, o presidente do CCP, António Lino Neto, no jornal *A União*, usando o pseudónimo de Otten, escrevia: «[...] aparece agora uma portaria do sr. Ministro da Justiça a impor mais um penoso encargo aos católicos à conta da altíssima concessão que representa a sobredita cedência [dos templos às corporações encarregadas do culto]. Enquanto essa cedência não foi feita, nunca o Estado se lembrou do risco de incêndio que corriam esses bens e só agora que tão avaramente os cedeu aos católicos é que quer ainda fazer vincar mais a sua pouca generosidade [...] Aos católicos que, pessoalmente ou por intermédio das suas corporações encarregadas do culto podem adquirir igrejas, não convém de forma alguma estar a pagar prémios elevados de seguros por bens que amanhã lhes podem ser tirados, tanto mais que nada lhes garante, na hipótese dum sinistro, a entrega da indemnização devida». Acrescentava que esperava que «ponderada a razão que nos assiste, retire [o ministro da Justiça] a portaria com o que só se dignificará a si e à Ditadura.» (Cf. *A União. Órgão oficial do Centro Católico Português e Revista de Documentação*, Abril de 1932, n.º 249, p. 238).

tos fossem «adquiridos por estrangeiros que disso fazem uma inconfessável indústria», e «evitar sanções civis e criminais» sobre os párocos. A circular surgira porque era com «relativa frequência» que ao Ministério chegavam notícias, «quer por intermédio das autoridades administrativas, quer por denúncia, de que tal ou tal pároco alienou paramentos ou alfaias, que, embora deteriorados, na maioria dos casos representam grande valor pelo seu merecimento artístico, histórico ou arquitetónico»[142].

Algum tempo depois, rumores sobre uma nova contribuição a lançar pelo Executivo sobre as corporações encarregadas do culto pelos passais ou quintais e casas de residência entregues àquelas pelo Estado, voltaram a causar sobressalto entre alguns bispos[143]. Com pouco agrado foi também recebida, em 1936, a instrução governamental que exigia a afixação de placas com os dizeres «Património do Estado» nos bens imóveis entregues às corporações encarregadas do culto e às irmandades[144].

Polémica para a hierarquia eclesiástica foi ainda uma circular da Comissão Jurisdicional dos Bens Cultuais, publicada a dois meses da assinatura da Concordata, onde se ordenava a «organização do cadastro geral dos "bens que são propriedade do Estado e, em seu poder, por virtude do decreto-lei de 20 de Abril de 1911, abrangendo tanto aqueles que se encontram sob a administração das comissões administrativas dos bens cultuais, como dos que estão entregues ou cedidos, em uso ou administração ou a título precário, a corporações encarregadas do culto e a serviços do Estado ou dos corpos e corporações administrativas"». O teor do documento oficial e a sua referência à Lei de Separação causaram mal-estar no episcopado. Para os prelados colocava-se o problema de cooperarem «com uma lei expressa e solenemente condenada pela Igreja, visto que os párocos são chamados a dar informações».

---

[142] Cf. *A União. Órgão oficial do Centro Católico Português e Revista de Documentação*, Agosto de 1932, n.º 253, pp. 305-306.

[143] Cf. PT/AHPL/ACC/D/01/01/019/09: nota manuscrita do arcebispo de Braga dirigida ao cardeal Cerejeira, sem data.

[144] Cf. PT/AHPL/ACC/D/01/02/050: carta do sacerdote Carneiro de Mesquita enviada aos membros do episcopado, datada de 24 de Novembro de 1936.

Não tendo obtido de Salazar esclarecimento que considerasse conveniente sobre aqueles dois pontos, o patriarca de Lisboa chegou a convocar os bispos metropolitanos para definir que instruções dar aos sacerdotes. Nessa reunião estabeleceu-se que os párocos: 1.º) deviam fazer «declaração de princípio que, tendo sido o Decreto-Lei de 20 de Abril condenado solenemente pelo Santo Padre Pio X, de santa memória não podiam reconhecer o direito ao Estado sobre os bens inventariados»; 2.º) «nas declarações a prestar só deviam mencionar os bens que tinham sido já entregues às corporações encarregadas do culto e os que, não o tendo ainda sido, tinham sido já pedidos ao Ministério da Justiça»; 3.º) «que não tinham que ser declarados os bens na posse das corporações que não foram entregues pelo Estado, qualquer que tenha sido a sua proveniência, como compra, doação, etc.»[145].

Tentando encontrar uma explicação para aquela determinação da autoridade pública, o cardeal Cerejeira julgou que as dificuldades que naquele momento se colocavam nas negociações concordatárias tinham «mal inspirado» o presidente do Conselho[146]. Num espaço de

---

[145] Cf. PT/AHPL/ACC/D/01/02/064: cópia de circular confidencial enviada pelo cardeal Cerejeira aos bispos, com data de 16 de Março de 1940. O patriarca explicava que apenas convocara os prelados metropolitanos porque a urgência nas orientações a dar aos párocos não permitia esperar que fosse possível reunir a assembleia plenária do episcopado.

[146] Essa mesma hipótese colocava o cardeal patriarca num rascunho de carta a dirigir a Salazar, acrescentando que tais dificuldades não autorizavam o governante a «esquecer a generosidade com que a Santa Sé te fez concessões que não fizera ainda a outros; e que nos primeiros tempos também não tiveste com ela as atenções de que te queixas agora, deixando-me mal colocado a mim». Nesse esboço de carta, o bispo de Lisboa começava por registar que ainda não estava refeito «da tristeza e do espanto que me causou a tua resposta ao CM [Carneiro de Mesquita] esta manhã». O prelado confessava que, por aquele intermediário, lhe enviara a circular da Comissão Jurisdicional dos Bens Cultuais «na esperança de que explicasses as razões que nos permitissem colaborar com ela, para o bem e a paz comum». Mas, segundo soubera, o chefe do Governo falara «duma maneira que excluía explicações, no cumprimento exato da lei, sem mais cuidar de favorecer a Igreja». O cardeal Cerejeira revelava a sua perplexidade: «Tu és filho da Igreja e estás obrigado ao respeito das suas leis, como eu. E não sei eu, melhor talvez que ninguém, como tu crês nela e a amas? Como cristão tu não podes, nem queres com certeza, (tanto mais que nenhuma reclamação ou interesse público o exigem), que o teu governo seja o executor duma lei iníqua, que

poucos meses, aquela era a segunda situação desagradável que o poder civil criava em volta dos bens da Igreja. A primeira fora originada pela publicação de um diploma «que permitia a alienação dos foros eclesiásticos», sendo que, sublinhava Cerejeira, tinha sido «deselegante dispor antecipadamente daquilo sobre que se negociava»[147].

Contudo, dois dias depois de ter comunicado aos párocos aquelas instruções, o patriarca dirigiu-se aos membros do episcopado com nova informação. Esclarecia que as declarações que poderiam vir a ser pedidas aos sacerdotes pela autoridade pública não eram obrigatórias, devendo ser solicitadas verbalmente, «sem coação nem sanção», pelo que «assim não haverá, muitas vezes, lugar a fazer a declaração de princípio» que se estipulara anteriormente. Explicava que a medida se destinava a «organizar o cadastro geral dos bens que estavam na posse da Igreja até à Lei de Separação, e não foram alienados, e muitos deles andam perdidos e usurpados por particulares ou corporações e corpos administrativos, sem permissão da Igreja e conhecimento do Estado», donde «poderá haver vantagem, na hipótese dum futuro arranjo do Estado com a Igreja, em que tais bens, que abusivamente andam extor-

---

revolta a consciência até de muitos que não eram católicos. Como homem público, tu não podes, nem queres com certeza, dar a tua solidariedade à lei mais revoltante do Afonso Costa. [...] Se tal sucedesse, eu sofreria mais por ti ainda que pela Igreja. As migalhas sonegadas que lhe foram agora extorquidas não lhe fariam grande falta na sua pobreza. Mas fariam muito mal à tua consciência e à tua memória. Não sei se escaparias às censuras cominadas contra os espoliadores de bens eclesiásticos. [...] Não, António. Compreendo que tenhas sofrido grandes desilusões dos homens da Igreja, no alto cargo que a Providência te chamou, e onde tens sido tão grande. Mas não te deixes abater por elas, sendo inferior ou renegando-te a ti mesmo.» (Cf. PT/AHPL/ACC/J/01/031: rascunho de carta do cardeal Cerejeira para Salazar, datada de 25 de Fevereiro de 1940).

[147] Esse episódio, notava o cardeal patriarca fizera-o sofrer «vivamente na minha amizade por ti e no meu amor pela Igreja. Mas tu não me ouviste uma queixa [riscado]. Pareceu-me que encarregavas a alma permitindo a alienação definitiva de bens, que na tua própria consciência não podes deixar de considerar como pertencentes à Igreja, em quanto esta a eles não renuncie. [...] Mas calei-me, com perigo de parecer menos zeloso dos direitos de Deus, por saber da pureza das tuas intenções e da sinceridade do teu amor à Igreja. Que irão pensar do Estado Novo que se diz defensor da civilização cristã?» (Cf. PT/AHPL/ACC/J/01/031: rascunho de carta do cardeal Cerejeira para Salazar, datada de 25 de Fevereiro de 1940).

quidos à Igreja, sejam declarados». A mudança de posição do prelado faz supor que, entretanto, obtera do presidente do Conselho novas informações sobre as razões daquele diploma da Comissão Jurisdicional dos Bens Cultuais, clarificando-se que a medida se destinava a solucionar um problema burocrático e que se inscrevia no processo de preparação da Concordata, tendo sobretudo em vista a regulamentação que aquele acordo com a Santa Sé exigia uma vez concretizado (como adiante se verá)[148].

Entre 1926 e 1940, os processos de entrega de bens (para uso e administração), originados por pedidos das corporações encarregadas do culto, foram prejudicados por uma complexa situação legislativa e burocrática que dificultava o seu correr.

Na realidade, aconteceu muitos desses processos ficarem parados por falta dos respetivos arrolamentos (sem os quais a entrega não podia ser apreciada), sendo que, em muitos casos, tal se registava por dificuldades de deslocação das sedes dos concelhos dos membros das comissões de inventário. Na tentativa de solucionar esse problema, o ministro Almeida Eusébio determinara, através da portaria n.º 7130 de 15 de Junho de 1931, a constituição de novas comissões que, a nível de freguesia, ficavam responsáveis por fazer os arrolamentos que aí não tivessem sido realizados. Essas comissões eram compostas pelo juiz de paz, pelo seu escrivão e pelo regedor da freguesia e cabia-lhes efetuar os arrolamentos depois de serem oficializadas nesse sentido pela Comissão Jurisdicional dos Bens Cultuais[149]. A medida não alcançou os resultados esperados e a própria Comissão Jurisdicional dos Bens Cultuais, em Fevereiro de 1934, informou o ministro da Justiça de que continuavam a subsistir problemas «na arrecadação dos rendimentos dos bens», porque «há arrolamentos incompletos e até alguns, mesmo, [que] nunca chegaram a fazer-se. Há foros insuficientemente destrinçados e outros em risco de se perderem por falta de pagamento. Há objetos de alto valor histórico ou artístico que, por falta de rigorosa e hábil descrição, que permita a todo o tempo identificá-los, estão na

---

[148] Cf. PT/AHPL/ACC/D/01/02/064: cópia de circular confidencial enviada pelo cardeal Cerejeira aos bispos, com data de 18 de Março de 1940.

[149] Cf. PT/ACMF/Arquivo/CJBC/LEGIS/018: portaria n.º 7130, de 15 de Junho de 1931.

iminência de serem delapidados ou, quando menos, substituídos por outros de nulo valor»[150].

Algumas dificuldades advinham também da sobreposição de providências legislativas, que acabavam por causar indecisões à estrutura burocrática, tornando, por vezes, necessários sucessivos novos despachos, esclarecedores dos princípios orientadores. Particularmente complicadas foram as situações que envolviam bens de raiz, pelas sucessivas prorrogações legislativas dos prazos nas ações e nas reclamações, pelas ações pendentes em tribunais, pela difícil identificação dos mesmos nos inventários (feitos com critérios que haviam variado ao longo do tempo e em função das orientações que as comissões concelhias haviam seguido por sua autorrecriação) ou ainda por «dificuldades provenientes de sonegações (sobretudo dos direitos enfitêuticos)». A questão não era nova já que, desde 1911, sempre fora mais fácil tratar do destino de títulos de dívida pública, ações, etc., – aliás, «a maior soma dos valores arrolados» – liquidados e incorporados na fazenda pública[151].

Surgiram ainda conflitos com a aplicação prática do art. 7.º do decreto n.º 11 887, a propósito da reclamação que algumas corporações encarregadas do culto fizeram da «posse judicial dos bens detidos pela anterior corporação». O problema estava na possibilidade daquelas corporações reaverem património, que o Estado já tivesse cedido ou que era gerido por outro tipo de corporações, consideradas de assistência (como irmandades, confrarias, misericórdias, etc., as quais podiam ter ou não culto privado). Perante a perda de património, essas entidades de assistência alegavam dificuldades em continuar a prestar serviços ou, no limite, até em sobreviver. Ao ministro da Justiça e dos Cultos foram levados protestos vários, por parte de quem se sentia lesado. Solicitava-se que a posse judicial dos bens só pudesse ser reclamada pelas corporações encarregadas do culto sobre «bens cedidos pelo Estado, para fins cultuais», na freguesia a que pertenciam aque-

---

[150] Cf. PT/ACMF/Arquivo/CJBC/Contas de Gerência/02.02/1: ofício da Comissão Jurisdicional dos Bens Cultuais dirigido ao ministro da Justiça e dos Cultos, datado de 23 de Fevereiro de 1934.

[151] Cf. PT/ACMF/Arquivo/CJBC/LEGIS/042: parecer n.º 7454 da Comissão Jurisdicional dos Bens Cultuais, datado de 13 de Outubro de 1933.

las corporações; excluindo-se a possibilidade de ser pedida posse «de todos os bens, cultuais ou não, que sejam de anteriores corporações»[152].

Até ao momento da extinção da Comissão Jurisdicional dos Bens Cultuais, determinada pelo decreto-lei n.º 30 615 de 25 Julho de 1940, foi difícil ao próprio Estado fornecer uma relação dos bens que tinham estado na sua posse e que tinham sido cedidos. Apenas em 1943, foram revelados alguns dados relativos às cedências de bens feitas, entre 1911 e 1940, pelo Estado: a) para «liceus e escolas», 296 bens; b) para «quartéis e repartições públicas», 173 bens; c) para «assistência e hospitais», 28 bens; d) para «melhoramentos públicos», 229 bens; e) para «fins sociais», 10 bens; f) para «construções de igrejas», 3 bens; g) para «museus e bibliotecas», 20 bens; h) para fins «diversos», 37, bens. De acordo com aquela Direção Geral, «as indemnizações correspondentes a estas cedências, quando feitas a título de venda, perfizeram o total de 1.859.975$66,1». Porém, naquele ano de 1943, sobre «as vendas relativas aos bens cedidos a título de arrendamento», explicava-se que não podiam «ser indicadas, sem um longo e minucioso trabalho de apuramento, visto a sua importância estar confundida no volume das receitas gerais»[153].

---

[152] A distinção entre corporações encarregadas do culto e corporações de assistência era assumida pelo próprio legislador, que no decreto n.º 11 887 tinha admitido «a forma de constituição de corporações encarregadas do culto, reguladas no decreto de 22 de Fevereiro de 1918 (arts. 3.º e 5.º), e ainda a distinção estabelecida anteriormente entre corporações exclusivas do culto católico e corporações de assistência, porventura com o seu culto privado». Essa distinção fazia com que o legislador entendesse ainda existirem três espécies de bens: «a) bens de natureza cultual pertencentes ao Estado, nos termos dos art. 62.º e seguintes da Lei de 20 de Abril de 1911; b) bens de natureza cultual pertença particular de corporações com individualidade jurídica (irmandades, confrarias, misericórdias, etc), referidos art. 62.º e seguintes; c) bens privativos das referidas corporações [encarregadas do culto]» (Cf. PT/ACMF/Arquivo/CJBC/LEGIS/015: ofício dirigido ao ministro da Justiça, dando conta dos conflitos surgidos com a aplicação do decreto n.º 11 887, sem data).

[153] Cf. PT/ACMF/Arquivo/CJBC/LEGIS/005: parecer sobre projeto de decreto-lei [futuro decreto-lei n.º 33 100 de 28 de Setembro de 1943], sem autoria reconhecível e sem data.

5.3. A regulamentação das normas concordatárias sobre os bens eclesiásticos: vantagem para o Estado

O decreto-lei n.º 30 615 de 25 de Julho de 1940 que regulamentou os preceitos da Concordata que se ocupavam dos bens da Igreja apostava na simplificação burocrática para facilitar a entrega dos bens cuja propriedade fosse reconhecida à Igreja. Segundo aquele diploma, essa entrega podia ser feita às associações e organizações a que se referiam os arts. III e IV da Concordata, mediante prévio requerimento e dispensava-se a organização de processo (art. 43.º). Ainda nessa linha os bens que tivessem sido entregues em uso e administração às corporações encarregadas do culto eram considerados entregues, independentemente de qualquer formalidade (art. 44.º). Aceitava-se que pudessem ser transferidos para a Igreja, pelos respetivos possuidores, bens que àquela se destinassem, independentemente do pagamento de sisa e de imposto sobre doações e sucessões, desde que não se encontrassem na posse do Estado e a sua transferência fosse requerida no prazo de seis meses a contar da data da troca das ratificações da Concordata (art. 49.º).

Extinguia-se a Comissão Jurisdicional dos Bens Cultuais, fazendo transitar as atribuições exercidas por aquele organismo para a Direção Geral dos Serviços Jurisdicionais de Menores, como comissão administrativa e executiva da Federação Nacional das Instituições de Proteção à Infância (FNIPI), e para a Direção Geral da Fazenda Pública (art. 51.º). Até ao encerramento das contas do ano de 1940, passavam a competir à Direção Geral da Justiça as funções relativas à entrega de bens, arrolamentos adicionais, julgamento ou relatório sobre reclamações contra e deduzidas (§ 1.º do art. 51.º). Consideravam-se receitas da FNIPI, além do rendimento de capitais ou dos bens que constituíam o seu património, as importâncias das anuidades relativas a cedências definitivas feitas pela Comissão Jurisdicional dos Bens Cultuais para fins de utilidade pública, as rendas dos bens cedidos pela mesma Comissão a título de arrendamento, e os rendimentos dos bens que viessem a ser incorporados no património do Estado por virtude do disposto no art. 45.º (art. 54.º).

Todavia, as facilidades admitidas para a reversão desses bens não eliminavam a imposição pelo Estado de algumas condições que lhe asseguravam, mesmo no contexto de entrega de bens, uma situação de vantagem sobre a Igreja. Desse modo, os bens que se encontrassem aplicados a serviços públicos e ainda não mandados entregar à Igreja, ficavam definitivamente na posse e propriedade do Estado, mesmo que no futuro viesse a cessar a aplicação que tinham naquele momento (art. 42.º). A única exceção ia para os bens que podiam destinar-se a residência de pároco ou a quintal, podendo ser entregues desde que pedidos dentro de um prazo de dois anos (§ único do art. 42.º).

Determinava-se ainda que os bens a entregar à Igreja nos termos do art. 43.º que não tivessem sido arrolados ainda poderiam sê-lo, por intermédio das respetivas secções de finanças, desde que a autoridade eclesiástica o requeresse no prazo de dois anos (art. 46.º). Todavia, nos seis meses ulteriores a esse arrolamento, o Estado e os corpos administrativos, bem como os particulares e as instituições de assistência e beneficência, podiam fazer valer os seus direitos sobre os bens arrolados (art. 47.º). Os bens só seriam entregues à Igreja no caso de, nesses seis meses, não ocorrer reclamação ou de esta não ser atendida (art. 48.º).

Por fim, na salvaguarda dos interesses do Estado, fixava-se que, caso interessasse a incorporação no património da Fazenda Pública, de todos ou alguns dos bens a que se referia o art. 43.º, a mesma podia fazer-se, por acordo com a autoridade eclesiástica e mediante «justa indeminização» (art. 45.º)[154]. Esta última disposição era importante e a sua inscrição no diploma remetia, de forma discreta e suficientemente vaga, para a possibilidade de se estabelecer um acordo entre o Governo e a autoridade religiosa sobre os foros tomados pelo Estado na sequência da publicação da Lei de Separação.

5.4. O acordo «secreto» de 1 de Novembro de 1940

Enquanto decorreu a preparação do decreto-lei n.º 30 615, começou a ganhar forma a hipótese do Estado português atribuir à Igreja

---

[154] Cf. *Diário do Governo*, I Série, n.º 171: Decreto n.º 30:615 de 55 de Julho de 1940.

Católica uma compensação financeira pelos bens tomados à instituição eclesial. Um tal cenário fora equacionado ainda durante as negociações concordatárias, pela Santa Sé. Em Outubro de 1937 e depois em Setembro de 1938, as autoridades vaticanas haviam procurado obter isenção fiscal para os paços episcopais, residências paroquiais e casas dos institutos religiosos (situação que não conseguiria ver aprovada no texto final da Concordata), alegando que tal seria «uma indemnização parcial pelos bens tomados». Porém, apontando a inconveniência política de qualquer indemnização pelos bens tomados, o Governo português rejeitara a possibilidade de indemnizar em capital ou por forma de um rendimento anual a Igreja. Salazar explicaria que uma tal compensação já se encontrava refletida nas isenções de impostos e contribuições concedidas. Para reforçar a sua posição, o presidente do Conselho invocara a «suscetibilidade do País» quanto a soluções dessa natureza, sublinhando dois exemplos passados: um, acontecera a propósito do reforço da verba para aposentação dos párocos, «que se haviam endividado para pagar as cotas à Caixa»; outro, envolvera o subsídio concedido pelo Fundo de Desemprego para o Seminário de Beja. Ambos haviam suscitado protestos e haviam obrigado o Estado e o patriarca de Lisboa a prestar esclarecimentos públicos[155].

Desconhece-se o que determinou uma viragem nessa posição de Salazar e o que terá levado o Executivo a apresentar ao cardeal Cerejeira, menos de mês e meio depois da assinatura da Concordata, a ideia de resolver a situação dos foros que se encontravam na posse do Estado, não por remissão dos mesmos à Igreja, mas por via de uma compensação financeira atribuída à instituição eclesial, ficando, em contrapartida, o Estado com aquelas mesmas propriedades. Porém, não é de excluir que o chefe do Executivo tivesse já em mente essa solução durante as negociações concordatárias e que deliberadamente tivesse pretendido preservar uma posição de maior liberdade para resolver a questão, preferindo aguardar pela execução da Concordata.

No final de Julho de 1940, foi o próprio patriarca de Lisboa a levar ao conhecimento da Secretaria de Estado do Vaticano essa proposta do Governo português. Explicando que o Executivo considerava duvi-

---

[155] Cf. Manuel Braga da Cruz, *O Estado Novo e a Igreja Católica*..., pp. 80-81.

doso que estivesse obrigado a restituir os foros que estavam na sua posse, com exceção das propriedades que pudessem servir de residências a párocos e a quintais, o prelado afirmava que Salazar não considerava vantajosa, nem para o Estado nem para a Igreja Católica, a sua remissão. Dessa posição do presidente do Conselho, não se afastava o próprio cardeal Cerejeira, entendendo que, com a restituição daqueles bens, a Igreja portuguesa podia ficar numa situação financeira complicada, dado que passaria a ter de suportar encargos fiscais com aqueles e não poderia contar com a generosidade dos fiéis para fazer face aos mesmos. Julgava, por isso, que era de aproveitar a disposição governamental, segundo a qual se reconhecia que, cabendo ao Estado fazer a restituição dessas propriedades e não o querendo este fazer, deveria compensar financeiramente a Igreja. Para o cardeal Cerejeira, a indemnização podia servir para criar um fundo comum nacional da Igreja que ajudasse a suportar várias necessidades. Tal sucedeu, efetivamente, depois do acordo ser firmado, com a criação desse fundo comum, administrado pelo Conselho Superior dos Indultos Pontifícios e destinado a «prover às obras de carácter nacional diretamente empreendidas pelo Episcopado português ou por ele patrocinadas, tais como imprensa católica, ação católica, instituto católico, auxílio ao clero inválido e outras análogas, aprovadas pela Assembleia dos Bispos do Continente e Ilhas Adjacentes»[156].

A Santa Sé acedeu àquela negociação, atribuindo, no começo de Agosto, ao cardeal Cerejeira «os poderes necessários para tratar e concluir com o Governo português um acordo sobre a remissão dos foros

---

[156] Cf. PT/AHPL/ACC/J/01/042/01: rascunho de carta do cardeal Cerejeira para o cardeal Maglione, datado de 25 de Julho de 1940; nota anexa a esse rascunho sobre «fundo comum para as dioceses do Continente e Ilhas adjacentes» administrado pelo Conselho Superior dos Indultos Pontifícios. A 5 de Agosto de 1940, o núncio apostólico informou o patriarca de Lisboa que «o Santo Padre dava a sua autorização para que, com a importância a receber pela remissão dos foros eclesiásticos em Portugal, se constitua um fundo comum para as dioceses do Continente e Ilhas adjacentes, fundo a administrar pelo Conselho Superior dos Indultos Pontifícios.» (Cf. PT/AHPL/ACC/J/01/042/03: ofício n.º 3369 da Nunciatura Apostólica para o cardeal Cerejeira, datado de 5 de Agosto de 1940).

pertencentes à Igreja em Portugal»[157]. Garantido aquele assentimento da Santa Sé, o Executivo mudou um pouco os termos do acordo que pretendia estabelecer. Ainda em Agosto, o cardeal Cerejeira tomou conhecimento, através de Mário de Figueiredo, de que a negociação não envolveria apenas os foros. Ao Executivo interessava que a compensação a atribuir à Igreja envolvesse também os bens que tinha arrendados (entre eles também alguns foros) e cujas rendas aplicava a serviços públicos (e que não se confundiam com bens aplicados a serviços públicos).

Numa primeira reação, o bispo de Lisboa compreendeu a posição governamental. Ao transmitir ao núncio apostólico as mais recentes informações sobre aquela negociação, no começo de Setembro, o cardeal Cerejeira clarificava que um acordo somente sobre os foros era impossível, e não se revelava particularmente preocupado com o alargamento do âmbito dos bens que o Estado não restituiria, advogando mesmo que «não valerá a pena comprometer por estas propriedades a negociação sobre os foros, que representam um valor imensamente maior». Segundo o patriarca, esses bens, que o Estado queria agora também envolver na negociação, tinham um valor «muitíssimo menor que o dos foros (cerca de 1/5)»[158].

A documentação não esclarece sobre a reação da diplomacia vaticana à nova questão colocada pelo Governo, todavia, por um contacto que o cardeal Cerejeira manteve com Salazar, alguns dias depois, infere-se que não foi positiva e que terá contribuído para modificar o comportamento do bispo de Lisboa. Dirigindo-se ao presidente do Conselho, o patriarca questionou o envolvimento de foros e bens arrendados na negociação. Admitia o cardeal Cerejeira que: «Por "bens aplicados" entendi sempre (e creio que toda a gente que entrou na discussão do respetivo artigo da Concordata) só aqueles cujo uso natural estava ao serviço do Estado: por exemplo, um prédio em que estavam instalados

---

[157] Cf. PT/AHPL/ACC/J/01/042/02: ofício n.º 3368 da Nunciatura Apostólica para o cardeal Cerejeira, datado de 5 de Agosto de 1940.

[158] Cf. PT/AHPL/ACC/J/01/042/04 e 06: carta de Mário de Figueiredo para o cardeal Cerejeira, datada de [7 de Agosto de 1940 (data de expedição da carta pelos correios)]; rascunho de carta do cardeal Cerejeira para o núncio apostólico, datado de 3 de Setembro de 1940.

serviços públicos. Bens que estão arrendados são bens que não estão prestando ao Estado o seu uso natural: tanto não estão aplicados, que o Estado os arrenda... Eu não posso sustentar uma discussão jurídica de palavras. O problema a mim parece-me claro na ordem da justiça e da lealdade. O que eu li sempre, aquilo que eu defendi, aquilo que eu entendi quando o texto foi redigido é que tais bens (arrendados e foros) não estavam "aplicados". Aos bispos, quando na explicação da Concordata me interrogaram, respondi neste sentido». O patriarca confidenciava ainda que «o núncio [...] a quem toquei levemente no caso, reagiu imediatamente». Levantou ainda outro ponto para discussão: o da verba fixada para a indemnização, considerando-a «arbitrária e injusta». Afinal, seria «bom negócio para o Estado, porque o rendimento dele aumenta de ano para ano, visto que muitos [bens] são a cada passo denunciados ou descobertos». Classificando de «injusto» o «acordo que me é proposto, diria melhor imposto», Cerejeira diria que «não sei como possa assinar, em boa consciência, um acordo que me parece uma extorsão»[159].

Entre o episcopado a proposta de acordo do Executivo, envolvendo os foros e bens arrendados, foi mal recebida. No final do mês de Setembro, o arcebispo de Braga, D. António Bento Martins Júnior, escrevia ao cardeal Cerejeira que, sabendo da notícia pelo arcebispo de Évora, caíra «das nuvens ao ouvir tal novidade, não só porque isso implicaria para mim a impossibilidade de conservar vários párocos em freguesias distantes, e geralmente em condições geográficas de não poderem anexar-se a outras, como também porque nem aquela expressão restritiva tem, razoavelmente interpretada, esse significado, nem ele lhe foi dado até aqui pelo Governo». Declarando-se «resolvido a pedir todos esses bens e a fazê-lo brevemente», confessava que o seu «primeiro pensamento, ao ouvir aquela enormidade», fora o de se «dirigir ao senhor Núncio e pedir-lhe que velasse para que uma interpretação tão peregrina não pudesse vingar», depois lembrara-se que o bispo de Lis-

---

[159] Cf. PT/AHPL/ACC/J/01/042/07: rascunho de carta do cardeal Cerejeira para Salazar, datada de 7 de Setembro de 1940.

boa «não deixaria passar em julgado uma interpretação e medida tão injusta e desarrazoada»[160].

A posição do arcebispo de Braga serviu ao cardeal Cerejeira para tentar pressionar o Governo. O patriarca informou Mário de Figueiredo de que chegava até ele, «cada vez mais», «a surpresa e a indignação». Contando que «um prelado fala em recorrer ao Núncio», explicava que «se se não faz a remissão prevista que se prepara, o Governo fica mal colocado», porque «parece que quis iludir a Santa Sé e acaba ainda a roubar à Igreja as migalhas». Porém, reconhecia também que «se se faz, dada a falta de correspondência da soma a entregar com o valor das coisas remidas, fico eu como mau zelador dos direitos e cousas da Igreja». Cerejeira sugeria que aquele envolvesse apenas os foros inicialmente previstos e admitia desejar «por amor ao meu nome que os bens arrendados fossem restituídos. São poucos? É mais o problema moral que o material». Lembrava ainda que «algumas paróquias pequeninas, sobretudo no Norte, em regiões montanhosas, não se poderão bastar se lhe tirarem os bocados: no Decreto substituiu-se a palavra passal por quintal. E muitos passais estão repartidos por pequenas glebas e até por olivais, vinhas, etc.»[161].

No mesmo dia que se dirigiu a Figueiredo, o bispo de Lisboa preparou uma carta para enviar a Salazar, usando com este de maior contenção na exposição da sua posição. Aí informava o chefe do Executivo de que já reunia os necessários poderes dados pela Santa Sé para tratar com o Governo sobre o assunto. Voltava a insistir na ideia de

---

[160] Para D. António Bento Martins Júnior, os prelados deveriam desenvolver uma estratégia conjunta de oposição àquela ideia do Governo. Dizendo que conversara com [José Maria] Braga da Cruz sobre o assunto, esclarecia «que o melhor seria o seguinte: cada Prelado organizava um cadastro de entidades canónicas, com representação diocesana ou paroquial, e apresentava-o nos governos civis para o reconhecimento em duplicado, ficando ali um exemplar e sendo devolvido outro com a nota de ter sido organizada a participação. [...] Para completar, porém, esta reorganização jurídica da propriedade eclesiástica, seria muito conveniente, ou até diria necessário, que se promovesse a inscrição dos imóveis nas matrizes [...] e sobretudo nas conservatórias prediais.» (Cf. PT/AHPL/ACC/J/01/046: carta do arcebispo de Braga para o cardeal Cerejeira, datada de 26 de Setembro de 1940).

[161] Cf. PT/AHPL/ACC/J/01/042/08: rascunho de carta do cardeal Cerejeira para Mário de Figueiredo, datada de 28 de Setembro de 1940.

«que o que se vai fazer é uma injustiça» e afirmava que assinaria o acordo porque não tinha «o direito de privar a Igreja do que é oferecido». Dizendo que na situação em que se encontrava reconhecia até ser seu dever «agradece-lo [ao acordo], dado que o Estado se não sente obrigado a fazer aquele benefício», mostrava-se convencido de que «esta interpretação fica como uma nódoa de tinta na história da Concordata». Recordava ainda como o entendimento que o Governo insistia em ter sobre os foros e os bens arrendados contrastava com a forma como sempre o Estado havia procedido, desde a promulgação do decreto n.º 11 887, sendo que, «a esse tempo, já muitos desses bens andavam arrendados, e isto não obstou a que o Ministério da Justiça até há pouco os tenha mandado entregar». Quanto à soma da indemnização a conceder à Igreja, o cardeal notava que era «evidente [...] que não corresponde ao seu valor», e adiantava que tal «só se explica desde que se pense ou pelo menos se duvide do direito da Igreja a eles». Por fim, colocava a Salazar a pergunta que já havia feito a Figueiredo: «se se não pode tocar na verba fixada, [...] se se não poderia desligar da operação os bens arrendados?». Na sua perspetiva, «isso daria autoridade moral ao Estado e ao mesmo tempo satisfação à consciência católica», uma vez que «em geral, se achou que o Estado foi mesquinho para com a Igreja na questão dos bens»[162].

Não se sabe se o bispo de Lisboa enviou ou não essa missiva ao chefe do Governo, dado que, nos primeiros dias de Outubro, preparou outra carta para Salazar com idêntico conteúdo. Uma vez mais, o cardeal Cerejeira sublinhava que «a opinião pública espera que os bens eclesiásticos, que estão arrendados, serão restituídos à Igreja» e insistia que o acordo «justifica-se plenamente só sobre os foros». Adiantava não discutir o montante da compensação, «que é de 1/3 do valor deles, se se aplicassem apenas os critérios legais da remissão dos foros»[163].

---

[162] Cf. PT/AHPL/ACC/J/01/042/09: rascunho de carta do cardeal Cerejeira para Salazar, datada de 28 de Setembro de 1940.

[163] Cf. PT/AHPL/ACC/J/01/042/10: rascunho de carta do cardeal Cerejeira para Salazar, datada de 10 de Outubro de 1940. Nesse escrito, o bispo de Lisboa não escondia que ouvira, sobre a questão da remissão dos bens arrendados, «pessoas da Igreja, da Universidade e até do alto funcionalismo do Estado».

Salazar não cedeu à argumentação do cardeal Cerejeira. Por carta de 11 de Outubro, enviada ao patriarca, diminuía o diferendo, dizendo que «a questão posta não tem grande valor nem para a Igreja nem para o Estado». Para o presidente do Conselho, tratavam-se «de muito poucos bens que podem ser abrangidos para não devolução à Igreja mas cujo rendimento o anterior ministro da Justiça [Manuel Rodrigues Júnior] considerou indispensável para o equilíbrio financeiro das instituições tutelares de menores a que os bens, seu produto e rendimento foram destinados pela legislação anterior». O melindre do caso, justificava o chefe do Governo, estava apenas no conhecimento que o novo titular da pasta da Justiça tinha da decisão tomada pelo seu antecessor, sendo «delicado dizer-lhe uma palavra para que altere na ultimação do acordo o que estava previsto».

A desculpa era má, sobretudo, quando se sabia que Salazar, não só controlava todos os assuntos, como tinha ainda a última palavra sobre qualquer matéria e a sua vontade prevalecia sobre quaisquer outras posições dos membros do Governo. Era, por essa razão, mais importante outro argumento aduzido pelo chefe do Executivo para não retirar do acordo os bens arrendados: a de que «a concessão graciosa do § único do art. 42.º, que manda entregar alguns bens mesmo que, segundo o princípio geral da Concordata, devessem ficar no património do Estado», deveria «compensar suficientemente os que estão arrendados e não se entreguem». Na ótica do presidente do Conselho «ficar o Estado com os foros é o maior serviço que, depois, da própria Concordata, o Governo faz à Igreja. Só em seu benefício – e seja qual for o valor dos foros – o Governo faz a operação»[164].

A 31 de Outubro, o ministro da Justiça, Adriano Vaz Serra, consultava formalmente o cardeal Cerejeira acerca da posição da autoridade

---

[164] Cf. PT/AHPL/ACC/J/01/042/011: carta de Salazar para o cardeal Cerejeira, datada de 11 de Outubro de 1940. Aí referia o chefe do Governo que lhe parecia que não se podia acusar o Executivo «de mesquinho, quando o anterior ministro da Justiça mandou entregar S. Vicente e a quinta da Mitra, em Évora, que rigorosamente não tinha de entregar. A esses bens acresce o seminário de Viseu e muitos outros, que nem eu sei, e que pela Concordata ficavam no património do Estado».

eclesiástica sobre o acordo[165]. No dia seguinte, o patriarca informava por carta aquele governante de que, «considerando as razões de interesse nacional e religioso que verbalmente» lhe haviam sido expostas, e «em virtude dos plenos poderes de que a Santa Sé» o investira, aceitava a proposta governamental, que consistia numa indemnização para a Igreja de oito mil contos, devendo esta proceder à quitação competente[166]. Em 5 de Novembro de 1940, realizava-se o auto de incorporação no património do Estado «dos bens, que nos termos do art. 41.º do Decreto-Lei n.º 30 615, de 25 de Julho do corrente ano, passaram a constituir propriedade da Igreja Católica em Portugal, mas que, de harmonia com o art. 45.º do mesmo diploma, foram cedidos ao Estado, por não interessar àquela a sua manutenção»[167]. Embora o auto de

---

[165] No ofício que Adriano Vaz Serra dirigiu ao cardeal Cerejeira pode ler-se: «Eminência, O art. 45.º do Decreto-Lei n.º 30615 de 25 de Julho do ano corrente, dispõe que os bens cuja propriedade é reconhecida à Igreja, nos termos do art. VI da Concordata e art. 43.º do referido Decreto-Lei, poderão ser incorporados no Património do Estado, se os interesses deste o aconselharem, de acordo com a autoridade eclesiástica e mediante justa indemnização. Ao abrigo desta disposição legal, entende o Governo propor que se proceda à incorporação no Património Nacional, mediante a indemnização de 8000$00 (oito mil contos), dos foros, censos, quinhões, pensões e laudémios ainda na posse do Estado e na sua administração arrolados à Igreja por virtude da Lei de Separação, e bem assim os bens imóveis da mesmo proveniência, não aplicados a serviços públicos, excluídos somente os templos, paços episcopais, residências paroquiais com seus passais, ou que a tal possam ser destinados, seminários com suas cercas e casas de institutos religiosos. Como, porém, nos termos do referido preceito legal, é indispensável, para tal incorporação, o acordo da autoridade eclesiástica, venho solicitar a Vossa Eminência, como mais alto representante da Igreja Católica em Portugal, se digne comunicar-me o que se lhe oferecer sobre o assunto. [...]» (Cf. PT/AHPL/ACC/J/01/042/012: ofício do ministro da Justiça, Adriano Vaz Serra, para o cardeal Cerejeira, datado de 31 de Outubro de 1940).

[166] Cf. PT/AHPL/ACC/J/01/042/013: carta do cardeal Cerejeira para o ministro da Justiça, datada de 1 de Novembro de 1940.

[167] Naquele auto de incorporação pode ler-se: ««[...] Que esta transmissão é realizada dando o Estado, como compensação, conforme foi ajustado entre o Ministério da Justiça e o Patriarcado, a importância de oito milhões de escudos, por conta da qual entrega o certificado de dívida inscrita número setecentos cinquenta e oito do Fundo Consolidado de três e três quartos de mil novecentos e trinta e seis, pelo valor da sua aquisição, que foi seis milhões duzentos mil oitocentos noventa e seis escudos; os títulos do certificado de Dívida Inscrita número setecentos cinquenta e sete do valor

incorporação tenha sido celebrado em 5 de Novembro, no futuro, tanto a autoridade religiosa, como a autoridade política, referir-se-iam a este acordo como sendo o «acordo de 1 de Novembro de 1940». Ao ato não foi dada publicidade. O cardeal Cerejeira fizera questão que assim fosse, «porque iria levar a ideia de que a Igreja recebeu muito dinheiro, quando ela carece de continuar a viver das esmolas dos fiéis», mas também porque «não posso assumir a responsabilidade pública de aceitar oito mil contos, como justa indemnização de uma coisa que vale mais de vinte mil contos»[168]. A documentação não esclarece que posição terá tido Salazar perante a questão de ser dada ou não publicidade àquele acordo. Para além de aceitar o posicionamento do patriarca de Lisboa, é de supor, a partir do que fora a sua posição nas negociações concordatárias, que também não tivesse interesse em ver publicamente discutido o conteúdo daquele acordo.

---

nominal de dois milhões seiscentos noventa e três mil escudos também pelo valor da sua aquisição, que é de seiscentos cinquenta e sete mil escudos, títulos esses que são destacados para este efeito do mesmo certificado; a importância correspondente aos juros já vencidos até essa data, quarenta e um mil setecentos sessenta e dois escudos e cinquenta centavos e um milhão cem mil e trezentos quarenta mil escudos e cinquenta centavos em dinheiro. Pelo primeiro outorgante [em representação do Estado, o diretor geral da Fazenda Pública, António Luís Gomes] foi dito que, para execução do despacho de Sua Excelência o Ministro da Justiça, de vinte e oito do mês findo, aceita a incorporação no património do Estado, destes bens, segundo as clausulas acima expressas e a quitação do segundo outorgante [em representação da Igreja Católica, o representante do Patriarca de Lisboa, o cónego Alberto Carneiro de Mesquita]. Mais declaram ambos os outorgantes que a transferência do certificado número setecentos e cinquenta e oito e o destaque dos títulos acima referidos do certificado número setecentos e cinquenta e sete, presentemente na CGD, Crédito e Previdência, à ordem da Direção Geral de Justiça e dos Serviços Jurisdicionais de Menores, respetivamente, dão-se por operados nesta data, a favor da Igreja e ficam expressamente autorizados para todos os efeitos. [...]». Do auto de incorporação foram testemunhas: Higino Borges de Menezes, chefe da Repartição do Património da Direção Geral da Fazenda Pública; e Carlos Manuel da Silva Lopes, segundo conservador do Palácio Nacional de Mafra (Cf. PT/AHPL/ACC/J/01/042/014: ofício do diretor geral da Fazenda Pública para o vigário geral do Patriarcado de Lisboa, datado de 5 de Novembro de 1940; em anexo: auto de incorporação, datado de 5 de Novembro de 1940).

[168] Cf. PT/AHPL/ACC/J/01/042/05: nota do cardeal Cerejeira, sem data.

5.5. A difícil execução da Concordata: problemas na restituição de património à Igreja

O decreto-lei n.º 30 615 não garantiu um processo célere de devolução dos bens à Igreja. Ao longo de mais de dez anos, essa restituição de património conheceu muitos problemas, que exigiram intervenções tanto do Estado como da autoridade religiosa no sentido de se proceder à regularização de diversas situações. Nesse processo, surgiram divergências entre ambas as instituições. Apontam-se, em seguida, as principais situações ocorridas e respetivos pontos de atrito.

Uma das primeiras dificuldades registadas prendeu-se com a questão, colocada pela autoridade eclesiástica, de saber se as entidades canónicas podiam requerer a entrega de bens, nos termos do art. 43.º do decreto-lei n.º 30 615. Ainda antes da celebração do acordo de 1 de Novembro de 1940 entre o Estado e a Igreja, Ulisses Cortês, na qualidade de diretor geral do Ministério da Justiça, respondendo a um questionário da autoridade religiosa, afirmava que essas entidades canónicas (paróquia, confraria, diocese, mitra, cabido, seminário, etc.) podiam fazê-lo, desde que fossem compreendidas à luz da designação genérica de «organizações» constantes dos arts. III e IV da Concordata e do art. 43.º daquele diploma. Salientava, ainda assim, que o legislador, na elaboração daquele decreto-lei, apenas tinha pensado nas associações e organizações que se houvessem constituído ao abrigo do direito de associação (art. 8.º, n.º 14.º, da Constituição), em harmonia com as normas do direito canónico, e que houvessem comunicado a sua constituição ao governador civil respetivo, nos termos do art. 351.º do Código Administrativo. A Ulisses Cortês parecia, no entanto, que, uma vez celebrada a Concordata entre a Santa Sé e Portugal, não fazia sentido manter a entrega dos bens restringida a essas associações e organizações, porque isso seria limitar a liberdade de organização que o texto concordatário reconhecia à Igreja[169].

---

[169] Cf. PT/AHPL/ACC/J/01/072: informações prestadas por Ulisses Cortês, na qualidade de diretor geral do Ministério da Justiça, em resposta a questionário da autoridade religiosa, sem data. Pelo teor do documento infere-se que é anterior ao acordo de 1 de Novembro de 1940, firmado entre o Estado e a Igreja Católica.

Se a Concordata facilitava essa posição, dificultava, por outro lado, os casos em que os bens tinham sido entregues, em uso e administração, às corporações encarregadas do culto, e que o decreto-lei n.º 30 615 pelo art. 44.º reconhecia como automaticamente entregues em propriedade. O problema estava em que, por via da solução concordatária, aquelas corporações deviam desaparecer, exigindo-se modificações ao seu estatuto para inteira conformidade com o direito canónico, donde era preciso garantir essas alterações sem perda do disposto no art. 44.º. O Ministério da Justiça preferia que as corporações encarregadas do culto se conservassem, embora aceitasse que lhes fosse dado um novo estatuto perfeitamente canónico.

A autoridade religiosa pensou em instituir o «conselho de fábrica», atribuindo àquelas corporações as funções deste. Todavia, a dificuldade estava em «obter do Governo uma medida para autorizar que os seus bens possam ser registados nas matrizes e sobretudo nas conservatórias em nome das novas entidades canónicas»[170]. Para conseguir que a inscrição desses bens em nome das novas pessoas morais eclesiásticas se processasse sem encargos de transferências de bens, o episcopado defendeu que, em rigor, não existia uma transferência de bens das antigas corporações encarregadas do culto para pessoas eclesiásticas canonicamente competentes, tratando-se antes da mera ocorrência de uma modificação das pessoas que os possuíam. Essa modificação constava da participação feita pelos ordinários sobre as pessoas morais eclesiásticas: fábrica, benefício, diocese, seminário, mitra e cabido. Nessas participações referia-se que aquelas pessoas sucediam em todos os seus direitos e haveres, na parte que segundo o direito canónico deviam pertencer-lhe, às corporações encarregadas do culto, constituídas pela autoridade eclesiástica e reconhecida pela autoridade civil, em conformidade com o decreto n.º 11 887[171].

Enquanto aguardava decisão das estações oficiais sobre essa matéria, a hierarquia eclesiástica, instada pela Santa Sé, desenvolveu um

---

[170] Cf. PT/AHPL/ACC/D/01/02/075: carta do cardeal Cerejeira para os membros do episcopado, datada de 3 de Outubro de 1940.
[171] Cf. PT/AHPL/ACC/J/02/027: exposição intitulada «Da inscrição sem siza dos bens entregues em uso e administração às corporações encarregadas do culto», sem data.

procedimento uniforme (extensível a todas as dioceses) para a organização canónico-civil das entidades eclesiásticas[172]. Para esse efeito, foi o arcebispo primaz de Braga incumbido de preparar um estudo canónico-civil que facilitasse o chegar a uma solução definitiva. Aos restantes bispos foi solicitado, desde meados de Setembro de 1940, que fossem exercendo diligências para reunir todos os elementos necessários para os pedidos de transferência e entrega de bens que devessem ser restituídos[173]. A documentação para a formalização daqueles pedidos (ofícios, protocolos, modelos de requerimentos) foi submetida ao Ministério da Justiça, a quem coube a sua aprovação. Dessa forma, evitava-se que as autoridades locais (os governadores civis) colocassem objeções à forma como eram apresentados tais pedidos[174].

Em Dezembro de 1940, o Ministério do Interior levantou problemas sobre o protocolo de recebimento da participação das novas entidades canónicas (fábrica da igreja, benefício, diocese, mitra, cabido, seminário, etc.), que cabia ser apresentado ao governador civil (esse ato destinava-se a garantir o reconhecimento efetivo dessas entidades no foro civil), alegando que a sua autenticação não podia ser garantida por este. Em causa estava a falta de competência do Governo Civil para autenticar com a sua autoridade a transferência de bens das corporações encarregadas do culto para outras organizações canónicas[175]. Em Janeiro de 1941, a autoridade religiosa modificou a forma da comunicação do reconhecimento das novas organizações canónicas, contudo, fá-lo-ia a contragosto, uma vez que os primeiros impressos «foram aprovados pelo Ministério da Justiça e o "protocolo" elaborado sob

---

[172] Cf. PT/AHPL/ACC/D/01/02/076: carta do cardeal Cerejeira para os membros do episcopado, datada de 6 de Novembro de 1940.

[173] Cf. PT/AHPL/ACC/J/01/045 e 046: circular, emitida pelo Patriarcado de Lisboa, para os membros do episcopado, sem data; circular do cardeal Cerejeira para os membros do episcopado, datada de 18 de Setembro de 1940.

[174] Cf. PT/AHPL/ACC/J/01/048: circular do cardeal Cerejeira para os membros do episcopado, datada de 24 de Outubro de 1940.

[175] Cf. PT/AHPL/ACC/J/01/050: circular confidencial emitida pela Direção Geral da Administração Política e Civil, do Ministério do Interior, datada de 13 de Dezembro de 1940.

as vistas do Sr. Dr. Mário de Figueiredo». Por sugestão deste último, aceitava-se o «novo processo sem mais reparo»[176].

O episcopado esperou ainda alguns meses, depois da publicação do decreto-lei n.º 30 615, para saber com precisão quais os bens que não seriam entregues à Igreja e, como tal, não poderiam ser pedidos. Essa informação apenas chegou aos prelados, a 2 de Novembro de 1940, através do patriarca de Lisboa. Definira-se que não se restituía à Igreja e esta não deveria solicitar: «1) as inscrições e outros títulos; 2) os foros e encargos semelhantes da propriedade; 3 – Os imóveis que estejam aplicados a serviços públicos, salvo se tiverem sido residências paroquiais e seus passais, ou que a tal possam ser destinados; 4 – Os outros imóveis que, embora não estejam aplicados a serviços públicos, como, por exemplo, os que estão arrendados, não sejam: – templos com as suas dependências, paços episcopais, residências paroquiais com seus passais, seminários com suas cercas e casas de institutos religiosos». Quanto aos bens que a Igreja podia requerer ao Estado, por estarem na sua posse ou arrolados por ele, tratavam-se daqueles que: «1 – Ainda que estejam aplicados a serviços públicos, os imóveis que foram ou possam servir para residência paroquial ou seus passais; 2 – Desde que não estejam aplicados a serviços públicos (o arrendamento não se considera aplicação a serviço público): os templos com as suas dependências (edifícios e terrenos que possam considerar-se como seus anexos e pertenças), os paços episcopais, as residências paroquiais com seus passais (entendendo-se passais no sentido "lato", como uma unidade ideal, embora formado por várias parcelas, afastadas entre si e sem ligação material aparente), os seminários com suas cercas, as casas de institutos religiosos; 3 – Os móveis com alfaias desde que não tenham sido incorporados em museus».

A Igreja pediu ainda ao Estado, fazendo notar que eram sua pertença e elemento integrante do passal, «as árvores destinadas ou ao culto (oliveiras para a lâmpada do Santíssimo)», existentes em várias freguesias. Cerejeira recordava aos prelados que os bens que não haviam chegado a ser arrolados e não estavam na posse do Estado podiam ser

---

[176] Cf. PT/AHPL/ACC/J/01/051: circular confidencial, emitida pelo Patriarcado de Lisboa, para os membros do episcopado, datada de 8 de Janeiro de 1941.

reclamados[177]. A esse critério, que submeteu ao critério do ministro da Justiça antes de o comunicar aos restantes bispos, chegara o patriarca de Lisboa depois de diversas consultas àquele Ministério e sob parecer de Mário de Figueiredo.

Contudo, a incorporação dos foros continuou a suscitar dúvidas, em particular, no que envolvia os foros que não estavam arrolados à data do acordo de 1 de Novembro de 1940. Sobre estes, entendia a Igreja, em Janeiro de 1941, que lhe pertenciam, apoiando-se no argumento de que aquele acordo só atingia «os foros (e encargos semelhantes, como censos, quinhões, pensões e laudémios) na posse do Estado à data do acordo»[178]. Meses depois, em Agosto, o problema persistia, suscitado por uma informação pedida por um juiz da comarca de Barcelos à Direção Geral do Ministério da Justiça sobre se os foros pertencentes à Igreja haviam sido incorporados no património nacional. Perante a resposta daquela Direção Geral, confirmando a incorporação na Fazenda Pública daqueles bens, o bispo de Lisboa apresentou uma reclamação àquele organismo público. Dizia o patriarca que a informação prestada só tinha em conta o acordo de 1 de Novembro entre o Estado e a Igreja e pedia para se esclarecer novamente o referido juiz de que «o Acordo não abrange os foros, censos, pensões e laudémios que à data dele não estavam arrolados na administração do Estado; e consequentemente não tem que ser arrolados como património do Estado»[179].

Sem ver resolvida essa questão, a autoridade eclesiástica continuava a registar, em Outubro, dificuldades com a recuperação de bens que ainda estavam na posse do Estado por alegadamente não estarem definidos os critérios sobre «os bens que integram a igreja e o passal para

---

[177] Cf. PT/AHPL/ACC/J/01/042/016: circular do cardeal Cerejeira para os membros do episcopado, datada de 2 de Novembro de 1940, anexa à cópia do ofício dirigido [pelo cardeal Cerejeira] ao diretor geral do Ministério da Justiça, datado de 11 de Janeiro de 1941.

[178] Cf. PT/AHPL/ACC/J/01/042/016: cópia do ofício dirigido [pelo cardeal Cerejeira] ao diretor geral do Ministério da Justiça, datado de 11 de Janeiro de 1941.

[179] Cf. PT/AHPL/ACC/J/01/042/018: texto do ofício dirigido [pelo cardeal Cerejeira] ao diretor geral do Ministério da Justiça, datado de 14 de Agosto de 1941.

efeitos da sua entrega à Igreja Católica»[180]. Mostrando estranheza por essa circunstância, o patriarca de Lisboa escreveu, ainda nesse mês, ao titular da pasta da Justiça recordando que a doutrina, que compreendia quanto à igreja «os edifícios e terrenos que possam considerar-se como seus anexos e pertenças», e que entendia o passal como «uma unidade ideal, embora formado por várias parcelas, afetadas entre si e sem ligação material aparente», não fora fixada por ele patriarca, «mas resultou das consultas e avisos prévios», pelo que a tinha julgado «abonada com a autoridade especial do Exmo. Sr. Dr. Mário de Figueiredo, atual ministro da Educação, e fixada pelo Ministro da Justiça». Posto isto, solicitava que o governante aprovasse aqueles critérios e os desse como assentes «ao Ministério das Finanças, quando para este passe a competência da entrega dos bens eclesiásticos». Pedia também a sua especial atenção para a questão da incorporação dos foros e lembrava a ação que corria no tribunal de Barcelos[181].

Em 24 de Novembro de 1941, o ministro da Justiça confirmou por despacho a doutrina apresentada pelo cardeal Cerejeira quanto ao sentido a dar à expressão «passal». Dois dias depois, Adriano Vaz Serra escreveu também ao bispo de Lisboa, confirmando os critérios que o prelado enunciara não só sobre a expressão «passal», como também sobre o que se entendia por «igreja». Porém, quanto ao assunto dos «foros, censo, quinhões, pensões e laudémios», Adriano Vaz Serra, entendia que pertenciam ao património do Estado tanto «os arrolados em virtude da Lei de Separação e, por isso, na posse e sob administração do Estado, como os não arrolados mas que, por pertencerem à Igreja anteriormente a 1911, já o deviam ter sido ou podem ainda sê-lo de futuro por meio de arrolamento adicional, nos termos do art. 46.º do decreto-lei n.º 30 615». Para o ministro, o auto de incorporação que resultara do acordo de 1 de Novembro entre o Estado e a Igreja não só determinava «de modo positivo quais os bens que à Igreja convém manter em seu poder, excluindo expressamente os foros, etc.», mas ainda transferia «o direito de propriedade destes, sem qualquer distin-

---

[180] Cf. PT/AHPL/ACC/J/01/059: carta de D. Agostinho de Jesus e Sousa para o cardeal Cerejeira, datada de 20 de Setembro de 1941).

[181] Cf. PT/AHPL/ACC/J/01/042/019: cópia de carta a dirigir pelo cardeal Cerejeira ao ministro da Justiça, [datada de 24 de Outubro de 1941].

ção». O governante salientava que esse entendimento era, «de resto, o que resulta do espírito do acordo, que teve, como um dos seus objetivos, evitar dar à Igreja os graves embaraços, inerentes à administração de uma grande massa de bens, da qual resultaria a necessidade prática de atos, como instauração de execuções e diligências de remissão, que, pelo seu carácter odioso, podiam comprometer e abalar o prestígio da Igreja». Estas razões abrangiam, segundo Vaz Serra, «todos os foros, ainda os não arrolados, não sendo indiferente, quanto a estes, a circunstância de a falta de arrolamento ter resultado do não cumprimento da Lei»[182].

Aquela posição ministerial não esgotou, todavia, essas questões. Anos depois, em Janeiro de 1943, o vigário geral do Patriarcado apresentou uma exposição ao diretor geral da Fazenda Pública, reclamando do comportamento das estações oficiais que vinham entregando certos imóveis das paróquias (casas, terrenos, etc.) «desde que se saiba terem feito parte do "passal do pároco" em 1 de Outubro de 1910», mas não

---

[182] Cf. PT/AHPL/ACC/J/01/042/020: ofício n.º 469 do ministro da Justiça para o cardeal Cerejeira, datado de [26 de Novembro de 1941]. Para reforçar a sua argumentação, o titular daquela pasta ministerial lembrava ainda que no auto de incorporação relativo ao acordo de 5 de Novembro de 1940, fora dito pelo representante da Igreja Católica que: «convindo à Igreja manter em seu poder apenas os bens que lhe passaram a pertencer e que constituem templos, paços episcopais, residências paroquiais com seus passais, seminários com suas cercas, casas de institutos religiosos, paramentos, alfaias e outros objetos afetos ao culto, e não lhe convindo fazer a administração dos foros, censos, quinhões, pensões, laudémios e imóveis sem aquela afetação, transferia o direito de propriedade sobre todos esses direitos e bens, para o Estado, nos termos do art. 45.º do Decreto-Lei n.º 30 615 de 25 de Julho último». Numa nota datada de 7 de Julho de 1942, o cardeal Cerejeira rebateria aquele argumento de Adriano Vaz Serra, esclarecendo: «No Auto diz-se que o meu representante, Dr. Carneiro Mesquita, fez determinadas declarações. A verdade é que ele se limitou a assinar o Auto, que estava feito. O caso explica-se, primeiro pela confiança que ele tinha em que os termos já acordados por escrito e verbalmente – entre mim e o Ministro da Justiça, Dr. Vaz Serra, que veio pessoalmente ao Paço Patriarcal acompanhado pelo Dr. Mário de Figueiredo – seriam fielmente respeitados, e em segundo lugar pelo adiantado da hora, pois após ter ido ao Ministério e verificando-se que demoraria muito a conclusão de tudo o que era necessário para a assinatura do Auto, só aí voltou depois de chamado pelo telefone ao fim do dia, já era noite.» (Cf. PT/AHPL/ACC/J/01/042/021: nota do cardeal Cerejeira, [datada de 7 de Julho de 1942]).

os cediam «quando consta que em 1910 pertenciam à "fábrica"». Em representação do episcopado, solicitava que fossem entregues à Igreja também os bens que em 1 de Outubro de 1910 eram «pertenças dos "templos"», demonstrando para tanto que não havia diferença entre as expressões "fábrica da Igreja", "igreja" ou "templo", porque todas significavam «um certo conjunto de direitos e bens (e designadamente de bens temporais e materiais, que, embora afastados entre si, formam uma unidade ideal) que respeitam e se destinam ao exercício do culto em determinado lugar sagrado e, por isso mesmo, tem afetação ao culto». Em abono da posição que se pretendia sustentar, recordava-se que esse entendimento sobre o "templo" constava já de um outro despacho de 26 de Novembro de 1941 do ministro da Justiça, quando aplicara que poderiam entregar-se as oliveiras dispersas: «a) destinadas à sustentação dos párocos, porque se incluem no "passal" [...]; b) as destinadas a fins cultuais, como pertença dos templos»[183].

A demora na entrega dos bens cuja propriedade o Estado reconhecia à Igreja mas que continuava a conservar na titularidade do seu património, motivou um pedido de informação do cardeal Cerejeira junto do diretor geral da Fazenda Pública em Novembro de 1942. Entre 25 de Julho de 1940 e aquela data os serviços das finanças apenas haviam dado despacho a 59 requerimentos, tendo ainda pendentes 216. Aquele organismo público reconhecia que «esta situação não se pode manter» e, no imediato, indicou à Repartição do Património daquela Direção Geral que se estabelecessem mais horas de serviço às estações oficiais encarregadas da avaliação daqueles processos. A fim de facilitar as entregas, e estando previsto que os bens deviam ser restituídos à Igreja devolutos, determinava-se ainda que «todos os arrendatários ou ocupantes sem título desses bens» fossem «notificados, desde já, para os abandonar nos prazos de 90 a 60 dias»[184].

Aquela diligência da autoridade religiosa ocorreu pouco depois do cardeal Cerejeira ser contactado pela Secretaria de Estado da Santa Sé,

---

[183] Cf. PT/AHPL/ACC/J/01/063: exposição remetida pelo vigário geral do Patriarcado ao diretor geral da Fazenda Pública, em 27 de Janeiro de 1943.

[184] Cf. PT/ACMF/Arquivo/CJBC/LEGIS/005: notas do diretor geral da Fazenda Pública dirigidas à Repartição do Património daquela Direção Geral, datadas de 27 de Novembro de 1942.

A CONSTRUÇÃO INSTITUCIONAL DA POLÍTICA RELIGIOSA (1933-1974)

pedindo informações sobre a aplicação do art. VI da Concordata[185]. Em resposta, o patriarca de Lisboa explicava que a única coisa que fora «verdadeiramente cedida» haviam sido os censos anteriores a 1910 e lamentava a morosidade das restituições de bens à Igreja. Apresentava, no entanto, alguma tranquilidade sobre o assunto na medida em que apontava que a atitude do Estado era «em geral leal: nem de favores, nem de hostilidade sistemática». Esse comportamento exemplificava-o com o facto de o Governo ter interpretado «conscienciosamente o que se entende por passal»[186]. A documentação não esclarece se D. Manuel Gonçalves Cerejeira terá sido aconselhado pelas autoridades vaticanas a pressionar o Executivo sobre a entrega de bens.

De qualquer modo, prendendo-se ou não com o contacto vaticano, aconteceu, entre o final de Novembro e o começo de Dezembro de 1942, a autoridade religiosa apresentar à Direção Geral da Fazenda Pública, através do Patriarcado de Lisboa, uma proposta de sistema alternativo ao que era seguido pelas estações oficiais para a devolução de bens. Aí se considerava, em particular, a restituição dos bens respeitantes às «fábricas» e «benefícios paroquiais», que representavam a maioria das remissões esperadas. Propunha-se que se considerassem requeridos todos os bens arrolados (ou, quando muito, far-se-ia um pedido global). A Direção Geral da Fazenda Pública enviaria, posteriormente, «as listas dos bens arrolados em condições de serem entregues» às secções de Finanças «com a ordem expressa de entregar dentro de um mês». Em simultâneo, comunicaria ao ordinário diocesano que deveria «ordenar a comparência do representante das "fábricas" e "benefícios" no local e momento oportuno para se lavrar o auto». Depois da entrega dos bens, existiram seis meses para as entidades que se considerassem lesadas apresentarem reclamações, devendo proceder-se «à anulação da entrega caso esta tivesse sido descabida».

---

[185] Cf. PT/AHPL/ACC/J/01/042/23: ofício n.º 6927/42 da Secretaria de Estado da Santa Sé, assinado pelo cardeal Maglione e remetido ao patriarca de Lisboa, com data de 3 de Outubro de 1942.

[186] Cf. PT/AHPL/ACC/J/01/062: rascunho de carta do cardeal Cerejeira em resposta ao ofício n.º 6927/42 da Secretaria de Estado da Santa Sé, com data de 20 de Novembro de 1942.

O modelo proposto contrastava com o implementado que tinha como operações ou trâmites processuais: «1.º – Requerimento pela entidade competente de bens determinados; 2.º – Verificação e regularização do seu arrolamento; 3.º – Verificação de terem sido cumpridos os prazos do § único do art. 42.º e do art. 46.º do decreto-lei n.º 30 615 [...]; 4.º – Verificação da natureza e situação dos bens para os efeitos dos arts. 41.º, 2.ª parte, 42.º e 45.º e para serem tornados devolutos; 5.º – Decurso do prazo do art. 47.º, nos casos em que couber; 6.º – Verificação e regularização da personalidade do requerente; 7.º – Entrega ou indeferimento do pedido, consoante os casos».

Encarregada de dar parecer sobre o sistema proposto pela autoridade religiosa, a Repartição de Património da Direção Geral considerou que aquele continha uma solução que era «defeituosa», «mais complicada e mais demorada do que a atual», e «prejudicial» ao Estado e à Igreja. Embora reconhecendo alguma morosidade ao sistema que estava implementado, aquela repartição considerava-o «bom» e sustentava que era de aguardar pelo começo de Janeiro de 1943, quando os serviços responsáveis pela entrega de bens passariam a dispor de mais funcionários para dar resposta aos processos pendentes[187].

Vários meses mais tarde, o Governo publicou um novo diploma, o decreto-lei n.º 33 100 de 28 de Setembro de 1943, através do qual pretendia reaver para a posse do Estado bens que anteriormente cedera e que se encontravam sem utilização ou sem afetação a qualquer fim de

---

[187] Cf. PT/ACMF/Arquivo/CJBC/LEGIS/005: exposição, apresentado pelo Patriarcado de Lisboa, contendo proposta de um novo sistema de entrega de bens eclesiásticos, sem data; Informação sobre a exposição atrás referida, elaborada pela Repartição do Património da Direção Geral da Fazenda Pública, datada de 29 de Dezembro de 1942. Para aquela Repartição, o sistema proposto pela autoridade eclesiástica era «mais complicado e mais demorado» porque exigia a elaboração de «uma lista geral [de bens] para cada concelho». Era «prejudicial» ao Estado, porque este perdia «o rendimento que lhe vai entrando nos cofres dos bens ainda não entregues», ficando ainda obrigado a ter que custear as despesas das operações através da Federação Nacional das Instituições de Proteção à Infância. Era «prejudicial» à Igreja uma vez que «grande parte [...] dos bens a entregar não se encontram arrolados». Finalmente, a solução preconizada era «defeituosa» porque considerava «entregar primeiro, para depois considerar reclamações», esquecendo-se que alguma entidade (o Estado ou a Igreja) teria que pagar indemnizações aos prejudicados.

utilidade pública e ainda bens que pela sua natureza ou por incapacidade financeira da entidade cessionária não realizavam os fins propostos. Essa nova gestão que o Executivo pretendia fazer de alguns bens trouxe alguma vantagem à Igreja, dado que pelo § único do art. 4.º desse decreto se estipulava que, os bens que não estavam aplicados a serviços públicos à data do decreto-lei n.º 30 615 e que podiam servir ou destinar-se a residência de párocos ou o quintal podiam ser entregues à Igreja (isto é, ingressavam no regime de bens a que se referia o art. 41.º do decreto-lei n.º 30 615), a requerimento da autoridade eclesiástica. No caso de vir a ficar na posse de bens, pelos quais o Ministério das Finanças, já tivesse ressarcido a entidade cessionária pela cessão de bens (como previa o art. 3.º do diploma), a Igreja ficava obrigada a indemnizar a Federação Nacional das Instituições de Proteção à Infância da importância daquela restituição. A autoridade eclesiástica tinha seis meses para apresentar os requerimentos pedindo a entrega dos bens, no continente, e um ano, no caso das ilhas adjacentes (§ 2.º do art. 4.º)[188].

Em 1946, surgiram também alguns problemas de ordem contributiva envolvendo os seminários. Um acórdão do Supremo Tribunal de Justiça, datado de 4 de Maio de 1946, determinou que os seminários não estavam isentos do imposto de selo devido pelos precatórios, pois não estavam isentos de custas e o imposto de selo estava absorvido nas custas[189]. Essa posição conflituava com o art. VIII da Concordata que estabelecia que estavam isentos de qualquer imposto ou contribuição, geral ou local, os seminários (bem como quaisquer estabelecimentos destinados à formação do clero, templos e objetos neles contidos).

Mais tarde, a autoridade eclesiástica protestou perante a incorporação dos foros das confrarias e irmandades no património do Estado, defendendo que esses não haviam sido abrangidos pelo acordo de 1 de Novembro de 1940 e, como tal, deveriam ser restituídos à Igreja. Em Abril de 1947, o problema mereceu a atenção do ministro das Finanças, João Pinto da Costa Leite (Lumbralles), que lamentou a confusão

---

[188] Cf. *Diário do Governo*, I Série, n.º 210: Decreto n.º 33 100 de 28 de Setembro de 1943.

[189] Cf. Arquivo histórico de José Maria Braga da Cruz, UI 3 – 3.5: notas sobre legislação.

feita pelos serviços que tinham que executar o decreto-lei n.º 30 615 «entre bens da Igreja Católica, com bens de Irmandades ou Confrarias; ou ainda bens de benefícios, com bens administrados pelas Fábricas da Igreja, aqueles destinados ao sustento dos párocos; estes à reparação dos templos e à sustentação do culto divino». No espírito do ministro não havia dúvidas quanto à circunstância da fábrica da igreja ou do conselho paroquial «ter substituído tanto à face da lei canónica, como da lei civil a antiga junta fabriqueira da lei administrativa de 1896, competindo-lhe administrar os legados destinados ao culto da respetiva igreja paroquial e, consequentemente, os bens das confrarias ao faltar ereção canónica e entre as quais são tradicionais entre nós as confrarias do Santíssimo». Atribuía, como tal, as dificuldades surgidas na entrega dos bens às confrarias reclamantes ou à respetiva fábrica da igreja, sua administradora, como dispunham as orientações ministeriais. Evocava ainda a tomada de decisões contraditórias pelas estações oficiais sobre vários processos, devido ao «desconhecimento destas disposições e dos princípios que delas emanam», notando que tal sucedia pela «falta de compreensão dessas diretrizes por parte dos serviços que parece conhecerem apenas o antigo texto da Lei de Separação e desta somente uma parte, tornando-se por isso necessários os sucessivos despachos esclarecedores do mesmo princípio orientador»[190].

Contudo, esse esclarecimento ministerial e a publicação de um despacho do Ministério das Finanças confirmando que os foros das irmandades e confrarias não haviam sido abrangidos pelo auto de incorporação de 5 de Novembro de 1940, não impediu que continuassem a surgir casos em que aqueles eram considerados património da fazenda pública. O problema adensou-se após ser dado início à execução do decreto-lei n.º 37 831 de 22 de Maio de 1950, quando, em vários concelhos, as direções e secções de finanças deram maior incremento à publicação das listas de prédios onerados com os ónus enfitêuticos e censíticos, exigida pelo art. 2.º daquele diploma (em cumprimento do que já havia sido estipulado pelo art. 5.º do decreto-lei n.º 32 404 de 21 de Novembro de 1942). Nessas listagens incluíam-se foros das

---

[190] Cf. Arquivo histórico de José Maria Braga da Cruz: nota do ministro das Finanças, João Pinto da Costa Leite (Lumbralles), datada de 14 de Abril de 1947.

irmandades e confrarias, «por se ter entendido, primeiro, que esses foros estavam abrangidos pelo decreto-lei n.º 30 615 e, depois, por se entender que esses bens pertenciam ao Estado se não fosse apresentada prova bastante de substância da personalidade jurídica das referidas corporações [irmandades e confrarias]»[191].

Em 1953, a autoridade religiosa reagiu, questionando o Ministério das Finanças sobre «a atuação dos chefes de Secção de Finanças pelo que respeita à perceção dos foros pertencentes às irmandades e confrarias»[192]. O episcopado sustentava, a partir de um estudo elaborado pelo bispo de Lamego, que os foros, censos, quinhões, pensões e laudémios pertencentes às ordens terceiras, irmandades e confrarias, não podiam considerar-se incorporados no património do Estado por via do acordo de 1 de Novembro de 1940. Essa posição firmava-se no facto de «os bens, móveis e imóveis, das associações religiosas» nunca terem estado na posse do Estado, nem em 1 de Outubro de 1910 nem depois dessa data, e de sempre terem gozado do direito de propriedade (conforme os arts. 35.º e 36.º do Código Civil de 1867). Aí se explicava também que aquelas entidades nunca tinham perdido personalidade jurídica. Notava-se que a autoridade civil também não chegara a declarar extintas as irmandades que não se haviam adaptado à Lei de Separação, recusando a reformulação dos seus estatutos como havia sido exigido pelo art.º 169.º desse diploma. Reconhecia-se, no entanto, que muitas, apesar de já se encontrarem reorganizadas e no «gozo de todos os seus direitos», tinham agora dificuldade de provar a sua existência legal por meio dos estatutos originais (por os mesmos não se localizarem nem nos arquivos dos Governos Civis nem nos arquivos, alguns perdidos, das próprias corporações), sendo poucas as que aguardavam oportunidade para se reorganizar[193]. Com

---

[191] Cf. PT/AHPL/ACC/J/01/042/27: «Parecer da Procuradoria. Ministério das Finanças – Direção Geral da Fazenda Pública», [1953].

[192] Cf. PT/AHPL/ACC/J/01/042/26: carta do bispo de Lamego, D. João da Silva Campos Neves, para o cardeal Cerejeira, datada de 21 de Março de 1953; anexo: proposta de carta a dirigir ao ministro das Finanças.

[193] Cf. PT/AHPL/ACC/J/01/042/28: «representação do episcopado feita pelo bispo de Lamego de visita a Lisboa», sem data. Para esse trabalho, D. João da Silva Campos Neves teve como interlocutores o cardeal Cerejeira e [Carlos] Dinis da Fonseca.

a abordagem deste assunto, a autoridade eclesiástica pretendia: «Que não importunassem as Irmandades, Confrarias e Ordens Terceiras que presentemente estão recebendo foros como próprios. [...] Que não importunassem as Fábricas que, não como proprietárias mas como administradoras, estão recebendo foros de Irmandades, Confrarias ou Ordens Terceiras, que presentemente se encontram ainda desorganizadas aguardando a sua reorganização»[194].

Em resposta à interpelação do episcopado questionando a legitimidade da incorporação dos foros daquelas entidades no património do Estado, a Procuradoria da Direção Geral da Fazenda Pública emitiu um parecer confirmando que, nas listas publicadas, a maior parte dos foros aí apresentados pertencia às irmandades e confrarias e notava que as «reclamações estão agora a chegar em abundância, quer oficialmente quer verbalmente, e com o patrocínio dos reverendíssimos prelados das dioceses respetivas». Contudo, para aquele organismo tudo indicava que no acordo de 1 de Novembro de 1940 se tinha contado com aqueles foros, pelo que o problema «não tem interesse prático». A Procuradoria não abdicava de uma interpretação da lei segundo a qual aquelas corporações que não tivessem regularizado a sua situação nos termos do art. 169.º do decreto de 20 de Abril de 1911, haviam sido consideradas extintas. Para que fosse garantido o contrário continuava a recomendar que produzissem prova de ter regularizado a sua situação jurídica civil, à luz daquele mesmo artigo da Lei de Separação, não reconhecendo como bastante que se limitassem a «afirmar, sem o provar, que mantiveram sempre a sua existência»[195].

Ainda que a análise sobre a questão dos bens da Igreja aqui esboçada não se apresente completa pelo facto de as fontes consultadas não indicarem como foram resolvidos vários dos problemas colocados pela autoridade religiosa às instâncias governamentais, nem documentarem a evolução desta matéria depois de 1953, merecem ser tecidas algumas considerações sobre o quadro traçado.

---

[194] Cf. PT/AHPL/ACC/J/01/042/24: carta do bispo de Lamego, D. João da Silva Campos Neves, para o cardeal Cerejeira, datada de 11 de Fevereiro de 1953.
[195] Cf. PT/AHPL/ACC/J/01/042/27: «Parecer da Procuradoria. Ministério das Finanças – Direção Geral da Fazenda Pública», [1953].

A CONSTRUÇÃO INSTITUCIONAL DA POLÍTICA RELIGIOSA (1933-1974)

Em primeiro lugar, cumpre afirmar que o Estado devolveu algum património à Igreja Católica, mas não lhe restituiu nem a totalidade nem a maioria dos bens que estavam na sua posse. A decisão sobre quais os bens a devolver coube, sobretudo, ao Governo, que apenas optou por restituir bens de raiz, sem que tenha havido sequer negociações com a autoridade religiosa acerca dos títulos financeiros de que o Estado também se tinha apropriado depois de 1911. Na devolução de património que fez à Igreja, o Executivo privilegiou alguns bens que podiam ajudar à sustentação económica do clero (como os passais, por exemplo), sendo legítimo inferir que existia alguma preocupação do poder civil com a dignidade da classe sacerdotal (essa atitude do Executivo foi já notada no Capítulo III, a propósito de questões que envolviam a sua formação).

Em segundo lugar, registe-se que a autoridade eclesiástica colaborou com o poder político para a chegada a acordos nesta matéria, revelando, todavia, dificuldade em fazer valer os seus interesses e terminando por ceder às determinações estatais.

Por último, refira-se que, na execução da legislação que regulamentava a Concordata sobre a questão dos bens da Igreja, tanto o Executivo como a autoridade religiosa se depararam com uma pesada máquina administrativa estatal que mostrava dificuldades em cumprir as novas orientações, tanto por problemas herdados do período da I República (relacionados, em particular, com a forma como havia sido feita a inventariação dos bens tomados à Igreja), como pelo facto de perdurar entre os seus agentes uma sensibilidade ainda próxima do espírito da Lei de Separação, um tanto ou quanto hostil às reivindicações da Igreja e desconhecedora das formas do direito canónico.

CAPÍTULO VI

A DESMOBILIZAÇÃO POLÍTICA DOS CATÓLICOS: UMA ESTRATÉGIA PARALELA AO ENQUADRAMENTO NORMATIVO DA RELIGIÃO

Na primeira década da sua ação governativa, Salazar conseguiu precipitar uma evolução no catolicismo português em relação ao que haviam sido as principais questões de conflito que o atravessavam, desde a instauração da República em 1910 até à revolução do 28 de Maio de 1926: por um lado, a «questão religiosa» propriamente dita, e, por outro lado, a «questão do regime». Nos capítulos anteriores, tratou-se da primeira destas questões e observou-se como a sua solução teve uma dimensão jurídica incontornável, na medida em que passou pela construção de uma estrutura legal que permitiu um novo enquadramento normativo do fenómeno religioso, distinto dos modelos que vigoraram até à instauração do Estado autoritário. Neste capítulo, reflete-se sobre a ultrapassagem da «questão do regime», a propósito de alguns aspetos da estratégia de desmobilização política dos católicos. Esta foi parte integrante da política religiosa do regime, no sentido que foi uma das condições de institucionalização do religioso exigidas pelo Estado à Igreja Católica.

Com efeito, não admitindo o pluralismo partidário no regime e não ignorando a existência de diferentes sensibilidades políticas entre os católicos, Salazar mostrou-se sempre vigilante perante organizações, ações ou dinâmicas que pudessem favorecer uma intervenção politicamente organizada dos católicos, fora do quadro do partido único do sistema, a União Nacional. Nessa medida, agiu sobre manifestações de autonomia política dos católicos na esfera pública, procurando a sua desmobilização. Essa estratégia revelou-se, sobretudo, a propósito de dois organismos católicos, o Centro Católico Português (CCP) e a Ação Católica Portuguesa (ACP), que o presidente do Conselho receava poderem evoluir no sentido de virem a originar um partido confessional. Em 1958, Salazar reforçou essa atuação, após entrar em conflito com o bispo do Porto que reclamava liberdade de organização política para os católicos. Ao longo dos anos de 1960 e até 1974, o Governo tentou ainda desmobilizar e conter variados setores católicos que entraram em dissidência ideológica e programática em relação à *Situação*, não hesitando em recorrer, para esse efeito, aos mecanismos repressivos do Estado.

1. O fim do Centro Católico Português e a política de partido único de Salazar

O fim do CCP, equacionado sob o prisma das relações entre o Estado e a Igreja Católica, tem sido discutido, de forma recorrente, como resultante do empenhamento de Salazar na sua neutralização[1]. Argumenta-se que o estadista possuía o entendimento de que o novo regime assegurava a defesa dos interesses da Igreja Católica e que, como tal, a única via que consentiu aos católicos, que pretendiam desenvolver atividade política, foi a da sua integração e participação no quadro do partido único do sistema político autoritário. Para corroborar esta tese, a maioria das investigações tem valorizado o discurso que, em 23 de Novembro de 1932, por ocasião da tomada de posse dos corpos diretivos da União Nacional, o então recém-designado presidente do Conse-

---

[1] Cf. Manuel Braga da Cruz, *As Origens da Democracia Cristã e o Salazarismo*, Lisboa, Editorial Presença/Gabinete de Investigações Sociais, 1980, pp. 365-366; António Matos Ferreira, «A Ação Católica: questões em torno da organização e da autonomia da ação da Igreja Católica (1933-1958)» in *Colóquio sobre o Estado Novo: das Origens ao Fim da Autarcia (1926-1959)*, Lisboa, Fragmentos, 1987, p. 283; Maria Inácia Rezola, *O Sindicalismo Católico no Estado Novo, 1931-1948...*, pp. 58-59; António Costa Pinto, «Portugal Contemporâneo: uma introdução» in *Portugal Contemporâneo*, Madrid, Ediciones sequitur, 2000, p. 21; Paulo Fontes, *ibidem*, pp. 331-332.

lho proferiu, quando, abordando a questão da «organização católica e o problema português», salientou: «A agremiação denominada Centro Católico, ou seja, a organização independente dos católicos para trabalharem no terreno político, vai revelar-se inconveniente para a marcha da ditadura, deve torná-la esta dispensável por uma política superior, ao mesmo tempo que só traria vantagens para o País a transformação do Centro num vasto organismo dedicado à ação social»[2].

É inegável que Salazar contribuiu para o esvaziamento político do CCP, depois de assumir a chefia do Executivo, todavia, parece importante recusar o simplismo da tese de que o Centro Católico desapareceu na sequência daquela intervenção do presidente do Conselho. De facto, não se pode escamotear que o CCP existiu até 1940 e que o destino da organização foi decidido pelas autoridades religiosas, somente depois de 1937, no decurso das negociações concordatárias entre Portugal e a Santa Sé.

As declarações de Salazar em 1932 sobre o CCP não são surpreendentes, tendo em conta o entendimento que já em 1922, o estadista expressara sobre o CCP, salientando que este era uma «organização provisória e transitória, aconselhada pela Santa Sé no momento em que uma questão política que não tem possibilidade de se revolver [...]. É claro que, modificadas as circunstâncias que lhe explicam a presente organização, o conselho de Roma sobre o que se funda, deixava de ter razão de ser»[3]. Havia coerência no pensamento e na ação do presidente do Conselho. Em finais de 1932, o contexto político e eclesial mudara de facto. Existia um novo projeto político e uma determinação de Salazar de resolver o problema religioso, em moldes que não colidissem com interesses de setores laicistas moderados, por um lado, e que satisfizessem algumas reivindicações de setores católicos da sociedade, por outro. Para desenvolver a sua política religiosa, Salazar necessitava, no entanto, de se transformar no ator por excelência dessa ação e de arredar do caminho quaisquer outros protagonistas que pudessem defen-

---

[2] Cf. António de Oliveira Salazar, *Discursos*, vol. I (1928-1934), 5.ª ed., Coimbra, Coimbra Editora, 1961, pp. 171-173.

[3] Cf. António de Oliveira Salazar, *Inéditos e Dispersos...*, pp. 277-278.

der também uma «política religiosa». Nesse sentido, era naturalmente o CCP que lhe interessava neutralizar.

Três razões parecem justificar aquele intuito do chefe do Executivo. Primeiro, os interesses do CCP em matéria religiosa não coincidiam em muitos aspetos com o que Salazar julgava conveniente assumir no desenvolvimento de uma política religiosa estatal. O desencontro partia, desde logo, na diferença de perspetiva que mobilizava os centristas, por um lado, e o estadista, por outro. Enquanto para os primeiros o enfoque residia na Igreja Católica, nos seus interesses e reivindicações, sendo para salvaguarda destes que negociava com o poder civil; para o chefe do Executivo, o cerne era o Estado, que se encarregava de desenvolver uma política religiosa como parte da intervenção política geral que lhe cabia executar na condução dos destinos nacionais[4]. Donde, o poder político detinha a responsabilidade de interpretar o que lhe era mais apropriado à organização da religião, em função das circunstâncias. Segundo, porque traria vantagens para Salazar estabelecer uma relação negocial direta com a hierarquia eclesiástica, dado esse relacionamento se revestir de um carácter mais institucional, do que manter uma relação mediada pelo CCP, que se afiguraria sempre como uma relação mais política e com carácter instável. Terceiro, porque, tanto em função do que se acaba de referir, como pelo facto de a ideologia do regime recusar o pluralismo partidário e admitir que a atividade política fosse apenas exercida no quadro da UN, não interessava a Salazar que o CCP continuasse a corporizar-se como organização política.

Não será exagerado pensar que, neste cenário, Salazar soube ainda antecipar as consequências que a reflexão eclesiológica, em curso naqueles anos, inevitavelmente, traria à Igreja Católica em Portugal, ajustando-as ao seu projeto pessoal de poder. Vivia-se na época o que se pode considerar ser uma fase de transição eclesial, mais afeta à própria dinâmica internacional do catolicismo do que à sua dinâmica nacional. Com Pio XI, desde a publicação da encíclica *Ubi Arcano Dei*, de 23 de dezembro de 1922, a Igreja passara a defender uma retirada dos católicos das «querelas políticas» e das «fronteiras estreitas de um partido»,

---

[4] Este entendimento da política religiosa por Salazar foi bem realçado em: José Barreto, *Religião e Sociedade. Dois ensaios...*, 2002, pp. 172-173.

e a privilegiar as relações diretas com os Estados, de forma a assegurar regimes concordatários e a institucionalização da Ação Católica[5].

A lógica pontifícia que originara o projeto religioso de criação da ACP encaminhava-se assim para a superação do modelo de intervenção dos cristãos na sociedade por via dos partidos políticos confessionais. Em boa verdade, os católicos eram chamados a agir no quadro de uma eclesiologia que se estava também a construir e da qual não decorriam ainda orientações muito concretas[6]. Como escreveram Paulo Fontes e alguns historiadores estrangeiros, vivia-se a passagem de um paradigma de «catolicismo de posição» para outro de «catolicismo de movimento», que tinha por novo desígnio o «refazer o tecido social cristão, na perspetiva da harmonização dos diversos interesses

---

[5] Cf. Jean-Marie Mayer, *Des Partis catholiques à la Démocratie chrétienne XIX--XX siècles*, Paris, Armand Colin, 1980, pp. 106-107.

[6] Recorde-se, por exemplo, que desde o começo do ano de 1932, pelo menos, que o episcopado português se encontrava a preparar as bases da futura ACP, com vista a iniciar a sua organização diocesana (Cf. PT/AHPL/ACC/D/01/01: ofício do bispo de Beja para o cardeal Cerejeira, datado de 26 de Janeiro de 1932). Entre os centristas era refletida a carta que Pio XI dirigira ao cardeal arcebispo de Toledo, em 6 de Novembro de 1929, onde declarava que «a Ação Católica não é afinal outra coisa senão o apostolado dos fiéis, que, dirigidos pelos Bispos, prestam sua cooperação à Igreja de Deus, completando, em certo modo, o seu ministério pastoral». Dos fins da Ação Católica, indicava o pontífice: «A Ação Católica não consiste somente em atender à própria perfeição que é o principal, mas também num verdadeiro apostolado em que participam os Católicos... Mas, não obstante isto, com razão pode a mesma ação chamar-se social, pois pode dilatar o reino de Cristo, e deste modo, ao passo que se consegue para a sociedade o maior dos bens, procuram-se juntamente com os demais que dele procedem, quais são os que pertencem ao Estado e se chamam políticos, isto é os bens, não privados e próprios dos indivíduos, mas comuns a todos os cidadãos, e tudo isto pode e deve obter a ação católica, de a humilde obediência às leis de Deus e da Igreja, junto a um total afastamento das razões políticas [...]» (Cf. Cit. in PT/AHPL/ACC/R/06/01/009: relatório elaborado por Mário de Figueiredo e Diogo Pacheco de Amorim, sobre a reunião de 17 de Dezembro de 1931 do CCP, sem data). António Lino Neto mostraria ainda apego, não só aos ensinamentos de Pio XI, mas também aos de Leão XIII, em particular à encíclica de 16 de Fevereiro de 1892, Au Milieu dês Sollicitudes (Cf. PT/AHPL/ACC/R/01/03/005: texto de António Lino Neto, sem data, intitulado «O que tem sido o Centro Católico (Considerações sobre um parecer dos senhores doutores Pacheco de Amorim e Mário de Figueiredo)»).

socioeconómicos e segundo uma conceção orgânica da sociedade que se pretende totalizante»[7].

Salazar, pelo envolvimento que mantinha no CCP, conhecia bem este clima eclesial, com o qual os próprios dirigentes centristas se debatiam. Segundo um comentário do bispo do Porto, D. Augusto de Castro Meireles, ao cardeal Cerejeira, em Janeiro de 1932, o governante não se desligara do Centro e tendia a controlar o que sucedia naquele organismo, mediante a proximidade que mantinha com o padre António Brandão[8]. Donde, não é de estranhar que Salazar considerasse que a sua estratégia de neutralização do CCP poderia ser facilitada pelas divisões que internamente dominavam o organismo, não só quanto à sua ação política, como também quanto à sua relação com as estruturas da Ação Católica.

O CCP fora, desde o momento da sua criação, apresentado pelos protagonistas envolvidos nesse projeto como uma organização suprapartidária, aberta a todos católicos, independentemente dos seus posicionamentos políticos, destinada a cumprir um programa de defesa dos interesses da Igreja Católica, quanto a matérias de índole estritamente religiosa, mas também de defesa dos «interesses superiores do País». Esse empenhamento deveria ser feito «acima das lutas e divisões partidárias» e toda a ação ser realizada em estrita obediência às diretivas da autoridade eclesiástica[9]. Porém, a tentativa do CCP de se viabilizar

---

[7] Cf. Paulo Fontes, *Elites Católicas em Portugal: o papel da Acção Católica (1940-1961)*, p. 326.

[8] «Escrevia o prelado: «Já que não se tem podido que o Salazar se desligue do Centro Católico, fica muito bem que o Pe. Brandão se retire pois é considerado um laço forte de união entre a hierarquia e o Governo da Ditadura! Fica assim mais clara a situação.» (Cf. PT/AHPL/ACC/E/02/01/244: carta do bispo do Porto, D. António de Castro Meireles para o cardeal Cerejeira, datada de 27 de Janeiro de 1932).

[9] Por defesa dos interesses da Igreja entendia-se a tentativa de cristianização dos costumes, das leis e das instituições nacionais, a substituição de «leis vexatórias da consciência religiosa», o restabelecimento das relações diplomáticas entre o Estado português e a Santa Sé e a publicação de nova legislação que consagrasse a liberdade de ensino religioso, a liberdade de associação e liberdade de culto; enquanto a defesa dos «interesses superiores do País» envolvia diversos aspetos da organização do Estado e das suas políticas sectoriais (a administração pública, o poder judicial, o regime de propriedade, as políticas financeira, agrícola, industrial, educativa, comercial, social e

como plataforma congregadora das diferentes sensibilidades eclesiais e políticas dos católicos do seu tempo falhou, tendo a organização, em largos anos do seu ciclo de vida, sido atravessada pela dificuldade de conjugar esse desígnio com a hostilidade que tal ideia mereceu a vários católicos, continuando muitos a optar por participarem em outras formações partidárias.

Os diversos estudos que se debruçaram sobre o CCP sublinharam, com propriedade, a divisão política dos católicos perante o projeto do Centro. Mostraram como nos diversos momentos eleitorais (em 1918, 1919, 1921, 1922 e 1925), o CCP nunca alcançou senão resultados modestos (o resultado mais baixo ocorreu em 1919, com a eleição de um deputado e de um senador; o melhor resultado foi alcançado em 1918 e 1925, com a eleição de quatro deputados e um senador), sendo que outras formações partidárias, que se apresentaram aos sufrágios, não deixaram de contar com candidaturas de católicos. Esclareceram ainda sobre as desinteligências que apartaram vários católicos do CCP. Demonstrou-se como a tentativa, por parte dos centristas, de promoção das instruções de Bento XV, que iam no sentido de estimular a colaboração dos católicos com as autoridades civis do regime vigente (não se excluindo a possibilidade de aceitação de cargos públicos pelos católicos), não foi galvanizadora, provocando, ao invés, várias tensões no campo católico. Não obstante suscitar adesões entre alguns organismos juvenis católicos, como o Centro Académico da Democracia Cristã (CADC) ou em algumas das Juventudes Católicas Portuguesas, aquele aspeto do discurso centrista foi mal recebido e questionado por católicos de sensibilidade monárquica, que entendiam quaisquer possibilidades de colaboração com os poderes públicos como uma adesão ao próprio regime republicano, o que rejeitavam. Entre estes últimos católicos, que tinham também do ideário monárquico diferentes conceções (registe-se que a contestação daquele argumentário centrista foi feita pelo próprio D. Manuel II e por monárquicos «manuelistas», como Fernando de Sousa, Domingos Pinto Coelho ou Paiva Couceiro, mas também por integralistas, como Pequito Rebelo

---

de defesa) (Cf. «Programa do Centro Católico, aprovado no Congresso da Fundação em Braga, Agosto de 1917» in Manuel Braga da Cruz, *ibidem*, 425-426).

ou Alfredo Pimenta), não colhia a ideia de que o CCP, para fazer caminho, pudesse exigir aos católicos, que nele desejassem participar, que sacrificassem as suas reivindicações políticas no que respeitava à questão das formas de governo e de regime. O confronto em torno desta questão, entre católicos centristas e monárquicos, fez-se em ocasiões importantes para a organização e consolidação política do CCP, como os seus I e II Congressos (realizados, respetivamente, em Novembro de 1919 e Abril de 1922)[10]. Manifestações daquele conflito ocorreram ainda na imprensa (num primeiro momento, coincidente com a ideia de lançamento do projeto do CCP, em 1915, entre os jornais *Correio da Beira*, dirigido por José de Almeida Correia, o *Imparcial*, órgão do CADC, e o *Monarquia*, órgão integralista, cuja direção estava a cargo de Alberto de Monsaraz; mais tarde, em 1922 e 1927, envolvendo os jornais *A União*, órgão do CCP, *A Época*, dirigida por Fernando de Sousa, e o *Novidades*, diário oficioso do episcopado português)[11], mas também no parlamento (particularmente em Março de 1922, a propósito da representação da Câmara dos Deputados nas exéquias de Bento XV; em Janeiro de 1923, em torno do debate sobre ensino religioso; e em Dezembro de 1925, acerca dos projetos de lei relativos à revisão da lei de Separação e ao ensino religioso nas escolas particulares)[12].

Em face da intensidade das discussões entre católicos centristas e monárquicos e, em especial, da longa duração de tais tensões (cerca de quase dez anos, se se considerar o hiato decorrido entre 1919, ano da aprovação das novas Bases Regulamentares do Centro e da nomeação da sua nova direção, mais alinhada com a doutrina pontifícia do

---

[10] Cf. Manuel Braga da Cruz, *ibidem*, pp. 276-301.

[11] Cf. Adelino Alves, *Centro Católico Português*, Lisboa, Editora Rei dos Livros, 1996, pp. 111-128; Maria Lúcia de Brito Moura, «A condenação da *Action Française* por Pio XI. Repercussões em Portugal» in *Revista de História das Ideias*, 29, 2008, pp. 559-569.

[12] Cf. Luís Salgado de Matos, *A Separação do Estado e da Igreja...*, pp. 567-568; Maria Cândida Proença, *A Questão Religiosa no Parlamento...*, pp. 89-197; João Miguel Almeida, *Católicos e Política. Na crise do Liberalismo: o Percurso de António Lino Neto (1873-1934)*, tese de doutoramento, Lisboa, Faculdade de Ciências Sociais e Humanas, Universidade Nova de Lisboa, 2013, pp. 363-370.

ralliement, e 1927, ano em o jornal *A Época* cessou a sua publicação após ver reprovada a sua orientação pelo episcopado português), com facilidade se entende que diversos estudos tenham considerado, na história do CCP, a «questão do regime» como fulcral. Tal vetor revelou-se útil para explicar porque fracassou o Centro Católico: o seu projeto fora prejudicado pela conflitualidade latente no interior do CCP e no próprio campo católico. Segundo tais análises, essa realidade, nunca totalmente superada, foi todavia obliterada pelas novas circunstâncias políticas, criadas a partir de 1926 e, sobretudo, após a entrada de Salazar para o Governo; daí em diante, o CCP apenas emprestou colaboração ao poder político, o qual investiu na sua neutralização. Ainda de acordo com esta visão, esse processo, que inviabilizou a possibilidade do CCP prevalecer como organização política dos católicos, culminou com o abandono da presidência do Centro por António Lino Neto, em 1934.

Sendo, sem dúvida, importante a «questão do regime» na evolução histórica do CCP, é conveniente assinalar que este argumento tem impedido o reconhecimento de que aquele sempre foi um projeto marcado por grande fragilidade, a qual ultrapassou largamente os conflitos entre centristas e monárquicos. Em todo o seu ciclo de vida, o Centro revelou possuir uma eficácia reduzida no alcance de uma transformação do estatuto público da Igreja portuguesa. Face ao que eram as aspirações católicas, quanto a modificações na situação jurídica da Igreja, em particular em relação ao que fora consagrado pela Lei de Separação de 1911 (e até ao que fora estipulado nas sucessivas modificações deste diploma), o CCP não logrou conseguir mais do que inscrever no debate político público, sobretudo através da sua ação parlamentar (e isto só até 1926), as principais reivindicações católicas relativas a matérias como a liberdade de ensino, a personalidade jurídica da Igreja Católica, os bens eclesiásticos. Como a seguir se demonstrará vários aspetos denotam tal debilidade: um primeiro, associado ao modelo de organização do Centro e à sua capacidade de mobilização do eleitorado; um segundo, relativo às discussões travadas entre centristas sobre a «questão do partido»; e, por fim, um terceiro, devedor do anterior, relacionado com a emergência do paradigma de «ação católica».

1.1. Debilidades estruturais do projeto centrista

É importante sublinhar que, desde a sua criação, o CCP encontrou dificuldades organizativas e não garantiu uma mobilização eficaz dos católicos para o projeto que se propunha realizar. Essa situação não constituiu novidade, uma vez que tal já se verificara em torno da própria União Católica, criada pelo episcopado na sequência do *Apelo de Santarém* (1913). À semelhança do que ocorrera com a União Católica, o CCP não chegou a criar uma estrutura nacional relevante e apenas em algumas dioceses (Braga, Porto, Coimbra, Lisboa e Algarve) demonstrou possuir vitalidade, o que parece apontar para distintos empenhamentos dos bispos como dinamizadores daquele projeto. A reduzida capacidade de mobilização do CCP é ainda atestada por outros indicadores. Por um lado, os seus dois Congressos, realizados em 1919 e 1922, apresentaram sempre baixo número de participantes (inclusivamente de eclesiásticos). Por outro lado, nem todas as comissões diocesanas do Centro tiveram capacidade para se fazer representar. Estas revelaram um dinamismo bastante reduzido, em especial no período entre Congressos, sendo que, mesmo no caso daquelas que conseguiram criar comissões concelhias (casos de Braga e Lisboa), as mesmas apenas foram «acionadas em vésperas eleitorais». A própria atividade eleitoral, aquela que maior visibilidade trouxe ao CCP, foi prejudicada por procedimentos que se revelaram deficientes. Por exemplo, o facto de as comissões paroquiais não recrutarem muitos sócios e confrontarem-se com dificuldades para procederem aos recenseamentos eleitorais, colocou problemas nos períodos eleitorais, quando o Centro necessitou apresentar representantes próprios. Este fator era tanto mais penalizador para a ação do CCP quanto o próprio sistema eleitoral não o beneficiava, uma vez que o sufrágio era apenas permitido aos cidadãos de sexo masculino alfabetizados e maiores de 21 anos, e excludente de potenciais eleitores do Centro, como fossem as mulheres ou os «chefes de família» (que não possuíssem instrução elementar)[13]. É interessante registar que, neste cenário, o CCP não fez campanha por alterações à legislação eleitoral, ao contrário, por exemplo, de outras

---

[13] Cf. Manuel Braga da Cruz, *ibidem*, pp. 332-335.

formações políticas católicas suas contemporâneas que, em vários países europeus, contestaram o sistema eleitoral, também com o intuito de alargarem o seu eleitorado.

Apesar do modelo pensado para a União não ter permitido alcançar os objetivos traçados, as autoridades religiosas optaram por dotar o Centro Católico de uma estrutura idêntica: «fortemente centralizada e verticalizada»[14]. A falta de novidade nesta opção pode relacionar-se com a noção monárquica da autoridade episcopal que, na época, envolvia a condição dos prelados, principais responsáveis nas dioceses, a quem estavam subordinadas a organização e o funcionamento das estruturas eclesiais. Além desta hipótese explicativa, uma outra, decorrente dela, deve ser considerada (ainda que careça de estudos que a aprofundem): o problema da ausência de lideranças entre o clero e o laicado, em número significativo, que permitissem aos bispos delegar responsabilidades, garantindo, em simultâneo que se conservava a disciplina eclesiástica.

Nesta linha, parece importante sublinhar algo conhecido mas suficientemente negligenciado na narrativa sobre o Centro: foi o episcopado quem sempre conduziu os destinos da organização, umas vezes colocando em marcha instruções da Santa Sé (como as que enformaram a carta que Bento XV dirigiu aos bispos portugueses em 18 de dezembro de 1919), outras vezes gerindo apenas entre si (sem direta intervenção vaticana) os problemas com que o CCP se defrontou. É também importante notar que a intervenção dos prelados sobre o Centro aumentou com o passar dos anos. Note-se que nos momentos mais relevantes da vida da organização, foram os bispos quem intervieram publicamente sem, tão pouco, delegarem no presidente do CCP, António Lino Neto, a comunicação das suas orientações. Também as doutrinas norteadoras do CCP foram clarificadas pelos bispos: na Mensagem dos Prelados de Portugal ao Santo Padre Bento XV (1920); na Pastoral Coletiva do Episcopado Português a todos os fiéis e súbditos (1922); no opúsculo que sintetizou os dois documentos anteriores, intitulado *Centro Católico Português – sua organização, funcionamento, características e documentos respetivos* (1928); por D. António

---

[14] Cf. Idem, *ibidem*, p. 262.

Barbosa Leão, ainda enquanto bispo do Algarve, no opúsculo *União Católica e Centro Católico* (1918); e por D. José Leite de Faria, bispo de Bragança, em artigo designado «Desorientação» e publicado no boletim da sua diocese, *O Semeador*. Foram apenas dois os textos doutrinais do CCP produzidos por leigos: a tese que Salazar apresentou ao II Congresso do CCP (1922); e o escrito que Mariotte (pseudónimo de Amadeu de Vasconcelos) publicou em *Os meus cadernos* (1925)[15].

1.2. A «questão do partido» e a liderança frágil de António Lino Neto

Em função do que acaba de se afirmar e do que mostram algumas fontes, julga-se pertinente reponderar o papel de Lino Neto, na presidência da Comissão Central do CCP, entre 1919 e 1934. Várias investigações têm valorizado esta personalidade, a partir do que foi a sua desvinculação da organização. Esse facto tem permitido a construção de uma imagem de Lino Neto como resistente católico ao projeto estadonovista e, em concreto, a Salazar. De acordo com essa visão, o presidente do Conselho forçara o fim do CCP e Lino Neto teria recusado manter-se à frente de uma organização cujo fim fora determinado por uma política antiparlamentar, antidemocrática e antiliberal.

É facto que, escolhido pelas autoridades religiosas pela sua condição de católico desvinculado de qualquer pertença partidária[16], António Lino Neto se destacou na vida daquela organização. Para tanto, contribuiu a circunstância de os outros dois membros que integravam a Comissão Central, o professor da Faculdade de Ciências de Lisboa, António Pereira Forjaz, e o advogado João José da Fonseca Garcia, se terem revelado personalidades discretas e sem grande intervenção pública. Ao protagonismo que Lino Neto assumiu não foram ainda alheios os dotes parlamentares e alguma capacidade de negociação polí-

---

[15] Cf. *A União. Órgão oficial do Centro Católico Português e Revista de Documentação*, Agosto de 1929, pp. 7-8.

[16] Cf. João Miguel Almeida, *ibidem*, pp. 280-281; Marco Silva, *As ideias políticas e sociais de António Lino Neto. Um católico militante entre o fim do século XIX e a primeira metade do século XX*, Casal de Cambra, Caleidoscópio, 2011, p. 62.

tica que revelou enquanto deputado do CCP[17]. Importância terá tido ainda a sua direção d' *A União*, por inerência do cargo que ocupava, onde regularmente publicou escritos e comentou a situação eclesial e política. Na presidência do CCP, Lino Neto revelou, sobretudo, ser capaz de corresponder ao que dele se esperava: obediência às determinações da hierarquia eclesiástica e da Santa Sé na defesa dos interesses da Igreja, e alguma capacidade de transmissão e divulgação do pensamento eclesiástico sobre o Centro e a situação política (o que fez, sobretudo, a partir das páginas d' *A União*). Moldou a esses desígnios quer a sua ação parlamentar, quer o seu desempenho como jurista, possibilitando, com esta última prestação, que o Centro aconselhasse e diligenciasse em diversas questões judiciais e administrativas que envolviam os estatutos do clero e das corporações encarregadas do culto católico. Não surpreende, pois, que tenha revelado dificuldades perante alguns debates internos do CCP, cruciais para a definição da identidade da organização e do seu projeto, nos quais se discutiu, direta ou indiretamente, a doutrina e a estratégia eclesiástica estipulada para o Centro. Como em seguida se verá, algumas das posições que assumiu fragilizaram a sua liderança, remetendo-o progressivamente para um isolamento no interior do CCP.

Um desses debates envolveu a questão do CCP ser ou não um partido confessional de governo. Essa foi uma discussão latente entre os centristas, iniciada, pelo menos logo, em 1920, quando, no Congresso Diocesano desse ano, o cónego Anaquim mostrou simpatia pelo modelo do Partido Popular Italiano (PPI) e sugeriu que o CCP seguisse rumo idêntico, no que foi apoiado por alguns centristas. Nesse debate, Lino Neto recusou qualquer comparação entre o CCP e o PPI, defendendo, como aliás nos anos seguintes, que o Centro não se predispunha a conquistar o poder[18]. Sendo verdade que, com essa posição, Lino Neto reafirmava o pensamento da autoridade eclesiástica de que o CCP não era um partido político porque prescindia de se posicionar sobre

---

[17] Para mais informação sobre a atividade parlamentar de António Lino Neto, consulte-se: Marco Silva, *ibidem*, pp. 65-78; Centro de Estudos de História Religiosa, *António Lino Neto: intervenções parlamentares (1918-1926)*, Lisboa: Assembleia da República/Texto Editores, 2009.

[18] Cf. Adelino Alves, *ibidem*, pp. 103-104.

a questão do regime e das formas de governo, não menos verdade é que, com essa atitude, diminuiu a capacidade política do próprio Centro, mesmo quando este ainda possuía atividade parlamentar, e não convenceu muitos dos seus correligionários centristas, que ciclicamente voltaram a colocar o problema da identidade e organização do CCP.

A esta luz, compreende-se a importância que adquiriram as teses que Salazar apresentou em 1922, ao II Congresso do CCP. Tecendo uma análise mais profunda da situação do Centro, que ultrapassou a explicação sobre por que razões a questão do regime não tinha importância para o CCP, o futuro chefe do Executivo mostrara mais alguma ambição em relação ao papel do Centro. Considerando o CCP como uma organização política e destinada a atuar por meios políticos, mas «transitória e provisória», cuja evolução dependia do próprio evoluir da situação política do País, Salazar não deixou de insistir na necessidade de serem revistas as bases do CCP e os seus processos de ação. Para o então professor universitário, a melhor estratégia que o Centro podia desenvolver passava pelo fortalecimento da sua atividade parlamentar: aumentando a sua representação própria, fazendo acordos com outros partidos políticos para valorizar a sua força eleitoral, alargando a intervenção dos parlamentares do Centro a várias outras questões que não só a «defesa religiosa», pois não o fazer seria «uma diminuição da capacidade política» dos seus representantes, mas também dos «eleitores católicos inscritos no Centro»[19].

A maior mobilização política do CCP, defendida por Salazar, permitiu animar por algum tempo os centristas quanto ao projeto da organização, mas não chegou a materializar-se. Em 1925, o professor de Coimbra manifestou preferência pela via do partido de poder, sendo acompanhado nessa posição por Francisco Veloso. Anos antes, o modelo do *Zentrum* alemão havia seduzido outros centristas, que defendiam que, a par dos direitos da Igreja, o Centro poderia ocupar-se de defender «interesses sociais»[20].

---

[19] Cf. António de Oliveira Salazar, *Inéditos e Dispersos*...., pp. 256-258, 275-276.
[20] Cf. Luís Salgado de Matos, *ibidem*, p. 529 e 624.

A aposta do Centro na política do regime saído do golpe militar do 28 de Maio de 1926 e a aceitação dos seus «métodos»[21], complicaram a definição do seu papel político. Também o encerramento do parlamento, depois de 1926, no contexto da Ditadura Militar, não favoreceu a sua atividade. Sem esse espaço de intervenção que lhe trazia especial projeção pública (dado ser por essa via que as suas propostas se tornavam mais conhecidas e debatidas), o projeto do CCP voltou a ser questionado. Essa discussão, que durou anos, aflorou nas páginas do *Novidades* e ecoou no próprio periódico do CCP. Em 15 de dezembro de 1930, num artigo intitulado «Trabalho urgente», publicado naquele diário católico, o cónego Mendes de Matos abordava a questão da necessidade de revitalização do CCP, apelando à multiplicação das comissões paroquiais do Centro. Salientando que o Centro tivera como «obra periódica» a «obra eleitoral», o sacerdote destacava que aquela organização «carece de tornar-se "um trabalho constante". Sem essa renovação, sem esse espírito de atividade, sem esse trabalho de organização, as suas fileiras, longe de se fortalecerem, amolecerão pela inércia, comprometendo senão a sua existência, ao menos a fecundidade salutar da sua vida»[22]. Em março de 1931, também Rodrigues Leónidas, no *Novidades*, apontou falhas à ação do CCP, concretamente quanto à falta de mecanismos eficazes de propaganda do seu programa e da sua atividade. Usando um tom de perplexidade, o articulista constatava que o Centro se limitava a dispor de uma «revista mensal de documentação». Meses mais tarde, António Lino Neto reagiu a esta crítica. Em seu entender o CCP continuava ativo e *A União* era uma publicação «de propaganda e de orientação doutrinal», recusando que assistisse razão àqueles que lamentavam «que o Centro Católico não dê que falar de si como no tempo das eleições ou da atividade parlamentar em que decididamente intervém» e que julgavam que «já pouca vida tem»[23].

Já em 1929, Lino Neto revelara não ter ideia de como suprir a falta que a ação parlamentar fazia ao Centro, sendo que também não

---

[21] Cf. Manuel Braga da Cruz, *ibidem*, p. 359.
[22] Cf. *A União. Órgão oficial do Centro Católico Português e Revista de Documentação*, Dezembro de 1930, p. 184.
[23] Cf. *A União. Órgão oficial do Centro Católico Português e Revista de Documentação*, Maio de 1931, p. 60.

demonstrava valorizá-la. Em entrevista ao diário brasileiro «Correio da Manhã», o presidente do CCP, voltando a insistir que aquele organismo não era um partido católico mas antes «um grupo desempenhando uma função de conciliação», admitia que «presentemente, o Centro Católico não apresenta reclamações porque já as apresentou», confirmando que, na sua maioria, aquelas ainda se encontravam por satisfazer. Afastava ainda o cenário de reativação da vida partidária nos moldes que até 1926 haviam vigorado. Reconhecendo que os partidos políticos se encontravam desmantelados, confessava que se lhe afigurava «pouco provável» que se remodelassem, mostrando-se antes inclinado para um cenário em que «serão substituídos por outros instrumentos de governo e de representação nacional, como seria, por exemplo, regressando ao antigo processo, mas atualizado dos chamados Estado Gerais»[24].

Em Dezembro de 1931, entre umas «boas dezenas» de centristas «ninguém sabia ao certo o que é o Centro»[25]. Esta constatação foi feita durante uma reunião, realizada no dia 17 daquele mês, na sede do CCP em Lisboa, que juntou «a assembleia dos vogais da Comissão Central dos sócios do Centro que foram Ministros de Estado, dos antigos Parlamentares do Centro, dos representantes dos jornais católicos e dos delegados da Diocese, a fim de se pronunciarem sobre a atitude mais conveniente dos católicos aos interesses da Igreja em face da atual situação política»[26]. Na discussão travada manifestaram-se divergências entre os centristas: para uns o Centro Católico era «apenas um ramo da Ação Católica e como tal devia proceder», para outros deveria ser, «de facto, um partido e como tal devia ser considerado»[27]. Para ultrapassagem do problema, os centristas Mário de Figueiredo e Diogo

---

[24] Cf. *A União. Órgão oficial do Centro Católico Português e Revista de Documentação*, Dezembro de 1939, pp. 14-15.

[25] Cf. PT/AHPL/ACC/R/06/01/009: relatório elaborado por Mário de Figueiredo e Diogo Pacheco de Amorim, sobre a reunião de 17 de Dezembro de 1931 do CCP, sem data.

[26] Cf. PT/AHPL/ACC/R/06/01/003: texto das conclusões, aprovadas por unanimidade, na reunião de 17 de Dezembro de 1931 do CCP.

[27] Cf. PT/AHPL/ACC/R/06/01/009: relatório elaborado por Mário de Figueiredo e Diogo Pacheco de Amorim, sobre a reunião de 17 de Dezembro de 1931 do CCP, sem data.

Pacheco de Amorim propuseram, através de uma moção, consultar os prelados «sobre se deve o Centro Católico continuar como organização política que é, subordinado à hierarquia, ou se esta só deve prender a Ação Católica como a tem defendido Sua Santidade Pio XI, e sobre se os católicos que estão no Centro não podem desenvolver atividade política fora dele». Em seu entender o problema residia no CCP ter vindo a exercer «não uma ação católica, mas uma ação política», ao «propor e eleger deputados, propor e eleger membros das Câmaras Municipais, propor e eleger membros das Juntas de Freguesias, fazer acordos políticos com partidos, andar de ministério em ministério solicitando favores para satisfazer a campanha eleitoral», ao absorver «toda a atividade política dos seus membros» e ao lhes proibir «não só a entrada nos partidos políticos mas até a filiação em qualquer organismo que se proponha uma atividade política». Esse procedimento, consideravam, resultara numa «contradição» (dado que, na reforma de 1919, o Centro se propusera «exercer a Ação Católica», organizando-se para isso «muito naturalmente em volta da hierarquia eclesiástica»), que levara à «confusão em que atualmente nos encontramos e [à] decadência, pelo menos aparente, do Centro». Se o Centro queria ser um partido político, julgavam que teria «de proceder como um partido político», e então dispensar de ter «à sua frente a hierarquia [eclesiástica]», até porque esta «não pode, como tal, descer ao campo da política», e a opinião pública não «toleraria no Poder um partido dirigido pela hierarquia». As consequências estavam à vista, alertavam, começando já «os nossos adversários [...] a não nos tomar a sério, porque nos consideram uns paus mandados, sem iniciativa e portanto sem sinceridade». Profetizavam Figueiredo e Amorim que «o Centro Católico acabará por se extinguir de todo sem que o País, nem mesmo ele, dêem por isso». Advogavam, portanto, que a única solução era o CCP exercer só «ação católica», e escolherem os seus elementos uma de duas vias: «1) ou [...] se espalham pelas organizações políticas que porventura existam; 2) ou se agrupam em uma organização autónoma, independente da hierarquia, e de programa católico». Entre as duas hipóteses, Figueiredo e Pacheco de Amorim não validavam a segunda «porque seria remar contra o marcado pensamento da situação política atual, que quer acabar com os partidos, organizar um novo partido; e porque as elites católicas [...] não podem, enquanto não ocuparem qualquer posição política, trabalhar nessa organização que necessariamente custa muito tempo e muito dinheiro». Restava apenas aos centristas ingressarem na UN[28].

Lino Neto reagiu com desagrado àquelas posições, parecendo sentir posta em causa a sua liderança como presidente do CCP e revelando também desconforto perante a valorização do projeto da Ação Católica. Poucos meses antes, lembrara que houvera tempo em que o CCP parecera «absorver toda a Ação Católica», porque «do Centro tinham de socorrer-se todas as organizações que [...] se sentiam atingidas pela saraivada perseguidora do jacobinismo». Julgava que a ação do CCP continuava a ser necessária enquanto perdurasse o «ataque» e, como tal, as Juventudes Católicas não podiam ser hostis às suas diretrizes, cabendo-lhes apenas «dar aos seus elementos mentalidade igual aos que já estão em atividade»[29]. Quanto às posições de Figueiredo e Amorim, Lino Neto repudiava a ideia de que o Centro, sob sua direção, tivesse desenvolvido «ação política», e dizia que «política faz a Santa Sé mantendo núncios junto de uma grande parte dos Governos [...]. Política fazem-na os nossos Prelados aceitando convites para banque-

---

[28] Cf. AHPL/ACC/R/06/01/009A: relatório elaborado por Mário de Figueiredo e Diogo Pacheco de Amorim, sobre a reunião de 17 de Dezembro de 1931 do CCP, sem data. A documentação consultada não permite explicar se Mário de Figueiredo e Pacheco de Amorim agiram por decisão própria ou se existiu alguma ligação entre a sua ação e o interesse de Salazar. A proximidade entre as três personalidades podia justificar o segundo cenário. Se sobre Figueiredo nada se apurou, sobre Pacheco de Amorim uma carta sua para o presidente do Conselho sugere que não agiu em Dezembro de 1931 em favor de qualquer estratégia eventualmente destinada a fomentar a eliminação do CCP em favor da UN. Convidado por Salazar para integrar a lista da UN às primeiras eleições legislativas do *Estado Novo*, Amorim teve como primeira reação declinar o convite: «não estou na UN, mas também não estou noutra. Estou onde sempre estive, no Centro Católico, e enquanto o Centro se mantiver insefulto [sic], continuarei cumprindo o seu programa. Uma vez enterrado, se o chegar a ser, readquirirei a minha liberdade política completa e então pensarei no rumo a seguir». Desconhece-se a resposta de Salazar, mas o facto é que Diogo Pacheco de Amorim acabou por integrar aquela lista e surgiu como deputado à I Legislatura da Assembleia Nacional (Cf. PT/TT/AOS/CP-9: fl. 221-222: carta de Diogo Pacheco de Amorim para Salazar, 19 de Novembro de 1934).

[29] Cf. *A União. Órgão oficial do Centro Católico Português e Revista de Documentação*, Fevereiro de 1931, pp. 24-25.

tes em honra do Chefe de Estado ou de Ministros e associando-se a muitas outras formas de festas cívicas. Política, fê-la, ultimamente, Sua Eminência o Senhor Cardeal Patriarca dirigindo ao Senhor Presidente da República uma carta em que pedia, para acalmação dos ânimos, uma amnistia a favor dos deportados políticos de todas as cores[30]».

---

[30] Trata-se do pedido de amnistia que o cardeal Cerejeira dirigiu, por ocasião do 5 de Outubro de 1910, ao Presidente da República, Óscar Carmona, onde intercedia por alguns «portugueses que, por motivos políticos», estavam afastados do «continente da Pátria e do carinho de suas famílias, algumas das quais se encontram a braços com a miséria». O bispo de Lisboa que pedia, em especial, por Moura Pinto e Cunha Leal (presos e deportados primeiro para S. Miguel e depois para o Funchal, na sequência de um alegado golpe de Estado reviralhista, previsto para 21 de Junho de 1930), apontando-os como «beneméritos da Igreja» e da «civilização do nosso país». Justificava a intercessão dizendo que a Igreja tinha «autoridade para pedir clemência» pois dava o «exemplo duma obediência perfeita ao Poder constituído» (Cf. Irene Flunser Pimentel, *Cardeal Cerejeira. O Príncipe da Igreja*, Lisboa, A Esfera dos Livros, 2010, pp. 99-100). Em Março de 1930, por ocasião das cerimónias pascais que se aproximavam, Diogo Pacheco de Amorim havia sugerido a D. Manuel Gonçalves Cerejeira que pedisse uma «ampla amnistia» que viesse a dar «horas alegres a tantas famílias que, sem ela, as passarão tristes e talvez com fome». Para enfatizar a importância desse gesto, aquele professor de Coimbra, recordava ao cardeal «a última amnistia que a República deu aos monárquicos (em 1921)» e que fora «resultado de um movimento de opinião cuja iniciativa partiu do teu ilustre e saudoso antecessor [o patriarca D. António Mendes Belo]». Desconhece-se se Cerejeira terá auscultado outras opiniões e porque razão terá optado por associar a petição para a clemência presidencial aos elementos envolvidos na preparação do alegado golpe de 21 de Junho de 1930. Aparentemente, o cardeal pretendia evitar uma colagem da hierarquia eclesiástica à defesa do sector monárquico, até para demonstrar um novo posicionamento episcopal face ao que fora o magistério do cardeal Mendes Belo, conhecido pela sua proximidade a D. Manuel II e simpatia pela questão monárquica. Certo é que divulgou junto de algumas personalidades católicas o conteúdo do pedido de amnistia que tencionava apresentar a Óscar Carmona. No final de Setembro, o prelado seria felicitado por aquela iniciativa por José Maria Braga da Cruz, que consideraria que a mesma «serve para demonstrar que não há [...] a tomada do signatário ilustríssimo por uma feição aristocrática ou por uma feição ditadura [sic] às quais o seu nobilíssimo espírito estivesse já preso» (Cf. PT/AHPL/ACC/C/01/01/001/01 e 04: carta de Diogo Pacheco de Amorim para o cardeal Cerejeira, datada de 6 de Março de 1930; cartão de José Maria Braga da Cruz para o cardeal Cerejeira, datado de 24 de Setembro de 1930). A carta de Cerejeira para o Presidente da República causaria polémica em diversos círculos políticos e apreensão em Carmona e no Governo. Não tendo conhecimento prévio do gesto do cardeal, Salazar

Argumentando que o CCP não tinha tido «nunca em política, outra ação que não seja ação católica», afirmava que o Centro «nunca andou de ministério em ministério a solicitar favores». Andava, sim, «pelos tribunais, pelas outras repartições públicas, pela imprensa, pela mais variadas assembleias, [...] para sustentar e defender as liberdades religiosas». Tudo isso, insistia Lino Neto, era «simplesmente ação religiosa», a qual «deste modo exercida no campo político é ação católica». Eram, nessa medida, sem sentido as declarações de que «o Centro já mal vive e [...] não se deve reanimar este, por falta de razão de ser»[31].

---

teria ficado zangado com o bispo de Lisboa. Desse ambiente, daria conta Pacheco de Amorim ao prelado, que lhe escreveria que «longo foi o alcance da tua carta, apesar dos esforços da censura para lhe embargar o passo... [...] a verdade é que a parte sensata dos partidos republicanos viu nela uma afirmação de não solidariedade com (pelo menos) certos atos da ditadura». Referia ainda que «estranharam alguns e os democratas mais do que todos, a citação que fizeste de dois nomes», e embora confessando que também fora surpreendido, Amorim tentava encontrar uma explicação. Avançava com a hipótese de a referência a Cunha Leal ter surgido «por ele ter condicionado a sua adesão ao bloco dos partidos, ao compromisso formal de que não haveria represálias contra a Igreja». Fosse como fosse, o que lhe parecia importante era Cerejeira ter dado «à gente dos partidos uma arma formidável para meter na ordem os energúmenos». Sobre a reação de Salazar, Amorim refletia que «só se pode ter melindrado por não ter sido o primeiro a ler e a saber da tua carta. A essa atenção da tua parte tinha ele todo o direito e se não lha concedeste não estranho que ele se tenha sentido, como dizem. É claro que se usaste de reserva é porque houve motivos para isso, mas os motivos não dispensam as explicações..., pelo contrário, justificam-nas [...]» (Cf. PT/AHPL/ACC/C/01/01/001/05: carta de Diogo Pacheco de Amorim para o cardeal Cerejeira, datada de 18 de Outubro de 1930). O cardeal Cerejeira tentaria reparar junto de Salazar a forma como agira, enviando-lhe duas mensagens de apaziguamento, não deixando, contudo, de aí voltar a interceder pelas duas figuras da Oposição (Cf. Franco Nogueira, Salazar: um estudo biográfico, vol. II, Coimbra, Atlântida Editora, 1977, p. 99). A 3 de Outubro, Óscar Carmona comunicava a Cerejeira que não era possível aceder ao seu pedido de clemência. Dizia ter ponderado o assunto com o Governo, que se vira «forçado a reconhecer que ainda não é este o momento de aquele ato ser praticado com as vantagens que dele devem resultar para o Estado e para o País.» (Cf. PT/AHPL/ACC/C/01/01/001/06: carta do Presidente da República para o cardeal Cerejeira, datada de 3 de Outubro de 1930).

[31] Cf. PT/AHPL/ACC/R/01/03/005: texto de António Lino Neto, sem data, intitulado «O que tem sido o Centro Católico (Considerações sobre um parecer dos senhores doutores Pacheco de Amorim e Mário de Figueiredo)».

Curiosamente, as declarações de Lino Neto foram, meses depois, contrariadas pelo relato que o Secretariado Geral do próprio CCP fez das atividades da organização: exercera-se «uma ação intensa e prudente junto dos Ministérios no sentido da cristianização dos mesmos, conseguindo-se colocar em postos importantíssimos de direção e nomear para lugares de relevo em todo o país, pessoas da maior confiança e praticamente católicas», mas também algumas negociações relativas à devolução de bens eclesiásticos e ao conteúdo de alguns diplomas legislativos[32]. A documentação não permite identificar o grau de envolvimento do presidente do Centro nestas ações, mas pode admi-

---

[32] Num relatório do Secretariado Geral do CCP, lê-se: «[...] assim é obra do Secretariado do Centro: 1.º – A escolha de Ministros católicos, que tem passado e alguns ainda se encontram na cadeira da governação; 2.º – A reforma do pessoal superior do Ministério da Instrução. Foi para este Ministério que o Secretário Geral dirigiu principalmente as suas atenções, por se lhe afigurar ser o que maiores serviços podia prestar à Igreja. E à ação direta e decisiva do Secretário Geral se deve: a) a escolha do atual Ministro da Instrução – Dr. Gustavo Cordeiro Ramos – sem dúvida o Ministro da Ditadura que melhor tem servido a causa da Igreja; b) a nomeação dos Diretores Gerais do Ensino Primário e Secundário – respetivamente Dr. Braga Paixão e Dr. Antonino Pestana [...]; c) o decreto sobre cinema educativo [...]; d) o Decreto sobre as normas em que doravante deve ser feito o ensino da História [...]; e) a Reforma, prestes a ser publicada, do Inspetorado Primário [...]; f) o Estatuto sobre o Ensino Particular na disposição que permitiu a aquisição de diplomas de ensino a pessoas católicas (sacerdotes, membros de congregações religiosas de ambos os sexos, etc.) que nunca doutro modo o poderiam adquirir; g) a criação de museus de arte sacra em algumas Sés Episcopais, que fez voltar à posse da Igreja alfaias e paramentos de altíssimo valor; h) a nomeação de alguns funcionários do Ministério e de numeroso professores dos 3 graus de ensino, todos eles de reconhecidos sentimentos católicos. 3.º – Na cedência dos bens eclesiásticos pelo Ministro da Justiça, o Secretário Geral exerceu sempre uma ação de rigorosa vigilância junto dos 3 Ministros católicos – Mário de Figueiredo, Lopes da Fonseca e Almeida Eusébio – prevenindo-os acerca do sectarismo de certos Pareceres dados nos processos pela Comissão Jurisdicional dos Bens Cultuais [...] e convencendo assim os Ministros a cederem às Corporações do Culto muitos bens cuja entrega a dita Comissão Jurisdicional negava. Pelo mesmo Ministério o Secretário Geral influiu na nomeação de muitos magistrados e outros funcionários de sentimentos católicos. 4.º – Na pasta do Comércio também notavelmente se for sentir a ação do Secretariado Geral na nomeação de funcionários competentes e católicos, nomeadamente na secção importantíssima dos Correios e Telégrafos [...]» (Cf. PT/AHPL/ACC/R/06/01/020: relatório «Ação do Secretariado Geral do CCP», 1933).

tir-se que dificilmente não teria conhecimento delas. Note-se, porém, que esta informação sugere, sobre a vida do CCP, um papel substantivo do próprio secretário-geral (ainda desconhecido e a merecer aprofundamento em futuras investigações) e é mais um elemento que matiza a ideia de uma liderança forte de Lino Neto.

A par de Lino Neto, pela posição de manter o CCP ativo, com a finalidade, a identidade e a organização que possuía em 1931, manifestaram-se, o jornalista Tomás de Gamboa e Joaquim Dinis da Fonseca. Segundo parecer emitido por Gamboa, o Centro não procedera como partido político, «fazendo política por política; foi Ação Católica, fazendo a política necessária e suficiente para zelar os direitos da Igreja no terreno político onde eram menosprezados»[33]. Joaquim Dinis da Fonseca, por sua vez, considerou que «bem ponderadas as circunstâncias sociais e políticas do nosso País não parece que tenha chegado o momento de prescindir da organização do Centro», porque não estavam «feitas as leis e no espírito público as modificações que excluam a possibilidade de um retorno perseguidor». Parecia-lhe, no entanto, que deveriam ter «desenvolvimento [...] novas formas de Ação Católica, como a condição indispensável para robustecer as fileiras do Centro», como julgava natural que a atividade daquele «decresça de intensidade em períodos de calmaria política». Os centristas deveriam, nessa medida, continuar a respeitar o «poder civil constituído» e a obedecer à «autoridade da Igreja»; quanto aos dirigentes do CCP, defendia que lhes cabia manterem-se «alheios a qualquer política puramente humana ou partidária», muito embora os demais elementos que se dedicassem à ação católica «possam ter e mesmo exteriorizar quaisquer opiniões políticas». A importância de promover a Ação Católica, sustentava-a ainda Dinis da Fonseca, no facto de o CCP ter sido «formado para atuar num regime político de carácter individualista. Sendo porém as modernas tendências para dar à ação política um carácter corpora-

---

[33] Cf. PT/AHPL/ACC/R/01/03/005: parecer de Tomás de Gamboa, datado de 17 de Fevereiro de 1932, anexado ao texto de António Lino Neto, intitulado «O que tem sido o Centro Católico (Considerações sobre um parecer dos senhores doutores Pacheco de Amorim e Mário de Figueiredo)».

tivo», tudo lhe parecia indicar que a «Ação Católica procure reformar os seus quadros nesta orientação»[34].

A documentação consultada sugere que, ao longo do ano de 1932, a atividade e atuação do Centro decorreu de forma algo errática. Em Abril, o cardeal Cerejeira recebeu um protesto de um membro portuense do CCP que, lamentando que «a Ditadura, pela mão de vários ministros católicos e centristas» continuasse sendo «para a Igreja, o que toda a gente sabe», se interrogava sobre «o que faz o Centro? Que fazem os centristas? Para que serviram as lutas do Centro, no seu início? Dizem que de vez em quando há reuniões do Centro...»[35]. É possível que, neste período, a própria hierarquia eclesiástica tenha desviado a sua atenção do CCP. Com efeito, não só o processo de constituição da ACP ocupava os prelados, como as iniciativas que o Estado começara a tomar e que afetavam a situação jurídica da Igreja Católica exigiam uma atitude pró-ativa dos bispos. Recorde-se que na primeira metade do ano de 1932, o episcopado discutia internamente o projeto constitucional. Pouco depois, o trabalho dos bispos direcionava-se para o projeto do novo Código Administrativo (que envolvia a criação de um novo estatuto para as confrarias e corporações de culto) e para o interesse de Salazar em negociar uma concordata com a Santa Sé. Neste contexto, Lino Neto continuou a mostrar algum desfasamento (senão mesmo desconhecimento) em relação aos planos da autoridade religiosa para o CCP. Exemplo disso é a sua insistência no regresso do padre Brandão a Lisboa, para ocupar o cargo que deixara vago na Secretaria Geral daquele organismo[36].

---

[34] Cf. PT/AHPL/ACC/R/06/01/007: texto de Joaquim Dinis da Fonseca, datado de 28 de Março de 1932.

[35] Cf. PT/AHPL/ACC/R/06/01/005: carta de Francisco de Sena Esteves para o cardeal Cerejeira, data de 26 de Abril de 1932, remetida do Porto.

[36] Cf. PT/AHPL/ACC/R/06/01/006: carta de Francisco Lino Neto para o cardeal Cerejeira, datada de 13 de Junho de 1932.

1.3. Desencontro de expetativas entre a autoridade religiosa e António Lino Neto: a história de uma demissão

Sendo notável o esforço de Lino Neto para acompanhar as diretrizes da autoridade religiosa, a verdade é que o dirigente centrista revelou dificuldades em agir num quadro eclesial e político que se encontrava em mutação, como ilustram os acontecimentos que envolveram a sua demissão do CCP. Em 7 de Fevereiro de 1934, Lino Neto tomou essa decisão um dia depois da publicação de uma carta de Pio XI dirigida ao cardeal Cerejeira, onde o pontífice, sem fazer qualquer referência ao CCP, confirmava que a ACP, institucionalizada em Novembro de 1933, se dedicaria à atividade social e apostólica, mantendo-se «alheia à natureza dos partidos políticos»[37]. Anteriormente, o episcopado português ao promulgar as Bases da ACP tinha salientado, em «Nota Oficiosa», que o CCP continuava a ser necessário, mormente «enquanto se mantiverem as circunstâncias que determinaram a sua fundação, como órgão de defesa da Igreja no campo legal, embora distinto e separado da Ação Católica Portuguesa». Por essa razão, ratificavam os prelados «a sua confiança ao digno Presidente Exmo. Sr. Dr. António Lino Neto»[38].

Como outras investigações já sustentaram, Lino Neto haveria de considerar aquela orientação papal incompatível com o seu trabalho à frente do CCP, pelo que, sentindo-se desautorizado, demitiu-se do seu cargo[39]. Não era a primeira vez que Lino Neto expressava vontade de abandonar aquelas funções. Em 8 de Julho de 1930, a dias de ser formalmente criada a UN, o líder centrista dirigira-se ao cardeal patriarca, colocando o seu lugar à disposição. Procedia em função das «profundas transformações políticas no País», assegurando que continuaria a

---

[37] Cf. *A União. Órgão oficial do Centro Católico Português e Revista de Documentação*, Fevereiro de 1934, pp. 210-211.

[38] Cf. *A União. Órgão oficial do Centro Católico Português e Revista de Documentação*, Dezembro de 1933, pp. 177-178.

[39] Cf. Manuel Braga da Cruz, *As Origens da Democracia Cristã e o Salazarismo...*, p. 369; Luís Salgado de Matos, *Um Estado de Ordens Contemporâneo – A Organização Política Portuguesa*, vol. II..., p. 794.

A DESMOBILIZAÇÃO POLÍTICA DOS CATÓLICOS: UMA ESTRATÉGIA PARALELA

«dar à Santa Igreja tudo o que puder em dedicação e serviços»[40]. A 7 de Março de 1933, voltou a acusar interesse em declinar o exercício das funções de presidente do CCP, «por motivo de saúde»[41]. O pedido fora apreciado em reunião plenária do episcopado, realizada em 9 de Novembro daquele ano[42]. Estas solicitações de Lino Neto aos prelados, insistindo no seu desligamento do Centro, parecem apontar para um desgaste pessoal, acumulado de longa data. Em todo o caso, em aparente razão do melindre que lhe teria causado o silêncio papal sobre o CCP, Lino Neto procedia em Fevereiro de 1934 de forma inusitada. Ao contrário das vezes anteriores, não comunicaria previamente a intenção de se desligar da presidência do Centro ao cardeal Cerejeira, nem a qualquer outro bispo ou dirigente católico. Sem esperar autorização episcopal para proceder àquele corte, optou por dirigir à imprensa uma nota comunicando a sua decisão. Apenas depois de ter feito seguir o esclarecimento para os jornais, redigiu uma carta a D. Manuel Gonçalves Cerejeira avisando do facto e enviando cópia da referida nota[43].

---

[40] Cf. PT/AHPL/ACC/R/06/01/001: carta de António Lino Neto dirigida ao cardeal Cerejeira, datada de 8 de Julho de 1930.

[41] Cf. PT/AHPL/ACC/R/06/01/010: carta de António Lino Neto dirigida ao cardeal Cerejeira, datada de 7 de Março de 1933.

[42] Cf. PT/AHPL/ACC/D/01/02/027: circular enviada aos bispos com informação dos assuntos a debater na reunião plenária do episcopado, a realizar em 9 de Novembro, datada de 2 de Novembro de 1933. A documentação não esclarece sobre a discussão tida em torno do ponto designado: «Pedido de exoneração de presidente do CCP apresentado pelo Dr. Lino Neto».

[43] Cf. PT/AHPL/ACC/R/06/01/011-01: carta de António Lino Neto para o cardeal Cerejeira, datada de 7 de Fevereiro de 1934. Na missiva pode ler-se: «Regressei esta madrugada de Abrantes, onde fui em serviço da minha profissão; e por isso é que só agora, tendo acabado de ler a recente carta do Santo Padre a Vossa Eminência, escrevi uma nota que remeto para a imprensa e de que tenho a honra de enviar a Vossa Eminência uma cópia para que dela tenha conhecimento. Aproveito o ensejo de beijar o sagrado anel de Vossa Eminência e de afirmar-lhe, mais uma vez, a minha obediência como católico [...]». No texto da nota para imprensa, dizia: «Em face da carta do Santo Padre Pio XI, publicada em 6 do corrente e dirigida a sua Eminência o cardeal patriarca de Lisboa, declaro que, desde hoje, enfileiro na Ação Católica como a Igreja atualmente quer, deixo a presidência do CCP e retomo a liberdade política, que nessa carta é atribuída a todos os católicos».

Este comportamento do líder centrista caiu mal entre as autoridades religiosas. O cardeal Cerejeira tomou conhecimento do sucedido pelas 23h00 do dia 7, após ser alertado pela redação do *Novidades*. Pouco depois, era entregue no Patriarcado a carta de Lino Neto para o bispo de Lisboa. Imediatamente, Cerejeira enviou a casa do dirigente demissionário do CCP o seu secretário «a fim de o convencer a retirar a nota». No relato que fez daquela ocorrência junto dos restantes prelados, o cardeal patriarca sublinhava que o seu emissário havia apelado «a tudo. Foi-lhe dito que a publicação daquela nota, em tais condições, era uma descortesia para com o Episcopado, de quem ainda há pouco recebera pública confirmação do seu cargo, que ele aceitara não o devendo abandonar sem primeiro obter dele a dispensa, e muito menos sem previamente o informar. Que era uma quebra de confiança, que lhe fora dada [...]. Que constituía mesmo escândalo no campo católico, desertando dum lugar de confiança [...], vindo assim afinal acabar em fazer o mesmo que anteriormente outros católicos ilustres em situação de menos confiança e relevo, que recusaram o seu sacrifício à Igreja quando esta apelou a eles, e tão duramente foram tratados por isso. Que o seu ato prejudicava os interesses da Igreja, pois, [...] ele sabia da conveniência da existência do Centro para as negociações da mais alta transcendência que devem estar próximas». A todos os argumentos se mostrara Lino Neto irredutível, não se logrando convencê-lo «o dizer-se que era aos bispos que pertencia interpretar e resolver o que devia pensar-se em relação ao Centro». Agastado com o caso criado, o patriarca reforçava, para que não restassem dúvidas nos espíritos dos restantes prelados, que «a Carta do Santo Padre apenas fala da Ação Católica e não do Centro, e não faz senão confirmar a doutrina das Bases da Ação Católica, que reconhecem aquela liberdade, e preveem a continuação do Centro»[44].

Alguns membros da hierarquia eclesiástica reagiram à informação prestada por D. Manuel Gonçalves Cerejeira, sendo comuns as reações de espanto. O bispo de Portalegre notou como «a disciplina vai sendo um jugo intolerável, mesmo para os que tanto trabalharam por Deus

---

[44] Cf. PT/AHPL/ACC/D/01/02/029: circular confidencial do cardeal Cerejeira para os bispos, com data de 8 de Fevereiro de 1934.

e pela sua Igreja», e, num lamento, confessava que lhe fazia «muita pena ver um homem desmentir o seu passado tão honroso»[45]. Para o arcebispo de Braga, o gesto final do líder centrista era motivo de «tanta tristeza» e de surpresa, afinal, «depois de tantos trabalhos e de tanto sofrer, deserta ingloriosamente desta maneira!». Confiava, no entanto, D. António Bento Martins Júnior que «na hora própria a divina Providência suscitará o homem que nos tem faltado»[46]. Nenhum comentário ao episódio fez o bispo do Funchal, que apenas acusou a receção da circular do patriarca[47]. Por sua vez, o arcebispo de Évora, amigo pessoal de Lino Neto, afirmava ter «pena daquele desfecho em que não me pareceu ter imperado o bom espírito»[48]. Também o bispo da Guarda lembrava que Lino Neto sempre fora de «grande dedicação à Igreja» e previa que não fosse «fácil a sua substituição». Ainda assim, considerava que tudo se tinha composto um pouco mais com a nova declaração que o líder centrista voltara a publicar no *Novidades*[49]. A declaração de Lino Neto, a que se referia D. José Alves Matoso, surgia depois daquele jornal ter publicado, em 9 de Fevereiro, uma nota oficiosa do Patriarcado que esclarecia que a interpretação dada

---

[45] Cf. PT/AHPL/ACC/E/02/01/368: carta de D. Domingos Maria Frutuoso para o cardeal Cerejeira, datada de 10 de Fevereiro de 1934.

[46] Cf. PT/AHPL/ACC/E/02/01/371: carta de D. António Martins Júnior para o cardeal Cerejeira, datada de 20 de Fevereiro de 1934.

[47] Cf. PT/AHPL/ACC/E/02/01/373: carta de D. António Manuel Pereira Ribeiro para o cardeal Cerejeira, datada de 1 de Março de 1934.

[48] Cf. PT/AHPL/ACC/E/02/01/375: carta de D. Manuel Mendes da Conceição Santos para o cardeal Cerejeira, datada de 7 de Maio de 1934.

[49] Cf. PT/AHPL/ACC/E/02/01/369: carta de D. José Alves Matoso para o cardeal Cerejeira, datada de 10 de Fevereiro de 1934. A surpresa marcou também o tom das reações entre centristas à demissão de Lino Neto. Tomás de Gamboa, em carta para José Maria Braga da Cruz, comentava: «Aquilo do nosso querido Lino Neto é e foi uma tragédia. Razões daquilo?». Ainda a José Maria Braga da Cruz perguntava Juvenal de Araújo se a causa para a saída do ex-presidente do CCP era realmente o ter ficado «magoado, talvez, com a liberdade, dada aos católicos em termos tão abertos na Carta de Sua Santidade, de seguirem a orientação que melhor lhes aprouver, sem que houvesse uma referência ao Centro e sem que, pelo menos, se recomendasse, como agradável à Santa Sé, a filiação dos católicos no Centro» (Cf. Arquivo histórico de José Maria Braga da Cruz: carta de Tomás de Gamboa para José Maria Braga da Cruz, sem data; carta de Juvenal de Araújo para José Maria Braga da Cruz, datada de 11 de Fevereiro de 1934).

pelo dirigente centrista à carta de Pio XI sobre a ACP não era correta. Com a sua segunda nota, Lino Neto declarava que se conformava com a interpretação oficial e que se mantinha ao serviço da Igreja com o seu «melhor esforço, [...] com a mais submissa e filial dedicação». Desta sua nova iniciativa, informou por carta o cardeal patriarca[50]. Debaixo de uma experiência de ressentimento, Lino Neto acabava por protagonizar, talvez sem o desejar, o caso mais agudo de resistência a uma reorganização material da Igreja em Portugal.

1.4. O funcionamento do CCP até 1940

Após o afastamento de António Lino Neto, o CCP continuou em atividade, ainda que mergulhado no ambiente de «fim de ciclo», que vinha marcando a organização, pelo menos desde 1928. O adiamento do III Congresso Nacional do Centro Católico, inicialmente previsto para os dias 25 a 27 de Abril de 1928, para as datas de 11 a 13 de Junho desse ano, e, finalmente, um novo adiamento *sine die* da iniciativa, representa talvez o melhor exemplo desse ambiente de indefinição que rodeava o CCP. Na prática, pouco se alterou no Centro com a saída de Lino Neto. O episcopado encarregou João J. Fonseca Garcia de assumir a sua direção e atribuiu ao padre Joaquim Tavares de Almeida as funções de secretário-geral. O CCP continuou a ser apresentado como instância destinada a defender os interesses da Igreja, em especial no plano legal, distinto e separado da ACP.

A atividade do Centro passou a centrar-se na prestação de assistência jurídica e apoio administrativo ao clero e às corporações do culto católico. Disso mesmo dava conta o relatório de 1938 do Secretariado Geral do Centro, no qual o padre Tavares de Almeida escrevia que se havia procurado orientar aquelas corporações «na organização dos requerimentos em que reivindicam os seus direitos» sobre «bens que já tenham sido cedidos». Os problemas surgiam «em vários casos, uns de ocupação abusiva de adros para a instalação de diversões impróprias desses

---

[50] Cf. PT/AHPL/ACC/R/06/01/011-03: carta de António Lino Neto para o cardeal Cerejeira, datada de 10 de Fevereiro de 1934.

lugares, e mesmo de má projeção para a vida do culto, e outros de abusiva intervenção da administração dos bens imóveis» que pertenciam às corporações do culto. Desde a publicação do Decreto-Lei n.º 11:887, em 15 de Julho de 1926, até Agosto de 1938, indicava o sacerdote, recebera o CCP «2112 processos, provenientes das Corporações do Culto, do Continente e Ilhas, tendo-se diligenciado no sentido de ser publicada a respetiva portaria de cedência». Para cerca de 1337 processos tinha-se alcançado satisfazer «os interesses das Corporações». Salientava o secretário-geral do Centro que os incidentes em torno das portarias de cedência eram bastantes, estando relacionados com a «execução da mesma, porque, tendo de ser executada com intervenção da autoridade administrativa policial e Comissão Administrativa Concelhia dos Bens Cultuais, não raro» aquelas entidades levantavam «dificuldades e questões». Esse comportamento atribuía-o o padre Tavares de Almeida a «influências políticas». Uma forma de o Centro dar resposta às solicitações que recebia era prestando esclarecimentos no seu jornal, normalmente «pela secção Secretariado Geral». Ainda na descrição do sacerdote, outro tipo de processos que exigiam resposta do CCP prendiam-se com a «aposentação de párocos, processos de habilitação para alvarás de aberturas de estabelecimentos de ensino particular, de habilitação para o magistério do ensino particular, de habilitação para obras em templos, compartitipadas pelo Estado, pensões ou subsídios a sinistrados, casos ou questões da imprensa católica da província, processos de acusação baseados em falsidades ou movidos por acintosas perseguições, passaportes diplomáticos para uso dos Ex. mos Senhores Prelados». Pelos serviços prestados, os interessados pagavam «uma taxa, embora benévola, que reverte para o Centro». Em 1938, eram cada vez menores as contribuições que o CCP arrecadava por via de cobrança de cotas aos seus membros. A esse respeito, lamentava-se o secretário-geral que, embora se esforçasse por conservar «os antigos sócios contribuintes do Centro», muitos deles haviam deixado de «contribuir e de [se] interessar». A queixa era dupla porque havia «bastantes casos concretos» em que «não tiveram no geral a coragem de se despedir do Centro por uma simples carta [...], e manifestaram simplesmente recusa do pagamento de uma cota». Para as contas do CCP, alguma ajuda vinha do pagamento das despesas de água e luz «pela [Rádio] Renascença», o que se justificava por o Centro estar sediado na Rua Capelo, em Lisboa, onde aquela emissora católica funcionava. Quanto à publicação periódica do CCP, *A União*, contava o padre Tavares de Almeida que, em Junho de 1938, a Direção dos Serviços de Censura havia exigido a apresentação do seu «certificado do registo de propriedade intelectual», bem como a «documentação relativa ao Editor»; tendo sido entregue aquele certificado no final do mês de Julho[51].

Em Janeiro de 1940, a menos de cinco meses da assinatura da Concordata entre Portugal e a Santa Sé, o CCP foi desmantelado, quando, entre as autoridades religiosas, havia já certeza de que entre Portugal e a Santa Sé se firmaria a Concordata. O desaparecimento do Centro passou despercebido, importando apenas para um escasso número de católicos[52]. Anos antes, em Fevereiro de 1938, publicara-se o último número d'*A União*[53]. A intencionalidade de preservar o CCP até à celebração do pacto concordatário prendeu-se com a estratégia da autoridade eclesiástica de conservar um instrumento com o qual pudesse exercer alguma pressão sobre o Governo. A manutenção do Centro representava a ameaça de que, caso não obtivesse do Estado um bom acordo quanto à situação jurídica da Igreja em Portugal, a autoridade religiosa reativaria a luta política contra o poder governativo em defesa da liberdade religiosa[54]. Registe-se que também o facto de dar conti-

---

[51] Cf. PT/AHPL/ACC/R/06/01/017: relatório do CCP, datado de 31 de Agosto de 1938 e assinado pelo secretário-geral, padre Joaquim Tavares de Almeida.

[52] O padre Tavares de Almeida procurou ainda, junto de algumas personalidades católicas, conseguir que o Centro fosse mantido, presume-se que com o objetivo de continuar o trabalho administrativo que ocupava aquela estrutura. José Maria Braga da Cruz foi uma das pessoas contactadas pelo secretário-geral do Centro. Em 19 de Janeiro de 1940, recebeu uma outra carta, cujo autor lhe confessava julgar «inconveniente» liquidar o CCP «porque ninguém tem o futuro na mão». Defendendo que conviria manter aquela organização, «até que a situação institucional se esclareça», o interlocutor de Braga da Cruz pedia-lhe que intercedesse junto do cardeal patriarca sobre o assunto (Cf. Arquivo histórico de José Maria Braga da Cruz: carta de Diogo V. C. para José Maria Braga da Cruz, datada de 19 de Janeiro de 1940).

[53] Nesse ano de 1938, a publicação do CCP tinha 46 assinantes (Cf. PT/AHPL/ACC/R/06/01/018: informações sobre *A União*, sem data).

[54] Possivelmente seria este o sentido das palavras do cardeal Cerejeira na circular confidencial que dirigiu aos membros do episcopado, a propósito da demissão de António Lino Neto, atrás citada, quando se referiu à «conveniência da existência do Centro para as negociações da mais alta transcendência que devem estar próximas».

nuação ao CCP preservava o episcopado de enfrentar, no imediato, alguns setores católicos que continuavam a ver sentido na autonomia daquela estrutura e que defendiam a sua continuação para defesa dos interesses da Igreja Católica[55]. Não tendo sido aproveitada a criação da

---

A extinção do CCP em troca da assinatura da Concordata parece ter sido objeto de acordo entre o cardeal Cerejeira e Salazar, no começo das negociações concordatárias, sem que a Santa Sé tivesse tido grande envolvimento nesse compromisso. No seu projeto para o texto concordatário, D. Manuel Gonçalves Cerejeira introduziria o seguinte preceito: «Art. 10.º, § 2.º – Em virtude das garantias criadas pelas disposições da presente Concordata em favor dos direitos e das liberdades em Portugal, a autoridade eclesiástica decretará a dissolução do Centro Católico Português». Tratava-se de um artigo que não tinha surgido nos projetos que haviam antecedido o do bispo de Lisboa e que acabaria por ser retirado pela Sagrada Congregação para os Assuntos Eclesiásticos Extraordinários, em Janeiro de 1935. Consideraria a Secretaria Geral daquela Sagrada Congregação que: «[...] no Parlamento os deputados do Centro Católico não foram mais do que 4 ou 5 e que agora o Centro está na realidade morto. Atualmente dada a constituição do grupo do Governo, designado União Nacional, não há mais lugar para os parlamentares pertencentes a outros grupos. Por fim, não esquecer que o Dr. Salazar é o homem mais autorizado do Centro Católico». Para a Santa Sé, mais importante do que qualquer artigo prevendo a dissolução do CCP, seria a consagração na concordata de um preceito que estipulasse que à ACP não era vedado o exercício de direitos políticos e, em particular, das «chamadas liberdades públicas». A tanto resistiria Salazar, que consideraria imprecisas as fórmulas apresentadas pela Santa Sé nesse sentido e recordaria, em Setembro de 1938, o compromisso de extinção sobre o CCP. Para o chefe do Executivo português, a ACP não poderia ser fonte de perturbação na vida pública e «na unidade política da Nação». Com efeito, a Concordata, celebrada entre Portugal e a Santa Sé em 1940, não viria a contemplar nenhum preceito relativo à ACP, contrariando o que habitualmente fora praticado noutras concordatas (Cf. Rita Almeida de Carvalho, *A Concordata de Salazar: Portugal – Santa Sé 1940...*, pp. 158-159, 396-397).

[55] Veja-se, por exemplo, o comentário do jornal católico, *Correio do Minho*, depois da publicação da «Nota Oficiosa» da hierarquia eclesiástica relativa às Bases da ACP, sobre o papel que cabia ao CCP: «Cônscio de que não podia de modo algum abandonar a atividade política, porquanto não pode confundir-se com quaisquer outras correntes doutrinárias da organização do Estado, e sabendo também que o seu papel de defesa da religião no campo da legalidade e juridicidade é muito diverso da Ação Católica ultimamente preconizada, o Centro Católico está por toda a parte a reorganizar-se na previsão de necessidades futuras. Esta orientação [...] foi reconhecida pelo Episcopado que ratificou a sua confiança ao Sr. António Lino Neto. Em harmonia com tais disposições já reentrou em atividade a Comissão Diocesana [de Braga] do Centro

ACP para extinguir o Centro, qualquer ação, nesse sentido, pareceria *a posteriori* ser falha de sentido, em especial, quando não era possível à autoridade religiosa anunciar que se negociava uma concordata.

1.5. O entrosamento com a União Nacional

Nos anos finais do CCP, a participação política dos católicos estava já muito orientada para a colaboração com a União Nacional. Essa dinâmica fora determinada pelo episcopado, com o objetivo de promover nas suas estruturas os interesses da Igreja Católica e tentar, dessa forma, a cristianização dos princípios do regime e a modelação em igual sentido da legislação produzida. A construção de tal estratégia, sugerida pelo arcebispo de Braga ao cardeal Cerejeira[56], não foi, no entanto, isenta de incómodos para alguns bispos que insistiam na

---

Católico, que é presidida por José Maria Braga da Cruz. Sob esta direção já foram reconstituídas algumas comissões concelhias e cuida-se da reorganização dos restantes organismos municipais e das freguesias de todo o distrito». O jornal estava bem informado; dias antes, a Comissão Diocesana de Braga do Centro havia deliberado «reorganizar as Comissões», cuidando de «não afrontar a organização da União Nacional, mas conservar bem distinta e autónoma a organização do Centro» (Cf. Arquivo histórico de José Maria Braga da Cruz: recorte do *Correio do Minho*, 23 de Novembro de 1933, p. 1; ata da reunião da Comissão Diocesana de Braga do CCP, realizada em 20 de Novembro de 1933).

[56] A propósito do I Congresso da UN, escreveu o arcebispo de Braga ao cardeal Cerejeira: «Parece-me que seria de alta conveniência encarregar alguém dos nossos, que seja competente, de se filiar e de estudar e apresentar em forma de tese as questões que nos interessam, sobretudo nas secções de Administração Pública (fazendo vingar os princípios que necessitamos que sejam consignados no Código Administrativo) e de Educação Nacional e Ação Social. Se [...] não pudesse arranjar-se, parece-me que se deveria procurar alguém que se encarregasse de apresentar no Congresso, sobretudo nas referidas secções, os nossos pontos de vista.» (Cf. PT/AHPL/ACC/R/06/01/013: carta de D. António Bento Martins Júnior para o cardeal Cerejeira, datada de 23 de Abril de 1934). Essa estratégia teve concretização e transformou-se em prática ao longo de todo o regime, servindo os Congressos da UN para elementos católicos apresentarem teses, em variados domínios, correspondentes aos interesses católicos.

necessidade do Centro conservar um carácter político[57]. Idêntica reação tinham tido vários setores católicos após a criação da UN, que constatavam que o CCP precisava de «modificar a sua estrutura», «rever e reorganizar os seus quadros», «manter a sua ação» para «preparar os cidadãos para o bom uso dos seus direitos e deveres políticos»[58]. As resistências manifestadas por alguns prelados foram, contudo, suplantadas pelo estabelecimento de um consenso: havia razões para «facilitar a organização da UN»[59].

Nas primeiras eleições para a Assembleia Nacional, a Comissão Central do CCP forneceu diversas indicações às várias comissões da organização. Em 24 de Novembro de 1934, fez notar aos centristas que da lista da UN constavam nomes «de amigos nossos», o que não significava que «entre esta Comissão e o Governo ou alguém dos seus elementos houvesse qualquer acordo ou simples troca de impressões». Esclarecia-se que os candidatos «amigos» do Centro (na realidade alguns eram ainda membros do CCP) haviam sido «individualmente convidados». Tendo apreciado a referida lista, a Comissão Central concluía que «dela fazem parte elementos, uns capazes de defender inteiramente, como sempre o têm feito, as reivindicações da consciência católica, outros que repudiamos incapazes de hostilizar por quaisquer formas as mesmas reivindicações». Recomendava, por essa razão, o voto na lista da UN, lembrando que o Centro tinha por doutrina «a obrigação de cooperar com o poder público, de aceitar os cargos por ele oferecidos e de cumprir sem abstenções todos os deveres cívicos». A importância do voto naquelas circunstâncias políticas era ainda salientada, recordando-se que se tratava de eleger uma «assembleia

---

[57] Esse parece ter sido o caso, em particular, do arcebispo de Braga (Cf. PT/AHPL/ACC/R/06/01/013: carta de D. António Bento Martins Júnior para o cardeal Cerejeira, 23 de Abril de 1934).

[58] Apreciações das publicações católicas *A Guarda* e *Era Nova*, citados por: *A União. Órgão oficial do Centro Católico Português e Revista de Documentação*, Janeiro de 1933, p 10. Aparentemente, apenas na arquidiocese de Braga o esforço pela revitalização do CCP conheceu alguma eficácia (Cf. *A União. Órgão oficial do Centro Católico Português e Revista de Documentação*, Janeiro de 1934, p. 196).

[59] Cf. PT/AHPL/ACC/E/02/01/375: carta de D. António Bento Martins Júnior para D. Manuel Gonçalves Cerejeira, datada de 5 de Março de 1934.

constituinte que virá a ter poderes constituintes e que por isso muito poderá fazer em favor das nossas reivindicações se for eleita e prestigiada com honrosa votação»[60]. As instruções fornecidas por circular, assinada pelo secretário-geral do CCP, o padre António Brandão, assinalavam a missão do Centro de mobilizar as bases católicas para uma votação expressiva na UN. Era esse eleitorado que se procurava captar. Afinal, as personalidades mais destacadas do CCP já haviam sido convidadas por Salazar para integrar as listas da UN, no âmbito da sua «política de atração» sobre os seus antigos «parceiros» centristas.

Ainda para as eleições de 16 de Dezembro de 1934, os bispos ponderaram se conviria ou não tomarem pessoalmente parte no ato eleitoral. Em 1 de Dezembro, o arcebispo de Mitilene, em nome do patriarca de Lisboa, expediu uma circular para todos os prelados, salientando que, embora não houvesse tempo para realizar uma reunião episcopal sobre a matéria, havia que ponderar acerca de qual a atitude que deveriam tomar sobre o voto na lista única da UN. Informava-se que o cardeal Cerejeira desejava conhecer a posição dos bispos sobre se era conveniente assumirem uma «atitude uniforme relativamente ao seu voto pessoal». Em caso de preferirem «uma atitude uniforme», inquiria-se se todos «os Ex.mos Prelados: a) devem votar?, b) devem abster-se de votar?». Na hipótese de «cada qual» entender que «deve usar do seu direito como julgar mais conveniente», solicitava-se que cada prelado indicasse «a atitude que pensa tomar»[61]. Alguns dias depois, a 9 de Dezembro, nova circular do arcebispo de Mitilene, indicava que, não tendo sido possível reunir «respostas precisas e completas», o cardeal patriarca convocava os bispos metropolitanos para uma reunião «sobre o mesmo assunto», a realizar no dia 13[62]. Desse encontro, no qual participaram D. Manuel Gonçalves Cerejeira, os arcebispos de Mitilene e de Ossirinco, e os bispos de Leiria, Beja, Portalegre, Vila

---

[60] Cf. PT/AHJMBC, Circular n.º 74 da Comissão Central do CCP, datada de 24 de Novembro de 1934, enviada ao presidente da Comissão Diocesana de Braga, José Maria Braga da Cruz.

[61] Cf. PT/AHPL/ACC/D/01/02/035: circular do arcebispo de Mitilene para os bispos portugueses, datada de 1 de Dezembro de 1934.

[62] Cf. PT/AHPL/ACC/D/01/02/036: circular do arcebispo de Mitilene para os bispos portugueses, datada de 9 de Dezembro de 1934.

Real e Vatarba, resultou a instrução de que, «em face da diversidade de pareceres [...], convinha deixar liberdade a cada qual para proceder como melhor julgar consoante as circunstâncias locais». Essa decisão ganhava ainda fundamento no facto de «não parecer conveniente, [...] alterar a atitude anteriormente adotada em circunstâncias semelhantes, por mais significativa da independência da Igreja docente»[63].

Idêntica orientação foi seguida para as eleições parlamentares de 1938[64]. Desconhece-se se, posteriormente, os prelados voltaram a debater a forma do seu voto nos atos eleitorais, ou se, tendo procedido a essa discussão, continuaram a dispor de liberdade pessoal para decidir ou não exercer o seu direito de voto. Declarações do cardeal Cerejeira, nas vésperas das eleições de 1945 para a Assembleia Nacional, fazem supor que aquela orientação não se terá alterado, existindo, no entanto, tendência para os bispos se absterem da sua participação eleitoral, sempre que a sua avaliação da relação institucional entre o Estado e a Igreja foi positiva e aquele relacionamento entendido como

---

[63] Cf. PT/AHPL/ACC/D/01/02/037: circular do arcebispo de Mitilene para os bispos portugueses, datada de 13 de Dezembro de 1934.

[64] Cf. PT/AHPL/ACC/D/01/02/056: circular do arcebispo de Mitilene para os bispos portugueses, datada de 6 de Outubro de 1938. Na diocese de Vila Real, o bispo, D. António Valente da Fonseca, teria alegadamente instruído o seu clero para apelar à mobilização do voto dos católicos nas listas da UN. Essa informação foi prestada pelo governador civil de Vila Real, Horácio Assis Gonçalves, ao ministro do Interior, em Novembro de 1938. No relatório produzido pelo referido governador civil pode ler-se: «[...] 2.º – Temos o aplauso da Igreja. Os párocos, em Domingos antecedentes e no próprio Domingo da eleição, aconselharam nas suas homilias, a todos os católicos, que não deixassem de exercer o seu direito de eleitores, anunciando-lho como dever de consciência, para demonstrar ao Governo a sua gratidão pela grande obra de Salvação Nacional realizada através da defesa de três grandes ideias – Deus, Pátria e Família. Na minha incessante peregrinação pelas aldeias, durante os últimos meses, como acima referi, também nunca faltaram com a sua presença e afirmações os reverendos párocos das freguesias visitadas. Muito deve o Governo ao ilustre prelado da diocese, que sempre, com o seu patriotismo, nos tem alisado os caminhos e preparado o ambiente na massa católica do distrito» (Cf. PT/TT/AOS/CO/PC-17, Pasta 4, 75ª subdivisão, fls. 344-349: cópia do «Relatório sobre as Eleições para Deputados, 2.ª Legislatura da Revolução, no Distrito de Vila Real», dirigido pelo governador civil de Vila Real ao ministro do Interior, datado de Novembro de 1938).

estando normalizado⁶⁵. A falta de informação sobre o exercício de voto dos bispos em eleições realizadas depois de 1945 não deve, porém, conduzir a uma generalização da tendência acima identificada para todo intervalo temporal mediado entre 1945 e 1974. À medida que o episcopado se foi renovando, é possível que a apreciação da relação da instituição eclesial com o Estado tenha mudado e tenham surgido novos comportamentos eleitorais.

2. A Ação Católica Portuguesa e os limites à participação política dos católicos

O modo como as autoridades religiosas, no momento de instituição da Ação Católica Portuguesa, apresentaram a finalidade da organização, declarando-a estranha à atuação política, e como salvaguardaram a relação dos seus militantes (associados e dirigentes) com a política, gerou ambiguidades sobre a questão da organização política dos católicos, que resultaram em tensões nunca eliminadas em todo o regime. Essas tensões ocorreram, por diferentes motivos, na relação do Governo com a hierarquia eclesiástica e também com os organismos da ACP, manifestando-se ainda no relacionamento das autoridades religiosas com diversos setores católicos e até entre os próprios prelados, sobretudo, depois de 1945.

Não era esclarecedor, em termos políticos, o que significava aquela organização propor-se atuar «fora e acima de todas as correntes políticas, sem deixar de reivindicar e defender as liberdades da Igreja» (Base

---

[65] Diria o patriarca de Lisboa: «Símbolo desta independência política da Igreja é a atitude que os Bispos portugueses costumam tomar nas eleições, quando não está em jogo a causa da Igreja – abstendo-se de votar. Não significa isto desinteresse pela causa pública, pois ao mesmo tempo pregam aos católicos o dever de votar; significa apenas que o magistério eclesiástico não toma partido nas questões temporais enquanto estas não tocam nele. Certamente, como cidadãos, os Bispos podiam (como noutros países) votar, escolhendo entre os programas legítimos e os candidatos melhores; de facto, só têm votado, raramente, e, salvo casos especiais, para afirmarem os direitos da Igreja» (Cf. D. Manuel Gonçalves Cerejeira, «A posição da Igreja e dos católicos perante a política» in *Lumen*, vol. IX, Dezembro de 1945, p. 726).

IV.1 da ACP), embora fosse compreensível que a lógica pontifícia que originara o projeto religioso de criação da Ação Católica pretendia superar o modelo de intervenção dos cristãos na sociedade por via dos partidos políticos confessionais.

Também os princípios que norteavam a conduta dos militantes das organizações da ACP se prestavam a diversas interpretações, ao estabelecerem distinções entre o que podia ser a orientação política dos associados e a dos dirigentes. Estabelecia-se para os corpos diretivos da ACP que deles não poderiam «fazer parte indivíduos que exerçam atividade incompatível com a independência política da mesma»; para os associados admitia-se a entrada de «todos os católicos» na ACP, «independentemente dos seus ideais políticos» (Bases IV.3 e IV.2). A diferença residia na sugestão de que os primeiros ficavam obrigados a salvaguardar a independência política da Ação Católica, admitindo-se implicitamente o condicionamento formal da sua liberdade individual de ação política, enquanto aos segundos se reconhecia a legitimidade da pluralidade de opções em termos de ideário político. Num tal quadro normativo, onde os critérios não se apresentavam definidos com exatidão e revelavam mesmo alguma contradição, a sua interpretação só poderia ser garantida, como identificou Paulo Fontes, pela autoridade eclesiástica, que dessa forma, em cada momento, ficava liberta para distinguir o que pertencia ao domínio da religião ou da política[66]. Com essa ampla margem de atuação, o episcopado antecipava que poderia manter a centralidade do seu papel não só no assegurar da unidade interna da Igreja, como ainda na resolução de qualquer problema que pudesse surgir na relação da comunidade eclesial com o Estado. Este último ponto, contudo, terá sido subestimado pela hierarquia eclesiástica, possivelmente influenciada pelo que, naquele contexto, era a construção, no plano institucional, de uma relação negocial direta sua com o poder civil (já sem o Centro Católico a assegurar mediações nesse domínio), sobre os interesses que assistiam à Igreja na afirmação da sua autonomia face ao Estado.

Para Salazar o que a Ação Católica desenhava sobre a relação dos católicos com a política constituía uma ameaça ao seu propósito de

---

[66] Cf. Paulo Fontes, *ibidem*, pp. 449-450.

excluir do quadro político do regime a possibilidade da autonomia política dos católicos. A desconfiança do chefe do Governo transpareceu durante as negociações da Concordata e determinou a ausência de qualquer referência à Ação Católica na Concordata. Segundo o presidente do Conselho, tinha sido «impossível chegar a uma solução satisfatória», na solução concordatária, por causa dos problemas que haviam suscitado a identificação do que era finalidade da ACP e a definição do que era a ação política dos católicos. Ambas as questões haviam representado obstáculos: a primeira porque da parte da Santa Sé tinha havido «a maior dificuldade em definir o que seja [a finalidade da Ação Católica]»; a segunda porque a Santa Sé se revelara «desejosa de salvar tudo ao mesmo tempo», proclamando para tanto «a Ação Católica estranha à atuação política, para que os governos a consintam», mas pretendendo «não coartar a liberdade política dos católicos, mesmo para reconstituírem partidos políticos – o que é impossível de admitir»[67].

Tal explicação correspondia parcialmente ao que se havia passado, entre Agosto de 1937 e Abril de 1940. Em traços gerais, refira-se que as dificuldades de entendimento com a Santa Sé haviam ocorrido após o Governo português considerar que não podia aceitar uma fórmula que enumerasse entre os fins da ACP, fins profissionais e sociais. Aceitar os segundos era «perigoso» porque «impreciso»; enquanto os primeiros eram «inadmissíveis», porque só ao Estado cabia fixar quadros onde se desenvolvesse a organização profissional. A Igreja poderia criar associações de base profissional que não se propusessem fins profissionais, mas não estabelecer sindicatos ou outros organismos de índole corporativa confessionais. Na perspetiva de Portugal, o mais que se poderia ceder era que se apontassem à Ação Católica «fins religiosos, culturais e, se se quiser, de beneficência», ou que simplesmente se referisse que as organizações da ACP se propunham «a difusão e aplicação de princípios católicos». Quanto às relações entre a Ação Católica e a política, Salazar havia insistido para que no texto concordatário ficasse expresso

---

[67] Cf. «Nota das fases das negociações com a Santa Sé V – 1940» [texto autografo de Salazar], transcrito em: Samuel Rodrigues, «Concordata de 1940: da génese ao texto definitivo»..., p. 64.

que aquela se abstinha «de atividade política, contrária à lei ou tendente à conquista de posições políticas». Não interessava ao Governo adotar a referência «fora de qualquer política de partido», contida numa das proposta da Santa Sé, porque em Portugal «não se admitem partidos nem se aceita o partido único». Seria inconcebível, «por exemplo, que a Ação Católica apresentasse listas de deputados para as eleições, que como tal ordenasse aos católicos o voto de uma lista contra a outra». Importava, por isso, negar aos católicos «o direito de se organizarem para a conquista de posições políticas para procurarem a queda de quem as ocupa»[68].

Em consequência, a ACP não chegou, em nenhum momento do seu ciclo de vida, a alcançar um estatuto jurídico civil, nem tão pouco canónico. A concessão do primeiro dependia da atribuição de personalidade jurídica canónica à Ação Católica e esta última, como salientou Luís Salgado de Matos, não chegou a ser alcançada, aparentemente, por não ter sido possível enquadrar a Ação Católica nas associações especificadas pelo Código de Direito Canónico[69]. Sob o aspeto político, não deixou de ser vantajoso para o Executivo que a ACP não chegasse a ser canonicamente ereta, circunstância em que, ao abrigo do art. III da Concordata, o Estado seria obrigado a conferir-lhe personalidade jurídica civil. A existência da ACP, sem um estatuto civil próprio e sujeita apenas à lei civil que regia as associações não reconhecidas, dilatava a margem de manobra do Estado sobre a organização se, de algum modo, os seus militantes optassem por desenvolver atividade política. Liberto por essa forma de um tratamento especial para com as organizações da ACP, o Governo usufruía de uma situação em que os católicos contavam apenas com a sua tolerância sobre as ações que entendessem desenvolver.

A consciência de que a Ação Católica poderia ver negada a sua existência e ser obrigada a desaparecer, num cenário em que lhe fossem exigidas responsabilidades, provocou debate no interior do campo

---

[68] Cf. Rita Almeida de Carvalho, *A Concordata de Salazar*..., pp. 384-394; Manuel Braga da Cruz, «As negociações da Concordata e do Acordo Missionário de 1940»..., pp. 829-835.

[69] Cf. Luís Salgado de Matos, *Um Estado de Ordens Contemporâneo – A Organização Política Portuguesa*, vol. II..., p. 795.

católico a partir de 1948, motivou a produção de alguns estudos sobre a sua situação jurídica e acarretou algumas pressões sobre o episcopado para que fosse encontrada uma solução. Nesse sentido, houve católicos que defenderam que as bases da ACP aprovadas pelos bispos implicitamente continham o decreto de ereção necessário para conferir personalidade jurídica à sua organização nacional, sem que tal exigisse que a Ação Católica fosse equiparada a alguma das associações descritas no Código de Direito Canónico; outros sustentariam que a personalidade jurídica da ACP dependia de um decreto episcopal explícito de ereção[70]. Na defesa dessas posições socorriam-se dos exemplos do que havia sucedido noutros países, onde a Ação Católica havia sido criada. Alguns episcopados, como o francês ou o polaco, haviam contornado o problema da Ação Católica não ter sido instituída por nenhum dos dois modos previstos no Código de Direito Canónico (por decreto ou *«ipso facto»*), para a criação de todas as pessoas distintas da Igreja e da Santa Sé (cânone 100), e tinham optado por conferir personalidade jurídica aos organismos nacionais. Em Espanha, alguns ordinários das dioceses também o haviam feito por decreto formal (casos de Valência, Málaga, Saragoça, Toledo, Pamplona e Salamanca)[71].

2.1. Vigilância e pressões governamentais sobre a ACP

A desconfiança de Salazar sobre a Ação Católica foi manifesta durante toda a sua governação e o Governo não se coibiu de comprimir ou mesmo suprir a liberdade de expressão, associação ou reunião dos católicos (como, de resto, sucedeu com todos os cidadãos, que a título individual ou organizados se demarcaram da política esta-

---

[70] Para uma descrição mais detalhada das teses defendidas sobre a situação jurídica da ACP, consulte-se: Luís Salgado de Matos, *ibidem*, pp. 795-797. O autor chama ainda a atenção para o aspeto do estabelecimento de um estatuto canónico próprio da ACP ter o significado de uma eventual diminuição do poder episcopal face àquela organização, mas não estabelece nenhuma relação direta entre essa possibilidade e o facto de a ACP não ter sido dotada de personalidade jurídica canónica própria.

[71] Cf. *Boletim de Acção Católica Portuguesa*, n.º 168, Maio de 1948, pp. 143-147; n.º 169, Junho de 1948, pp. 170-172.

tal e desenvolveram ações políticas de resistência ou de oposição ao regime), recorrendo aos mecanismos repressivos do Estado (Censura e polícia política) sempre que o julgou necessário. Também sobre a autoridade religiosa, o Governo exerceu pressões, em diversos momentos, de forma a garantir que os elementos católicos que ultrapassavam os limites da participação política, como delineada pelo presidente do Conselho, sofriam penalizações pela sua conduta e deixavam de ocupar certas funções, no exercício das quais tinham seguido lógicas divergentes da do poder civil. Assim sucedeu com o padre Abel Varzim que, após exercer o cargo de parlamentar (1938-1942) e tendo aí abordado criticamente problemas como os das condições económicas e sociais das famílias carenciadas, o desemprego ou o funcionamento da organização sindical corporativa (chamando a atenção para o facto do Governo não agir sobre essas realidades de acordo com as exigências da doutrina católica), foi considerado um elemento hostil ao Executivo e, além de não ser reconduzido como deputado, foi afastado, pela hierarquia eclesiástica, de alguns cargos que ocupava na ACP[72].

A dificuldade que representava definir com clareza, fosse entre o poder civil, a autoridade eclesiástica ou mesmo entre o clero e os leigos, quais eram os limites da ação cívica (social ou religiosa) e das fronteiras desta com a ação política, permitiu, contudo, dilatar a margem de ação tanto de assistentes eclesiásticos como de associados da ACP. A Salazar e a alguns membros do Governo ou do círculo de confiança política do presidente do Conselho o problema dessa definição e a ambiguidade do que logravam concluir colocava-se. Em Junho de 1957, Joaquim Dinis da Fonseca escrevia ao chefe do Governo, a propósito de um artigo que preparara para o *Diário da Manhã*, que partilhava da sua reflexão sobre a «falta de sentido social da Ação Católica», onde residia «a fraqueza das realidades políticas e religiosas». A responsabilidade imputava-a Dinis da Fonseca aos «católicos progressistas» e aos «católicos puramente apostólicos, que, no fundo, são católicos políticos encobertos [...] porque consideram o catolicismo social, como

---

[72] Cf. José Barreto, *Religião e Sociedade. Dois ensaios...*, pp. 151-152. Sobre algumas das intervenções do padre Abel Varzim na Assembleia Nacional que maior desconforto provocaram entre a classe política dirigente e que lhe valeram pressões para que se retratasse das suas posições, veja-se: Paula Borges Santos, *ibidem*, pp. 52-57.

o recomendou Pio XI e Pio XII, como um ópio da atividade política como eles a entendem – com atividade partidária ou cartelista». Esses católicos faziam, portanto, uma «ação política partidária e a católica puramente apostólica (disfarçadamente política)» que distinguiam «da ação católica social, colaboradora da autoridade, no político, defensora da justiça social, no económico»[73].

Alguns anos depois desse comentário de Dinis da Fonseca, Henrique Martins de Carvalho apresentou também a Salazar uma «grelha de leitura» para o distanciamento que alguns elementos das organizações da Ação Católica mostravam sobre a *Situação*. O então titular da pasta da Saúde e Assistência notava que existiam na ACP «dois grupos, que se detestam e não colaboram um com o outro» nas várias atividades. Um dos «grupos» era «progressista, tendo já claramente ultrapassado as raias da heresia», o outro era formado por «católicos de esquerda, que têm os seus pontos de vista mas não se encontram em política de mão-estendida com os comunistas [...]. Este segundo grupo repudia qualquer posição progressista e não deseja ser misturado com o primeiro». Escrevendo a poucos meses do início das eleições de 1961, o ministro sugeria que a União Nacional tentasse «uma aproximação» àqueles que definia como «católicos de esquerda», de forma a isolar «o sector progressista, aliás pouco numeroso, e tirando-lhe [...] qualquer possibilidade prática de aceitação eleitoral. Doutro modo, bem pode suceder que se registe uma certa confusão e que estes dois grupos [...] acabem por aparecer lado a lado em atitudes eleitorais, de ação ou de abstenção»[74].

---

[73] Cf. PT/TT/AOS/CP-118, Pasta 3, fls. 458-459: carta de Joaquim Dinis da Fonseca para Salazar, datada de 25 de Junho de 1957.

[74] Cf. PT/TT/AOS/CP-54, fls. 254-257: carta de Henrique Martins de Carvalho, na qualidade de ministro da Saúde e da Assistência, dirigida a Salazar, datada de 19 de Julho de 1961. Da descrição dos «católicos de esquerda» feita por Martins de Carvalho pode admitir-se tratarem-se de elementos que a historiografia recente tem referido como «católicos sociais», identificando a prevalência, a partir de 1950, nesse sector católico, empenhado na afirmação do primado do social, de perspetivas socialistas (veja-se a esse título: Paulo Fontes, «Catolicismo social» in *Dicionário de História Religiosa de Portugal*, dir. de Carlos Moreira Azevedo, vol. III, Lisboa, Círculo de Leitores, 2001, p. 310-324; Manuel Braga da Cruz, *Monárquicos e republicanos no Estado Novo...*, p. 180).

Martins de Carvalho tinha razão em mostrar preocupação sobre o que poderia ser o comportamento de alguns setores católicos em dissensão com o regime naquele período eleitoral. Pela primeira vez, alguns monárquicos, oriundos do meio católico, apresentaram uma lista independente da Causa Monárquica, enquanto alguns católicos integraram as listas da Oposição, não obstante não subscreverem o seu *Programa para a Democratização da República*, onde se defendia a revisão da Concordata de 1940 e a laicização do ensino oficial. Nas eleições de 1965 e 1969, voltaram a figurar católicos nas listas oposicionistas. Desde 1945, no entanto, que nos momentos de campanha eleitoral, em que numa aparência democrática era permitida à Oposição organizar-se e fazer-se ouvir sem as restrições à liberdade que existiam fora desses períodos, diferentes setores católicos contestavam o Executivo, associando-se a iniciativas oposicionistas.

Em 1945, acontecera a subscrição do programa do MUD pelo padre Joaquim Alves Correia (forçado, na sequência desse acontecimento, a exilar-se) e por alguns católicos, como Francisco Veloso e José Vieira da Luz, dirigente da ACP. Nas eleições presidenciais de 1949, a candidatura oposicionista do general Norton de Matos recebera o apoio de Orlando de Carvalho, dirigente do CADC e assistente na Universidade de Coimbra. Na campanha eleitoral para as eleições presidenciais de 1958, a candidatura do general Humberto Delgado recolhera apoio em círculos católicos, um pouco por todo o País. Vinte e oito católicos, incluindo dirigentes da Juventude Universitária Católica (JUC) e da JOC, protestaram, em carta dirigida ao diretor do *Novidades*, contra o apoio que o diário católico expressava à candidatura do almirante Américo Tomás, considerando que não existira a preocupação de fornecer uma informação esclarecedora e imparcial. A carta não chegou a ser publicada no *Novidades*, mas a sua divulgação, através de cópias, determinou o afastamento de alguns signatários das suas responsabilidades na ACP, após pressões governamentais sobre a autoridade religiosa. No final da campanha eleitoral, também o engenheiro Francisco Lino Neto, num texto intitulado «Considerações de um católico sobre o período eleitoral», denunciou a instrumentalização política dos católicos por setores situacionistas.

Anos depois, em 1965, também em plena campanha eleitoral surgiu o Movimento Cristão de Ação Democrática, contestando a política de censura do Governo e defendendo a democracia e os direitos do homem. Outros católicos emprestaram apoio ao *Manifesto da Oposição Democrática*, no qual se fazia a defesa de uma solução pacífica para a guerra colonial. Nesse sentido, pronunciaram-se cerca de 24 missionários de Moçambique, apelando ao respeito pelo direito à autodeterminação dos povos. Maior impacto causou o documento assinado por cento e uma personalidades católicas, várias com ligações antigas à ACP, em apoio do manifesto oposicionista, que declaravam agir «em nome de um imperativo moral a que a sua religião os obriga» e aí criticavam, apoiando-se em documentos doutrinários pontifícios, diversos aspetos do regime como, por exemplo, a atuação da polícia política, a política de informação seguida, a manipulação dos resultados dos atos eleitorais, a negação das liberdades públicas aos cidadãos e o arrastamento do conflito militar em África[75].

Esses envolvimentos não originaram um afrontamento direto do Governo com a Ação Católica, dado a hierarquia eclesiástica nunca ter estimulado a criação de projetos de poder alternativos à *Situação*. Pelo contrário, o episcopado manter-se-ia empenhado em preservar um bom relacionamento com o Estado, chegando a acomodar-se perante dificuldades de ordem política experimentadas por alguns filiados e organismos da Ação Católica.

Fora dos períodos de pré-campanha e de campanha eleitorais, o Executivo colocou sob vigilância, de modo particular, os congressos nacionais e os conteúdos das publicações de alguns organismos da ACP. Em Julho de 1948, os Serviços de Censura à Imprensa determinaram a suspensão definitiva do jornal *O Trabalhador*, órgão da LOC. Nesse ambiente de controle, foi suspensa, por pressões governamentais, a realização do II Congresso dos Homens Católicos, cuja realização se projetava para 1954 na cidade do Porto. Em 1955, no I Congresso das Juventudes Operárias Católicas, a Censura interveio sobre as reportagens da iniciativa e impediu a JOC, perante uma assembleia de seis

---

[75] Cf. José Barreto, *ibidem*, pp. 145-146, 150-151; Manuel Braga da Cruz, *O Estado Novo e a Igreja Católica...*, pp. 113-114, 161-163. Para uma informação detalhada sobre as ações de católicos em dissidência com o regime, depois de 1958, em períodos de campanha eleitoral e não só, consulte-se: João Miguel Almeida, *A Oposição Católica ao Estado Novo (1958-1974))*, Lisboa, Edições Nelson de Matos, 2008.

mil pessoas, onde se encontrava o conjunto do episcopado português, de realizar um jogo cénico que se encontrava previsto[76]. Também na sequência de pressões do Executivo, exercidas diretamente pelo ministro das Corporações e Previdência Social, José Soares da Fonseca, sobre a hierarquia eclesiástica, as conclusões do Congresso foram publicadas de forma truncada[77].

---

[76] Cf. Bento Domingues, «Artes de Ser Católico Português» in *Reflexão Cristã*, n.º 46-47, 1985, pp. 95-96 e 101; Paulo Fontes, *Elites Católicas em Portugal: o papel da Acção Católica (1940-1961)*..., pp. 680-681.

[77] Em 2 de Maio de 1955, Soares da Fonseca relatava a Salazar: «Falou-me esta manhã o Arcebispo de Mitilene, que me prestou a informação seguinte: a) Por considerar que a matéria era muito importante, tomou o apontamento escrito das impressões trocadas comigo; b) Transmitiu suas impressões ao Sr. Cardeal Patriarca – que "ignorava o que se passava", pois só tinha "umas notas dispersas", insuficientes para poder "formar um juízo". Estimou ser "esclarecido"; c) Dentro do conteúdo das aludidas impressões, ficou definitivamente resolvido não permitirem a publicação das conclusões do congresso; d) Esta determinação foi já comunicada aos dirigentes leigos – aos quais foi dito da inconveniência de serem publicadas apenas as conclusões de natureza religiosa (que são "parte muito limitada") e da inconveniência, ainda maior, de serem publicadas as outras (quer pela delicadeza das afirmações contidas em algumas delas, quer pela natureza da matéria político-social de todas – ultrapassando conteúdo "meramente doutrinário"; e) Os "rapazes" ficaram algo "desapontados". Obedeceram, como não podia deixar de ser; mas, como nem sempre entendem bem as coisas estas não podiam ser desde logo claramente explicadas, supõem, às vezes, que o Arcebispo "é uma fera" e que os "olha com desconfiança"; f) Falam, depois, com os assistentes eclesiásticos, também "mal informados de certas coisas" – mando aqui, naturalmente, de mais à vontade – , de modo a conhecerem melhor a orientação a seguir por eles e a fazer seguir pelos filiados. Deu-lhes, a este propósito, indicações no sentido de procurarem fazer "forças convergentes e não divergentes" e de, para conhecerem melhor o terreno a pisar neste domínio, procurarem esclarecer-se junto de certos elementos "dignos de confiança" que trabalham no Ministério ou privam com o Ministro das Corporações – lamentando, ao mesmo tempo, não dispor de padres suficientes e à altura da missão que lhes é confiada; g) O Sr. Cardeal Patriarca falou, em idêntico sentido, ao chamado assistente geral. Perguntei, depois deste sucinto relato, porque fora publicado o editorial de ontem das "Novidades" – onde me parecia haver duas ou três afirmações infelizes e até uma contradição, ao menos na aparência, com a orientação referida. Foi-me respondido que, já há dias, o Sr. Cardeal Patriarca lhe enviara, para emitir parecer, um artigo que o Duque Vieira (de Portalegre) desejava publicar nas "Novidades". O artigo mereceu reparos em duas passagens (no mais, ao que parece – embora custe a parecer... – esteve bastante dentro da orientação em que

2.2. A opção do episcopado: preferir os «interesses históricos» da Igreja à «política concreta»

De certo modo, a estratégia do Governo sobre os organismos da Ação Católica, mais do que ter evitado a mobilização política de alguns dos seus filiados em termos desfavoráveis ao regime, mostrou ter eficácia na determinação do comportamento das autoridades eclesiásticas, que não fomentaram iniciativas católicas que pudessem relançar uma estrutura de forma partidária e optaram por se demarcar de quaisquer críticas ou ações de oposição promovidas por alguns setores católicos ao projeto político da *Situação*. Para manter esse posicionamento, que na prática se relacionava com o esforço de salvaguardar os espaços de autonomia que a Igreja possuía na sociedade e com a tentativa de evitar que o Estado levantasse obstáculos às atividades e às organizações católicas existentes em domínios variados, mas principalmente na educação e na assistência social, a hierarquia integrava a sua própria atitude num dos dois eixos da teoria da Ação sobre a relação dos católicos com a política: a preservação de uma atitude de exterioridade face à «política concreta».

Nesse sentido, durante o episcopado do cardeal Cerejeira, foram comuns as intervenções episcopais indicando que o apostolado hierárquico, tal como a globalidade do movimento religioso, deveria ter um comportamento não politizado e até superior face ao jogo político. Após a assinatura da Concordata e, em especial no pós-guerra, essa ideia de exterioridade em relação ao terreno da política foi atualizada e teve como extensão o discurso episcopal sobre a autonomia dos dois poderes, o espiritual e o temporal, e sobre a necessária colaboração entre ambos, sem confusão de competências em tarefas mistas,

---

eu falara). O diretor do jornal, porém, preferiu não o publicar e redigiu ele próprio outro sobre a matéria. Neste momento, o diretor deve estar já ao corrente, ao menos do essencial, das impressões trocadas por mim com o Arcebispo.». Dias mais tarde, Soares da Fonseca informava o presidente do Conselho que reunira com os delegados e funcionários do Ministério, explicando sobre o I Congresso das Juventudes Operárias Católicas que: «[...] O Governo, que pôde estar atento, interveio pelo processo normal e menos lesivo do Congresso: a censura, sem chegar à proibição das próprias sessões, consideradas privadas, do próprio Congresso. Fê-lo em nome: a) Do seu direito legal,

ao «serviço do bem comum». Em parte, essa adaptação da linguagem destinava-se a rebater as manifestações de repúdio de alguns setores católicos, crescentes a partir do final da década de 1950, pela participação dos bispos nos atos da vida pública e as acusações de que a hierarquia realizava um «catolicismo político», sancionando os «métodos de governação totalitária»[78]. Depois de suceder ao cardeal Cerejeira, D. António Ribeiro manteve também a ideia de «colaboração mútua» entre a hierarquia eclesiástica e o poder civil, em «domínios comuns», mas sublinhou que aquela não poderia de modo nenhum permanecer submissa à autoridade civil em função de privilégios alcançados.

Ainda no sentido de distinguir a religião da política e de não colocar em causa a relação institucional da Igreja com o Estado, foram feitas, até ao Concílio Vaticano II, recomendações aos assistentes eclesiásticos das organizações da ACP (que eram «delegados diretos da hierarquia católica»), bem como à generalidade dos sacerdotes, para que mantivessem «independência» da vida política e se dedicassem à sua missão religiosa. Argumentava-se que um envolvimento dos bispos e do clero na política justificava-se apenas em circunstâncias em que fosse necessário reivindicar e defender as «liberdades da Igreja»[79]. Durante largos anos, essa orientação dirigida aos sacerdotes não trouxe dificuldades eclesiais ou políticas à autoridade eclesiástica, que a modelava, permitindo que alguns padres, por exemplo, exercessem funções como deputados.

Contudo, o condicionamento formal da liberdade política dos presbíteros representou um problema no período pós-conciliar, quando

---

definido através do texto da Concordata; b) Dos seus legítimos princípios, à face dos quais há liberdade de inscrição sindical mas não há liberdade de organização sindical.» (Cf. PT/TT/AOS/CP-119, fls. 593-596 e 606-610: cartas de José Soares da Fonseca, na qualidade de ministro das Corporações e Previdência Social, dirigidas a Salazar, datadas de 2 e 20 de Maio de 1955).

[78] Cf. «Nota Coletiva do Episcopado Português ao "Programa para a democratização da República"» in *Lumen*, vol. XXV, Dezembro de 1961, pp. 1069-1071.

[79] Os apelos do cardeal Cerejeira para que os sacerdotes não se comprometessem com a causa política foram numerosos e repetidos ao longo do seu episcopado. A título ilustrativo, veja-se: Cf. D. Manuel Gonçalves Cerejeira, «A Ação Católica e a política» in *Obras Pastorais*, I vol. ..., p. 175; Idem, «A posição da Igreja e dos católicos perante a política» in *Lumen*, vol. IX, Dezembro de 1945, pp. 724 e 726.

alguns (em especial, sacerdotes de gerações mais novas e formados no ambiente conciliar) advogaram a necessidade de uma transformação interna da Igreja, que passava pela exigência de fidelidade à radicalidade evangélica e pela revisão do estatuto do padre, e outros se envolveram em ações de contestação à situação política do País. Nessas circunstâncias, praticamente desapareceu do discurso episcopal a referência à exigência de «independência» política solicitada aos sacerdotes, acentuando-se antes a necessidade do clero respeitar a disciplina eclesiástica na concretização do seu múnus pastoral[80].

Alguns anos antes da realização do Concílio Vaticano II, na sequência do posicionamento de vários sacerdotes perante o chamado «caso do bispo do Porto», com padres mobilizados em apoio quer de D. António Ferreira Gomes, quer do presidente do Conselho, a hierarquia eclesiástica foi também impelida a solicitar ao clero a «escrupulosa observância do que determina a Sagrada Congregação Consistorial no Regulamento de 27 de Junho de 1917, sobre a sagrada pregação», estabelecendo aos presbíteros a proibição de «em homilias ou qualquer outra forma de palavra pública, fazer referência a pessoas [...] ou atos, ou casos, ou acontecimentos de natureza política» e de «tomar parte em reuniões ou subscrever documentos de carácter político, ou que envolvam qualquer melindre da mesma ordem»[81].

Com D. António Ribeiro, os padres continuaram a ser instados a evidenciar, nos seus atos, a natureza específica do sacerdócio. Sobre a vida política, era recordado aos sacerdotes que o direito que possuíam de ter «opções concretas – políticas, sociais e económicas» e, por vezes, «de exercê-las», tinha restrições: o sacerdote devia conservar «certa

---

[80] Cf. D. Manuel Gonçalves Cerejeira, «A autoridade da Igreja» e «O bispo e os seus padres» in *A Crise da Igreja. Conferências ao Conselho Presbiteral*, Lisboa, União Gráfica, 1969, pp. 19-36; Idem, «Atividades "Marginais" do Clero» in *Obras Pastorais*, VII vol. ..., pp. 287-293.

[81] Cf. PT/TT/AOS/CO/PC-51 (2): circular confidencial do arcebispo de Mitilene dirigida ao clero, datada de 24 de Abril de 1959. Um dia depois da emissão desta circular, o arcebispo de Mitilene escreveu nova circular de idêntico sentido (Cf. PT/TT/AOS/CO/PC-51 (2): circular confidencial n.º 5/59 do arcebispo de Mitilene dirigida ao clero, datada de 25 de Abril de 1959).

distância de qualquer cargo ou compromisso político» e recusar «cargos de direção ou militar ativamente em qualquer partido político»[82].

Gerador de maior conflitualidade eclesial e política foi, contudo, o segundo eixo da teoria da Ação Católica sobre a relação dos católicos com a política, pensado particularmente a propósito do papel dos filiados dos organismos da ACP: o reconhecimento aos católicos da sua liberdade de ação política a título individual. Os problemas adviriam não só do conflito que tal princípio suscitava num quadro político-institucional que impunha limitações à liberdade de ação política dos cidadãos, como também do facto de alguns setores católicos, em especial no pós-guerra, ultrapassarem com as suas ações políticas as orientações da hierarquia eclesiástica para a vida pública.

Esse comportamento de certos círculos católicos derivava da insatisfação que experimentavam sobre a situação política do País (o julgamento negativo que faziam da atuação do Executivo esteve muito associado ao desrespeito das liberdades e garantias dos cidadãos pela autoridade civil, relacionando-se também com o agravamento de alguns problemas sociais e, a partir de meados da década de 1960, com o problema da guerra colonial) e conduziu a que vários (cada vez mais numerosos até 1974) encontrassem formas de ação e de organização de contestação ao regime, e que se sentissem estimulados, nalguns casos, a colaborar com os meios oposicionistas laicos, comunistas ou socialistas, sobretudo por ocasião de atos eleitorais. Nesse procedimento distanciavam-se do posicionamento do episcopado que continuava a privilegiar a estabilidade da relação institucional da Igreja com o Estado, alcançada pela solução concordatária em 1940, e a defender que a legítima ação política dos católicos consistia em continuar a enfrentar as ameaças ao estatuto público da Igreja, que na sua perceção lhe advinham agora menos do comportamento do Estado e mais das propostas programáticas da Oposição[83].

---

[82] Cf. Conferência Episcopal Portuguesa, «Carta pastoral no décimo aniversário da *"Pacem in Terris"*»..., pp. 122-123.

[83] Um exemplo dessa interpretação da realidade política feita pelo episcopado encontra-se na Nota Coletiva que os bispos publicaram, em 1962, sobre o *Programa para a democratização da República*: Cf. «Nota Coletiva do Episcopado Português ao "Programa para a democratização da República"»..., p. 1069. Anteriormente,

A hierarquia eclesiástica continuava a conceber a intervenção política dos católicos de acordo com o paradigma de defesa dos «interesses históricos» da Igreja na sociedade, no quadro do qual fora forjado o segundo eixo da teoria da Ação Católica sobre a relação dos católicos com a política. A ideia da organização política dos católicos para intervir na vida pública no sentido de satisfazer as reivindicações católicas, surgira em Portugal, à semelhança do que sucedia em vários países europeus e sob encorajamento da Santa Sé, no último quartel do século XIX. Nessa época e até final da I República, essa ideia foi preferencialmente concretizada através de projetos de expressão partidária confessional, ainda que assentes em diferentes modelos (o Centro Católico Parlamentar, por exemplo, criado em 1894, fora uma plataforma de convergência de parlamentares católicos de diferentes partidos). O Centro Católico Português correspondeu à última formação política erigida no âmbito dessa estratégia. A Ação Católica rompeu, pela primeira vez, com o modelo dos projetos de organização partidária ao recusar a atividade específica de partido, mas não continha qualquer recusa à ideia da necessidade dos católicos defenderem os interesses da Igreja na vida pública e, em particular, na esfera política.

O princípio do reconhecimento aos católicos da sua liberdade de ação política a título individual pressupunha o «dever de obediência dos católicos» às normas ditadas pela autoridade eclesiástica acerca da ação política. Estas envolviam, sobretudo, as obrigações: «de resistir às leis quando a autoridade manda alguma coisa injusta»; de colaborar com os poderes constituídos que se propusessem defender a «observância da lei divina e dos direitos da Igreja na vida particular e pública»,

---

durante a campanha para as eleições presidenciais de 1949, algumas manifestações da Oposição, associadas a comportamentos anticlericais e anticatólicos (como os escritos de Tomás da Fonseca sobre Fátima ou as declarações de Maria Palmira Tito de Morais sobre a posição social da mulher católica), haviam também despertado receios do regresso a uma situação de laicismo e suscitado reações de protesto entre os meios católicos (mobilizar-se-iam vários elementos de várias organizações femininas da ACP, da União Noelista Portuguesa e também a JUC) (Cf. Luís Salgado de Matos, «Cerejeira, D. Manuel Gonçalves» in *Dicionário de História de Portugal*, coord. de António Barreto e Maria Filomena Mónica, vol. VII, Lisboa/Porto, Livraria Figueirinhas, 1999, pp. 303 e 310).

aplicando a doutrina social da Igreja «ao serviço do bem comum»; e de «não enfeudar politicamente a Igreja» (isto é, proibia-se a utilização do referencial «católico» para designar ações ou organizações políticas confessionais, constituídas sem o aval das autoridades religiosas)[84].

Dentro desse esquema de pensamento, ao longo dos anos de 1950, a autoridade religiosa recuperou a condenação do marxismo, como ideologia que «nega a missão e a liberdade da Igreja e sacrifica os direitos da pessoa no altar do Estado, ou da classe ou do povo», renovando a proibição de os crentes se aliarem, «na empresa política, com aqueles que negam Cristo, e querem destruir, ou pelo menos encadear e emudecer a Igreja»[85]. Com essa tomada de posição, que fazia recordar a condenação que, no final da década de 1930, o cardeal Cerejeira e os bispos portugueses haviam feito do comunismo e do Estado totalitário[86], a hierarquia eclesiástica insistia na perspetiva de que a melhor contenção ao perigo do comunismo em Portugal continuava a ser o regime estadonovista. Este posicionamento da autoridade religiosa não se alterou ao longo do episcopado do cardeal Cerejeira mas entrou em crise a partir de 1958, na sequência das eleições presidenciais e, em especial, do conflito político-eclesial surgido a propósito do pró-memória que D. António Ferreira Gomes dirigiu a Salazar, no verão daquele ano. Apenas em 1973, já durante o episcopado de D. António Ribeiro, os prelados revelaram, como se observou atrás no Capítulo IV, predisposição para conferir legitimidade religiosa a uma situação de pluralidade política existente no campo católico, assente no reco-

---

[84] Cf. D. Manuel Gonçalves Cerejeira, «A posição da Igreja e dos católicos perante a política»..., p. 729; Idem, «Na festa litúrgica de Cristo-Rei» in *Obras Pastorais*, VII vol. ..., p. 729; *Boletim de Acção Católica Portuguesa*, «Os católicos e a vida pública», n.º 313-314, Julho-Agosto de 1960, pp. 78-79 e n.º 185, p. 110.

[85] Cf. «Nota Coletiva do Episcopado Português ao "Programa para a democratização da República"»..., pp. 1070-1071.

[86] Cf. «Pastoral coletiva sobre o comunismo e alguns problemas da hora presente» in *Lumen*, vol. I, 1937, pp. 209-226; D. Manuel Gonçalves Cerejeira, «Ação Católica e Política» in *Obras Pastorais*, vol. II..., pp. 161-178. Este último discurso do cardeal Cerejeira, dirigido ao clero em 11 de Novembro de 1938, prestigiara-o em circuitos católicos internacionais, sendo o texto difundido e apreciado favoravelmente em alguns títulos da imprensa católica estrangeiros, como o *Osservatore Romano*, *La Croix* e *Documentation Catholique*.

nhecimento da existência de entendimentos diversos, entre os cristãos, quanto ao tipo de representação e de participação julgados adequados à intervenção na sociedade.

3. O «caso do bispo do Porto» e o cenário de criação de um partido democrata-cristão

A crise política e social aberta pelas eleições presidenciais de 1958 manifestou-se, à semelhança do que sucedeu noutras esferas, no campo católico e nas relações de alguns setores cristãos com o Governo. Numa campanha eleitoral marcada pela perspetiva de uma transição para um futuro político de Portugal sem Salazar à frente da governação e de uma intensidade imprevista, eclodiram divisões entre católicos, mais expressivas do que as registadas em atos eleitorais anteriores. Contudo, a principal novidade que no aspeto das relações dos católicos com a política trariam aquelas eleições, encontrou-se menos no crescimento do número de cristãos apoiantes do candidato da Oposição ou no surgimento de ações de protesto pela instrumentalização política da doutrina da Igreja e/ou dos católicos, e mais na expressão e extensão de críticas ao sistema político e à situação económica e social do País por parte de círculos cristãos apoiantes tradicionais do Governo[87]. Pela

---

[87] Ecos dessa insatisfação entre setores católicos apoiantes do regime, chegaram por várias vias a Salazar. Alguns padres escreveram a Salazar dando conta desse ambiente. A título de exemplo, veja-se o testemunho de um sacerdote da ilha Terceira, o padre José Narciso Coelho Lopes, que escreveu ao chefe do Governo: «Ex.mo. Sr. Dr. A. Oliveira Salazar, Confidencialmente venho dizer-lhe que as recentes eleições para o Presidente da República mostraram o descontentamento dos povos, mesmo dos que votaram e querem a continuidade do atual regime. Falam de crimes cometidos por alguns do Governo e ficam impunes, contra a assistência, contra o abono de família, contra o desconto para o desemprego, não havendo retribuição na falta de trabalho, contra a exorbitância das contribuições e contra o contributo para o turismo. Convém examinar tudo isto com o cuidado que o assunto reclama, a fim de se lhe dar a solução adequada e assim evitar tanto quanto possível a razão do descontentamento e a propaganda subversiva contra o Governo.» (Cf. PT/TT/AOS/CP – 160: carta do padre José Narciso Coelho Lopes dirigida a Salazar, datada de 18 de Julho de 1958, enviada de Quatro Ribeiras, ilha Terceira).

primeira vez, estes últimos admitiam conceder apoio ao Executivo na expectativa da posterior realização de reformas sociais e institucionais, sendo que algumas representavam, a prazo, a superação de determinados paradigmas definidores do próprio *Estado Novo*. Nesse ambiente, a mobilização pró-governamental de vários setores católicos que evidenciavam tensões acumuladas quanto a problemas sociais e políticos fundamentou-se, em boa medida, em outra ordem de razões; por exemplo, constituiu-se como reação defensiva a algumas manifestações de anticlericalismo, desencadeadas sobretudo a Norte[88], e de combate aos perigos comunista e maçónico, antevistos nas posições oposicionistas.

Durante a campanha, à semelhança do procedimento adotado para eleições anteriores, o episcopado optou por não fornecer uma orientação explícita de voto e por lembrar apenas que os católicos tinham o dever moral de votar, direcionando o seu voto para a candidatura que «melhor assegure a paz pública, o progresso material, social e espiritual do País, e o respeito, a liberdade e os direitos da Igreja, nomeadamente na família, no ensino e no apostolado». Alguns títulos da imprensa católica, porém, assumiram de forma inequívoca que o voto católico devia ser dado ao candidato do regime[89].

Entre os pronunciamentos críticos da *Situação* realizados por católicos no período de pré-campanha e campanha eleitoral não se registou a defesa de um projeto democrata-cristão. Porém, esse eventual propósito não foi ignorado por Salazar, uma vez informado, no começo do ano de 1958, de que o núncio Fernando Cento havia defendido a conveniência da criação no País de um partido democrata-cristão. O chefe do Executivo sabia também que tivera lugar, pela mesma

---

[88] O próprio dia do ato eleitoral, 8 de Junho, ficou assinalado por alguns atos de vandalismo em algumas igrejas do concelho de Armamar. Em Tões, a residência paroquial foi apedrejada. Em Aldeias, foi profanada a Igreja matriz; nos altares seriam colocados cartazes do general Humberto Delgado e deixadas pontas de cigarro no sacrário. A Censura impediu a divulgação da notícia (Cf. PT/TT/Arq. «Cortes da Censura a O Século», cx. 187, maço 238: «Atos sacrílegos e de vandalismo» [notícia datada de 8 de Junho], prova tipográfica de O Século, de 9 de Junho de 1958).

[89] Para um aprofundamento dos comportamentos de setores católicos nas eleições presidenciais de 1958, consulte-se: Luís Salgado de Matos, «Anexo XIX – Intervenção eclesial nas eleições políticas (1945-1973)»..., pp. 1821-1831.

altura, uma outra conversa, entre o jornalista Ramiro Valadão e monsenhor Luigi Gentile em que este último advogara a necessidade de existirem partidos políticos em Portugal e deixara antever a possibilidade de organização de um partido democrata-cristão, destinado a operar na cena política quando Salazar dela se retirasse. A sua «esperança», para a concretização desse projeto, envolvia em concreto «o bispo do Porto», já que lhe pareciam «velhos e ultrapassados» o cardeal patriarca e o arcebispo de Évora, D. Manuel Trindade Salgueiro, as duas figuras tutelares do episcopado português.

Como notou José Barreto, Salazar escolheu reagir publicamente a essas informações, a nove dias das eleições, em discurso proferido em resposta à mensagem de apoio dos municípios portugueses ao Governo[90]. Aí o presidente do Conselho rejeitou a ideia de evolução do regime para um sistema pluripartidário, sustentada por círculos oposicionistas, identificando, no entanto, quais os partidos políticos que se poderiam formar em Portugal, caso fosse admitido o direito de «associação para fins políticos». Registe-se que este exercício tem interesse uma vez que permite apreciar em Salazar uma consciência da pluralidade política da sociedade, ao ponto de aí identificar as correntes mais significativas, sobretudo, algumas não integradas no regime. A par de «um partido de centro, um ou dois partidos monárquicos, um partido das esquerdas democráticas, um partido socialista e naturalmente um partido comunista», o chefe do Governo admitia o cenário de surgimento de uma formação partidária «democrata-cristã, visto haver quem julgue que em tais circunstâncias por esse caminho mais assegurada fica a defesa da Igreja». Sem mais comentários, Salazar sinalizava que acompanhava com atenção a possibilidade de organização de um partido com esse ideário. Na ocasião, menorizou ainda as críticas à política social do Governo e à orientação que vinha sendo dada ao projeto corporativo, surgidas durante a campanha, limitando-se, sem oferecer qualquer horizonte de novidade para a ação governativa sobre tais matérias, a repetir que a satisfação das reivindicações dos traba-

---

[90] Cf. José Barreto, «O caso do Bispo do Porto em arquivos do Estado» in *Profecia e Liberdade em D. António Ferreira Gomes: atas do simpósio*, coord. de Paulo Bernardino, vol. I, Lisboa, Ajuda à Igreja que Sofre, 2000, p. 136.

lhadores acerca das condições de trabalho, salários, assistência, etc., estava dependente apenas do «progresso económico do País», já que «tudo se integra nos princípios que defendemos»[91].

No rescaldo das eleições, a 1 de Julho de 1958, discursando na sede da UN, com o propósito de examinar «certo número de problemas políticos» que as eleições haviam trazido «ao debate», Salazar, analisando a questão do «regime de partidos», voltou a mostrar firmeza na convicção de que «as exigências da governação impõem pelo menos a redução dos partidos», não sendo, por isso, possível ou conveniente importar para Portugal, tão pouco, o caso do bipartidarismo, como pareciam querer significar «sugestões discretas de que o Governo devia suscitar, favorecendo-a, a sua própria oposição». Para o chefe do Governo, o indicado não era «regressar à desordem parlamentar e fraqueza dos governos», havia tão só que renovar, «se necessário, em pessoas e métodos», a experiência política «dos últimos trinta anos». Admitindo, no máximo, que se julgasse que «algumas das dificuldades atuais provieram de se não ter completado mais cedo a organização corporativa e de consequentemente a Câmara Corporativa não se apresentar como a emanação direta dos interesses económicos, espirituais e morais», o presidente do Conselho rejeitava que se considerasse que no regime «as vozes discordantes não podem fazer-se ouvir nem, por numerosas que sejam, ter peso na governação»[92]. O Executivo saíra fragilizado das eleições – não só havia perdido apoios entre setores católicos e monárquicos, como também se confrontava com focos conspiratórios no Exército e com uma agitação política invulgar contra a fraude eleitoral registada – mas Salazar resistia a qualquer mudança, tendo como objetivo principal reclamar uma posição de vencedor, contando que a partir daí o regime se recomporia[93].

---

[91] Cf. António de Oliveira Salazar, «A obra do regime na campanha eleitoral» [discurso de 31 de Maio de 1958, proferido no Palácio de S. Bento, em Lisboa] in *Discursos e Notas Políticas*, vol. V (1951-1958)..., pp. 466-467.

[92] Cf. António de Oliveira Salazar, «Caminho do futuro» [discurso de 1 de Julho de 1958, proferido na sede da UN] in *Discursos e Notas Políticas*, vol. V (1951-1958)..., pp. 488-493.

[93] Cf. Fernando Rosas, «A lenta agonia do salazarismo» in *História de Portugal*..., pp. 523 e 529.

O pró-memória que D. António Ferreira Gomes enviou a Salazar, a 13 de Julho de 1958, destinado a apresentar os aspetos fundamentais de uma entrevista que lhe havia solicitado, compreende-se à luz deste contexto, tal como o processo político movido ao prelado pelo presidente do Conselho, na sequência da divulgação daquela exposição, antes da concretização de qualquer audiência entre ambos.

3.1. A reivindicação de autonomia política para os católicos e o isolamento de D. António Ferreira Gomes entre o episcopado

Na organização que deu ao pró-memória, o bispo do Porto separou o tratamento de dois núcleos de matérias; dedicou uma primeira parte a problemas sociais e ocupou-se, numa segunda, do problema político resultante de um dos princípios estruturantes do regime para as relações da política com a religião: o da exclusão da ideia de liberdade de organização política dos católicos. Escolheu para a abordagem dessas questões uma forma institucional e acutilante. Todavia, antes disso, utilizou um tom pessoal para se referir à necessidade que lhe haviam feito sentir (essa pressão fora realizada pela família de José Nosolini) no sentido de emitir uma «declaração de voto», que clarificasse a sua ausência em Barcelona na ocasião das eleições[94]. De modo crítico ainda que amistoso, confirmava que se dispusera a fazer essa declaração, embora julgasse que tal «não poderia deixar de considerar-se propaganda da *Situação*», e aproveitava para discordar do «carácter plebiscitário que se tem dado às nossas eleições». Ainda num registo testemunhal, afirmava a sua «estima e respeito pela personalidade» do chefe do Executivo e «admiração pela sua inteligência», e transmitia as suas impressões sobre o clima que se verificara, durante a campanha eleitoral, no «Minho católico», onde «mal os padres começavam a falar de eleições, os homens, sem se importarem com o sentido que

---

[94] O bispo do Porto tinha, no entanto, acabado por vir votar no ato eleitoral que se destinava a eleger o Presidente da República. Chegado de Barcelona a 7 de Junho, partiria logo em seguida para Paris, depois de votar (Cf. Carlos Moreira Azevedo, «Introdução» in *D. António Ferreira Gomes nos 40 Anos da Carta do Bispo do Porto a Salazar*, Lisboa, Centro de Estudos de História Religiosa/Multinova, 1998, pp. 11-12).

seria dado ao ensino, retiravam-se afrontosamente da Igreja», ou «nas juventudes da Ação Católica», cujos «dirigentes mais responsáveis saltam fora dos quadros e da disciplina, para manifestarem a sua inconformidade e desespero».

As observações do bispo do Porto sobre a orientação dada à organização corporativa e questões sociais (como as críticas ao não reconhecimento do direito à greve pelo poder civil, a identificação dos problemas salarial, da não distribuição dos rendimentos do trabalho e do crescimento do desemprego; as denúncias de condições de trabalho que violavam os direitos dos trabalhadores e de multiplicação de situações de miséria entre os trabalhadores rurais), sendo desagradáveis para Salazar, pelo que continham de distanciamento em relação à política governamental, não representavam uma novidade[95]. Por exemplo, cerca de um ano antes, em Abril de 1957, D. António Ferreira Gomes, ao discursar no encerramento da Semana de Estudos de Problemas do Meio Rural, organizada em Fátima pelas direções gerais dos organismos agrários da ACP, havia criticado «aspetos de um complexo económico-social [...] que não existiu sempre, ao menos com a profundidade e as dimensões atuais, que resultou do mau funcionamento dos órgãos da Nação», e descrito a situação dos trabalhadores no meio rural como sendo de «miséria imerecida»[96].

Na realidade, o problema social vinha sendo objeto de reflexão e crítica no interior do campo católico, desde a constitucionalização do regime, como se sublinhou no II Capítulo. A partir da segunda metade dos anos de 1930, diversos elementos católicos e algumas organizações

---

[95] Em 1986, D. António Ferreira Gomes admitiu que, ainda antes do pró-memória enviado ao presidente do Conselho e do processo político que conheceu em seguida, tinha já recebido advertências, «por via eclesiástica», de que Salazar «não estava contente» com a doutrinação que vinha fazendo o bispo do Porto (Cf. D. António Ferreira Gomes, *Cartas ao Papa sobre alguns problemas do nosso tempo eclesial pelo bispo resignatário do Porto*, Porto, Livraria Figueirinhas, s.d., p. 114).

[96] Cf. PT/TT/AOS/CO/PC – 47: recortes do jornal *Novidades*, de 20, 24, 25, 26, 28, 29 de Abril e 1 de Maio de 1957. O diário católico escolheu o dia 1.º de Maio para publicar na íntegra, nas páginas 1 e 5, a conferência de D. António Ferreira Gomes no encerramento daquela Semana de Estudos da ACP. Ao utilizar a expressão «miséria imerecida», o bispo do Porto retomava tal fórmula do papa Leão XIII que a usara para se referir ao mundo do trabalho industrial na sua época.

da ACP haviam expressado discordância quanto à orientação estatal dada à política social e ao projeto corporativo, sendo que os comentários de desagrado se haviam elevado nos anos da II Guerra Mundial. Saliente-se ainda que, no tocante à construção corporativa, a crítica não partira exclusivamente de setores católicos, tendo sido também desenvolvida, depois dos anos finais daquele conflito bélico, não só por críticos do regime como também por diversos colaboradores do *Estado Novo*, alguns figuras de relevo da doutrina e dos empreendimentos corporativos[97].

Foi na abordagem do aspeto político que o pró-memória de D. António Ferreira Gomes causou impacto negativo junto de Salazar, que o considerou inaceitável por interpretá-lo como um encorajamento à formação de uma força política católica alternativa ao modelo da *Situação*. Tendo calculado ou não a extensão da perturbação que a sua posição provocaria no presidente do Conselho (é possível que D. António fosse animado pelo pensamento de que, depois das dificuldades que o Governo experimentara sobre as eleições, Salazar poderia admitir mais facilmente ser confrontado com comentários críticos) o facto é que o bispo do Porto despertou os maiores receios que o governante alimentava desde a fundação da ACP, não só ao não emitir nenhum juízo condenatório sobre a ação política dos católicos, recusando que a Igreja pudesse permitir a imposição aos crentes da doutrina segundo a qual «o cidadão português não precisa de ter dimensão política», como ao questionar «a escala de valores adotada e mantida» e a própria Constituição, que afastavam «a liberdade de formação da opinião pública» e reduziam «a vida política à Administração», transformando esta em «toda ou quase toda a ideologia prática» do regime, onde o «homem não tem que pensar em realizar--se politicamente». O problema de fundo para o bispo do Porto era a «negação da livre e honesta atividade política»; uma «má política» que se refletia no próprio projeto da União Nacional, a qual, escre-

---

[97] Para um levantamento dessa crítica entre os colaboradores do *Estado Novo*, insatisfeitos com a evolução do sistema instalado em 1933, consulte-se: Manuel de Lucena, «Salazar, António de Oliveira» in *Dicionário de História de Portugal: suplemento*, dir. de António Barreto e Maria Filomena Mónica, vol. IX, Lisboa/Porto, Livraria Figueirinhas, 1999, pp. 300-301.

via D. António, ou «não tem qualquer doutrina e então temos [...] a negação da dimensão política, ou bem que tem uma doutrina e nesse caso, ou é dogmática e estamos no mesmo, ou é livre e caímos na sua negação, na desunião». Ainda a propósito da UN e do comportamento que entendia que se exigia aos seus filiados, o prelado questionava a legitimidade de se impor aos católicos uma conformação com a política nacionalista seguida pelo Estado português, recordando para tanto que o papa Pio XII, na sua radiomensagem do Natal de 1954, condenara a política nacionalista exercida pelo Estado forte. Perante o que julgava ser o bloqueio político do regime, o bispo do Porto via em formação o perigo de uma «irrupção anarco-social-comunista» e não descortinava como possível que as «forças da civilização» aguentassem esse «embate» sem fornecerem uma resposta nova de «ordem civil e social», que viabilizasse a união da «frente cristã»[98]. Para tanto,

---

[98] Esta afirmação de D. António Ferreira Gomes poderá não ter resultado apenas de uma posição doutrinária, mas pode ter estado relacionada também com o ambiente de agitação social e política que se generalizou no País no período pós-eleitoral. Depois do ato eleitoral, haviam-se sucedido várias greves de protesto político e outras ações de luta contra a «burla eleitoral», na maior parte dos casos organizadas pelo PCP ou em resposta a reptos seus. As greves haviam começado em 12 de Junho em Almada, mobilizando operários da construção civil, de 9 fábricas corticeiras e de 3 serrações. Em 16 de Junho, 5 fábricas de conservas de Leça da Palmeira fizeram um dia de greve. No mesmo dia, registaram-se greves em Baleizão, no Alandroal e em fábricas da cintura industrial de Lisboa. No dia 17, foi a vez de fábricas de recauchutagem em Alverca e de 5000 pescadores de Matosinhos fazerem greve. No dia 20, os operários da fábrica de fiação e tecidos da Companhia de Rio Ave, em Vila do Conde, organizaram uma pequena manifestação. Novas greves ocorreram, no dia 23, na Empresa Fabril do Norte, na EFACEC, no Couço, em Bencatel, Val de Vargo, Alpiarça e Montemor-o-Novo, e, no dia 24, em Pias, Escoural e Serpa. Na segunda quinzena de Julho também os salineiros de Faro entraram em greve. A 30 de Junho, os protestos grevistas sucederam-se em Grândola, Silves e Olhão. A 9 de Julho, 600 trabalhadores da COVINA, na Póvoa de Santa Iria, paralisaram o trabalho durante 1 hora. Na maioria destas greves, os trabalhadores, além de protestarem contra a «fraude eleitoral», reivindicaram aumentos salariais e exigiram liberdade sindical e a libertação de presos políticos (Cf. *Avante!*, n.º 257, 2.ª quinzena de Junho de 1958; n.º 258, 1.ª quinzena de Julho de 1958; n.º 259, 2.ª quinzena de Julho de 1958; n.º 260, especial, Julho de 1958; n.º 261, 1.ª quinzena de Agosto de 1958; n.º 280, Setembro de 1959; PT/TT/AOS/CO/PC-51: «As eleições foram falseadas», documento da Comissão Política do Comité Central do PCP, datado de 18 de Junho de 1958). Em 21 de Junho, o Ministério do Interior

havia apenas um caminho legítimo: o de se evitar a instrumentalização dos católicos em apoio do regime, concedendo-lhes antes liberdade de ação cívico-política, sem qualquer «benevolência ou favor», para que pudessem obter da Igreja «formação cívico-política, de forma a tomarem plena consciência dos problemas da comunidade portuguesa, na concreta conjuntura presente, e estarem aptos a assumir as responsabilidades que lhes podem e devem caber». Em D. António Ferreira Gomes a «ordem corporativa da sociedade» continuava a possuir validade, e, nesse sentido, parecia-lhe evidente que era necessário corrigir a «relação Pessoa-Estado», que o regime e, em especial a ação do presidente do Conselho, desvirtuara permitindo que o «personalismo» se transformasse em «estatismo». O bispo do Porto assumia uma desilusão sobre o «Estado, que nem sempre estará bastante presente naquilo que é propriamente seu, [mas] está sumamente presente naquilo que só supletivamente é seu, como na educação e na assistência, para não falar na economia e na sociologia». Embora o prelado não deixasse transparecer qualquer imposição para a forma de atuação política dos católicos em geral a partir desse raciocínio, animava-o a preocupação de fortalecer uma alternativa às propostas marxistas. De acordo com esta lógica, a participação política dos católicos envolvia pen-

---

emitiu uma nota oficiosa sobre as «tentativas de paralisação do trabalho» registadas, tentando passar a ideia de que as ações grevistas eram «factos de restrita significação», nos quais tinha fundamento «uma intensa campanha de boatos [...] com o propósito evidente de criar um estado de alarme e de inquietação pública». A nota oficiosa acrescentava ainda que o Executivo mantinha a «decisão inabalável de defender a economia nacional e os próprios trabalhadores [...] reprimindo todas as manifestações de indisciplina social e promovendo a punição dos seus fautores nos termos da lei» (Cf. *Diário de Notícias*, 21 de Junho de 1958, p. 1). Algumas semanas depois, Salazar afirmava na sede da UN: «Alguns agitadores têm procurado arrastar operários e trabalhadores do campo para greves de protesto político. As eleições acabaram e a greve é entre nós um crime. Nós não podemos permitir que por tal forma se tente eternizar um processo findo [...].» (Cf. António de Oliveira Salazar, «Caminho do futuro»..., p. 509). Com efeito, o poder político desencadearia, na expressão de Fernando Rosas, uma «ofensiva de envergadura» contra o PCP nos restantes meses de 1958 e no ano seguinte, nomeadamente prendendo e levando a julgamento nos tribunais plenários especiais várias dezenas de quadros e simpatizantes do partido, os quais seriam condenados a pesadas penas de prisão e severas «medidas de segurança» (Cf. Fernando Rosas, *ibidem*, p. 530).

sar o problema das relações do Estado com a sociedade civil, algo que suplantava a questão da mera «defesa da Igreja», que D. António definia como «mentalidade de Centro Católico [...], mentalidade de catacumba ou mesmo de gueto, da qual a Igreja já só pode esperar um "amor de perdição"»[99].

O episcopado não desconhecia completamente o pensamento do bispo do Porto sobre alguns dos assuntos versados naquela sua exposição, em particular sobre questões sociais, mas, ainda assim, o conteúdo do pró-memória surpreendeu os restantes prelados. No final de 1954, D. António Ferreira Gomes discutira com os restantes bispos a necessidade de virem a publicar uma pastoral que definisse «a situação da Igreja perante a vida pública e especialmente para com o problema social», tendo sido incumbido da elaboração do mesmo. No esquema de pastoral, que enviou aos membros do episcopado em Janeiro de 1955, D. António defendia a «necessidade de se elaborar um estatuto de direito público da vida socioeconómica segundo a organização profissional» e com base na partilha «de responsabilidades entre todos». Empenhava-se ainda em valorizar o direito de associação como direito natural e não como uma concessão feita pelo Estado aos cidadãos, advogar para os sindicatos liberdade de constituição, de organização e de administração, e defender o corporativismo de associação; recusar «o monopólio da terra nas mãos de uns poucos, de *trusts* ou do Estado». O projeto acabou, no entanto, por ser recusado, na sequência de alguns prelados, nas palavras do bispo de Lamego, entenderem que não se «mantinha no mero campo dos princípios, descendo, pelo contrário, a aplicações, demasiado concretas que, transpondo a nossa esfera de ação, se intrometia na esfera política das realizações». Perante a impossibilidade de se estabelecer um consenso, a hierarquia eclesiástica optara não publicar qualquer pastoral sobre o assunto[100]. As divergências tidas com os restantes bispos quanto ao modo de fazer

---

[99] Cf. «Pró-memória para uma entrevista [texto de D. António Ferreira Gomes, datado de 13 de Julho de 1958, dirigido ao presidente do Conselho]» in *D. António Ferreira Gomes nos 40 Anos da Carta do Bispo do Porto a Salazar...*, pp. 175-192.

[100] Cf. *A Igreja e o Estado Novo na obra de D. António Ferreira Gomes*, Porto, Universidade Católica Portuguesa/Faculdade de Teologia, 2004, p. 275-284; Bruno Cardoso Reis, *Salazar e o Vaticano*, p. 272.

doutrinação, manifestadas naquele episódio, não impediram D. António de continuar, nos anos seguintes, a fazer o ensino social e cívico que se lhe afigurava mais conveniente.

A posição que o bispo do Porto tinha sobre a ACP também não era inteiramente desconhecida dos bispos nem do meio católico em geral. Na festa de Cristo-Rei, em 27 de Outubro de 1957, D. António Ferreira Gomes proferira uma homilia onde criticava o modelo da Ação Católica em Portugal, fundando os seus comentários no discurso que Pio XII dirigira três semanas antes ao II Congresso Mundial do Apostolado dos Leigos. Nessa ocasião, o bispo do Porto sublinhara a necessidade de proclamar a «maioridade do laicado», destacando que o leigo possuía uma missão própria que, desenvolvida «sempre em união com a hierarquia», o colocava «em nível paralelo ao do sacerdote, em tudo, menos nas faculdades de consagrar». Rejeitara que a ACP pudesse «reivindicar o monopólio do apostolado dos leigos» e defendera mesmo a «reforma da estrutura» daquela organização, entendendo que a ACP apresentava «perigos de desvio». Esses perigos eram: um «burocratismo, que fizesse constituir o apostolado no cumprimento exato dos serviços de secretaria e tesouraria»; um «geometrismo», que atendesse especialmente «à regularidade e integridade da organização, com prejuízo da espontaneidade das iniciativas, da complexidade da vida»; um «oficialismo», que poderia conduzir a que os leigos não considerassem sua a ACP, «mas dos bispos»; e, por fim, um «gigantismo», próprio dos «corpos muito grandes só com uma grande alma», esquecendo-se que «a árvore não é no tronco que produz frutos e flores». Estas considerações de D. António complementar-se-iam com o conteúdo da alocução que faria, meses mais tarde, na festa de Pentecostes de 1958, por ocasião do início das comemorações do 25.º aniversário da fundação da ACP. Aí disse o bispo do Porto que a «colaboração [do cristão] na vida cívica e política», se era um «direito comum a todo o cidadão, é para ele um dever de consciência». Nesse sentido, deveria o apostolado dos leigos rejeitar «a transposição do ensino religioso e social da Igreja do plano doutrinal e desinteressado para o plano político das divisões humanas» e procurar que «deixasse de pôr-se em questão política o maior número possível de realidades humanas, que se despolitizasse tudo quanto indevidamente se politizou». Para o prelado, «já seria também tempo de pedir e esperar que a religião deixasse de estar emparelhada com a política, no pior sentido desta, como fonte de divisões: a lamentável e tradicional disposição estatutária que nunca deixa de excluir, ao mesmo tempo e no mesmo nível, política e religião». A reforma da ACP, como sustentava D. António Ferreira Gomes, foi rejeitada por outros membros do episcopado. Na época, o bispo de Tiava, D. José Pedro da Silva, assistente geral e presidente da Junta Central da ACP, continuava a referir-se à organização como «um exército doce e disciplinado» e recusara ser necessária a «mudança de nomenclatura e de estruturas», não obstante existirem sinais de mal--estar em vários meios da Ação Católica[101].

Maior surpresa para os bispos terão constituído as interpelações de D. António, dirigidas a Salazar no pró-memória, no sentido de saber se o Estado aceitava reconhecer autonomia política aos católicos. Em carta para o bispo do Porto, D. Manuel Trindade Salgueiro manifestaria perplexidade pelo posicionamento de D. António em função do que o episcopado havia definido sobre a relação dos católicos com a política, já depois da realização das eleições presidenciais de 1958. Reunidos em Fátima em 1 de Julho, os bispos haviam discutido o «clima político [...] ardente» que dominava o País no rescaldo daquele ato eleitoral, tendo deliberado que «não devemos [os prelados], nem podemos enfeudar os nossos elementos a qualquer regime, ou partido político; que não devemos, nem podemos lançar-nos em atividades políticas, nem lançar nelas, com a nossa autoridade, os nossos elementos; que o nosso dever e preocupações consistirão em formá-los cuidadosamente, por doutrinação adequada». D. Manuel recordava que aquelas resoluções tinham sido «repetidas por três vezes» e que o bispo do Porto «aparentemente» não discordara delas. Num tom crítico, o arcebispo de Évora lamentava que D. António devendo ter já concebida a exposição que enviaria ao chefe do Governo, durante aquela reunião do episcopado, não tivesse dito «a tal respeito, nem uma palavra», e sublinhava que

---

[101] Cf. Sidónio de Freitas Branco Paes, «O bispo do Porto e a Ação Católica que conheci» in *Profecia e Liberdade em D. António Ferreira Gomes: atas do simpósio*, coord. de Paulo Bernardino, vol. I, Lisboa, Ajuda à Igreja que Sofre, 2000, pp. 282--302 e 323-335.

a divulgação do pró-memória parecia «estar em contradição com uma das resoluções referidas»[102].

3.2. A gestão política do caso pelo Governo

O impacto do pró-memória do bispo do Porto deveu-se à apresentação que aí era feita de uma visão eclesial e política que contrariava quer a posição da hierarquia eclesiástica, em relação ao que esta determinava para a ação política dos católicos e para o relacionamento institucional da Igreja com o Estado, quer a orientação do Governo, em matéria de organização social e política. Ao romper com o pensamento eclesial e político dominante e ao dar expressão a críticas que alguns setores católicos transportavam sobre a situação política e social do País, D. António fragilizava simultaneamente a liderança da Igreja portuguesa, depositada até então, sem concorrência, sobre o patriarca de Lisboa[103], mas também a do presidente do Conselho, ao contribuir para legitimar o afastamento de vários católicos em relação às diretrizes do episcopado e a sua crescente desafetação ao regime[104].

---

[102] Cf. PT/TT/AOS/CO/PC-51: carta de D. Manuel Trindade Salgueiro para D. António Ferreira Gomes, datada de 25 de Junho de 1959.

[103] Autores como frei Bento Domingues e Luís Salgado de Matos atribuíram relevância à ruptura que o pró-memória do bispo do Porto introduziu na organização eclesial. Bento Domingues destacou o facto de D. António Ferreira Gomes explicar que não havia consultado o cardeal Cerejeira sobre o que tencionava escrever a Salazar, por lhe «parecer que a Sua Eminência pertence a última palavra, que moralmente compromete a Igreja portuguesa, e normalmente não a primeira». Salgado de Matos, por sua vez, considera que «D. António quebra o monopólio da negociação política em nome da Igreja que até aí pertencera, sem disputa, ao cardeal». (Cf. Bento Domingues, *ibidem*, p. 25; Luís Salgado de Matos, «Cerejeira, D. Manuel Gonçalves»..., p. 306). Este autor advoga ainda que «a importância do *pro memoria* de D. António Ferreira Gomes reside no facto de dar aos problemas nacionais uma resposta oposta à de Salazar» (Cf. Luís Salgado de Matos, «A campanha de imprensa contra o bispo do Porto como instrumento político do governo português (Setembro de 1958 – Outubro de 1959)»..., p. 35).

[104] Paulo Fontes valorizou o aspeto do texto de D. António Ferreira Gomes «ir ao encontro da evolução de uma nova geração de católicos militantes que, partindo do terreno social, acabava por se confrontar com a questão política do regime, ao reivin-

Na economia deste trabalho não se descreve a sucessão de acontecimentos que constituíram o processo político-diplomático movido por Salazar ao bispo do Porto, já detalhadamente trabalhado por vários autores[105]. Consideram-se, antes, alguns elementos do caso na perspetiva de procurar caracterizar, em primeiro lugar, a gestão política do caso pelo Governo. A escolha deste eixo de análise dispensará tratar o que foram as tomadas de posição no interior do episcopado sobre o «caso do bispo do Porto» ou a ponderação de como a Santa Sé geriu a dimensão estritamente eclesial do problema. Interessa apenas captar a relação mantida entre o Executivo e as autoridades religiosas sobre o assunto, pelo que só serão consideradas as posições oficiais que tanto a Santa Sé como o episcopado português assumiram face ao Governo de Salazar. Em segundo lugar, avalia-se o impacto desse conflito na condução ulterior da política religiosa pelo Governo, designadamente no que foi a evolução da relação institucional entre o Estado e as autoridades religiosas e do relacionamento entre o Governo e setores católicos críticos do regime.

---

dicar a necessidade de uma maior participação e liberdade de intervenção pública na sociedade portuguesa». O autor destaca ainda a importância do percurso do prelado, e posteriormente do seu exílio, para uma «geração social desenvolvimentista» de católicos, em especial para membros da JUC/JUCF nacional, marcados pela dinâmica do I Congresso das Juventudes Universitárias Católicas (1953) (Cf. Paulo Fontes, *ibidem*, pp. 858-865).

[105] Dos vários estudos existentes sobre o caso, que detalham o referido processo político-diplomático, destaque-se: Luís Salgado de Matos, «A campanha de imprensa contra o bispo do Porto como instrumento político do governo português (Setembro de 1958 – Outubro de 1959)» in *Análise Social*, vol. XXXIV (150), 1999, pp. 29-90; José Barreto, «O caso do Bispo do Porto em arquivos do Estado»..., pp. 119-145; Bruno Cardoso Reis, *ibidem*, pp. 256-307; Manuel de Pinho Ferreira, *ibidem*; António Teixeira Fernandes, *Relações entre a Igreja e o Estado no Estado Novo e no pós 25 de Abril de 1974*, Porto, Ed. de autor, 2001. Sem historiar os meandros do processo movido a D. António Ferreira Gomes, centrando-se antes na análise do impacto do caso para a evolução da Ação Católica e do movimento católico, Paulo Fontes deu também um contributo a reter: Paulo Fontes, «D. António Ferreira Gomes e o movimento católico do pós-guerra: da questão social à questão política» in *Profecia e Liberdade em D. António Ferreira Gomes: atas do simpósio*, coord. de Paulo Bernardino, vol. I, Lisboa, Ajuda à Igreja que Sofre, 2000, pp. 79-117; Idem, *Elites Católicas em Portugal: o papel da Acção Católica (1940-1961)...*, pp. 852-877.

Salazar identificou a reivindicação de autonomia política para os católicos no quadro do regime, apresentada pelo bispo do Porto, como um combate político contra o *Estado Novo*. Cioso da independência do poder político perante a sociedade civil e os interesses que nela se manifestavam, o chefe do Executivo recusou ainda aceitar que um membro da hierarquia eclesiástica se escudasse na autonomia da Igreja face ao Estado para comentar opções estatais em matéria de política económica e social, e, menos ainda, para objetar contra as limitações impostas às liberdades cívicas dos cidadãos. Também o distanciamento que o prelado revelava quanto à ideia de que, em política, à Igreja cabia fazer mais do que a defesa exclusiva dos seus «interesses históricos» lhe suscitava a maior reprovação. A Salazar não passava despercebido que esse posicionamento do bispo do Porto significava uma ruptura com a posição dominante do episcopado português sobre o que deveria ser a participação política dos católicos (atrás analisada), com a consequência de legitimar um alargamento do espaço de intervenção dos católicos na sociedade e de não impedir o seu distanciamento em relação ao regime[106]. Para o presidente do Conselho, o bispo do Porto passara a conferir validade à atividade específica de partido desenvolvida pelos católicos, abrindo espaço para que a Ação Católica se transformasse numa força política concorrente da União Nacional e se dispusesse a conquistar o aparelho do Estado.

O prestígio eclesial que rodeava D. António Ferreira Gomes, reputado intelectual e responsável por uma das dioceses portuguesas mais significativas tanto histórica como pastoralmente, agudizava a circunstância[107]. O facto de o prelado assegurar que as declarações constantes da sua exposição eram estritamente pessoais e que delas não dera conhecimento ao patriarca de Lisboa, nem a outros bispos, não invalidavam que aquela fosse uma posição eclesial institucional (o próprio bispo o reconhecia no pró-memória), donde Salazar extraía que aquele posicionamento acarretava implicações para a relação ins-

---

[106] Cf. Carta de Salazar, datada de 18 de Setembro de 1958, enviada ao núncio Fernando Cento, citada por: Manuel Braga da Cruz, *ibidem*, p. 116-119.

[107] Este elemento foi já sublinhado por Luís Salgado de Matos e por Paulo Fontes (Cf. Luís Salgado de Matos, *ibidem*, p. 40; Paulo Fontes, *Elites Católicas em Portugal: o papel da Acção Católica (1940-1961)*..., p. 870).

titucional do Estado com a Igreja Católica. Para esse raciocínio do presidente do Conselho terá contribuído ainda a sua desconfiança de que a Santa Sé poderia possuir planos para fomentar uma transição política em Portugal, tendo em conta alguns aspetos convergentes nas declarações de D. António Ferreira Gomes e de monsenhor Gentile. O presidente do Conselho não era o único a pensar dessa forma. Entre alguns círculos afetos ao Executivo existia a ideia de que D. António Ferreira Gomes não agia isoladamente. Por exemplo, em Dezembro de 1958, o embaixador português junto da Santa Sé, Eduardo Brasão, confidenciava por carta a Marcelo Caetano: «Chegam-me notícias preocupantes de divergência política, no nosso País, entre os católicos. O que aqui ouvi ao cardeal de Lourenço Marques [D. Teodósio Clemente de Gouveia], na altura do consistório, deixou-me muito inquieto. [...] A minha impressão pessoal é que certa atitude de um Prelado português não será só dele e quem sabe se não haverá qualquer implicação superior bem escondida. Acho muito estranho que, tratando-se da pessoa em questão, aquilo seja um ato meramente pessoal.»[108].

A estratégia seguida por Salazar no «caso do bispo do Porto» deve ponderar-se à luz dessa visão e perante os acontecimentos subsequentes à receção por Salazar do pró-memória de D. António: a divulgação daquela exposição pelo prelado junto de algumas pessoas que lhe eram próximas[109]; o cancelamento da entrevista entre o prelado e o governante; a rápida tomada de conhecimento do teor do pró-memória pela

---

[108] Cf. PT/TT/AMC, Cx. 18, n.º 19: carta de Eduardo Brazão para Marcelo Caetano, enviada de Roma em de 29 de Dezembro de 1959.

[109] Um dos destinatários de D. António Ferreira Gomes foi Adérito Sedas Nunes, a quem o bispo enviou, em 1 de Agosto de 1958, cópia do pró-memória que dirigira a Salazar. Em 12 de Setembro, o governador civil do Porto, na sequência de instruções recebidas do chefe do Governo para contatar o bispo e apurar como acontecera a divulgação daquela exposição, informaria Salazar de que a mesma fora também distribuída pelo prelado aos vigários das vigarias da diocese portuense e também ao grupo de católicos (no qual se integrara Sedas Nunes) que, durante a campanha eleitoral, protestara junto do *Novidades* pelo favorecimento que o jornal fazia da candidatura do almirante Américo Tomás às eleições presidenciais (Cf. PT/TT/AOS/CO/PC-51: apontamento manuscrito de Salazar, datado de 12 de Setembro de 1958; PT/ICS/AHS: cartão de D. António Ferreira Gomes para Adérito Sedas Nunes, datado de 1 de Agosto de 1958, anexo: pró-memória enviado pelo bispo do Porto a Salazar).

opinião pública[110]; a instrumentalização do episódio por vários setores da sociedade (o caso agitaria alguns círculos oposicionistas e também círculos católicos, divididos estes últimos entre apoiar D. António ou criticar a divulgação que fizera da exposição e/ou a sua interpretação da doutrina da Igreja), ainda num clima político pós-eleitoral de grande efervescência[111]; um novo pronunciamento pastoral do bispo do Porto

---

[110] Ainda antes de meados de Agosto, circulavam já em variados meios cópias do pró-memória do bispo do Porto. Em pouco tempo, chegariam a ser comercializadas edições clandestinas daquela exposição em Lisboa e no Porto (Cf. PT/TT/AOS/CO/PC-51: cópia de carta do padre Gustavo de Almeida para D. António Ferreira Gomes, datada de 13 de Agosto de 1958; carta do padre Gustavo de Almeida para Salazar, datada de 15 de Agosto de 1958; carta de um sacerdote do Porto para Salazar, datada de 9 de Setembro de 1958).

[111] O general Humberto Delgado tentou estabelecer contacto com o bispo do Porto, entre o final de Agosto e o início de Setembro de 1958, por intermédio do arquiteto Artur Andrade. O prelado recusou alimentar diálogo com aquele intermediário, lembrando ainda que era abusivo que setores afetos à Oposição tivessem colocado a «correr por aí um papel impresso, sob o rótulo da passada campanha eleitoral, cuja autoria» lhe era atribuída e consideraria «tal atentado [...] como grave ofensa pessoal, além de criminoso abuso da imprensa» (Cf. PT/TT/AOS/CO/PC-51: cópia do ofício enviado pelo bispo do Porto ao arquiteto Artur Andrade, datado de 12 de Setembro de 1958). O PCP, por sua vez, explorou (não só no momento mas nos anos seguintes) o que chamou de «corajosa atitude do bispo do Porto», destacando o quanto contribuíra a posição do prelado para animar «a criação dum movimento católico liberal em oposição à política fascista do cardeal Cerejeira e do alto clero» (Cf. Álvaro Cunhal, «No Portugal democrático de amanhã haverá liberdade religiosa» in *Comunistas e católicos. Um passado de cooperação. Um futuro de amizade e ação comum...*, p. 65). Em Janeiro de 1959, um grupo de 142 oposicionistas do Porto e de Braga publicou um manifesto, designado «Aos Portugueses», denunciando a «obstinação e a estreiteza [...] de todos os atos praticados pelo Governo», quer antes quer depois das eleições presidenciais de 1958. Críticos da política social e económica do Executivo, os signatários aludiam ainda à «grande preocupação [dos «católicos mais esclarecidos»] derivada de o Governo – ao mesmo tempo que faz alarde da sua generosidade para com a Igreja – lhe criar as mais diversas dificuldades em toda a ação que exceda o âmbito estritamente religioso, desde que essa ação traduza interesse pela situação económica e social do povo português». A esse propósito, lembravam que as autoridades religiosas não tinham conseguido erigir uma universidade católica em Portugal e apreciavam ainda positivamente a exposição que o bispo do Porto dirigira a Salazar, acentuando que a mesma «veio oficializar a inquietação dos católicos, imprimindo-lhe uma especial autoridade» (Cf. PT/TT/AOS/CO/PC-51: Manifesto «Aos Portugueses», datado de

conforme ao conteúdo do pró-memória[112]; e a ausência de uma tomada de posição pública do episcopado sobre os acontecimentos[113].

Para Salazar, o mais relevante foi esclarecer junto das autoridades religiosas em que medida a Igreja (o episcopado português e, sobretudo, a Santa Sé) se encontrava interessada em promover o desenvolvimento de atividade política por parte da ACP, apostando na formação de um partido cristão. Da existência ou não desse propósito entre as autoridades religiosas e da sua assunção ou negação fazia o presidente

---

14 de Janeiro de 1959). À passagem do tempo e uma vez identificada a estratégia do Governo de transformar o episódio relacionado com o pró-memória do bispo do Porto num conflito político (no final de Setembro de 1958 tornar-se-ia evidente essa disposição governamental), sucederam-se tomadas de posição de setores católicos sobre o caso, umas favoráveis a D. António, outras contrárias ao prelado. Estas últimas, tomadas por setores afetos à *Situação*, expandiram-se sobretudo na imprensa, facto que levou Luís Salgado de Matos a defender que existiu uma campanha de imprensa dirigida contra o bispo do Porto, manipulada pelo presidente do Conselho, o qual faria preceder cada pressão do Governo sobre o caso junto da Santa Sé de ataques jornalísticos ao prelado (Cf. Luís Salgado de Matos, *ibidem*, pp. 29-30).

[112] No começo de Agosto de 1958, D. António dirigiu-se por escrito ao clero do Porto. O documento, de caráter pastoral, pretendia preparar aqueles elementos religiosos para uma discussão interna sobre divisões registadas entre setores da ACP e de outras organizações de apostolado dos leigos, mas também no seio do clero. Aí o prelado insistia na necessidade dos seus padres estudarem «a doutrina social e a filosofia cívico-política da Igreja» e, de certo modo, retomava alguns aspetos constantes do pró-memória. Escreveria, por exemplo: «O bispo apenas vê a crise e antevê o seu agravamento rápido e receia as piores consequências [...]. De nada vale o silêncio e a ignorância artificial; ou o dizer-se que não sabemos nem queremos fazer política. Os que assim falam são os que mais e pior fazem política. Criar, impor ou aceitar tabus ideológicos é a maneira mais segura de promover infeções ideológicas. [...] É preciso que o Clero se convença que isto é um problema da Igreja, um problema pastoral seu. E não só no futuro; já, *hic et nunc* [...]». Algum tempo mais tarde, o escrito de D. António chegaria até ao chefe do Executivo, prestando-se a interpretações de que o bispo estaria a desenvolver uma campanha de sensibilização política desfavorável ao Governo na sua diocese (Cf. PT/TT/AOS/CO/PC-51: «Ao clero do Porto» documento do bispo do Porto, datado de 2 de Agosto de 1958).

[113] Cf. Cartas de Salazar, datadas de 18 de Setembro e 6 de Dezembro de 1958, enviadas ao núncio Fernando Cento; ofício de Salazar, datado de 18 de Setembro de 1958, dirigido ao embaixador português na Santa Sé, citados por: Manuel Braga da Cruz, *ibidem*, pp. 116, 119 e 125.

do Conselho depender o bom relacionamento institucional do Estado com a Igreja Católica. O esclarecimento pretendido procurou-o o chefe do Governo em especial junto das autoridades vaticanas, mais do que junto do episcopado em Portugal, pelo que a sua gestão política do caso possuiu uma forte componente diplomática. A identificação da Santa Sé como interlocutor privilegiado do Governo português acontecia não só por razões de hierarquia interna da Igreja, mas porque se tratava, na ótica de Salazar, de querer conhecer os propósitos reais do Vaticano quanto à situação política portuguesa. De facto, Salazar percecionava como ameaça maior a possibilidade de a Santa Sé investir no desenvolvimento de um projeto de democracia cristã em Portugal[114].

Da Santa Sé, sobre a questão da natureza da ACP, o chefe do Governo não logrou em todo o processo obter mais do que a confirmação da doutrina papal sobre a organização, na sua formulação habitual, sendo ainda chamada a atenção do governante para o facto de a ACP, em documentos oficiais, nunca ter transgredido a norma de «estar fora e acima dos partidos»[115]. Insatisfeito ficou também Salazar

---

[114] Cf. Carta de Salazar, datada de 18 de Setembro de 1958, enviada ao núncio Fernando Cento, citada por: Manuel Braga da Cruz, *ibidem*, pp. 118-119.

[115] Cf. Nota da Secretaria de Estado do Vaticano, datada de 2 de Outubro de 1958, citada por: Manuel Braga da Cruz, *ibidem*, p. 120; Bruno Cardoso Reis, *ibidem*, p. 266; Carta do núncio apostólico, monsenhor Fernando Cento, dirigida a Salazar, datada de 7 de Dezembro de 1958, citada por: Manuel Braga da Cruz, *ibidem*, pp. 127-128; Bruno Cardoso Reis, *ibidem*, p. 269. Em maior conformidade com o espírito do esclarecimento que Salazar pretendia da Santa Sé se apresentariam novas declarações de monsenhor Gentile a Ramiro Valadão, proferidas em 14 de Janeiro de 1959. Consciente de que havia contribuído para a desconfiança do Governo português sobre uma eventual estratégia da Santa Sé para Portugal, no sentido de se pretender impulsionar um partido democrata cristão no País, à semelhança do que sucedera na Itália do pós-guerra, monsenhor Gentile confessava: «Por mim, estou plenamente arrependido dos que possa ter cometido e, por isso, só findarei a minha missão em Portugal depois de, por todos os meios ao meu dispor, ter contribuído para que a Igreja faça desvanecer qualquer atitude de ingratidão que algum dos seus membros possa ter tido para com o presidente do Conselho». Acrescentava ainda o conselheiro da Nunciatura que «no momento em que tão graves problemas não deixarão de requerer a atenção do Governo, não seria a Igreja que lhe faltaria com o seu apoio», porque «a salvação do Estado coloca-se acima de tudo quando não estão em jogo problemas fundamentais da doutrina católica, como evidentemente sucede com Portugal» (Cf. PT/TT/AOS/CO/

com declarações do cardeal Cerejeira, na abertura do Ano Jubilar da Ação Católica, em 16 de Novembro de 1958, que garantiam que a «organização não é um partido político, nem sequer o germe dum partido», mas «um movimento temporal de ação social».

O patriarca de Lisboa escolheu tal ocasião para esclarecer publicamente a relação entre a ACP e a participação política dos seus filiados. Usando de gravidade na sua intervenção (o cardeal Cerejeira sublinhava que usava de «palavras frias, pesadas, calculadas»), fazia notar que «sem consciência do que é, poderia a Ação Católica desviar-se ou perder-se no caminho». Respondendo indiretamente à questão da possibilidade de se formar um partido democrata-cristão em Portugal, fomentado por elementos da ACP, ou da organização vir a transformar-se nessa mesma formação partidária, o cardeal insistia que «a Ação Católica não poderia nunca identificar-se com um partido democrata-cristão, por exemplo, se ele existisse». Lembrava que tal seria uma «nova forma de clericalismo: cobrir com a autoridade da Igreja domínios sobre os quais ela não tem luz nem missão» e que essa mesma posição havia sido adotada pelo episcopado francês, também confrontado com os seus «"melhores", seduzidos por um conceito de "incarnação" que confundiria a missão da Ação Católica, logo da Igreja de que é mandatária, com a ação temporal dos cristãos». Tratava-se de sublinhar a autonomia da instituição eclesial e de diferenciar a sua missão da do Estado, a primeira realizava apenas uma intervenção espiritual no mundo, donde a Ação Católica, dependente da hierarquia eclesiástica, não podia ser entendida sequer como «movimento temporal de ação social, ou mais simplesmente, uma ação propriamente social», nem ser confundida «com a ação institucional de ordem económica e política, [...] não pertence à Igreja, logo à Ação Católica, organizar o temporal, transformar as estruturas, representar os interesses e corpos profissionais». Tudo o que cabia aos cristãos e à «ação social da Ação Católica» era «cristianizar as instituições da vida social fazendo passar nelas o espírito cristão», para tanto havia «lugar e necessidade». Era ainda essa ideia que justificava que os católicos não estivessem ausentes

---

PC-52: informação de Ramiro Valadão prestada ao ministro da Presidência, Pedro Teotónio Pereira, datada de 15 de Janeiro de 1959).

das «tarefas sociais e políticas que são do domínio do Estado», mas tal «já não é Ação Católica, embora porventura seja ação de católicos [...] não podendo responsabilizar por elas [ações temporais] a Igreja»[116].

A insatisfação do presidente do Conselho com tais afirmações decorreu menos da doutrina explicitada pelo patriarca de Lisboa e mais da circunstância do prelado ter optado por fazer uma abordagem individual do problema, não obstante a autoridade que lhe assistia e o momento escolhido se relacionar com a vida da ACP, em vez do episcopado ter assegurado um pronunciamento coletivo de distanciamento explícito em relação ao pensamento enunciado pelo bispo do Porto no pró-memória[117]. Face ao comportamento das autoridades religiosas, o chefe do Governo endureceu, em Dezembro de 1958, a posição do Estado perante a instituição eclesial, escolhendo duas formas de pressão: uma, em correspondência diplomática, recordando à Santa Sé que não era claro que a ACP estivesse ao abrigo do art. III da Concordata, o que deixava exposta a via do Executivo deixar de usar de «tolerância» para com a organização e exigir o seu encerramento[118]; outra, em discurso público, proferido por ocasião da tomada de posse da nova Comissão Executiva da União Nacional, afirmando que os acontecimentos que haviam envolvido católicos nos períodos eleitoral e pós-eleitoral podiam pôr em causa a solução concordatária e as relações institucionais do Estado com a Igreja[119]. O presidente do Conselho não mencionava de modo direto a questão que envolvia o bispo do Porto, mas era seguro que aquele episódio fora o mais gravoso para as relações institucionais do Estado com a Igreja Católica registado naquela

---

[116] Cf. D. Manuel Gonçalves Cerejeira, «A natureza da Ação Católica» in *Obras Pastorais*, V vol...., pp. 289-293.

[117] Cf. Carta de Salazar para o núncio apostólico, datada de 6 de Dezembro de 1958, citada por: Manuel Braga da Cruz, *ibidem*, p. 125.

[118] Cf. Carta de Salazar para o núncio apostólico, datada de 6 de Dezembro de 1958, citada por: Manuel Braga da Cruz, *ibidem*, p. 125; Bruno Cardoso Reis, *ibidem*, p. 268.

[119] Cf. António de Oliveira Salazar, «Na posse da Comissão Executiva da União Nacional» [discurso de 6 de Dezembro de 1958, proferido na sede da UN] in *Discursos e Notas Políticas*, vol. V (1951-1958)..., pp. 516-517.

época, pelo que não restavam dúvidas que era, sobretudo, esse caso que prendia a atenção de Salazar.

Esse tacticismo do chefe do Governo, embora recebido com desagrado, não conduziu as autoridades religiosas a proferir nada de verdadeiramente novo no que respeitava à ACP ou ao próprio relacionamento institucional da Igreja com o Estado[120]. O episcopado português e a Santa Sé também não se dispuseram a fazer qualquer pronunciamento público de reprovação ou demarcação quanto à posição doutrinal que D. António Ferreira Gomes assumira sobre a ACP no pró-memória, que entendiam ter-se tratado de um pronunciamento meramente pessoal. Esse argumento correspondia à intenção de esvaziar a conflitualidade que o caso condensava. Ao não identificarem como institucional a posição do bispo do Porto, as autoridades religiosas tornavam mais difícil para o Governo português retirar do episódio consequências formais para a relação do Estado com a Igreja.

A carta pastoral que os bispos portugueses publicaram, em 16 de Janeiro de 1959, salientava a relação de «independência e cooperação» que vinham mantendo com o poder civil, insistindo no empenho que sempre existira por parte da hierarquia eclesiástica em tributar às autoridades públicas «a expressão do respeito que lhes deve, não deixando até de tomar parte nas manifestações oficiais mais representativas», e confirmava a doutrina essencial da Igreja sobre a Ação Católica, sublinhando que aquela organização não podia «identificar-

---

[120] A posição que Salazar assumiu no seu discurso de 6 de Dezembro de 1958 incomodou a diplomacia vaticana (Cf. Carta do núncio apostólico, monsenhor Fernando Cento, dirigida a Salazar, datada de 7 de Dezembro de 1958, citada por: Bruno Cardoso Reis, *ibidem*, p. 269). Segundo o testemunho de José Nosolini, à época desempenhando funções como embaixador em Madrid, também o cardeal Cerejeira «se magoara com o seu [de Salazar] discurso». Comentando a gestão política que Salazar fazia dos acontecimentos que envolviam o bispo do Porto, Nosolini registou ao chefe do Governo que via «três maneiras de resolver o caso: uma pelo Núncio ou Vaticano; outra pelo Episcopado; e outra por Você. No entanto, entendo que, afinal, esta última maneira não o resolverá. Resolve-o, sim, porque Você toma posição e anda, mas aumenta a brecha política. Quer dizer: afinal decide, mas não resolve. [...] a boa solução que queda é a do Núncio ou do Vaticano.» (Cf. PT/TT/AOS/CD – 10, fls. 101-106: carta de José Nosolini para Salazar, enviada da Embaixada de Portugal em Madrid, com data de 25 de Dezembro de 1958).

-se com um partido político, nem a sua ação com uma ação política», uma vez que eram «diferentes os fins, o objeto e os meios de ação» de uma e de outro. Através desse documento episcopal, os prelados aproveitavam para rejeitar as acusações de que «a Igreja em Portugal» estava «enfeudada à Situação política», dizendo que quem assim o julgava confundia «a missão própria da Igreja, situada no domínio religioso e moral, com uma missão política de tutela sobre o Estado ou de subordinação ao Estado, qualquer das quais é contra a natureza da Igreja». Sustentavam que, nessas circunstâncias, «a Hierarquia trairia a autoridade divina de que está revestida pondo-se ao serviço daquilo para que não a recebeu». Quanto aos católicos, «no terreno próprio do temporal», designadamente na sua «ação política e social», asseguravam que «são livres e é da sua inteira responsabilidade a opção concreta tomada, se bem que católicos não representam a Igreja numa atuação que não cai sob a sua alçada». Essa liberdade cabia também aos membros da Ação Católica, sendo que para os seus dirigentes, se mantinha a habitual observação de que, «para maior independência» da organização, «à semelhança do que era recomendado ao Clero», não deviam «sequer exercer atividades políticas incompatíveis com essa independência». Os prelados admitiam que «a incarnação progressiva destas exigências terá de ser a obra constante [...] da Igreja ensinando em toda a sua dimensão e atualidade o Evangelho, e do Estado estruturando as instituições segundo o conhecimento histórico da sua maturação ao sol do programa social cristão». Assumido com clareza o propósito de ver o Estado realizar esse programa, os bispos transigiam em notar que tal «não significa, por si, confessionalização do Estado». Tudo se limitava à promoção do «bem comum que exige, na mútua independência e respeito, a colaboração dos dois Poderes». A principal razão de ser da carta pastoral envolvia a reafirmação da doutrina da Igreja sobre a condução das suas relações com o Estado e sobre os fins da ACP e a sua relação com a ação política e social dos católicos, todavia, o episcopado aproveitava o momento para anunciar a inauguração do monumento a Cristo-Rei, prevista para 17 de Maio seguinte. Com essa opção, os prelados sublinhavam a ultrapassagem de um momento de crise na relação institucional entre a Igreja e o Estado e apontavam para uma situação de convergência entre a missão dos católicos portugueses e o interesse nacional, através da ideia de «espírito de cruzada» que era necessário desenvolver no País, «contra todos os perigos que nos ameaçam, almas e corpos, Igreja e Nação», individualizando em concreto o combate «ao blasfemo desafio do ateísmo»[121].

O presidente do Conselho não pôde reclamar, como desejaria, uma posição de triunfo no conflito político-eclesial que formara em torno do pró-memória de D. António Ferreira Gomes, com a publicação daquele documento episcopal. Sendo verdade que a carta pastoral permitia alcançar o esclarecimento útil (à posição do Governo) de que a relação de cooperação institucional da Igreja com o regime não se alterara, conservando-se nos moldes em que vinha sendo mantida desde a celebração do pacto concordatário, e que as autoridades religiosas não fomentavam o exercício da atividade específica de partido pelos católicos e menos ainda pela ACP; também era notório que o documento sublinhava uma situação formal de unidade episcopal (uma vez que também D. António o assinava) e não possuía um sentido de crítica ou

---

[121] Cf. «Pastoral coletiva do episcopado metropolitano [dada em 16 de Janeiro de 1959]» in *Brotéria*, vol. LXVIII, n.º 2, Fevereiro de 1959, pp. 202-209. A ideia de superação da crise aberta pelo «caso do bispo do Porto», no que envolvia o lugar e o papel da ACP na sociedade portuguesa e as relações dos seus militantes com a política, surge confirmada pelo discurso do cardeal Cerejeira no encerramento das celebrações do 25.º aniversário da Ação Católica. Nessa alocução, o patriarca de Lisboa abandonou a gravidade com que abrira essas mesmas comemorações, em Novembro de 1958, e usou de um tom festivo, sublinhando a sintonia entre o episcopado português e a Santa Sé na identificação de que «a Ação Católica é uma necessidade vital e meio providencial para a Igreja de hoje». Recordando que João XXIII, na mensagem que dirigira à ACP a propósito daquela ocasião, estabelecia que «a renovação da ordem social cristã tem de ser uma obra de santificação» e recomendava aos membros da organização «docilidade e submissão incondicionadas à autoridade eclesiástica», o bispo de Lisboa apenas aludia à «contaminação do espírito marxista» que exigia «o primado do temporal» e mantinha «confiança excessiva na ação política», que «alguns têm confundido com exigência evangélica», rejeitando que esse «estado de alma insurrecional (conatural ao marxismo, teoria e prática da revolução)» pudesse transformar «interiormente o homem» e amadurecer a «na paz as transformações futuras», uma vez que «discute a autoridade, mina o respeito, diminui a obediência, ameaça a paz, semeia a cizânia, gera a revolta» (Cf. D. Manuel Gonçalves Cerejeira, «Ação Católica e Ação Cristã» in *Obras Pastorais*, V vol...., pp. 327-332).

de desautorização à posição do bispo do Porto, como Salazar manifestara esperar da parte das autoridades religiosas.

Este aspeto não era menor porque nele se concentrava o problema da autoridade política do chefe do Governo, como o próprio o podia entender: a sua liderança fora fragilizada pelo bispo do Porto que, ao divulgar o pró-memória com posições contrárias ao que o Estado definia sobre a participação política dos católicos, o afrontara, usando «privilégios da Concordata para exercer ação política», e contribuíra para fortalecer a luta política de diversos setores da sociedade contra o regime. Será esta questão, que ficara em aberto desde Agosto de 1958, que Salazar procurará solucionar ao concentrar esforços para afastar D. António da diocese do Porto, logo depois da publicação da carta pastoral do episcopado. Para tanto, abandonou o plano do pedido de esclarecimentos de Estado para Estado, em que se havia movido, para se posicionar em concreto num plano de política interna. Tratava-se de encontrar uma punição adequada para um cidadão que desautorizara o poder político[122]. Esta dimensão não fora valorizada por Salazar nos contactos diplomáticos com a Santa Sé, mas não fora omitida pelo Executivo nas instruções dadas ao embaixador português junto do Vaticano, desde o começo das conversações[123].

Embora a motivação do chefe do Governo para penalizar D. António envolvesse uma questão de ordem política interna (a sinalização de que a autoridade política não tolerava atos de afronta, coubesse a quem coubesse a autoria dessas ações, e que agia para repor a «ordem pública»), Salazar cuidou de não solucionar o caso por intervenção exclusiva do Governo, isto é, não interveio sem buscar algum respaldo junto da Santa Sé. O governante tinha consciência de que afastar o

---

[122] Essa mesma mensagem transmitiu o ministro dos Negócios Estrangeiros, Marcelo Matias, a monsenhor Fernando Cento, em 27 de Janeiro de 1959 (Cf. Telegrama do ministro dos Negócios Estrangeiros para a Embaixada no Vaticano, datado de 31 de Janeiro de 1959, citado por: Manuel Braga da Cruz, *ibidem*, p. 129).

[123] Cf. Carta de Salazar para o núncio apostólico, datada de 6 de Dezembro de 1958; ofício de Salazar, datado de 18 de Setembro de 1958, e telegrama do ministro dos Negócios Estrangeiros, datado de 20 de Novembro de 1958, dirigidos ao embaixador português na Santa Sé, citados por: Manuel Braga da Cruz, *ibidem*, pp. 121 e 126; Bruno Cardoso Reis, *ibidem*, p. 263.

bispo do Porto por exclusiva disposição governamental provocaria um problema religioso de gravidade superior, podendo provocar uma ruptura nas relações institucionais do Estado com a Santa Sé e com o episcopado, além de muito previsivelmente gerar o desligamento de amplos setores católicos da base social apoiante do Executivo (Salazar antevia que, nesse cenário, os católicos superassem as suas divisões e se posicionassem em bloco contra o Governo, podendo contar ainda com a solidariedade da Oposição nesse movimento)[124]. Acrescia que o pacto concordatário e o regime de separação do Estado da Igreja Católica consagrado constitucionalmente dificultavam a legitimidade de qualquer intervenção direta do Executivo para suspender ou destituir D. António Ferreira Gomes, na medida em que tal seria sempre observado como uma violação formal da liberdade eclesiástica e de princípios de doutrina ou direito canónico.

Entre Janeiro e Junho de 1959, mediante diversos contactos entre a diplomacia portuguesa e vaticana, o Governo pressionou, portanto, a Santa Sé para que esta retirasse o bispo do Porto da sua diocese, não lhe devendo atribuir, tão pouco, o governo de qualquer outra diocese do País. Para tanto, argumentava-se que a carta pastoral dada pelos prelados portugueses em 19 de Janeiro expunha as contradições doutrinais e pastorais de D. António, assumidas no pró-memória, com a posição oficial do episcopado, não podendo esperar-se que o Estado

---

[124] Em telegrama que enviou ao embaixador português junto da Santa Sé, Vasco Cunha, em 14 de Abril de 1959, o chefe do Executivo apontava que «só se vêm dois caminhos: um, Santa Sé tomar posição quanto àquele [D. António Ferreira Gomes] e animar restantes a restabelecer sua autoridade dentro respetivas dioceses; outro, Governo denunciar factos e tomar providências que estejam [em] seu poder». Contudo, acrescentava sobre a última hipótese: «este segundo caminho levantará com gravidade questão religiosa em Portugal, dado que produzirá solidariedade dos católicos não progressistas com católicos progressistas e oposições anticatólicas e Partido Comunista se porão ao lado [dos] católicos supostamente maltratados por Governo. Consequentemente este caminho suscitará também gravíssimas implicações políticas. É tão grave o que se passa que duvido Santa Sé esteja perfeitamente informada. Se está, ou não julga perigosa situação, no que está equivocada, ou considera jovem clero dentro de sua orientação política» (Cf. PT/TT/AOS/CO/PC-51: cópia do telegrama n.º 41 enviado pelo presidente do Conselho para o embaixador de Portugal no Vaticano, em 14 de Abril de 1959).

pudesse estabelecer uma relação de cooperação com aquele prelado, nem com uma hierarquia eclesiástica que dava cobertura às conveniências pastorais e doutrinais de um dos seus membros mesmo quando essas colidiam com os princípios políticos do regime. No entendimento do Executivo, toda a situação constituía ainda um mau exemplo, que podia vir a favorecer outras tomadas de posição de outros bispos, igualmente negativas para as relações institucionais da autoridade religiosa com o Estado[125]. Outros argumentos apontavam para a circunstância do caso continuar a alimentar um clima de agitação social e de contestação política do poder político, provocando ainda profundas divisões eclesiais, e de nos organismos da ACP, não obstante várias intervenções pastorais do cardeal Cerejeira sobre as relações dos militantes da organização com a política, persistirem elementos que continuavam a reclamar liberdade de organização política para os católicos e liberdade política em geral[126].

---

[125] Cf. Telegrama do ministro dos Negócios Estrangeiros para o embaixador de Portugal no Vaticano, datado de 5 de Fevereiro de 1959, citado por Manuel Braga da Cruz, *ibidem*, pp. 133-134.

[126] No citado contacto de 14 de Abril de 1959, entre Salazar e Vasco Cunha, acrescentara o chefe do Executivo: «Não têm faltado declarações doutrinais [...] em harmonia pensamento Pio XII, mas factos têm revelado que essas declarações não traduzem espírito assistentes Acção Católica e muitos seus sequazes. Estes mostram-se ciosos poder político e por isso adeptos e defensores organização política que reconheça partidos para permitir formação partido católico ou democracia cristã. Tendência manifesta-se sacerdotes formados Roma aproveitados para professores seminários e, portanto, em posição formarem novas gerações clero e atuarem através organização Acção Católica. Esta revela-se infiltrada comunistas que devem ter-se filiado para conduzir seus camaradas, o que em parte conseguiram. Última demonstração vimo-la na intentona 11/12 Março em que chefes das brigadas civis eram membros da Acção Católica. Um sacerdote também preso confessou estar metido conspiração (foi assistente (da) Acção Católica e até capelão da Marinha, sendo atualmente pároco (na) Cova da Piedade). É impossível deixar desenvolver-se este processo de infiltração progressista nos seminários, clero e Acção Católica sem se tomar uma posição decisiva. População católica divide-se e bispos parecem sentir-se sem autoridade para reagir salvo por meio discursos inoperantes.» (Cf. PT/TT/AOS/CO/PC-51: cópia do telegrama n.º 41 enviado pelo presidente do Conselho para o embaixador de Portugal no Vaticano, em 14 de Abril de 1959).

No primeiro semestre de 1959, o «caso do bispo do Porto» continuava, com efeito, a despertar movimentações de católicos; contudo, não foi a única motivação para vários cristãos empenhados na transformação da situação política existente, para quem os resultados eleitorais de 1958 mereciam contestação. De entre as manifestações de solidariedade para com D. António Ferreira Gomes e de crítica ao comportamento da hierarquia eclesiástica (considerado demasiado favorável ao Executivo) e do poder civil (acusado de desrespeitar as liberdades fundamentais dos cidadãos), alcançou significativo impacto público o chamado «documento dos 45», subscrito por leigos mas também por alguns sacerdotes. Outros católicos, alguns militantes e dirigentes ou ex-dirigentes da ACP, envolveram-se ainda na conspiração que visou o derrube político do regime, por via militar, organizada pelo Movimento Nacional Independente (estrutura semilegal, que reunia diversos elementos de várias sensibilidades políticas, que se haviam unido em torno da candidatura do general Humberto Delgado à Presidência da República), e que ficou conhecida como «a revolta da Sé» (Março de 1959). Anos depois de ter participado nessa conspiração, Manuel Serra, ex-dirigente da JOC, surgiu também como líder civil do chamado «golpe de Beja», um novo movimento revolucionário que tentaria derrubar o Governo de Salazar na madrugada de 1 de Janeiro de 1962.

De sinal contrário a essas iniciativas, registaram-se ações de hostilidade para com o bispo do Porto e de defesa da lógica política da *Situação*. Por exemplo, entre 12 e 16 de Março de 1959, o jornal *A Voz* criticou em cinco editoriais sucessivos o prelado do Porto. Esse pronunciamento motivou reação de 27 padres da diocese de Lisboa, junto do diretor daquele diário, manifestando divergir «contra tal maneira de julgar as atitudes de um bispo, lançando publicamente contra ele a grave acusação de trair a doutrina da Igreja. Segundo o pensamento cristão e a doutrina da Igreja, o único juiz autorizado das orientações doutrinais de um bispo é a Sé Apostólica»[127]. Nesse ambiente de divisão político-eclesial, perante a centralidade que continuava a ter o epi-

---

[127] Cf. PT/TT/AOS/CO/PC – 51: cópia da exposição de 27 padres da diocese de Lisboa), datada de 23 de Abril de 1959.

sódio do «pró-memória» do bispo do Porto, a gestão política que o Governo fazia do caso e o envolvimento de vários sacerdotes em ações de tendências contraditórias, o próprio jornal *Novidades* assumiu posição sobre a conflitualidade existente. Em editorial designado «Sejamos justos», o diário católico inquiria se já se teria dissipado o «clima de inferioridade e injustiça» que, em Portugal, havia anos, tinha feito com que o padre chegasse a ser «o único cidadão sem o mínimo de direito de ser respeitado, onde quer que aparecia. [...] vítima inocente do ódio, da maldade, do erro, do crime, do insucesso, da má fé, da incapacidade de muitos». Concluindo que se estava «ainda longe de cura radical», reprovava-se a «imprudência [de] vir alguém, mesmo com boa intenção, acusar sacerdotes, publicamente em escritos e discursos, de faltas reais ou imaginárias e em termos que não podem deixar de os ofender e de diminuir o prestígio de todo o clero entre o povo». Salomonicamente, admitia-se que «não convém que sacerdotes andem envolvidos em lutas políticas, pró ou contra qualquer corrente»; no entanto, acentuava-se que para «chamá-los a mais exato cumprimento dos seus deveres ou até corrigi-los, lá estão os seus superiores hierárquicos. Ninguém mais tem autoridade para tal». Mais significativa era ainda a mensagem que fechava o editorial, na qual, indiretamente, se podia ler simpatia por D. António Ferreira Gomes: «Fazer apenas reparos à atuação do padre pode ser fácil. Mas para ser também justo é indispensável reconhecer os incalculáveis serviços, por ele prestados, já não dizemos só à Igreja e às almas, mas também a Portugal, no domínio moral, cultural, social e cívico»[128].

A inflexibilidade da posição portuguesa e o receio de que o Governo acabasse por denunciar a Concordata, bem como o aumento da tensão eclesial a propósito do caso, conduziram a Santa Sé a uma intervenção discreta junto do bispo do Porto, sugerindo que este saísse do País por algum tempo a fim de acalmar os ânimos[129]. Na perspetiva da diplomacia vaticana, esse afastamento do prelado era meramente temporário e existia a expectativa de que o Executivo, num tempo curto, esquecesse

---

[128] Cf. *Novidades*, 5 de Junho de 1959, p. 1.
[129] Para essa missão a Santa Sé escolheu o patriarca das Índias, D. José da Costa Nunes, incumbido de realizar uma visitação apostólica à diocese do Porto (Cf. Bruno Cardoso Reis, *ibidem*, p. 282-283).

o episódio. Esse cálculo pareceu não ter em conta o aviso de Salazar de que, uma vez que D. António se ausentasse de Portugal, não lhe seria permitido voltar[130]. De facto, o bispo do Porto deixou o território nacional em 24 de Julho, terminando, na sequência disso, por viver um exílio forçado de dez anos.

Tendo acabado por conseguir valer a sua posição, o Executivo não apreciou o modo como as autoridades vaticanas garantiram o afastamento de D. António da diocese do Porto, nem acolheu com agrado a nomeação de um administrador apostólico para aquela diocese (a escolha da Santa Sé para esse cargo recaiu sobre D. Florentino de Andrade e Silva), tanto mais que lhe era dado um «carácter excecional»; pelo que, nos anos seguintes, a diplomacia portuguesa no Vaticano continuou a exigir que D. António Ferreira Gomes fosse definitivamente removido da sua diocese[131].

3.3. Governo e autoridades religiosas: reconstruções de relacionamento

O «caso do bispo do Porto», ao constituir o episódio de maior conflitualidade de todo o regime entre um membro da hierarquia eclesiástica e o Governo e ao tornar-se um símbolo das tensões existentes no interior da sociedade portuguesa relativas à evolução da situação política nacional (constituindo-se uma referência não só interna mas também despertando a atenção internacional[132]), teve impacto na evolução posterior da política religiosa do Estado.

De forma estratégica, até ao fim da sua governação, Salazar sublinhou, na sua reflexão pública sobre o regime de relações entre o Estado e a Igreja Católica, que o relacionamento de cooperação existente entre o poder civil e as autoridades religiosas não fora prejudicado por

---

[130] Cf. Relato confidencial da conversa de Salazar com o patriarca das Índias, datado de 18 de Junho de 1959; telegrama do ministro dos Negócios Estrangeiros para o embaixador de Portugal na Santa Sé, datado de 9 de Março de 1959, citados por: Manuel Braga da Cruz, *ibidem*, pp. 140 e 142.

[131] Cf. Bruno Cardoso Reis, *ibidem*, pp. 288-293.

[132] Algumas reações da imprensa internacional ao «caso do bispo do Porto» foram destacadas por: Luís Salgado de Matos, *ibidem*, pp. 65-66, 70.

aquele processo. O presidente do Conselho continuou a sustentar, no quadro da separabilidade, a não confessionalização do Estado, mas também a preservação dos acordos concordatários de 1940. O tratamento preferencial conferido pela instituição estatal à Igreja Católica sobre outras confissões religiosas continuou a possuir validade e foi defendido pelo facto de a maioria sociológica do País ser católica[133]. O relacionamento que desenvolveu com o episcopado metropolitano e a maioria dos bispos ultramarinos portugueses, no mesmo período, foi pacífico, como se depreende da consulta da correspondência que trocou com os prelados.

Ainda em pleno conflito com o bispo do Porto, Salazar recebeu e acomodou apreciações críticas de outros prelados, embora estas se relacionassem exclusivamente com aspetos das chamadas «matérias mistas» e não envolvessem o problema político. A crítica mais feroz para o poder político foi feita, em Agosto de 1958, pelo bispo de Bragança e Miranda, D. Abílio Vaz das Neves, que protestou com veemência junto do chefe do Governo contra o lugar atribuído ao ensino particular confessional no sistema educativo e contra os tempos letivos atribuídos ao ensino da religião na escola pública[134]. Registe-se que a carta do

---

[133] Cf. António de Oliveira Salazar, *Entrevistas (1960-1966)*, Coimbra, Coimbra Editora, 1967, pp. 16-18, 173-174.

[134] Em carta para Salazar, escreveu D. Abílio Vaz das Neves: «Nos últimos 19 anos tenho acompanhado Vossa Excelência na obra educadora da Nação. [...] Humildemente penso que, nos 30 anos de Governo de Vossa Excelência, pouco ou nada se conseguiu. [...] Vossa Excelência, Senhor Presidente, sabe muito bem que o Estado não tem por missão especial educar: a educação pertence aos pais e à Igreja e só em terceiro lugar ao Estado. Verifica-se, porém, que em Portugal, o senhor da educação é o Estado. Apesar de ser assim, metade da educação secundária está nas mãos de particulares. Os seus sacrifícios não são reconhecidos pelo Estado que taxa o ensino particular como empresa lucrativa. [...] A consciência portuguesa ainda hoje reclama o ensino livre e a equiparação do ensino não oficial ao ensino oficial. Aquele, com os seus defeitos ainda é um grande auxiliar da Nação e a Nação tem obrigação de reconhecer esse serviço. [...] Mas que educação católica dá o Estado nas suas escolas e nos seus liceus? Não há dúvida que faculta o ensino da Religião e Moral, uma aula por semana no 2.º e 3.º ciclos, duas no 1.º e uma hora na instrução primária. Mas estas aulas bastarão para uma eficiente educação cristã? V. Exa. sabe muito bem que não. [...]Não poucas vezes sucede que os professores de História, Filosofia, Ciências e Línguas contradizem os ensinamentos que são dados nas aulas de Religião e Moral. [...]Ainda que a Igreja

prelado é significativa por condensar o espírito católico de insatisfação quanto às determinações que a Constituição Política e a Concordata de 1940 estabeleceram em matéria de educação e ensino, e ainda por sintetizar as principais reivindicações católicas no domínio do ensino, prevalecentes ao longo de todo o regime. A resposta de Salazar, meses depois, é reveladora de uma alguma capacidade de diálogo do gover-

---

quisesse ter escolas confessionais, não poderia porque certos artigos das leis especiais que, segundo a Constituição, regulam o exercício da liberdade de ensino, são inspirados numa manifesta e comprovada intenção centralizadora que estorvam e impedem o exercício dos direitos educativos da família, da Igreja e das Instituições que com ela cooperam. [...] No plano económico a supressão de taxas e impostos às escolas como tais, bem como as matrículas e propinas exigidas aos alunos do ensino particular, que não frequentam o ensino oficial, é a primeira e justíssima reclamação das Famílias. Depois, entra igualmente nesta reclamação uma subvenção equitativa às escolas particulares, o que é uma simples exigência não só de justiça distributiva, mas de uma real liberdade escolar. [...] A Concordata com a Santa Sé não colocou as escolas da Igreja numa situação especial, o que de resto não seria privilégio mas simples justiça, considerando a natureza da própria Igreja e o fator católico da Nação; estabeleceu sim um regime de direito comum para as escolas da Igreja o que manifesta bem a sua maternal condescência. [...]Por isso, além das intervenções prudentes nas necessárias do Estado para afastar dos seus estabelecimentos de ensino os professores que, com suficientes provas, sejam tidos como elementos contrários à formação, em meu entender, deve o Estado criar nas Universidades, pelo menos, Cursos Superiores de Religião para todos os alunos do ensino superior. [...] A situação da aula de Religião e Moral nos liceus e escolas comerciais não corresponde ao compromisso solene assumido pelo Estado na Concordata. Impõe-se um regime de aulas em proporção do programa das disciplinas profanas e plena equiparação jurídica desta disciplina e do seu professor às outras disciplinas e seus professores. Julgamos também manifestamente insuficiente o semestre único dedicado ao ensino de moral nas Escolas do Magistério Primário. A finalidade da escola primária e a posição singular que nela ocupa o professor exige que tal ensino seja notavelmente ampliado e refundido. A atual legislação escolar referente ao ensino educativo em Portugal não pode merecer o aplauso total de nenhum espírito reto, muito menos dos católicos. Porque privilegiando o Estado apenas o seu ensino com todos os favores académicos e vantagens económicas, sujeita os particulares a uma dupla pressão, em detrimento manifesto do ensino particular. [...] Não pretendo dar conselhos a V. Exa., mas para fazer obra esclarecida e duradoira devia trabalhar com V. Exa. uma Comissão de peritos católicos. Não quero fazer comentários à legislação, mas não posso deixar de urgir que seja reformado o ensino e que a Igreja Católica seja desagravada em Portugal.». (Cf. PT/TT/AOS/CP-33, Pt. 1, fls. 413-414: carta de D. Abílio Vaz das Neves para Salazar, datada de 28 de Agosto de 1958).

nante com a hierarquia eclesiástica a propósito de críticas que se centrassem em matérias relacionadas com os chamados «interesses históricos» da esfera religiosa e que se mantivessem reservadas, sem chegar ao conhecimento público. Parece importante sublinhar essa atitude do chefe do Governo e observá-la em contraponto à resposta política que Salazar escolheu dar à reflexão de D. António Ferreira Gomes[135].

Posteriormente o presidente do Conselho satisfez ainda alguns pedidos de vários prelados[136], alguns envolvendo a devolução de bens eclesiásticos[137]. O clima de apaziguamento entre o poder civil e os bispos

---

[135] Em resposta ao prelado, Salazar escreveu: «Logo que recebi a carta de Vossa Excelência Reverendíssima enviei-a ao Ministério da Educação Nacional para que aí fossem estudados os pontos na mesma versados. Obtive daquele Ministério uma resposta que não considero definitiva, e que por esse motivo também esta o não será. Verifiquei no entanto haver pontos sobre os quais se poderá mais facilmente tomar posição, como, por exemplo, a contribuição industrial exigida aos colégios e equivalências a reconhecer aos cursos dos Seminários, e outros pontos que exigem consideração mais demorada, como os referentes às habilitações dos professores do ensino particular, oficialização dos cursos, programas e livros, etc. Há mesmo alguns aspetos destas questões em que me pareceu desejar-se mais do que os governos poderão reconhecer. Mas eu não desejo, sem estudo mais demorado e conscencioso, dar a Vossa Excelência Reverendíssima uma resposta definitiva sobre qualquer dos assuntos. Continuar-se-á a estudar o problema, a ver até onde se poderá ir com a boa vontade de sempre.» (Cf. PT/TT/AOS/CP-33, Pt. 1, fls. 423-428: carta de Salazar para o bispo de Bragança e Miranda, datada de 10 de Janeiro de 1959). Mais tarde, no período marcelista, as questões identificadas por D. Abílio voltaram a ser colocadas, sobretudo a partir da «consulta pública» que envolveu os trabalhos da reforma educativa projetada pelo ministro Veiga Simão e durante a discussão parlamentar da proposta de lei que a sustentava (1970-1973) (Sobre a manifestação dos interesses católicos no debate da Assembleia Nacional sobre a reforma de Veiga Simão, veja-se: Paula Borges Santos, *ibidem*, pp. 181-193).

[136] Por intermédio do Ministério da Saúde e Assistência, o Executivo atribuiria, em Dezembro de 1959, um subsídio extraordinário de 50 contos à cozinha económica «Rainha Santa Isabel». O prelado de Coimbra, o arcebispo-bispo D. Ernesto Sena de Oliveira, agradeceu a Salazar a intervenção ministerial, lamentando, no entanto, «que não tenha sido concedido também o subsídio ordinário que pedi e que tão necessário é» (Cf. PT/TT/AOS/CP-33, Pt. 13, fl. 68: carta de D. Ernesto Sena de Oliveira para Salazar, datada de 2 de Janeiro de 1960).

[137] Em 28 de Abril de 1962, o bispo do Algarve, D. Francisco Rendeiro solicitou ao chefe do Governo que reintegrasse o paço episcopal na sua «primitiva função», uma

portugueses revelou-se ainda nas manifestações de solidariedade que alguns membros da hierarquia eclesiástica optaram por ter para com o chefe do Governo por ocasião do assalto ao navio português «Santa Maria» (Janeiro de 1961), da invasão de Goa pela União Indiana (1961) ou do começo das guerras em África[138]. Publicamente, o episco-

---

vez que nele já não funcionavam os serviços da Capitania do Porto de Faro. O prelado recordava que o caso se arrastava desde 1954 e que o Presidente da República e os ministros da Marinha, Obras Públicas e Finanças se haviam mostrado concordantes com a devolução. Depois de uma nova insistência de D. Francisco Rendeiro em 6 de Janeiro de 1963, Salazar informaria o bispo do andamento do processo, anunciando que faltava apenas recolher as assinaturas do projeto do Ministério das Finanças que autorizava, a título definitivo, o antigo paço episcopal à diocese do Algarve. Menos de um mês depois, era publicado o decreto-lei n.º 44 875 de 8 de Fevereiro de 1963, autorizando a Direção-Geral da Fazenda Pública a ceder, a título definitivo e gratuito, à diocese do Algarve o antigo paço episcopal, incluindo o conjunto de edifícios onde haviam estado instalados os serviços da escola industrial e comercial, situados no Largo da Sé, da cidade de Faro (Cf. PT/TT/AOS/CP – 15, Pt. 1, fls. 207-209, 213: cartas de D. Francisco Rendeiro para Salazar, datadas de 28 de Abril de 1962 e de 9 de Janeiro de 1963; ofício de resposta de Salazar para o bispo do Algarve, datado de 12 de Janeiro de 1963; *Diário do Governo*, I Série, n.º 33: Decreto-Lei n.º 44 875 de 8 de Fevereiro de 1963). Em Dezembro de 1963, aquela Direção-Geral cederia também, a título definitivo e gratuito, à Arquidiocese de Évora o antigo prédio militar n.º 2, de Vila Viçosa, denominado Quartel de Baixo (antigo Convento de Santo Agostinho) (Cf. *Diário do Governo*, I Série, n.º 290: Decreto-Lei n.º 45 423 de 11 de Dezembro de 1963). Em 1966, seria a vez de ser cedido, a título definitivo e gratuito, ao Seminário Conciliar de S. Pedro e S. Paulo, da arquidiocese de Braga, as antigas instalações do seminário daquela cidade, conhecidas pela designação de «Quartel do Seminário ou de Santiago», incluindo as novas construções com que foram ampliadas pelo Estado, com exceção de uma parcela de terreno da antiga cerca. O pedido de entrega daquele espaço fora colocado ao Governo em Junho de 1938, pelo D. António Bento Martins Júnior, que tendo falecido em Agosto de 1963, não assistiria ao desfecho do caso (Cf. *Diário do Governo*, I Série, n.º 195: Decreto-Lei n.º 47 159 de 23 de Agosto de 1966; PT/TT/AOS/CP-15, Pt. 21, fls. 220-222: carta de arcebispo primaz de Braga para Salazar, datada de 7 de Junho de 1938). Finalmente, em Abril de 1968, seria cedido, novamente pela Direção-Geral da Fazenda Pública, a título definitivo e gratuito, ao Seminário Maior Diocesano de Viseu o edifício do antigo Seminário de Viseu, igreja e cerca anexa e parcela desta destacada pela estrada de circunvalação (Cf. *Diário do Governo*, I Série, n.º 101: Decreto-Lei n.º 48 356 de 27 de Abril de 1968).

[138] Telegrafaram a Salazar, lamentando a invasão de Goa pela União Indiana, D. Manuel Trindade Salgueiro, D. Ernesto Sena de Oliveira e o bispo de Porto Amé-

pado empenhou-se, através da publicação da nota pastoral de Janeiro de 1962, em pedir, não só aos católicos mas «a todos os cidadãos», que, naquela «hora grave e dolorosa da história de Portugal, em que tão necessária é a paz cívica e a união dos esforços», acatassem a autoridade pública. Esse enaltecimento do sentido patriótico foi feito em nome do combate ao perigo do comunismo, «com o qual nenhum católico pode colaborar, [e que] assesta contra a nossa Pátria todas as suas peças de assalto»[139]. O Executivo, por seu turno, marcou presença em cerimónias religiosas oficiais, como sucedeu por ocasião da ação de graças celebrada por motivo do segundo aniversário da coroação do papa João XXIII, das exéquias daquele pontífice (onde Salazar compareceu) ou da ação de graças pela eleição de Paulo VI[140].

Bastante mais tenso e sujeito a desconfianças foi o relacionamento do Governo com a Santa Sé, como regista alguma investigação realizada sobre a relação entre o Vaticano e Portugal nos anos de 1960 até 1974. A perturbação nessas relações, sobretudo no pontificado do papa Paulo VI, e ainda durante a governação de Salazar, esteve particularmente associada à política colonial seguida por Portugal, que a Santa Sé apreciava como imobilista. Na realidade, a estratégia

---

lia. (Cf. PT/TT/AOS/CP-33, fls. 83, 131 e 317: telegrama do arcebispo de Évora para Salazar, datado de 18 de Dezembro de 1961; telegrama do arcebispo-bispo de Coimbra para Salazar, datado de 23 de Dezembro de 1961; telegrama do bispo de Porto Amélia para Salazar, datado de Dezembro). O bispo de Portalegre e Castelo Branco, D. Agostinho Lopes de Moura, assinalaria ao presidente do Conselho o seu repúdio pelo assalto ao «Santa Maria» e preocupação pelo começo da guerra em Angola (Cf. PT/TT/AOS/CP-33, fls. 282: cartão do bispo de Portalegre e Castelo Branco para Salazar, datado de 16 de Março de 1961). Durante o desenrolar do conflito militar nas colónias, em alguns dos seus principais momentos, outros prelados escreveriam ao chefe do Governo sinalizando que pediam proteção para Portugal (Cf. PT/TT/AOS/CP-33, fls. 221, 231, 292, 343: telegrama do bispo de Leiria para Salazar, datado de 27 de Agosto de 1963; telegrama do bispo do Luso para Salazar, sem data; carta do bispo de Portalegre e Castelo Branco para Salazar, datado de 9 de Agosto de 1962; cartão do bispo de Vila Cabral para Salazar, datado de 3 de Dezembro de 1967).

[139] Cf. *Nota pastoral do episcopado português*, Lisboa, Editorial Logos, 1962, pp. 2-5.

[140] Cf. PT/TT/AOS/CP – 15, Pt. 22, fls. 367, 371 e 372: ofícios de agradecimento do arcebispo de Mitilene, D. Manuel dos Santos Rocha, para Salazar, datados de 6 de Novembro de 1960, 14 de Junho de 1963 e 10 de Julho de 1963.

vaticana, nessa época, passava por desenvolver uma política de auctotonização e autonomização dos episcopados em África (Angola e Moçambique), sensibilizada que estava para o reconhecimento do direito dos povos à autodeterminação e, consequentemente, para os processos de independência das colónias. Em duas ocasiões, o relacionamento bilateral entre Portugal e a Santa Sé foi atravessado por um clima de tensão de particular gravidade: aquando da deslocação de Paulo VI à Índia para participar no Congresso Eucarístico de Bombaim (1964) e da vinda do pontífice a Fátima (1967). Neste último caso, Salazar continuava agastado com aquela viagem de Paulo VI a Bombaim, entendendo que o Vaticano adotara uma política anticolonialista que beneficiava a União Indiana e prejudicava os interesses nacionais. A oferta papal de uma Rosa de Ouro ao Santuário de Fátima (1965) não suavizou a posição portuguesa. Salazar recusou investir na deslocação do papa a Fátima. Por sua vez, Paulo VI não tendo também ultrapassado o conflito tido em 1964 com o governante (nos meios vaticanos causara impacto bastante negativo a intervenção da Censura sobre a imprensa com o objetivo de impedir a transmissão de notícias sobre a viagem papal, o interrogatório da PIDE a alguns padres de Évora e o afastamento de funções de outros, como o futuro cardeal Ribeiro, por advogarem a natureza apostólica da deslocação do pontífice), conferiu à viagem um carácter estritamente religioso[141]. De facto,

---

[141] Em 1964, o Governo português fizera questão de reprovar publicamente a visita de Paulo VI a Bombaim. Numa conferência de imprensa, o ministro dos Negócios Estrangeiros referiu-se àquela deslocação pontifícia como um reconhecimento vaticano da conquista de Goa, sendo, desse modo, um «agravo gratuito, inútil e injusto» para com Portugal (Cf. Manuel Braga da Cruz, *ibidem*, p. 165-175; João Miguel Almeida, *A Oposição Católica ao Estado Novo (1958-1974)...*, p. 140-149). Uma carta do cardeal Cerejeira para Salazar, em Novembro daquele ano, é ilustrativa da tensão político-eclesial que rodeou o episódio. Disse o bispo de Lisboa: «António, tenho hesitado muito em escrever-te esta carta, em sentido contrário à tua [...]. Mas não posso ocultar-te que muito me aflige o que me dizes das "consequências a tirar da ida do Santo Padre ao Congresso de Bombaim". [...] Para um cristão, como sabes, a política não pode jamais prescindir da luz do Evangelho, que lhe informa a vida toda. Tu não podes deixar de ser intimamente católico nos teus atos de homem público. Tremo ao considerar as consequências possíveis e imprevistas das "consequências" anunciadas. Não quero falar de descontentamento e afastamento da grande parte dos que te admi-

o objetivo do sumo pontífice era revalorizar o culto mariano e distinguir Fátima como centro de peregrinação do catolicismo internacional, depois de, em 1966, ter sido impedido pelas autoridades comunistas de visitar o santuário polaco de Czestochowa. Nessas circunstâncias, coubera ao episcopado português conter a tensão instalada e permitir que a viagem se realizasse, assumindo para esse efeito, por sugestão das diplomacias vaticana e portuguesa, o encargo de convidar Paulo VI. A deslocação do papa a Fátima, concretizada numa visita-relâmpago e sem passagem por Lisboa, foi apresentada como uma peregrinação pela paz no mundo, particularmente no Vietname (procurando, por essa via, evitar-se que a ação papal fosse interpretada como um apoio à posição portuguesa na guerra colonial travada em África). Todavia, o ambiente eclesial e político permaneceu controvertido, também pela apreciação que a oposição interna ao regime, sobretudo a católica, fazia da viagem pontifícia, interpretando-a como um sinal da cooperação acrítica que a Igreja Católica dava ao Governo de Salazar[142].

Em paralelo com a gestão das questões da deslocação de Paulo VI a Bombaim ou da vinda do papa a Fátima, as diplomacias vaticana e portuguesa lidaram ainda com o conflito político que opunha o Executivo português ao bispo da Beira, D. Sebastião Soares de Resende. A origem do diferendo remontava a 1956, quando o ministro do Ultramar, Raul Ventura, decidira construir um novo liceu estatal naquela província, em vez de aí apoiar um colégio marista. O prelado criticara aquela ação ministerial em editorial do *Diário de Moçambique* (jornal cuja propriedade era detida pela diocese da Beira), sem antes o sub-

---

ram, estimam e seguem, que disto melhor juiz és tu. [...] Recordo a chorar os teus sentimentos e propósitos ao deixares Coimbra, com a palavra profética do padre Mateo [Crawley-Boevey] de que ias salvar Portugal. Tu pensavas então em servir primeiro a Deus. Tenho medo... Que fiques sempre na história o mesmo Homem – o Homem forte e alumiado pelo espírito, único na sua época – a quem a Igreja em Portugal deve a liberdade e a paz que goza e as condições de existência e desenvolvimento da vida católica na Metrópole e no Ultramar, não te negando a ti mesmo.» (Cf. PT/TT/AOS/CO/NE – 30 A, Pt. 10, 7.ª subdivisão, fls. 111-112: carta do cardeal Cerejeira para Salazar, enviada de Roma e datada de 2 de Novembro de 1964).

[142] Cf. Bruno Cardoso Reis, «Portugal e a Santa Sé no sistema internacional (1910--1970)» in *Análise Social*, vol. XXXVI (161), 2002, p. 1052; João Miguel Almeida, *ibidem*, p. 170-177.

meter aos serviços censórios. Perante esse gesto, o Governo insistira na intervenção da Santa Sé e esta conseguiria que D. Sebastião se justificasse a Salazar. Contudo, foi a repetição de episódios envolvendo a publicação naquele jornal de alguns textos, com reflexões sobre a participação política dos católicos e denúncias de problemas económicos e sociais existentes na colónia, alguns da autoria do bispo da Beira, sem passagem prévia pelo crivo da Censura, que motivou o confronto entre o Governo e o prelado. Para o Executivo estava em causa uma violação do art. II da Concordata: D. Sebastião não se limitara a publicar qualquer disposição relativa ao «governo da Igreja» ou relacionada com o seu ministério pastoral, mas escrevera sobre «problemas económicos e sociais» e, nessas circunstâncias, a autoridade pública tinha o direito de intervir. Na perspetiva de D. Sebastião, um bispo não estava obrigado a submeter à Censura escritos que produzisse no seu múnus pastoral e a posição do poder político obrigava a questionar se existia ou não um beneplácito régio a funcionar. Em vida do bispo da Beira, o diferendo não encontrou resolução[143].

Marcelo Caetano, ao assumir a presidência do Conselho, cuidou de desenvolver uma relação de colaboração e de bom entendimento com as autoridades religiosas, mas vários acontecimentos colocaram dificuldades a esse propósito. Durante o episcopado do cardeal Cerejeira esse relacionamento estabeleceu-se sem maiores dificuldades. Ao fim de completar pouco mais de um ano na chefia do Governo, Caetano recebeu palavras de apreço do cardeal Cerejeira, pela sua atuação[144].

---

[143] Cf. Bruno Cardoso Reis, *Salazar e o Vaticano*..., pp. 293-300; Manuel Braga da Cruz, *ibidem*, pp. 175-179; Paulo Pulido Adragão, *A Liberdade Religiosa e o Estado*..., p. 349. No processo que interpôs junto do Conselho Ultramarino, contestando o despacho do governador-geral de Moçambique, no qual era ordenada a suspensão do *Diário de Moçambique* por dez dias, por violação do ordenamento legal da censura, D. Sebastião Soares de Resende teve como advogado António Carlos Lima. Contou também com um parecer de defesa de Guilherme Braga da Cruz. Essa diligência, contudo, de pouco serviu, dado que o Conselho Ultramarino veio a declarar-se incompetente para «conhecer a causa».

[144] Em 31 de Dezembro de 1970, o cardeal Cerejeira escreveu ao chefe do Executivo: «Bendito seja Deus que de tão longe preparou V. Exa. para os altos destinos a que ascendeu a bem da Pátria. E numa transição que os "velhos do Restelo" anunciaram catastróficas, V. Exa. realizou o milagre de transpor o Cabo da Boa Esperança, onde

As mudanças que o Executivo introduziu no regime de relações entre o Estado e a Igreja Católica, primeiro com a revisão constitucional de 1971 e depois com a lei de liberdade religiosa (como se analisou no Capítulo IV), embora tivessem atenuado a discriminação positiva que o Estado dispensava à Igreja Católica no panorama religioso do País, não suscitaram entraves à cooperação entre as instituições estatal e eclesial. No final de 1971, ano da consumação daquelas alterações e cerca de um mês depois de ser substituído por D. António Ribeiro, no Patriarcado de Lisboa, D. Manuel Gonçalves Cerejeira manifestava, junto de Caetano, considerar que «Portugal sai dele [do ano de 1971] com honra e glória – e isto é obra de V. Exa.» e mostrava agradecimento «por tudo o que a Providência realizou por mão de V. Exa. a bem de Portugal (sem esquecer aqui a Igreja)»[145]. No episcopado de D. António Ribeiro, os contactos entre o Executivo e o bispo de Lisboa enquistaram-se, sobretudo, a partir do caso da comunidade da capela do Rato (Janeiro de 1973). Caetano acusou as autoridades eclesiásticas de, deliberadamente, terem recusado intervir junto dos católicos que haviam promovido a vigília de oração pela paz, seguida de debate acerca da guerra em África, justificando em parte, por essa via, a intervenção das forças policiais e a detenção de alguns dos participantes[146].

O relacionamento institucional do Governo de Marcelo Caetano com a Santa Sé foi também marcado pela conflitualidade. Vários episódios refletiram a atitude pouco colaborante daquela com o Governo português, parecendo existir da parte das autoridades vaticanas a intencionalidade política de promover uma desvinculação face à solução autoritária portuguesa, suportada na convicção de que haveria a

---

navegamos seguros, em novo mar, na paz e na confiança. Sinto-me feliz por poder dizer-lhe ao findar deste ano de 1970: Portugal encontrou o seu Homem. E logo, ao bater da primeira hora de 1971, rogarei de todo o coração a Deus que o guarde, conserve, inspire e conforte.» (Cf. PT/TT/AMC, Cx. 29, doc. n.º 31: carta de D. Manuel Gonçalves Cerejeira para Marcelo Caetano, datada de 31 de Dezembro de 1970).

[145] Cf. PT/TT/AMC, Cx. 29, doc. n.º 33: carta de D. Manuel Gonçalves Cerejeira para Marcelo Caetano, datada de 31 de Dezembro de 1971.

[146] Cf. Marcelo Caetano, *Depoimento*, Rio de Janeiro, Distribuidora Record, 1974, p. 84; José Barreto, *ibidem*, p. 162-163; António de Araújo «"A paz é possível": algumas notas sobre o caso da Capela do Rato» in *Lusitania Sacra*, 2.ª série, tomo XVI, 2004, pp. 432-438.

tendência para o regime conhecer um processo de transição para a democracia. Inicialmente, tentando cimentar um relacionamento de cooperação com o Vaticano, Caetano procurou estabelecer uma aproximação ao núncio apostólico, mas essa relação depressa sofreu desgaste. As críticas do núncio em Lisboa, monsenhor Giuseppe Maria Sensi, ao processo de revisão constitucional (1970), a sua discordância relativamente à proposta portuguesa de revogação do art. XXIV da Concordata (1972) e o seu pedido de explicações sobre as circunstâncias em que havia ocorrido o massacre de Wiriyamu, em Moçambique (1973), exasperaram Caetano, que esperava do diplomata total solidariedade[147].

Porém, o conflito entre o Estado português e a Santa Sé acentuou-se depois de Paulo VI receber em audiência privada os líderes dos três movimentos armados de resistência à presença portuguesa em África, a 1 de Julho de 1970. Expressando o seu desagrado e de certa forma legitimado pela reação de choque que vários setores da sociedade haviam tido perante aquele gesto papal[148], o Governo português endureceu o posicionamento perante a Santa Sé, chamando o embaixador Eduardo Brasão para consultas. As explicações dadas pela diplomacia vaticana sobre aquela audiência pontifícia, insistindo que o encontro não possuíra nenhum carácter político, abrandaram a atitude de alerta do Executivo. Contudo, não se diluiu a desconfiança governamental portuguesa sobre a estratégia vaticana[149].

O agravamento do relacionamento bilateral entre os dois Estados atingiu, contudo, o clímax com o incidente do bispo de Nampula,

---

[147] Cf. Marcelo Caetano, *ibidem*, p. 182.

[148] Na Assembleia Nacional registaram-se algumas reações parlamentares de reprovação daquele gesto pontifício, sobretudo entre os deputados de posição tradicionalista. Alguns deputados da chamada «ala liberal» mostraram também desapontamento acerca daquela iniciativa papal (Cf. Paula Borges Santos, *ibidem*, p. 199).

[149] Perante a perplexidade de Caetano com o comportamento da Santa Sé, Rogério Martins, secretário de Estado da Indústria, seu amigo pessoal e ex-jucista, tentou demonstrar-lhe que o Concílio Vaticano II havia gerado novas sensibilidades no interior do Vaticano e que o essencial era conseguir-se um diálogo de novo tipo com a Santa Sé, estabelecendo novos contactos que permitissem acautelar os interesses do Estado português (Cf. *Cartas particulares a Marcelo Caetano*, vol. II..., pp. 398-399).

D. Manuel Vieira Pinto, que ao eclodir a dois meses do 25 de Abril de 1974, não obstante a violência da reação governamental portuguesa, escapou a tornar-se num caso danoso para a relação do Governo com a Santa Sé. Sucedera que, depois de sucessivas críticas contra a política colonial do regime, de entrar em ruptura com a Conferência Episcopal de Moçambique e de favorecer a estratégia da FRELIMO, D. Manuel defendera publicamente, em 12 de Fevereiro, a denúncia da Concordata e do Acordo Missionário e o direito à autodeterminação de Moçambique. Perante o episódio, o Executivo optou por expulsar o prelado da diocese e exigir o seu regresso à metrópole, determinando-lhe numa espécie de exílio interno. A Santa Sé revelou-se desagradada perante a atitude de força tomada por Lisboa, chamando o núncio para consultas em sinal de protesto. Usando de cautela, os bispos metropolitanos evitaram, por seu turno, solidarizar-se com o prelado de Nampula, o qual à chegada a Portugal não foi recebido por qualquer membro do episcopado. Embora tivesse procurado ser agradável para com a Santa Sé no início do seu mandato, tentado usar do mesmo comportamento que adotara para com a hierarquia eclesiástica portuguesa, Caetano não podia tolerar que, depois de, com dificuldade, ter tentado ultrapassar a crise aberta com o Vaticano a propósito da audiência papal concedida aos líderes africanos dos movimentos independentistas, um bispo ultramarino pusesse em causa a política colonial do Estado e fosse apoiado, de alguma forma, pela cúria romana.

Esse apoio conduziu Caetano a pensar que, às sucessivas declarações pontifícias sobre o direito à independência e à autodeterminação dos povos, poderia somar-se a condenação pública da posição de Portugal na guerra em África, algo que nunca poderia aceitar. O presidente do Conselho considerava a posição da Santa Sé uma prova de ingratidão para com Portugal, uma vez que o Estado suportava os custos da missionação em África e sempre assumira, desde a chegada de Salazar ao Governo, a preservação da paz religiosa. Parecendo escamotear o facto de estar a executar uma política externa em contraciclo com o resto da Europa, Caetano chegou ao fim do regime continuando a revelar o entendimento de que o mais natural era o Vaticano apoiar o poder constituído em Portugal e, em concreto, reconhecer legitimidade ao seu projeto de organizar nas províncias ultramarinas «Estados multirraciais, modernos, com economias em desenvolvimento», onde a guerra era feita «para defender, por "imperativo de justiça", a "civilização" de que viviam brancos e pretos»[150].

3.4. O regresso do bispo do Porto

A determinação de Marcelo Caetano em autorizar o regresso a Portugal do bispo do Porto, logo em Junho de 1969, estivera na origem do primeiro confronto entre o presidente do Conselho e a Santa Sé.

Ao governante chegavam vários pedidos nesse sentido. Em Abril de 1969, leigos e sacerdotes da diocese do Porto enviaram a Caetano uma exposição, pedindo o regresso de D. António. Em Maio de 1969, também Francisco Sá Carneiro, que meses mais tarde seria eleito deputado à Assembleia Nacional, a propósito da visita oficial que Caetano deveria realizar ao Porto, escreveu ao chefe do Governo pedindo que fosse levantada a proibição ao prelado de «atravessar a fronteira na qual praticamente se encontra». No mês de Junho, o grupo de cristãos da diocese do Porto que em Abril abordara o chefe do Executivo com o problema do bispo do Porto, tornava a insistir na resolução do caso, manifestando apreensão pela «exploração feita por alguns setores políticos, que compromete e desvia este caso das suas justas motivações». Os signatários da nova exposição (entre os quais figuravam os vice-reitores dos seminários de Vilar e do Bom Pastor ou o assistente da Junta Diocesana do Porto da ACP) informavam ainda Caetano que o «senhor núncio recebeu, há dias, em audiências separadas, um grupo de padres e um grupo de leigos desta Diocese do Porto, que lhe foram expor, uma vez mais, a situação criada pelo impedimento de entrada no país do Senhor D. António Ferreira Gomes. Aos padres, que lhe solicitaram uma resposta da Santa Sé, o Senhor Núncio Apostólico afirmou que a "responsabilidade do encerramento das fronteiras não cabe à mesma Santa Sé". Aos leigos, que lhe exprimiram estranheza e desapontamento perante a inexplicável morosidade em solucionar

---

[150] Cf. Paula Borges Santos, *Igreja Católica, Estado e Sociedade (1968-1975). O caso Rádio Renascença...*, p. 93; Vasco Pulido Valente, «Caetano, Marcelo»..., p. 210.

este caso, Sua Excelência Reverendíssima acentuou que se o Senhor D. António se encontrasse já no país, seria fácil o problema da sua reintegração na Diocese.»[151].

Caetano procurava atenuar algumas tensões inscritas na realidade nacional e fora aconselhado a ter esse gesto político pelo novo embaixador junto da Santa Sé, Eduardo Brasão, seu amigo pessoal de longa data, para quem era hora de abandonar uma política externa feita a contraciclo do resto da Europa e de «nos aproximarmos dos outros», porque «não podemos viver isolados e muito pouco estimados». Nesse aspeto parecia-lhe útil que Caetano autorizasse o regresso do bispo do Porto a Portugal, dado que essa ação «mostrará a nossa força» e «dará a todos, cá fora, a noção exata que a obra de Salazar criou raízes e a transmissão foi perfeita», uma vez que «a interdição, como está posta, é considerada um ato de fraqueza, ou pelo menos, de dúvida, sobre as nossas possibilidades». Alertando para uma Secretaria de Estado vaticana hostil a Portugal, o embaixador avisava, no entanto, que a ideia de uma transferência de diocese de D. António não lhe parecia «exequível».

Brasão sabia que o que propunha era uma ruptura com a orientação diplomática que recebera de Alberto Franco Nogueira, ministro dos Negócios Estrangeiros. Aquando da sua nomeação para a

---

[151] Cf. *Cartas particulares a Marcelo Caetano*, vol. I..., pp. 311-312; PT/TT/AMC, Cx. 29, doc. n.º 4: exposição enviada a Marcelo Caetano por vários cristãos da diocese do Porto, datada de 4 de Junho de 1969. Recorde-se que este género de iniciativas, visando exercer alguma pressão sobre o poder político, tinham-se registado logo desde a saída de D. António de Portugal, em Junho de 1959. Salazar recebeu pedidos nesse sentido, de cristãos (leigos e sacerdotes) da diocese do Porto. Chegaram-lhe, ainda, mensagens de solidariedade de alguns cristãos (sacerdotes) para com a posição do Governo, no conflito político mantido com o prelado. À Santa Sé foram também dirigidos alguns pedidos, uns coletivos outros individuais, solicitando o regresso do bispo do Porto (Cf. PT/TT/AOS/CP-156, fls. 364-366, 368-369: cartas do padre António Lopes para Salazar, datadas de 27 de Abril e 6 de Julho de 1960 e de 12 de Dezembro de 1961; PT/TT/AOS/CP-110, fl. 157: cartão do padre Avelino Maria Ferreira para Salazar, datado de 27 de Novembro de 1958; PT/TT/AOS/CP-51: cópia da mensagem dirigida à Secretaria de Estado do Vaticano por elementos do clero diocesano do Porto, com data de 25 de Julho de 1959; abaixo assinado enviado à Secretaria de Estado do Vaticano, datado de 17 de Agosto de 1959).

Embaixada de Portugal junto da Santa Sé, havia sido instruído pelo ministro a considerar que o problema com o bispo do Porto não se punha, «porque não existia»; afinal, de acordo com Franco Nogueira, «a entrada do prelado em Portugal "seria a própria perda das nossas possessões ultramarinas".»[152]. Antes de informar D. António Ferreira Gomes de que o Governo não via inconveniente na sua deslocação para Fátima, como era desejo do bispo, Caetano procurara chegar a acordo com a Santa Sé sobre o problema eclesiástico que colocava o regresso do prelado ao País, designadamente a necessidade de encontrar uma solução para o administrador apostólico. Não o conseguindo, optou, porém, por permitir que D. António atravessasse a fronteira portuguesa, pedindo-lhe apenas que não se dirigisse ao Porto enquanto o Vaticano não reagisse[153]. No final do mês de Junho, a Santa Sé, através do núncio, monsenhor Sensi, acabaria por comunicar a D. Florentino de Andrade e Silva a cessação do seu mandato na diocese do Porto em 2 de Julho seguinte, mas foi pelos jornais que o presidente do Conselho tomou conhecimento da revogação da administração apostólica e da consequente entrada do bispo do Porto no exercício da jurisdição ordinária[154].

Esse gesto «liberalizante», porém, não favoreceu Marcelo Caetano nem a sua política, embora alguns setores católicos tenham ficado agradados[155]. Na realidade, o regresso do prelado do exílio gerou desconfiança e insatisfação entre os setores tradicionalistas da classe política dirigente e de outras esferas da sociedade, para quem o prelado era *persona non grata*.

---

[152] Cf. *Cartas particulares a Marcelo Caetano*, vol. I..., pp. 241-244.

[153] Cf. *Cartas particulares a Marcelo Caetano*, vol. I..., p. 136.

[154] Cf. *Cartas particulares a Marcelo Caetano*, vol. I..., p. 138; António Teixeira Fernandes, *ibidem*, pp. 345-351.

[155] No começo de Junho, o Conselho Plenário da ACP dirigiu ao chefe do Governo, ao núncio e ao cardeal patriarca, uma mensagem que obteve 23 votos favoráveis e 1 contra, onde se sublinhava que: «a ACP, reunida em Conselho Plenário, ao ter conhecimento de que V. Exa. [presidente do Conselho] está pessoalmente empenhado no regresso do Senhor Bispo do Porto, D. António Ferreira Gomes, manifesta, por este modo, o seu contentamento e apreço pelo que esta atitude exprime, e pela esperança que dá quanto à solução justa deste caso» (Cf. Sidónio de Freitas Branco Paes, «O bispo do Porto e a Ação Católica que conheci»..., pp. 304-305).

A SEGUNDA SEPARAÇÃO

Esse clima agravou-se após D. António voltar a tomar posições polémicas que provocaram debate público e mal-estar na esfera governativa e eclesial. Em Junho de 1972, o prelado criou um incidente protocolar com o Presidente da República em Santo Tirso, quando, presidindo a uma cerimónia de homenagem ao falecido professor Fernando Pires de Lima, não cumprimentara o chefe de Estado, presente na ocasião[156]. Maior gravidade teve, contudo, o episódio que envolveu a homilia que D. António Ferreira Gomes proferiu no Dia Mundial da Paz de 1972, durante a qual afirmara que «a hierarquia está [...] presente à guerra localmente pelos capelães; e esses capelães uma vez postos em ação, impressionam-nos e assustam-nos pelas suas virtudes "militares"», e exortara a quem o ouvia: «se queres a paz, trabalha pela justiça»[157]. Ao questionar o acompanhamento que sacerdotes emprestavam aos militares combatentes na guerra em África, o bispo do Porto manifestava distanciamento em relação à atividade de assistência religiosa prestada às forças armadas, tal como era sustentada pelo episcopado português e pela Santa Sé, e tecia uma crítica clara, embora não explícita, à política do Executivo de prolongamento daquele conflito militar.

O incidente motivou viva discussão na Assembleia Nacional, onde se registaram intervenções tanto de condenação como de defesa daquela posição do bispo do Porto[158]. Não obstante o clima de crispação política que o caso suscitou, o Executivo não tomou nenhuma posição pública sobre o assunto, embora o incidente tivesse despertado numerosos protestos «de meios militares e civis» junto do presidente do Conselho. Em privado, Caetano solicitou, contudo, a algumas personalidades próximas de D. António que o advertissem a usar de maior cautela nas suas declarações públicas[159]. O chefe do Governo acompanhou ainda de perto (através de informações recebidas do ministro da Defesa Nacional, do deputado José da Silva e da DGS) as tensões que o

---

[156] Cf. *Cartas particulares a Marcelo Caetano*, vol. I..., p. 138-139.

[157] Cf. *Voz Portucalense*, 8 de Janeiro de 1972, pp. 1 e centrais.

[158] Para informação mais detalhada sobre o debate parlamentar em torno da homilia proferida por D. António Ferreira Gomes em 1 de Janeiro de 1972, consulte-se: Paula Borges Santos, *A Questão Religiosa no Parlamento (1935-1974)*..., pp. 197-199.

[159] Cf. *Cartas particulares a Marcelo Caetano*, vol. II..., p. 235: carta de Marcelo Caetano para José da Silva, datada de 16 de Março de 1972.

A DESMOBILIZAÇÃO POLÍTICA DOS CATÓLICOS: UMA ESTRATÉGIA PARALELA

caso criou no meio militar e no campo católico. No interior da Igreja, o incidente opôs, em especial, o vigário-geral castrense, D. António dos Reis Rodrigues, ao bispo do Porto[160], mas sucessivas reações de solidariedade para com cada um dos prelados acentuaram e prolongaram o clima de confronto[161]. Durante largos meses, o caso continuou

---

[160] O vigário-geral castrense respondeu ao bispo do Porto, um mês depois. Recordando o pensamento de Paulo VI sobre «a vocação do soldado» e salientando que «[...] as virtudes militares são perfeitamente dignas e honrosas, amplamente compatíveis com o Evangelho de que os sacerdotes são mensageiros», o bispo de Madarsuma fez notar a D. António Ferreira Gomes que «o capelão, ninguém o ignora, não faz a guerra. Apenas cuida espiritual e religiosamente dos militares. Ele não está lá, portanto, por causa da guerra; está lá, exclusivamente, por causa dos homens que são obrigados a suportá-la». Sem negar «a existência de falhas no Vicariato Castrense e de falhas até, mas de outra ordem, no comportamento de um ou outro capelão, sobretudo por haver alguns Superiores Eclesiásticos que se negam a selecioná-los, como lhes compete», lamentava que o bispo do Porto tomasse os casos particulares de alguns capelães, «arrogando-se um direito de magistério em âmbito nacional, que nem o Vicariato Castrense nem [...] os outros Superiores Eclesiásticos lhe poderão reconhecer»», para falar «dos capelães em geral, dos da sua Diocese como dos das outras e até dos Institutos Religiosos». Fazendo o reparo que D. António Ferreira Gomes havia trazido «para o exterior um assunto que poucos dias antes havia sido tratado (e devidamente esclarecido) na reunião da Conferência Episcopal», D. António dos Reis Rodrigues indicava ao bispo do Porto que distribuiria a cópia da carta que lhe enviava aos restantes bispos e «aos que mais de perto trabalham comigo» (Cf. PT/TT/PIDE/CI(I) 3953 NT 126, processo António Ferreira Gomes – bispo do Porto: carta de D. António dos Reis Rodrigues para o bispo do Porto, datada de 2 de Fevereiro de 1972). A troca epistolar entre os dois prelados arrastar-se-ia pelo menos até Março. De parte a parte, existiu a acusação de que fora posta em marcha uma campanha para denegrir o bispo do Porto (argumento sustentado pelo próprio) ou o Vicariato Castrense (argumento afirmado por D. António dos Reis Rodrigues) (Cf. PT/TT/AMC, Cx. 29, doc. n.º 12, Anexo 1: cópia de carta do bispo do Porto para D. António dos Reis Rodrigues, datada de 5 de Fevereiro de 1972; doc. n.º 14: cópia de ofício do vigário-geral castrense para o bispo do Porto, datado de 23 de Fevereiro de 1972; doc. n.º 16: cópia de carta do bispo do Porto para D. António dos Reis Rodrigues, datada de 6 de Março de 1972).

[161] Não cabendo na economia deste trabalho proceder à análise deste caso na sua dimensão eclesial, parece importante registar algumas tomadas de posição de alguns setores católicos sobre o incidente. Alguns círculos da Igreja que viam em D. António uma figura tutelar, dispensaram ao prelado a sua solidariedade. Foi o caso da Direção Nacional da LOC, cuja posição solidária com o bispo do Porto foi sustentada pelo padre Agostinho Jardim Gonçalves, assistente nacional da LOC, e por João Gomes,

a ser aflorado em vários títulos da imprensa generalista, católica ou de atualidade política, favorecendo a abordagem pública do tema da assistência religiosa às forças militarizadas em campanha e do esforço de guerra desenvolvido em África.

A forma como D. António Ferreira Gomes exercia o seu magistério episcopal ocupou também a opinião publicada católica; sendo possível identificar nos comentários à atividade doutrinal e pastoral do prelado uma situação de aprofundamento de clivagens religiosas e políticas no interior do catolicismo português, que, embora já se fizesse notar no período anterior à convocação e realização do Concílio Vaticano II, manifestou-se com maior acuidade naquele tempo que era de adaptação da Igreja Católica portuguesa às propostas conciliares[162].

---

presidente nacional do mesmo organismo. Também alguns membros da JUC de Lisboa defenderam o prelado. O bispo do Porto receberia, no entanto, diversas cartas de protesto de vários capelães militares e de alguns cristãos contestando as afirmações que produzira na homilia do dia 1 de Janeiro de 1972. Alguns desses protestos assumiram a forma de cartas abertas e circularam em alguma imprensa monárquica, como *O Debate* (Cf. PT/TT/PIDE/CI(I) 3953 NT 1267, processo António Ferreira Gomes – bispo do Porto: cartas da Direção Geral da LOC para o bispo do Porto, datada de 27 de Abril de 1972; carta de membros da JUC de Lisboa para o bispo do Porto, datada de 31 de Maio de 1973; Arquivo particular de Guilherme Braga da Cruz, UI 46.14.1: carta aberta de protesto de Osvaldo Filipe para o bispo do Porto; carta aberta de A. Crespo de Carvalho para o bispo do Porto; *O Debate*, Dezembro de 1973).

[162] Esse clima de conflituosidade eclesial, envolvendo em concreto o bispo do Porto, foi bem captado numa reflexão da época de frei Bento Domingues. Escreveu o dominicano na *Seara Nova*, em Abril de 1972: «Com o regresso do exílio de D. António Ferreira Gomes surgiu um espaço de liberdade eclesial neste País. Disso sou testemunha. Julgo, no entanto, que a vinda do bispo do Porto pelas esperanças e temores que suscitou revelou ambiguidades de diversa ordem. Primeiro, é bem possível que D. António não seja nada do que pensavam progressistas, reformistas e conservadores. Segundo, por mais frequentes que fossem os seus contactos com portugueses, faltou-lhe, como a todos os exilados, o contacto vivido com as subtilidades da evolução da política nacional. Terceiro, aqueles que desejavam mudanças, não só as desejavam em muito diversa escala, mas, sobretudo, esperavam soluções automáticas para muita coisa que não pede soluções automáticas mas um caminho para andar. Esperavam mais um substituto da própria responsabilidade, do que um tempo e um espaço de liberdade empenhada. Quarto, aqueles que encarnavam a vontade mais incondicional de o manter fora das fronteiras moveram-lhe campanhas estúpidas pela desproporção que encerram com os artigos, conferências e homilias de D. António.» (Cf. Bento Domin-

4. Repressão sobre os setores católicos em oposição ao regime e pressões sobre o episcopado

A forma como Salazar conduziu o «caso do bispo do Porto» produziu efeitos no relacionamento entre o Executivo e setores católicos críticos do regime, que não só se manifestaram durante o restante tempo da sua governação, como se refletiram durante o consulado de Marcelo Caetano. Em boa medida, tal sucedeu porque Caetano não se demarcou das principais opções do seu antecessor, com exceção de ter permitido o regresso de D. António Ferreira Gomes a Portugal. Perante o aprofundamento de um processo de progressiva desafetação programática e ideológica de muitos católicos em relação ao regime, o novo presidente do Conselho revelou a mesma incapacidade que possuiu Salazar para reformular o quadro político-institucional que suportava a *Situação* e reconhecer aos católicos (e à generalidade dos cidadãos) o exercício pleno das liberdades fundamentais e, em particular, o direito de disputarem na sociedade o seu protagonismo e influência, em condições de concorrência política aberta.

A estratégia firmada pelo Executivo de Salazar parece ter-se desenvolvido sobre dois ângulos: um, a cristalização do princípio da exclusão da ideia de autonomia política dos católicos, circunscrevendo a possibilidade da sua intervenção politicamente organizada à esfera da União Nacional; outro, a intensificação do recurso aos mecanismos do aparelho repressivo do Estado para controlar e conter os setores que criavam uma «alta tensão» com o poder civil.

---

gues, «Sobre a situação da Igreja em Portugal» in *Seara Nova*, n.º 1518, Abril de 1972, p. 13). No diário *República* e no jornal diocesano *Voz Portucalense*, a intervenção que o bispo do Porto fez no Dia Mundial da Paz de 1972 foi apoiada. Noutros jornais, como *A Voz*, o *Época*, *O Século*, o *Diário Popular*, *O Debate* e a revista *Política*, o prelado foi amplamente criticado (Cf. PT/TT/PIDE/CI(I) 3953 NT 1267: processo António Ferreira Gomes – bispo do Porto: recortes de imprensa de *O Século*, *Diário Popular*, *Voz Portucalense* e *República*; Arquivo particular de Guilherme Braga da Cruz, UI 46.14.1: recortes de imprensa de *O Debate*, *A Voz*, *Época*, *Política*). Sobre a crítica da revista *Política* ao bispo do Porto, ainda nos anos de 1960 e 1970, veja--se: Luís Aguiar Santos, «Um teste aos conceitos de *nomocracia* e *teleocracia*: o jornal *Política* perante a "primavera marcelista" (1969-1970)» in *Análise Social*, vol. XXXIII (149), 1998 (5.º), pp. 1106 e 1108.

A SEGUNDA SEPARAÇÃO

Para o primeiro aspeto, concorreu, em pleno conflito político do Governo com D. António, a principal mensagem dirigida pela autoridade civil aos católicos, a qual passou pela reafirmação de que «a confusão entre o plano da política e o plano religioso é sempre perigosa» e por lembrar que a relação entre os poderes temporal e espiritual exigia «o seu recíproco acatamento», porque «a liberdade não se funda na própria liberdade». Como expressou o titular da pasta da Justiça, Manuel Cavaleiro Ferreira, durante a Semana de Estudos que a ACP organizara em Fátima, em Abril de 1959, para comemorar o seu 25.º aniversário, qualquer sufrágio eleitoral era o momento em que «a participação ativa [...] na escolha dos governantes» podia «ser meio de estruturar a dualidade da sociedade e Estado, permitindo a influência conveniente daquela na organização deste». Embora o ministro não o verbalizasse, estava implícito que a primazia da interpretação dessa «influência conveniente» cabia ao Estado[163].

Maior clareza revestiam declarações do próprio chefe do Executivo, proferidas depois do bispo do Porto se encontrar exilado e repetidas ao longo dos anos seguintes. Logo em Março de 1960, Salazar considerou que «estaríamos aqui desviados do bom caminho» caso se concretizassem «aspirações de intervencionismo na vida política, e da conversão de instituições religiosas em alfobres de formação de quadros, com doutrina e disciplina políticas», como parecia ocorrer entre «alguns homens da Igreja». O presidente do Conselho continuava a revelar o entendimento de que um partido católico só era útil à «defesa no campo político da comunidade religiosa», quando esta era «ignorada pelo Poder, escravizada pelas leis, posta à margem da liberdade corrente»[164]. Das afirmações de Salazar se concluía que, em parte por ainda conceber a atividade específica de partido pelos católicos à luz dos moldes que haviam justificado a criação do Centro Católico Português, duvidava que num regime como o *Estado Novo* fosse necessário

---

[163] Cf. *Novidades*, 10 de Abril de 1959, p. 3.
[164] Excertos da entrevista de Salazar dada ao *Corriere della Sera*, em 30 de Março de 1960, transcrita in: António de Oliveira Salazar, *Entrevistas (1960-1966)*..., 1967, pp. 17-18.

aos católicos assegurar a defesa da Igreja através de uma formação político-partidária católica, tanto mais que o Governo mantinha uma relação institucional de cooperação com a Igreja, consolidada por uma solução concordatária, a qual permitia àquela ser detentora de uma «situação de privilégio».

Quando em 26 de Julho de 1963, foi inquirido pelo *The Catholic Herald* sobre se poderia haver «esperança» para «aspirações» de «homens de boa vontade, que sem dúvida não nutrem qualquer desejo de deslealdade para com o Estado [...] mas anseiam por ter um papel mais ativo na vida nacional», sobretudo, mediante «a utilização de grupos de pressão leais e de partidos democratas-cristãos», Salazar voltou à explicação habitual sobre o funcionamento do sistema político português. Reduzindo a importância daquelas expetativas no interior do regime, declarava que «na Assembleia Nacional estão representados muitos, se não todos, os setores de opinião que podem considerar-se afins da democracia cristã. Esses não terão que defrontar nenhuma contradição entre o seu pensamento e a ação do Governo, embora possam divergir em pontos de pormenor e designadamente quanto ao ritmo dessa ação». Fazendo questão de seguir um «termo [que] está na moda», o chefe do Executivo designava esses «setores de opinião» por «grupos de pressão, no sentido de que o seu pensamento político e filosófico intervém na ação governativa como elementos legítimos de definição de ansiedades e objetivos, assumindo assim o caráter de uma representatividade real se bem que não orgânica». Papel diferente atribuía aos grupos culturais e aos sindicatos considerando que tinham apenas uma função representativa na Câmara Corporativa, mas ainda assim apontava-lhes algum «peso da [sua] opinião [...] na vida governativa da Nação», mediante os pareceres que aquela câmara emitia. Num argumento curioso e retórico, Salazar lembrava que se a Igreja, em concreto o clero, tivesse divergências «sobre os problemas sociais, a sua acuidade e a melhor forma de lhes dar solução», «a representação orgânica assegurada aos representantes dos interesses espirituais na Câmara Corporativa e que o episcopado designa, não deixaria de se fazer ouvir». Num tal quadro político não se justificava fazer alterações porque, segundo Salazar, «haverá possibilidade de satisfazer todas as aspirações dos diversos setores de opinião que tenham apenas uma característica comum: o amor à Pátria e o desejo de que a sociedade portuguesa continue a ser uma sociedade profundamente humana e cristã»[165].

Em Agosto de 1965, ao ser perguntado, durante uma entrevista ao *Jours de France*, se lhe parecia possível os católicos organizarem-se «politicamente mediante qualquer designação específica», o presidente do Conselho confirmava, de modo taxativo, que tal não lhe parecia «normal, nem correto, nem vantajoso», uma vez que «o regime português não aceita a formação de partidos, mesmo de partidos políticos católicos». Numa explicação algo nova dentro do que era o seu discurso, Salazar fazia radicar as aspirações dos católicos interessados na atividade especifica de partido na experiência que «organizações católicas que se entrelaçam com organizações semelhantes de outros países» proporcionavam aos seus militantes, então «tentados pelo universalismo da nossa época». Afinal, entendia o chefe do Governo, «por mais que se queira focar o carácter puramente religioso destes organismos, eles dificilmente escondem certo caráter ou intenção política, no que a Igreja não tem interesse em comprometer-se»[166]. Nesse comentário, permanecia manifesta a desconfiança que Salazar continuava a votar à Ação Católica.

Apesar dessa suspeição sobre os organismos da ACP, é possível afirmar, em função dos casos estudados até ao momento presente, que Salazar não se precipitou em obstaculizar as atividades da organização, nem durante os meses mais agudos do conflito político mantido com D. António Ferreira Gomes, nem nos anos posteriores. As publicações da ACP, por exemplo, apenas no marcelismo ficaram, pela primeira vez, obrigadas a censura, prática que gerou alguma inquietação entre a hierarquia eclesiástica Outras publicações católicas foram também, nesse período, submetidas ao exame dos serviços censórios. Tal sucedeu com a revista *Estudos*, do CADC, cujos quadros e militantes, desde a publicação em 1956 do decreto-lei n.º 40 900, vinham pugnado pela autonomia universitária e do associativismo estudantil. As críticas de elementos do CADC ao regime, designadamente à falta

---

[165] Excertos da entrevista de Salazar dada ao *The Catholic Herald*, em 26 de Julho de 1963, transcrita in: idem, *ibidem*, pp. 167-168, 175.

[166] Excertos da entrevista de Salazar dada ao *Jours de France*, em 7 de Agosto de 1965, transcrita in: idem, *ibidem*, pp. 189-190.

de liberdade de imprensa, à atuação da polícia política, aos desequilíbrios sociais, haviam ainda crescido depois de 1958. A crise académica de 1969 e o alinhamento de muitos caedecistas com os setores estudantis contestatários contribuiu particularmente para a submissão da *Estudos* à Censura[167].

Embora a larga maioria dos católicos tenha seguido, depois de 1958, um comportamento político de acatamento das autoridades públicas e da legalidade, o processo de crescente insatisfação em relação às políticas governamentais, que se registava entre as forças políticas de apoio à *Situação*, debilitou a liderança de Salazar e, mais tarde, de Caetano. Salazar não corrigiu o problema dos setores católicos em «baixa tensão» com a autoridade política, permitindo a sua latência[168], e Marcelo

---

[167] No pedido que D. Francisco Rendeiro, bispo de Coimbra, dirigiu a Marcelo Caetano, em 19 de Novembro de 1969, em torno da revista *Estudos*, encontra-se um exemplo, entre a autoridade eclesiástica, de algum receio pela evolução das relações entre o Estado e a Igreja Católica. Escreveu D. Francisco: «Com os seus mais respeitosos cumprimentos agradece, muito reconhecido, a atenção que o Senhor Presidente do Conselho se dignou dar ao problema da revista Estudos. [...] Como os outros números da mesma revista, é da responsabilidade dos jovens. Pode garantir a V. Exa. que em Coimbra a Igreja está a fazer o possível para formar cristãmente esses jovens. Não se consegue evitar que caiam nos excessos próprios da juventude, a que se refere Paulo VI na célebre alocução de 25 de Setembro de 1968. Pede ao Senhor Presidente do Conselho que mande examinar atentamente o referido número por provas competentes e isentas e agradece antecipadamente que lhe seja comunicada a conclusão a que se chegar. Não será preciso afirmar, neste momento, ao Senhor Presidente do Conselho o que desejo de bom entendimento com o Poder Civil, norma do seu governo de bispo ao longo de 17 anos.» (Cf. PT/TT/AMC, Cx. 29, doc. n.º 1: cartão do bispo de Coimbra para Marcelo Caetano, datado de 19 de Novembro de 1969; Manuel Braga da Cruz, «Centro Académico de Democracia Cristã» in *Dicionário de História de Portugal*, coord. de António Barreto e Maria Filomena Mónica, vol. VII, Porto, Livraria Figueirinhas, 1999, p. 287).

[168] Henriques Martins de Carvalho advertiu, em 1963, Salazar para o descontentamento que grassava entre setores católicos e monárquicos, que gravitavam na esfera de influência do regime. Em carta para o presidente do Conselho, escrevia o ex-ministro que, entre católicos e monárquicos, grupos sem «fronteiras rígidas e [que se] interpenetram [...] assiste-se, nos últimos anos, ao desenvolvimento [...] de um espírito progressivamente anti situacionista, quer nos setores jovens quer mesmo nos setores tradicionais. E, nas próprias forças situacionistas, julgo notar, paradoxalmente, um movimento correspondente, que se manifesta sobretudo numa crescente insatisfação:

Caetano acabou por assistir ao questionamento da legitimidade do regime e ao desligamento de uma compósita corrente católica, tradicionalmente alinhada com o poder, da plataforma compromissória que sustentava o projeto político do Estado.

Ambos os presidentes do Conselho responsabilizaram a hierarquia eclesiástica por comportamentos de círculos católicos que percecionaram como subversivos da ordem pública e de resistência ou de oposição ao regime. Este ponto conduz à observação do segundo aspeto atrás identificado na estratégia do Executivo. A leitura da questão à luz do entendimento de que se processava, no interior do campo católico, um problema de indisciplina que a autoridade religiosa não controlava, serviu, em parte, de justificação para o aumento da repressão estatal. Esta interpretação encontrava-se generalizada entre personalidades próximas da governação (ministros, dirigentes da UN, parlamentares), que faziam chegar a Salazar informações sobre as «dificuldades» que o cardeal Cerejeira experimentava em lidar com um crescente ambiente de contestação surgido nos meios juvenis e universitários da ACP ou no Presbitério de Lisboa, onde alguns padres apresentavam novas expectativas pastorais e reivindicações sobre a sua identidade e estatuto na sociedade. Por essa via, o chefe do Governo acompanhou de perto, por

---

nada do que o Governo faz é julgado bastante, e à mera substituição de pessoas atribui--se por vezes, muito além do razoável, um significado que gera movimentos [...]. [Trata--se] de insatisfação menos estruturada: não só em consequência da natureza híbrida de várias das suas instituições como também porque tanto o pensamento católico como o pensamento monárquico tem um nível de formulação e evolução doutrinária que torna o fenómeno mais percetível, no campo das orientações concretas.» Contra essa «evolução» de alguns setores «situacionistas», registava Martins de Carvalho o aparecimento de «um movimento correspondente ao que em França tem sido chamado dos "ultras", menos talvez no campo político do que no campo económico e social. Antes de mais, registe-se que há "ultras" de todas as idades, pelo que a juventude não é sinónimo de atualização de ideias ou métodos. E, note-se a seguir, este movimento, muitas vezes, é mais um espírito do que propriamente um grupo de pessoas. Mas existe e atua por três formas principais: a) pela manobra política, que procura afastar, por "suspeitos", os que não subscrevem os seus pontos de vista; b) pela influência direta sobre os responsáveis de mais alto grau; c) pela defesa de uma política de repressão e condenação de atitudes divergentes.» (Cf. PT/TT/AOS/CP-55, fls. 330-352: carta de Henrique Martins de Carvalho para Salazar, datada de 17 de Junho de 1963; em anexo: discurso de Martins de Carvalho).

exemplo, o caso do padre Felicidade Alves[169], a crise vivida no interior do Seminário dos Olivais[170], os casos do padre César da Fonte e de alguns padres oriundos das colónias africanas[171]. O presidente do Con-

---

[169] Cf. PT/TT/AOS/CO/PC-6B, Pasta 31, fls. 505-510 e 514-515: cartas de Soares da Fonseca para Salazar, datadas de 7 de Maio e de 24 de Junho de 1968; PT/TT/AOS/CP-266, Pasta 31, fls. 505-510 e 514-515: carta de Inocêncio Galvão Teles, para Salazar, datada de 28 de Junho de 1961.

[170] Cf. PT/TT/AOS/CP-54, fls. 288-293: carta de Henrique Martins de Carvalho para Salazar, datada de 8 de Agosto de 1961; PT/TT/AOS/CO/PC-6 B, Pt. 23, 10.ª subdivisão, fls. 258-259: nota de Soares da Fonseca para Salazar, datada de 9 de Dezembro de 1966.

[171] Henrique Martins de Carvalho identificou junto de Salazar, em Agosto de 1961, casos que «motivavam preocupação»: « a) Os padres negros vindos de Angola por simples suspeita – Parece que já está a ser estabelecido o seu destino e este tem a concordância do Ministério do Ultramar. Vão ser distribuídos por casas religiosas da Metrópole; b) O caso do prior da freguesia de Belém. – O Padre Felicidade é um homem inteligente e bem intencionado, que tem realizado na freguesia uma obra de indiscutível relevo. Mas não sei se Vossa Excelência sabe que ele teve há anos certas perturbações mentais e que, uma vez por outra, toma atitudes menos ponderadas. Todavia, sei que escreveu ao Senhor Patriarca (de França, onde se encontra a passar férias) uma carta pedindo desculpa das atitudes que tomou e dando garantias de que não as repetirá e obedecerá sempre às diretrizes do seu Prelado; c) O Padre César da Fonte. – Trata-se dum caso muito delicado. Foi-me dito que lhe tinha sido exigida uma declaração sob juramento de que se absteria de quaisquer atitudes políticas, sob pena de lhe serem retiradas as Ordens. Ainda não enviou essa declaração. E, no Patriarcado, não se tem instado pelo seu envio porque a situação em que se encontra (suspensão de ordens) pode exercer sobre ele, na próxima campanha eleitoral, uma certa ação inibitória. Doutro modo, é bem provável que rompa com a hierarquia e, nessa altura, já nada o pode limitar; d) O prior de Alcântara. – Trata-se de um sacerdote de origem muito modesta e pobríssimo (não tem um tostão e dá aos pobres tudo quanto recebe). A sua atitude é, a muitos aspetos, a de um revoltado social. Parece que não tinham fundamento as acusações que lhe foram feitas de fazer funcionar a sua casa como centro paroquial para os padres negros. Comprometeu-se formalmente a deixar de praticar, nos atos de culto, qualquer atitude política, mas não é certo que as não tome em conversas particulares. Estava prevista a sua ida para a Argentina, por forma discreta (sairia de férias e delas não regressaria à paróquia). Consta-me porém que o Senhor Ministro do Interior está dificultando esta solução. Por mim, tenho a impressão de que seria a melhor. […] Mas é evidente que, se é de admitir e até de prever uma relativa acalmia, entre os sacerdotes, relativamente ao erro progressista, convirá ter presente que as orientações desta natureza se encontram hoje espalhadas em grandes setores da Igreja. Por exemplo, entre

A SEGUNDA SEPARAÇÃO

selho tomou ainda conhecimento de situações de desconsideração para com o administrador apostólico da diocese do Porto[172], de politização de militantes da Juventude Universitária Católica[173], e de tensões teológicas no interior da ACP, surgidas na sequência de dinâmicas suscitadas pelo *aggiornamento* conciliar[174]. Após assumir a chefia do Executivo,

---

os dominicanos.» (Cf. PT/TT/AOS/CP-54, fls. 288-293: carta de Henrique Martins de Carvalho, na qualidade de ministro da Saúde e Assistência, dirigida a Salazar, datada de 8 de Agosto de 1961).

[172] Um desses momentos ocorreu a propósito da cerimónia de trasladação do corpo do padre Américo (1887-1956), fundador das Casas do Gaiato e do Património dos Pobres e Calvário, em Julho de 1961. Para a ocasião, onde o Governo estava representado pelo ministro da Saúde e Assistência, os padres da «Obra da Rua» não convidaram D. Florentino de Andrade e Silva. Contudo, o administrador apostólico da diocese do Porto compareceu à cerimónia, salientando que o fazia «sem convite» (Cf. PT/TT/AOS/CP-54: carta de Henrique Martins de Carvalho, na qualidade de ministro da Saúde e Assistência, dirigida a Salazar, datada de 19 de Julho de 1961). Outro episódio envolveu alegadamente a sagração do bispo auxiliar de Leiria, em 1967, o qual, no almoço de homenagem que a seguir àquela celebração lhe oferecera o administrador apostólico do Porto, teria mostrado «com alguma deselegante desenvoltura» ser «todo do D. António Ferreira Gomes» (Cf. PT/TT/AOS/CO/PC-6B, Pasta 25, 3.ª subdivisão, fls. 320-327: carta de Soares da Fonseca para Salazar, datada de 11 de Fevereiro de 1967).

[173] Em Julho de 1961, Henrique Veiga de Macedo escreveu ao presidente do Conselho: «Quanto à JUC, e não obstante os esforços do assistente eclesiástico Cónego [António] Reis Rodrigues para impor disciplina, as coisas não correm bem. Há, por vezes, grande desorientação e graves infiltrações, aliás como nos diversos meios académicos, onde o problema político se complica, dia a dia, a ponto de exigir uma atenção constante e positiva do género». O presidente da Comissão Executiva da UN acentuava ainda que «entre o clero de Lisboa o ambiente melhorou de maneira sensível» e informava que Convivi ontem, durante algumas horas, com os padres franciscanos do Varatojo, onde passei o fim da tarde e o princípio da noite. Ali reina um clima de compreensão e de colaboração connosco.» (Cf. PT/TT/AOS/CP – 162, fls. 142-143: carta de Henrique Veiga de Macedo, na qualidade de presidente da Comissão Executiva da UN, dirigida a Salazar, datada de 25 de Julho de 1961).

[174] Em Abril de 1967, Soares da Fonseca levava ao conhecimento de Salazar uma nota produzida por Sidónio de Freitas Branco Paes, secretário-geral da Junta Central da ACP, na qual este defendia uma nova reorientação para o fenómeno de Fátima, à luz da nova eclesiologia conciliar. A nota fora considerada um «infeliz documento» pelo cardeal Cerejeira e causara mal-estar entre os assistentes nacionais da ACP, que recusariam adotar as orientações aí preconizadas. No documento, Sidónio Paes defen-

também Marcelo Caetano recebeu informações sobre a preocupação com que a Santa Sé seguia alguns acontecimentos passados no interior da Igreja Católica em Portugal[175].

O Estado intervinha onde as autoridades eclesiásticas não garantiam a obediência considerada necessária ao acatamento do poder constituído, e essa posição, alegadamente, permitia evitar danos maiores na relação das instituições estatal e eclesial. Na realidade, alguns dos procedimentos repressivos do regime, sobretudo algumas ações da polícia política, suscitaram protestos de alguns sacerdotes e prelados junto do Governo; foram, porém, em número reduzido e trataram-se de diligências discretas, feitas a título individual, pedindo complacência na apreciação dos casos em causa e alertando para a imagem desfavorável que em torno dos mesmos se formava sobre o Executivo[176].

---

dera «uma crítica científica da mensagem [de Fátima] tal como tem sido formulada, a partir das "Memórias da Irmã Lúcia"», e propusera situar as formas de devoção e de culto ligadas a Fátima «no âmbito do culto mariano e numa perspetiva ecuménica [...] e dar-lhes o lugar secundário que devem assumir para os "verdadeiros adoradores de Deus, em espírito e em verdade"». Finalmente, aquele dirigente da ACP salientara a necessidade de «substituir o papel relevante e de feição negativa que a modéstia e o 6.º mandamento foram levados a assumir em Fátima, por uma perspetiva moral atuante, essencialmente positiva e, nos termos do Concílio, orientada para o respeito da dignidade humana, a promoção dos direitos fundamentais e dos valores humanos e cristãos – tais como a verdade, a liberdade, a justiça, o amor e a paz – na vida individual, familiar, social.» (Cf. PT/TT/AOS/CO/PC-6B, Pasta 27, fls. 372-380: carta de Soares da Fonseca para Salazar, datada de 7 de Abril de 1967).

[175] Em Setembro de 1969, o ministro dos Negócios Estrangeiros, Alberto Franco Nogueira, informava Caetano de uma conversa que havia tido com o núncio apostólico em Portugal, o cardeal de Furstenberg: «o problema da juventude preocupava o Vaticano, que não sabia como atuar nem compreendia bem o que se estava passando». Os círculos da Santa Sé estavam ainda «preocupados com a crise da Igreja Portuguesa. Acentuava-se a divisão. Os seminários estavam sendo mal orientados. O Padre Felicidade continuava muito ativo. O Sr. D. Manuel [Gonçalves Cerejeira] não procedia com a firmeza requerida.» (Cf. PT/TT/AMC, Cx. 29, n.º 1: carta de Alberto Franco Nogueira, na qualidade de ministro dos Negócios Estrangeiros, para Marcelo Caetano, datada de 1 de Setembro de 1969).

[176] Em Maio de 1953, o padre Gustavo de Almeida escrevia a Salazar: «Posso fazer uma sugestão a Vossa Excelência? Prenderam há dias o presidente geral da JOC e anteontem o tesoureiro. Evidentemente que a PIDE teve os seus motivos para o fazer. O que eu queria sugerir é o seguinte: esses homens pertencem a um meio desgraçado

A partir dos anos de 1960, a pulverização de intervenções cívicas de diversos católicos encerrando uma dimensão reativa contra o poder político e de reclamação pelo direito de intervenção na sociedade, através do exercício de maiores responsabilidades sociopolíticas de natureza associativa, sindical e partidária, motivou uma maior vigilância da PIDE sobre as atuações de leigos e sacerdotes católicos suspeitos de desafetação ao regime, não só na metrópole mas também nas colónias. A polícia política não se eximiu de vigiar também alguns prelados metropolitanos e ultramarinos. Em 1958, tinha aberto processos individuais a D. António Ferreira Gomes e a D. Eurico Dias Nogueira,

---

sob o ponto de vista político da JOC... Ora, prisões destas, demoradas, sem uma explicação, exacerbam o meio – e de que forma!... Convirá esta perturbação? A Polícia estará no seu papel, mas o Governo é que terá que pensar que esses homens não são isolados de uma organização que conta alguns milhares de filiados e que de dia para dia criam aí fora um ambiente desgraçado. Se estão culpados, pois bem, digam-no, mesmo para abater as fichas associativas e... outras mais. Perdoe Vossa Excelência ter-me metido neste assunto mas tenho ouvido tanta coisa!!!» (Cf. PT/TT/AOS/CP-6, fls. 214-216: carta do padre Gustavo de Almeida para Salazar, datada de 14 de Maio de 1953). No final dos anos de 1960 e 1962, também o arcebispo de Luanda, Moisés Alves de Pinho, se dirigiu ao chefe do Governo para solicitar um esclarecimento sobre a incomunicabilidade a que a polícia política votara, na prisão, o padre Joaquim Pinto de Andrade, e protestar contra a negação de assistência religiosa que lhe era imposta. O prelado aproveitou para informar o presidente do Conselho do ambiente de descontentamento que existia na arquidiocese perante o crescente desemprego, as intervenções da PIDE e uma ausência de investimento nos setores da assistência e na educação (Cf. PT/TT/AOS/CP-15, Pasta 20, fls. 204-217: cartas de D. Moisés Alves de Pinho para Salazar, datadas de 17 de Outubro de 1960 e de 19 de Novembro de 1962). O bispo da Beira, D. Sebastião Soares de Resende, em pleno confronto seu com o Executivo, interveio também junto de Salazar para pedir a revogação da decisão da PIDE de impedir a partida para Moçambique do missionário holandês Arnald Grott. Nesse pedido, foi atendido pelo chefe do Executivo (Cf. Bruno Cardoso Reis, *ibidem*, p. 299-300). Da parte do cardeal Cerejeira, é conhecida apenas uma intervenção sua junto do ministro do Interior, em Agosto de 1958, inquirindo sobre os processos utilizados pela PIDE para com os presos políticos e apelando a que a hierarquia governativa reprovasse «tudo o que na necessária e difícil ação policial de defesa do Estado ofenda os princípios da religião e da moral» (Cf. Carta de D. Manuel Gonçalves Cerejeira para o ministro do Interior, Joaquim Trigo de Negreiros, datada de 2 de Agosto de 1958, transcrita em: José Geraldes Freire, *Resistência católica ao salazarismo-marcelismo...*, pp. 226-227).

bispo de Vila Cabral e mais tarde de Sá da Bandeira. Em 1965 colocou sob vigilância o prelado da Beira, D. Sebastião Soares de Resende. Também o sacerdote António Ribeiro, futuro bispo de Lisboa, pela sua tomada de posição pública aquando da visita do papa Paulo VI a Bombaim, foi alvo de vigilância pela PIDE, embora do seu processo apenas conste uma informação abonatória[177]. A partir de 1972, a DGS vigiou ainda o prelado de Nampula, D. Manuel Vieira Pinto, e D. Francisco Nunes Teixeira, bispo de Quelimane. Como notou José Barreto, tais iniciativas da polícia política, embora de desigual importância (os dossiers relativos aos bispos do Porto, de Vila Cabral e de Quelimane são os mais volumosos e ilustrativos de práticas de violação e confisco de correspondência entre prelados e, inclusivamente, entre os bispos e a Santa Sé), apontam para um desrespeito pela independência da esfera eclesiástica, resultante de um ambiente de crescente desconfiança do poder político em relação à Igreja Católica[178]. Além de processar informações políticas sobre as atividades de diversos católicos, a PIDE fez ainda prisões políticas entre alguns leigos e sacerdotes. Em Luanda, entre 1960 e 1964, foram presos e/ou deportados vários elementos do clero autóctone. Em 1964, foram detidos para interrogatório quatro padres da diocese de Évora, que haviam defendido o carácter estritamente religioso da deslocação de Paulo VI a Bombaim. Em 1967, foi encerrada a PRAGMA – Cooperativa de Difusão Cultural e Ação Comunitária, fundada por católicos ligados aos meios operário e estudantil, e presos os seus dirigentes. Dois anos depois, a polícia política, procurando desmantelar o projeto dos *Cadernos GEDOC*, prendeu quatro dos seus responsáveis e interrogou sessenta dos seus assinantes; a publicação foi, contudo, editada clandestinamente até 1970[179].

---

[177] A pasta relativa ao sacerdote António Ribeiro possui apenas o seu boletim de identificação, onde está averbada uma informação, prestada pelo presidente da Câmara de Celorico de Basto, dada em 10 de Março de 1965, dizendo que «nada consta» sobre o padre (Cf. PT/TT/PIDE/BOL 448403/UI 8373: processo António Ribeiro – futuro patriarca de Lisboa).

[178] Cf. José Barreto, *Religião e Sociedade. Dois ensaios...*, p. 126.

[179] Cf. João Miguel Almeida, *A Oposição Católica ao Estado Novo (1958-1974)...*, pp. 126, 145-146, 226.

Durante o marcelismo, intensificou-se a repressão direcionada contra setores católicos. Foi, sobretudo, nos meios urbanos (Lisboa, Coimbra e Porto) que as ações dos católicos mais se diversificaram e ganharam um impacto público inédito, o que se tornou possível pela atmosfera de «modernização» que envolvera o País, nos dois primeiros anos de governação de Caetano. Nesse ciclo inicial à frente do Governo, Caetano despertara reações expectantes por parte de vários quadrantes da sociedade sobre a possibilidade do novo Executivo promover uma transformação do sistema político em sentido democrático e encontrar uma «solução política» para a guerra em África. A perceção de que o Governo não poria fim à intervenção militar nas colónias, firmada a partir de 1970-1971 entre vários setores da sociedade, constituiu o principal motivo para a mobilização católica em torno da luta contra a guerra em África. Surgiram, assim, novos títulos de propaganda anticolonial clandestina (os *Cadernos Anticoloniais*, em 1970, e o *Boletim Anticolonial*, em 1972 e 1973), a par de outros já existentes (como o *Direito à Informação*, surgido em 1963), nos quais se discutiam abertamente as temáticas da descolonização e da democratização. Alguns grupos católicos estreitaram ligações com movimentos de luta armada (como a LUAR, o PRP e as BR). Generalizaram-se denúncias de sacerdotes sobre violações dos direitos humanos cometidas pelas forças militares portuguesas nos territórios coloniais. Outros leigos e padres empenharam-se em iniciativas de promoção dos direitos humanos e de reivindicação de liberdades públicas, como a Comissão «Justiça e Paz» (Porto, 1969), a Comissão Nacional de Socorro aos Presos Políticos (1969), o Movimento Justiça e Paz (Lisboa, 1973). Alguns organizaram vigílias pela paz (S. Domingos, 1969, e Arroios e capela do Rato, em 1973)[180].

---

[180] Sobre algumas destas iniciativas e suas implicações eclesiais, sociais e políticas, consulte-se: João Miguel Almeida, *ibidem*, pp. 178-276; António de Araújo, *A Oposição Católica no Marcelismo: o caso da Capela do Rato*, tese de doutoramento, texto policopiado, Faculdade de Ciências Humanas, Universidade Católica Portuguesa, 2011; Nuno Estêvão Ferreira, «Os meios católicos perante a guerra colonial: reconfigurações da questão religiosa em Portugal» in *Lusitania Sacra*, 2.ª série, 12 (2000), pp. 237-258. Vejam-se ainda alguns testemunhos: Luís de Azevedo Mafra, *Lisboa no tempo do cardeal Cerejeira*, Lisboa, CEHR/Universidade Católica Portuguesa, 1997,

Nesse contexto, Marcelo Caetano entendeu que o Governo não podia transigir com o problema do «progressismo» católico, que considerava estar na origem tanto da contestação católica à guerra colonial como da politização de círculos católicos em torno do socialismo marxista. A ameaça era, em seu entender, dupla: para o regime, porque abria brechas no alinhamento político dos católicos com a *Situação*, para a Igreja, porque punha em causa a sua coesão interna[181]. Como tal, o Executivo submeteu a censura prévia diversas publicações católicas, como já se sublinhou, mas ainda a Rádio Renascença[182]. Um reforço da espionagem sobre os suspeitos de «subversão» fez ainda aumentar o número de detenções, seguidas da instauração de processos (casos do padre Mário de Oliveira, detido e julgado por duas vezes, em 1971 e 1974, dos participantes na vigília da capela do Rato e dos estudantes de Teologia, em 1973) ou a expulsão do País quando se tratava de sacerdotes com nacionalidade estrangeira (caso do padre João Maria van Hurk, em 1973). Medidas semelhantes foram aplicadas nas colónias, sobretudo em Angola e Moçambique, onde, na sequência de denúncias dos massacres perpetrados contra as populações autóctones, se sucederam prisões e julgamentos (padres do Macuti, em 1972-1973) e expulsões de membros de congregações religiosas (Padres Brancos, em 1971, Padres de Burgos, em 1973, e Padres Combonianos, em 1974). As várias intervenções, do lado governamental ou católico, seguidas de ações de solidariedade ou de desagravo, haveriam de formar um clima de conflito insanável que não só elevou a contestação católica ao regime, como contribuiu para

---

pp. 5-27; Nuno Teotónio Pereira, *Tempos, Lugares, Pessoas*, Matosinhos, Contemporânea/Jornal *Público*, 1996; Joana Lopes, *Entre as brumas da memória. Os católicos portugueses e a ditadura*, Porto, Âmbar, 2007, pp. 137-174. Sobre a avaliação política de algumas destas iniciativas por parte da classe política, designadamente entre os deputados, com posições divergentes sobre as mesmas, veja-se: Paula Borges Santos, *ibidem*, pp. 196-197, 199-204.

[181] Cf. Marcelo Caetano, *Depoimento*..., p. 152.
[182] Cf. Paula Borges Santos, *Igreja Católica, Estado e Sociedade (1968-1975). O caso Rádio Renascença*... , p. 46-47.

o Executivo se fechar sobre si mesmo, prejudicando ainda seriamente a posição de Portugal na esfera internacional[183].

[183] Um dos golpes mais sérios na reputação do regime, aconteceu por ocasião da visita de Marcelo Caetano a Londres (1973), quando o padre britânico, Adrian Hastings, denunciou ao jornal *The Times* os massacres perpetrados por forças militares portuguesas em Moçambique, no distrito de Tete, no âmbito de operações de contrainsurreição. Particularmente conhecido tornar-se-ia o massacre de Wiriyamu, que havia envolvido o arrasar de uma aldeia inteira e trazido a morte a quase todos os seus habitantes. Essas revelações perturbariam o relacionamento luso-britânico, dificultando também a situação de Portugal na ONU. Para maior detalhe deste caso, consulte-se: Pedro Aires Oliveira, «Adrian Hastings e Portugal, Wiriyamu e outras polémicas» in *Lusitania Sacra*, 2.ª série, 19-20 (2007-2008), pp. 379-397.

CONCLUSÃO

O regime autoritário português promoveu uma significativa transformação no relacionamento institucional do Estado com as Igrejas, especialmente com a Igreja Católica. Essa transformação decorreu de novas soluções tentadas para a organização do Estado, que foram fruto de conflito político e de disputas de interesses que se estenderam ao longo da ditadura. O modelo de relação entre a política e a religião foi debatido no âmbito da ligação a estabelecer entre o Estado e interesses sociais organizados, mas também entre Estado e os indivíduos. As opções, quanto ao que nesse âmbito se firmou, afloraram no direito público, em geral, e no direito constitucional, em particular. Determinaram também dinâmicas exclusivamente políticas, e estas foram, em certo sentido, um complemento ao enquadramento normativo do fenómeno religioso. Pela soma destes elementos, durante o *Estado Novo* foi inaugurada e consolidada uma fase de importantes alterações na interação entre a política e a religião, a que pode chamar-se a *segunda separação*, caracterizada por preceitos constitucionais mais favoráveis à autonomia organizativa da Igreja Católica, pelo estabelecimento da Concordata e do Acordo Missionário de 1940, progressivamente regulamentados, e pela aprovação da primeira Lei de Liberdade Religiosa (1971), que considera o fator social religioso não católico.

Como se pode compreender, a *segunda separação* opõe-se intencionalmente à primeira experiência de separabilidade, ou primeira separação, decorrida entre os anos de 1910 e 1933, determinada por algumas medidas do Governo Provisório, pela institucionalização da Lei de Separação de 1911 e alterações subsequentes da mesma, bem como pelo chamado decreto da «personalidade jurídica» de Junho de 1926. Recorde-se como este último diploma, não obstante ser produzido num clima de muito menor oposição do Estado à religião, com redução da conflitualidade entre as autoridades civis e religiosas, e num momento em que o Governo pretendia inclusive satisfazer algumas das mais importantes reivindicações da Igreja Católica, não denotava ainda uma ruptura com numerosos problemas, teóricos e práticos, que se colocavam no plano das relações do Estado e da Igreja Católica, em especial, e das confissões religiosas em geral, designadamente o do estatuto próprio dos grupos religiosos.

Por contraste, o elemento distintivo da *segunda separação* reside na mudança de paradigma jurídico, político e cultural que permitiu considerar as confissões religiosas como realidades autónomas com necessidades próprias, ainda que condicionadas e submetidas aos interesses gerais da sociedade, pelo que se justificava que a regulamentação dos seus direitos fosse imposta por parte do ordenamento do Estado. Por comparação com a primeira separação, o poder político diminuiu substancialmente a ingerência nos assuntos religiosos, designadamente mitigando o poder de inspeção do Estado. Com efeito, essa inspeção deixou de ser exercida para a determinação do estatuto da Igreja Católica e da natureza dos seus organismos, permanecendo porém efetiva sobre atividades sociais católicas exercidas no campo da educação, ensino e assistência. Menor evolução houve no caso das confissões minoritárias, mantendo-se a atitude tutelar do Estado para reconhecimento das comunidades locais e algumas associações confessionais, a que a Lei de Liberdade Religiosa de 1971 juntou a possibilidade de concessão de personalidade jurídica às confissões organizadas.

Este paradigma de separação apenas em democracia foi revisto e atualizado, pelo que entendo que se vive atualmente a *terceira separação*, começada quando o ordenamento português assumiu uma visão centrada no reconhecimento e proteção dos direitos fundamentais do cidadão, e, nessa esteira, se harmonizou com uma aceção ampla e sem restrições da liberdade religiosa. Nesta perspetiva, o marco legislativo que permitiu inaugurar esta fase foi a Constituição de 1976, embora só se tenha institucionalizado verdadeiramente com a Lei da Liberdade Religiosa de 2001. É ainda uma fase marcada pela Concordata de 2004, assinada entre o Estado português e a Santa Sé. Frequentemente, a experiência de separação criada pelo *Estado Novo* tem sido politica e cientificamente desconsiderada, com recurso a uma argumentação que sublinha um relacionamento entre o Estado e a Igreja Católica

CONCLUSÃO

de mútuo suporte e de legitimação do comportamento autocrático do poder político pelas autoridades religiosas. Contudo, um olhar que se debruce para o que foi, no autoritarismo português, e é, no sistema democrático pós-1976, a regulação do fenómeno religioso não pode deixar de reconhecer que há evidentes continuidades entre a *segunda separação* e a terceira, nos seguintes aspetos: 1) na consideração do carácter originário e independente da autoridade das confissões religiosas, com a consequência de reconhecimento da sua personalidade jurídica; 2) no entendimento de que as confissões religiosas têm lugar no espaço público; 3) na aceção de que os interesses das confissões religiosas têm que ver com interesses da coletividade, e não exclusivamente com interesses particulares, o que tem permitido sustentar o aprofundamento do princípio da cooperação do Estado com a Igreja Católica e, embora menos eficazmente, com outras Igrejas; 4) na diferença de posicionamento da comunidade política quanto ao estatuto da Igreja Católica e das confissões minoritárias, continuando a prevalecer na legislação uma discriminação positiva da primeira, em função de um pensamento que advoga a ponderação da representatividade das confissões quanto à determinação da natureza de confissão religiosa e aos direitos que lhes devem ser reconhecidos.

Depois do que se escreveu ao longo deste estudo, pode dizer-se que foram quatro os elementos que regeram o comportamento do poder político face à religião, entre 1933 e 1974. Neles se refletiram máximas doutrinais do poder, estabelecidas ou não em preceitos legais.

Em primeiro lugar, o **princípio da não confessionalização do Estado**. No salazarismo, entre as várias correntes político-ideológicas que sustentaram a institucionalização do regime em 1933, foi consensual a necessidade de atualização do modelo de separação do Estado das Igrejas. Não foram alheias a esse processo as rememorações da experiência da primeira separação, focalizadas na dimensão persecutória da religião, em particular do catolicismo, pelo Estado, na sua ação de modernização das instituições e da sociedade. De passagem, saliente-se que a inculcação dessa memória, enquanto experiência de conflito, no imaginário coletivo nacional existiu tão profundamente que, mesmo depois da queda do *Estado Novo*, no período da transição para a democracia (1974-1975), o ajustamento do relacionamento entre o Estado e a Igreja Católica se fez à luz de evitar «os erros da I República», apesar de não ter voltado a estar em causa o princípio da separação. Motivos geracionais justificam que tais perceções da primeira separação tenham tido maior importância no salazarismo do que no marcelismo. De facto, entre a classe política dirigente, o funcionalismo público, as autoridades eclesiásticas e o escol de dirigentes dos vários organismos católicos, existiu quem testemunhasse, até final da década de 1950, o conturbado período republicano, tendo tido proximidade (nuns casos mais do que noutros) com alguns dos acontecimentos que haviam alimentado o confronto entre os poderes públicos daquela época e a instituição eclesial. Essa circunstância terá tido influência na psicologia quer das autoridades políticas quer das autoridades religiosas, tanto para efeitos do tratamento mútuo que se dispensaram como nos esforços negociais que estabeleceram, justificando a tomada de atitudes não só de resistência como de busca de equilíbrios.

Por comparação com o sucedido durante a I República, o Estado autoritário não teve qualquer horizonte de substituição da religião, e do catolicismo em particular, e declinou a exigência de uma subordinação absoluta das Igrejas ao poder político, rejeitando um modelo de separação hostil. O conflito, que estivera na base dessa configuração da separabilidade, foi ultrapassado pelo desenvolvimento de uma nova atitude do Estado perante as confissões religiosas. Interessado na pacificação das suas relações com as Igrejas, sobretudo com a Igreja Católica, o Estado buscou realizar uma paz social em que a religião deixasse de se configurar como elemento polarizador. Nessa medida, estabeleceu-se uma situação de separação colaborante, na qual o Estado, entendendo-se representante dos interesses gerais e soberano perante todas as instituições que se encontravam no seu território, não abdicou de acionar mecanismos práticos que lhe permitiram fiscalizar a atividade religiosa, mas mostrou tomar conhecimento de aspetos da *libertas ecclesiae*. Nessa medida, favoreceu a efetividade da dimensão institucional da Igreja Católica, dando inclusive início à experiência de formas de cooperação recíproca, sem fazer perigar o direito de soberania política do próprio Estado. Qualquer favorecimento da ideia de soberania eclesiástica foi rejeitada pelo poder político, afastado de considerações da religião como fonte legitimadora do poder civil.

Esta questão esteve longe de ser consensual ao longo do salazarismo e do marcelismo. A confessionalização do Estado foi defendida por setores católicos, alguns de sensibilidade monárquica. As tensões e divergências suscitadas por quem defendia, por exemplo, a introdução do nome de Deus na Constituição Política, ganharam visibilidade pública justamente nos momentos constituintes do regime, no pós-guerra (1951, 1959 e 1971). Até essa altura, os setores que partilhavam a ambição de ver rejeitado o princípio da não confessionalização do Estado, haviam estado mais focalizados na possibilidade de se abandonar o regime de separação colaborante e passar a um regime de união moral. Apesar de nunca ceder a confessionalizar o Estado, o poder político não dispensou o catolicismo como cimentador da tradição histórico-cultural e referencial da moralização social. Nessa medida, o Estado permitiu, aliás, a confessionalização funcional da escola pública, nos níveis de ensino primário, elementar, liceal e técnico.

Em segundo lugar, **o estabelecimento de uma normatividade específica para a Igreja Católica**. A ideia de um catolicismo «histórico», transformado em elemento identitário da nação, e a consideração do peso sociológico do catolicismo, permitiram ao poder político dispensar um tratamento privilegiado à Igreja Católica. Também a autoridade religiosa, especialmente durante o episcopado do cardeal Cerejeira, não rejeitou a conceção de que a Igreja Católica estava integrada na nação. Essa razão legitimava, na perspetiva da hierarquia eclesiástica, que o Estado dispensasse proteção à instituição eclesial, assegurando-lhe condições de expansão na vida social e pública.

Contudo, ao considerar-se o «promotor da unidade moral» e «orientador de todas as atividades sociais em obediência ao bem comum», o Estado não correspondeu inteiramente àquelas expetativas da autoridade religiosa. A relação com a Igreja Católica foi atravessada por uma tensão latente, na medida em que o Estado surgia com uma função de coordenação sobre todos os agregados sociais, a que o religioso não se podia furtar. Ao chamar a si a prestação de serviços, que considerava suficientes para providenciar a cada cidadão a base material e cultural necessária para a sua participação na vida pública do País, o Estado concorreu, sobretudo, com as iniciativas assistencialistas e educativas da instituição eclesial. Entendendo-se a si própria como instância instituinte do social, a par do Estado, a Igreja revelou dificuldades na acomodação ao projeto corporativo, tal como foi desenvolvido. Procurando preservar a sua autonomia, a instituição eclesial reagiu aos conteúdos do modelo corporativo praticado, mais na sua dimensão económica e social, e menos na dimensão política, apresentando e tentando concretizar as orientações da doutrina social da Igreja na formulação de respostas a dar a diversos problemas económicos e sociais.

O processo histórico da elaboração da legislação destinada a regular a dimensão social da religião católica traduz bem este quadro. Sem constitucionalizar todos os princípios reivindicados pela Igreja Católica, ou dispensar a fiscalização da sua atividade por via da legislação ordinária, o poder político foi sensível ao estabelecimento de uma normatividade específica para a confissão maioritária. Desenvolveu, a propósito, o vínculo do Estado português à Santa Sé, lógica inerente à solução escolhida de celebração de acordos concordatários. O que, por extensão, significou também, de algum modo, a promoção estatal da ligação da Igreja Católica nacional à Santa Sé. Neste horizonte, foi frequente a auscultação da posição das autoridades religiosas sobre o conteúdo de muitos diplomas, ainda antes da sua publicação, e até a elaboração pactuada de alguma legislação. Na realidade, tal sucedeu antes e depois da celebração dos acordos concordatários de 1940, embora a necessidade de regulamentação dos preceitos da Concordata tenha favorecido o acolhimento do princípio da bilateralidade normativa e fomentado a ideia da recíproca cooperação. A partir dos anos de 1960, episodicamente assiste-se à publicação de legislação que, por manifestar um entendimento mais profundo dos direitos da Igreja Católica, antecipa um pouco um modelo de separação coativa que só em contexto democrático se consolidará. Para a sua consumação faltava, nestes anos, que a relação entre o Estado e as Igrejas reconhecesse o valor do pluralismo e que estivesse intimamente ligada à validação de um exercício efetivo da liberdade religiosa.

Em terceiro lugar, **o princípio mitigado de liberdade religiosa**. Da Constituição Política adotada em 1933 decorreu a preservação do princípio da liberdade religiosa, ao qual, porém, não correspondeu uma situação de tutela efetiva da liberdade religiosa, no sentido atual do termo. Esta realidade, aliás, não constituía novidade quando comparada com o estabelecido no período de 1911 a 1933.

O princípio constitucionalizado de liberdade religiosa foi contraditado, desde logo, pela forma como o Estado regulou outros aspetos do fenómeno religioso e também outras liberdades. O salazarismo acomodou e tolerou a diversidade religiosa, mas nenhum apoio relevante foi dado pelo Estado à institucionalização das confissões minoritárias, sem um estatuto jurídico reconhecido e condicionadas a viver num regime de «pura situação de facto» e sujeitas à discricionariedade da Administração. Para estas confissões subsistiu sempre um défice de regulamentação legislativa. Apenas no marcelismo esse problema foi considerado politicamente, tendo-se inaugurado uma nova fase no ordenamento da liberdade religiosa em Portugal, quer por via das alterações ao texto constitucional aprovadas em 1971 que valorizaram o seu princípio (recuperando a dimensão institucional de liberdade de organização de todas as confissões religiosas, embora permanecesse ausente do assento constitucional uma dimensão individual de liberdade religiosa e de inviolabilidade de crenças e práticas religiosas), quer pela publicação da lei de liberdade religiosa.

Em quarto lugar, **o entendimento de que cabia ao Executivo o papel preponderante na regulação da expressão social do fenómeno religioso.** Na formulação da política religiosa do regime coube ao Governo, e em particular ao presidente do Conselho, um papel preponderante, como aliás foi tendência que se registou na formulação de outras políticas sectoriais do Estado autoritário. A explicação para este aspeto encontra-se na própria conceção da organização política e na hierarquia que existiu *de facto* entre os poderes Executivo e Legislativo, facilitando o alargamento da esfera de intervenção do Governo no âmbito do poder legislativo. Resultou também do modelo de coordenação política incrementado por Salazar e continuado por Marcelo Caetano, que *maxime* tirava partido da inexistência de responsabilidade política do Executivo perante a Assembleia Nacional, realçava a ideia do presidente do Conselho como principal decisor governamental, aconselhado pelos ministros que evidenciavam competência mais técnica do que política, sob auxílio de uma Câmara Corporativa também de competência técnica. Esta realidade, apesar de dominante, não impediu que alguma legislação tivesse sido preparada e desenvolvida por iniciativa e sob responsabilidade de um ou outro ministro. Normalmente, tal proporcionou-se em função do grau de autonomia que o ministro conseguiu reservar para si, ainda que coubesse ao chefe do Governo ter a palavra final sobre o conteúdo e a publicação do diploma.

Um fator intrínseco ao relacionamento construído entre o Estado e a Igreja Católica reforçou o papel do Governo como principal legislador do fator religioso: a lógica do estabelecimento dos acordos concordatários, quer antes quer depois da sua celebração.

Não abstraindo da forma especial como o Estado entendeu a posição da religião católica e como foi elaborada a normatividade que especificamente a enquadrou, saliente-se que foi comum o legislador, junto da autoridade religiosa, pautar-se por uma livre apreciação da oportunidade e das conveniências do próprio Estado. Este aspeto convoca outro ponto que não deve ser esquecido: o de que nesta época se assistia ao crescimento e transformação das funções do Estado. Esta questão não é menor e ilumina o aspeto da concorrência entre Estado e Igreja Católica na prestação de serviços em alguns domínios. Com efeito, na expansão do próprio Estado residiu a razão das várias tensões, assinaladas ao longo deste estudo, com a Igreja Católica, como, em paralelo, aí residiu a justificação para uma maior abertura do Estado à cooperação conjunta no ensino ou na assistência. Por essa via, o Estado subsidiou atividades nesses âmbitos, mas, na realidade, nesse encontro de vontades não deixou de encontrar espaço para aumento da carga fiscal, para inscrever a tendência para a centralização, para influenciar conteúdos, para determinar inclusivamente a lógica de inscrição territorial das atividades particulares impulsionadas pela Igreja Católica.

Por último, em quinto lugar, **a estratégia de desmobilização política dos católicos**. O poder governativo excluiu, em todo o tempo de vigência do regime, a ideia de autonomia política dos católicos, circunscrevendo a possibilidade da sua intervenção politicamente organizada à esfera da União Nacional/ Acção Nacional Popular. Não sendo uma determinação – a de proibição de qualquer atividade política fora desta formação parapartidária – dirigida em exclusivo aos católicos, mas a todos os grupos com dinamicidades e existencialidades políticas (o fim do Movimento Nacional-Sindicalista, por exemplo, resultou daquela posição; a única exceção admitida pelo poder político envolveu a Causa Monárquica), ela originou sempre mais problemas do que foi fonte de eficácia, na intenção de evitar a partidarização do Estado. A existência dessa imposição estatal, que foi delineada por Salazar e teve continuidade em Marcelo Caetano, não esvaziou, em nenhuma conjuntura do regime, o problema da responsabilidade política individual dos católicos e o da sua intervenção política na sociedade. Houve momentos mais favoráveis ao cumprimento daquele interesse do poder político, como sucedeu, nos anos de 1930, com a progressiva desativação do Centro Católico Português (CCP), e outros, especialmente depois do pós-II Guerra Mundial, em que a visão que da política tinha o regime passou a ser sucessivamente posta em causa, dificultando a chegada a compromissos com setores católicos diversos (até mesmo com os que gravitavam na esfera de influência do poder político), cada vez mais interventivos na vida pública e mobilizados em aí disputarem o seu protagonismo e influência, em nome não só dos interesses da Igreja mas também em razão de defesa das próprias ideologias políticas.

Para finalizar, resta acrescentar que o autoritarismo português seguiu uma política estável no tratamento que dispensou à religião, como se pode aferir pelos procedimentos políticos e pelas relações jurídicas a que o Estado recorreu e incrementou. Ao destacar-se este elemento de estabilidade não se retira importância ao dinamismo dos processos de formulação da lei e outros instrumentos normativos. A história contada neste livro revela que qualquer perspetiva que se possa ter de um monolitismo da ação e visão do Estado autoritário não resiste à verificação de que o poder político não regulou de forma isolada da sociedade. Mostrou-se sensível às pressões de vários interesses, incluindo os próprios interesses das confissões religiosas, e não excluiu o recurso à negociação. Os diversos atores discutiram o modelo de separação e a sua atualização, tal como sobre políticas particulares discordaram nuns casos, para concordarem noutros. Para utilizar uma expressão corrente na narrativa atual das ciências sociais, os atores estabeleceram compromissos para conseguirem realizar as suas agendas. A ideologia dominante nunca foi absoluta e a autoridade, quer estatal, quer religiosa, foi contraditada e desafiada em muitas circunstâncias. Também por isto se percebe que as relações entre política e religião, durante o hiato de 1933 a 1974, tenham alimentado um paradoxo: o das tentativas várias de ajustamento entre secularismo e liberdade religiosa, cujas dinâmicas buscaram afirmação, mas acabaram por mutuamente se limitar.

FONTES E BIBLIOGRAFIA

FONTES PRIMÁRIAS

I – Fontes arquivísticas

Arquivos públicos

Arquivo Contemporâneo do Ministério das Finanças
- Fundo Comissão Jurisdicional dos Bens Cultuais
- Fundo Direção-Geral da Justiça e dos Cultos

Arquivo Histórico da Secretaria-Geral do Ministério da Justiça
- Fundo Comissão Jurisdicional dos Bens Cultuais
- Fundo Gabinete do Ministro

Arquivo Histórico-Parlamentar da Assembleia da República
- Fundo Secretaria Geral da Assembleia Nacional e da Câmara Corporativa – Subfundo Serviços Legislativos da Assembleia Nacional
- Fundo Secretaria Geral da Assembleia Nacional e da Câmara Corporativa – Subfundo Serviços Legislativos da Câmara Corporativa
- Fundo Secretaria Geral da Assembleia Nacional e da Câmara Corporativa – Subfundo Expediente Geral

Direção Geral de Arquivos – Arquivo Nacional da Torre do Tombo
- Arquivo Marcelo Caetano
- Arquivo Oliveira Salazar
- Fundo Albino Soares Pinto dos Reis
- Fundo Ministério do Interior

- Fundo União Nacional/Ação Nacional Popular
- Fundo Polícia Internacional de Defesa do Estado/Direção Geral de Segurança

Ministério da Educação – Secretaria Geral

- Fundo Direção Geral do Ensino Liceal
- Fundo Gabinete do Ministro da Educação
- Fundo Gabinete de Estudos e Planeamento da Ação Educativa (GEPAE)

Arquivos privados

Patriarcado de Lisboa

- Fundo Cardeal D. Manuel Gonçalves Cerejeira

Biblioteca Universitária João Paulo II – Universidade Católica Portuguesa

- Documentos sobre o fim do Centro Católico Português

Centro de Estudos de História Religiosa – Universidade Católica Portuguesa

- Fundo José Maria Braga da Cruz
- Fundo Guilherme Braga da Cruz

II – Fontes impressas

Publicações periódicas

Jornais

A União. Órgão oficial do Centro Católico Português e Revista de Documentação, 1920-1937
A Voz, 1932 a 1940
Diário de Lisboa, 1932 a 1974
Diário Popular, 1969 a 1974
Novidades, 1924 a 1974
O Século, 1935 a 1974
O Semeador Baptista, 1969 a 1971
Voz Portucalense, 1970 a 1974

FONTES E BIBLIOGRAFIA

Boletins e Revistas

A Escola Primária, 1935 a 1936
Boletim da Acção Católica Portuguesa, 1933 a 1971
Boletim Oficial do Ministério da Instrução Pública, 1934 a 1935
Boletim Mocidade Portuguesa, 1949 a 1950
Brotéria, 1936 a 1974
Escola Portuguesa, 1935 a 1941
Lumen, 1937 a 1974
Resistência, 1970 a 1974
Revista Adventista, 1970 e 1971
Seara Nova, 1969 a 1974

Publicações oficiais

Publicações da Assembleia Nacional e da Câmara Corporativa:

Atas da Câmara Corporativa, 1935 a 1974
Anais da Assembleia Nacional e da Câmara Corporativa, I a IX Legislaturas, Lisboa, Assembleia Nacional, 1936 a 1974
Constituições Portuguesas – 1822, 1826, 1838, 1911, 1933, comp. da Divisão de Edições da Assembleia da República, Lisboa, Assembleia da República, 2004.
Diário das Sessões da Assembleia Nacional, 1935 a 1974
Índice dos Pareceres da Câmara Corporativa, I a IV Legislaturas, Lisboa, Assembleia Nacional, 1955
Sinopse da Assembleia Nacional e da Câmara Corporativa, I a IV Legislaturas, Lisboa, Assembleia Nacional, 1936-1949.

Publicações do Governo:

Diário do Governo, 1933 a 1974

Outras publicações

Documentos pontifícios e episcopais:

CEREJEIRA, Manuel Gonçalves, *A Concordata hoje. Entrevista concedida às «Novidades»*, Lisboa, União Gráfica, 1971.

IDEM, *Na Hora da Despedida. 29 de Junho de 1971*, Lisboa, União Gráfica, 1971.
IDEM, *Obras Pastorais*, 7 vols., Lisboa, União Gráfica, 1936-1970.
IDEM, *A Crise da Igreja. Conferências ao Conselho Presbiteral*, Lisboa, União Gráfica, 1969.
IDEM, *Cartas de Roma. Concílio Ecuménico Vaticano Segundo*, Lisboa, União Gráfica, s.d.
IDEM, *A Situação da Igreja no Regime da Concordata*, Lisboa, União Gráfica, 1941.
CONCÍLIO PLENÁRIO LUSITANO, *Concilium Plenarium Lusitanum: Olisippone Actum An. 1926: Acta et Decreta*, Lisboa, União Gráfica, 1931.
CONFERÊNCIA EPISCOPAL PORTUGUESA, *Documentos Pastorais (1967-1977)*, Lisboa, União Gráfica, 1978.
GOMES, António Ferreira Gomes, *Carta ao cardeal Cerejeira: 16 de Julho de 1968*, introd. e notas de José Barreto, Lisboa, Publicações Dom Quixote, 1996.
IDEM, *Endireitai as veredas do Senhor!: alguns documentos pastorais do bispo do Porto, desde 1952 até Janeiro de 1959*, Porto, Figueirinhas, 1970.
IGREJA CATÓLICA, *Vaticano II: Documentos Conciliares*, Lisboa, União Gráfica, 1967.

Correspondência, entrevistas, memórias e depoimentos

AMARAL, Diogo Freitas do, *O Antigo Regime e a Revolução. Memórias Políticas (1941-1975)*, Venda Nova, Bertrand/ Nomen, 1996.
António de Oliveira Salazar, Manuel Gonçalves Cerejeira: correspondência, 1928-1968, org. de Rita Almeida de Carvalho, Rio Tinto, Círculo de Leitores e Temas e Debates, 2010.
António de Oliveira Salazar, Pedro Teotónio Pereira: correspondência política,1945-1968, org. de João Miguel Almeida, Rio Tinto, Círculo de Leitores e Temas e Debates, 2008.
CABRAL, António, *Cartas d'el-Rei D. Manuel II*, Lisboa, Livraria Popular de Francisco Franco, 1933.
IDEM, *As minhas memórias políticas. Em plena república*, Lisboa, Imprensa Lucas, 1932.

CAETANO, Marcelo, *Minhas Memórias de Salazar*, Lisboa, Editorial Verbo, 1977.

IDEM, *Depoimento*, Rio de Janeiro, Distribuidora Record, 1974.

Cartas dos Outros para Alfredo Pimenta, Guimarães, Edição do Arquivo Municipal Alfredo Pimenta, 1963.

Cartas particulares a Marcelo Caetano, pref. e org. de José Freire Antunes, 2. Vols., Lisboa, Publicações Dom Quixote, 1985.

Cartas Políticas de Sua Majestade El-Rei o Senhor Dom Manuel II, coligidas por Alfredo Pimenta, Lisboa, Portugália, 1922.

COMISSÃO DO LIVRO NEGRO SOBRE O REGIME FASCISTA, *Correspondência entre Mário de Figueiredo e Oliveira Salazar*, Mem Martins, Presidência do Conselho de Ministros, 1986.

IDEM, *Correspondência de Pedro Teotónio Pereira para Oliveira Salazar*, vol. I (1931-1939), Mem Martins, Presidência do Conselho de Ministros, 1987.

IDEM, *Correspondência de Pedro Teotónio Pereira para Oliveira Salazar*, vol. II (1940-41), Mem Martins, Presidência do Conselho de Ministros, 1989.

IDEM, *Correspondência de Pedro Teotónio Pereira para Oliveira Salazar*, vol. III (1942), Mem Martins, Presidência do Conselho de Ministros, 1990.

IDEM, *Correspondência de Pedro Teotónio Pereira para Oliveira Salazar*, vol. IV (1943-1944), Mem Martins, Presidência do Conselho de Ministros, 1991.

IDEM, *Eleições no Regime Fascista*, Mem Martins, Presidência do Conselho de Ministros, 1979.

Declarações do Sr. General Carmona ao jornalista António Ferro: publicados no Diário de Notícias de vinte e oito de Maio de 1934, Lisboa, Edições Secretariado de Propaganda Nacional, 1934.

DOMINGUES, Bento, *A Religião dos Portugueses*, Porto/Lisboa, Ed. Figueirinhas, 1986.

IDEM, «Artes de Ser Católico Português» in *Reflexão Cristã*, n.º 46-47, 1985, p. 99-104.

FERRO, António, *Salazar, o homem e a sua obra*, 3.ª ed., Lisboa, Empresa Nacional de Publicidade, 1938.

FREIRE, José Geraldes, *Resistência católica ao salazarismo-marcelismo*, Telos, Porto, 1976.

LOPES, Joana, *Entre as brumas da memória. Os católicos portugueses e a ditadura*, Porto, Ambar, 2007.

MAFRA, Pe. Luís de Azevedo, *Lisboa no Tempo do Cardeal Cerejeira*, Lisboa, Centro de Estudos de História Religiosa da Universidade Católica Portuguesa, 1997.

IDEM, «Breve Apanhado da História da Elaboração do *Plano de Acção Pastoral do Patriarcado* – PAP. Apresentado à Diocese em 15 de Setembro de 1976» in *Lusitania Sacra*, 2.ª série, VIII/IX (1996-1997), p. 681-707.

MOREIRA, Adriano, *Notas do Tempo Perdido*, Matosinhos, Contemporânea Editora, 1996.

MOREIRA, Eduardo, *Relação da Religião com a Política*, Porto, separata de *Portugal Evangélico*, 1975.

MUCZNIK, Esther, «Comunidade Israelita em Portugal: presença e memória» in *História*, n.º 15 (Junho 1999), p. 29-36.

NOGUEIRA, Eurico Dias, *Memórias do Arcebispo. Entrevista de Luís Rebelo*, Lisboa, Editorial Notícias, 2003.

PAES, Sidónio de Freitas Branco, «O bispo do Porto e a Ação Católica que conheci» in *Profecia e Liberdade em D. António Ferreira Gomes: atas do simpósio*, coord. de Paulo Bernardino, vol. I, Lisboa, Ajuda à Igreja que Sofre, 2000, p. 281-344.

PEREIRA, Nuno Teotónio, *Tempos, Lugares, Pessoas*, Matosinhos, Contemporânea/ Jornal *Público*, 1996.

RODRIGUES, Samuel, «Concordata de 1940: da génese ao texto definitivo» in *A Concordata de 1940, Portugal – Santa Sé*, [Jornadas de Estudo nos 50 anos da Concordata, promovidas pelo Centro de Estudos de Direito Canónico e pela Faculdade de Direito da Universidade Católica Portuguesa, entre 25 e 27 de Fevereiro de 1991], Lisboa, Edições Didaskalia, 1993, p. 29-65.

SALAZAR, António de Oliveira, *Entrevistas, 1960-1966*, Coimbra, Coimbra Editora, 1967.

Salazar e Caetano: cartas secretas (1932-1968), org. de José Freire Antunes, [Lisboa], Círculo de Leitores, 1993.

TRINDADE, Manuel de Almeida, *Memórias de um bispo*, Coimbra, Gráfica de Coimbra, 1993.

Estudos jurídicos

CAETANO, Marcelo, *Lições de Direito Corporativo*, Lisboa, M. C., 1935.

Divórcio: Parecer da Secção XV da Câmara Corporativa sobre o projecto de lei do divórcio apresentado pelo deputado Sr. Dr. Luís da Cunha Gonçalves, Lisboa, União Gráfica, 1937.

FERNANDES, António Mendes, *O problema jurídico da educação na Constituição e na Concordata portuguesa*, Guarda, Pontificia Universitas Gregoriana/ Aegitaniae, 1958.

FRANCO, A. Luciano de Sousa, «A liberdade religiosa e o projeto de Código Civil» in *Revista Scientia Iuridica*, tomo XVI, n.ºs 84-85, Março-Junho, 1967, p. 11-36.

GONÇALVES, Luís da Cunha, *Princípios do Direito Corporativo*, Lisboa, Oficinas Gráficas, 1935.

Liberdade Religiosa: textos e documentos, Lisboa, Gráfica Brás Monteiro, 1971.

MARTÍNEZ, Pedro Soares, *Curso de Direito Corporativo*, Lisboa, Livraria Petrony, 1962.

MOREIRA, Adriano, *Direito Corporativo: súmula das lições dadas ao 3.º ano do curso de Administração Ultramarina. Ano letivo de 1950-1951*, Lisboa, Instituto Superior de Estudos Ultramarinos, 1951.

PORTUGAL, *Regime de bens do casamento: disposições gerais: regimes de comunhão: (disposições gerais e regime supletivo): anteprojecto para o novo Código Civil*, comp. de Guilherme Braga da Cruz, Lisboa, [s.n.], 1963.

QUEIRÓ, Afonso Rodrigues, *Estudos de Direito Administrativo*, Coimbra, Atlântida Editora, 1968.

IDEM, *Os Fins do Estado (Um Programa de Filosofia Política)*, sep. do vol. I do suplemento ao *Boletim da Faculdade de Direito de Coimbra*, Coimbra, 1938.

VENTURA, Raul, *Lições de Direito Corporativo*, Lisboa, [s.n.], 1946.

VITAL, Domingos Fezas, *Curso de Direito Corporativo*, Lisboa, [s.n.], 1940.

Outros estudos e documentos

I Congresso da União Nacional: ano VIII: Maio de 1934, 8 vols., Lisboa, Edição da União Nacional, 1934-1935.

III Congresso da União Nacional: Coimbra, 22 a 25 de Novembro de 1951, Lisboa, [s.n.], 1951.

IV Congresso da União Nacional: resumos das comunicações apresentadas, 4 vols., Lisboa, [s.n.], 1956.

A verdade sobre a compra da igreja de São Julião. Notas oficiosas do Doutor Manuel Rodrigues, ministro da Justiça, de 26 de Julho e 9 de Novembro de 1934, Lisboa, Edições do Secretariado de Propaganda Nacional, 1934.

Abel Varzim: entre o ideal e o possível. Antologia de textos, 1928-1964, pref. de D. José da Cruz Policarpo, Torres Novas, Multinova/ Forum Abel Varzim, 2000.

AMEAL, João, *Construção do Estado Novo*, Porto, Livraria Tavares Martins, 1938.

IDEM, *Liberalismo: lição proferida na 1.ª Semana Social Portuguesa a 19 de Junho de 1940*, Lisboa, União Gráfica, 1941.

António Lino Neto: perfil de uma intervenção pública. Antologia de textos (1894-1940), coord. de João Miguel Almeida e Rita Mendonça Leite, Lisboa, Centro de Estudos de História Religiosa da Universidade Católica Portuguesa, 2011.

ALVES, Felicidade, *Católicos e política: de Humberto Delgado a Marcelo Caetano*, ed. de autor, Lisboa, [s.d.].

As Testemunhas de Jeová em Portugal: implantação histórico-social, Alcabideche, Associação das Testemunhas de Jeová, s.d.

BRÁSIO, António, *História e Missiologia. Inéditos e Esparsos*, Luanda, Instituto de Investigação Científica de Angola, 1973.

CAETANO, Marcelo, *As escolas estão ao serviço da educação nacional: palavras proferidas durante a visita às novas instalações do Ministério da Educação Nacional, em 8 de Fevereiro de 1974*, Lisboa, Secretaria de Estado da Informação e Turismo, 1974.

IDEM, *Não se governa pelos rótulos. Discurso pronunciado pelo Presidente do Conselho na reunião promovida pela Comissão Central da Acção Nacional Popular, Porto, 2 de Abril de 1971*, [Lisboa], Secretaria de Estado da Informação e Turismo, 1971.

IDEM, «Apontamentos para a história da Faculdade de Direito de Lisboa» in *Revista da Faculdade de Direito da Universidade de Lisboa*, vol. XIII, 1959, p. 7-251.

IDEM, *Problemas Políticos e Sociais da Actualidade Portuguesa. Discurso proferido na sede da União Nacional em 17-X-1956*, Lisboa, Secretariado Nacional de Informação, [1956].

IDEM, *A Organização Política*, sep. do *Livro Portugal*, Lisboa, Edição do Secretariado Nacional da Informação, 1946.

IDEM, *Problemas da revolução corporativa*, Lisboa, Acção Realista, 1941.

CARNEIRO, Francisco Sá, *Textos*, 1.º vol. (1969-1973), Lisboa, Alêtheia Editores, 2010.

CENTRO DE ESTUDOS DE HISTÓRIA RELIGIOSA, *António Lino Neto: intervenções parlamentares (1918-1926)*, coord. de António Matos Ferreira e João Miguel Almeida, Lisboa, Assembleia da República/ Texto Editores, 2009.

IDEM, *D. António Ferreira Gomes nos 40 Anos da Carta do Bispo do Porto a Salazar*, Lisboa, Centro de Estudos de História Religiosa/ Multinova, 1998.

CRUZ, Guilherme Braga da, *Direitos da Família, da Igreja e do Estado*, [Conferência proferida na sessão comemorativa do XXV Aniversário da encíclica «Divini Illius magistri»], [s.l.], Ed. da Conferência Nacional dos Institutos Religiosos, 1972.

IDEM, *Direitos e deveres do Estado na Educação*, Lisboa, União Gráfica, 1953.

DURÃO, António, *A Família Cristã na Assembleia Nacional*, Porto, Edições do A.I., 1937.

DURÃO, Paulo, *Assistência religiosa aos emigrantes da metrópole para as províncias ultramarinas*, [Estudo apresentado ao II Congresso da União Nacional, em Maio de 1944], Lisboa, Agência Geral das Colónias, 1945.

FIGUEIREDO, Mário de, *A Concordata e o casamento*, Lisboa, União Gráfica, 1940.

IDEM, *Princípios Essenciais do Estado Novo Corporativo*, [Conferência realizada na Sala dos Capelos, em 28 de Maio no X ano da Revolução Nacional], Coimbra, Biblioteca da Universidade, 1936.

FONSECA, Manuel Baptista Dias da, *A Igreja e o Estado*, Lisboa, Editorial Império, 1959.

GONÇALVES, Luís da Cunha, *O Estado Novo e a Assembleia Nacional. Discursos proferidos na propaganda eleitoral.*, Lisboa, s. ed., 1934.

GONÇALVES, Manuel de Almeida, *Instrução Moral e Cívica para a 1.ª, 2.ª e 3.ª classes das Escolas de Instrução Primária Superior*, Caxias, Tip. Da Escola Central da Reforma, 1922.

LEGIÃO PORTUGUESA, *Boletim de Informação (Actividades Comunistas). O Partido Comunista, a Igreja e os Católicos*, suplemento ao n.º 3, Lisboa, Direcção dos Serviços Culturais da Junta Central da Legião Portuguesa, 1956.

Leite, António, *Concordata, sim ou não?*, Coimbra, Casa do Castelo, 1971.

Lima, A. Carlos, *Órgãos da Soberania: a Assembleia Nacional: um debate*, Lisboa, Moraes Editores, 1971.

Idem, *Aspectos de liberdade religiosa: caso do bispo da Beira: peças de um processo, incluindo um parecer de Guilherme Braga da Cruz*, Lisboa, Empresa do Diário do Minho, 1970.

Mircea, Eliade, *Salazar e a Revolução em Portugal*, Lisboa, Esfera do Caos Editores, 2011.

Nogueira, Alberto Franco, *Salazar: um estudo biográfico*, 6 vols., Coimbra, Atlântida Editora, 1977-1985.

Idem, «Política externa» in *História de Portugal*, dir. de Damião Peres, II suplemento – *1933-1974*, Porto, Ed. monumental, Livraria Civilização, 1981, p. 184-186.

Nunes, Adérito Sedas, *Situação e problemas do corporativismo: princípios corporativos e realidades sociais*, Lisboa, Gabinete de Estudos Corporativos do Centro Universitário da Mocidade Portuguesa, 1954.

Os Evangélicos Portugueses e a Lei: coletânea organizada sob os auspícios da Aliança Evangélica Portuguesa, Lisboa, Tip. Portugal Novo, 1938.

Partido Comunista Português, *Comunistas e católicos. Um passado de cooperação. Um futuro de amizade e acção comum.*, org. da Secção de Informação e Propaganda do Partido Comunista Português, Cadernos do P.C.P. n.º 5, Lisboa, Edições Avante!, 1975.

Patriarca, Fátima, «Diário de Leal Marques sobre a formação do primeiro governo de Salazar», in *Análise Social*, vol. XLI (178), 2006 (1.º), p. 169-222.

Pereira, Pedro Teotónio, *As Ideias do Estado Novo: Corporações e Previdência Social*, Lisboa, Edições do Subsecretariado de Estudos das Corporações e Previdência Social, 1933.

Pinto, Jaime Nogueira, *A Direita e as Direitas*, Lisboa, Difel, 1996.

Política Interna: resumos das teses. II Congresso da União Nacional, [Lisboa, Tip. da Casa Portuguesa, 1944].

Queiró, Afonso Rodrigues, *Partidos e partido único no pensamento político de Salazar: Discurso proferido na sessão de abertura do 5º Congresso da União Nacional em 20 de Fevereiro de 1970*, Coimbra, Atlântida Editora, 1970.

Idem, *A Evolução da Câmara Corporativa*, [2.ª Conferência da União Nacional], Porto, Empresa Nacional Editora, 1948 [Jan. 1949].

Revisão Constitucional 1971: Textos e Documentos, Lisboa, Gráfica Brás Monteiro, s.d.

RODRIGUES, Manuel, *Problemas Sociais (Questões Políticas)*, Lisboa, Edições Ática, 1943.

SALAZAR, António de Oliveira, *Discursos e Notas Políticas [1928-1966]*, 6 vols., Coimbra, Coimbra Editora, 1935-1967.

IDEM, *Entrevistas (1960-1966)*, Coimbra, Coimbra Editora, 1967.

IDEM, *Inéditos e Dispersos*, org. de Manuel Braga da Cruz, vol. I – *Escritos Político-Sociais e Doutrinários (1908-1928)*, Venda Nova, Bertrand Editora, 1997.

IDEM, *Como se levanta um Estado*, trad. do francês, Lisboa, Golden Books, 1977

IDEM, *A minha resposta no processo de sindicância à Universidade de Coimbra*, Coimbra, Tipografia França Amado, 1919.

SARMENTO, Augusto de Morais, *O Corporativismo Português e o Pensamento Social Católico (Ensaio)*, Coimbra, Ed. das Semanas de Estudos Doutrinários, 1960.

SEMANAS SOCIAIS PORTUGUESAS, 1, Lisboa, 1940, *Aspectos fundamentais da doutrina social cristã*, Lisboa, Edições ACP, [1941].

IDEM, 2, Coimbra, 1943, *Bases cristãs duma ordem nova*, Coimbra, Casa do Castelo, 1943.

IDEM, 3, Porto, 1949, *O problema do trabalho*, Lisboa, União Gráfica, [1950].

IDEM, 4, Braga, 1952, *O problema da educação*, Lisboa, União Gráfica, [1953].

Ser ou não ser deputado, coord. de José Silva Pinto, [s.l.], Editora Arcádia, 1973.

SOUSA, Luís Vaz de, *O enquadramento corporativo das Misericórdias*, sep. do Boletim da Assistência Social, n.º Julho-Dezembro, 1958.

VELOZO, Francisco José, *O nome de Deus, problema político*, sep. da *Brotéria*, Lisboa, 1968.

BIBLIOGRAFIA

I – Geral

Estudos de referência teórica e metodológica

AA.VV., *Religion and Politics in Comparative Perspective. The One, the Few, and the Many*, New York, Cambridge University Press, 2002.

ARENDT, Hannah, *Compreensão e Política e outros ensaios, 1930-1954*, Lisboa, Relógio D'Água, 2001.

BECKFORD, James A,; RICHARDSON, James T., "Religion and Regulation" in *The SAGE Handbook of the Sociology of Religion*, ed. by James A. Beckford and N. J. Demerath III, London, SAGE Publications Ltd, 2007, pp. 396-418.

BRUCE, Steve, *Politics and Religion*, 2.ª ed., Cambridge, Polity Press, 2007.

CATROGA, Fernando, *Entre Deuses e Césares. Secularização, Laicidade e Religião Civil*, Coimbra, Edições Almedina, 2006.

CASANOVA, José, *Public Religions in the Modern World*, Chicago, University of Chicago Press, 1994.

GENTILE, Emilio, *Politics as Religion*, Princeton/ Oxford, Princeton University Press, 2006.

HERMET, Guy, «Les fonctions politiques des organisations religieuses dans les régimes à pluralisme limité» in *Revue française de science politique*, 23ᵉ année, n.º 3, 1973, p. 439-472.

HERVIEU-LÉGER, Danièle, *O Peregrino e o Convertido. A religião em movimento*, Lisboa, Gradiva, 2005.

HUNTINGTON, Samuel P., *Political Order in Changing Societies*, 3rd ed., New Haven, Yale University Press, 1969.

KURU, Ahmet T., *Secularism and State Policies toward Religion: The United States, France and Turkey*, New York, Cambrigde University Press, 2009.

MATOS, Luís Salgado de, *O Estado de Ordens. A Organização Política e os seus Princípios Fundamentais*, Lisboa, Imprensa de Ciências Sociais, 2004.

NORRIS, Pippa; INGLEHART, Ronald, *Sacred and Secular. Religion and Politics Worldwide*, 4.ª ed., New York, Cambrigde University Press, 2007.

PORTIER, Philippe, «La philosophie politique de l'Église Catholique: changement ou permanence ?» in *Revue Française de Science Politique*, 36:3 (Juin 1986), p. 325-341.

POULAT, Émile, «La société religieuse et le problème du changement» in *Revue Française de Sociologie*, Année 1996, vol. 7, n.º 3, p. 291-305.
STEPAN, Alfred, *Arguing Comparative Politics*, New York, Oxford University Press, 2001.

Estudos jurídicos

ADRAGÃO, Paulo Pulido, *Levar a sério a liberdade religiosa. Uma refundação crítica dos estudos sobre direito das relações Igreja-Estado*, Coimbra, Edições Almedina, 2012.
IDEM, *A Liberdade Religiosa e o Estado*, Coimbra, Livraria Almedina, 2002.
AMARAL, Diogo Freitas do, «Corporativismo, Fascismos e Constituição» in *Corporativismo, Fascismos, Estado Novo*, coord. de Fernando Rosas e Álvaro Garrido, Coimbra, Edições Almedina, 2012, p. 81-98.
CAETANO, Marcelo, *Manual de Direito Administrativo*, vol. I, 10ª ed., Coimbra, Livraria Almedina, 1997.
IDEM, *Manual de Ciência Política e Direito Constitucional*, 4.ª ed., Lisboa, Coimbra Editora, 1963.
IDEM, *A Constituição de 1933: estudo de direito político*, Coimbra, Coimbra Editora, 1956.
CANOTILHO, J. J. Gomes, *Direito Constitucional e Teoria da Constituição*, Coimbra, 3ª. ed, Almedina, 1999.
Concordata entre a Santa Sé e a República Portuguesa: texto integral da Concordata e do Acordo Missionário, estudos, comentários, legislação executória, coord. de Manuel Saturnino Gomes, Coimbra, Almedina, 2001.
HESPANHA, António Manuel, «La funzione della dottrina giuridica nella costruzione ideologica dell'*Estado Novo*» in *Lo Stato Negli Anni Trenta. Istituzioni e regime fascisti in Europa*, org. de Guido Melis, Bologna, Società editrice il Mulino, 2008, p. 35-70.
IDEM, *Guiando a Mão Invisível. Direitos, Estado e Lei no Liberalismo Monárquico Português*, Coimbra, Livraria Almedina, 2004.
IDEM, «Os modelos jurídicos do liberalismo, do fascismo e do Estado social: continuidades e ruturas» in *Análise Social*, vol. XXXVII (165), 2002, p. 1285-1302.
IDEM, «Historiografia jurídica e política do direito (Portugal, 1900-50)» in *Análise Social*, vol. XVIII (72-73-74), 1982 – 3.º, 4.º, 5.º, p. 795-812.

Leite, António, «A Religião no Direito Constitucional Português (Arts. 41.º e outros)» in *Estudos sobre a Constituição*, coord. de Jorge Miranda, vol. II, Lisboa, Livraria Petrony, 1978, p. 265-320.

Lourenço, Joaquim Maria, *Situação Jurídica da Igreja em Portugal*, Coimbra, Coimbra Editora, 1943.

Machado, Jónatas E. M., *O Regime Concordatário entre a "Libertas Ecclesiae" e a Liberdade Religiosa. Liberdade de Religião ou Liberdade da Igreja?*, Coimbra, Coimbra Editora, 1993.

Merêa, Paulo, *Estudos de Filosofia Jurídica e de História das Doutrinas Políticas*, Lisboa, Imprensa Nacional – Casa da Moeda, 2004.

Miranda, Jorge, *Manual de Direito Constitucional*, tomos I e IV, 8.ª ed., Coimbra, Coimbra Editora, 2009.

Idem, «A Concordata e a ordem constitucional portuguesa» in *A Concordata de 1940, Portugal – Santa Sé*, [Jornadas de Estudo nos 50 anos da Concordata, promovidas pelo Centro de Estudos de Direito Canónico e pela Faculdade de Direito da Universidade Católica Portuguesa, entre 25 e 27 de Fevereiro de 1991], Lisboa, Edições Didaskalia, 1993, p. 69-84.

Morais, Carlos Blanco de, «Liberdade Religiosa e Direito de Informação. O Direito de Antena das Confissões Religiosas e o Serviço Público de Televisão» in *Perspectivas Constitucionais. Nos 20 anos da Constituição de 1976*, org. de Jorge Miranda, vol. II, Coimbra, Coimbra Editora, 1997, p. 239-302.

Moreira, Vital, «O sistema jurídico-constitucional do Estado Novo» in *História de Portugal. Dos tempos pré-históricos aos nossos dias*, dir. por João Medina, vol. XV – *A República (IV). O Estado Novo (I)*, Amadora, Ediclube, 2004, p. 405-454.

O Direito: Marcelo Caetano: Artigos doutrinais n'O Direito: a construção de uma doutrina portuguesa de direito público, dir. Jorge Miranda, Coimbra, Edições Almedina, 2012.

Piçarra, Nuno, *O inquérito parlamentar e os seus modelos constitucionais: o caso português*, Lisboa, Universidade Nova de Lisboa/ Faculdade de Direito, 2002.

Sá, Luís, *O lugar da Assembleia da República no sistema político*, Lisboa, Caminho, 1994.

Silva, Nuno J. Espinosa Gomes da, *História do Direito Português. Fontes do Direito*, 4.ª ed. revista e atualizada, Lisboa, Fundação Calouste Gulbenkian, 2006.

Sousa, Marcelo Rebelo de, *Constituição da República Portuguesa Comentada*, Lisboa, LEX, 2000.

Stolzi, Irene, «Stato corporativo» in *Il contributo italiano alla storia del pensiero – appendice VIII – Il diritto*, a cura di P. Cappellini, B. Sordi, M. Fioravanti, P. Costa, Roma, Istituto dell'enciclopedia Treccani, 2012, pp. 497-503.

Estudos sobre governação, organização política e ideologia nos regimes políticos europeus no século XX

Almeida, Pedro Tavares de; Pinto, António Costa; Bermeo, Nancy (ed.), *Who Governs Southern Europe? Regime Change and Ministerial Recruitment 1850-2000*, London / Portland OR, Frank Cass Publishers, 2003.

Best, Heinrich; Cotta, Maurizio (eds.), *Parliamentary Representatives in Europe, 1848-2000. Legislative Recruitement and Career in Eleven European Countries*, Oxford, Oxford University Press, 2000.

Blondel, J.; Thiébault, J.L. (eds.), *The Profession of Government Minister in Western Europe*, New York, St. Martin's Press, 1991.

Brooker, Paul, *Non-Democratic Regimes; Theory, Government and Politics*, New York, St. Martin's Press, 2000.

Idem, *Twentieth-Century Dictatorships: The Ideological One-Party States*, Basingstone, Macmillan, 1995.

Collotti, Enzo, *Fascismo, Fascismos*, Lisboa, Editorial Caminho, 1992.

Delzell, Charles F., *Mediterranean Fascism, 1919-1945*, New York, Harper & Row, 1970.

Dogan, M.; Higley, J. (eds.), *Elites, Crises, and the Origins of Regimes*, Lanham, Rowman & Littlefield, 1998.

Felice, Renzo de, *Explicar o Fascismo*, Lisboa, Edições 70, 1978.

Folch, Abel Escribá, *Legislatures in authoritarian regimes*, Estudio/ Working Paper 2003/196, Madrid, Instituto Juan March, 2003.

Hermet, Guy; Rose, Richard; Rouque, Alain (eds.), *Elections without Choice*, Hong Kong, The MacMillan Press, 1978.

Léonard, Yves, *Salazarismo e fascism*, Mem Martins, Editorial Inquérito, 1998.

Lewis, Paul H., *Latin Fascist Elites, the Mussolini, Franco and Salazar Regimes*, Praeger, London, 2002.

Linz, Juan, *Régimes Totalitaires et Autoritaires*, Paris, Armand Colin, 2006.

Loff, Manuel, *Salazarismo e Franquismo na Época de Hitler (1936-1942). Convergência política, preceito ideológico e oportunidade histórica na redefinição internacional de Portugal e Espanha*, Porto, Campo das Letras, 1996.

Michel, Henri, *Les Fascismes*, Paris, PUF, 1977.

Milza, Pierre, *Le Fascisme Français: Passé et Présent*, Paris, Flammarion, 1987.

Moore, C.H.; Huntington, S.P. (eds.), *Authoritarian Politics in Modern Societies: The Dynamics of One-Party Systems*, New York, Free Press, 1970.

Moreno Fonseret (coord. de), Roque, *Plebiscitos y Elecciones en las Dictaduras del Sur de Europa (siglo XX)*, Alicante, Marfil, 2003

Musiedlak, Didier (ed.), *Les Expériences Corporatives dans L'Aire Latine*, Berne, Peter Lang, 2010.

Olson, Mancur, «Dictatorship, democracy and development" in *American Political Science Review*, 87, 3, 1993, p. 567-576.

Idem, «Autocracy, democracy and prosperity» in *Strategy and Choice*, ed. by R.J. Zeckhauser, Cambridge, MA:MIT Press, 1991, p. 131-157.

Paxton, Robert O., *La France de Vichy, 1940-1944*, Paris, Éditions du Seuil, 1999.

Rémond, René, *Les Droites en France*, 4. Ed., Paris, Aubier, 1982.

Santomassimo, Gianpasquale, *La terza via fascista. Il mito del corporativismo*, Roma, Carocci, 2006.

Schedler, Adreas (ed.), *Electoral Authoritarianism: the Dymanics of Unfree Competition*, Boulder, Lynne Rienner Publishers, 2006.

Estudos sobre a Igreja Católica e catolicismo na Europa no século XX

Baubérot, J., *Le Catholicisme Contemporain (XIX e XX siècles): permanence et changements. D'après l'ouvre d'Émile Poulat*, Supplément au Bulletin de Mars, Paris, Centre Protestant d'Études et de Documentation, p. I-VII.

Canales Serrano, António Francisco, «Iglesia y totalitarismo» in *Congresso Internacional: El régimen de Franco (1936-1975). Política y relaciones exteriores. Comunicaciones*, coord. de Javier Tusell, Susana Sueiro,

José Maria Marín, Marina Casanova, tomo I, Madrid, UNED, 1993, p. 521-529.

CHENAUX, Pierre, *Entre Maurras et Maritain: une génération intellectuelle catholique (1920-1930)*, Paris, Cerf, 1999.

CIPRIANI, Roberto, «Religion and Politics. The Italian Case: Diffused Religion» in *Archives des sciences socials des religions*, n.º 58/1, 1984, p. 29-51.

CONWAY, Martin, *Catholic Politics in Europe, 1918-1945*, London/New York, Routledge, 1997.

DONEGANI, Jean-Marie, *La Liberté de Choisir: Pluralisme Réligieux et Pluralisme Politique dans le Catholicisme Français Contemporain*, Paris, Presses de la Fondation Nationale des Sciences Politiques, 1993.

DURAND, Jean-Dominique, *L'Europe de la démocracie chrétienne*, Bruxelles, Éditions Complexe, 1995.

FERNÁNDEZ, María Blanco, «Estudio de los precedentes de las Leyes de libertad religiosa de 1967 y 1980» in *La Libertad Religiosa y su Regulación Legal. La Ley Orgânica de Libertad Religiosa*, coord. de Rafael Navarro-Valls, Joaquín Mantecón Sancho, Javier Martínez-Torrón, Madrid, Iustel, 2009, pp. 27-38.

FERRAZ LORENZO, Manuel, «La educación como símbolo de poder para la Iglesia en España durante la etapa franquista. La labor pastoral y pastoril de Fray Albino G. Menéndez – Reigada, Obispo de Tenerife (1925-1946)» in *Estado, Igreja e Educação: o mundo ibero-americano nos séculos XIX e XX*, org. de Carlos Henrique de Carvalho e Wenceslau Gonçalves Neto, Campinas, Editora Alínea, 2010, p. 117-141.

FOUILLOUX, Étienne, «Intransigeance catholique et monde moderne (19eme-20eme siècles)» in *Revue d'Histoire Ecclésiastique*, 96, 2001, p. 71-87.

IDEM, *Une Église en quête de liberté. La pensée catholique française entre modernisme et Vatican II (1914-1962)*, Paris, Desclée de Brouwer, 1998.

IDEM, «Le Catholicisme» in *Histoire du Christianisme*, dir. Jean-Marie Mayeur, vol. XII – *Guerres Mondiales et Totalitarismes (1914-1958)*, Paris, Desclée-Fayard, 1990, p. 116-180.

IDEM, «Une ou deux élites religieuses ? La France 1939-1950» in *Mélanges de l'École française de Rome. Moyen-Age. Temps modernes*, T. 95, n.º 2, 1983, p. 101-115.

HANLEY, David; LOUGHLIN, John, «Église, État et société dans le monde méditerranéen» in *Polê, Sud*, Année 2002, vol. 17, n.º 1, p. 3-7.

HERMET, Guy, *Los católicos en la España fraquista*, vol. II – *Crónica de una dictadura*, Madrid, Centro de Investigaciones Sociológicas/ Siglo XXI de Espanã, 1986.

MAYEUR, Jean-Marie, «Catholicisme Intransigeant, Catholicisme Social et Démocratie Chrétienne» in *Annales E. S. C.*, Paris, Mars-Avril 1972, p. 483-499.

IDEM, «L'Église Catholique» in *Histoire du Christianisme des Origines à Nos Jours*, dir. de Jean-Marie Mayeur, Ch. Petri, A. Vauchez e E. M. Vennard, vol. XII, Paris, Desclèe/ Fayard, 1999, p. 297-345.

IDEM, *La Separátion de l'Église et de l'État*, Paris, René Julliard, 1966.

MINNERATH, Roland, *L'Église et les États concordataires (1846-1981): la souveraineté spirituelle*, Paris, Cerf, 1983.

Nations et Saint-Siège au XXe Siècle, dir. d'Hélène Carrière d'Encausse et de Philippe Levillain, Paris, Fayard, 2000.

PALARD, Jacques, «Religion et politique dans l'Europe du Sud: Permanence et changement» in *Pôle Sud*, n.º 17, 2002, p. 23-44.

PAYNE, Stanley, *El Catolicismo Español*, Barcelona, Editorial Planeta, 2006.

PORTIER, Philippe, *Église et politique en France au XXe siècle*, [s.l.], LGDJ/ Montchrestien, 1993.

POULAT, Émile, *L'Église C'Est Un Monde*, Paris, Les Éditions du Cerf, 1986.

IDEM, *Une Église ébranlée: changement, conflit et continuité de Pie XII à Jean-Paul II*, Paris, Casterman, 1980.

IDEM, *Église Contre Bourgeoisie: Introduction au Devenir du Catholicisme Actuel*, Tournai, Casterman, 1977.

IDEM, *Intégralisme et catholicisme intégral*, Tournai, Casterman, 1969.

REDONDO, Gonzalo, *Historia de la Iglesia en España, 1931-1939*, Madrid, Ediciones Rialp, 1993.

RÉMOND, René, «L'Anticléricalisme, une idéologie périmée?» in *Études*, Paris, Juin 1996 (384/6), p. 747-756.

IDEM, «Les Catholiques et le Communisme Depuis 1945» in *Études*, Paris, Octobre 1990 (373/4), p. 383-392.

IDEM, *Religion et société en Europe*. Essai sur la sécularisation des sociétés européenes aux XIXe et XXe siècles (1789-1998), Paris, Éditions du Seuil, 1998.

TUSELL, Javier, *Franco y los católicos. La política interior española entre 1945 y 1957*, Madrid, Alianza Editorial, 1984.

Estudos sobre Portugal (1910-1974)

Gerais

A imprensa de educação e ensino: repertório analítico (século XIX-XX), dir. de António Nóvoa, Lisboa, Instituto de Inovação Educacional, 1993.
História Religiosa de Portugal, dir. de Carlos Moreira Azevedo, vol 3 – *Religião e Secularização*, coord. de Manuel Clemente e António Matos Ferreira, [Lisboa], Círculo de Leitores, 2001.
Dicionário Biográfico Parlamentar (1935-1974), dir. de Manuel Braga da Cruz e António Costa Pinto, 2 vols., Lisboa, Instituto de Ciências Sociais e Assembleia da República, 2004 e 2005.
Dicionário de Educadores Portugueses, dir. de António Nóvoa, Porto, Edições ASA, 2003.
Dicionário de História de Portugal: suplemento, dir. de António Barreto e Maria Filomena Mónica, 3 vols., Lisboa/ Porto, Livraria Figueirinhas, 1999.
Dicionário de História do Estado Novo, dir. de Fernando Rosas e J.M. Brandão de Brito, 2 vols., Venda Nova, Bertrand Editora, 1996.
Dicionário de História Religiosa de Portugal, dir. de Carlos Moreira Azevedo, 4 vols., [Lisboa], Círculo de Leitores, 2000-2001.
História de Portugal, dir. de José Mattoso, vol. 6 – *A Segunda Fundação (1890-1926)*, coord. de Rui Ramos, Lisboa, Editorial Estampa, 1994.
História de Portugal, dir. de José Mattoso, vol. 7 – *O Estado Novo (1926-1974)*, coord. de Fernando Rosas, Lisboa, Editorial Estampa, 1994.
História da Primeira República Portuguesa, coord. de Fernando Rosas e Maria Fernanda Rollo, Lisboa, Tinta da China, 2009.
MARQUES, A. H. de Oliveira, *História de Portugal: Desde os tempos mais antigos à presidência do Sr. General Eanes*, vol. III – *Das Revoluções Liberais aos Nossos Dias*, 2.ª ed., Lisboa, Palas Editores, 1981.
MORAIS, João; VIOLANTE, Luís, *Contribuição para uma cronologia dos factos económicos e sociais. Portugal 1926-1985*, Lisboa, Livros Horizonte, 1986.
Nova História de Portugal, dir. de Joel Serrão e A.H. de Oliveira Marques, vol. XI – *Portugal da Monarquia para a República*, coord. de A.H. de Oliveira Marques, Lisboa, Editorial Presença, 1991.

Nova História de Portugal, dir. de Joel Serrão e A.H. de Oliveira Marques, vol. XII – *Portugal e o Estado Novo (1930-1960)*, coord. de Fernando Rosas, Lisboa, Editorial Presença, 1992.

OLIVEIRA, Miguel de, *História Eclesiástica de Portugal*, 4.ª ed. Lisboa, União Gráfica, 1968.

REIS, António, *Portugal Contemporâneo*, vols. 4 e 5, Lisboa, Alfa, [D.L. 1990].

TELO, António José, *Primeira República*, 2 vols., Barcarena, Editorial Presença, 2010-2011.

Outros estudos

AA.VV., *A Transição Falhada: o Marcelismo e o Fim do Estado Novo (1968-1974)*, coord. de Fernando Rosas e Pedro Aires Oliveira, Lisboa, Editorial Notícias, 2004.

AA.VV., *Do Marcelismo ao Fim Império*, coord. de J. M. Brandão de Brito, Lisboa, Notícias Editorial, 1999.

AA.VV., *O Estado Novo. Das Origens ao Fim da Autarcia – 1929-1959*, [Colóquio org. pela Fundação Calouste Gulbenkian], 2 vols., Lisboa, Fragmentos, 1987.

AA.VV., *Portugal Contemporâneo*, coord. de António Costa Pinto, Madrid, Ediciones Sequitur, 2000.

ABREU, Luís Machado de, «O discurso do anticlericalismo português (1850-1926)» in *Revista da Universidade de Aveiro – Letras*, 16 (1999), p. 135-172.

ARAÚJO, António de, *A lei de Salazar. Estudos sobre a Constituição política de 1933*, Coimbra, Edições Tenacitas, 2007.

BARRETO, José, «Os primórdios da Intersindical sob Marcelo Caetano» in *Análise Social*, vol. XXV (1.º-2.º), 1990 (n.º 105-106), p. 57-117.

CARDIA, Mário Sottomayor, «Os Reformismos Político-Sociais Europeus entre 1900 e 1940» in *As Grandes Correntes Políticas e Culturais do Século XX*, coord. de António Reis, Lisboa, Instituto de História Contemporânea/ Edições Colibri, 2003, p. 43-80.

CARDOSO, José Luís; ROCHA, Maria Manuela, «O seguro social obrigatório em Portugal (1919-1928): acção e limites de um Estado previdente» in *Análise Social*, vol. XLIV (192), 2009, p. 439-470.

IDEM, «Corporativismo e Estado-Providência (1933-1962)» in *Ler História*, n.º 45, 2003, p. 111-135.

CARVALHO, Rómulo de, *História do ensino em Portugal desde a fundação da nacionalidade até ao fim do regime de Salazar-Caetano*, Lisboa, Fundação Calouste Gulbenkian, 1986.

CATROGA, Fernando, *O Republicanismo em Portugal: da Formação ao 5 de Outubro de 1910*, 3.ª edição, Alfragide, Casa das Letras, 2010.

IDEM, «O Livre-pensamento contra a Igreja: a evolução do anticlericalismo em Portugal (séculos XIX e XX)» in *Revista de História das Ideias*, 22 (2001), p. 255-354.

CHORÃO, Luís Bigotte, *A crise da República e a Ditadura Militar*, Lisboa, Sextante Edição, 2009.

DELGADO, Pedro Manuel Lourenço, «O divórcio na I República e a questão das identidades culturais» in *Vértice*, II série, Setembro-Outubro 1998, p. 72-81.

ESTÊVÃO, Carlos Alberto Vilar, *Redescobrir a escola privada portuguesa como organização. Na fronteira da sua complexidade organizacional.*, Braga, Universidade do Minho, 1998.

LOFF, Manuel, «As grandes directrizes da "Ordem Nova" educacional salazarista e franquista nas décadas de 1930 e 1940» in *Fazer e Ensinar História da Educação*, org. de David Justino, Braga, Instituto de Educação e Psicologia/ Centro de Estudos em Educação e Psicologia/ Universidade do Minho, 1998, p. 311-331.

LOBO, Marina Costa, *Governar em Democracia*, Lisboa, ICS: Imprensa de Ciências Sociais, 2005.

LUCENA, Manuel, «Salazar, António de Oliveira» in *Dicionário de História de Portugal: suplemento*, dir. de António Barreto e Maria Filomena Mónica, vol. IX, Lisboa/ Porto, Livraria Figueirinhas, 1999, p. 283-368.

MACEDO, Jorge Borges de, «O aparecimento em Portugal do conceito de programa político» in *Democracia e Liberdade*, Lisboa, n.º 20 (Jul. 1981), p. 375-423.

MAIA, Fernando M., *Segurança Social em Portugal: evolução e tendências*, Lisboa, Instituto de Estudos para o Desenvolvimento, 1985.

MARTINS, Alcina Maria de Castro, *Génese, emergência e institucionalização do serviço social português*, Lisboa, Fundação Calouste Gulbenkian, Fundação para a Ciência e a Tecnologia, 1999.

Matos, Luís Salgado de, *Tudo o que sempre quis saber sobre a Primeira República em 37 mil palavras*, Lisboa, ICS: Imprensa de Ciências Sociais, 2010.

Matos, Sérgio Campos, «Para a história da escola privada em Portugal. Da Regeneração ao Estado Novo» in *História da Escola em Portugal e no Brasil. Circulação e apropriação de modelos culturais*, org. de J. Pintassilgo, M. C. Freitas, M. J. Mogarro, e M. C. Carvalho, Lisboa, Edições Colibri – Centro de Investigação em Educação, 2006, p. 261-271.

Meneses, Filipe Ribeiro de, *Salazar: Uma Biografia Política*, Lisboa, 2.ª edição, D. Quixote, 2010.

Mónica, Maria Filomena, *Educação e sociedade no Portugal de Salazar*, Lisboa, Editorial Presença/ Gabinete de Investigações Sociais, 1978.

Nunes, João Paulo Avelãs, «As organizações da juventude e a memória histórica do Estado Novo (1934-1949)» in *Anais. Série História*, 3-4, 1996-1997, p. 235-275.

Ó, Jorge Ramos do, *Os anos de Ferro. O dispositivo cultural durante a "Política do Espírito", 1933-1949. Ideologia, instituições, agentes e práticas*, Lisboa, Editorial Estampa, 1999.

Oliva, João Luís, «Oliveira Martins e o socialismo catedrático» in *Revista da Universidade de Coimbra*, vol. XXXVIII, 1999, p. 125-137.

Idem, *O domínio dos césares. Ensino do direito eclesiástico na faculdade de direito da Universidade de Coimbra (1836-1910)*, Lisboa, Edições Colibri, 1997.

Oliveira, César de, *Portugal e a II República de Espanha: 1931-1936*, Lisboa, Perspectivas & Realidades, 1985.

Oliveira, Pedro Aires, «Adrian Hastings e Portugal, Wiriyamu e outras polémicas» in *Lusitania Sacra*, 2.ª série, 19-20 (2007-2008), p. 379-397.

Patriarca, Fátima, *A Questão Social no Salazarismo, 1930-1947*, vols. I e II, Lisboa, Imprensa Nacional Casa da Moeda, 1995.

Pereira, Mirian Halpern, «As origens do Estado Providência em Portugal: as novas fronteiras entre o público e o privado» in *Ler História*, n.º 37, 1999, p. 401-414.

Pimentel, Irene Flunser, *História das Organizações Femininas do Estado Novo: o Estado Novo e as mulheres, a Obra das Mães pela Educação Nacional (OMEN), a Mocidade Portuguesa Feminina (MPF)*, Lisboa, Temas e Debates, 2001.

Pintassilgo, Joaquim, «O público e o privado na História da Educação. O exemplo de Portugal (segunda metade do século XIX – início do século

XX)» in *O ensino e a pesquisa em História da Educação*, org. de A. G. B. Freitas, E. F. V.-B. C. Nascimento, J. C. Nascimento e L. E. M. Oliveira, Maceió, Edufal, 2011, p. 219-241.

IDEM, «O projeto educativo do republicanismo. O caso português numa perspectiva comparada» in *Ler História*, n.º 59, 2010, p. 183-203.

PROENÇA, Maria Cândida (coord. de), *O sistema de ensino em Portugal: séculos XIX-XX*, Lisboa, Edições Colibri/ Instituto de História Contemporânea da Universidade Nova, 1998.

RAMOS, RUI, «Para uma história política da cidadania em Portugal» in *Análise Social*, vol. XXXIX (172), 2004, p. 547-569.

REBELO, José, *Formas de Legitimação do Poder no Salazarismo*, Lisboa, Livros e Leituras, 1998.

ROSAS, Fernando, *Pensamento e Acção Política. Portugal Século XX (1890-1976)*, Lisboa, Editorial Notícias, 2003.

IDEM, *O Estado Novo nos Anos Trinta, 1928-1938*, 2.ª ed., Lisboa, Editorial Estampa, 1996.

IDEM, *Portugal entre a Paz e a Guerra, 1939-1945*, Lisboa, Editorial Estampa, 1995.

RIAS, Ana Paula, *A Universidade no contexto da reforma Veiga Simão (1971)*, tese de doutoramento, texto policopiado, Faculdade de Ciências Humanas, Universidade Católica Portuguesa, 2009.

TELO, António José, *Portugal na Segunda Guerra (1941-1945)*, 2 vols., Lisboa, Vega, 1991.

TENGARRINHA, José M., «A oratória política de 1820 a 1910» in *Estudos de História Contemporânea de Portugal*, Lisboa, Editorial Caminho, 1983, p. 129-180.

TORGAL, Luís Reis, *Estados Novos. Estado Novo*, Coimbra, Imprensa da Universidade de Coimbra, 2009.

IDEM, *A Universidade e o Estado Novo: o caso de Coimbra, 1926-1961*, Coimbra, Minerva, 1999.

VALÉRIO, Nuno, *As Finanças Públicas Portuguesas entre as Duas Guerras Mundiais*, Lisboa, Edições Cosmos, 1994.

VALÉRIO, Nuno (coord. de); NUNES, Ana Bela; BASTIEN, Carlos; MATA, Maria Eugénia, *Os Orçamentos no Parlamento Português.*, Lisboa, Assembleia da República/ Publicações Dom Quixote, 2006.

IDEM, *As Finanças Públicas no Parlamento Português. Estudos preliminares.*, Porto, Assembleia da República/ Edições Afrontamento, 2001.

Ventura, António, *Os Constituintes de 1911 e a Maçonaria*, Lisboa, Temas e Debates, 2011.
Wheeler, Douglas, *A Ditadura Militar Portuguesa: 1926-1933*, Mem Martins, Europa América, 1988.

II – Específica

Estudos sobre governação, organização política e ideologia no *Estado Novo*

Alexandre, Valentim, *O Roubo das Almas. Salazar, a Igreja e os Totalitarismos (1930-1939)*, Lisboa, Publicações Dom Quixote, 2006.
Almeida, Pedro Tavares de; Pinto, António Costa, «Portuguese Ministers 1851-1999: social background and paths to power» in *Who Governs Southern Europe? Regime Change and Ministerial Recruitment 1850-2000*, editors Pedro Tavares de Almeida, António Costa Pinto and Nancy Bermeo, London / Portland OR, Frank Cass Publishers, 2003, p. 18-29.
Caldeira, Arlindo Manuel, «O partido de Salazar: antecedentes, organização e funções da União Nacional (1926-1934)» in *Análise Social*, vol. XXII (94), 1984 (5.º), p. 943-977.
Carvalho, Rita Almeida de, *A Assembleia Nacional no Pós-Guerra (1945- 1949)*, Lisboa/ Porto, Assembleia da República/ Edições Afrontamento, 2002.
Carvalho, Rita Almeida de; Fernandes, Tiago, «A elite política do marcelismo: ministros, secretários/subsecretários de Estado e deputados (1968- 1974)» in *Elites, Sociedade e Mudança Política*, Oeiras, Celta Editora, 2003, p. 67-96.
Castilho, J. M. Tavares, *Os Procuradores da Câmara Corporativa (1935- -1974)*, Lisboa, Assembleia da República e Texto Editores, Lda., 2010.
Idem, *Os Deputados da Assembleia Nacional (1935-1974)*, Lisboa, Assembleia da República e Texto Editores, Lda., 2009.
Cruz, Manuel Braga da, «Partidos Políticos Confessionais» in *Dicionário de História Religiosa de Portugal*, dir. de Carlos Moreira Azevedo, vol. III, Lisboa, Círculo de Leitores, 2001, p. 380-385.
Idem, *O Partido e o Estado no Salazarismo*, Lisboa, Editorial Presença, 1998.
Idem, *Monárquicos e republicanos no Estado Novo*, Lisboa, Publicações Dom Quixote, 1986.

IDEM, «Notas para uma caracterização ideológica do salazarismo» in *Análise Social*, vol. XVIII (72-73-74), 1982 – 3.º, 4.º, 5.º, p. 773-794.

FERNANDES, Tiago, *Nem ditadura, nem revolução. A Ala Liberal e o marcelismo (1968-1974)*, Lisboa, Assembleia da República/ D. Quixote, 2006.

FERREIRA, Nuno Estêvão, *A Câmara Corporativa no Estado Novo: composição, funcionamento e influência*, tese de doutoramento, texto policopiado, Instituto de Ciências Sociais, Universidade de Lisboa, 2009.

GÓMEZ, Hipólito de La Torre, "Marcello Caetano: últimas razones del Estado Novo" in *Espacio, Tiempo y Forma*, Serie V, Historia Contemporanea, t. 19, 2007, pp. 75-101.

Humberto Delgado, as eleições de 1958, org. de Iva Delgado, Carlos Pacheco e Telmo Faria, Lisboa, Veja, 1958.

JANEIRO, Helena; PAULO, Heloísa, *Norton de Matos e as Eleições Presidenciais de 1949: 60 anos depois*, Lisboa, Edições Colibri, 2010.

LEAL, Ernesto Castro, «Antiliberalismo. Vias de pensamento e de ação» in *Dança dos Demónios – Intolerância em Portugal*, coord. de António Marújo e José Eduardo Franco, Rio de Mouro, Círculo de Leitores e Temas e Debates, 2009, p. 485-533.

IDEM, «Forças políticas dentro do Estado Novo» in *História de Portugal. Dos tempos pré-históricos aos nossos dias*, dir. por João Medina, vol. XV – A República (IV). O Estado Novo (I)*, Amadora, Ediclube, 2004, p. 455-491.

IDEM, «A Cruzada Nacional de D. Nuno Álvares Pereira e as origens do Estado Novo (1918-1938)» in *Análise Social*, vol. XXXIII (148), 1998 (4.º), p. 823-851.

IDEM, *Nação e nacionalismo: a cruzada nacional D. Nuno Álvares Pereira e as origens simbólicas, ideológicas e políticas do Estado Novo (1890-1940)*, tese de doutoramento, texto policopiado, Faculdade de Letras, Universidade de Lisboa, 1997.

LEWIS, Paul, «Salazar's Ministerial Elite, 1932-1968» in *Journal of Politics*, 40, August, 1978, p. 622-647.

LOFF, Manuel, *O Nosso Século é Fascista. O mundo visto por Salazar e Franco (1936-1945)*, Porto, Campo das Letras, 2008.

IDEM, «El processo electoral salazarista (1926-1974) en el contexto de 150 anos de sufrágio elitista en Portugal» in *Plebiscitos y Elecciones en las Dictaduras del Sur de Europa (siglo XX)*, coord. de Roque Moreno Fonseret, Alicante, Marfil, 2003, p. 175-200.

Lucena, Manuel de, «Interpretações do salazarismo: notas de leitura crítica – I» in *Análise Social*, vol. XX (83), 1984 – 4.º, p. 423-451.

Idem, «Transformações do Estado Português nas suas relações com a sociedade civil» in *Análise Social*, vol. XVIII (72-73-74), 1982 – 3.º, 4.º, 5.º, p. 897-926.

Lucena, Manuel de, *A Evolução do Sistema Corporativo Português*, vol. I – *O Salazarismo*, Lisboa, Perspectivas e Realidades, 1976.

Marchi, Riccardo, *Folhas Ultras. As ideias da direita radical portuguesa (1939-1950)*, Lisboa, Imprensa de Ciências Sociais, 2009.

Idem, *Império, Nação, Revolução – As direitas radicais portuguesas no fim do Estado Novo (1959-1974)*, Alfragide, Texto Editores, Lda., 2009.

Marques, A. H. de Oliveira, *A Maçonaria portuguesa e o Estado Novo*, Lisboa, Publicações Dom Quixote, 1975.

Idem, *A primeira legislatura do Estado Novo – 1935/1938*, Lisboa, Edições Europa-América, 1974.

Martins, Hermínio, *Classe, Status e Poder e outros ensaios sobre o Portugal contemporâneo*, Lisboa, ICS: Imprensa de Ciências Sociais, 1998.

Medina, João, *Salazar e os Fascistas. Salazarismo e nacional-sindicalismo: a história de um conflito, 1932/1935*, Lisboa, Livraria Bertrand, 1978.

Payne, Stanley, «Salazarism: "fascism" or "bureaucratic authoritarianism"?» in *Estudos de História de Portugal. Homenagem a A. H. de Oliveira Marques*, ed. lit. Instituto Português do Livro, vol. II – *Sécs. XVI-XX*, Lisboa, Estampa, 1983, p. 523-531.

Pinto, António Costa, «Regimes Fascistas: Elites, Partido Único e Decisão Política nas Ditaduras da Época do Fascismo» in *As Grandes Correntes Políticas e Culturais do Século XX*, coord. de António Reis, Lisboa, Instituto de História Contemporânea/ Edições Colibri, 2003, p. 11-42.

Idem, «O império do professor: Salazar e a elite ministerial do Estado Novo (1933-1945)» in *Análise Social*, vol. XXXV (157), 2000, p. 1-22.

Idem, *Os Camisas Azuis. Ideologia, Elites e Movimentos Fascistas em Portugal 1914-1945*, Lisboa, Editorial Estampa, 1994.

Idem, *O Salazarismo e o Fascismo Europeu: problemas de interpretação nas ciências sociais*, Lisboa, Editorial Estampa, 1992.

Ramos, Rui, «Antimaçonismo» in *Dança dos Demónios – Intolerância em Portugal*, coord. de António Marújo e José Eduardo Franco, Rio de Mouro, Círculo de Leitores e Temas e Debates, 2009, p. 331-429.

FONTES E BIBLIOGRAFIA

REAL, Miguel, «Anticomunismo. A figuração de um inimigo interno ao serviço de um grande inimigo estrangeiro» in *Dança dos Demónios – Intolerância em Portugal*, coord. de António Marújo e José Eduardo Franco, Rio de Mouro, Círculo de Leitores e Temas e Debates, 2009, p. 537--579.

ROSAS, Fernando, *Salazar e o Poder. A Arte de Saber Durar*, Lisboa, Tinta-da-China, 2012.

IDEM, «O corporativismo enquanto regime» in *Corporativismo, Fascismos, Estado Novo*, coord. de Fernando Rosas e Álvaro Garrido, Coimbra, Edições Almedina, 2012, p. 17-47.

IDEM, «As Grandes Linhas da Evolução Institucional» in *Nova História de Portugal*, dir. de Joel Serrão e A.H. de Oliveira Marques, vol. XII – *Portugal e o Estado Novo (1930-1960)*, coord. de Fernando Rosas, Lisboa, Editorial Presença, 1992, p. 86-143.

IDEM, «Cinco Pontos em Torno do Estudo Comparado do Estado Novo» in *Vértice*, II série, n.º 13, Abril 1989, p. 21-29.

IDEM, «A Crise do Liberalismo e as Origens do Autoritarismo Moderno do Estado Novo em Portugal» in *Penélope*, n.º 2, Fevereiro 1989, p. 97-11.

IDEM, *As primeiras eleições legislativas sob o Estado Novo: As eleições de 16 de Dezembro de 1934*, Lisboa, Edições «O Jornal», 1985

SANTOS, F. I. Pereira dos, *Un État Corporatif. La Constitution Sociale et Politique Portugaise*, Paris, Librairie du Recueil Sirey, 1935

SANTOS, José Reis, *Salazar e as Eleições. Um estudo sobre as eleições gerais de 1942.*, Lisboa, Assembleia da República, 2011.

SANTOS, Luís Aguiar, «Um teste aos conceitos de *nomocracia* e *teleocracia*: o jornal *Política* perante a "primavera marcelista" (1969-1970)» in *Análise Social*, vol. XXXIII (149), 1998 (5.º), p. 1093-1115.

SANTOS, Paula Borges, «O modelo político do Estado autoritário português: a ideia corporativa na constitucionalização do regime (1931-1933). The political model of the portuguese authoritarian state: the corporatist idea in the constitutionalisation of the regime (1931-1933)» in *Espacio, Tiempo y Forma*, 27, 2015, UNED, pp. 59-84.

SCHMITTER, Philippe C., *Portugal: do Autoritarismo à Democracia*, Lisboa, ICS: Imprensa de Ciências Sociais, 1999.

SERPIGLIA, Daniele, *La Via Portoghese al Corporativismo*, Roma, Carocci, 2011.

TORGAL, Luís Reis, «Os corporativismos e as "terceiras vias"» in *Corporativismo, Fascismos, Estado Novo*, coord. de Fernando Rosas e Álvaro Garrido, Coimbra, Edições Almedina, 2012, p. 49-79.

VALENTE, Vasco Pulido, «Caetano, Marcelo» in *Dicionário de História de Portugal*, coord. de António Barreto e Maria Filomena Mónica, vol. IX, Lisboa, Livraria Figueirinhas, 1999, p. 198-216.

WIARDA, Howard, *Corporatism and Development. The Portuguese Experience*, Amherst, The University of Massachusetts Press, 1977.

Sobre a Igreja Católica e catolicismo em Portugal no século XX

ALMEIDA, João Miguel, *Católicos e Política. Na crise do Liberalismo: o Percurso de António Lino Neto (1873-1934)*, tese de doutoramento, Lisboa, Faculdade de Ciências Sociais e Humanas, Universidade Nova de Lisboa, 2013.

IDEM, *A Oposição Católica ao Estado Novo (1958-1974)*, Lisboa, Edições Nelson de Matos, 2008.

ARAÚJO, António de, *A Oposição Católica no Marcelismo: o caso da Capela do Rato*, tese de doutoramento, texto policopiado, Faculdade de Ciências Humanas, Universidade Católica Portuguesa, 2011.

IDEM, *Sons de sinos: Estado e Igreja no advento do salazarismo*, Coimbra, Edições Tenacitas, 2010.

AZEVEDO, Carlos A. Moreira, «Momentos e temas em confronto nas relações Igreja-Estado em Portugal (1940-2000)» in *Lusitania Canonica*, vol. 8, Lisboa, Centro de Estudos de Direito Canónico/ Universidade Católica Portuguesa, 2002, p. 9-30.

BARRETO, José, «Adérito Sedas Nunes e o bispo do Porto em 1958» in *Análise Social*, vol. XLII (182), 2007, p. 11-33.

IDEM, «A Igreja e os católicos» in *A Transição Falhada: o Marcelismo e o Fim do Estado Novo (1968-1974)*, coord. de Fernando Rosas e Pedro Aires Oliveira, Lisboa, Editorial Notícias, 2004, p. 173-170.

IDEM, «Fernando Pessoa, o Estado Novo e a Igreja Católica» in *A Igreja e o Estado em Portugal em Portugal*, Actas dos Encontros de Outono, Vila Nova de Famalicão, Ed. da Câmara Municipal de Vila Nova de Famalicão, 2004.

IDEM, *Religião e Sociedade. Dois ensaios*, Lisboa, Imprensa de Ciências Sociais, 2002.

IDEM, «O caso do Bispo do Porto em arquivos do Estado» in *Profecia e Liberdade em D. António Ferreira Gomes: atas do simpósio*, coord. de Paulo Bernardino, Lisboa, Ajuda à Igreja que Sofre, 2000 p. 119-145.

IDEM, «Comunistas, católicos e os sindicatos sob Salazar» in *Análise Social*, vol. XXIX (1.º-2.º), 1994 (n.º 125-126), p. 287-317.

CARVALHO, Carlos Henrique de, «A Igreja Católica no contexto do Estado Novo português. As tensões no campo político-educacional (1940-1965)» in *Estado, Igreja e Educação: o mundo ibero-americano nos séculos XIX e XX*, org. de Carlos Henrique de Carvalho e Wenceslau Gonçalves Neto, Campinas, Editora Alínea, 2010, p. 143-180.

CARVALHO, Rita Almeida de, *A Concordata de Salazar*. Lisboa, Círculo de Leitores e Temas e Debates, 2013.

CERQUEIRA, Silas, «L'Église catholique et la dictature corporatiste portugaise» in Revue française de science politique, 23e année, n.º 3, 1973, p. 473-513.

CLEMENTE, Manuel, *Igreja e Sociedade Portuguesa – Do Liberalismo à República*, Porto, Assírio & Alvim, 2012.

IDEM, «Da história eclesiástica à história religiosa: *Lusitania Sacra*: principais vetores do trabalho realizado» in *Lusitania Sacra*, 2.ª série, 21 (2009), p. 21-25.

COTOVIO, Jorge, *O Ensino Privado nas décadas de 50, 60 e 70 do século XX. O contributo das escolas católicas*, Coimbra, Gráfica de Coimbra 2, 2012.

CRUZ, Manuel Braga da, *José Maria Braga da Cruz. O combate de uma vida (1888-1979)*, Coimbra, Gráfica de Coimbra, 2004.

IDEM, «Do regalismo cartista ao 25 de Abril» in *Finisterra. Revista de Reflexão e Crítica*, n.º 33, 1999, p. 17-24.

IDEM, *O Estado Novo e a Igreja Católica*, Lisboa, Editorial Bizâncio, 1998.

IDEM, «As negociações da Concordata e do Acordo Missionário de 1940» in *Análise Social*, vol. XXXII (143-144), 1997 (4.º-5.º), p. 815-845.

IDEM, «As elites católicas nos primórdios do salazarismo» in *Análise Social*, vol. XXVII (116-117), 1992 (2.º-3.º), p. 547-574.

IDEM, «O movimento dos Círculos Católicos Operários – primeira expressão em Portugal do sindicalismo católico» in *Democracia e Liberdade*, n.º 37/38, Abril/Setembro de 1986, p. 39-50.

IDEM, *As Origens da Democracia Cristã e o Salazarismo*, Lisboa, Editorial Presença/ Gabinete de Investigações Sociais, 1980.

FALCÃO, Miguel, «A Concordata de 1940 e a assistência religiosa às Forças Armadas» in *A Concordata de 1940, Portugal – Santa Sé*, [Jornadas de Estudo nos 50 anos da Concordata, promovidas pelo Centro de Estudos de Direito Canónico e pela Faculdade de Direito da Universidade Católica Portuguesa, entre 25 e 27 de Fevereiro de 1991], Lisboa, Edições Didaskalia, 1993, p. 195-231.

FERNANDES, António Teixeira, *Afrontamento Político-Religioso na Primeira República. Enredos de um Conflito*, s.l., Estratégias Criativas, 2009.

IDEM, *Igreja e Sociedade. Na Monarquia Constitucional e na Primeira República*, s.l., Estratégias Criativas, 2007.

IDEM, *Relações entre a Igreja e o Estado no Estado Novo e no pós 25 de Abril de 1974*, Porto, Ed. do Autor, 2001.

FERREIRA, António Matos, «I República, catolicismo e direitas políticas (Parte II)» in *História*, 2.ª série, Julho/ Agosto 2004, p. 40-49.

IDEM, «Catolicismo e direitas políticas (Parte I)» in *História*, 2.ª série, 67, Junho 2004, p. 28-37.

IDEM, «Laicismo ideológico e laicidade entre a ideia de tolerância e a tentação totalitária» in *THEOLOGICA*, 2ª série, 39, 2 (2004), p. 313-330.

IDEM, «Catolicismo» in *Dicionário de História de Portugal*, coord. de António Barreto e Maria Filomena Mónica, vol. VII, Lisboa/Porto, Livraria Figueirinhas, 1999, p. 259-261.

IDEM, *s.v.*, «Laicidade»; «Liberalismo»; «Secularização» in *Dicionário de História Religiosa de Portugal*, dir. de Carlos Moreira Azevedo, vol. III; vol. IV, Lisboa, Círculo de Leitores, 2001, p. 58-65; p. 428-441; p. 195-202.

IDEM, «La Péninsule Ibérique» in *Histoire du Christianisme des Origines à Nos Jours*, dir. de Jean-Marie Mayeur, Ch. Petri, A. Vauchez e E. M. Vennard, vol. XII, Paris, Desclèe/ Fayard, 1999, p. 402-443.

IDEM, «A Acção Católica. Questões em torno da sua organização e da autonomia da acção da Igreja católica (1933-1958)» in *O Estado Novo. Das Origens ao Fim da Autarcia – 1929-1959*, [Colóquio org. pela Fundação Calouste Gulbenkian], vol. II, Lisboa, Fragmentos, 1987, p. 281-302.

FERREIRA, Manuel de Pinho, *A Igreja e o Estado Novo na obra de D. António Ferreira Gomes*, Porto, Universidade Católica Portuguesa/ Faculdade de Teologia, 2004.

IDEM, «Relações Igreja e Comunidade Política no Concílio Vaticano II» in *Lusitania Canonica*, vol. 8, Lisboa, Centro de Estudos de Direito Canónico/ Universidade Católica Portuguesa, 2002, p. 33-54.

FONSECA, Carlos Dinis da, *História e Actualidade das Misericórdias*, Mem Martins, Editorial Inquérito, 1996.

FONTES, Paulo Fernando de Oliveira, *Elites Católicas em Portugal: o papel da Acção Católica (1940-1961)*, Lisboa, Fundação Calouste Gulbenkian/ Fundação para a Ciência e a Tecnologia, 2011.

IDEM, «A institucionalização da Acção Católica Portuguesa e a festa de Cristo-Rei» in *Lusitania Sacra*, 2.ª série, 19-20 (2007-2008), p. 171-193.

IDEM, «O catolicismo português no século XX: da separação à democracia» in *História Religiosa de Portugal*, dir. de Carlos Moreira Azevedo, vol. 3 – *Religião e Secularização*, coord. de Manuel Clemente e António Matos Ferreira, Rio de Mouro, Círculo de Leitores, 2002, p. 129-351.

IDEM, «O CADC na vida da Igreja católica e da sociedade portuguesa nos anos 50» in *Congresso «O CADC vida da Igreja e da sociedade portuguesa», Coimbra, 17-18 de Março de 2001 – Actas*, Coimbra, Gráfica de Coimbra, 2001, p. 125-143.

IDEM, «Catolicismo social» in *Dicionário de História Religiosa de Portugal*, dir. de Carlos Moreira Azevedo, vol. III, Lisboa, Círculo de Leitores, 2001, p. 310-324.

IDEM, «D. António Ferreira Gomes e o movimento católico do pós-guerra: da questão social à questão política» in *Profecia e Liberdade em D. António Ferreira Gomes: atas do simpósio*, coord. de Paulo Bernardino, Lisboa, Ajuda à Igreja que Sofre, 2000 p. 79-117.

FRANCO, A. Luciano de Sousa, «A Igreja e o Poder: 1974-1987» in *Portugal: o sistema político e constitucional, 1974-1987*, coord. de Mário Baptista Coelho, Lisboa, Instituto de Ciências Sociais da Universidade de Lisboa, 1989, p. 403-425.

GALLAGHER, Tom, «Portugal» in *Political Catolicism in Europe 1918-1965*, ed. by Tom Buchanan and Martin Conway, Oxford, Claredon Press, 1996, p. 129-155.

GONÇALVES, Nuno da Silva, «A dimensão missionária do catolicismo português» in *História Religiosa de Portugal*, vol. III – *Religião e Secularização Séculos XIX e XX*, coord. de Manuel Clemente e António Matos Ferreira, Lisboa, Círculo de Leitores, 2002, p. 353-417.

JORGE, Ana Maria (coord. de), «Episcopológio» in *Dicionário de História Religiosa*, dir. de Carlos Moreira Azevedo, vol. IV, Lisboa, Círculo de Leitores, 2001, p. 131-146.

LEAL, Ernesto Castro, «Quirino Avelino de Jesus, um católico "pragmático": notas para o estudo crítico da relação existente entre publicismo e política (1894-1926)» in *Lusitania Sacra*, 2.ª série, 6 (1994), p. 355-389.

LEITE, António, «Natureza e oportunidades das concordatas» in *A Concordata de 1940, Portugal – Santa Sé*, [Jornadas de Estudo nos 50 anos da Concordata, promovidas pelo Centro de Estudos de Direito Canónico e pela Faculdade de Direito da Universidade Católica Portuguesa, entre 25 e 27 de Fevereiro de 1991], Lisboa, Edições Didaskalia, 1993, p. 3-10.

LOPES, Maria Antónia, «As Misericórdias de D. José ao final do século XX» in *Portugaliae Monumenta Misericordiarum*, dir. do Centro de Estudos de História Religiosa da Universidade Católica Portuguesa, coord. de José Pedro Paiva, vol. I, Lisboa, União das Misericórdias Portuguesas, 2002, p. 79-177.

MANUEL, Paul Christopher, «Clericalism, Anticlericalism, and Democratization in Portugal and Spain» in *Religion and Politics in Comparative Perspective. The One, the Few, and the Many*, ed. by Ted Gerard Jelen and Clyde Wilcox, New York, Cambridge University Press, 2002, p. 71-93.

MATOS, Luís Salgado de, *A Separação do Estado e da Igreja*, Alfragide, Publicações Dom Quixote, 2011.

IDEM, «A campanha de imprensa contra o bispo do Porto como instrumento político do governo português (Setembro de 1958 – Outubro de 1959)» in *Análise Social*, vol. XXXIV (150), 1999, p. 29-90.

IDEM, *Um Estado de Ordens Contemporâneo – A Organização Política Portuguesa*, 3. vols., tese de doutoramento, texto policopiado, Instituto de Ciências Sociais, Universidade de Lisboa, 1999.

IDEM, «Cerejeira, D. Manuel Gonçalves» in *Dicionário de História de Portugal*, coord. de António Barreto e Maria Filomena Mónica, vol. VII, Lisboa/ Porto, Livraria Figueirinhas, 1999, p. 296-313.

IDEM, «Os bispos portugueses: da Concordata ao 25 de Abril – alguns aspectos» in *Análise Social*, vol. XXIX (125-126), 1994 (1.º – 2.º), p. 319-383.

MOURA, Maria Lúcia de Brito, *Nas trincheiras da Flandres: com Deus ou sem Deus, eis a questão*, Lisboa, Edições Colibri, 2010.

IDEM, «D. António Mendes Belo (1908-1929)» in *Os Patriarcas de Lisboa*, coord. de Carlos A. Moreira Azevedo *e al.*, Lisboa, Centro Cultural do Patriarcado de Lisboa e Alêtheia Editores, 2009, p. 129-141.

IDEM, «A condenação da *Action Française* por Pio XI. Repercussões em Portugal» in *Revista de História das Ideias*, vol. 29 (2008), p. 545-582.

IDEM, *A "Guerra Religiosa" na I República*, 1.ª ed., Lisboa, Editorial Notícias, 2004.

NETO, Vítor, *A Questão Religiosa no Parlamento (1821-1910)*, Vol. I, Lisboa, Assembleia da República/ Texto Editores, 2009.

IDEM, *O Estado, a Igreja e a Sociedade em Portugal (1832-1911)*, Lisboa, Imprensa Nacional Casa da Moeda, 1998.

NOGUEIRA, D. Eurico Dias, «Atividade missionária na Concordata» in *A Concordata de 1940, Portugal – Santa Sé*, [Jornadas de Estudo nos 50 anos da Concordata, promovidas pelo Centro de Estudos de Direito Canónico e pela Faculdade de Direito da Universidade Católica Portuguesa, entre 25 e 27 de Fevereiro de 1991], Lisboa, Edições Didaskalia, 1993, p. 307-323.

PIMENTEL, Irene Flunser, *Cardeal Cerejeira. O Príncipe da Igreja*, Lisboa, A Esfera dos Livros, 2010.

PINTASSILGO, Joaquim, «Igreja, Estado e Família no debate sobre o ensino particular em Portugal (meados do século XX)» in *Estado, Igreja e Educação: o mundo ibero-americano nos séculos XIX e XX*, org. de Carlos Henrique de Carvalho e Wenceslau Gonçalves Neto, Campinas, Editora Alínea, 2010, p. 181-198.

PROENÇA, Maria Cândida, *A Questão Religiosa no Parlamento*, vol. II – *1910-1926*, Lisboa, Assembleia da República, 2011.

QUERIDO, Augusto, «Eléments pour une sociologie du conformisme catholique au Portugal» in *Archives des sciences sociales des religions*, Année 1959, vol. 7, n.º 1, p. 144-152.

REZOLA, Maria Inácia, «A Igreja Católica portuguesa e a consolidação do salazarismo» in *O Corporativismo em Português. Estado, Política e Sociedade no Salazarismo e no Varguismo*, coord. de António Costa Pinto e F. C. Palomanes Martinho, Lisboa, ICS: Imprensa de Ciências Sociais.

IDEM, *O Sindicalismo Católico no Estado Novo, 1931-1948*, Lisboa, Editorial Estampa, 1999, p. 279-281.

REIS, Bruno Cardoso, *Salazar e o Vaticano*, Lisboa, ICS: Imprensa de Ciências Sociais, 2006.

IDEM, «Portugal e a Santa Sé no sistema internacional (1910-1970)» in *Análise Social*, vol. XXXVI (161), 2002, p. 1019-1059.

ROBINSON, Richard, «Igreja Católica» in *Dicionário de História de Portugal*, coord. de António Barreto e Maria Filomena Mónica, vol. VIII, Lisboa/ Porto, Livraria Figueirinhas, 1999, p. 220-233.

IDEM, «The Religious Question and the Catholic Revival in Portugal, 1900-30» in *Journal of Contemporary History*, 12 (1977), p. 345-362.

ROSAS, Fernando, «Estado e Igreja em Portugal: do salazarismo à democracia» in *Finisterra. Revista de Reflexão e Crítica*, n.º 33, 1999, p. 25-35.

SANTOS, Luís Aguiar, "As condições jurídico-políticas da construção do campo religioso português: uma contextualização histórica" in *Identidades Religiosas em Portugal. Ensaio Interdisciplinar*, org. de Alfredo Teixeira, Lisboa, Paulinas Editora, 2012, pp. 21-67.

SANTOS, Paula Borges, *A Questão Religiosa no Parlamento (1935-1974)*, Vol. III, Lisboa, Assembleia da República, 2011.

IDEM, *Igreja Católica, Estado e Sociedade (1968-1975). O caso Rádio Renascença*, Lisboa, Imprensa de Ciências Socais, 2005.

IDEM, «Opções políticas dos católicos: Significados do "estar à direita" durante o Estado Novo (1945-1974)» in *As raízes profundas não gelam? Ideias e percursos das Direitas Portuguesas*, coord. de Riccardo Marchi, Alfragide, Texto Editores, 2014, pp. 307-317.

SARDICA, José Miguel, «A receção da doutrina social de Leão XIII em Portugal» in *Lusitania Sacra*, 2.ª série, 16 (2004), p. 367-383.

SEABRA, João, *O Estado e a Igreja em Portugal no inicio do século XX – A Lei de Separação de 1911*, Cascais, Princípia, 2009.

IDEM, «Liberdade religiosa e Concordata» in *A Concordata de 1940, Portugal – Santa Sé*, [Jornadas de Estudo nos 50 anos da Concordata, promovidas pelo Centro de Estudos de Direito Canónico e pela Faculdade de Direito da Universidade Católica Portuguesa, entre 25 e 27 de Fevereiro de 1991], Lisboa, Edições Didaskalia, 1993, p. 85-115.

SEABRA, Jorge; AMARO, António Rafael; NUNES, João Paulo Avelãs, *O CADC de Coimbra e a democracia cristã nos inícios do Estado Novo*, 2.ª ed. revista, Lisboa, Edições Colibri/ Faculdade de Letras da Universidade de Coimbra, 2000.

SILVA, Marco, *As ideias políticas e sociais de António Lino Neto. Um católico militante entre o fim do século XIX e a primeira metade do século XX*, Casal de Cambra, Caleidoscópio, 2011.

SILVA, Vasco Pereira da, «Património e regime fiscal da Igreja na Concordata» in *A Concordata de 1940, Portugal – Santa Sé*, [Jornadas de Estudo nos 50 anos da Concordata, promovidas pelo Centro de Estudos de Direito Canónico e pela Faculdade de Direito da Universidade Católica Portuguesa, entre 25 e 27 de Fevereiro de 1991], Lisboa, Edições Didaskalia, 1993, p. 133-165.

SIMPSON, Duncan, *A Igreja Católica e o Estado Novo Salazarista*, Lisboa, Edições 70, 2014.

TEIXEIRA, Alfredo, "Os mundos sociais da ação sócio caritativa" in *Communio*, XXVI (2009/2), pp. 209-222.

IDEM, "A palavra distribuída. Figuras da interlocução grupal no campo católico" in *Didaskalia*, XXXV (2005), pp. 663-683.

TORGAL, Luís Reis, «Igreja e Estado no regime de Salazar entre a Separação, a Concordata e a Polémica» in *A Igreja e o Estado em Portugal. Da primeira República ao limiar do Século XXI*, [Encontros de Outono 21-22 de Novembro de 2003, org. pela Câmara Municipal de Vila Nova de Famalicão], Vila Nova de Famalicão, Editora Ausência, 2004, p 97-129.

IDEM, «Os católicos e a Universidade no Estado Novo de Salazar: situação e oposição» in *Revista de História das Ideias*, 22, 2001, p. 425-450.

VICENTE, Ana Cláudia S. D., «A introdução do Escutismo em Portugal» in *Lusitania Sacra*, 2.ª série, 16 (2004), p. 203-245.

Estudos sobre a diferenciação religiosa em Portugal no século XX

ALVES, Mafalda Vieira de Oliveira, *As Testemunhas de Jeová Face ao Estado Novo: Um Caso de Resistência (1925-1974)*, Lisboa, dissertação de mestrado, texto policopiado, Faculdade de Ciências Sociais e Humanas, Universidade Nova de Lisboa, 2009.

FERREIRA, Ernesto, *Arautos de Boas Novas*, Lisboa, União Portuguesa dos Adventistas do Sétimo Dia, 2008.

SANTOS, Luís Aguiar, «A diferenciação religiosa e o seu lugar na historiografia» in *Lusitania Sacra*, 2.ª série, 21 (2009), p. 295-309.

IDEM, «Evolução da presença em Portugal da Sociedade Bíblica: de agência britânica a instituição de utilidade pública» in *Revista Lusófona de Ciências da Religião*, ano IV (2005), n.º 7/8, p. 51-61.

IDEM, «A transformação do campo religioso português» in *História de Portugal*, dir. de Carlos Moreira Azevedo, Vol. III – *Religião e Secularização Séculos XIX e XX*, coord. de Manuel Clemente e António Matos Ferreira, Lisboa, Círculo de Leitores, 2002, p. 419-491.

IDEM, «Condicionantes na Configuração do Campo Religioso Português» in *História Religiosa de Portugal*, dir. de Carlos Moreira Azevedo, Vol. III – *Religião e Secularização Séculos XIX e XX*, coord. de Manuel Clemente e António Matos Ferreira, Lisboa, Círculo de Leitores, 2002, p. 401-417.

IDEM, «A primeira geração da Igreja Lusitana Católica Apostólica Evangélica (1876-1902) in *Lusitania Sacra*, 2.ª série, n.º 8/9 (1996-1997), p. 299-360.

TEIXEIRA, Alfredo (org.), *Identidades Religiosas em Portugal. Ensaio Interdisciplinar*, Lisboa, Paulinas Editora, 2012.

IDEM, *Não sabemos já donde a luz mana. Ensaio sobre as identidades europeias*, Lisboa, Paulinas Editora, 2004.

ANEXOS

ANEXO I

ENSAIO BIBLIOGRÁFICO
ESTADO E IGREJA CATÓLICA NO AUTORITARISMO PORTUGUÊS: PROBLEMATIZAÇÕES DAS CIÊNCIAS SOCIAIS (1970-2013)

Introdução

Tive oportunidade de explicitar, ao longo das páginas anteriores, uma interpretação sobre o que foi a relação do Estado com a Igreja Católica durante o regime autoritário (1933-1974) que não valoriza especialmente o problema de se saber se a Igreja Católica foi autónoma perante o poder político no regime estadonovista ou se, pelo contrário, foi por ele dominada. Esta posição deriva de se considerar que a explicação, em termos efetivamente históricos, não pode escamotear que, enquanto perdurou o sistema regalista (desde pelo menos o século XVIII até 1910), a Igreja Católica esteve, *de jure* e de facto, submetida ao Estado. Tal como não pode ignorar que, após a implantação da I República, essa sujeição não foi suprimida, na medida em que o novo poder político, apesar de ter posto termo ao Estado confessional e à religião de Estado, instaurou um modelo de separação que não só não favorecia a *libertas ecclesiae*, como ao invés mantinha administrativamente a religião sob controle. As mudanças operadas a partir de 1918 não foram suficientes para ultrapassar esses limites, permitindo apenas à Igreja Católica alcançar um reconhecimento indireto da sua personalidade jurídica. Donde, numa observação diacrónica que tenha por limite o ano de 1974, constata-se que a Igreja Católica alcançou com o *Estado Novo* uma autonomia que nunca tivera. Mais ainda, que o regime concordatário estabelecido em 1940, não obstante a complexidade da evolução jurídico-política do País, demonstrou possuir, como já ensinou Jorge Miranda, uma capacidade de resistência e adequação que lhe assegurou longevidade[1].

Também não foi um problema central, no estudo que se desenvolveu, saber se a Igreja Católica legitimou ou não o regime autoritário de Salazar e Marcelo Caetano. Acredita-se que não há uma resposta única para esta questão. Tendo o regime autoritário favorecido um paradigma de autonomia da Igreja Católica, esta privilegiou o acatamento dos poderes constituídos (na linha, aliás, de uma estratégia de *ralliement* sugerida pela doutrina católica desde Leão XIII) e emprestou-lhe colaboração, tanto mais que do ponto de vista ideológico e dos ideais ordenadores da sociedade houve uma afinidade e uma convergência de posições. Esse posicionamento da Igreja Católica, identificável sobretudo para o episcopado do cardeal Cerejeira, foi devedor ainda da perceção que tinha a autoridade eclesiástica do projeto político e social das forças da Oposição ao regime, que considerava menos favorável à acomodação dos espaços de autonomia que a instituição eclesial conquistara sob o *Estado Novo*. Nos últimos anos do marcelismo, depois da nomeação de D. António Ribeiro como patriarca de Lisboa, essa posição da instituição eclesial para com o poder político foi sendo paulatinamente superada, adotando o novo bispo de Lisboa uma atitude de maior independência face à autoridade civil. Para esse posicionamento do novo cardeal muito concorreu a estratégia desenvolvida pela Santa Sé em relação a Portugal, interessando à autoridade vaticana preparar a Igreja Católica portuguesa para operar em democracia, sendo que a evolução do regime para uma situação democrática de tipo pluralista era tida no Vaticano como inevitável, sobretudo depois de 1970.

Por último, também se recusou o paradigma sociológico da secularização para se explicar as características históricas de um relacionamento institucional como o do Estado com a Igreja Católica. Por um lado, não se considera evidente a secularização ao nível das instituições, por outro lado, também não se tem o entendimento de que a experiência da separabilidade baniu a religião do espaço público ou que a sua recondução a esse mesmo espaço se deve a um declínio da afirmação do secularismo.

Dito isto, este ensaio não servirá tanto para discutir os argumentos esgrimidos nos vários trabalhos que marcaram indiscutíveis avanços disciplinares

---

[1] Cf. Jorge Miranda, «A Concordata e a ordem constitucional portuguesa» in A Concordata de 1940, Portugal – Santa Sé, [Jornadas de Estudo nos 50 anos da Concordata, promovidas pelo Centro de Estudos de Direito Canónico e pela Faculdade de Direito da Universidade Católica Portuguesa, entre 25 e 27 de Fevereiro de 1991], Lisboa, Edições Didaskalia, 1993, p. 69.

sobre a problemática das relação entre o Estado e a Igreja Católica durante a ditadura de Salazar e Caetano. Seria um exercício redundante, conhecendo-se, neste momento da leitura, a posição da autora. Trata-se antes de historicizar o problema da interpretação do relacionamento entre aquelas duas instituições, registando que hipóteses de trabalho foram colocadas, sob que influência (estrangeira ou nacional), a partir de qual disciplina. Interessa também identificar se existiram ou não aspetos críticos que se perderam, verificar se foram substituídos e salientar resultados que ajudaram a descobrir aspetos subestimados ou ignorados.

Acompanham-se aqui os estudos que se julgam ser, por razões diferentes, os mais significativos, produzidos pela ciência política, pela sociologia e pela história, desde os anos de 1970 até meados de 2013. A opção por não discutir mais bibliografia, produzida no âmbito da história e de outras ciências sociais, além da que aqui se citou, decorre do facto de se considerar que tais investigações foram pouco significativas para a evolução do conhecimento do relacionamento da Igreja com o Estado entre 1933 e 1974. Na generalidade, trataram essa relação a partir do que já se encontrava escrito e trabalhado e forneceram um contributo parcelar para o conhecimento empírico daquele tema, algumas vezes revelando uma ou outra fonte ainda desconhecida. Por estas mesmas razões, se abdicou de fazer referência a investigações internacionais de dimensão comparativa dedicadas ao estudo das relações entre política e religião ou dos processos de secularização, onde se sistematizou o caso do catolicismo português no *Estado Novo*, sem, contudo, aí se estabelecerem novas narrativas nem se superar o potencial explicativo de algumas teorizações nacionais[2].

Um tema sem autonomia

A investigação desenvolvida por diferentes ciências sociais sobre a natureza política e social do *Estado Novo* contemplou, desde cedo, o papel da

---

[2] Considera-se ser esse o caso, entre outros, de trabalhos como os de: Tom Gallagher, «Portugal» in *Political Catolicism in Europe 1918-1965*, ed. by Tom Buchanan and Martin Conway, Oxford, Clarendon Press, 1996, pp. 129-155; Paul Christopher Manuel, «Clericalism, Anticlericalism, and Democratization in Portugal and Spain» in *Religion and Politics in Comparative Perspective. The One, the Few, and the Many*, ed. by Ted Gerard Jelen and Clyde Wilcox, New York, Cambridge University Press, 2002, pp. 71-93.

Igreja Católica no regime. Na generalidade, o estudo desta instituição religiosa foi devedor do reconhecimento da sua singularidade entre as instâncias da sociedade civil, ideia em boa medida decorrente da consideração de ser a Igreja uma outra ordem do poder. Contudo, a maioria dos trabalhos realizados privilegiou não tanto a análise das condições materiais de produção do poder daquela instituição eclesial em si mesma (estruturas, atores, áreas e objetivos da atividade eclesial, horizontes de receção do seu pensamento e ação, etc.), ocupando-se antes preferencialmente do seu potencial de autonomia organizativa e da sua intervenção no espaço público, designadamente no que esteve dependente do seu relacionamento institucional com o Estado.

Nessa observação, a relação estabelecida entre a Igreja Católica e o Estado foi contemplada, sobretudo, à luz dos fenómenos e processos descritos pela história política e social. Donde, sensivelmente até finais dos anos de 1990, a problemática do modelo de relações entre o Estado e a Igreja Católica raras vezes foi abordada como tema autónomo. O tema começou por ser apreciado por intelectuais portugueses a viver no estrangeiro ou por estudiosos naturais de outros países, para gradualmente merecer a atenção de um número cada vez maior de investigadores nacionais, resultado de um crescimento substancial do número de trabalhos científicos dedicados ao *Estado Novo*, nas últimas décadas em Portugal. O ponto para a observação do relacionamento entre o Estado e a Igreja Católica, entre 1933 e 1974, foi variável e estabeleceu-se, bastantes vezes, a partir de outros objetos de análise, designadamente a propósito de interpretações sobre a queda do liberalismo e a natureza do regime de Salazar e Caetano, lida à luz dos paradigmas de «fascismo» e de «autoritarismo», ou sobre o sistema corporativo do *Estado Novo*.

A natureza do regime político no cerne da análise

No caso das investigações que se ocuparam da natureza do regime foi em torno do recrutamento e comportamento das elites, das origens ideológicas do sistema político construído no salazarismo, ou ainda a propósito da conceção de que esse sistema pretendia mudar as instituições políticas para preservar ou restaurar instituições culturais ou económicas, que se enfatizou o papel da Igreja Católica e se observou o seu relacionamento com o Estado.

Logo em 1968, num ensaio pioneiro sobre as origens ideológicas do *Estado Novo*, publicado em Londres, Hermínio Martins, ainda sem apresentar uma caracterização detalhada do modelo político que sustentava o governo de Salazar, apontou a importância estrutural dos «núcleos académicos *per groups* no comportamento político da elite portuguesa», salientando o caso do CADC[3]. No ano seguinte, o mesmo autor, trabalhando a temática da Oposição e escrevendo em cima do desaparecimento de Salazar da cena política e da sua substituição por Marcelo Caetano, destacava o crescimento da oposição católica ao poder político e enunciava o tipo de relação que, no seu modo de ver, se estabelecia entre a Igreja e o Estado: o regime trocava «novos instrumentos na catolicização – uma universidade católica, concessões no sistema privado de ensino secundário (na prática controlado pela Igreja), concessões no novo Código Civil, etc. – por renovadas prestações do apoio clerical»[4]. Em tese, as duas instituições retiravam benefícios uma da outra, apoiando-se mutuamente. Sem aprofundar a questão, o autor aflorava um ponto significativo: a troca de instrumentos e de apoios era permanente mas variável (em natureza e em configuração) em função da conjuntura histórica.

Pouco tempo depois, em 1973, Silas Cerqueira defendeu a existência de uma relação simbiótica da Igreja Católica portuguesa com a «ditadura corporativa portuguesa», num número especial da *Revue Française de Sciences Politiques* dedicado ao papel das instituições religiosas em regimes autoritários. Recorrendo à perspetiva funcionalista de Guy Hermet, o autor sustentou a sua interpretação sobre quatro funções que atribuiu à Igreja: uma ideológica – a doutrina social da Igreja funcionara como uma «superstrutura ideológica» que permitia reforçar uma política «favorável à acumulação, à centralização e à concentração do capital», ao mesmo tempo que servia de substrato ao combate ideológico, travado em conjunto com o Estado, contra o liberalismo e favorável ao desenvolvimento do corporativismo; outra de mobilização – a Igreja enquadrara as «massas» (o melhor exemplo recaía sobre Fátima e sobre algumas manifestações de apoio ao regime, como a manifestação de 1961, aquando da anexação de Goa pela União Indiana), aliando a prática religiosa a um reconhecimento da ação «salvífica» exercida pelo poder político, sobretudo de defesa do perigo comunista; outra ainda de legitimação – a instituição eclesial estivera submetida à direção política do regime, manifestando-lhe apoio nos momentos de campanha eleitoral, colaborando com instituições como a Mocidade Portuguesa ou a Legião Portuguesa, defendendo a guerra colonial ou realizando «iniciativas espirituais» que pretendiam responder a problemas políticos (como o «grande encontro da juventude» de 1963, na sequência da crise académica de 1962); e, por fim, uma função logística – as

---

[3] Cf. Hermínio Martins, «O Estado Novo» in *Classe, Status e Poder e outros ensaios sobre o Portugal contemporâneo*, Lisboa, Imprensa de Ciências Sociais, 1998, p. 23.

[4] Cf. Idem, «Oposição em Portugal» in *ibidem*, p. 67.

estruturas eclesiais fomentaram a sociabilização das elites que apoiavam os poderes públicos, contribuíram para a seleção de lideranças em vários setores de atividade (principalmente por via da Acção Católica Portuguesa) e até para a elaboração de programas políticos. Para Cerqueira, a Igreja Católica podia ser ainda considerada como «força política de substituição», dado emergirem, desde sensivelmente 1958 (ano marcado pela campanha presidencial do general Humberto Delgado e pela divulgação de uma carta enviada a Salazar pelo bispo do Porto, D. António Ferreira Gomes), católicos que atuavam em conjunto com a «oposição democrática à ditadura»[5].

A valorização do pensamento social da Igreja como ideologia instrumental do *Estado Novo*, implícita no trabalho de Silas Cerqueira, foi um filão de análise nas investigações que alguns historiadores e politólogos estrangeiros deram à estampa nas décadas de 1970 e 1980. Juan Linz foi pioneiro, num artigo de 1964, na colocação da hipótese de se considerar ou não o «catolicismo social» como ideologia marcante de regimes autoritários como Portugal, Espanha, Áustria e França. A interrogação teve uma resposta positiva por parte de historiadores como Richard Robinson ou René Rémond. O primeiro entendeu que a matriz ideológica do salazarismo devia muito ao pensamento dos elementos que gravitavam em organizações como o CADC ou o Centro Católico Português (CCP), particularmente influenciados pela filosofia tomista, julgando a sua influência política superior à dos intelectuais que gravitavam na esfera do integralismo lusitano. O segundo atribuiu importância ao facto de Salazar «vir das fileiras do movimento social católico» e apontou o «carácter clerical» do regime, o qual levara ao incremento de uma «política tipicamente reacionária». Essa política, segundo Pierre Milza, no seu exercício comparativo do salazarismo com o regime de Vichy, visava (nos dois casos) «a restauração das estruturas de enquadramento e das elites» e o «restabelecimento da ordem moral e do magistério espiritual da Igreja»[6].

Na pegada das investigações internacionais acabadas de citar, realizadas sobre o problema do fascismo e com uma visão comparativa de regimes congé-

---

[5] Cf. Silas Cerqueira, «L'Église catholique et la dictature corporatiste portugaise». *Revue française de science politique*, 23ᵉ année, n.º 3, 1973, pp. 489, 503-508.

[6] Cf. Juan Linz, «An Authoritarian Regime: Spain» in E. Allardt, Y. Littunen (eds.), *Cleavages, Ideologies and Party Systems*, 1964; R. Robinson, «The Religious Question and the Catholic Revival in Portugal, 1900-30». *Journal of Contemporary History*, 12, 1977, pp. 345-362; René Rémond, *Les Droites en France*, 4. Ed., Paris, Aubier, 1982, p. 202; Pierre Milza, *Le Fascisme Français. Passé et Présent*, Paris, Flammarion, 1987, p. 230.

neres e contemporâneos, Manuel Braga da Cruz apresentou em Portugal, em 1980, uma aturada investigação empírica sobre o movimento social católico desde o século XIX até aos primórdios do salazarismo, onde tratou o tema das origens ideológicas e políticas do *Estado Novo*. Alinhando com a posição de muitos autores estrangeiros de que o regime salazarista fora um autoritarismo e se demarcara do fascismo italiano, Cruz defendeu que, ao invés de Itália, onde prevalecera o laicismo, a matriz original do regime de Salazar fora, enquanto pensamento político e organização social, a democracia-cristã (sem prejuízo de admitir a existência de outras influências ideológicas na formação do *Estado Novo*, bem como o desvio, à passagem do tempo, daquele quadro de referência de origem). Começando por argumentar que o próprio pensamento político de Salazar, devedor do pensamento democrata-cristão (enquanto estudante no seminário de Viseu, membro do CADC e dirigente do CCP), influenciara decisivamente a constituição do *Estado Novo*, o autor observou que a Igreja Católica contribuiu para promover a ascensão política de Oliveira Salazar e que se constituiu num «importante suporte institucional» do poder político, pela «penetração ideológica que o "catolicismo social" operou nos meios conservadores do País e pela incorporação de massas no regime». No interior do pensamento social democrata-cristão ter-se-ia forjado a «reação pretensamente democrática ao internacionalismo imperialista e ao internacionalismo operário», bem como «o corporativismo salazarista [...] como tentativa de resposta doutrinária interclassista ao liberalismo burguês e ao socialismo, nas suas várias expressões teóricas»[7].

Em investigações posteriores, sobre a caracterização política do salazarismo, Manuel Braga da Cruz manteve no essencial aquela tese, embora tenha alterado progressivamente a sua interpretação acerca do relacionamento da Igreja Católica com o Estado, enfatizado cada vez mais a autonomia das duas instâncias em si mesmas e na relação de uma com a outra. Num artigo de 1982, Cruz apresentou o salazarismo como tentativa de superação do liberalismo e da fraqueza do Estado provocada pela vida política da I República, marcado pela recusa teórica do totalitarismo. Essa rejeição fundamentar-se-ia quer na formação católica e jurídica de Salazar e da maioria da elite política do *Estado Novo*, quer no nacionalismo de inspiração católica que caracterizava o regime e que impedia a «divinização do Estado ou da Raça como fins últimos de poder ou como fontes da moral ou do direito» e determinava a «luta do primado da moral sobre o político» ou, dito de outro modo, «da

---

[7] Cf. Manuel Braga da Cruz, *As Origens da Democracia Cristã e o Salazarismo*, Lisboa, Editorial Presença/ Gabinete de Investigações Sociais, 1980, pp. 15-20.

ética sobre o Estado». Esse ponto de vista ideológico justificaria, desde o início do regime e por princípio (ainda que violado aqui ou além), o respeito pela autonomia da Igreja Católica[8].

Dez anos depois, o autor compôs a ideia da progressiva dominância pública do catolicismo no salazarismo, desenvolvendo a problemática do comportamento das elites católicas. Elites «organizativas», formadas pela hierarquia eclesiástica, por elementos do clero (assistentes religiosos dos organismos católicos, por exemplo) e por leigos (em particular, os que se integravam na ACP e os que tinham funções diretivas em órgãos do movimento católico), que agiam na vida pública antepondo a outras identificações (políticas, profissionais e outras) a sua condição de católicos, e que o faziam em estreita ligação e obediência às diretrizes das autoridades religiosas. A importância da atuação destas elites transcendia, nessa medida, o «combate ideológico travado ao nacional-sindicalismo, no plano interno, e ao fascismo e ao nazismo, no plano externo», para se manifestar na adesão às próprias instituições do regime. No momento da constitucionalização formal do *Estado Novo* e nos anos da sua estabilização, os católicos defenderam o modelo de assembleia política edificado na experiência da Assembleia Nacional; empenharam-se também na instauração da nova ordem social corporativa, procurando a sua cristianização. Contudo, uma crescente desilusão e deceção gerara-se entre católicos, com decorrer dos anos, perante interesses da Igreja que tardavam em ser satisfeitos pelo Governo (em particular no que envolvia o ensino religioso e particular ou a reivindicação da abolição do divórcio), ou atos da administração desrespeitadores de «alguns direitos, liberdades e garantias»; concluindo o autor por uma «crescente diversidade de atitudes» entre católicos que levara «a uma rotura progressiva do apoio que inicialmente quase todos os católicos davam a Salazar e ao regime e ao alinhamento de algumas figuras de eminentes católicos com os movimentos unitários da oposição no pós-guerra»[9].

Nos anos seguintes, no quadro da investigação nacional, grande parte dos autores que marcaram o debate interpretativo sobre a caracterização do sistema político do salazarismo e os modelos de enquadramento da sociedade – alguns tomando posição na discussão sobre qual a melhor categoria, «fascismo» ou «autoritarismo», para classificar o *Estado Novo* – incorporaram e discutiram o papel do catolicismo na definição do regime. A dimensão compa-

---

[8] Cf. Manuel Braga da Cruz, «Notas para uma caracterização ideológica do salazarismo» in *Análise Social*, XVIII (72-73-74), 3.º, 4.º, 5.º, 1982, pp. 773-775.

[9] Cf. Manuel Braga da Cruz, «As elites católicas nos primórdios do salazarismo» in *Análise Social*, XXVII (116-117), 2.º-3.º, 1992, pp. 547-574.

rativa dos estudos perdeu-se em favor de um progressivo conhecimento empírico sobre as diferentes áreas da política governativa de Salazar, mas daí não resultaram, senão muito recentemente (como adiante se verá), novos enquadramentos teóricos da relação da Igreja com o Estado. Continuou-se a observar a influência das elites católicas na definição do tipo de regime, avaliando-a sobretudo por comparação com o peso do integralismo lusitano na génese do *Estado Novo*. Manteve-se o destaque dado à trajetória de vida de Salazar até à sua chegada à presidência do Conselho e sublinhou-se a importância da sua formação católica, muitas vezes isolando-o da sua própria geração ou, noutros casos, integrando-o geracionalmente sem atender à diversidade das posições eclesiais e políticas dos seus contemporâneos. Atentou-se especificamente na relação entre Salazar e D. Manuel Gonçalves Cerejeira (patriarca de Lisboa desde 1929), justificando, a partir da amizade entre os dois surgida nos anos de Coimbra, o apoio da Igreja ao Estado, tomando-se, aliás, essa relação como sempre estável e convergente em interesses. Enfatizou-se a apropriação da simbologia católica pelo regime e a capacidade de mobilização e socialização das estruturas eclesiais na organização social. Valorizaram-se, por último, algumas dinâmicas de dissensão no interior do catolicismo, em especial no pós-II Guerra Mundial, problematizadas como resistência ou oposição ao regime, tomando como certo que a larga maioria dos católicos (hierarquia e laicado) se manteve como aliada interna da governação de Salazar e até de Marcelo Caetano. Por outras palavras, no longo período da ditadura estado-novista, o catolicismo português teria sido dominado pelos seus elementos tradicionalistas, os quais se empenhavam em emprestar colaboração ao *Estado Novo*, não obstante o regime não ser confessional.

Uma ponderação de exceção sobre alguns destes aspetos pode, todavia, encontrar-se na análise histórica desenvolvida por A. H. de Oliveira Marques sobre o *Estado Novo*, na *História de Portugal* que publicou menos de dez anos depois do 25 de Abril de 1974. Informativo e prudente na interpretação, sem a «preocupação de definir um modelo teórico preciso para a explicação do período em causa», como foi notado por Fernando Rosas[10], Marques registou a influência de «grupos de combate católicos», como o CADC e o CCP, nas raízes daquele regime, ainda que se tenha inclinado mais para valorizar aí a importância do pensamento integralista, da corrente Nacional-Sindicalista e das próprias experiências fascistas europeias. Partindo desta leitura considerou o autor que os elementos católicos do *Estado Novo* mereciam «ser salien-

---

[10] Cf. Fernando Rosas, *O Estado Novo nos Anos Trinta, 1928-1938*, Lisboa, Editorial Estampa, 1986, p. 52.

tados mas não exagerados». Em seu entender, as poucas referências públicas de Salazar ao catolicismo e à religião em geral haviam-se revelado sempre «moderadas e tolerantes». Com a Concordata de 1940, embora cedendo a algumas reivindicações católicas, o presidente do Conselho apontara para um «caminho de centro, sem aceitar qualquer influência dominante da Igreja no Estado». Não se tratara de reunificar o Estado e a Igreja Católica, mas de alcançar um compromisso «entre a situação anterior a 1910 e o laicismo da 1.ª República», ainda que porventura mais próximo do «último do que da primeira». Segundo Marques, mais do que qualquer atitude clerical, Salazar insistiu na defesa de uma «tradição nacional», esperando, para tanto, «beneficiar das vantagens da homogeneidade religiosa». Uma atitude política de influência maurrasiana teria prevalecido sobre as próprias convicções religiosas de Salazar. Por fim, referindo-se às correntes e estruturas da Oposição ao *Estado Novo*, o autor não mencionou entre aquelas qualquer participação de figuras católicas[11].

Esta análise de Oliveira Marques não fez escola, as observações críticas sobre a relação do Estado com a Igreja Católica que se lhe seguiram desviaram-se da sua interpretação e retomaram as questões e problemas atrás enunciados. Em estudos praticamente contemporâneos da *História de Portugal* de Marques, como a investigação de João Medina dedicada ao Nacional-Sindicalismo, era também outra a visão apontada sobre o regime estadonovista. Medina entendia que a essência do salazarismo era «social-cristã e não propriamente fascista», algo que explicava pela centralidade que atribuía, na construção do Estado, ao pensamento do presidente do Conselho, «antigo intelectual e teorizador do CADC»[12].

Anos depois, em trabalhos sobre a evolução institucional do salazarismo e em obras de síntese sobre o período estadonovista, onde interliga a análise da política, da economia e da sociedade da época, Fernando Rosas privilegiou o entendimento de que, na génese do *Estado Novo*, existiu uma «direita católica», que agia em nome do primado da moral e dos direitos naturais como fonte inspiradora da política. A sua materialização é associada ao CCP e aos elementos dessa formação partidária que, depois de 1933, aderiram à União

---

[11] Cf. A. H. de Oliveira Marques, *História de Portugal: Desde os tempos mais antigos à presidência do Sr. General Eanes*, vol. III – *Das Revoluções Liberais aos Nossos Dias*, 2.ª ed., Lisboa, Palas Editores, 1981, pp. 412-415, 451-456.

[12] Cf. João Medina, *Salazar e os Fascistas. Salazarismo e Nacional-Sindicalismo: a história de um conflito, 1932/1935*, Lisboa, Livraria Bertrand, 1978, p. 99.

Nacional (UN) e fizeram o seu percurso político no interior do salazarismo[13]. Salientando, no entanto, a existência de diferentes forças sociopolíticas estruturantes do regime, que cuidadosamente o chefe do Governo mantinha sob vigilância e das quais fazia uma cuidadosa gestão a fim de promover equilíbrios viabilizadores da estabilidade e da durabilidade do poder, o autor contribuiu especialmente para a rejeição da ideia de uma política governamental de defesa exclusiva de determinado sector de interesses. Tal conceção de uma prática política arbitral realizada por Salazar, cedendo quando era oportuno ceder, pressupõe a concorrência de variados interesses. Observando o salazarismo como uma síntese de várias correntes e como tendo um carácter compromissório, não obstante possuir e tentar impor um projeto doutrinário totalizante para a sociedade (assente em «novos valores» decorrentes de uma «moral nacionalista, corporativa e cristã»), Rosas concluiu por uma tensão da Igreja com o Estado no sentido em que a primeira foi obrigada a resistir às pressões integradoras do segundo, concedendo-lhe apoio, em troca de poder preservar a sua autonomia e alargar os seus organismos[14].

No final dos anos de 1990, Fernando Rosas polemizou com Manuel Braga da Cruz a propósito do modelo de relações Igreja Católica/ Estado no *Estado Novo*. Em causa esteve a leitura feita da prática do regime da Constituição de 1933, cuja letra consagrava o modelo de separação do Estado das Igrejas. Rosas defendeu que, apesar da existência do princípio da separação, existira no *Estado Novo* uma subordinação funcional da Igreja Católica ao Estado, agindo o poder político no quadro de um «neo-regalismo»[15]. Opinião divergente sustentou Cruz, para quem a separação entre as duas instâncias fora uma realidade substancial, consagrada na Concordata de 1940[16]. Estabelecendo uma comparação com Espanha para clarificar que o salazarismo não fora um regime confessional, o autor considerou que a política religiosa estadonovista, sendo de separação concordatada, permitira «um processo de reaproximação do Estado e da Igreja», na sequência do que fora feito desde os últimos anos da I República. Do ponto de vista do relacionamento entre

---

[13] Cf. Fernando Rosas, *Pensamento e Acção Política. Portugal Século XX (1890-1976)*, Lisboa, Editorial Notícias, 2003, pp. 58-59.

[14] Cf. Fernando Rosas, «As Grandes Linhas da Evolução Institucional» in *Nova História de Portugal*, dir. de J. Serrão e A.H. Oliveira Marques, vol. XII – *Portugal e o Estado Novo (1930-1960)*, Lisboa, Editorial Presença, 1992, pp. 120, 141-143.

[15] Cf. Fernando Rosas, «Estado e Igreja em Portugal: do salazarismo à democracia» in *Finisterra. Revista de Reflexão e Crítica*, 33, 1999, pp. 25-35.

[16] Cf. Manuel Braga da Cruz, «Do regalismo cartista ao 25 de Abril» in *Finisterra. Revista de Reflexão e Crítica*, 33, 1999, pp. 17-24.

o Estado e a Igreja, existira um «catolaicismo», em que a independência dos dois poderes se alicerçou na «aceitação de uma convivência da Igreja com um Estado aconfessional e laico, mas que aproveitava o fenómeno religioso como elemento estabilizador da sociedade»[17].

Em 2012, Fernando Rosas, no seu mais recente ensaio sobre o fenómeno da durabilidade do salazarismo, voltou a salientar a «cumplicidade política e ideológica da Igreja Católica» como realidade estruturante para a longa duração do *Estado Novo*. Mantendo a tese do «neo-regalismo funcional» para caracterizar o relacionamento entre o Estado e a Igreja Católica, o autor especificou, contudo, que o poder político não concedeu à Igreja «tudo o que ela pretendia», cedendo apenas no que garantisse que aquela instituição eclesial aceitava «desempenhar o seu papel de baluarte ideológico da nova ordem», e no que evitasse «divisões ou reações anticlericais na base de apoio do regime». Depois de uma primeira fase (1926-1958), caracterizada por um processo de «progressiva confessionalização do Estado», onde o princípio da separação, constitucionalmente consagrado, teria sido ultrapassado por uma situação de «união moral» (expressa na assinatura dos acordos concordatários de 1940 e nas revisões constitucionais de 1935 e 1951), Rosas sublinhou a entrada em crise da «aliança neo-regalista» entre o Estado e a Igreja Católica. Uma segunda fase, entre os anos de 1958 e 1968, argumenta, terá eclodido naquele relacionamento, marcado pelo surgimento de setores católicos contestatários do regime e do comportamento da hierarquia eclesiástica, bem como pela alteração da estratégia do papado em relação a Portugal, particularmente quanto à sua política colonial, impulsionada pelas mudanças introduzidas pelo Concílio Vaticano II[18].

Apesar da política religiosa do *Estado Novo* não ser objeto das suas investigações, outros investigadores pronunciaram-se sobre a «subordinação» ou «autonomia» da Igreja Católica face ao poder político, pretendendo tomar posição na discussão sobre a influência do catolicismo na natureza ideológica do regime.

António Costa Pinto advogou, em 1992, que, no salazarismo, a associação Igreja/ Estado ultrapassou a «mera convergência de interesses, podendo falar-se num núcleo ideológico e político comum Igreja/ regime, desde o corporativismo ao antiliberalismo e anticomunismo». Apontou para a existência de um

---

[17] Cf. Manuel Braga da Cruz, *O Estado Novo e a Igreja Católica*, Lisboa, Editorial Bizâncio, 1998, pp. 11-16.

[18] Cf. Fernando Rosas, *Salazar e o Poder. A Arte de Saber Durar*, Lisboa, Tinta-da-China, 2012, pp. 187-188, 257-280.

«programa político de cristianização», que teria atravessado todas as instituições, em especial as mais vocacionadas para a socialização, como o aparelho escolar. A apropriação pelo poder político de toda a «simbologia católica», com o consentimento da hierarquia, constituiu-se também como indicativa da função de legitimação que a Igreja desempenhava junto do Estado[19]. Nesta sua avaliação, o autor parece acompanhar de perto a síntese de Silas Cerqueira. O contributo de maior relevância de Pinto para se pensar a atuação da Igreja Católica nos anos de consolidação do regime surgiu, no entanto, associado ao seu estudo sobre a ação política do Movimento Nacional-Sindicalista de Rolão Preto. Aí o autor demonstrou que embora alguns padres tivessem aderido àquele movimento, a hierarquia eclesiástica colaborou ativamente com as autoridades administrativas nas lutas locais contra o Nacional-Sindicalismo. O jornal *Novidades* combateu o ideário defendido no *Revolução*, desde o seu surgimento. Também o padre Abel Varzim, antecipando-se às críticas do episcopado sobre o movimento, desenvolveu uma atitude de denúncia contra o nacionalismo «estatolatra» que animava os partidários de Rolão Preto, opondo-se especialmente ao seu modelo de corporativismo com sindicalização obrigatória e à sua defesa de um monopólio estatal escolar. Vendo as suas propostas rejeitadas pelo poder político, os nacionais-sindicalistas explicaram o fracasso por uma «vitória do "centrismo católico" sobre as suas pretensões»[20].

Também Yves Léonard, em 1996, procurando problematizar a natureza política do regime salazarista, notou a partilha, entre o Estado português e a Igreja Católica, de um «núcleo ideológico comum», nomeadamente em torno do «grande interesse pelas hierarquias e pelas comunidades naturais (família, pátria), pela paz social (em oposição à luta de classes) e pelo corporativismo». O autor registou também a «função de mobilização de massas» pela Igreja Católica, que teria instrumentalizado o «fenómeno de Fátima com fins políticos». Todavia, Léonard alertou para o facto de a «manutenção de um sistema de separação administrativa [entre o Estado e a Igreja Católica] no quadro de um regime concordatário», não conduzir a que a Igreja dispusesse «da mesma autonomia que teria num verdadeiro regime confessional». Insistindo na importância de se reconhecer que o relacionamento entre as instituições estatal e eclesial atravessou fases diversas, o autor defendeu uma modificação na atitude do episcopado para com a governação, depois da II Guerra Mun-

---

[19] Cf. António Costa Pinto, *O Salazarismo e o Fascismo Europeu : problemas de interpretação nas ciências sociais*, Lisboa, Editorial Estampa, 1992, pp. 126-127.

[20] Cf. António Costa Pinto, *Os Camisas Azuis. Ideologia, Elites e Movimentos Fascistas em Portugal 1914-1945*, Lisboa, Editorial Estampa, 1994, pp. 225-228.

dial. Tal sucedera, na sua perspetiva, a propósito dos casos de «dissidência aberta» dos bispos do Porto ou da Beira, «das guerras coloniais e do Vaticano II». Yves Léonard destacou, ainda, num exercício raro à época, a diferença de sensibilidades e de posicionamentos dos dois patriarcas de Lisboa, o cardeal Cerejeira e o cardeal António Ribeiro, face ao Governo, apontando ao segundo preocupações de resgate da Igreja portuguesa de uma situação de colaboração com o regime[21].

Por sua vez, Manuel Loff, retomando o estudo das relações entre o fascismo e os regimes de Salazar e Franco, numa investigação concluída em 2004, atribuiu ao «mundo católico organizado, que [...] enfileirou gostosamente nos ambientes conspirativos que produziram o salazarismo», uma capacidade de mobilização única entre as demais «direitas», determinante para as opções do regime: por «fórmulas corporativistas»; em matéria de educação e ensino; pelo tipo de envolvimento que era permitido à Igreja Católica «nas organizações e instrumentos de enquadramento social e ideológico»; e também pela discriminação positiva do catolicismo face às restantes confissões religiosas. Em Loff encontra-se ainda a visão de uma «integração da coloração católica com a fascista», considerando o autor que a resistência da Igreja Católica ao «estatismo totalitário», em particular nas políticas de educação e de juventude, aconteceu por via da perceção de uma concorrência que lhe era feita e que limitava o seu campo de ação. Dito de outro modo, tratara-se de uma competição, já que a Igreja detinha também um projeto «totalitário» que procurara impor «em todos e cada um dos aspetos da vida social»[22]. Num tempo em que a dimensão comparativa podia já desfrutar de novas e importantes aquisições de conhecimento empírico emergentes da crescente investigação monográfica nacional sobre o catolicismo português, é curioso notar como o trabalho de Loff destaca as questões que se haviam colocado em investigações muito anteriores, dando-lhe respostas não muito significativas em novidade, em parte por não incorporar resultados recentes de diversos estudos.

Mais recentemente, Valentim Alexandre defendeu que Salazar, durante toda a década de 1930, deu ao «projeto católico» uma centralidade sobre todos os outros que eram defendidos pelas várias correntes apoiantes do regime. Um projeto que «em nada se confunde com o projeto fascista», já que a sua raiz era «neotomista». Fundava-se no primado dos valores espirituais

---

[21] Cf. Yves Léonard, *Salazarismo e Fascismo*, Mem Martins, Editorial Inquérito, 1998, pp. 107-113 [trad. Portuguesa da 1.ª edição francesa, 1996].

[22] Cf. Manuel Loff, *O Nosso Século é Fascista. O mundo visto por Salazar e Franco (1936-1945)*, Porto, Campo das Letras, 2008, pp. 165-169.

e dava à Igreja Católica um papel central na sociedade, «pela subordinação da moral pública a um "código da moral cristã" por ela formulado, a que o Estado deveria conformar a sua ação legislativa e administrativa»[23].

Outra explicação é fornecida por Luís Reis Torgal: o Estado Novo não chegou a transformar-se num «Estado Católico», em função da necessidade que Salazar e Caetano tiveram de administrar os diversos interesses que suportavam o seu projeto político. Apesar de reconhecer o alcance do protagonismo dos católicos na consolidação do Estado Novo e o «carácter predominantemente católico da sua conceção de educação», o autor argumenta que foram as cedências dos dois governantes aos setores do republicanismo laico que travaram a influência do catolicismo[24]. Quanto à Igreja institucional, Torgal conclui que aquela «manteve sempre a posição cautelosa [...] de não hostilizar o regime e o que se afirmava serem os seus "valores nacionais", particularmente a defesa intransigente do "território português" do Ultramar». Digno de nota é o facto de o autor alertar para discordâncias entre o cardeal Cerejeira e Salazar a partir dos anos de 1950, apesar de reconhecer a dificuldade de fazer prova empírica das atribulações que assinalaram aquele relacionamento, por falta de documentação física que suporte alguns testemunhos conhecidos naquele sentido[25].

Análises emanadas de estudos sobre o corporativismo português

O campo da investigação sobre o corporativismo foi também terreno para a análise das experiências históricas dos regimes políticos, surgidos no período entre as duas guerras mundiais. Nessa medida, tratando-se de encarar a origem das ideologias corporativas e o seu lugar no sistema político ou de dissecar a sua expressão institucional como instrumento de intervenção política e administrativa na economia e na sociedade ou ainda de analisar as funções do próprio sistema corporativo, os investigadores acabaram por, direta ou indi-

---

[23] Cf. Valentim Alexandre, *O Roubo das Almas. Salazar, a Igreja e os Totalitarismos (1930-1939)*, Lisboa, Publicações Dom Quixote, 2006, pp. 405-406.

[24] Cf. Luís Reis Torgal, *Estados Novos. Estado Novo*, Coimbra, Imprensa da Universidade de Coimbra, 2009, pp. 423-439.

[25] Cf. Luís Reis Torgal, «Igreja e Estado no regime de Salazar entre a Separação, a Concordata e a Polémica». In [Encontros de Outono 21-22 de Novembro de 2003, org. pela Câmara Municipal de Vila Nova de Famalicão], *A Igreja e o Estado em Portugal. Da primeira República ao limiar do Século XXI*, Vila Nova de Famalicão, Editora Ausência, 2004, p. 128.

retamente, refletir sobre a importância do catolicismo, mais especialmente da doutrina social da Igreja, na institucionalização da ideia corporativa. Ainda nos anos de 1970, observando o peso do corporativismo e da Igreja Católica em algumas ditaduras, casos de Portugal e da Áustria, os historiadores Charles F. Delzell e Henri Michel classificaram, respetivamente, os seus regimes como «clérico-corporativo» e «clérico-fascismo»[26]. Em Howard Wiarda encontra-se também o entendimento de que o corporativismo português refletiu quer origens romanas e cristãs, quer tradições de ordem, autoridade e corporativismo natural, implícitas e decorrentes da própria história e cultura do País. À classe política dirigente Wiarda atribuiu ainda um horizonte de realização de justiça social, traduzida na preocupação com o atraso económico português[27]. Todavia, se dessas análises pouco se extrai para a compreensão da influência do pensamento católico na construção do corporativismo em Portugal. Outros trabalhos, surgidos mais tarde, chegaram a níveis mais críticos do discurso e da prática corporativa portuguesa durante a ditadura.

A Manuel de Lucena ficou a dever-se o principal contributo para o estudo do lugar do corporativismo no sistema político do salazarismo. Analisando a Constituição de 1933, de forma a captar o sentido de tudo o que na lei fundamental dissesse respeito à organização corporativa, Lucena avaliou o significado de aí se dizer que um dos limites à soberania do Estado, na ordem interna, era a moral e dissecou o sentido desta última. Segundo o autor, numa nação considerada católica, apostólica, romana o significado dessa moral só poderia ser tradicional, porque sujeita a um passado histórico, e católica, porque diretamente subordinada às diretrizes da Santa Sé. A este propósito, abriu Lucena parêntesis para se pronunciar sobre a relação entre a Igreja Católica e o Estado. Escrevendo em 1972, no exílio, o autor considerou que ao longo do *Estado Novo*, o poder político havia dado muito à Igreja, mas não lhe dera tudo, em especial, não a subsidiara diretamente, não lhe devolvera parte dos bens confiscados durante a I República, criara-lhe dificuldades quanto às condições do ensino religioso, não o tornando, por exemplo obrigatório. O que fora dado, como a indissolubilidade dos casamentos católicos ou a submissão do ensino oficial aos princípios gerais da doutrina e da moral cristãs, fora calculado para obter da Igreja um aval político de que se necessitava. Em síntese, a Concordata de 1940 permitira alcançar um regime de «amigável

---

[26] Cf. Charles F. Delzell, *Mediterranean Fascism, 1919-1945*, New York, Harper & Row,1970, p. 331; Henri Michel, *Les Fascismes*, Paris, PUF, 1977, pp. 90-91.

[27] Cf. Howard J. Wiarda, *Corporatism and Development. The Portuguese Experience*, Amherst, The University of Massachusetts Press, 1977, pp. 87-88.

separação», mas o Estado continuara a considerar indesejáveis as interferências políticas diretas da Igreja, embora retirasse benefícios da sua influência geral. A dificultar o estabelecimento de uma aliança entre as duas instituições, teriam estado os «elementos anticlericais» existentes no interior da situação política. Também a regulamentação da liberdade religiosa nunca constituíra preocupação para Salazar. Um lugar de eleição fora reservado para o catolicismo, enquanto outras confissões minoritárias viveram num regime de mera tolerância[28].

A legitimação do corporativismo pela Igreja Católica, ainda que não tenha sido plenamente afirmada por Lucena, surge claramente enunciada nas obras do politólogo americano Stanley Payne e de outros estudiosos da organização corporativa portuguesa.

Debruçando-se sobre o caso do salazarismo, que considerou como um regime autoritário e corporativo, Payne observou ter existido aí uma cultura de corporativismo católico por ausência de uma «cultura do fascismo»[29].

Partindo da tese da existência de quatro principais escolas de pensamento corporativista, uma delas a «escola social-cristã, eticamente tradicionalista», Philippe C. Schmitter defendeu, em 1973, que ideologicamente o corporativismo português proveio da tradição social-cristã. Para o autor, tal sucedeu pela influência em Salazar de autores como Albert de Mun e o marquês de la Tour de Pin ou das encíclicas *Rerum Novarum*, de Leão XIII, e *Quadragesimo Anno*, de Pio XII. Schmitter concluiu, no entanto, que, na prática, as instituições corporativas ficaram aquém dos princípios ideológicos, os quais teriam tido, quando muito, uma importância simbólica. Observando ainda a relação do Estado com a sociedade civil, no âmbito do corporativismo «patrocinado» ou de Estado, efetivamente estabelecido na ditadura, o autor alertou ainda para bloqueios decorrentes do sistema instituído – de carácter preventivo (contra reivindicações não previstas ou impedindo de que as estruturas existentes fossem usadas para fins distintos dos que lhe haviam dado origem) e defensivo (procurando restringir conflitos potenciais ou limitando a promoção de novos projetos e interesses) – que, a prazo, levaram à retirada de apoios incondicionais ao poder político, um deles o da Igreja Católica[30].

---

[28] Cf. Manuel de Lucena, *A Evolução do Sistema Corporativo Português*, vol. I – *O Salazarismo*, Lisboa, Perspectivas e Realidades, 1976, pp. 130-132, 137-138.

[29] Cf. Stanley Payne, «Salazarism: "fascism" or "bureaucratic authoritarianism"?» in *Estudos de História de Portugal. Homenagem a A. H. de Oliveira Marques*, vol. II – *Sécs. XVI-XX*, Lisboa, Estampa, 1983, pp. 523-531.

[30] Cf. Philippe C. Schmitter, «O corporativismo e a política pública em Portugal

Recentemente, em 2012, no quadro da renovação em Portugal dos estudos sobre o corporativismo, Fernando Rosas, comentando a dimensão ideológica da organização corporativa no *Estado Novo*, identificou também a doutrina corporativa como sendo um património comum às várias direitas que sustentaram o regime, embora chamando a atenção para as diferentes propostas que ofereciam e se propunham materializar. Para Rosas, a «direita católica» defendeu um corporativismo próximo do dito «de associação», «recusando o estatismo corporativo em nome da autonomia, da descentralização, do organicismo social». O autor considera ainda que os textos fundadores do salazarismo, como a Constituição de 1933, o Estatuto do Trabalho Nacional, ou os próprios discursos de Salazar, se mostraram marcados pelo discurso doutrinário católico[31].

Sobre a tensão suscitada no campo católico, sobretudo entre os círculos mais empenhados na resolução da «questão operária», pela orientação estatizante assumida na experiência corporativa portuguesa, sugerida em Schmitter (mas também em Silas Cerqueira), trabalhou Manuel Braga da Cruz. Nas suas investigações das décadas de 1980 e 1990, o autor demonstrou que os atrasos na implantação do corporativismo suscitaram reações negativas, desde 1935, entre doutrinadores católicos e militantes da Juventude Operária Católica (JOC) e da Liga Operária Católica (LOC). Essas reações tiveram ainda origem nos «desvios» do modelo corporativo implementado face ao que era preconizado pela Igreja Católica, merecendo discordância tanto o modo como fora instituído (de cima para baixo, impulsionado e protagonizado pelo Estado), como algumas formas que assumira (o seu carácter imposto e obrigatório, a par da recusa do direito de associação e do direito à greve). Cruz alertou ainda para o falhanço da estratégia católica de penetrar as estruturas corporativas com o objetivo de proceder à sua cristianização[32]. Outro contributo, caracterizado por um maior detalhe empírico, para o conhecimento da relação do catolicismo com a construção da organização corporativa, em particular sobre o caso dos sindicatos, foi dado por José Barreto. Observando o envolvimento

---

durante o regime autoritário». In *Portugal: do Autoritarismo à Democracia*, Lisboa, Imprensa de Ciências Sociais, 1999, pp. 109, 116, 166 e 169.

[31] Cf. Fernando Rosas, «O corporativismo enquanto regime». In F. Rosas, A. Garrido (eds.), *Corporativismo, Fascismos, Estado Novo*, Coimbra, Edições Almedina, 2012, pp. 19-20.

[32] Cf. Manuel Braga da Cruz, «As elites católicas nos primórdios do salazarismo»..., pp. 560-565; Idem, «O movimento dos Círculos Católicos Operários – primeira expressão em Portugal do sindicalismo católico» in *Democracia e Liberdade*, 37/38, 1986, pp. 39-50; Idem, *O Estado Novo e a Igreja Católica*, 1998, pp. 32-37.

e a evolução da militância católica nos sindicatos nacionais entre as décadas de 1930 e 1960, o autor problematizou a herança da democracia cristã em Salazar, colocando a hipótese da sua pouca representatividade no pensamento do chefe do Governo. Analisando quer as estratégias do poder político quer da hierarquia eclesiástica face ao meio laboral e sindical, revelou a contradição de interesses que as separavam. Manifestou ainda como a uma posição obreirista (não resultante do produto de infiltração ou contágio marxista) dos católicos nos anos de 1940 e 1950, se sucederam posturas, no final da década de 1960, que pretendiam reforçar a autonomia dos sindicatos perante o Estado e conduzir ao reconhecimento do papel social da conflituosidade laboral. Barreto valorizou o acompanhamento prestado pelas autoridades religiosas à JOC, positivo quando comparado com a atitude dos dirigentes eclesiais para com os católicos oposicionistas ao regime, destacando, no entanto, como no fim dos anos de 1950 e 1960 aquele relacionamento foi atravessado por um crescente conflito. Identificou, por fim, divergências entre o próprio laicado, distinguindo entre moderados e «esquerdistas», a partir do que preconizavam para reformar o sindicalismo e da sua posição perante o regime[33].

Alguns anos depois, José Barreto aprofundou o estudo da própria desafetação de setores do movimento católico ao *Estado Novo*, considerando a globalidade de questões que motivaram esse comportamento. Historicizou, num original ensaio, o surgimento de católicos críticos e opositores ao regime a partir do final da II Guerra Mundial até 1974; introduzindo ainda uma pertinente reflexão metodológica sobre o termo «progressista» que, por diversas vezes, lhes foi aplicado, bem como sobre os conceitos de oposição e resistência[34].

A gradual autonomização do tema

O progressivo alargamento, a partir de finais da década de 1990, dos estudos sobre o século XX português e particularmente sobre o *Estado Novo*, devedor do próprio crescimento da comunidade científica, com investigadores de novas gerações a debruçarem-se sobre o período, permitiu um tratamento

---

[33] Cf. José Barreto, «Comunistas, católicos e os sindicatos sob Salazar» in *Análise Social*, XXIX (1.º-2.º), 125-126, 1994, pp. 287-317; Idem, «Os primórdios da Intersindical sob Marcelo Caetano» in *Análise Social*, XXV (1.º-2.º), 105-106, 1990, pp. 57-117.

[34] Cf. Idem, *Religião e Sociedade. Dois ensaios*, Lisboa, Imprensa de Ciências Sociais, 2002, pp. 119-175.

em profundidade de alguns temas da relação entre o Estado e a Igreja Católica, de certo modo já explorados nas primeiras investigações sobre o salazarismo.

Foi o caso do trabalho de Maria Inácia Rezola, que recuperou o problema do relacionamento, entre 1931 e 1948, dos organismos operários da ACP com os organismos corporativos, contribuindo para aprofundar conhecimento em torno dos problemas laborais mais valorizados pelos católicos dedicados à «questão social» e do tipo de conflitualidade que atravessou alguns setores profissionais onde aqueles atuaram[35]. Outras investigações aprofundaram problemáticas como o movimento de resistência/ oposição de setores católicos à ditadura ou o relacionamento, nesse período, entre a Santa Sé e o Estado português. Destaquem-se a esse título, os trabalhos de João Miguel Almeida e António de Araújo, sobre a dissidência católica ao *Estado Novo*, e os de Bruno Cardoso Reis e Rita Almeida de Carvalho sobre as negociações da Concordata e do Acordo Missionário de 1940.

Almeida identificou as várias expressões de oposição ao salazarismo e ao marcelismo desenvolvidas por correntes do catolicismo português cujos ideais políticos se inspiraram em diversas conceções de socialismo. Alertou para a sua organização informal e colaboração com setores diferenciados da Oposição, e para o impacto da doutrina conciliar na modelagem das aspirações e comportamentos daqueles católicos[36].

Araújo estudou exaustivamente a vigília pela paz realizada por alguns católicos na capela do Rato, na noite de 31 de Dezembro de 1972 para 1 de Janeiro de 1973, considerando que a mesma representou o culminar de um processo de radicalização progressiva de alguns católicos, mobilizados pelo problema do arrastamento da guerra em África. A possibilidade histórica daquela ação explicou-a pela dimensão política do pacifismo que animava os seus elementos organizadores, mas também por uma reconfiguração da sua identidade católica, estimulada pela nova eclesiologia conciliar e percetível em torno da perda de um sentido institucional de pertença (diminuição da importância das estruturas de mediação eclesiais para a relação do individuo com a fé) em detrimento da afirmação de um sentido individual de crença[37].

---

[35] Cf. Maria Inácia Rezola, *O Sindicalismo Católico no Estado Novo, 1931-1948*, Lisboa, Editorial Estampa, 1999, pp. 279-281.

[36] Cf. João Miguel Almeida, *A Oposição Católica ao Estado Novo (1958-1974)*, Lisboa, Edições Nelson de Matos, 2008, pp. 13-21, 290-296.

[37] Cf. António de Araújo, *A Oposição Católica no Marcelismo: o caso da Capela do Rato*. Tese de doutoramento, Lisboa, Faculdade de Ciências Humanas, Universidade Católica Portuguesa, 2011, pp. 170-185 e 2887-2895.

Reis, assumindo partilhar com as «teorias neorrealistas» das relações internacionais o pressuposto de que o relacionamento bilateral entre Portugal e a Santa Sé não pode ser percebido isoladamente, fora da estrutura global de distribuição de poder dos Estados no seu contexto geopolítico, observou aquela relação entre 1928 e 1968. Comprovou que a um período dominado pelas expectativas de uma concordata (1929-1937), se sucedeu outro marcado por um complicado processo negocial daquele acordo e por dificuldades na sua implementação (1937-1943), até que, depois de 1945 e até 1968, se entrou numa fase de progressivos contrastes entre os objetivos estratégicos de Salazar e do Vaticano. Para o autor, o presidente do Conselho subordinou o catolicismo português a uma lógica regalista, sem colocar em causa o essencial do regime de separação que herdara e vigiando as atividades católicas para controlar as suas implicações políticas. A tensão entre Portugal e a Santa Sé ocorreu, porém, não tanto a propósito da lógica com que Salazar geria a política religiosa, mas foi antes devedora da progressiva diferenciação estabelecida entre os problemas e os objetivos estratégicos externos do Vaticano e de Portugal. Se, entre 1914 e 1945, ambos os Estados se encontravam numa posição de fragilidade no campo internacional que lhes importava reverter, depois do fim da II Guerra Mundial seguiram diferentes estratégias que os afastariam. A Santa Sé reforçou o seu posicionamento internacional, esforçando-se por acompanhar e influenciar as principais tendências da evolução do sistema internacional, como a descolonização, o multilateralismo ou a abertura aos países comunistas de Leste, enquanto Portugal estabeleceu uma política de resistência a essas tendências[38].

Carvalho, por sua vez, contextualizou os acordos de 1940, assinados entre a Santa Sé e o Estado português, no âmbito do movimento concordatário de Entre Guerras. Considerando que, com esse movimento, a Santa Sé buscou «salvar a todo o custo as liberdades da Igreja Católica em tempos conturbados», aceitando a proteção dos Estados autoritários e avalizando a «onda fascizante» que, à época, percorria a Europa (em grande medida porque as concordatas «ajudaram os ditadores a perpetuar os seus regimes», designadamente por estabelecerem a «privação do direito dos católicos se organizarem politicamente»), a autora advogou que os acordos concordatários de 1940 pouco beneficiaram a Igreja portuguesa. Em seu entender, a concordata foi um «objeto de propaganda» de Salazar, fiel sobretudo aos interesses do próprio Estado e empenhado em assinar o Acordo Missionário. Na celebração

---

[38] Cf. Bruno Cardoso Reis, *Salazar e o Vaticano*, Lisboa, ICS: Imprensa de Ciências Sociais, 2006, pp. 17, 325-339.

deste tratado, fundamental para a manutenção da soberania portuguesa nas colónias e para uma clarificação dos direitos de Padroado que assistiam a Portugal, fez Carvalho residir a razão de ser da assinatura da concordata, ainda que não apresente suporte empírico para este argumentário[39].

Nas diversas investigações acabadas de citar, umas mais tributárias da história social, outras de uma história política e institucional, na sua vertente diplomática ou de política externa, é observável que se mantiveram como modelos interpretativos as principais referências teóricas da investigação de meados dos anos de 1980 a meados dos anos de 1990. O mesmo se pode verificar em dois trabalhos, um de Richard Robinson, outro de Duncan Simpson, que especificamente se ocuparam das relações entre o Estado e a Igreja Católica no *Estado Novo*.

Em 1999, cerca de vinte anos depois dos seus primeiros trabalhos sobre o catolicismo em Portugal, Robinson explorou o relacionamento daquelas duas instituições, mantendo a tese da centralidade dos papéis de Salazar e de Cerejeira na definição da política religiosa do regime, orientada para o objetivo da recristianização da vida pública. Para o historiador britânico, a Concordata de 1940 permitiu consolidar as «vantagens católicas» e estabelecer em definitivo o estatuto da Igreja em Portugal. Ocupando-se pela primeira vez do período posterior à assinatura daquele tratado com a Santa Sé, o autor admitiu, no entanto, o surgimento de tensões entre o poder político e o episcopado relacionadas, sobretudo, com a nomeação dos bispos. Destacou ainda um progressivo afastamento entre o chefe do Executivo e o cardeal de Lisboa, depois de 1945 e ao longo dos anos da Guerra Fria. Enquanto o patriarca realizava esforços para tentar que a Igreja não fosse identificada com o regime, Salazar percecionava como fraqueza de Cerejeira a diminuição de influência deste sobre os católicos portugueses. À semelhança do que defendeu a maioria dos investigadores, Robinson assinalou no ano de 1958 o começo de divergências entre a «maioria dos bispos» e uma «minoria de leigos», contrários às «práticas do Estado Novo» e preocupados com «as implicações políticas dos ensinamentos» de João XXIII, concluindo que tais tensões aumentaram no marcelismo e prejudicaram o relacionamento da Igreja institucional com o Estado[40].

---

[39] Cf. Rita Almeida de Carvalho, *A Concordata de Salazar*, Lisboa, Círculo de Leitores e Temas e Debates, 2013, pp. 585-622.

[40] Cf. R. Robinson, «Igreja Católica» in *Dicionário de História de Portugal*, dir. António Barreto e Maria Filomena Mónica, vol. VIII, Porto, Livraria Figueirinhas, 1999, pp. 220-233.

Simpson promoveu a perspetiva, já salientada por vários autores, de que a Igreja Católica, ao longo de todo o salazarismo, contribuiu para legitimar o regime. Analisando sectorialmente a relação da instituição eclesial com o Estado, em três áreas – organização corporativa, educação e política colonial –, o autor detetou um tratamento regalista do Estado para com a Igreja, sendo que esta teria encontrado no *Estado Novo* um refúgio face à «memória de "perseguição" de que fora vítima durante a I República». O ambiente da Guerra Fria ajudou à consolidação de uma relação simbiótica entre as duas instituições, unidas no combate ao comunismo, na senda do que ocorrera durante a Guerra Civil de Espanha. Segundo Simpson, a Constituição de 1933 abriu caminho à consolidação de uma posição privilegiada da Igreja Católica na esfera da educação, e a Concordata de 1940, estabelecendo uma separação administrativa entre o Estado e a Igreja, garantiu privilégios a esta última e concorreu para o estabelecimento de uma «união moral» entre as duas instituições[41].

De certa forma, estes vários trabalhos, como muitos mais sobre outras dimensões do salazarismo, serviram para confirmar paradigmas operativos estabelecidos e, indiretamente, acabaram por se inscrever num debate académico muito devedor de teses surgidas no combate político nos últimos anos do *Estado Novo* e discutidas sobretudo depois da sua queda. Não abrindo aqui a reflexão sobre as tensões entre a feitura da história e memória histórica, parece importante sublinhar que a institucionalização de estudos sobre o salazarismo na academia portuguesa não esteve isolada de clivagens ideológicas existentes na sociedade portuguesa. A essa luz compreende-se a centralidade que adquiriram problemas como o carácter fascista ou não fascista do regime, o papel da experiência corporativa no desenvolvimento ou bloqueio da economia portuguesa, mas também a questão do apoio ou desafetação da Igreja Católica aos Governos de Salazar e de Caetano.

Diálogos com o paradigma da secularização

A par dos estudos sobre o *Estado Novo* que se têm vindo a referir, desenvolvidos pela história mas também pela ciência política, no seio das universidades portuguesas oficiais e nos circuitos académicos internacionais, surgiu, desde a segunda metade dos anos 80, um novo conjunto de interpretações

---

[41] Cf. Duncan Simpson, *A Igreja Católica e o Estado Novo Salazarista*, Lisboa, Edições 70, 2014, pp. 235-245.

sobre o papel da religião e da Igreja Católica na sociedade novecentista portuguesa, impulsionados pelo Centro de Estudos de História Religiosa (CEHR) da Universidade Católica Portuguesa. Tais investigações começaram por pretender refletir uma tendência de mudança de paradigma epistemológico operada no interior daquela unidade científica (sensivelmente a partir de 1983, data da sua integração na Faculdade de Teologia), o da ultrapassagem de um modelo de história eclesiástica, sublinhador da organização e da atuação da instituição eclesial, para outro dito de história religiosa, de âmbito mais alargado e integrado e menos institucional[42]. Por outras palavras, uma história do religioso mais atenta às dinâmicas da sua estruturação, deixando de tomar a realidade religiosa como «simplesmente subordinada ao imperativo do religioso institucional, do político, do económico ou do social»[43]. Resultantes dessa conceção surgiram quer sínteses, quer trabalhos em profundidade, mais sensíveis ao debate sobre a religião na sociedade portuguesa e como objeto de estudo, por um lado, e à problemática da modernidade e às dinâmicas societárias geradas na resposta da religião e da Igreja Católica a essa modernidade, por outro lado. Dessas análises ressaltaram vínculos entre mobilização social e mobilização religiosa, havendo ainda a tentativa de captar o impacto da religião mediante teologias, ritos, liturgias, devoções e capacidade de iniciativa e de liberdade dos vários protagonistas. Aí se detetam algumas críticas historiográficas a abordagens ao fenómeno religioso centradas em dinâmicas religiosas que se estabelecem univocamente de cima para baixo, ou homogéneas e evoluindo em sentido uniforme, ou ainda sensíveis ao conceito de «crise» das instituições religiosas e à conflitualidade em torno da natureza, posse e exercício do poder. Preferindo-se, antes, recorrer à conceção de «deslocação» e de «recomposição» para dizer as transformações do religioso na sociedade, especialmente para compreender o estabelecimento e a alteração de fronteiras de legitimidade social, ou a própria diferenciação interna do universo religioso. Também a utilização do binómio cristianização *versus* descristianização é aí tida como redutora da complexidade da realidade histórica, dado a ideia de cristianização poder favorecer a idealização de que em determinado momento uma sociedade foi totalmente cristã ou conduzir ao julgamento de que a descristianização corresponde a uma perda da influência das Igrejas e,

---

[42] Cf. Manuel Clemente, «Da história eclesiástica à história religiosa: *Lusitania Sacra*: principais vetores do trabalho realizado» in *Lusitania Sacra*, 2.ª série, 21, 2009, p. 21.

[43] Cf. António Matos Ferreira, «Introdução» in *Lusitania Sacra*, 2.ª série, 21, 2009, p. 13.

em particular, da Igreja Católica, demonstrativa da sua superação, ou ainda representar um recuo do controlo do Estado sobre a religião. Em alternativa, as investigações produzidas no âmbito do CEHR têm privilegiado uma hermenêutica assente nas problemáticas da secularização e de laicização, considerando ser por essa via que melhor se alcança um reconhecimento do fator religioso como estruturador da pluralidade na sociedade[44]. Destaque-se que esse esforço interpretativo é resultante, em boa medida, de um trabalho académico dialogante com a produção historiográfica de países da Europa do Sul, como França, Itália e Espanha, onde as relações entre religião e sociedade têm sido, depois da década de 1960, analisadas à luz das categorias de «secularização», «secularidade», «dessacralização», «laicização» e «laicidade».

Dentro dessa lógica analítica, dois investigadores do CEHR, António Matos Ferreira e Paulo Fontes, impulsionaram estudos sobre o catolicismo no *Estado Novo*. Em diversas sínteses sobre o período, Ferreira destacou a importância de níveis organizativos e hierárquicos no funcionamento interno da experiência religiosa, o modo de transmissão e de reelaboração das vivências e suas representações, as formulações e debates doutrinais desencadeados nas diversas circunstâncias, a existência de várias gerações portadoras de diferenciadas dinâmicas de catolicismo e tipos de religiosidade. Trabalhou ainda as relações externas do campo católico, não tanto a articulação com a Santa Sé, mas sobretudo o desenvolvimento de modelos de inspiração estrangeira (a ACP, por exemplo), gerados e testados noutros contextos sociais e políticos[45]. Na leitura do autor, nos primórdios do salazarismo emergiu uma geração de católicos, nascida e formada no espírito de um projeto de resistência e com-

---

[44] Cf. Manuel Clemente, António Matos Ferreira, «Introdução geral» in *História Religiosa de Portugal*, dir. de Carlos Moreira Azevedo, vol. 3 – *Religião e Secularização*, Rio de Mouro, Círculo de Leitores, 2002, pp. 9-13. Os autores dão como exemplo de uma historiografia religiosa centrada na perceção da descristianização os trabalhos de Fortunato de Almeida e de Miguel de Oliveira, acrescentando que ambos teriam procurado a reelaboração de uma memória afirmativa da centralidade da Igreja Católica como estruturante do existir do país. Tal juízo afigura-se pertinente, embora não se creia que a mudança de paradigma elimine por si só esse desígnio, mesmo quando o discurso historiográfico aparenta resultar de uma determinada revisão crítica no interior do catolicismo e integrar algumas das observações que na contemporaneidade do final de Oitocentos e em Novecentos foram feitas à religião e à Igreja Católica.

[45] Cf. António Matos Ferreira, «A Acção Católica. Questões em torno da sua organização e da autonomia da ação da Igreja católica (1933-1958)» in [Colóquio org. pela Fundação Calouste Gulbenkian], *O Estado Novo. Das Origens ao Fim da Autarcia – 1929-1959*, vol. II, Lisboa, Fragmentos, 1987, pp. 281-302.

bate à laicização, que protagonizou um programa de restauração católica, num quadro político e eclesial marcado pelo princípio da união. Essa geração encarara o *Estado Novo* como sendo favorável à cristianização da sociedade e o seu protagonismo girou, especialmente, em torno da Acção Católica, estrutura marcada por grande diversidade de comportamentos. Após 1945, ainda que permanecendo leal ao regime, assumiu-se como reformadora e, de algum modo, reivindicativa, levantando questões no campo da intervenção social que desembocaram no terreno político[46]. A referência dessa geração à UN e o seu anticomunismo inviabilizou a criação de uma organização democrata-cristã. O *aggiornamento* conciliar permitiu-lhe, no entanto, a absorção e a experiência de novos referenciais eclesiais, o que favoreceu a formulação de sensibilidades políticas diversas no seu seio. Na perspetiva de Ferreira, ainda durante o salazarismo, surgiu uma nova geração marcada pela «ruptura» e «associada» às expectativas geradas pelo II Concílio do Vaticano, que colocou em debate: a democratização, as liberdades públicas cerceadas, a emigração, a guerra colonial, bem como a necessidade de se reformar a própria Igreja de dentro para fora. Esses católicos abandonaram um entendimento da «religião como conservação social», centrando-se antes na «problemática da justiça e da transformação da sociedade», referenciada a «paradigmas de participação e pluralidade». Quanto à relação da instituição eclesial com o poder político, apesar de não ser a dimensão mais trabalhada pelo autor, este considerou que, numa perspetiva global, a Igreja contribuiu para a consolidação do *Estado Novo*, «ao possibilitar ideologicamente a valorização do regime e ao constituir-se como instância de formação e de extração de elites». Não sendo confessional, o regime facultou à Igreja um papel determinante no âmbito social e educativo. A solução concordatária de 1940 afirmou uma «situação de catolicismo nacional, coincidente com uma identificação providencial da ação e da missão da Igreja Católica», associada assim ao ideário político de «revolução nacional»[47].

Paulo Fontes, por seu turno, elegeu como centrais na sua investigação as temáticas da juventude, da imprensa e das organizações católicas. Até ao momento presente, o seu principal investimento recaiu sobre a história da

---

[46] Cf. António Matos Ferreira, «La Péninsule Ibérique». In J.-M. Mayeur, C. Petri, A. Vauchez e E. M. Vennard (eds.), *Histoire du Christianisme des Origines à Nos Jours*, vol. XII, Paris, Desclèe/ Fayard, 1999, pp. 405-411.

[47] Cf. António Matos Ferreira, «Catolicismo» in *Dicionário de História de Portugal*, dir. de António Barreto e Maria Filomena Mónica, vol. VII, Porto, Livraria Figueirinhas, 1999, pp. 259-261.

ACP, nas décadas de 1940 e 1950, interessando-lhe observar as suas elites: a pertença geracional dos indivíduos, a sua formação intelectual de base, as suas sociabilidades, o seu contacto com dinâmicas internacionais, as suas lideranças nos vários meios sociais (agrário, escolar, independente, universitário e operário). A ideia de «militância católica» adquire na obra de Fontes pertinência, considerando o autor que a mesma traduz uma resposta às questões da modernidade, materializada numa vivência do catolicismo orientada para o projeto de renovação da própria Igreja e para a ideia da necessidade de regenerar a sociedade, a realizar por via «moral e religiosa», em ordem à sua transformação[48]. Muito próximo dos eixos de análise de António Matos Ferreira, Fontes não se ocupou também da relação institucional da Igreja com o Estado senão lateralmente. Identificou a escola e a família como sendo os pólos essenciais em que a Igreja disputou o papel do Estado e mediu a sua capacidade de influência social no tocante à definição de padrões culturais e religiosos face a políticas laicizadoras. Salientando o facto de ao movimento católico ter sido conferido um papel ambivalente, entre 1933 e 1974, pela circunstância que aí teve o peso sociológico do catolicismo, considerado um elemento de coesão e de unidade nacional, o autor expôs ainda a dificuldade operativa de se definir os limites das intervenções sociorreligiosas e sociopolíticas dos católicos. Admitindo o acatamento que a Igreja Católica fez das ações do poder político que tinham por objetivo remeter o movimento católico ao âmbito do que se considerava ser as esferas da religião e da política, como condições de apaziguamento e colaboração com o Estado, Fontes valorizou, no entanto, as expressões dos que, pertencendo à hierarquia eclesiástica, ao clero ou ao laicado, recusaram a identificação com o regime. Na sua perspetiva, o bloqueamento da livre participação cívica originou fraturas no interior do próprio movimento católico, registadas a partir da década de 1950 e de 1960, consumadas em movimentações e iniciativas que serviram para denunciar a tentativa de subordinação da Igreja por parte dos detentores do poder político e a falta de liberdade de atuação na sociedade, apesar de persistir «maioritariamente no país um catolicismo assente numa forte religiosidade popular, receoso de qualquer tipo de conflito com o Estado»[49].

---

[48] Cf. Paulo Fontes, *Elites Católicas em Portugal: o papel da Acção Católica (1940-1961)*, Lisboa, Fundação Calouste Gulbenkian/ Fundação para a Ciência e a Tecnologia, 2011, p. 881.

[49] Cf. Paulo Fontes, «O catolicismo português no século XX: da separação à democracia» in *História Religiosa de Portugal*, dir. de Carlos Moreira Azevedo, vol. 3 – *Religião e Secularização*, Rio de Mouro, Círculo de Leitores, 2002, pp. 200, 229-238.

Sendo original e válida a possibilidade de análise do catolicismo português contemporâneo como a propõem estes autores, não deve, todavia, deixar de se refletir se a relativização das estruturas e dinâmicas institucionais, e como tal da própria política e das ideologias, não conduz a alguma sobrevalorização do discurso eclesial (entendido aqui como a diversidade de reflexões produzidas pelo episcopado, pelo clero e pelos leigos) sobre as suas próprias estruturas, atitudes e representações. De forma implícita, aquelas abordagens parecem colocar-se diante da necessidade de contrariar a ideia de imutabilidade da Igreja Católica através da história e de apresentar o catolicismo como uma realidade «viva», consciente de que a permanência da sua identidade no devir histórico não foi alheia a transformações religiosas. Além da captação dessa «dinâmica de mudança», a que Émile Poulat chamou «le problème du changement»[50], parece também que, pelo recurso a uma hermenêutica da «secularização» e da «laicidade» para analisar o catolicismo contemporâneo, se dialoga com uma questão maior da modernidade: a autonomização do político, a sua subtração à influência da Igreja e a sua tentativa de obrigá-la a cingir-se à sua vocação espiritual primitiva. De algum modo, o acento colocado na experiência religiosa e na sua densidade poderá pretender opor-se principalmente a duas teses: uma a do desaparecimento ou decadência do religioso nas sociedades modernas, outra a que promove um entendimento do progresso como realidade material esvaziada do espiritual. No entanto, não obstante a pertinência de questionar determinadas leituras da realidade histórica, de evitar explicações originadas simbólica e ideologicamente na luta política da contemporaneidade e de pôr em evidência a multiplicidade de legitimidades concorrenciais, uma visão centrada na «vitalidade do catolicismo» (expressão que se encontra nos textos de Ferreira e Fontes) não deixa de se configurar como demasiado «interna» ao universo eclesial. Para um período histórico como o do *Estado Novo*, em que o âmbito de ação na sociedade estava condicionado politicamente (pelo Estado), pode mesmo complicar a operatividade da análise não se ter mais em conta o relacionamento institucional entre o Estado e a Igreja Católica, face à dificuldade (constatada, aliás, por Fontes) de se diferenciar as fronteiras das ações religiosas e políticas dos católicos.

No campo da sociologia, uma problematização das relações entre o Estado e a Igreja Católica durante o *Estado Novo* foi ainda tentada por Antó-

---

[50] Cf. Emile Poulat, «La société religieuse et le problème du changement» in *Revue Française de Sociologie*, 7, n.º 3, 1996, pp. 291-305.

nio Teixeira Fernandes, que se centrou no conflito firmado entre D. António Ferreira Gomes e Salazar e nas polémicas que o mesmo originou no interior do episcopado e do clero. Partindo de um quadro referencial que inscreve num processo de profunda secularização as relações entre a Igreja Católica e o Estado, o autor pretende demonstrar que os anos do salazarismo e do marcelismo corresponderam a uma autonomia do poder político e a um movimento de separação entre o Estado e a sociedade civil, o qual acarretou a separação das instituições estatal e eclesial. Numa tal situação, o Estado deixou de «perseguir a Igreja», concedeu-lhe «regalias», mas não deixou «de a controlar». Uma verdadeira laicidade só ocorreria com a democratização da sociedade, após o 25 de Abril de 1974, mediante a «perfeita separação entre Estado e sociedade civil» e o atingir «da neutralidade do poder político nas suas relações com a Igreja»[51].

Novas perspetivas em estudos institucionalistas

Outra formulação para o enquadramento teórico das relações entre a Igreja e o Estado foi fornecida, no ano 2000, por Luís Salgado de Matos, que constatou à época que a «historiografia especializada, as obras de referência da "sociologia histórica" e a ciência política [as duas últimas áreas de trabalho do autor] esquecem geralmente a Igreja ou encaram-na na perspetiva ideológica [...] ou noutra, apologética». Partindo de uma conceptualização da organização política como sendo o relacionamento de três «*ordens*» – uma primeira, simbólica, designada por «*clero*» e associada à Igreja, outra, securitária, referida como «*nobreza*» e relacionada com as Forças Armadas, e outra ainda, económica, apelidada de «*povo*» e identificada com o Estado –, propôs-se o autor estudar o papel da Igreja em interação com outras instituições, debruçando-se sobre a organização eclesial e a sua ação[52]. Observando de forma transversal o século XX, Matos defendeu que a Igreja Católica manteve no campo religioso português uma situação de monopólio (sustentada pela maioria sociológica católica e pela densa malha orgânica da instituição eclesial no território português), que reforçou institucionalmente ao ver satisfeitos

---

[51] Cf. António Teixeira Fernandes, *Relações entre a Igreja e o Estado no Estado Novo e no pós 25 de Abril de 1974*, Porto, Ed. do Autor, 2001, pp. 9-14, 408-450.
[52] Cf. Luís Salgado de Matos, *O Estado de Ordens. A Organização Política e os seus Princípios Fundamentais*, Lisboa, Imprensa de Ciências Sociais, 2004, pp. 16, 207-209.

os seus direitos, sobretudo, depois do pacto concordatário de 1940, quando definiu com o Estado um regime de separação financeira e patrimonial. Tornando-se quase representação exclusiva da «*ordem clero*», a Igreja capacitou--se para estar presente em todas as manifestações sociais e alcançou, através da separação do Estado, o máximo da colaboração estatal para o projeto de recristianização da sociedade. No reconhecimento dessa situação de monopólio, tanto na Metrópole como nas colónias (aqui a partir das missões católicas nas possessões africanas), o Estado foi secundado pelas Forças Armadas, em particular, pelo Exército. Também para a opinião pública foi pacífica a representação da «*ordem clero*» pela Igreja Católica. A aceitação estatal do monopólio eclesial haveria de traduzir-se quer na atribuição pelo Estado de personalidade jurídica à Igreja – resolvendo-se assim um problema central que perdurou entre 1911 e 1940 na relação entre as duas instituições, embora tal solução, em contrapartida, acarretasse o enfraquecimento do estatuto legal das confissões religiosas minoritárias existentes no País –, quer na assinatura da Concordata e do Acordo Missionário de 1940 com a Santa Sé.

Apesar de detentora da referida situação de monopólio, a Igreja Católica não abdicou de elaborar uma defesa específica face ao Estado: até 1910, procurando separar-se do Estado; depois de 1911, exigindo o reconhecimento do Estado; após obter esse reconhecimento reivindicando a colaboração do Estado na recristianização da sociedade e, finalmente, abdicando dessa cooperação na sequência do II Concílio do Vaticano. Para o desenvolvimento da «política católica» durante o *Estado Novo* foram importantes, na perspetiva do autor, o CCP e a ACP, o culto a Nuno Álvares Pereira, e a presença de actores eclesiais nas câmaras políticas e nos governos.

Analisando em detalhe a colaboração que a Igreja Católica recebeu do Estado ao longo do século XX, Matos concluiu que foi multímoda e concentrada em certos domínios da vida da Igreja: estatuto do clero; estado civil; escola; saúde e assistência social; o culto; os aspetos simbólicos. Nas missões teria sobretudo existido uma colaboração administrativa. Assinalou ainda àquela colaboração diferentes conjunturas e modelos: na Monarquia constitucional existiu uma Igreja de Estado de pendor regalista; seguiu-se-lhe, depois de 1911, uma separação sem cooperação, com o Estado a procurar influenciar a organização interna da Igreja; e, por fim, chegou-se a uma situação de separação com cooperação institucionalizada, que teve o seu apogeu em 1940. Na fase final do *Estado Novo* enfraqueceram os laços que uniam o Estado à Igreja Católica, sendo que no consulado marcelista o reconhecimento estatal da Igreja deixou de se fazer em sentido favorável, concorrendo para tanto a revisão constitucional (alterações aos artigos 45.º e 46.º) e a lei de liberdade religiosa de 1971. Segundo o autor, o «risco de reabertura da questão religiosa» chegou a colocar-se entre 1958 e 1974, originada pela questão colonial[53].

A investigação de Matos, de carácter sistémico e institucionalista, complexificou o estudo das relações entre a Igreja Católica e o Estado durante o *Estado Novo*. Um dos principais méritos que se lhe pode atribuir é o facto de ter contribuído para superar o binómio interpretativo dominação/ sujeição de uma instituição sobre a outra. Saliente-se ainda que o autor desenvolveu outros estudos importantes para sedimentar a compreensão das estratégias dos atores eclesiais e aferir da autonomia organizacional da Igreja naquele mesmo período da história portuguesa. Foi o caso do trabalho que realizou sobre a nomeação dos bispos portugueses desde 1940 até ao 25 de Abril de 1974[54], da biografia que produziu sobre D. Manuel Gonçalves Cerejeira[55], ou do estudo que fez sobre a intervenção eclesial nas campanhas eleitorais para as eleições legislativas e presidenciais realizadas entre 1945 e 1973[56].

Considerações finais

Pensa-se ter demostrado que o problema da interpretação das relações entre o Estado e a Igreja Católica fez uma evolução importante, caminhando em cinco décadas para uma autonomização, no interior das áreas disciplinares que fazem a sua abordagem. No entanto, talvez esse percurso seja mais evidente a nível da historiografia. Em todo este tempo foi permanente o diálogo com teorias e problematizações trabalhadas em investigações internacionais, especialmente influentes para os aspetos conceptuais e metodológicos. Nos últimos vinte anos regista-se também alguma viragem no sentido em que se foram tornando escassas as interpretações predominantemente ideológicas,

---

[53] Cf. Luís Salgado de Matos, *Um Estado de Ordens Contemporâneo – A Organização Política Portuguesa*. Tese de doutoramento, vol. II, Lisboa, Instituto de Ciências Sociais, Universidade de Lisboa, 1999, pp. 688-1296.

[54] Cf. Luís Salgado de Matos, «Os bispos portugueses: da Concordata ao 25 de Abril – alguns aspetos» in *Análise Social*, XXIX (125-126), 1.º – 2.º, 1994, pp. 319-383.

[55] Cf. Luís Salgado de Matos, «Cerejeira, D. Manuel Gonçalves» in *Dicionário de História de Portugal*, dir. de António Barreto e Maria Filomena Mónica, vol. VII, Porto, Livraria Figueirinhas, 1999, pp. 296-313.

[56] Cf. Luís Salgado de Matos, *Um Estado de Ordens Contemporâneo – A Organização Política Portuguesa*. Tese de doutoramento, vol. III, Lisboa, Instituto de Ciências Sociais, Universidade de Lisboa, 1999, pp. 1767-1875.

estreitamente ligadas, nalguns casos, a experiências pessoais dos investigadores de resistência à ditadura portuguesa (autores nacionais) ou apenas fruto de uma postura política e cultural igualmente crítica dos contextos autocráticos (autores estrangeiros). A renovação de gerações entre os investigadores será o fator que melhor explica essa tendência. Também a adaptabilidade de alguns estudiosos favoreceu essa transformação, sendo que salutarmente procederam a atualizações do seu pensamento, assumindo um tom mais desprendido. De entre as várias ciências sociais, parece ter cabido à sociologia a colocação das principais interrogações que mereceram resposta nos trabalhos sobre as relações entre Estado e Igreja Católica. Porém, ao contrário do que poderia supor a última afirmação, coube à história dar a principal contribuição para um tratamento mais extensivo da matéria. São, com efeito, predominantes os estudos históricos, elaborados por especialistas com formações e orientações várias. Olhando especificamente para essa produção historiográfica é pertinente inquirir se daí se extrai um quadro multivocal ou mais tendente para a unidade. Entendo que prevalece a unidade, na medida em que muitas monografias, tratando em profundidade aspetos diferenciados, não foram além da confirmação das teses enunciadas nas sínteses de referência, que maioritariamente tiveram, aliás, outros objetos de estudo. Outra questão que aparentemente tem favorecido o predomínio de algumas interpretações parece relacionar-se com os arquivos explorados. Regista-se uma incidência na consulta de alguns arquivos. Embora se deva alegar, em benefício dos investigadores, que Portugal possui uma legislação conservadora quanto à política de arquivos, a que se soma um panorama em que as instituições que têm à sua guarda acervos, públicos ou privados, possuem limitados recursos para garantirem o tratamento, organização e disponibilização de documentação valiosa e necessária à inovação da própria investigação.

Em ligação com este último ponto, e para terminar, refira-se que, no futuro, poderão ter impacto sobre a investigação das relações entre o Estado e a Igreja Católica (embora seja cedo para o confirmar), os estudos que nos últimos cinco anos foram produzidos em torno da I República. Vários desses trabalhos, maioritariamente realizados em sede académica mas já editados, cujo aparecimento foi em boa medida estimulado pelas comemorações oficiais do primeiro centenário da revolução de 5 de Outubro de 1910, ocuparam-se das relações do poder político com a Igreja Católica ou privilegiaram o estudo da dinâmica social do catolicismo. Trata-se de investigações dedicadas a problemáticas circunscritas ou centradas em particularidades locais e regionais, que não abarcam a totalidade do período republicano, mas há também sínteses gerais e trabalhos de fôlego que propõem novas visões de conjunto dessa época. Para quem se pretenda dedicar ao estudo do relacionamento entre

Estado e a Igreja Católica no salazarismo, alguns contributos são incontornáveis, designadamente pelo que esclarecem, para os anos compreendidos entre 1910 e 1926, sobre as organizações estatal e eclesial e suas ações, ou sobre disputas de interesses e de legitimidades que ficaram célebres e que foram durante anos encaradas numa perspetiva demasiado ideológica ou apologética[57].

A informação contida nessas investigações, fruto de um salutar regresso às fontes, mas também as clivagens interpretativas que dividem os seus estudiosos, deverão ajudar a expandir a reflexão teórica sobre as relações entre Estado e Igreja Católica durante o autoritarismo português.

---

[57] Mencionam-se, a título de exemplo, alguns trabalhos recentes e significativos para a análise do relacionamento institucional entre o Estado e a Igreja Católica: o estudo do conteúdo da Lei de Separação de 1911 e da sua aplicação administrativa, por João Seabra, *O Estado e a Igreja em Portugal no início do século XX – A Lei de Separação de 1911*, Cascais, Princípia, 2009; a investigação de Lúcia Brito Moura sobre atitudes e comportamentos das populações submetidas ao processo laicizador, determinado pelas autoridades civis e suportado pela legislação produzida entre 1910-1917 (Maria Lúcia Brito Moura, *A "Guerra Religiosa" na I República*, 1.ª ed., Lisboa, Editorial Notícias, 2004); o estudo de Luís Salgado de Matos sobre as estratégias e comportamentos que, ao longo de toda a I República, no território nacional metropolitano, foram adotados quer pelo Estado, quer pela Igreja Católica, no conflito que decorreu da afirmação na organização social do novo modelo jurídico-constitucional de separação (Luís Salgado de Matos, *A Separação do Estado e da Igreja*, Alfragide, Publicações Dom Quixote, 2011); e o trabalho de Maria Cândida Proença relativo aos debates parlamentares sobre o fenómeno religioso, processados nas duas câmaras do Congresso da República, entre 1910-1926 (Maria Cândida Proença, *A Questão Religiosa no Parlamento*, vol. II – *1910-1926*, Lisboa, Assembleia da República, 2011).

ANEXO II

LISTAGEM DOS PROJETOS DE LEI, AVISOS PRÉVIOS, REQUERIMENTOS E PERGUNTAS POR ESCRITO, APRESENTADOS À MESA DA ASSEMBLEIA NACIONAL SOBRE MATÉRIA RELIGIOSA, ENTRE JANEIRO DE 1933 E ABRIL DE 1974.

Fonte: *Diário das Sessões da Assembleia Nacional*, 1933-1974

Legislatura e sessão legislativa	Número e data do *Diário das Sessões*	Número e data da sessão	Assunto	Interveniente(s)
I (1935-1938), 1.ª sessão legislativa	DS n.º 7, 21 de Janeiro de 1935	Sessão n.º 4, 19 de Janeiro de 1935	Envio para a Mesa, com declaração de urgência, de projeto de lei sobre sociedades secretas (p. 54-55)	Deputado José Cabral
I (1935-1938), 1.ª sessão legislativa	DS n.º 8, 23 de Janeiro de 1935	Sessão n.º 5, 22 de Janeiro de 1935	Envio para a Mesa de projeto de lei de reforma do texto constitucional (Alterações ao § 3.º do artigo 43.º da Constituição) (p. 96)	Deputada Maria dos Santos Guardiola
I (1935-1938), 1.ª sessão legislativa	DS n.º 8, 23 de Janeiro de 1935	Sessão n.º 5, 22 de Janeiro de 1935	Pedido de informação sobre o número de ações de divórcio distribuídas e julgadas em todas as comarcas do país (p. 96)	Deputado Alberto Pinheiro Torres
I (1935-1938), 1.ª sessão legislativa	DS n.º 10, 7 de Fevereiro de 1935	Sessão n.º 7, 6 de Fevereiro de 1935	Apresentação, antes da ordem do dia, de aviso prévio sobre a lei do divórcio (p. 177)	Deputado Alberto Pinheiro Torres

Legislatura e sessão legislativa	Número e data do *Diário das Sessões*	Número e data da sessão	Assunto	Interveniente(s)
I (1935-1938), 1.ª sessão legislativa	DS n.º 10, 7 de Fevereiro de 1935	Sessão n.º 7, 6 de Fevereiro de 1935	Apresentação do projeto de lei n.º 25 (Defesa da instituição familiar) (pp. 175--176)	Deputado José Maria Braga da Cruz
I (1935-1938), 1.ª sessão legislativa	DS n.º 23, 8 de Março de 1935	Sessão n.º 20, 7 de Março de 1935	Requerimento solicitando cópia do contrato celebrado, em Abril de 1925, entre a Comissão Central de Execução da Lei de Separação e Diniz Carvalho Mota (p. 444)	Deputado António Pedro Magalhães
I (1935-1938), 1.ª sessão legislativa	DS n.º 38, 30 de Março de 1935	Sessão n.º 35, 29 de Março de 1935	Apresentação do projeto de lei n.º 59 (Alteração ao artigo n.º 24 do Ato Colonial) (p. 770-771)	Deputado Manuel Fratel
I (1935-1938), 2.ª sessão legislativa	DS n.º 87, 24 de Fevereiro de 1936	Sessão n.º 86, 22 de Fevereiro de 1936	Apresentação, antes da ordem do dia, do projeto de lei n.º 111 (Reforma à lei do divórcio) (p. 668-672)	Deputado Cunha Gonçalves
I (1935-1938), 4.ª sessão legislativa	DS n.º 190, 27 de Abril de 1938	Sessão n.º 188, 26 de Abril de 1938	Intervenção, antes da ordem do dia, solicitando informação à Mesa sobre quando seria discutido o projeto de lei n.º 25 (Defesa da instituição familiar), por si apresentado em 6 de Fevereiro de 1935, bem como o projeto de lei projeto de lei n.º 111 (Reforma à lei do divórcio), apresentado por Luís da Cunha Gonçalves em 22 de Fevereiro de 1936 (p. 764)	Deputado José Maria Braga da Cruz

ANEXOS

Legislatura e sessão legislativa	Número e data do *Diário das Sessões*	Número e data da sessão	Assunto	Interveniente(s)
II (1938-1942), 1.ª sessão legislativa	DS n.º 18, 17 de Janeiro de 1939	Sessão n.º 15, 16 de Janeiro de 1939	Apresentação, antes da ordem do dia, do aviso prévio sobre a organização sindical corporativa (p. 126)	Deputado Abel Varzim
II (1938-1942), 1.ª sessão legislativa	DS n.º 42, 27 de Fevereiro de 1939	Sessão n.º 39, 25 de Fevereiro de 1939	Apresentação, antes da ordem do dia, do aviso prévio sobre a necessidade de se estabelecerem subsídios de família (p. 378)	Deputado Samuel de Oliveira
II (1938-1942), 2.ª sessão legislativa	DS n.º 76, 16 de Fevereiro de 1940	Sessão n.º 75, 15 de Fevereiro de 1940	Apresentação, durante a ordem do dia, do aviso prévio sobre o desemprego (p.289--294)	Deputado Sílvio Belfort Cerqueira
III (1942-1945), 4.ª sessão legislativa	DS n.º 187, 7 de Julho de 1945	Sessão n.º 187, 6 de Julho de 1945	Requerimento, apresentado antes da ordem do dia, solicitando informações sobre a execução do decreto-lei n.º 24:402 relativo ao descanso dominical (p. 762--763)	Deputado Querubim Guimarães
IV (1945-1949), 2.ª sessão legislativa	DS n.º 59, 29 de Novembro de 1946	Sessão n.º 59, 28 de Novembro de 1946	Requerimento, apresentado no período antes da ordem do dia, solicitando a relação de todas as corporações missionárias reconhecidas pelo Governo (p. 16)	Deputado José Maria Braga da Cruz
IV (1945-1949), 2.ª sessão legislativa	DS n.º 99, 8 de Março de 1947	Sessão n.º 99, 7 de Março de 1947	Envio para a Mesa, antes da ordem do dia, do projeto de lei n.º 170 sobre feriados e dia de descanso semanal (p. 775, 785-786)	Deputado Luís Mendes de Matos

A SEGUNDA SEPARAÇÃO

Legislatura e sessão legislativa	Número e data do *Diário das Sessões*	Número e data da sessão	Assunto	Interveniente(s)
V (1949-1953), 1.ª sessão legislativa	DS n.º 11, 16 de Dezembro de 1949	Sessão n.º 11, 15 de Dezembro de 1949	Intervenção, antes da ordem do dia, para apresentação de um requerimento dirigido ao Ministério do Interior pedindo informações sobre a elevação de uma estátua a Nuno Álvares Pereira em Lisboa (p. 118)	Deputado Ribeiro Casais
V (1949-1953), 2.ª sessão legislativa	DS n.º 81, 9 de Março de 1951	Sessão n.º 81, 8 de Março de 1951	Anúncio de aviso prévio, antes da ordem do dia, sobre a educação moral e cívica da juventude portuguesa (p.522)	Deputado Jacinto Ferreira
VI (1953-1957), 2.ª sessão legislativa	DS n.º 84, 24 de Março de 1955	Sessão n.º 84, 23 de Março de 1955	Apresentação, durante a ordem do dia, do aviso prévio acerca da proteção à família (p. 639-643)	Deputado Almeida Garrett, com intervenções de Pinto Brandão e Morais Alçada
VIII (1961-1965), 3.ª sessão legislativa	DS n.º 119, 22 de Janeiro de 1964	Sessão n.º 119, 21 de Janeiro de 1964	Efetivação, durante a ordem do dia, do aviso prévio sobre o educação nacional (p. 2949-2956)	Deputado Nunes de Oliveira
IX (1965-1969), 1.ª sessão legislativa	DS n.º 31, 10 de Março de 1966	Sessão n.º 31, 9 de Março de 1966	Anúncio, antes da ordem do dia, de aviso prévio sobre a educação da juventude (p. 504-507)	Deputado Braamcamp Sobral
IX (1965-1969), 2.ª sessão legislativa	DS n.º 52, 17 de Dezembro de 1966	Sessão n.º 52, 16 de Dezembro de 1966	Apresentação, durante a ordem do dia, de aviso prévio sobre a educação da juventude (p. 932-947)	Deputado Manuel Braamcamp Sobral
X (1969-1973), 1.ª sessão legislativa	DS n.º 31, 9 de Abril de 1970	Sessão n.º 31, 8 de Abril de 1970	Apresentação, antes da ordem do dia, da nota de aviso prévio sobre problemas da formação da juventude (p. 595-597)	Deputado Leonardo Coimbra

ANEXOS

Legislatura e sessão legislativa	Número e data do *Diário das Sessões*	Número e data da sessão	Assunto	Interveniente(s)
X (1969-1973), 1.ª sessão legislativa	DS n.º 39, 22 de Abril de 1970	Sessão n.º 39, 21 de Abril de 1970	Nota de pergunta, lida na Mesa, sobre a existência de negociações com a Santa Sé para revisão da Concordata (p. 795). Foi também lida a resposta do Governo à nota de pergunta (p. 798)	Deputado Sá Carneiro
X (1969-1973), 2.ª sessão legislativa	Suplemento ao DS n.º 59, 19 de Dezembro de 1970	[Data do projeto de lei: 16 de Dezembro de 1970]	Projeto de lei n.º 6/X (Alterações à Constituição Política) (p. 1236-1 a 1236-4)	Deputados Francisco Sá Carneiro, João Bosco Mota Amaral, Francisco Pinto Balsemão, João Pedro Miller Guerra, José Gabriel Pereira da Cunha, Joaquim Germano Correia da Silva, António Henriques Carreira, Joaquim Saraiva da Mora, Manuel Martins da Cruz, Alberto Alarcão e Silva, Joaquim Macedo Correia, Manuel Montanha Pinto, Rafael Valadão dos Santos, João Ferreira Forte e Olímpio da Conceição Pereira

Legislatura e sessão legislativa	Número e data do *Diário das Sessões*	Número e data da sessão	Assunto	Interveniente(s)
X (1969-1973), 2.ª sessão legislativa	2.º Suplemento ao DS n.º 59, 19 de Dezembro de 1970	[Data do projeto de lei: 16 de Dezembro de 1970]	Projeto de lei n.º 7/X (Alterações à Constituição Política) (p. 1236-5 a 1236-6)	Deputados: Duarte Freitas do Amaral, José Maria de Castro Salazar, Victor Aguiar e Silva, Gabriel da Costa Gonçalves, Rui de Moura Ramos, Manuel Silva Mendes, Amílcar Pereira Mesquita, Henrique Nogueira Rodrigues, Vasco Pinto Costa Ramos, António Magalhães Montenegro, Sinclética dos Santos Torres, João Duarte de Oliveira, Alberto Ribeiro de Meireles, António da Rocha Lacerda e Raul da Silva Cunha Araújo
XI (1973-1974), 1.ª sessão legislativa	DS n.º 49, 6 de Abril de 1974	Sessão n.º 47, 5 de Abril de 1974	Intervenção, antes da ordem do dia, de evocação de D. João Evangelista de Lima Vidal, a propósito do 1.º centenário do seu nascimento (p. 959-960)	Deputado Fernando de Oliveira

ANEXO III

LISTAGEM DA LEGISLAÇÃO PUBLICADA SOBRE MATÉRIA RELIGIOSA, ENTRE JANEIRO DE 1933 E ABRIL DE 1974.

Fonte: *Diário do Governo*, I Série, 1933-1974

Legenda dos classificadores utilizados em cada entrada desta listagem: A) Estatuto do clero e a assistência religiosa; B) Educação e ensino; C) Assistência social; D) regime do casamento; E) Bens eclesiásticos; F) Presença religiosa nas colónias portuguesas e a transposição de legislação adotada na Metrópole para o espaço colonial; G) Regime geral das relações do Estado com as Igrejas e os acordos firmados com a Santa Sé; H) Aspetos simbólicos.

Diploma	Data e número de publicação em *Diário do Governo*	Assunto	Entidade governamental
Portaria n.º 7:565	24 de Abril de 1933, n.º 90	Esclarece que se encontravam sujeitos a registo, além dos testamentos cerrados, os atos ou instrumentos que instituíssem legados pios. (E)	Ministério do Interior
Decreto-Lei n.º 22:537	17 de Maio de 1933, n.º 108	Torna extensivo às Misericórdias dos distritos do Funchal, Angra do Heroísmo e Ponta Delgada o disposto no art.º 3 do decreto n.º 15:809, que determinara que a aprovação dos respetivos orçamentos pertencia à Direção-Geral de Assistência. (C)	Ministério do Interior
Decreto-Lei n.º 22:622	3 de Junho de 1933, n.º 123	Autoriza a Arquiconfraria do Santíssimo Sacramento da freguesia de S. Julião, da cidade de Lisboa, a vender, diretamente e com dispensa do disposto nas leis de desamortização, ao Banco de Portugal o imóvel composto do edifício da igreja de S. Julião, suas dependências e prédio anexo, situados na referida freguesia. (E)	Ministério do Interior

591

Diploma	Data e número de publicação em *Diário do Governo*	Assunto	Entidade governamental
Decreto-lei n.º 22:628	6 de Junho de 1933, n.º 125	Cede, a título precário, à instituição de caridade Casa de Trabalho de Nossa Senhora do Rosário, de Évora, o edifício do suprimido Convento de Santa Helena do Calvário e cerca anexa, a fim de ser adaptado ao alargamento da casa de trabalho destinada ao ensino profissional das raparigas pobres. (E)	Ministério das Finanças
Portaria n.º 7:610	27 de Junho de 1933, n.º 142	Determina que entrem em circulação 9.841.400 selos comemorativos dos centenários de Nuno Álvares Pereira e de Santo António, retirados de circulação. (H)	Ministério das Obras Públicas e Comunicações
Decreto n.º 22:842	18 de Julho de 1933, n.º 160	Promulga o Estatuto do Ensino Particular. (B)	Ministério da Instrução Pública
Decreto-Lei n.º 23:145	18 de Outubro de 1933, n.º 237	Determina que a Junta Central do distrito do Funchal satisfaça à corporação diocesana do culto católico da mesma cidade as rendas do edifício do antigo seminário e seus anexos, pelo tempo em que aquela corporação, depois de publicado o decreto n.º 13:514, se manteve na sua posse. (E)	Ministério da Justiça
Decreto-Lei n.º 23:407	27 de Dezembro de 1933, n.º 295	Autoriza a Junta de Freguesia de Alcântara, do 4.º bairro administrativo de Lisboa, a ceder gratuitamente à irmandade da igreja da mesma freguesia o direito a uma serventia de passagem pelo átrio da citada igreja. (E)	Ministério do Interior
Decreto-Lei n.º 23:418	28 de Dezembro de 1933, n.º 296	Modifica na colónia de Angola várias disposições do Estatuto do Ensino Particular. (F)	Ministério das Colónias
Decreto-Lei n.º 23:447	5 de Janeiro de 1934, n.º 4	Promulga o novo Estatuto do Ensino Particular. (B)	Ministério da Instrução Pública
Decreto-Lei n.º 23:485	22 de Fevereiro de 1934, n.º 18	Considera como tendo sido expressamente nomeados por decreto especial os sacerdotes católicos que seguiram para África, mediante despacho ministerial, com o fim de, na qualidade de capelães militares equiparados, prestarem serviço de assistência religiosa junto das tropas portuguesas em operações contra os Alemães naquela colónia durante a Grande Guerra. (A)	Ministério da Guerra

ANEXOS

Diploma	Data e número de publicação em *Diário do Governo*	Assunto	Entidade governamental
Decreto n.º 23:509	26 de Janeiro de 1934, n.º 22	Determina que a Irmandade de S. Roque continue encarregada do culto público na respetiva igreja, pertença da Misericórdia de Lisboa, mas que os atos cultuais relativos a legados pios, a que a mesma Misericórdia é obrigada, sejam desempenhados por um capelão e pelo demais pessoal que o respetivo conselho de administração julgar necessário e que estiver autorizado a contratar. (A)	Ministério do Interior
Portaria n.º 7:764	27 de Janeiro de 1934, n.º 23	Declara nula e sem efeito a portaria publicada por extrato no *Diário do Governo* n.º 102, de 5 de Maio de 1930, em virtude da qual foi mandada entregar, em uso e administração, à corporação encarregada do culto católico na freguesia de Arões, concelho de Fafe, a parte da residência paroquial da mesma freguesia não aplicada às escolas do ensino primário. (E)	Ministério da Justiça
Decreto n.º 24:691	28 de Novembro de 1934, n.º 280	Determina que na colónia da Guiné sejam importados livres de direitos e demais impostos adicionais, com exceção do imposto de selo, os materiais destinados à construção em Bissau de uma igreja catedral e de um monumento comemorativo do esforço dos Portugueses no descobrimento, ocupação e colonização daquele território africano. (F)	Ministério das Colónias
Decreto-Lei n.º 24:739	6 de Dezembro de 1934, n.º 286	Determina que os bens pertencentes ao Estado que tiverem sido cedidos, a título de arrendamento, a quaisquer indivíduos ou pessoas morais fiquem sujeitos à atualização do quantitativo das rendas, embora não estejam inscritos na competente matriz predial. (E)	Ministério da Justiça
Lei n.º 1885	23 de Março de 1935, n.º 67	Prescreve alterações à Constituição Política, entre outras, à epígrafe do Título X e ao art. 45.º. (G)	Presidência do Conselho
Lei n.º 1900	21 de Maio de 1935, n.º 115	Prescreve alterações ao Ato Colonial, entre outras, ao art. 24.º. (F)	Presidência do Conselho
Lei n.º 1910	23 de Maio de 1935, n.º 117	Prescreve alterações ao § 3.º do art. 43.º da Constituição Política. (B)	Presidência do Conselho

Diploma	Data e número de publicação em *Diário do Governo*	Assunto	Entidade governamental
Decreto n.º 26:212	15 de Janeiro de 1936, n.º 12	Aprova o quadro e vencimento do pessoal da Misericórdia de Setúbal e dos estabelecimentos a seu cargo. (C)	Ministério do Interior
Decreto n.º 26:215	16 de Janeiro de 1936, n.º 13	Aprova o quadro e vencimento do pessoal da Misericórdia de Portalegre. (C)	Ministério do Interior
Decreto n.º 26:220	17 de Janeiro de 1936, n.º 14	Aprova o quadro e vencimento do pessoal da Misericórdia e Hospital da Divina Providência de Vila Real. (C)	Ministério do Interior
Decreto n.º 26:231	20 de Janeiro de 1936, n.º 16	Aprova o quadro e vencimento do pessoal da Misericórdia de Castelo de Vide. (C)	Ministério do Interior
Decreto n.º 26:246	22 de Janeiro de 1936, n.º 18	Aprova o quadro e vencimento do pessoal da Misericórdia da Irmandade de S. Pedro de Esculca, freguesia de Abravezes, concelho de Viseu. (C)	Ministério do Interior
Decreto n.º 26:252	23 de Janeiro de 1936, n.º 19	Aprova o quadro e vencimento do pessoal da Misericórdia de Almodôvar. (C)	Ministério do Interior
Decreto n.º 26:330	1 de Fevereiro de 1936, n.º 26	Aprova o quadro e vencimento do pessoal da Misericórdia de Felgueiras e estabelecimentos a ela anexos. (C)	Ministério do Interior
Decreto n.º 26:335	4 de Fevereiro de 1936, n.º 28	Aprova o quadro e vencimento do pessoal da União Social Católica, de Lisboa. (C)	Ministério do Interior
Decreto n.º 26:348	12 de Fevereiro de 1936, n.º 35	Aprova o quadro e vencimento do pessoal da Associação Israelita de Beneficência Somej Noflim (Amparo dos Pobres), em Lisboa. (C)	Ministério do Interior
Decreto n.º 26:356	17 de Fevereiro de 1936, n.º 39	Aprova o quadro e vencimento do pessoal da Misericórdia de Seia e do seu Hospital. (C)	Ministério do Interior
Decretos n.º 26:357	18 de Fevereiro de 1936, n.º 40	Aprova o quadro e vencimento do pessoal da Misericórdia de Ponte de Sor (C)	Ministério do Interior
Decreto n.º 26358	18 de Fevereiro de 1936, n.º 40	Aprova o quadro e vencimento do pessoal da Misericórdia de Alhos Vedros. (C)	Ministério do Interior
Decreto n.º 26:365	20 de Fevereiro de 1936, n.º 42	Aprova o quadro e vencimento do pessoal da Misericórdia de Vila Nogueira de Azeitão. (C)	Ministério do Interior
Decreto n.º 26:375	27 de Fevereiro de 1936, n.º 47	Aprova o quadro e vencimento do pessoal da Misericórdia de Campo Maior. (C)	Ministério do Interior

ANEXOS

Diploma	Data e número de publicação em *Diário do Governo*	Assunto	Entidade governamental
Decreto n.º 26:386	2 de Março de 1936, n.º 50	Declara sem efeito o decreto n.º 8:801, de 4 de Maio de 1923, referente à cedência à Junta de Freguesia de Areias, concelho de Ferreira do Zêzere, do edifício da residência paroquial da dita freguesia, mas somente quanto às dependências do edifício não aplicadas à instalação de serviços de utilidade pública (dado que a Junta não ocupou o terreno do antigo passal do pároco, só tomou parte do edifício). (E)	Ministério da Justiça
Decreto n.º 26:389	3 de Março de 1936, n.º 51	Aprova o quadro e vencimento do pessoal da Misericórdia de Vila Pereira, concelho de Montemor-o-Velho. (C)	Ministério do Interior
Decreto n.º 26:396	5 de Março de 1936, n.º 53	Aprova o quadro e vencimento da Misericórdia de Elvas. (C)	Ministério do Interior
Decreto n.º 26:412	11 de Março de 1936, n.º 58	Aprova o quadro e vencimento do pessoal da Igreja Evangélica Lusitana de S. Pedro, em Lisboa. (C)	Ministério do Interior
Decreto n.º 26:455	26 de Março de 1936, n.º 71	Aprova o quadro e vencimento do pessoal da Misericórdia de Cardigos. (C)	Ministério do Interior
Decreto n.º 26:463	27 de Março de 1936, n.º 72	Aprova o quadro e vencimento do pessoal da Misericórdia do Bombarral. (C)	Ministério do Interior
Lei n.º 1:941	11 de Abril de 1936, n.º 84	Estabelece as bases da organização do Ministério da Instrução Pública, que passa a designar-se Ministério da Educação Nacional. (B)	Ministério da Instrução Pública
Decreto n.º 26:535	21 de Abril de 1936, n.º 92	Altera o quadro de pessoal da Misericórdia do Porto, aprovado pelo decreto n.º 25:588. (C)	Ministério do Interior
Decreto n.º 26:550	25 de Abril de 1936, n.º 96	Aprova o quadro e vencimento do pessoal da Misericórdia de Cuba. (C)	Ministério do Interior
Decreto n.º 26:551	27 de Abril de 1936, n.º 97	Aprova o quadro e vencimento do pessoal da Misericórdia e Hospital de Ferreira do Alentejo. (C)	Ministério do Interior
Decreto n.º 26:570	5 de Maio de 1936, n.º 104	Declara sem efeito o decreto n.º 903 de 26 de Setembro de 1914, em virtude do qual foi concedida, a título de arrendamento, à Câmara Municipal do concelho de Loures, para aí se estabelecer a escola oficial do ensino primário, parte do edifício da igreja paroquial da freguesia de Frielas. (E)	Ministério da Justiça

Diploma	Data e número de publicação em *Diário do Governo*	Assunto	Entidade governamental
Decreto n.º 26:604	18 de Maio de 1936, n.º 115	Cede definitivamente à Câmara Municipal do concelho de Freixo de Espada à Cinta, a fim de serem demolidos para ampliação do terreno da feira, o edifício e alpendre da antiga capela da Senhora da Lapa, com o respetivo terreno, na freguesia de Lagoaça, mediante indeminização única que deverá ser paga à Comissão Jurisdicional dos Bens Cultuais. Se não forem demolidas aquelas estruturas e alargado o terreno no prazo de um ano, deixa de ter efeito o decreto. (E)	Ministério da Justiça
Decretos n.º 26:607	19 de Maio de 1936, n.º 116	Aprova o quadro e vencimento do pessoal da Misericórdia de Trancoso. (C)	Ministério do Interior
Decreto-Lei n.º 26:611	19 de Maio de 1936, n.º 116	Aprova o regimento da Junta de Educação Nacional. (B)	Ministério da Educação Nacional
Decreto n.º 26:643	28 de Maio de 1936, n.º 124	Reforma os serviços prisionais e estabelece, no capítulo V, a assistência religiosa e moral aos presos. (A)	Ministério do Interior
Decreto n.º 26:641	27 de Maio de 1936, n.º 123	Aprova o quadro e vencimento do pessoal da Santa Casa da Misericórdia de Vouzela. (C)	Ministério do Interior
Decreto-Lei n.º 26:643	28 de Maio de 1936, n.º 124	Promulga a reorganização dos serviços prisionais (assistência moral aos reclusos). (A)	Ministério da Justiça
Decreto n.º 26:689	16 de Junho de 1936, n.º 139	Aprova o quadro e vencimento do pessoal da Misericórdia de Pavia, concelho de Mora. (C)	Ministério do Interior
Decreto n.º 26:703	19 de Junho de 1936, n.º 142	Aprova o quadro e vencimento do pessoal da Misericórdia de Viana do Castelo. (C)	Ministério do Interior
Decreto n.º 26:795	15 de Julho de 1936, n.º 164	Aprova o quadro e vencimento do pessoal da Misericórdia de Oliveira de Azeméis. (C)	Ministério do Interior
Declaração	16 de Julho de 1936, n.º 165	Declaração de ter sido, por despachos do presidente do Conselho, ministro das Finanças e ministro da Justiça, aprovado o quadro de pessoal contratado, com carácter permanente, da Comissão Jurisdicional dos Bens Cultuais. (E)	Ministério da Justiça

ANEXOS

Diploma	Data e número de publicação em *Diário do Governo*	Assunto	Entidade governamental
Decreto n.º 26:821	24 de Julho de 1936, n.º 172	Aprova o quadro e vencimento do pessoal da Misericórdia de Gaia e Asilo Salvador Brandão. (C)	Ministério do Interior
Decreto n.º 26:868	8 de Agosto de 1936, n.º 185	Cede definitivamente à Câmara Municipal de Vila Franca de Xira o terreno ocupado na freguesia de Alhandra, no mesmo concelho, pela antiga capela de S. Francisco, para a construção de um lavadouro e alargamento de uma avenida. (E)	Ministério do Justiça
Decreto n.º 26:901	20 de Agosto de 1936, n.º 195	Aprova o quadro e vencimento do pessoal da Associação Católica de Piedade e Beneficência de Santo Condestável, em Lisboa. (C)	Ministério do Interior
Decreto n.º 26:950	28 de Agosto de 1936, n.º 202	Aprova o quadro e vencimento do pessoal da Associação Católica Internacional para Obras de Proteção a Raparigas, em Lisboa. (C)	Ministério do Interior
Decreto-Lei n.º 26:996	11 de Setembro de 1936, n.º 214	Altera o decreto n.º 12:790, na parte respeitante à percentagem de capital das lotarias da Misericórdia de Lisboa a distribuir em prémios bem como na relativa à aplicação dos lucros líquidos das mesmas lotarias. (C)	Ministério das Finanças
Decreto n.º 27:005	14 de Setembro de 1936, n.º 216	Aprova o quadro e vencimento do pessoal da Misericórdia de Santo Tirso. (C)	Ministério do Interior
Decreto n.º 27:011	16 de Setembro de 1936, n.º 218	Aprova o quadro e vencimento do pessoal da Misericórdia da Ribeira Grande, em S. Miguel. (C)	Ministério do Interior
Decreto n.º 27:017	18 de Setembro de 1936, n.º 220	Aprova o quadro e vencimento do pessoal da Misericórdia da Lousã e seu hospital. (C)	Ministério do Interior
Decreto n.º 27:020	19 de Setembro de 1936, n.º 221	Aprova o quadro e vencimento do pessoal da Misericórdia de Angra do Heroísmo. (C)	Ministério do Interior
Decreto n.º 27:023	21 de Setembro de 1936, n.º 222	Aprova o quadro e vencimento do pessoal da Santa Casa da Misericórdia e Hospital Civil de S. Bento de Arnoia, concelho de Celorico de Basto. (C)	Ministério do Interior
Decreto n.º 27:035	26 de Setembro de 1936, n.º 227	Aprova o quadro e vencimento do pessoal da Misericórdia de Vila Viçosa e do Asilo António Reixa Lobo. (C)	Ministério do Interior

Diploma	Data e número de publicação em *Diário do Governo*	Assunto	Entidade governamental
Decreto n.º 27:084	14 de Outubro de 1936, n.º 241	Promulga a reforma do ensino liceal. (B)	Ministério da Educação Nacional
Decreto n.º 27:085	14 de Outubro de 1936, n.º 241	Aprova, para vigorarem desde o início do ano letivo de 1936/1937, os programas das disciplinas do ensino liceal. (B)	Ministério da Educação Nacional
Decreto n.º 27:088	15 de Outubro de 1936, n.º 242	Aprova o quadro e vencimento do pessoal da Santa Casa da Misericórdia de Montemor-o-Novo e do seu Hospital. (C)	Ministério do Interior
Decreto n.º 27:095	16 de Outubro de 1936, n.º 243	Aprova o quadro e vencimento do pessoal da Misericórdia do Porto e dos estabelecimentos sob a sua administração. (C)	Ministério do Interior
Decreto n.º 27:113	17 de Outubro de 1936, n.º 244	Cede definitivamente à Junta de Freguesia de Valbom, concelho de Gondomar, duas parcelas de terreno do antigo passal do pároco, para levar a efeito a conclusão do ramal de Estrada da Culmieira a Gramido. (E)	Ministério da Justiça
Decreto-lei n.º 27:120	17 de Outubro de 1936, n.º 244	Repõe em vigor nas colónias, no seu primitivo texto, o art. 9.º do decreto com força de lei de 3 de Novembro de 1910, que estabeleceu o divórcio. (D)	Ministério das Colónias
Decreto n.º 27:141	23 de Outubro de 1936, n.º 249	Aprova o quadro e vencimento do pessoal da Liga de Ação Católica Feminina, de Ponta Delgada. (C)	Ministério do Interior
Portaria n.º 8:547	9 de Novembro de 1936, n.º 263	Manda publicar e pôr em vigor nas colónias de Cabo Verde e Macau o decreto n.º 27085, que aprova, para vigorarem desde o início do ano letivo de 1936-1937, os programas das disciplinas de ensino liceal, e com algumas modificações o decreto-lei n.º 27084, que promulga a reforma do ensino liceal. (B)	Ministério das Colónias
Decreto n.º 27:183	13 de Novembro de 1936, n.º 267	Aprova o quadro e vencimento do pessoal da Misericórdia de Portel. (C)	Ministério do Interior
Decreto n.º 27:222	21 de Novembro de 1936, n.º 274	Aprova o quadro e vencimento do pessoal da Misericórdia de Lagos. (C)	Ministério do Interior
Decreto-lei n.º 27:279	24 de Novembro de 1936, n.º 276	Estabelece as bases em que deve assentar o ensino primário. (B)	Ministério da Educação Nacional

ANEXOS

Diploma	Data e número de publicação em *Diário do Governo*	Assunto	Entidade governamental
Decreto n.º 27:341	18 de Dezembro de 1936, n.º 296	Aprova o quadro e vencimento do pessoal da Misericórdia de Aldeia Galega da Merceana (Hospital de Charnais). (C)	Ministério do Interior
Decreto n.º 27:342	18 de Dezembro de 1936, n.º 296	Aprova o quadro e vencimento do pessoal da Misericórdia de Peniche. (C)	Ministério do Interior
Decreto n.º 27:365	23 de Dezembro de 1936, n.º 300	Aprova o quadro e vencimento do pessoal da Misericórdia de Vila de Pereira, concelho de Montemor-o-Novo. (C)	Ministério do Interior
Decreto n.º 27:408	29 de Dezembro de 1936, n.º 304	Aprova o quadro e vencimento do pessoal da Misericórdia de Portalegre. (C)	Ministério do Interior
Decreto n.º 27:412	30 de Dezembro de 1936, n.º 305	Aprova o quadro e vencimento do pessoal da Misericórdia e Hospital de Loulé. (C)	Ministério do Interior
Decreto n.º 27:471	5 de Janeiro de 1937	Aprova o quadro e vencimento do pessoal da Associação Católica Internacional para Obras de Proteção a Raparigas, em Lisboa. (C)	Ministério do Interior
Portaria n.º 8:602	22 de Janeiro de 1937, n.º 18	Manda publicar e pôr em vigor nas colónias de Angola, Moçambique e Estado da Índia o decreto n.º 27:085, que aprova, para vigorarem desde o início do ano letivo de 1936-1937, os programas das disciplinas do ensino liceal, e nas mesmas colónias e nas de Cabo Verde e Macau, com algumas alterações, o decreto-lei n.º 27:084, que promulga a reforma do ensino liceal. (B)	Ministério das Colónias
Portarias n.ºs 8:618 e 8:619	12 de Fevereiro de 1937, n.º 35	Aprova o quadro e vencimento do pessoal da Misericórdia de Vila Viçosa e do Asilo de Reixa Lobo, que administra, e do Hospital de Nossa Senhora de Campos e Misericórdia de Montemor-o-Velho. (C)	Ministério do Interior
Portaria n.º 8:620	13 de Fevereiro de 1937, n.º 36	Aprova o quadro e vencimento do pessoal da Misericórdia de Vila Porto, ilha de Santa Maria. (C)	Ministério do Interior
Portaria n.º 8:621	16 de Fevereiro de 1937, n.º 38	Aprova o quadro e vencimento do pessoal da Misericórdia de Alcochete. (C)	Ministério do Interior
Decreto n.º 27:526	16 de Fevereiro de 1937, n.º 38	Uniformiza o processo da concessão de pensões de invalidez a todos os missionários e auxiliares de missões católicas portuguesas no Ultramar. (F)	Ministério das Colónias

A SEGUNDA SEPARAÇÃO

Diploma	Data e número de publicação em *Diário do Governo*	Assunto	Entidade governamental
Portaria n.º 8:637	1 de Março de 1937, n.º 49	Aprova o quadro e vencimento do pessoal da Misericórdia de Soure. (C)	Ministério do Interior
Decreto-Lei n.º 27:561	13 de Março de 1937, n.º 60	Autoriza a Câmara Municipal de Lisboa a dar à Misericórdia de Lisboa, em pagamento das prestações das quantias em débito provenientes do subsídio para a sustentação dos lactários, as parcelas de terreno municipal que forem escolhidas pelas duas entidades. (C)	Ministério do Interior
Decreto n.º 27:632	3 de Abril de 1937, n.º 77	Fixa da importância da côngrua atribuída aos bispos residenciais de Cochim e Meliapor os vencimentos a abonar ao bispo auxiliar do arcebispo de Goa, patriarca das Índias orientais, desde 1 de Janeiro de 1937. (F)	Ministério das Colónias
Decreto n.º 27:650	12 de Abril de 1937, n.º 84	Declara sem efeito o decreto n.º 14039, pelo qual foi concedido ao antigo Ministério da Instrução Pública o edifício da igreja de S. Lourenço e terreno anexo, na freguesia de Carnide, e cede os mesmos edifício e terreno, a título definitivo, à Junta de Freguesia de Carnide para fins de utilidade pública. (E)	Ministério da Justiça
Portaria n.º 8:683	17 de Abril de 1937, n.º 89	Aprova o quadro e vencimento do pessoal da Misericórdia de Évora. (C)	Ministério do Interior
Declaração	20 de Abril de 1937, n.º 91	Declaração de terem sido, por despacho do ministro da Justiça e ministro das Finanças, aprovados vários quadros do pessoal extraordinário, destinado à assistência religiosa e social, a que se referem os artigos 289.º e 290.º do decreto-lei n.º 26:643. (C)	Ministério da Justiça
Portaria n.º 8:687	27 de Abril de 1937, n.º 97	Aprova o quadro e vencimento do pessoal da Associação Católica Internacional para Obras de Proteção a Raparigas, em Lisboa. (C)	Ministério do Interior
Portaria n.º 8:691	29 de Abril de 1937, n.º 99	Aprova o quadro e vencimento do pessoal da Misericórdia e Hospital de Vieira do Minho. (C)	Ministério do Interior

ANEXOS

Diploma	Data e número de publicação em *Diário do Governo*	Assunto	Entidade governamental
Portaria n.º 8:735	11 de Junho de 1937, n.º 134	Permite a admissão a exames nas disciplinas do 2.º, 4.º e 5.º anos dos liceus, exclusivamente para efeito de matrícula no ano imediato como internos, dos alunos que no ensino particular ou doméstico se encontrem matriculados naquelas disciplinas. (B)	Ministério da Educação Nacional
Decreto-Lei n.º 27:777	25 de Junho de 1937, n.º 146	Autoriza a Misericórdia e Hospital de S. Marcos, de Braga, a vender ao Estado, sem precedência em hasta pública, um terreno dedicado ao alargamento do edifício da Administração Geral dos Correios e Telégrafos. (C)	Ministério das Finanças
Decreto n.º 27:865	15 de Julho 1937, n.º 163	Determina que sejam obrigatoriamente submetidos à Inspeção da Junta de Saúde das Colónias, em todos os casos em que por lei essa inspeção é obrigatória para os missionários e auxiliares de missão católicos de nacionalidade portuguesa, os missionários de nacionalidade estrangeira que nomeados ao abrigo do decreto n.º 12:485. (F)	Ministério das Colónias
Decreto n.º 27:947	12 de Agosto de 1937, n.º 187	Autoriza o governador de Macau a entregar ao bispo da respetiva diocese 12:000 patacas, verba com a qual esse prelado se obriga a custear as despesas com as obras de reparação do edifício do paço episcopal. (F)	Ministério das Colónias
Lei n.º 1:961	1 de Setembro 1937, n.º 204	Promulga a lei de recrutamento e serviço militar. (A)	Ministério do Guerra
Decreto n.º 28:018	10 de Setembro 1937, n.º 212	Declara nulo e de nenhum efeito o decreto n.º 6771 na parte em que foram cedidos à Caixa Geral de Depósitos, Crédito e Previdência, para instalação da sua filial na cidade da Guarda, o edifício da capela do antigo paço episcopal e seminário da mesma cidade e uma parte de um terreno anexo. Cede, a título definitivo, os mesmos bens à Câmara Municipal da Guarda, para instalação das repartições públicas concelhias. (E)	Ministério da Justiça

Diploma	Data e número de publicação em *Diário do Governo*	Assunto	Entidade governamental
Decreto n.º 28:061	27 de Setembro de 1937, n.º 226	Anula o decreto n.º 10:775, que cede definitivamente à Câmara Municipal de Almada o edifício da capela de Nossa Senhora da Mãe de Deus e dos Homens, sito no Instituto do Pragal, freguesia de Santiago, do mesmo concelho, para ser adaptado à instalação de uma escola de ensino primário geral. (E)	Ministério da Justiça
Decreto-Lei n.º 28:150	9 de Novembro de 1937, n.º 261	Fixa os vencimentos de vários funcionários das colónias e também dos bispos e prelados das dioceses ultramarinas e dos diretores das missões religiosas, quando na metrópole ou em viagem para ela. (F)	Ministério das Colónias
Decreto-Lei n.º 28:210	23 de Novembro de 1937, n.º 273	Estabelece a organização da corporação dos oficiais da Armada, no qual se prevê «a equiparação a oficiais [...] dos capelães que venham a prestar serviço na armada». (A)	Presidência do Conselho
Despacho ministerial	30 de Novembro 1937, n.º 279	Estabelece as normas reguladoras do ingresso dos antigos seminaristas no curso liceal. (B)	Ministério da Educação Nacional
Decreto n.º 28:431	22 de Janeiro de 1937, n.º 18	Autoriza o Governo de Timor a promover o estabelecimento na colónia do ensino particular liceal oficializado. (F)	Ministério das Colónias
Decreto n.º 28:455	11 de Fevereiro de 1937, n.º 34	Isenta, no Estado da Índia, de direitos aduaneiros, demais impostos e adicionais, com exceção do imposto de selo, todos os materiais destinados à construção do futuro seminário de Saligão-Pilerne, Bardez. (F)	Ministério das Colónias
Decreto n.º 28:457	14 de Fevereiro 1937, n.º 36	Autoriza a Câmara Municipal de Estremoz a ceder gratuitamente às Irmandades das Almas das freguesias de Santo André e Santa Maria o edifício da igreja do cemitério público daquela cidade, a fim de ser novamente restituída ao culto católico, depois de feitas as necessárias obras de restauração. (E)	Ministério do Interior
Decreto n.º 28:496	24 de Fevereiro 1938, n.º 45	Declara nulo e de nenhum efeito o decreto n.º 5816, pelo qual foi cedida ao Ministério da Instrução Pública a cérea do antigo Paço Patriarcal de Lisboa, revertendo para a posse do Estado, por intermédio da Comissão Jurisdicional dos Bens Cultuais. (E)	Ministério da Justiça

ANEXOS

Diploma	Data e número de publicação em *Diário do Governo*	Assunto	Entidade governamental
Decreto n.º 28:723	30 de Maio de 1938, n.º 123	Mantem a cedência à Câmara Municipal de Alijo do terreno do antigo passal da freguesia de Alijó e do presbitério da mesma freguesia, a que se referem os decretos n.º 8482 e 9360, e autoriza a referida Câmara a aplicar os bens cedidos pelos mencionados decretos à construção de um hospital-maternidade e de uma casa de residência. (E)	Ministério da Justiça
Decreto n.º 28:848	13 de Julho de 1938, n.º 160	Cede a titulo definitivo ao Grémio dos Vinicultores do concelho de Lamego, uma parcela de terreno pertencente à antiga cerca do Seminário, para aí ser construída uma Adega Corporativa. (E)	Ministério da Justiça
Decreto n.º 29:134	16 de Novembro de 1938, n.º 266	Abre um crédito para pagamento da publicação da revista *Biblos*. (B)	Ministério da Educação Nacional
Decreto n.º 29:402	20 Janeiro 1939, n.º 17	Declara nulo e de nenhum efeito o decreto n.º 7249, pelo qual foram concedidos à Junta de Freguesia de Vila Chã, concelho de Vila do Conde, a antiga residência paroquial e o passal da mesma freguesia, para construção das escolas primárias. (E)	Ministério da Justiça
Decreto n-º 29:407	24 de Janeiro de 1939, n.º 20	Cede à Junta de Freguesia de Brenha, concelho da Figueira da Foz, o terreno e as ruínas da antiga capela de S. Sebastião, da mesma freguesia, para construção do edifício da sua sede e instalação do posto de registo civil. (E)	Ministério da Justiça
Decreto n.º 29:428	7 de Fevereiro de 1939, n.º 31	Cede à Junta de Freguesia de Outil, concelho de Cantanhede, uma parcela de terreno que faz parte do antigo passal anexo à casa da residência paroquial, para ampliação do cemitério. (E)	Ministério da Justiça
Decreto n.º 29:664	7 de Junho de 1939, n.º 132	Declara nulo e de nenhum efeito o decreto n.º 6296, pelo qual foi cedido à Junta Escolar do concelho de Fafe o edifício da residência paroquial da freguesia de Estorãos, do mesmo concelho, revertendo, em consequência, o dito prédio para a posse do Estado por intermédio da Comissão Jurisdicional dos Bens Cultuais. (E)	Ministério da Justiça

A SEGUNDA SEPARAÇÃO

Diploma	Data e número de publicação em *Diário do Governo*	Assunto	Entidade governamental
Decreto n.º 29:671	8 de Junho de 1939, n.º 133	Cede à Câmara Municipal de Abrantes o terreno e as ruínas de uma casa contígua à igreja de S. João Batista, da cidade de Abrantes, para alargamento do local onde a mesma igreja está situada. (E)	Ministério da Justiça
Parecer da 3.ª Secção da JNE	3 de Julho de 1939, n.º 153	Parecer, com fundamento no art.º 50 do Estatuto do Ensino Particular, relativo à concessão do diploma de professor do ensino particular liceal a indivíduos que, não possuindo a licenciatura nas Faculdades de Letras ou Ciências, comprovem por outro modo as suas habilitações. (B)	Ministério da Educação Nacional
Decreto n.º 29:734	7 de Julho de 1939, n.º 157	Autoriza a Direção-Geral dos Edifícios e Monumentos Nacionais a celebrar contrato para a execução das obras do Colégio das Missões Ultramarinas, em Cernache do Bonjardim. (F)	Ministério das Obras Públicas
Portaria n.º 9:277	3 de Agosto de 1939, n.º 180	Manda publicar, para ter execução em Macau, com a redação indicada neste diploma, o decreto n.º 23:447, que promulga o Estatuto do Ensino Particular. Autoriza o governador a providenciar quanto à fiscalização o exercício do ensino particular de graus ou ramos de ensino que na colónia não sejam ministrados em estabelecimentos oficiais. (F)	Ministério das Colónias
Decreto-Lei n.º 29:840	19 de Agosto de 1939, n.º 194	Determina que a competência atribuída por vários diplomas à Comissão Jurisdicional dos Bens Cultuais seja exercida, quanto às remissões dos ónus enfitêuticos e censíticos sob a sua administração, nos termos do presente decreto. (E)	Ministério da Justiça
Decreto-lei n.º 29:880	4 de Setembro de 1939, n.º 207	Determina que o cargo de inspetor do ensino particular seja provido por escolha feita entre professores catedráticos do ensino superior ou efetivos do ensino liceal, em comissão de serviço de cinco anos, renovável. Extingue o lugar de subinspetor do referido ensino e coloca o seu atual serventuário em uma das vagas de primeiro-oficial dos serviços dependentes do ministério. (B)	Ministério da Educação Nacional

Diploma	Data e número de publicação em *Diário do Governo*	Assunto	Entidade governamental
Decreto n.º 29:972	14 de Outubro de 1939, n.º 241	Autoriza a Direção-Geral dos Edifícios e Monumentos Nacionais a celebrar contrato para a execução da obra de conservação do Convento de Santa Joana, em Lisboa. (E)	Ministério das Obras Públicas e Comunicações
Portaria n.º 9:360	30 de Outubro de 1939, n.º 253	Autoriza a Obra das Mães pela Educação Nacional (ONEM) a instituir em Coimbra, Lisboa e Porto o curso de visitadoras escolares, com a duração de 3 meses, abrangendo as disciplinas de educação moral e cívica e moral profissional, noções gerais de educação, higiene geral e higiene escolar, enfermagem e elementos de legislação sanitária e formação técnica. Programas a adotar no ano letivo de 1939/1940. (B)	Ministério da Educação Nacional
Decreto n.º 30:115	8 de Dezembro de 1939, n.º 286	Define a competência do governador de Timor e do superior das missões da colónia para o provimento dos lugares de diretores ou encarregados das escolas de ensino a indígenas. (F)	Ministério das Colónias
Portaria n.º 9:433	15 de Janeiro de 1940, n.º 12	Torna obrigatório às direções dos estabelecimentos de ensino particular, de qualquer espécie ou grau, em regime de frequência mista, existentes no País e sujeitos à fiscalização do Estado, comunicar, até 31 de Maio de 1940, à Inspeção Geral do Ensino Particular a opção pelo ensino de um dos sexos, ao qual deverão reajustar e adaptar os seus planos de direção, instalações e elencos docentes. Mantém durante o ano escolar corrente o regime de coeducação nos referidos estabelecimentos de ensino particular. (B)	Ministério da Educação Nacional
Decreto n.º 30:278	23 de Janeiro de 1940, n.º 19	Declara nulo o decreto n.º 14191, pelo qual foram cedidos à Junta de Freguesia de Barcouço, concelho de Mealhada, uma faixa de terreno e as ruínas da residência paroquial. (E)	Ministério da Justiça
Decreto n.º 30:284	27 de Janeiro de 1940, n.º 23	Cede à Câmara Municipal de Lisboa a capela da Encarnação e casa anexa, situadas na freguesia da Charneca, a fim de serem demolidas para alargamento do local de acesso ao projetado aeroporto de Lisboa. (E)	Ministério da Justiça

A SEGUNDA SEPARAÇÃO

Diploma	Data e número de publicação em *Diário do Governo*	Assunto	Entidade governamental
Decreto n.º 30:313	13 de Março de 1940, n.º 60	Declara nulo e de nenhum efeito o decreto n.º 9536, pelo qual foi cedido ao Ministério da Instrução Pública o edifício da antiga residência paroquial da freguesia de Estoi, do concelho e distrito de Faro, revertendo o mesmo para a posse do Estado, por intermédio da Comissão Jurisdicional dos Bens Cultuais. (E)	Ministério da Justiça
Decreto n.º 30:379	13 de Abril de 1940, n.º 86	Cede definitivamente à Câmara Municipal de Abrantes o edifício da antiga capela de S. Pedro, sita na freguesia de S. Vicente, daquele concelho, e uma casa anexa que lhe serve de sacristia, sendo a capela destinada à instalação de escolas ou a outro fim de utilidade pública e a casa contígua para alargamento da Rua da Videira, da cidade de Abrantes. (E)	Ministério da Justiça
Decreto-Lei n.º 30:413	1 de Maio de 1940, n.º 101	Autoriza a Direção-Geral da Fazenda Pública a realizar a cessão à Câmara Municipal de Lisboa, a título definitivo, dos terrenos do Estado que faziam parte da antiga cerca dos Lazaristas, ao Largo do Leão, necessários para a construção de um troço de rua a ligar a Calçada de Arroios com aquele Largo, no prolongamento da Rua Ponta Delgada. (E)	Ministério das Finanças
Lei n.º 1:984	30 de Maio de 1940, n.º 125	Aprova a Concordata e o Acordo Missionário. (G)	Ministério dos Negócios Estrangeiros
Despacho	3 de Junho 1940, n.º 128	Prorroga o prazo estabelecido no n.º 1 da portaria n.º 9433 para a opção pelo ensino de um dos sexos em colégios e escolas particulares. (B)	Ministério da Educação Nacional
Decreto-Lei n.º 30:502	12 de Junho de 1940, n.º 134	Autoriza a Câmara Municipal de Chaves a ceder gratuitamente ao Estado o Convento de Nossa Senhora da Conceição e cerca anexa, situado naquela cidade, com destino à construção de um edifício para a instalação do Liceu Fernão de Magalhães. (E)	Ministério do Interior
Decreto n.º 30:570	6 de Julho 1940, n.º 155	Abre um crédito destinado à reintegração de pinturas a fresco existentes no Convento de S. Francisco, em Guimarães. (B)	Ministério da Educação Nacional

ANEXOS

Diploma	Data e número de publicação em *Diário do Governo*	Assunto	Entidade governamental
Carta de Confirmação e Ratificação	10 de Julho 1940, n.º 158	Da Concordata e do Acordo Missionário e textos das notas reversais trocadas a 7 de Maio de 1940. (G)	Ministério dos Negócios Estrangeiros
Decreto n.º 30:587	13 de Julho 1940, n.º 161	Declara nulo e de nenhum efeito o decreto n.º 14:191, pelo qual foram cedidas à Junta de Freguesia de Barcouço, concelho da Mealhada, uma parcela de terreno e as ruínas da residência paroquial, revertendo, em consequência, os ditos bens para a posse do Estado, por intermédio da Comissão Jurisdicional dos Bens Cultuais. (E)	Ministério da Justiça
Decreto-Lei n.º 30:615	25 de Julho de 1940, n.º 171	Promulga várias disposições relativas à celebração do casamento. Reconhece à Igreja Católica em Portugal a propriedade dos bens que à data de 1 de Outubro de 1910 lhe pertenciam e estão ainda na posse do Estado, salvo os que se encontravam aplicados a serviços públicos ou classificados como monumentos nacionais ou como imóveis de interesse público. Extingue a Comissão Jurisdicional dos Bens Cultuais. (E)	Ministério da Justiça
Decreto-Lei n.º 30:634	6 de Agosto de 1940, n.º 181	Eleva a embaixada a missão diplomática de Portugal no Vaticano. (G)	Ministério dos Negócios Estrangeiros
Decreto n.º 30:638	7 de Agosto de 1940, n.º 182	Declara nulo e de nenhum efeito o decreto n.º 7.759, pelo qual foi cedido à Junta Escolar do concelho de Fafe o edifício da antiga residência paroquial, com o quintal anexo, da freguesia de S. Gens, do mesmo concelho, revertendo, em consequência, os ditos bens para a posse do Estado. (E)	Ministério da Justiça
Decreto-Lei n.º 30:665	22 de Agosto de 1940, n.º 195	Cria nos estabelecimentos de ensino técnico, elementar e médio a disciplina de educação moral e cívica, na qual se abrangerá o ensino da religião e moral católica. Determina que o provimento dos lugares seja feito por contrato, nos termos estabelecidos para o dos professores da mesma disciplina do ensino liceal e de acordo com a autoridade eclesiástica. (B)	Ministério da Educação Nacional

A SEGUNDA SEPARAÇÃO

Diploma	Data e número de publicação em *Diário do Governo*	Assunto	Entidade governamental
Decreto-Lei n.º 30:844	4 de Novembro de 1940, n.º 256	Regula, em matéria de imposto de selo, algumas disposições do decreto-lei n.º 30:615. (E)	Ministério das Finanças
Decreto-Lei n.º 31:107	18 de Janeiro de 1941, n.º 15	Insere várias disposições relativas ao casamento dos militares em serviço ativo. (D)	Ministério da Guerra
Decreto n.º 31:136	12 de Fevereiro de 1941, n.º 35	Autoriza a 10ª Repartição da Direção-Geral da Contabilidade Pública a mandar satisfazer à Comissão Jurisdicional dos Bens Cultuais a importância que lhe é devida pela cedência do Paço Arquiepiscopal de Évora. (E)	Ministério da Educação Nacional
Resolução	19 de Fevereiro de 1941, n.º 41	Resolução da Assembleia Nacional de ratificação do decreto-lei n.º 31:107. (D)	Presidência da República
Decreto-Lei n.º 31:207	5 de Abril de 1941, n.º 79	Promulga o Estatuto Missionário. (F)	Ministério das Colónias
Retificações ao decreto-lei n.º 31:207	18 de Abril de 1941, n.º 89	Retificações ao decreto-lei que promulga o Estatuto Missionário. (F)	Presidência do Conselho
Decreto-Lei n.º 31:276	19 de Maio de 1941, n.º 114	Equipara a oficiais do Exército, podendo ser graduados até ao posto de capitão e ter direito aos vencimentos e regalias previstos para os militares do quadro permanente de correspondente graduação da arma de infantaria, os ministros da religião católica que forem nomeados para prestar assistência religiosa às tropas em campanha ou às forças expedicionárias. (A)	Ministério da Guerra
Retificação ao decreto-lei n.º 30:615	18 de Junho de 1941, n.º 139	Retificação ao decreto-lei n.º 30:615 relativo à celebração do casamento. (D)	Presidência do Conselho
Retificação ao decreto-lei n.º 31:107	15 de Julho de 1941, n.º 162	Retificação ao decreto-lei n.º 31:107 relativo à celebração do casamento dos militares em serviço ativo. (D)	Presidência do Conselho

ANEXOS

Diploma	Data e número de publicação em *Diário do Governo*	Assunto	Entidade governamental
Decreto n.º 31:432	29 de Julho de 1941, n.º 174	Regulamenta a execução do decreto n.º 30:665, que cria nos estabelecimentos de ensino técnico, elementar e médio, a disciplina de educação moral e cívica, na qual se abrangerá o ensino da religião e moral católica. Determina que o provimento dos lugares de professores seja feito por contrato, nos termos estabelecidos para os professores da mesma disciplina do ensino liceal e de acordo com a autoridade eclesiástica. (B)	Ministério da Educação Nacional
Decreto n.º 31:433	29 de Julho de 1941, n.º 174	Insere várias disposições atinentes à separação de sexos nos estabelecimentos de ensino particular. (B)	Ministério da Educação Nacional
Portaria n.º 9:878	1 de Setembro 1941, n.º 203	Autoriza a Câmara Municipal de Lagoa a ceder à Igreja, a título gratuito e para fins cultuais, vários imóveis situados naquela vila. (E)	Ministério do Interior
Decreto n.º 31:736	16 de Dezembro de 1941, n.º 292	Abre um crédito destinado ao pagamento dos vencimentos dos professores e mestres, contratados, estagiários e provisórios e das gratificações dos professores de educação moral e cívica das escolas industriais e comerciais. (B)	Ministério da Educação Nacional
Decreto n.º 31:843	8 de Janeiro de 1942, n.º 6	Estende a fórmula do juramento religioso, existente no processo civil, ao processo penal. (H)	Ministério da Justiça
Portaria n.º 10:122	24 de Junho de 1942	Manda aplicar às colónias, com algumas alterações, o decreto-lei n.º 31:908, de 9 de Março de 1942, que determina que todas as organizações, associações ou instituições que tenham por objeto a educação cívica, moral e física da juventude careçam, para se constituir e poder exercer atividade, de aprovação dos estatutos pelo comissário nacional da Mocidade Portuguesa (MP). De acordo com o art.º 2 ficam isentas do alcance do referido decreto-lei as organizações, associações ou instituições de ensino a cargo das missões católicas portuguesas, nos termos do art. 15.º do Acordo Missionário e do art. 3.º do Estatuto Missionário, e bem assim todos os seminários coloniais para formação do clero destinado ao serviço religioso ultramarino. (F)	Ministério das Colónias

Diploma	Data e número de publicação em *Diário do Governo*	Assunto	Entidade governamental
Portaria n.º 11:022	12 de Julho de 1942, n.º 155	Regula a assistência religiosa às forças expedicionárias ou mobilizadas para operações em campanha. (A)	Ministério da Guerra
Retificação	31 de Agosto de 1942, n.º 203	Retificação ao decreto-lei n.º 30:615, que promulga várias disposições relativas à celebração do casamento. No art. 26.º onde se lê: "são revogados os art. 214.º e seu § único" deve ler-se "são revogados o § único do art.º 214". (D)	Presidência do Conselho
Decreto-Lei n.º 32:234	31 de Agosto de 1942, n.º 203	Integra, nos centros escolares da MP, todas as associações escolares, cantinas, caixas escolares, caixas de excursões, caixas ou associações filantrópicas existentes nos liceus, nas escolas de ensino técnico profissional, nas escolas práticas de agricultura, nas escolas de regentes agrícolas e nos estabelecimentos de ensino particular correspondentes, com todos os direitos e obrigações que atualmente lhe cabem. (B)	Ministério da Educação Nacional
Decreto-Lei n.º 32:404	21 de Novembro de 1942, n.º 270	Determina que o ónus enfitêuticos e censíticos que estavam sob a administração da extinta Comissão Jurisdicional dos Bens Cultuais e que foram incorporados no património do Estado, ao abrigo do disposto no art. 45.º do decreto-lei n.º 30:615, fossem remidos pela forma estabelecida no decreto n.º 29:840, que assim continua em vigor com as modificações introduzidas por este diploma. (E)	Ministério das Finanças
Decreto-Lei n.º 32:447	25 de Novembro de 1942, n.º 273	Substitui o art. 6.º do decreto-lei n.º 28:210 que estabelece a organização da corporação dos oficiais da Armada, permitindo ao ministro da Marinha «admitir ao serviço, a fim de assegurar a assistência moral e religiosa ao pessoal da armada, até quatro sacerdotes da religião católica, os quais poderão ser equiparados a oficiais com graduação até primeiro tenente e com regalias previstas para os oficiais da armada, e de, em qualquer caso, fixar a remuneração, sendo-lhes aplicável o disposto no art. 60.º do decreto-lei n.º 30:615, de 25 de Julho de 1940». (A)	Ministério da Marinha

ANEXOS

Diploma	Data e número de publicação em *Diário do Governo*	Assunto	Entidade governamental
Decreto-Lei n.º 33:100	28 de Setembro de 1943, n.º 210	Permite ao Ministério das Finanças, pela Direção Geral da Fazenda Pública, reaver para o Estado os bens que foram cedidos ao abrigo do disposto no art. 104.º do decreto com força de lei de 20 de Abril de 1911 e legislação que o alterou, uma vez verificado que se preteriram, no todo ou em parte, os fins a que obedeceu a cessão ou a impossibilidade de os realizar, quer pela natureza dos bens, quer pela incapacidade financeira da entidade concessionária. Fixa as normas de se operar a reversão dos bens no caso em que ela constar do diploma que deu origem à cessão, ou do título desta. (E)	Ministério das Finanças
Decreto n.º 32:697	24 de Fevereiro de 1943, n.º 44	Isenta de direitos de importação e demais imposições, com exceção do imposto de selo, todos os materiais destinados ao monumento ao padre José Custódio Faria, a erigir em Nova Goa. (F)	Ministério das Colónias
Lei n.º 1:998	15 de Maio de 1944, n.º 102	Estabelece as bases reguladoras dos serviços de assistência social. (C)	Ministério do Interior
Decreto n.º 33:797	14 de Julho de 1944, n.º 152	Autoriza os governadores-gerais e de colónia a abrir créditos especiais destinados a ocorrer ao pagamento, na metrópole à Companhia Nacional de Navegação, das despesas com do cardeal D. Manuel Gonçalves Cerejeira, legado *a latere* do papa, para as cerimónias da sagração e inauguração da catedral de Lourenço Marques. (F)	Ministério das Colónias
Portaria n.º 10:708	15 de Julho de 1944, n.º 153	Determina que o ensino da religião católica seja ministrado, aos alunos cujos pais, ou quem suas vezes fizer, não tiverem feito pedido de isenção, por sacerdotes para esse efeito designados pelos prelados, quando estes não reconheçam idoneidade ao pessoal docente para o ministrar, e sem encargo governamental. (B)	Ministério das Colónias
Decreto n.º 33:908	4 de Setembro de 1944, n.º 196	Anuncia a reforma do Código Civil de 1867. (D)	Ministério da Justiça
Portaria n.º 11:022	12 de Julho de 1945, n.º 155	Regula a assistência religiosa às forças expedicionárias ou mobilizadas para operações de campanha. (A)	Ministério da Guerra

Diploma	Data e número de publicação em *Diário do Governo*	Assunto	Entidade governamental
Decreto-Lei n.º 35:108	7 de Novembro de 1945, n.º 247	Reorganiza os serviços de assistência social. (C)	Ministério do Interior
Decreto-Lei n.º 35:182	24 de Novembro de 1945, n.º 262	Torna aplicável o regime do art. 12.º do decreto n.º 15:809, à hipótese de os prédios haverem sido deixados, doados ou legados às Misericórdias com a cláusula de serem por elas vendidos, salvo se a venda for indispensável para o cumprimento da vontade do benfeitor. Determina que o disposto neste diploma seja aplicável às heranças abertas à data da sua publicação. (C)	Ministério do Interior
Retificações ao decreto n.º 35:108	26 de Novembro de 1945, n.º 263	Retificações ao decreto n.º 35:108, que reorganiza os serviços de assistência social. (C)	Presidência do Conselho
Decreto n.º 35:461	22 de Janeiro de 1946, n.º 15	Regula o casamento nas colónias portuguesas. (F)	Ministério das Colónias
Retificações ao decreto n.º 35:461	2 de Fevereiro de 1946, n.º 24	Retificações ao decreto n.º 35:461, que regula o casamento nas colónias portuguesas. (F)	Presidência do Conselho
Decreto n.º 35:730	3 de Julho de 1946, n.º 146	Concede à diocese de Silva Porto, em Angola, em domínio perfeito, as fazendas, utilizadas em serviço das missões dependentes da mesma diocese. (F)	Ministério das Colónias
Portaria n.º 11:495	23 de Setembro de 1946, n.º 216	Abre um crédito destinado a satisfazer os encargos assumidos com as imagens para a catedral de Nova Lisboa. (F)	Ministério das Colónias
Portaria n.º 11:587	28 de Novembro de 1946, n.º 271	Cria e manda pôr em circulação uma série de selos de franquia postal comemorativa do III Centenário da proclamação da Padroeira de Portugal. (H)	Ministério das Obras Públicas e Comunicações
Despacho	13 de Março de 1947, n.º 58	Determina que em caso de divórcio, se este tiver sido decretado por causa originada pelo beneficiário, o cônjuge inocente que não haja contraído novo casamento só possa ter, por morte do beneficiário, direito ao subsídio, nos termos do art. 45.º do decreto n.º 25:935, de 12 de Outubro de 1935, e do art. 44.º do decreto n.º 28:321, de 27 de Dezembro de 1937, se, no momento da dissolução do casamento, já tiver decorrido o prazo da garantia. (D)	Presidência do Conselho

ANEXOS

Diploma	Data e número de publicação em *Diário do Governo*	Assunto	Entidade governamental
Decreto-Lei n.º 36 197	26 de Março de 1947, n.º 69	Determina que as remissões dos ónus enfitêuticos e censíticos incorporados no património do Estado, ao abrigo do disposto no art. 45.º do decreto-lei n.º 30:615, requeridas no prazo de três anos, a contar da publicação do presente diploma, beneficiem dos descontos concedidos pelo art. 4.º do decreto-lei n.º 29:840. Prorroga por três anos o prazo para a elaboração da lista dos prédios onerados com os referidos ónus a que se refere o art. 5.º do decreto-lei n.º 32:404. (E)	Ministério das Finanças
Decreto-Lei n.º 36:209	5 de Abril de 1947, n.º 77	Autoriza o ministro a instituir nos hospitais militares, no Asilo de Inválidos Militares e nas guarnições militares isoladas, em que não haja culto normalmente organizado, o serviço de assistência religiosa por intermédio de sacerdotes propostos pela autoridade eclesiástica ou nomeados com a sua prévia concordância. (A)	Ministério da Guerra
Decreto-Lei n.º 36:254	28 de Abril de 1947, n.º 96	Autoriza o Governo, pelo Ministério das Colónias, a participar nas solenidades da canonização de S. João de Brito, a celebrar em Roma, pela constituição de delegações de todas as colónias. Abre um crédito para pagamento de todas as despesas com a representação de Portugal na referida canonização. (H)	Ministérios das Finanças e das Colónias
Retificação ao decreto-lei n.º 36:254	10 de Maio de 1947, n.º 106	Retificação ao decreto-lei n.º 36:254, sobre despesas de representação na canonização de S. João de Brito. (H)	Presidência do Conselho
Retificação ao decreto-lei n.º 36:254	20 de Maio de 1947, n.º 114	Retificação ao decreto-lei n.º 36:254, sobre despesas de representação na canonização de S. João de Brito. (H)	Presidência do Conselho
Portaria n.º 11:991	16 de Agosto de 1947, n.º 189	Abre um crédito destinado ao pagamento de materiais para as obras da sé catedral de Bissau. (F)	Ministério das Colónias
Portaria n.º 12:336	29 de Março de 1948, n.º 72	Cria e manda pôr em circulação uma série de selos de franquia postal para comemorar o 3.º centenário do nascimento e a canonização do Beato João de Brito. (H)	Ministério das Comunicações

A SEGUNDA SEPARAÇÃO

Diploma	Data e número de publicação em *Diário do Governo*	Assunto	Entidade governamental
Decreto n.º 36:862	10 de Maio de 1948, n.º 107	Insere várias disposições de carácter legislativo aplicáveis a determinadas colónias. Considerando conveniente manter o direito à aposentação aos missionários que prestavam serviço nos Padroados do Oriente e Extremo Oriente, à data da publicação do Estatuto Missionário, quando venham a exercer o sacerdócio nas dioceses de África e Timor, determina, no art 3.º o direito desses missionários à aposentação nos termos do art. 24.º do referido Estatuto, contando-se-lhes para esse efeito o tempo de serviço prestado nos Padroados e naquelas dioceses. (F)	Ministério das Colónias
Decreto-Lei n.º 36:882	22 de Maio de 1948, n.º 118	Restitui ao Instituto Português em Roma a sua antiga denominação de Instituto Português de Santo António em Roma. Concede um subsídio extraordinário ao referido Instituto para instalação e apetrechamento do pensionato e construção, na sua igreja, dos mausoléus do Patriarca das Índias, D. Teodósio Vieira de Castro e do pintor Domingos António Sequeira. (B)	Ministério das Finanças
Lei n.º 2:029	5 de Junho de 1948, n.º 130	Restabelece o feriado nacional do dia 8 de Dezembro. Considera o domingo o dia de descanso semanal em todo o País. (H)	Presidência do Conselho
Decreto n.º 36:918	16 de Junho de 1948, n.º 138	Altera legislação vária respeitante às colónias. Pelo art. 1.º, torna extensivas as disposições do decreto n.º 8:213, relativamente à contagem de tempo para o efeito de aposentação, aos missionários do clero secular que, antes da partida para as missões ultramarinas, prestaram serviço nos seminários de Cucujães, Tomar e Cernache do Bonjardim, durante 1 ou mais anos como professores ou nos cargos administrativos dos mesmos institutos. (F)	Ministério das Colónias
Decreto-Lei n.º 37:008	11 de Agosto de 1948, n.º 186	Fixa a zona de proteção do recinto do Santuário de Fátima e insere disposições relativas à sua urbanização. (E)	Ministério das Obras Públicas
Decreto n.º 37:112	22 de Outubro de 1948, n.º 247	Aprova os programas das disciplinas do Ensino Liceal, entre os quais o da disciplina de Religião e Moral. (B)	Ministério da Educação Nacional

ANEXOS

Diploma	Data e número de publicação em *Diário do Governo*	Assunto	Entidade governamental
Portaria n.º 12:600	28 de Outubro de 1948, n.º 251	Manda publicar no Boletim Oficial de todas as colónias, para nas mesmas ter execução, com alteração, a Lei n.º 2:029, de 5 de Junho de 1948, de que restabelece o feriado nacional de 8 de Dezembro e considera o domingo o dia de descanso semanal. A competência atribuída ao Governo no art. 2.º deveria ser, nas colónias, exercida pelos respetivos governadores-gerais ou de colónia. (F)	Ministério das Colónias
Decreto n.º 37:322	4 de Março de 1949, n.º 43	Dá nova redação ao n.º 2 do art. 165.º do Decreto n.º 36:508, de que aprova o Estatuto do Ensino Liceal. Determina que os professores do serviço eventual, não agregados, incluindo os de Religião e Moral, Canto Coral, Educação Física e Lavores Femininos, aos quais não possa ser atribuído todo o serviço obrigatório, teriam o vencimento proporcional ao número de horas de serviço que lhes fosse distribuído, tomando-se por base os vencimentos fixados na tabela anexa ao Decreto-Lei n.º 36:507. (B)	Ministério da Educação Nacional
Lei n.º 2:033	27 de Junho de 1949, n.º 138	Promulga as bases do ensino particular. (B)	Ministério da Educação Nacional
Portaria n.º 13:158	10 de Maio de 1950, n.º 84	Cria e manda pôr em circulação selos postais em homenagem a Nossa Senhora de Fátima no Ano Santo de 1950. (H)	Ministério das Comunicações
Portaria n.º 13:159	10 de Maio de 1950, n.º 84	Cria e manda pôr em circulação 100:000 bilhetes-postais simples em homenagem a Nossa Senhora de Fátima no Ano Santo de 1950. (H)	Ministério das Comunicações
Decreto-Lei n.º 37:831	12 de Maio de 1950, n.º 94	Determina que as remissões dos ónus enfitêuticos e censíticos incorporados no património do Estado, ao abrigo do disposto no art. 45.º do decreto-lei n.º 30:615, requeridas no prazo de três anos, a contar da publicação do presente diploma, beneficiem dos descontos concedidos pelo art. 4.º do decreto-lei n.º 29:840. Prorroga por três anos o prazo para a elaboração, pela Direção Geral da Fazenda Pública, da lista dos prédios onerados com os referidos ónus a que se refere o art. 5.º do decreto-lei n.º 32:404. (E)	Ministério das Finanças

Diploma	Data e número de publicação em *Diário do Governo*	Assunto	Entidade governamental
Portaria n.º 13:164	15 de Maio de 1950, n.º 88	Manda emitir e pôr em circulação, em várias colónias, selos de franquia postal com motivos alegóricos ao Ano Santo. (H)	Ministério das Colónias
Decreto-Lei n.º 37:544	8 de Setembro de 1950, n.º 197	Constitui a Inspeção do Ensino Particular. (B)	Ministério da Educação Nacional
Decreto n.º 37:545	8 de Setembro de 1950, n.º 197	Promulga o Estatuto do Ensino Particular. (B)	Ministério da Educação Nacional
Decreto-Lei n.º 37:917	1 de Agosto de 1950, n.º 152	Aprova, para ser ratificado, o Acordo entre a Santa Sé e Portugal, destinado a adaptar à Índia as disposições estipuladas na Concordata e no Acordo assinados em Roma. (G)	Ministério dos Negócios Estrangeiros
Portaria n.º 13:275	28 de Agosto de 1950, n.º 167	Manda publicar no Boletim Oficial do Estado da Índia, o decreto-lei n.º 37:917, de 1 de Agosto de 1950, e o Acordo entre a Santa Sé e a República Portuguesa destinado a adaptar à Índia as disposições estipuladas na Concordata e no Acordo assinadas em Roma. (F)	Ministério das Colónias
Decreto-Lei n.º 37:962	12 de Setembro de 1950, n.º 180	Confia a uma comissão delegada, assistida por uma comissão executiva, a organização das comemorações do IV Centenário do falecimento de S. João de Deus. Abre um crédito no Ministério das Finanças, a favor do Ministério do Interior, destinado a satisfazer todos os encargos que resultarem da execução do presente diploma. (H)	Ministérios do Interior e das Finanças
Aviso	14 de Outubro de 1950, n.º 207	Torna público ter-se procedido em Lisboa [em 10 de Outubro de 1950] à troca de instrumentos de ratificação do Acordo entre Portugal e a Santa Sé, concluído e assinado no Vaticano em 18 de Julho de 1950, aprovado pelo Decreto-lei n.º 37:917, de 1 de Agosto de 1950. (G)	Ministério dos Negócios Estrangeiros
Portaria n.º 13:333	19 de Outubro de 1950, n.º 211	Cria e manda pôr em circulação uma série de selos postais comemorativos do IV centenário do falecimento de S. João de Deus. (H)	Ministério das Comunicações

ANEXOS

Diploma	Data e número de publicação em *Diário do Governo*	Assunto	Entidade governamental
Decreto-Lei n.º 38:042	8 de Novembro de 1950, n.º 227	Regula algumas disposições do decreto-lei n.º 37:542, relativas aos serviços militares da colónia de Angola e do Estado da Índia. Pelo art. 1.º cria em Angola, nos serviços militares, um lugar de capelão militar, com a patente de tenente e um vencimento anual de 37.800$00 (soldo 11.400$00, exercício 1.800$00, gratificação de serviço 1.200$00, gratificação colonial 21.000$00, adicional de exercício 2.400$00). (F)	Ministério das Colónias
Portaria n.º 13:395	28 de Dezembro de 1950, n.º 267	Manda emitir e pôr a circular no Estado da Índia diversos selos de franquia postal com motivos alegóricos ao Ano Santo. (F)	Ministério das Colónias
Portaria n.º 13:450	23 de Fevereiro de 1951, n.º 35	Permite a nomeação de mais de um sacerdote para o desempenho do cargo de professor da disciplina de Educação Religiosa e Moral, sempre que, aos ordinários a quem competia a sua apresentação, se afigurasse conveniente confiar o ensino a mais de um professor; embora sem que ocorresse o número de turmas que dava lugar ao desdobramento. (B)	Ministério das Colónias
Lei n.º 2048	11 de Junho de 1951, n.º 117	Prescreve alterações à Constituição Política, entre outras, aos arts. 45.º e 46.º. (G)	Presidência da República
Portaria n.º 13:665	5 de Setembro de 1951, n.º 181	Manda emitir e pôr a circular no Estado da Índia bilhetes-cartas-avião comemorativos do tricentenário do nascimento do padre José Vaz. (F)	Ministério do Ultramar
Decreto-Lei n.º 38:410	6 de Setembro de 1951, n.º 182	Cria uma comissão, para funcionar no Ministério do Interior, com o fim de orientar e coordenar a ação dos organismos e entidades que devem ocupar-se das solenidades de encerramento do Ano Santo, em Outubro de 1951. (H)	Ministérios do Interior, das Finanças e dos Negócios Estrangeiros
Portaria n.º 13:697	9 de Outubro de 1951, n.º 207	Cria e manda pôr em circulação uma série de selos postais comemorativos do encerramento do Ano Santo em Portugal. (H)	Ministério das Comunicações

Diploma	Data e número de publicação em *Diário do Governo*	Assunto	Entidade governamental
Portaria n.º 13:713	17 de Outubro de 1951, n.º 214	Manda emitir e pôr em circulação em todas as províncias ultramarinas blocos de selos postais comemorativos do encerramento do Ano Santo (Fátima – 1951). (F)	Ministério do Ultramar
Portaria n.º 13:714	17 de Outubro de 1951, n.º 214	Manda emitir e pôr em circulação em todas as províncias ultramarinas selos de franquia postal comemorativos do encerramento do Ano Santo (Fátima – 1951). (F)	Ministério do Ultramar
Decreto-Lei n.º 38:497	8 de Novembro de 1951, n.º 232	Insere várias disposições relativas aos serviços militares em Angola e Moçambique e Estado da Índia. Pelo art. 8.º cria em Moçambique um lugar de capelão militar com o posto de tenente. (F)	Ministério do Ultramar
Decreto-Lei n.º 38:513	16 de Novembro de 1951, n.º 239	Autoriza o Governo, por intermédio do Ministério do Ultramar, a participar nas comemorações do 4.º centenário do falecimento de S. Francisco Xavier. (F)	Ministérios das Finanças e do Ultramar
Decreto-Lei n.º 38:552	7 de Dezembro de 1951, n.º 255	Insere disposições de carácter legislativo aplicáveis a várias províncias. Pelo art. 90.º atribui à diocese de Silva Porto, em Angola, um subsídio extraordinário de 200.000$00, destinado à aquisição de máquinas para as oficinas. (F)	Ministério do Ultramar
Decreto-Lei n.º 38:595	31 de Dezembro de 1951, n.º 273	Regula a situação dos missionários portugueses que serviram nas dioceses de Cochim e de S. Tomé de Meliapor, antes do Acordo entre a Santa Sé e Portugal destinado a adaptar à Índia as disposições estipuladas na Concordata e no Acordo assinadas em Roma, e fixa os honorários do arcebispo coadjutor do patriarca das Índias Orientais. (F)	Ministério do Ultramar
Decreto n.º 38:596	4 de Janeiro de 1952, n.º 1	Designa os dias considerados feriados nacionais. (H)	Presidência do Conselho
Portaria n.º 13:967	13 de Maio de 1952, n.º 105	Cria e manda pôr em circulação cartões-postais alusivos a Fátima. (H)	Ministério das Comunicações
Decreto-Lei n.º 38:778	11 de Junho de 1952, n.º 129	Dá nova redação ao art. 4.º do decreto-lei n.º 31:107, de 18 de Janeiro de 1941, que insere disposições relativas ao casamento dos militares em serviço ativo. (D)	Ministério do Exército

ANEXOS

Diploma	Data e número de publicação em *Diário do Governo*	Assunto	Entidade governamental
Decreto-Lei n.º 38:933	25 de Setembro de 1952, n.º 214	Aprova os novos estatutos do Instituto Português de Santo António, em Roma. Mantém à referida instituição o subsídio anual previsto no art. 5.º do decreto-lei n.º 36:882, de 22 de Maio de 1948. (B)	Ministério das Finanças
Portaria n.º 14:136	25 de Outubro de 1952, n.º 240	Manda emitir e pôr à venda no Estado da Índia bilhetes postais ilustrados comemorativos do IV centenário da morte de S. Francisco Xavier. (F)	Ministério do Ultramar
Portaria n.º 14:137	25 de Outubro de 1952, n.º 240	Manda emitir e pôr à venda no Estado da Índia blocos postais comemorativos do IV centenário da morte de S. Francisco Xavier. (F)	Ministério do Ultramar
Decreto-Lei n.º 38:966	27 de Outubro de 1952, n.º 241	Autoriza a Direção-Geral da Fazenda Pública a ceder a título definitivo ao bispado de Beja o edifício, incluído no património privativo da Administração Geral dos Correios, Telégrafos e Telefones, onde funcionavam estes serviços naquela cidade. (E)	Ministério das Finanças
Decreto-Lei n.º 38:979	8 de Novembro de 1952, n.º 251	Insere disposições relativas aos serviços militares de Angola, Moçambique e Estado da Índia. Pelo art. 1.º cria, em Angola, um lugar de capelão com patente de tenente e um vencimento anual de 43.800$00 (soldo 13.800$00, exercício 3.000$00, gratificação de serviço 1.200$00, adicional do exercício 3.000$00) e extingue o lugar de capelão. (F)	Ministério do Ultramar
Portaria n.º 14:172	28 de Novembro de 1952, n.º 268	Manda emitir e pôr em circulação em todas as províncias ultramarinas selos postais comemorativos da Exposição de Arte Sacra Missionária. (F)	Ministério do Ultramar
Portaria n.º 14:188	10 de Dezembro de 1952, n.º 276	Cria e manda pôr em circulação, cumulativamente com as que vigoravam, uma série de selos postais comemorativos do IV Centenário da morte de S. Francisco Xavier. (H)	Ministério das Comunicações

Diploma	Data e número de publicação em *Diário do Governo*	Assunto	Entidade governamental
Decreto-Lei n.º 39:234	3 de Junho de 1953, n.º 117	Autoriza a Direção-Geral da Fazenda Pública a ceder, a título definitivo e gratuito, à Associação das Irmãs Conceicionistas da Beata Beatriz da Silva, com sede em Elvas, o edifício e sua cerca do extinto Convento de Santa Clara, sito na mesma cidade. (E)	Ministério das Finanças
Portaria n.º 14:440	3 de Julho de 1953, n.º 140	Esclarece que o ensino dos indígenas, confiado às missões católicas, nos termos do art. 66.º do decreto-lei n.º 31:207, de 5 de Abril de 1941, e considerado oficial por força do art. 68.º do mesmo diploma, se destina à frequência de todas as populações escolares no estado indígena, sem distinção de credos religiosos que as mesmas professem. (F)	Ministério do Ultramar
Decreto-Lei n.º 39:334	27 de Agosto de 1953, n.º 186	Aprova o acordo celebrado entre a Direção-Geral dos Serviços Prisionais e a Congregação de Nossa Senhora da Caridade do Bom Pastor de Angers em Portugal, para a entrega e administração da Cadeia de Mulheres, em Tires, à referida Congregação. Integra nos serviços jurisdicionais de menores, com as funções correspondentes às das colónias correcionais para o sexo feminino, o Instituto Corpus Christi em Vila Nova de Gaia. (A)	Ministério da Justiça
Decreto n.º 39:355	9 de Setembro de 1953, n.º 197	Insere várias disposições legislativas aplicáveis às províncias ultramarinas. Pelo art. 3.º eleva para 4 o número de irmãs religiosas que prestam serviço no hospital de Vila de João Belo, em Moçambique. (F)	Ministério do Ultramar
Portaria n.º 14:535	14 de Setembro de 1953, n.º 201	Regula a duração dos cursos de Donas de Casa, de Educação Familiar e de Educadora Familiar e Social a ministrar no Instituto de Nossa Senhora da Piedade, em Goa. (F)	Ministério do Ultramar
Decreto n.º 39:419	7 de Novembro de 1953, n.º 247	Insere várias disposições legislativas aplicáveis às províncias ultramarinas (V, VI e VII missões em Angola e Moçambique). (F)	Ministério do Ultramar

ANEXOS

Diploma	Data e número de publicação em *Diário do Governo*	Assunto	Entidade governamental
Decreto-Lei n.º 39:449	24 de Novembro de 1953, n.º 261	Regula o cumprimento e execução dos legados pios. Revoga vária legislação e todas as demais disposições legais vigentes sobre comutação de legados pios. (E)	Ministério do Interior
Decreto n.º 39:458	7 de Dezembro de 1953, n.º 271	Insere disposições de carácter legislativo aplicáveis às províncias de Cabo Verde, Guiné, S Tomé e Príncipe, Macau e Timor. Pelo art. 3.º cria, em Cabo Verde, nos encargos gerais da tabela de despesa ordinária o subsídio de 100.000$00 para a instalação e funcionamento da Nova Escola de Artes e Ofícios, em Mindelo, ilha de S. Vicente, a confiar a uma congregação missionária. (F)	Ministério do Ultramar
Decreto-Lei n.º 39:490	29 de Dezembro de 1953, n.º 288	Manda abonar ao arcebispo resignatário de Goa e Damão, patriarca D. José da Costa Nunes, além da pensão a que tem direito, nos termos do decreto n.º 27:526, de 16 de Fevereiro de 1937, um subsídio mensal para despesas de representação. (F)	Ministérios das Finanças e do Ultramar
Decreto n.º 39:518	23 de Janeiro de 1954, n.º 15	Reconhece personalidade jurídica, no território português do Estado da Índia, às instituições religiosas do culto hindu denominadas Mâthas, competindo a representação e administração de cada uma delas ao respetivo Suami, segundo as normas tradicionais do respetivo culto (art. 1.º). Concede a isenção de quaisquer taxas aduaneiras nas importações de imagens sagradas, insígnias e outros objetos destinados exclusivamente à prática do referido culto hindu (art. 2.º). (F)	Ministério do Ultramar
Decreto n.º 39:572	23 de Março de 1954, n.º 60	Introduz alterações no Estatuto do Ensino Liceal, aprovado por Decreto n.º 36.508. Pelo art. 2.º os professores de serviço eventual, nos grupos 1 a 9, não agregados, incluindo os de Religião e Moral, aos quais não pudesse ser distribuído todo o serviço obrigatório, teriam o vencimento proporcional ao número de horas de serviço que lhes fosse distribuído, tomando-se por base o vencimento mensal de 1600$00. (B)	Ministério da Educação Nacional

A SEGUNDA SEPARAÇÃO

Diploma	Data e número de publicação em *Diário do Governo*	Assunto	Entidade governamental
Decreto n.º 39:590	31 de Março de 1954, n.º 67	Regula a concessão de passagens de ida e de regresso entre Lisboa e as capitais das províncias ultramarinas aos superiores e visitadores canónicos de nacionalidade portuguesa que pretendam visitar as missões confiadas às respetivas organizações missionárias e aos estudantes europeus e originários do ultramar que se destinem aos seminários diocesanos do ultramar ou da metrópole. (F)	Ministério do Ultramar
Portaria n.º 14:829	8 de Abril de 1954, n.º 74	Manda agregar à Santa Casa da Misericórdia de Lisboa o Asilo de Santa Maria, presentemente anexado ao Asilo de Velhos de Marvila. (C)	Ministério do Interior
Decreto-Lei n.º 39:807	7 de Setembro de 1954, n.º 198	Aprova, para entrarem em vigor no próximo ano escolar, os programas das disciplinas do ensino liceal, inclusive o da disciplina de Religião e Moral. (B)	Ministério da Educação Nacional
Decreto n.º 39:824	21 de Setembro de 1954, n.º 210	Cria um liceu feminino em Luanda e um liceu de frequência mista em Lourenço Marques e insere providências julgadas convenientes para suprir as necessidades escolares e para a eficiência do ensino de Religião e Moral. Autoriza os governadores-gerais de Angola e Moçambique a abrir créditos necessários para suportar os encargos criados pelo presente diploma. (B)	Ministério do Ultramar
Decreto n.º 39:890	5 de Novembro de 1954, n.º 247	Eleva para 70 por cento, a partir de 1 de Outubro de 1954, o suplemento que incide sobre as pensões de aposentação e reforma, tanto provisórias como definitivas, dos funcionários civis e militares do ultramar residentes na metrópole. Torna extensiva a referida melhoria ao pessoal missionário (art. 1.º, § único). (F)	Ministério do Ultramar
Decreto-Lei n.º 39:895	8 de Novembro de 1954, n.º 249	Elimina vários lugares e rubricas orçamentais nos serviços militares de Angola. Pelo art. 1.º, no quadro de pessoal aprovado por lei, extingue o posto de 1 capelão subalterno. (F)	Ministério do Ultramar

ANEXOS

Diploma	Data e número de publicação em *Diário do Governo*	Assunto	Entidade governamental
Decreto-Lei n.º 39:979	21 de Dezembro de 1954, n.º 284	Determina que as remições dos ónus enfitêuticos e censíticos incorporados no património do Estado, ao abrigo do disposto no art. 45.º do decreto-lei n.º 30:615, de 25 de Julho de 1940, de requeridas no prazo de 3 anos, a contar da data de publicação do presente diploma, beneficiem dos descontos concedidos pelo art. 4.º do decreto-lei n.º 29:840. Prorroga o prazo para a elaboração das listas dos bens enfitêuticos e censíticos a que se refere o art. 5.º do decreto-lei n.º 32:404. (E)	Ministério das Finanças
Decreto n.º 40:107	28 de Março de 1955, n.º 68	Insere providências de carácter administrativo e de interesse pedagógico destinadas à melhor adaptação às exigências locais do ensino técnico profissional no Estado da Índia. Pelo art 3.º, fica o Governo-Geral do Estado da Índia autorizado a fixar em portaria, em função das horas letivas, a remuneração dos professores de Religião e Moral, Canto Coral e Educação Física do ensino profissional, sempre que para estes não haja a totalidade do respetivo serviço obrigatório, na escola onde foram colocados ou mediante o disposto no art. 24.º do decreto n.º 39:850, de 15 de Outubro de 1954. (F)	Ministério do Ultramar
Decreto n.º 40:122	8 de Abril de 1955, n.º 78	Torna aplicáveis aos estabelecimentos de ensino liceal e técnico, dependentes do Ministério do Exército, determinadas disposições do Estatuto do Ensino Liceal, promulgado pelo decreto n.º 36:508, de 17 de Setembro de 1947, quanto aos professores de serviço eventual, incluindo os destinados à regência da disciplina de Religião e Moral. Pelo art. 1.º, aplica-se àqueles professores o disposto nos n.ºs 1 e 2 do art. 87.º daquele Estatuto. (B)	Ministério do Exército
Decreto-Lei n.º 40:397	24 de Novembro de 1955, n.º 257	Reorganiza os serviços da Santa Casa da Misericórdia de Lisboa. (C)	Ministério do Interior

A SEGUNDA SEPARAÇÃO

Diploma	Data e número de publicação em *Diário do Governo*	Assunto	Entidade governamental
Decreto-Lei n.º 40:472	30 de Dezembro de 1955, n.º 286	Determina que a percentagem sobre os lucros da lotaria fixada no art. 12.º do decreto 12:790, de 30 de Novembro de 1926, bem como o saldo existente da mesma proveniência, constituam receita ordinária da Santa Casa da Misericórdia de Lisboa e designa o que fica constituindo encargos da mesma instituição. (C)	Ministério do Interior
Portaria n.º 15:679	31 de Dezembro de 1955, n.º 287	Aprova o mapa da distribuição do pessoal da Santa Casa da Misericórdia de Lisboa não compreendido nos quadros de direção e chefia. (C)	Ministério do Interior
Portaria n.º 15:708	28 de Janeiro de 1956, n.º 21	Introduz alterações na portaria n.º 15:679, de 31 de Dezembro de 1955, que aprova o mapa da distribuição do pessoal da Santa Casa da Misericórdia de Lisboa não compreendido nos quadros de direção e chefia. (C)	Ministério do Interior
Decreto-Lei n.º 40:949	28 de Dezembro de 1956, n.º 282	Promulga o reajustamento dos serviços de Aeronáutica Militar. Pelo art. 11.º, alínea c), cria, junto do Gabinete do Subsecretário de Estado da Aeronáutica, a «Secção de assistência religiosa e social», prevendo para a mesma um «capelão equiparado a oficial». (A)	Presidência do Conselho
Decreto-Lei n.º 41:192	18 de Julho de 1957, n.º 162	Insere disposições relativas à matrícula de alunos nas diversas modalidades do ensino particular. Permite ao ministro da Educação Nacional autorizar que os alunos de qualquer estabelecimento de ensino particular realizem nele os respetivos exames. (B)	Ministério da Educação Nacional
Decreto-Lei n.º 41:488	30 de Dezembro de 1957, n.º 296	Determina que as remições dos ónus enfitêuticos e censíticos incorporados no património do Estado, ao abrigo do disposto no art. 45.º do decreto-lei n.º 30615, de 25 de Julho de 1940, requeridas no prazo de 3 anos, a contar da data de publicação do presente diploma, beneficiem dos descontos concedidos pelo art. 4.º do decreto-lei n.º 29:840. Prorroga por mais 3 anos o prazo para a elaboração das listas dos bens enfitêuticos e censíticos a que se refere o art. 5.º do decreto-lei n.º 32:404, de 21 de Novembro de 1942. (E)	Ministério das Finanças

ANEXOS

Diploma	Data e número de publicação em *Diário do Governo*	Assunto	Entidade governamental
Decreto-Lei n.º 41:492	31 de Dezembro de 1957, n.º 297	Reajusta os quadros e efetivos da Força Aérea. Prevê capelães nos quadros do pessoal em serviço na Força Aérea, em tempo de paz. (A)	Presidência do Conselho
Portaria n.º 16:681	25 de Abril de 1958, n.º 86	Manda aplicar à província da Guiné, observadas as alterações constantes da presente portaria, o Estatuto do Ensino Liceal, aprovado pelo decreto n.º 36:508. Pelo art. 86.º, para a regência das disciplinas de Canto Coral, Educação Física, Lavoures Femininos e Religião e Moral haverá professores que formam um quadro complementar e serão contratados mediante autorização ministerial [...]. Pelo art. 87.º, n.º 2, haverá em cada liceu um professor de Religião e Moral, salvo se o número total de turmas em funcionamento for superior a 15, caso em que podem ser nomeados dois. Pelo art. 92.º, n.º 3, os professores de Religião e Moral serão contratados, precedendo apresentação do ordinário ao Governo da província. (F)	Ministério do Ultramar
Portaria n.º 16:723	3 de Junho de 1958, n.º 119	Cria e manda pôr em circulação uma série de selos postais comemorativos dos dois santos portugueses particularmente ligados à cidade de Coimbra, Santa Isabel Rainha e S. Teotónio. (H)	Ministério das Comunicações
Decreto-Lei n.º 41:967	22 de Novembro de 1958, n.º 254	Promulga o Código de Registo Civil. (D)	Ministério da Justiça
Decreto-Lei n.º 42:066	29 de Dezembro de 1958, n.º 282	Fixa os quadros do pessoal militar permanente privativo da Força Aérea, do pessoal militar privativo do Exército ou da Armada em serviço na Força Aérea, do pessoal equiparado a militar e do pessoal civil contratado. Estabelece 10 capelães assim distribuídos: 1 capelão major graduado, 3 capelães capitães graduados, 6 capelães subalternos graduados. (A)	Presidência do Conselho
Portaria n.º 17:034	9 de Fevereiro de 1959, n.º 33	Cria a Missão para o Estudo da Missiologia Africana e define a sua competência. (F)	Ministério do Ultramar

A SEGUNDA SEPARAÇÃO

Diploma	Data e número de publicação em *Diário do Governo*	Assunto	Entidade governamental
Portaria n.º 17:149	4 de Maio de 1959, n.º 101	Aprova as normas para a execução dos serviços relativos aos exames liceais a realizar nos estabelecimentos de ensino particular, nos termos do art. 10.º do decreto-lei n.º 41:192, de 18 de Julho de 1957. (B)	Ministério da Educação Nacional
Portaria n.º 17:278	30 de Julho de 1959, n.º 173	Regula a prestação nas províncias ultramarinas das provas a que se refere o art. 26.º do Estatuto do Ensino Particular, promulgado pelo decreto n.º 37:545, de 8 de Setembro de 1950, respeitantes a pretendentes que ali residam. (F)	Ministério do Ultramar
Decreto-Lei n.º 42:536	28 de Setembro de 1959, n.º 223	Promulga alterações ao Código Administrativo. Pelo art. 16.º, § 2, os representantes das Misericórdias serão eleitos quadrienalmente, até ao dia 20 de Novembro, pelos provedores, se houver mais de duas misericórdias no concelho, pelas mesas, em reunião conjunta, se houver duas, e pela respetiva mesa, se houver apenas uma. Quando o número de misericórdias existentes no concelho seja igual ou superior a duas, o presidente da Câmara Municipal convocará as mesas ou os provedores, conforme os casos, com 5 dias de antecedência, pelo menos, por meio de avisos enviados por correio, sob registo e com aviso de receção, e publicados em jornais locais, se os houver, realizando-se o ato eleitoral sob a presidência do mais velho dos provedores. (C)	Ministério do Interior
Decreto-Lei n.º 42:564	7 de Outubro de 1959, n.º 230	Promulga a nova organização geral do Ministério do Exército. Pelo art. 75.º, institui a «chefia do serviço de assistência religiosa no Exército», e pelo art. 77.º estabelece-se que essa chefia recaia sobre «um sacerdote da Igreja Católica, nomeado por acordo entre a competente autoridade eclesiástica e o Ministro do Exército». (A)	Presidência do Conselho
Portaria n.º 17:416	2 de Novembro de 1959, n.º 252	Manda aplicar à província de S. Tomé e Príncipe, observadas as alterações constantes da presente portaria, o Estatuto do Ensino Liceal, aprovado pelo Decreto n.º 36:508, de 17 de Setembro de 1947. (F)	Ministério do Ultramar

ANEXOS

Diploma	Data e número de publicação em *Diário do Governo*	Assunto	Entidade governamental
Decreto n.º 42:931	19 de Abril de 1960, n.º 91	Fixa a gratificação mensal do professor de Religião e Moral do Liceu D. João II, em S. Tomé (ouvido o Conselho Ultramarino). (F)	Ministério do Ultramar
Orçamento	26 de Abril de 1960, n.º 97	Da receita e despesa para 1960 da Missão para o Estudo da Missiologia africana. (F)	Ministério do Ultramar
Decreto-Lei n.º 43:005	3 de Junho de 1960, n.º 130	Aprova, para ratificação, a Convenção n.º 106, sobre o descanso semanal no comércio e nos escritórios, adaptada pela Conferência Geral da Organização Internacional do Trabalho que se reuniu em Genebra em 5 de Junho de 1957. (G)	Ministério dos Negócios Estrangeiros
Declaração	20 de Junho de 1960, n.º 141	Retifica a forma como foi publicado o Decreto-lei n.º 43:005, de 3 de Junho de 1960, que aprova para ratificação a Convenção n.º 106. Confirma conteúdos e manda publicar no Boletim Oficial de todas as províncias ultramarinas. (G)	Presidência do Conselho
Decreto-Lei n.º 43:042	2 de Julho de 1960, n.º 152	Fixa provisoriamente, desde 1 de Janeiro de 1960, os quadros do batalhão de caçadores para-quedistas, contando com um capelão «equiparado a militar para-quedista» e «graduado em capitão ou subalterno». (A)	Presidência do Conselho
Portaria n.º 17:816	12 de Julho de 1960, n.º 160	Manda fazer e pôr em circulação, cumulativamente com as que estão em vigor, uma emissão extraordinária de selos postais «Padre Cruz». (H)	Ministério das Comunicações
Decreto-Lei n.º 43:093	28 de Julho de 1960, n.º 174	Atribui validade oficial aos exames legalmente previstos nos cursos profissionais, do ramo industrial, ministrados pelo Colégio D. Bosco, instituto de ensino missionário existente na cidade de Macau. (F)	Ministérios do Ultramar e da Educação Nacional
Decreto-Lei n.º 43:101	2 de Agosto de 1960, n.º 178	Estabelece novas normas de regulação do casamento dos militares do Exército e da Aeronáutica em serviço ativo. Concede a amnistia pelas infrações cometidas ao decreto-lei n.º 31:107, de 15 de Julho de 1941, modificado pelo decreto-lei n.º 38:788, de 11 de Junho de 1952, que regulavam aquelas disposições. (D)	Presidência do Conselho

Diploma	Data e número de publicação em *Diário do Governo*	Assunto	Entidade governamental
Decreto n.º 43:158	8 de Setembro de 1960, n.º 209	Insere disposições destinadas a satisfazer determinadas necessidades do ensino no ultramar. Pelo art. 5.º cria nos liceus da província de Cabo Verde, liceu da Praia e liceu Gil Eanes no Mindelo, o lugar de 1 professor de Religião e Moral no quadro complementar. (F)	Ministério do Ultramar
Decreto-Lei n.º 43:209	10 de Outubro de 1960, n.º 235	Dá nova redação a vários artigos do decreto-lei n.º 39:449, de 24 de Novembro de 1953, que regula o cumprimento e execução de legados pios. (E)	Ministério do Interior
Decreto-Lei n.º 43:294	5 de Novembro de 1960, n.º 257	Torna aplicável o disposto nos arts. 18.º a 21.º do decreto-lei n.º 43:101, de 2 de Agosto de 1960, aos oficiais que tenham voluntariamente transitado para a situação de reserva a fim de contraírem matrimónio em condições que constituíram infração ao decreto-lei n.º 31 107, de 15 de Julho de 1941, alterado pelo decreto-lei n.º 38:778, de 11 de Junho de 1952. (D)	Presidência do Conselho
Decreto-Lei n.º 43:399	15 de Dezembro de 1960, n.º 289	Dá nova redação aos arts. 11.º e 16.º do decreto-lei n.º 40:397, de 24 de Novembro de 1955, que reorganiza os serviços da Santa Casa da Misericórdia de Lisboa. (C)	Ministérios das Finanças, do Ultramar, da Saúde e Assistência
Decreto-Lei n.º 43:417	21 de Dezembro de 1960, n.º 294	Determina que as remições dos ónus enfitêuticos e censíticos incorporados no património do Estado, ao abrigo do disposto no art. 45.º do decreto-lei n.º 30:615, de 25 de Julho de 1940, requeridas no prazo de 3 anos, beneficiem dos descontos concedidos pelo art. 4.º do decreto-lei n.º 29:840. Prorroga por mais um ano o prazo para a elaboração das listas dos bens enfitêuticos e censíticos a que se refere o art. 5.º do decreto-lei n.º 32:404, de 21 de Novembro de 1942, e faculta à Direção-Geral da Fazenda Pública recrutar pessoal, subsidiado pelo Comissariado do Desemprego, para a realização do trabalho datilográfico da lista e do dela decorrente. (E)	Ministério das Finanças

ANEXOS

Diploma	Data e número de publicação em *Diário do Governo*	Assunto	Entidade governamental
Portaria n.º 18:209	16 de Janeiro de 1961, n.º 13	Cria, com carácter eventual, uma comissão encarregada de promover a preparação, execução, administração e fiscalização das obras respeitantes aos serviços ou ao património da Santa Casa da Misericórdia de Lisboa que não sejam as de pequena conservação. (C)	Ministérios do Interior, das Obras Públicas, da Saúde e Assistência
Portaria n.º 18:234	25 de Janeiro de 1961, n.º 21	Estabelece as condições mediante as quais podem obter diplomas de valor oficial os indivíduos habilitados pelo Colégio D. Bosco antes da vigência do decreto-lei n.º 43:093, de 28 de Julho de 1960. (F)	Ministérios do Ultramar e da Educação Nacional
Orçamento	2 de Março de 1961, n.º 50	Da receita e despesa para 1961 da Missão para o Estudo da Missiologia Africana. (F)	Ministério do Ultramar
Decreto-Lei n.º 43:528	8 de Março de 1961, n.º 55	Torna extensivo à Santa Casa da Misericórdia do Porto o regime estabelecido no § 5.º do art. 12.º do decreto-lei n.º 40:397, para a Santa Casa da Misericórdia de Lisboa. (C)	Ministérios da Economia e da Saúde e Assistência
Decreto-Lei n.º 43:777	3 de Julho de 1961, n.º 152	Atribui à Santa Casa da Misericórdia de Lisboa a organização e exploração, em regime exclusivo para a metrópole e para o ultramar, dos concursos de prognósticos ou apostas mútuas sobre resultados de competições desportivas. (C)	Ministério da Saúde e da Assistência
Decreto n.º 43:897	6 de Setembro de 1961, n.º 207	Reconhece nas províncias ultramarinas os usos e costumes locais, reguladores das relações jurídicas privadas, quer os já compilados, quer os não compilados e vigentes nas regedorias. Pelo art.º 6, o casamento celebrado nos termos das leis canónicas perante os ministros da Igreja Católica, e desde que os interessados reunissem de facto as condições exigidas pela lei escrita do direito privado, produzia na ordem civil os mesmos efeitos da declaração de opção pela referida lei, pelo mero facto de na delegacia do Registo Civil ser lavrado o respetivo assento, destinado a substituir a transcrição. Tais efeitos verificar-se-iam em relação a ambos os nubentes, mesmo que o casamento tivesse sido celebrado com dispensa do impedimento de religião mista ou de disparidade de culto. (F)	Ministério do Ultramar

Diploma	Data e número de publicação em *Diário do Governo*	Assunto	Entidade governamental
Decreto-Lei n.º 43:913	14 de Setembro de 1961, n.º 214	Insere disposições que alteram as normas reguladoras da atividade docente dos estabelecimentos de ensino do ultramar. Pelo art. 2.º, § 1.º, aos professores de Educação Física, Canto Coral e Religião e Moral dos liceus e do ensino profissional competiam as categorias K, J e I, mantendo-se, quanto aos de Religião e Moral, o regime em vigor de provimento e períodos de abono. Pelo art.º 31, conservava-se, no Estado da Índia, o preceituado no art. 3.º do decreto n.º 40:107, de 28 de Março de 1955, sobre remuneração dos professores de Religião e Moral, Canto Coral e Educação Física do ensino profissional. (F)	Ministérios do Ultramar e da Educação Nacional
Decreto-Lei n.º 43:975	21 de Outubro de 1961, n.º 245	Altera os quadros do pessoal das tropas para-quedistas, contando com um capelão «equiparado a militar para-quedista» e «graduado em capitão ou subalterno». (A)	Presidência do Conselho
Portaria n.º 18:824	21 de Novembro de 1961, n.º 270	Estabelece o regulamento interno do Departamento de Apostas Mútuas Desportivas da Santa Casa da Misericórdia de Lisboa. (C)	Ministério da Saúde e Assistência
Declarações	29 de Dezembro de 1961, n.º 300	Autorizam a transferência de verbas nos orçamentos privativos de receita e despesa das Missões para o Estudo da Missiologia Africana e de Estudo do Rendimento Nacional do Ultramar. (F)	Ministério do Ultramar
Decreto n.º 44:143	30 de Dezembro de 1961, n.º 301	Insere disposições de carácter aduaneiro destinadas a facilitar a ação desenvolvida pela Caritas, Cruz Vermelha e Movimento Nacional Feminino nas províncias ultramarinas (art. 1.º), além de aliviar de encargos a importação de produtos químicos empregados no tratamento de águas e a facilitar a exportação de minérios de umas e outras parcelas do território nacional. (F)	Ministério do Ultramar
Decreto n.º 44:159	18 de Janeiro de 1962, n.º 13	Permite e regula a criação, dentro dos quadros do ensino oficial ou particular das províncias ultramarinas, de institutos de educação e serviço social. (F)	Ministério do Ultramar

ANEXOS

Diploma	Data e número de publicação em *Diário do Governo*	Assunto	Entidade governamental
Portaria n.º 19:000	2 de Fevereiro de 1962, n.º 23	Manda pôr em circulação, cumulativamente com as que estão em vigor, uma emissão extraordinária de selos postais dedicada a S. Gabriel, padroeiro das telecomunicações. (H)	Ministério das Comunicações
Portaria n.º 19:088	23 de Março de 1962, n.º 65	Considera associações humanitárias de interesse para a Defesa Civil do Território (DCT), para efeitos de isenção do imposto de compensação sobre viaturas automóveis, as Misericórdias do continente e ilhas adjacentes. (C)	Presidência do Conselho, Ministérios do Interior, das Finanças, das Comunicações e da Saúde e Assistência
Decreto n.º 44:252	24 de Março de 1962, n.º 66	Insere disposições legislativas destinadas a promover a solução de problemas dependentes da administração pública das províncias ultramarinas. Pelo art. 5.º, autoriza-se o Governo-Geral de Angola a dar o aval da província, até ao montante de 2.500.000$00, no empréstimo a contrair no Banco de Angola pela Congregação dos Irmãos Maristas, com as cláusulas e condições que forem ajustadas entre si, e destinado à construção de um edifício em Luanda, para novas instalações do colégio que a referida congregação ali mantém sob a designação de «Colégio Cristo-Rei». (F)	Ministério do Ultramar
Portaria n.º 19:289	20 de Julho de 1962, n.º 165	Abre um crédito na província ultramarina de Angola destinado a pagar no corrente ano os encargos resultantes da nomeação do bispo coadjutor do Arcebispado de Luanda. (F)	Ministério do Ultramar
Portaria n.º 19:299	25 de Julho de 1962	Regulamenta, a título experimental, a Chefia do Serviço de Assistência Religiosa ao Exército. (A)	Presidência do Conselho
Despacho	11 de Setembro de 1962, n.º 209	Isenta do pagamento da taxa de $14 a que se refere o despacho ministerial inserto no Diário do Governo n.º 147, de 3 de Julho de 1945, os estabelecimentos e outros serviços de assistência oficial do Ministério da Saúde e Assistência, nomeadamente as Santas Casas da Misericórdia, e instituições particulares que abatam gado para consumo próprio. (C)	Ministério da Economia

Diploma	Data e número de publicação em *Diário do Governo*	Assunto	Entidade governamental
Portaria n.º 19:404	25 de Setembro de 1962, n.º 221	Manda aplicar às províncias ultramarinas o decreto-lei n.º 44:413, que dá nova redação ao art. 1.º do decreto-lei n.º 41:192, de 18 de Julho de 1957, que insere disposições relativas à matrícula de alunos nas diversas modalidades do ensino particular. (F)	Ministério do Ultramar
Decreto-Lei n.º 44:609	1 de Outubro de 1962, n.º 226	Submete, por utilidade pública, ao regime florestal parcial obrigatório os baldios municipais dos concelhos de Lajes das Flores e Santa Cruz e os baldios paroquiais de Caveira, concelho de Santa Cruz, todos situados na ilha das Flores. (E)	Ministério da Economia
Portaria n.º 19:425	9 de Outubro de 1962, n.º 232	Cria no Instituto Superior de Estudos Ultramarinos o Centro de Estudos Missionários, com o fim de, em colaboração com a Junta de Investigações do Ultramar, estimular e promover o estudo dos fenómenos missionários. (F)	Ministérios do Ultramar e da Educação Nacional
Declaração	10 de Dezembro de 1962, n.º 282	De ter sido autorizada a transferência de uma verba dentro do orçamento da receita e despesa privativo da Missão para o Estudo da Missiologia Africana. (F)	Ministério do Ultramar
Portaria n.º 19:520	24 de Dezembro de 1962	Cria batalhões de caçadores para-quedistas em Luanda (Angola) e Nacala (Moçambique), contando para cada um deles com um capelão «equiparado a militar para-quedista» e «graduado em capitão ou subalterno». (A)	Presidência do Conselho
Declaração	14 de Janeiro de 1963, n.º 11	De ter sido retificada a portaria n.º 19:526, que manda abonar à Embaixada de Portugal no Vaticano, com efeitos a partir de 1 de Julho de 1962, uma importância mensal a fim de ocorrer a despesas com o custeio da casa que é propriedade do Estado. (G)	Presidência do Conselho
Decreto-lei n.º 44:875	8 de Fevereiro de 1963, n.º 33	Autoriza a Direção-Geral da Fazenda Pública a ceder, a título definitivo e gratuito, à diocese do Algarve o antigo paço episcopal, incluindo o conjunto de edifícios onde estiveram instalados os serviços da escola industrial e comercial, situados no Largo da Sé, da cidade de Faro. (E)	Ministério das Finanças

ANEXOS

Diploma	Data e número de publicação em *Diário do Governo*	Assunto	Entidade governamental
Portaria n.º 19:815	18 de Abril de 1963, n.º 92	Altera, na parte relativa ao capelão, o quadro orgânico do Depósito Geral de Adidos, fixado pela Portaria n.º 17:765. Pelo n.º 1, deverá o capelão ser abatido na coluna dos oficiais subalternos e ser aumentado no quadro do pessoal civil contratado. (A)	Ministério do Exército
Portaria n.º 19:861	18 de Maio de 1963, n.º 118	Manda lançar em circulação, cumulativamente com as que estão em vigor, uma emissão extraordinária de selos comemorativos do 3.º centenário da morte de S. Vicente de Paulo. (H)	Ministério das Comunicações
Portaria n.º 19:866	23 de Maio de 1963, n.º 122	Estabelece o regulamento da Delegação em Angola do Departamento de Apostas Mútuas Desportivas da Santa Casa da Misericórdia de Lisboa. (C)	Ministérios do Ultramar e da Saúde e Assistência
Declaração	1 de Junho de 1963, n.º 130	De ter sido retificado o mapa II anexo à portaria n.º 19:886, de 23 de Maio de 1963, que estabelece o Regulamento da Delegação em Angola do Departamento de Apostas Mútuas Desportivas da Santa Casa da Misericórdia de Lisboa. (C)	Presidência do Conselho
Decreto n.º 45:063	6 de Junho de 1963, n.º 134	Insere disposições destinadas a facilitar a ação das missões católicas na celebração do casamento canónico dos vizinhos das regedorias. (F)	Ministério do Ultramar
Lei n.º 2:120	19 de Julho de 1963, n.º 169	Promulga as bases da política de saúde e assistência. (C)	Presidência da República
Portaria n.º 20:074	16 de Setembro de 1963, n.º 218	Manda abonar à Embaixada de Portugal em Roma, com efeitos a partir de 1 de Outubro próximo futuro, várias quantias a fim de ocorrer ao pagamento de salários ao pessoal assalariado em serviço naquela missão diplomática. (G)	Ministério dos Negócios Estrangeiros
Portaria n.º 20:142	31 de Outubro de 1963, n.º 256	Manda emitir e pôr em circulação em Angola selos de franquia postal tendo como motivos igrejas da mesma província. (F)	Ministério do Ultramar

Diploma	Data e número de publicação em *Diário do Governo*	Assunto	Entidade governamental
Decreto-Lei n.º 45:382	23 de Novembro de 1963, n.º 275	Fixa as condições em que será efetuado o pagamento ao Patriarcado de Lisboa dos terrenos da cerca de S. Vicente de Fora, ocupados pelo Liceu Gil Vicente, bem como as compensações pela cedência de terrenos que o mesmo Patriarcado necessita para a construção da Universidade Católica, efetuada por outras entidades. (E)	Ministérios das Finanças e Obras Públicas
Decreto-Lei n.º 45:423	11 de Dezembro de 1963, n.º 290	Autoriza a Direção-Geral da Fazenda Pública a ceder, a título definitivo e gratuito, à Arquidiocese de Évora o antigo prédio militar n.º 2, de Vila Viçosa, denominado Quartel de Baixo (antigo Convento de Santo Agostinho). (E)	Ministério das Finanças
Decreto-Lei n.º 45:473	28 de Dezembro de 1963, n.º 304	Determina que as remições dos ónus enfitêuticos e censíticos incorporados no património do Estado, ao abrigo do disposto no art. 45.º do decreto-lei n.º 30:615, de 25 de Julho de 1940, requeridas no prazo de 3 anos, beneficiem dos descontos concedidos pelo art. 4.º do decreto-lei n.º 29:840. Autoriza a Direção-Geral da Fazenda Pública a publicar a lista definitiva dos prédios onerados com encargos enfitêuticos e censíticos prevista no § 3.º do art. 5.º do decreto-lei n.º 32:404, de 21 de Novembro de 1942, e faculta à mesma Direção-Geral recrutar pessoal, subsidiado pelo Comissariado do Desemprego, para a realização do trabalho dactilográfico da referida lista. (E)	Ministério das Finanças
Decreto n.º 45:541	23 de Janeiro de 1964, n.º 19	Promulga o regulamento dos Serviços de Saúde e Assistência do Ultramar. Revoga determinadas disposições legislativas. (F)	Ministério do Ultramar
Portaria n.º 20:420	7 de Março de 1964, n.º 57	Cria e manda pôr em circulação um bilhete-postal ilustrado alusivo a Fátima. (H)	Comunicações
Portaria n.º 20:617	3 de Junho de 1964, n.º 131	Manda lançar em circulação, cumulativamente com as que estão em vigor, uma emissão extraordinária de selos comemorativos do centenário do Sameiro. (H)	Ministério das Comunicações
Decreto-Lei n.º 45:908	10 de Setembro de 1964, n.º 213	Promulga a reforma do ensino primário elementar a ministrar nas províncias ultramarinas. (F)	Ministério do Ultramar

ANEXOS

Diploma	Data e número de publicação em *Diário do Governo*	Assunto	Entidade governamental
Decreto n.º 45:962	13 de Outubro de 1964, n.º 240	Autoriza a Direção-Geral dos Edifícios e Monumentos Nacionais a celebrar contrato para a execução de uma estátua de bronze representando D. Nuno Álvares Pereira, destinada à localidade de Flor da Rosa, no concelho do Crato. (H)	Ministério das Obras Públicas
Portaria n.º 21:046	15 de Janeiro de 1965, n.º 12	Estabelece o quinhão, no que respeita ao rendimento a apurar dos exercícios de 1964-1965, do produto líquido da exploração das apostas mútuas desportivas, atribuído às Santas Casas da Misericórdia e a outras instituições de assistência, que se destina à assistência a diminuídos físicos. (C)	Ministério da Saúde e Assistência
Decreto n.º 46:398	19 de Junho de 1965, n.º 134	Insere disposições relativas à obrigatoriedade da exibição do bilhete de identidade no processo para a celebração do casamento canónico nas províncias ultramarinas e à validação dos mesmos atos celebrados irregularmente depois da revogação do Estatuto dos Indígenas e antes da entrada em vigor do decreto n.º 45:063, de 6 de Junho de 1963. (F)	Ministério do Ultramar
Portaria n.º 21:490	25 de Agosto de 1965, n.º 191	Regula a incumbência do ensino da moral e religião, a fazer nos estabelecimentos de ensino primário oficial, segundo os planos e textos aprovados. (B)	Ministério da Educação Nacional
Portaria n.º 21:891	23 de Fevereiro de 1966, n.º 45	Manda lançar em circulação, cumulativamente com as que estão em vigor, uma emissão extraordinária de selos comemorativos do VI Congresso do Comité Internacional para a Defesa da Civilização Cristã. (H)	Ministério das Comunicações
Portaria n.º 21:908	11 de Março de 1966, n.º 59	Manda aplicar às províncias ultramarinas, com nova redação dos n.ºs 3.º, 4.º e 6.º, a portaria n.º 21:490, de 25 de Agosto de 1965, que regula a incumbência do ensino da moral e religião a fazer nos estabelecimentos do ensino primário oficial. (F)	Ministério do Ultramar

A SEGUNDA SEPARAÇÃO

Diploma	Data e número de publicação em *Diário do Governo*	Assunto	Entidade governamental
Decreto n.º 47:129	1 de Agosto de 1966, n.º 177	Estabelece preceitos a observar na validação dos casamentos canónicos nas províncias ultramarinas celebrados, até à entrada em vigor do presente decreto, com violação das formalidades civis exigidas pelo decreto n.º 35:461, de 22 de Janeiro de 1946. (F)	Ministério do Ultramar
Portaria n.º 22:158	6 de Agosto de 1966, n.º 182	Manda emitir e pôr em circulação em Angola selos de franquia postal, da taxa de 1 $, comemorativos do 1.º centenário da Congregação do Espírito Santo. (H)	Ministério do Ultramar
Decreto-Lei n.º 47:159	23 de Agosto de 1966, n.º 195	Autoriza o Ministério das Finanças, através da Direção-Geral da Fazenda Pública, a ceder, a título definitivo e gratuito, ao Seminário Conciliar de S. Pedro e S. Paulo, da arquidiocese de Braga, as antigas instalações do seminário daquela cidade, atualmente conhecidas pela designação de «Quartel do Seminário ou de Santiago», incluindo as novas construções com que foram ampliadas pelo Estado, excetuando-se, porém, uma parcela de terreno da antiga cerca. (E)	Ministério das Finanças
Decreto-Lei n.º 47:188	8 de Setembro de 1966, n.º209	Promulga a estruturação da assistência religiosa nas Forças Armadas. (A)	Presidência do Conselho
Decreto n.º 47:214	23 de Setembro de 1966, n.º 222	Cria a corporação da Assistência. (C)	Ministério das Corporações e Previdência Social
Decreto-Lei n.º 47:344	25 de Novembro de 1966, n.º 274	Aprova o Código Civil e regula a sua aplicação. (D)	Ministério da Justiça
Decreto n.º 47:347	26 de Novembro de 1966, n.º 275	Aprova o programa da disciplina de Religião e Moral, destinado ao 1.º ciclo do ensino liceal e ao ciclo preparatório do ensino técnico profissional. (B)	Ministério da Educação Nacional

ANEXOS

Diploma	Data e número de publicação em *Diário do Governo*	Assunto	Entidade governamental
Decreto-Lei n.º 47:480	2 de Janeiro de 1967, n.º 1	Institui o ciclo preparatório do ensino secundário, que substitui tanto o 1.º ciclo do ensino liceal como o ciclo preparatório do ensino técnico profissional. Cria no Ministério a Direção de Serviços do Ciclo Preparatório. Pelo art. 14.º, o ensino deverá promover a preparação cultural, a formação moral, artística e física e a devoção cívica. Segundo o art. 17.º, todas as disciplinas são de frequência obrigatória, com exceção das de Moral e Religião e de Educação Física, quando o aluno delas for dispensado, respetivamente a requerimento dos pais ou tutores ou com base em parecer médico. (B)	Ministério da Educação Nacional
Decreto-Lei n.º 47:560	24 de Fevereiro de 1967, n.º 47	Estabelece as condições em que são concedidas isenções fiscais e outras facilidades aos particulares e aos proprietários de hotéis, pensões, hospedarias e estalagens que pretendam instalar hóspedes por ocasião das comemorações do cinquentenário das aparições de Fátima. (H)	Presidência do Conselho e Ministério das Finanças
Portaria n.º 22:580	18 de Março de 1967, n.º 66	Designa os concelhos em cujas localidades abrangidas pelas áreas que se aplica, durante o período das comemorações do cinquentenário das aparições de Fátima, o regime estabelecido pelo decreto-lei n.º 47:560, de 24 de Fevereiro de 1967. (H)	Presidência do Conselho
Decreto-Lei n.º 47:599	22 de Março de 1967, n.º 69	Determina que as remissões dos ónus enfitêuticos e censíticos incorporados no património do Estado, ao abrigo do disposto no art. 45.º do decreto-lei n.º 30:615, de 25 de Julho de 1940, requeridas no prazo de 3 anos, beneficiem dos descontos concedidos pelo art. 4.º do decreto-lei n.º 29:840. Concede à Direção-Geral da Fazenda Pública os meios necessários para promover a publicação da lista definitiva dos prédios onerados com encargos enfitêuticos e censíticos prevista no § 3.º do art. 5.º do decreto-lei n.º 32:404, de 21 de Novembro de 1942. (E)	Ministério das Finanças

A SEGUNDA SEPARAÇÃO

Diploma	Data e número de publicação em *Diário do Governo*	Assunto	Entidade governamental
Portaria n.º 22:648	22 de Abril de 1967, n.º 96	Isenta dos impostos de circulação e compensação várias instituições de beneficência. [Instituições de saúde e assistência – No Distrito de Évora: Corporação Evangélica Assembleia de Deus, de Évora] (C)	Ministério das Comunicações
Portaria n.º 22:659	27 de Abril de 1967, n.º 100	Manda emitir e pôr em circulação em todas as províncias ultramarinas selos postais comemorativos do cinquentenário das aparições de Nossa Senhora de Fátima. (F)	Ministério do Ultramar
Decreto-Lei n.º 47:678	5 de Maio de 1967, n.º 107 – Suplemento	Aprova o Código de Registo Civil e substitui a tabela de emolumentos do registo civil, aprovada por decreto-lei n.º 41:967, de 22 de Novembro de 1958, para entrarem em vigor no dia 1 de Junho de 1967, à excepção do disposto no art. 67.º, nos n.ºs 2 e 3 do art. 146.º e nos art. 147.º e 152.º do referido Código, que começara a vigorar somente em 1 de Janeiro de 1968. (D)	Ministério da Justiça
Portaria n.º 22:677	10 de Maio de 1967, n.º 111	Manda lançar em circulação, cumulativamente com as que estão em vigor, uma emissão extraordinária de selos comemorativa do cinquentenário das aparições de Fátima. (H)	Ministério das Comunicações
Decreto-Lei n.º 47:689	11 de Maio de 1967, n.º 112	Considera feriado nacional o dia 13 de Maio do corrente ano. (H)	Presidência do Conselho
Portaria n.º 22:678	11 de Maio de 1967, n.º 112	Aprova o regimento da Corporação da Assistência. (C)	Ministério das Corporações e Previdência Social
Portaria n.º 22:741	22 de Junho de 1967, n.º 144	Manda aplicar às províncias ultramarinas o decreto n.º 47:347, de 26 de Novembro de 1966, que aprova o programa da disciplina de Religião e Moral destinado ao 1.º ciclo do ensino liceal e ao ciclo preparatório do ensino técnico profissional. (F)	Ministério do Ultramar
Portaria n.º 22:812	7 de Agosto de 1967, n.º 183	Aprova a regulamentação da chefia do serviço de Assistência Religiosa do Exército, de harmonia com os arts. 6.º e 7.º do decreto-lei n.º 47:188, de 8 de Setembro de 1966. (A)	Ministério do Exército

ANEXOS

Diploma	Data e número de publicação em *Diário do Governo*	Assunto	Entidade governamental
Decreto n.º 47:852	22 de Agosto de 1967, n.º 195	Promulga determinadas providências legislativas relativas aos serviços do Registo Civil no ultramar. (F)	Ministério do Ultramar
Portaria n.º 22:841	22 de Agosto de 1967, n.º 195	Manda aplicar às províncias ultramarinas o art. 34.º do decreto n.º 37:545 (Estatuto do Ensino Particular), de 8 de Setembro de 1950. (F)	Ministério do Ultramar
Decreto-Lei n.º 47:866	28 de Agosto de 1967, n.º 200	Altera algumas disposições da organização e exploração dos concursos de prognósticos ou apostas mútuas sobre resultados de competições desportivas, instituídas pelo decreto-lei n.º 43:777, de 3 de Julho de 1961. (C)	Ministério da Saúde e Assistência
Portaria n.º 22:869	4 de Setembro de 1967, n.º 206	Torna extensivo às províncias ultramarinas, observadas as disposições constantes da presente portaria, o novo Código Civil, aprovado por decreto-lei n.º 47:344, de 25 de Novembro de 1966. (F)	Ministério do Ultramar
Portaria n.º 22:966	17 de Outubro de 1967, n.º 242 – Suplemento	Aprova, a título experimental, os programas do ciclo complementar do ensino primário, inclusive os da disciplina de Moral e Religião para os 5.º e 6.º anos. (B)	Ministério da Educação Nacional
Portaria n.º 23:101	28 de Dezembro de 1967, n.º 300	Torna extensivo a todo o território ultramarino o Código de Registo Civil, aprovado por decreto-lei n.º 47:678, de 5 de Maio de 1967, como lei subsidiária da legislação do registo civil que vigorar em cada uma das províncias ultramarinas, emanada dos órgãos legislativos, quer metropolitanos quer provinciais. (F)	Ministério do Ultramar
Decreto n.º 48:286	22 de Março de 1968, n.º 70	Sujeita a autorização para contrair matrimónio os funcionários dos quadros administrativos, privativos e comuns, do ultramar e os médicos de ambos os sexos do quadro comum do ultramar. Revoga os arts. 1.º a 5.º e 8.º do decreto n.º 32:657, de 6 de Fevereiro de 1943. (F)	Ministério do Ultramar

Diploma	Data e número de publicação em *Diário do Governo*	Assunto	Entidade governamental
Decreto-Lei n.º 48:356	27 de Abril de 1968, n.º 101	Autoriza a Direção-Geral da Fazenda Pública, a ceder, a título definitivo e gratuito, ao Seminário Maior Diocesano de Viseu o edifício do antigo Seminário de Viseu, igreja e cerca anexa e parcela desta destacada pela estrada de circunvalação. (E)	Ministério das Finanças
Lei n.º 2:135	11 de Julho de 1968, n.º 163	Promulga a lei do serviço militar. [Art. 23.º sobre sacerdotes.] (A)	Presidência da República
Portaria n.º 23:485	16 de Julho de 1968, n.º 167 – Suplemento	Aprova os programas do ciclo elementar do ensino primário, inclusive os da disciplina de Moral e Religião. (B)	Ministério da Educação Nacional
Portaria n.º 23:554	22 de Agosto de 1968, n.º 198	Aprova as armas, o estandarte, a bandeira e o selo da Corporação da Assistência. (H)	Ministério das Corporações e da Previdência Social
Decreto n.º 48:572	9 de Setembro de 1968, n.º 213 – Suplemento	Aprova o Estatuto do Ciclo Preparatório do Ensino Secundário. (B)	Ministério da Educação Nacional
Portaria n.º 23:601	9 de Setembro de 1968, n.º 213 – 2.º Suplemento	Aprova os programas do ciclo preparatório do ensino secundário, instituído pelo decreto-lei n.º 47:480, de 2 de Janeiro de 1967. (B)	Ministério da Educação Nacional
Portaria n.º 23:625	25 de Setembro de 1968, n.º 227	Manda aplicar às províncias ultramarinas, observadas as alterações constantes da presente portaria, o decreto-lei n.º 48:542, de 9 de Setembro de 1968. (F)	Ministério do Ultramar
Portaria n.º 23:900	5 de Fevereiro de 1969, n.º 30	Regula a distribuição do quinhão do produto líquido da exploração das apostas mútuas desportivas respeitante ao rendimento a apurar do exercício de 1968, atribuído às Santas Casas das Misericórdias de Lisboa, Porto, Braga e Évora e outras instituições de assistência, para a criação ou desenvolvimento dos serviços de reabilitação. (C)	Ministério da Saúde e Assistência
Decreto-Lei n.º 48:900	7 de Março de 1969, n.º 56	Autoriza o Ministério das Finanças, pela Direção-Geral da Fazenda Pública, a ceder à fábrica da igreja de Alfena, no concelho de Valongo, a título definitivo, uma parcela de terreno afeta às escolas primárias de Igreja, da freguesia de Alfena, daquele concelho, destinada à construção de uma nova igreja. (E)	Ministério das Finanças

ANEXOS

Diploma	Data e número de publicação em *Diário do Governo*	Assunto	Entidade governamental
Decreto-lei n.º 48:947	31 de Março de 1969, n.º 76	Atualiza a forma de distribuição do subsídio inscrito no orçamento do Ministério do Ultramar que contempla as corporações missionárias masculinas e femininas. (F)	Ministério do Ultramar
Decreto n.º 48:959	10 de Abril de 1969, n.º 85	Dá nova redação aos arts 1.º e 2.º do decreto n.º 39:590, de 31 de Março de 1954, que regula a concessão de passagens de ida e de regresso, entre Lisboa e as capitais das províncias ultramarinas, aos superiores e visitadores canónicos de nacionalidade portuguesa que pretendam visitar as missões confiadas às respetivas corporações missionárias e aos estudantes europeus originários do ultramar que se destinem aos seminários diocesanos do ultramar ou da metrópole. (F)	Ministério do Ultramar
Portaria n.º 24:044	25 de Abril de 1969, n.º 98	Aprova para aplicação nas províncias ultramarinas, os programas do ciclo elementar do ensino primário. (F)	Ministério do Ultramar
Decreto n.º 49:073	21 de Junho de 1969, n.º 144	Promulga o regulamento dos Serviços de Saúde e Assistência do Ultramar. Revoga toda a legislação em contrário. (F)	Ministério do Ultramar
Decreto-Lei n.º 94/70	12 de Março de 1970, n.º 60	Dá nova redação ao art 5.º do decreto-lei n.º 38:596, de 4 de Janeiro de 1952, que designa os dias considerados feriados oficiais e revê o regime de tolerância de ponto e redução de horas de trabalho nos serviços oficiais em determinados dias não considerados de feriados. (H)	Presidência do Conselho
Portaria n.º 289/70	16 de Junho de 1970, n.º 138	Procede à distribuição do quinhão do produto líquido da exploração das apostas mútuas desportivas atribuído às Santas Casas da Misericórdia de Lisboa, Porto, Braga e Évora e a outras instituições de assistência. (C)	Ministério da Saúde e Assistência
Portaria n.º 345/70	9 de Julho de 1970, n.º 158	Uniformiza os vencimentos dos professores de Moral e Religião do ciclo preparatório do ensino secundário ultramarino e manda fixar pelos órgãos legislativos locais uma gratificação dos professores metodólogos do mesmo ensino. (F)	Ministério do Ultramar

A SEGUNDA SEPARAÇÃO

Diploma	Data e número de publicação em *Diário do Governo*	Assunto	Entidade governamental
Portaria n.º 490/70	3 de Outubro de 1970, n.º 230	Manda aplicar, nas escolas de habitação de professores de posto escolar das províncias ultramarinas, os programas do ciclo preparatório do ensino secundário, com as alterações deles constantes, como é o caso do da disciplina de Moral e Religião. (F)	Ministério do Ultramar
Decreto-lei n.º 44/71	20 de Fevereiro de 1971, n.º 43	Introduz alterações ao decreto-lei n.º 47:188, de 8 de Setembro de 1966, que promulga a estruturação da assistência religiosa nas Forças Armadas. (A)	Presidência do Conselho
Decreto-Lei n.º 307/71	15 de Julho de 1971, n.º 165	Aprova o estatuto legal da Universidade Católica Portuguesa. (B)	Ministério da Educação Nacional
Lei n.º 3/71	16 de Agosto de 1971, n.º 192	Prescreve a nova redação de várias disposições da Constituição Política, entre outras, a dos arts. 45.º e 46.º. (G)	Presidência do Conselho
Lei n.º 4/71	21 de Agosto de 1971, n.º 197	Promulga as bases relativas à liberdade religiosa. (G)	Presidência da República
Portaria n.º 487/71	6 de Setembro de 1971, n.º 210	Abre um crédito para ser inscrito em adicional à tabela de despesa extraordinária do orçamento geral da província de S. Tomé e Príncipe para o corrente ano, destinado à concessão de um subsídio à diocese daquela província, para a construção do centro paroquial da freguesia da Conceição e reparação da respetiva Igreja. (F)	Ministério do Ultramar
Decreto-Lei n.º 413/71	27 de Setembro de 1971, n.º 228	Promulga a organização do Ministério da Saúde e Assistência. Revoga determinadas disposições legislativas. (C)	Ministério da Saúde e da Assistência
Portaria n.º 534/71	2 de Outubro de 1971, n.º 233	Cria nos Quartéis-Generais dos Comandos-Chefes de Angola, Guiné e Moçambique um órgão diretivo do serviço de assistência religiosa, com a designação de Delegação da Capelania-Mor, chefiado por um capelão graduado no posto de tenente-coronel ou major, capitão de fragata ou capitão-tenente, de acordo com o efetivo dos capelães e atribuições de serviço. Os capelães a nomear para os comandos-chefes deverão acumular as suas funções com as de chefe do serviço do quartel-general ou comando naval do ramo a que pertencem. (A)	Presidência do Conselho

ANEXOS

Diploma	Data e número de publicação em *Diário do Governo*	Assunto	Entidade governamental
Despacho	28 de Dezembro de 1971, n.º 301	Isenta de obrigatoriedade de encerrar ou suspender a sua laboração um dia completo por semana determinadas atividades comerciais e industriais. (H)	Presidência do Conselho e Ministérios do Interior, da Economia, das Corporações e Previdência Social, das Comunicações e da Saúde e Assistência
Decreto n.º 216/72	27 de Junho de 1972, n.º 148	Dá competência ao ministro da Justiça, ouvido o Ministério do Interior, para decidir sobre os pedidos de reconhecimento das confissões religiosas, nos termos da base IX da Lei n.º 4/71, de 21 de Agosto, e proceder à respetiva revogação, nos termos da base X da mesma lei. (G)	Ministério da Justiça
Decreto-Lei n.º 47/73	12 de Fevereiro de 1973, n.º 36	Organiza a Inspeção-Geral do Ensino Particular, criada pelo decreto-lei n.º 408/71, de 27 de Setembro. (B)	Ministério da Educação Nacional
Lei n.º 5/73	25 de Julho de 1973, n.º 173	Aprova as bases a que deve obedecer a reforma do sistema educativo. (B)	Presidência da República
Portaria n.º 189/74	9 de Março de 1974, n.º 58	Isenta dos impostos de circulação e de compensação várias associações (instituições particulares) de beneficência. (C)	Ministério das Comunicações
Decreto-lei n.º 114/74	19 de Março de 1974, n.º 66	Altera a estrutura da Direção-Geral da Assistência Social. (C)	Ministério das Corporações e Segurança Social
Portaria n.º 224/74	26 de Março de 1974, n.º 72	Oficializa o ensino ministrado na escola do Centro Paroquial de Santa Cruz, Montreal, Canadá. (B)	Ministérios dos Negócios Estrangeiros e da Educação Nacional
Decreto-Lei n.º 162/74	20 de Abril de 1974, n.º 93	Define a competência dos Ministérios das Corporações e Segurança Social e da Saúde em matéria de tutela administrativa das instituições particulares de assistência. (C)	Ministérios das Corporações e Segurança Social e da Saúde
Portaria n.º 291/74	23 de Abril de 1974, n.º 95	Alarga aos membros do clero diocesano, como beneficiários, o âmbito de várias caixas sindicais de Previdência. (A)	Ministério das Corporações e Segurança Social

ÍNDICE

NOTA PRÉVIA 7
ABREVIATURAS E SIGLAS 9

INTRODUÇÃO 11
1. Definição do objecto de estudo 12
2. Orientação metodológica 16
3. Plano de trabalho 30
4. Bibliografia e fontes 32

CAPÍTULO I – A RELIGIÃO NA CONSTITUIÇÃO DE 1933 37
1. A regulação do fenómeno religioso antes do Estado Novo
   (1832-1933) 37
2. A procura de um novo paradigma pelo Estado autoritário 46
3. Política e religião no processo constituinte de 1932-1933 48
   3.1. O meio caminho de Salazar 56
   3.2. O debate na imprensa sobre o estatuto da religião no projeto
        constitucional 60
   3.3. A posição do episcopado 68
4. Reações católicas à promulgação da Constituição de 1933 72

CAPÍTULO II – AGIR ENQUANTO SE ESPERA: OS INTERESSES
CATÓLICOS NOS ANOS DA NEGOCIAÇÃO DA CONCORDATA
E DO ACORDO MISSIONÁRIO (1935-1940) 75
1. Inquietações com o projeto corporativo do Estado 76
2. O combate contra a Maçonaria e o Rotarismo 81
3. A primeira revisão constitucional: esperanças goradas 83
   3.1. A separação como realidade necessária 85
   3.2. A confessionalização funcional do ensino público 86
4. Cruxifixos nas escolas públicas: dúvidas e entusiasmo dos católicos 91

5. Pela «catolicização» da Mocidade Portuguesa: atritos e resultados 100
6. Cenários de acordo entre o Estado e a Igreja Católica 108
   6.1. Um acordo a aplicar por via legislativa ordinária: o projeto de decreto-lei de Quirino de Jesus 110
   6.2. Rumores na imprensa sobre a assinatura de uma concordata 112
   6.3. Argumentos pró e contra a oportunidade de um sistema concordatário para Portugal 116
7. Reações à celebração da Concordata e do Acordo Missionário de 1940 121
   7.1. O significado dos acordos para a classe política dirigente 130
   7.2. Os bispos portugueses e o pacto concordatário: satisfação e desilusão 134
   7.3. Críticas de diferentes setores da sociedade aos acordos 138

CAPÍTULO III – CONSTRUÇÕES DA «PAZ RELIGIOSA» CONCORDATÁRIA: DIFICULDADES E REALIZAÇÕES (1940-1968) 149

1. A critica da separabilidade e a defesa do regime de «união moral» por alguns católicos 150
2. O episcopado na defensiva: «o Estado não é clerical» 153
3. Tensões no plano do simbólico: feriados e descanso semanal 156
4. A revisão constitucional de 1951: a religião católica discriminada como «religião da Nação portuguesa» por determinação de Salazar 170
   4.1. A discordância de Marcelo Caetano 174
   4.2. O reaparecimento de uma velha reclamação católica: o nome de Deus na Constituição 176
   4.3. A rejeição da confessionalização do Estado 179
   4.4. Protestos pela introdução de um regime de menor igualdade entre religiões 183
5. A revisão constitucional de 1959: o «braço de ferro» dos católicos com o Governo 184
   5.1. A evocação de Deus num preâmbulo à Constituição: renovada tentativa em ambiente de comemorações religiosas 186
   5.2. Divisões na Câmara Corporativa 188
   5.3. A rejeição do preâmbulo à Constituição e a divisão da Assembleia Nacional 191
   5.4. O desagrado de católicos com a intransigência do Governo 196

6. Sob o «princípio da cooperação»: novas decisões sobre «matérias mistas» e a execução da Concordata 198
   6.1. O novo Estatuto da Saúde e Assistência 201
   6.2. O entendimento sobre a criação de uma universidade católica 203
   6.3. Discussões sobre o regime do ensino particular 207
   6.4. A regulação do ensino da moral e religião nas escolas primárias oficiais 211

CAPÍTULO IV – CONTINUIDADES E AJUSTAMENTOS NA RELAÇÃO ENTRE O ESTADO E AS IGREJAS (1968-1974) 213
1. A liberdade religiosa como princípio central do pensamento de Caetano 214
   1.1. Diferentes visões para a relação entre a política e a religião: o processo constituinte de 1971 217
   1.2. O isolamento do Governo 229
2. A lei de liberdade religiosa 234
   2.1. Antecedentes: o estatuto jurídico das minorias religiosas (1878-1971) 235
   2.2. O relacionamento das minorias com o poder político (1933-1971) 238
   2.3. A proposta de lei: reações da hierarquia católica e do *Novidades* 242
   2.4. A proposta de lei: reações das comunidades protestantes 250
   2.5. A posição da Câmara Corporativa: defesa intransigente do estatuto da Igreja Católica 254
   2.6. A solução final 257
3. Um debate político fraturante: liberdades individuais, revisão da Concordata e (r)emergência de um discurso valorativo da laicidade 266
4. O reforço da ideia de Estado interventor mas cooperante: legislação sobre as atividades privadas de ensino e assistência 279

CAPÍTULO V – A CONSTRUÇÃO INSTITUCIONAL DA POLÍTICA RELIGIOSA (1933-1974): ESFERAS DE DECISÃO E DISPOSITIVOS DE CONFORMAÇÃO DOS INTERESSES RELIGIOSOS 287
1. A representação dos interesses religiosos nas câmaras políticas 288
2. A governamentalização das câmaras e os mecanismos disciplinadores dos interesses religiosos 295

3. A preponderância do Governo na feitura de legislação sobre matéria
   religiosa ... 308
4. Temas fraturantes que «não se discutem»: o regime do casamento e
   do divórcio ... 316
   4.1. Tentativas parlamentares de revogação da «lei do divórcio» ... 318
   4.2. A regulamentação das disposições concordatárias sobre o
        casamento: os receios da Santa Sé ... 326
   4.3. Salazar e o zelo pela observância da lei ... 329
   4.4. O Código Civil de 1966 e as alterações ao regime de dissolução
        do casamento: polémica e divisões entre católicos ... 334
5. Características do processo de regulamentação da Concordata:
   o caso da solução para os bens eclesiásticos ... 347
   5.1. O problema do património da Igreja Católica (1910-1926):
        a passagem da propriedade para o Estado e a distribuição dos
        bens pelos serviços públicos ... 348
   5.2. Condicionantes sobre as devoluções de bens à Igreja Católica
        (1926-1940) ... 351
   5.3. A regulamentação das normas concordatárias sobre os bens
        eclesiásticos: vantagem para o Estado ... 364
   5.4. O acordo «secreto» de 1 de Novembro de 1940 ... 365
   5.5. A difícil execução da Concordata: problemas na restituição
        de património à Igreja ... 375

CAPÍTULO VI – A DESMOBILIZAÇÃO POLÍTICA
DOS CATÓLICOS: UMA ESTRATÉGIA PARALELA AO
ENQUADRAMENTO NORMATIVO DA RELIGIÃO ... 391
1. O fim do Centro Católico Português e a política de partido único
   de Salazar ... 392
   1.1. Debilidades estruturais do projeto centrista ... 400
   1.2. A «questão do partido» e a liderança frágil de António
        Lino Neto ... 402
   1.3. Desencontro de expetativas entre a autoridade religiosa
        e António Lino Neto: a história de uma demissão ... 414
   1.4. O funcionamento do CCP até 1940 ... 418
   1.5. O entrosamento com a União Nacional ... 422
2. A Ação Católica Portuguesa e os limites à participação política
   dos católicos ... 426

    2.1. Vigilância e pressões governamentais sobre a ACP   430
    2.2. A opção do episcopado: preferir os «interesses históricos»
        da Igreja à «política concreta»   436
3. O «caso do bispo do Porto» e o cenário de criação de um partido
democrata-cristão   442
    3.1. A reivindicação de autonomia política para os católicos e o
        isolamento de D. António Ferreira Gomes entre o episcopado   446
    3.2. A gestão política do caso pelo Governo   454
    3.3. Governo e autoridades religiosas: reconstruções de
        relacionamento   471
    3.4. O regresso do bispo do Porto   483
4. Repressão sobre os setores católicos em oposição ao regime e
pressões sobre o episcopado   489

CONCLUSÃO   503
FONTES E BIBLIOGRAFIA   513
ANEXOS   549